sociología
y
política

traducción de
CARMEN MARTÍNEZ GIMENO

LA ERA DE LA INFORMACIÓN:
Economía, sociedad y cultura

Volumen III:
FIN DE MILENIO

por
MANUEL CASTELLS

siglo xxi editores, s.a. de c.v.
CERRO DEL AGUA 248, ROMERO DE TERREROS, 04310, MÉXICO, D.F.

siglo xxi editores, s.a.
TUCUMÁN 1621, 7º N, C1050AAG, BUENOS AIRES, ARGENTINA

siglo xxi de españa editores, s.a.
MENÉNDEZ PIDAL 3 BIS, 28036, MADRID, ESPAÑA

portada de patricia reyes baca
fotografía de manuel castells:
© robert ramos, avui

primera edición en español, 1999
primera reimpresión en español, 2000
segunda edición, corregida y aumentada, 2001
tercera reimpresión en español, 2009
© siglo xxi editores, s.a. de c.v.
isbn 978-968-23-2167-2 (obra completa)
isbn 978-968-23-2337-9 (volumen 3)

primera edición en inglés, 1998
© manuel castells, 1997
© blackwell publishers inc., cambridge, massachusetts
título original: *the information age: economy, society and cultura vol. iii: end of millennium*

derechos reservados conforme a la ley
impreso y hecho en méxico/printed and made in mexico

impreso en litográfica tauro, s.a.
andrés molina enríquez núm. 4428
col. viaducto piedad
cp 08200 – méxico, d.f.
marzo de 2009

*Para mi hija, Nuria Castells, alegría de mi vida,
con la esperanza de que su milenio sea mejor que el mío*

ÍNDICE

Índice resumido de los volúmenes I y II 13

Lista de cuadros 15

Lista de figuras 17

Lista de esquemas 19

Agradecimientos 21

Introducción: Un tiempo de cambio 25

1. La crisis del estatismo industrial y el colapso de la Unión Soviética 29
    El modelo extensivo de crecimiento económico y los límites del hiperindustrialismo 34
    La cuestión de la tecnología 50
    La abducción de la identidad y la crisis del federalismo soviético 62
    La última *perestroika* 71
    El nacionalismo, la democracia y la desintegración del Estado soviético 81
    Las cicatrices de la historia, las lecciones para la teoría, el legado para la sociedad 87

2. **El Cuarto Mundo: capitalismo informacional, pobreza y exclusión social** 95
   ¿Hacia un mundo polarizado? Una visión global 101
   La deshumanización de África 110
       Marginación e integración selectiva del África subsahariana en la economía informacional/global 111
       El *apartheid* tecnológico africano en los albores de la era de la información 121
       El Estado predatorio 124
           El Zaire: la apropiación personal del Estado 127
           Nigeria: petróleo, etnicidad y depredación militar 130
       Identidad étnica, globalización económica y formación del Estado en África 133
       La dramática situación de África 143
       La conexión sudafricana: ¿la esperanza de África? 150
       ¿Fuera de África o vuelta a África? Una política y economía independientes 155
   El nuevo dilema estadounidense: desigualdad, pobreza urbana y exclusión social en la era de la información 157
       Los Estados Unidos duales 158
       El gueto del centro de las ciudades como sistema de exclusión social 169
       Cuando la clase marginada va al infierno 178
   Globalización, sobreexplotación y exclusión social: la visión desde los niños 182
       La explotación sexual de los niños 188
       La muerte de los niños: las matanzas de las guerras y los niños soldados 191
       Por qué se destruye a los niños 192
   Conclusión: los agujeros negros del capitalismo informacional 195

3. **La conexión perversa: la economía criminal global** 199
   Globalización organizativa del crimen, identificación cultural de los criminales 201
   El saqueo de Rusia 214
       La perspectiva estructural 218
       La identificación de los actores 219
       Mecanismos de acumulación 221
   Narcotráfico, desarrollo y dependencia en América Latina 226
       ¿Cuáles son las consecuencias económicas de la industria de la droga para América Latina? 231
       ¿Por qué Colombia? 233
   El impacto del crimen global sobre la economía, la política y la cultura ... 238

4. **Desarrollo y crisis en el Pacífico asiático: la globalización y el Estado** ... 245
   La fortuna cambiante del Pacífico asiático 245
   El Japón de Heisei: el Estado desarrollista frente a la sociedad de la información 253

Un modelo social del proceso de desarrollo japonés 256
El sol poniente: la crisis del modelo japonés de desarrollo 267
El fin de la «política *nagatacho*» 279
Hatten Hokka y *Johoka Shakai*: una relación contradictoria 283
Japón y el Pacífico 290
¿Decapitar al dragón? Cuatro tigres asiáticos con cabeza de dragón y sus sociedades civiles 291
    Entender el desarrollo asiático 292
    Singapur: la construcción estatal de la nación mediante las empresas multinacionales 294
    Corea del Sur: la producción estatal de un capitalismo oligopólico 297
    Taiwan: capitalismo flexible bajo un Estado inflexible 301
    El modelo de Hong Kong frente a su realidad: las pequeñas empresas en una economía mundial y la versión colonial del Estado de bienestar 306
    La evolución de los tigres: características comunes y diferencias en su proceso de desarrollo económico 312
    El Estado desarrollista en la industrialización del este asiático: sobre el concepto de Estado desarrollista 318
    El ascenso del Estado desarrollista: de la política de supervivencia al proceso de construcción nacional 320
    El Estado y la sociedad civil en la reestructuración del este asiático: cómo el Estado desarrollista logró el éxito en el proceso de desarrollo 325
    Caminos divergentes: los tigres asiáticos en la crisis económica 328
    Democracia, identidad y desarrollo en el este asiático en los años noventa 335
El nacionalismo desarrollista chino con características socialistas 343
    La nueva revolución china 344
    ¿Capitalismo *guanxi*? China en la economía global 349
    Los estados desarrollistas regionales y los empresarios burocráticos (capitalistas) 353
    ¿Capear la tormenta? China en la crisis económica asiática 357
    Democracia, desarrollo y nacionalismo en la nueva China 360
Conclusión: la globalización y el Estado 370

5. La unificación de Europa: globalización, identidad y el Estado red 375
    La unificación europea como una secuencia de reacciones defensivas: una perspectiva de medio siglo 377
    Globalización e integración europea 385
    Identidad cultural y unificación europea 394
    La institucionalización de Europa: el Estado red 398
    Identidad europea o proyecto europeo 401

Conclusión: Entender nuestro mundo 405
    Génesis de un nuevo mundo 405
    Una nueva sociedad 410
    Las nuevas vías del cambio social 421

Más allá de este milenio 423
   ¿Qué hacer? 428
   Finale 429

Bibliografía 431

Índice analítico 463

ÍNDICE RESUMIDO DE LOS VOLÚMENES I Y II

A lo largo de este volumen se han hecho referencias a los temas presentados en los volúmenes I y II, cuyo índice se presenta a continuación. La conclusión de este volumen es también la conclusión general de toda la obra, publicada en tres volúmenes.

Volumen I: *La sociedad red*

Prólogo: La red y el yo

1. La revolución de la tecnología de la información
2. La nueva economía: informacionalismo, globalización e interconexión en red
3. La empresa red: cultura, instituciones y organizaciones de la economía informacional
4. La transformación del trabajo y el empleo: trabajadores en red, desempleados y trabajadores a tiempo flexible
5. La cultura de la virtualidad real: la integración de la comunicación electrónica, el fin de la audiencia de masas y el desarrollo de las redes interactivas
6. El espacio de los flujos
7. La orilla de la eternidad: el tiempo atemporal

Conclusión: La sociedad red

Volumen II: *El poder de la identidad*

Introducción: Nuestro mundo, nuestras vidas

1. Paraísos comunales: identidad y sentido en la sociedad red
2. La otra cara de la Tierra: movimientos sociales contra el nuevo orden global
3. El reverdecimiento del yo: el movimiento ecologista
4. El fin del patriarcado: movimientos sociales, familia y sexualidad en la era de la información
5. ¿El Estado impotente?
6. Política informacional y crisis de la democracia

Conclusión: El cambio social en la sociedad red

LISTA DE CUADROS

1.1	Aumento de la renta nacional soviética, 1928-1987: estimaciones alternativas	35
1.2	Producción e inflación soviéticas, 1928-1990	36
1.3	Factores de producción y productividad soviéticos, 1928-1990	37
1.4	Tasas de crecimiento del PNB, la mano de obra y las existencias de capital soviéticos, con las relaciones entre inversión-PNB y producción-capital	42
1.5	Balance del intercambio entre repúblicas de productos y recursos, 1987	68
1.6	Composición étnica de las repúblicas autónomas de Rusia, 1989	70
2.1	PNB per cápita en una muestra de 55 países	102
2.2	Evolución de la desigualdad de la renta después de 1979 en los países de la OCDE	107
2.3	PNB per cápita para las economías en vías de desarrollo, 1980-1996	112
2.4	Valor de las exportaciones del mundo, países subdesarrollados y el África subsahariana, 1950-1990	113
2.5	Estructura de las exportaciones (porcentaje), 1990	114
2.6	Participación porcentual del África subsahariana en las exportaciones mundiales de las principales categorías de productos	115
2.7	Relación real de intercambio de los países africanos seleccionados, 1985-1994	116

2.8 Tasas de crecimiento sectorial (evolución porcentual media anual del valor añadido), 1965-1989 117
2.9 Frecuencia estimada de seropositividad en adultos (15-49 años) de ciudades y zonas rurales de los países africanos seleccionados, *c.* 1987   148
2.10 Desigualdad de la renta en Estados Unidos, 1977-1999 163
4.1 Inversiones extranjeras contratadas en China por fuente, 1979-1992 ..   351

LISTA DE FIGURAS

1.1	Renta nacional soviética, 1928-1987: estimaciones alternativas	38
1.2	Renta nacional soviética: papel de los factores de producción en el aumento de la productividad	38
1.3	Tasas de crecimiento del PNB soviético, 1951-1980	41
2.1	Índice del PNB per cápita en una muestra de 55 países	105
2.2	Capacidad de conexión internacional	120
2.3	Producción de alimentos por persona	145
2.4	Casos de sida por millón de habitantes en África, 1990	146
2.5	Evolución anual de la renta familiar media en Estados Unidos, 1947-1997	159
2.6a	Salarios por hora de los hombres por percentil salarial en Estados Unidos, 1973-1997	159
2.6b	Salarios por hora de las mujeres por percentil salarial en Estados Unidos, 1973-1997	160
2.7	Evolución media anual en la renta familiar en Estados Unidos, 1947-1997	161
2.8	Porcentaje de trabajadores que ganan salarios de nivel de pobreza en Estados Unidos, 1973-1997	168
2.9	Tasas de encarcelamiento en Estados Unidos, 1850-1991	179
2.10	Número de internos en las prisiones estatales, federales o locales de los Estados Unidos, 1985-1995	180
3.1	Emigrantes ilegales en la Unión Europea (estimaciones), 1993-1999	210
4.1	Valor de las acciones y del suelo de Japón, en miles de millones de yenes, 1976-1996	272

LISTA DE ESQUEMAS

3.1	Evolución de las redes ilegales y criminales en Rusia............................	225
4.1	Modelo social del desarrollo japonés, 1955-1985...................................	258
4.2	Estructura y proceso de desarrollo económico en Hong Kong, 1950-1985..	311

AGRADECIMIENTOS

   Este volumen concluye doce años de investigación dedicados a elaborar una teoría sociológica de base empírica y multicultural sobre la Era de la Información. Al final de este viaje, que ha marcado y, en cierta medida, agotado mi vida, quiero expresar públicamente mi gratitud a varias personas e instituciones cuya contribución ha sido decisiva para completar esta obra en tres volúmenes.
   Mi agradecimiento más profundo corresponde a mi esposa, Emma Kiselyova, cuyo trabajo y apoyo me otorgaron la vida y la energía necesarias para escribir este libro, y cuya efectiva labor de investigación ha sido esencial en varios capítulos, en particular el capítulo primero sobre el colapso de la Unión Soviética, que investigamos juntos, en Rusia y en California. No podría haberse escrito sin su conocimiento personal de la experiencia soviética, su análisis de las fuentes en lengua rusa y su corrección de los muchos errores que cometí en los borradores sucesivos. También fue la investigadora principal del capítulo tercero sobre la economía criminal global.
   El capítulo cuarto sobre el Pacífico asiático se basó, en parte, en la aportación y comentarios de tres colegas que, a lo largo de los años, han sido fuentes constantes para mis ideas e información sobre las sociedades asiáticas: la profesora You-tien Hsing, de la Universidad de Columbia Británica; el profesor Shujiro Yazawa, de la Universidad Hitotsubashi de

Tokio; y el profesor Chu-joe Hsia, de la Universidad Nacional de Taiwan. El capítulo segundo sobre la exclusión social contó con la excelente ayuda en la investigación de mi colaborador Chris Benner, estudiante de doctorado de Berkeley durante 1995-1997.

Diversas personas, además de las ya mencionadas, proporcionaron su generosa contribución, en información e ideas, para la investigación presentada en este volumen. Por ello, doy las gracias particularmente a Ida Susser, Tatyana Zaslavskaya, Ovsey Shkaratan, Svetlana Natalushko, Valery Kuleshov, Alexander Granberg, Joo-Chul Kim, Carlos Alonso Zaldívar, Stephen Cohen, Martin Carnoy, Roberto Laserna, Jordi Borja, Vicente Navarro y Alain Touraine.

También me gustaría expresar mi agradecimiento a los colegas que comentaron los borradores de este volumen y me ayudaron a rectificar algunos errores: Ida Susser, Tatyana Zaslavskaya, Gregory Grossman, George Breslauer, Shujiro Yazawa, You-tien Hsing, Chu-joe Hsia, Roberto Laserna, Carlos Alonso Zaldívar y Stephen Cohen.

A lo largo de los años, diversas instituciones de investigación han proporcionado un apoyo esencial para la obra que se presenta. Doy las gracias a sus directores y a los colegas de esas instituciones que me enseñaron mucho de lo que sé sobre distintas sociedades. La más importante de todas ellas es mi hogar intelectual desde 1979: la Universidad de California en Berkeley, y en particular los centros en los que trabajo: el Departamento de Planificación Urbana y Regional, el Departamento de Sociología, el Centro de Estudios de Europa Occidental, el Instituto de Desarrollo Urbano y Regional, y el Instituto de Berkeley sobre Economía Internacional. Otras instituciones que han respaldado mi trabajo sobre los temas tratados en este volumen en la última década son: el Instituto de Sociología de Nuevas Tecnologías y el Programa de Estudios Rusos de la Universidad Autónoma de Madrid; la Asociación Sociológica Rusa; el Centro de Estudios Sociológicos Avanzados, Instituto de la Juventud, Moscú; Instituto de Economía e Ingeniería Industrial, Academia de Ciencias Soviética (después rusa), Novosibirsk; Universidad de California, Programa de Investigación de la Cuenca del Pacífico; Facultad de Ciencias Sociales, Universidad Hitotsubashi, Tokio; Universidad Nacional de Singapur; Universidad de Hong Kong, Centro de Estudios Urbanos; Universidad Nacional de Taiwan; Instituto Coreano de Asentamientos Humanos; Instituto de Tecnología y Economía Internacional, Consejo de Estado, Pekín; Centro de Estudios de la Realidad Económica y Social, Cochabamba, Bolivia; Instituto Internacional de Estudios Laborales, Organización Internacional del Trabajo, Ginebra.

Reservo una mención especial para John Davey, anterior director editorial de Blackwell Publishers. Durante más de veinte años ha guiado mi escritura y capacidad de comunicación, y me ha aconsejado en todo lo concerniente al campo de la edición. Su comentario personal sobre la

Agradecimientos

conclusión de este volumen ha sido decisivo. Mi obra escrita es inseparable de mi interacción intelectual con John Davey. Para la edición en lengua castellana quiero agradecer el excelente trabajo y apoyo de mi editora, Belén Urrutia, de Alianza Editorial.

También deseo nombrar a unas cuantas personas que han sido esenciales para mi desarrollo intelectual durante los últimos treinta años. Su labor y pensamiento, en diversos aspectos, pero bajo mi responsabilidad exclusiva, están presentes en las páginas de este libro. Son: Alain Touraine, Nicos Poulantzas, Fernando Henrique Cardoso, Emilio de Ipola, Jordi Borja, Martin Carnoy, Stephen Cohen, Peter Hall, Vicente Navarro, Anne Marie Guillemard, Shujiro Yazawa y Anthony Giddens. He tenido la fortuna de evolucionar, en una red global, junto con una generación excepcional de intelectuales comprometidos en comprender y cambiar el mundo, guardando la distancia necesaria entre teoría y práctica.

Por último, quisiera dar las gracias a mis cirujanos, los doctores Peter Carroll y James Wolton, y a mi médico, el doctor James Davis, todos del Centro Médico de la Universidad de California en San Francisco, cuyos cuidados y profesionalidad me dieron el tiempo y la energía necesarios para terminar este libro.

Berkeley, California
Mayo de 1997

INTRODUCCIÓN:
UN TIEMPO DE CAMBIO

Suele pensarse que el fin de un milenio es un tiempo de cambio, pero no tiene por qué serlo necesariamente: en general, el fin del primer milenio careció de acontecimientos notables. En cuanto al segundo, quienes esperaban algún tipo de relámpago fatídico tuvieron que contentarse con las emociones suscitadas por la anticipación del colapso informático por el *efecto 2000...* colapso que nunca se produjo. Y aunque la mayoría de la gente celebró el cambio de milenio a media noche el 31 de diciembre de 1999, en términos estrictamente cronológicos, el segundo milenio acabó el 31 de diciembre del año 2000. Es más, sólo estamos cambiando de milenio según el calendario gregoriano del cristianismo, una religión minoritaria que está abocada a perder su preeminencia en el multiculturalismo que caracterizará al siglo XXI.

Y, no obstante, éste es, en efecto, un tiempo de cambio, prescindiendo de cómo lo midamos. En el último cuarto del siglo XX, una revolución tecnológica, centrada en torno a la información, transformó nuestro modo de pensar, de producir, de consumir, de comerciar, de gestionar, de comunicar, de vivir, de morir, de hacer la guerra y de hacer el amor. En todo el planeta se ha constituido una economía global dinámica, enlazando a las gentes y actividades valiosas de todo el mundo, mientras se desconecta de las redes de poder y riqueza a los pueblos y territorios carentes de importancia desde la perspectiva de los intereses dominantes. Una cultura de la virtualidad real, construida en torno a un universo audiovisual cada vez más interactivo, ha calado la representación mental y la comunicación en todas partes, integrando la diversidad de culturas en un hipertexto electrónico. Espacio y tiempo, los cimientos materiales de la experiencia humana, se han transformado, ya que el espacio de los flujos domina al espacio de los lugares y el tiempo atemporal sustituye al tiempo de reloj de la era industrial. En torno a la identidad primaria se construyen expresiones de resistencia social a la lógica de la informacionalización y la globalización, creando comunidades defensivas en el nombre de Dios, la localidad, la etnia o la familia. Al mismo tiempo, instituciones sociales básicas tan importantes como el patriarcado y el Estado-nación se ponen en entredicho bajo la presión combinada de la globalización de la riqueza y la información, y de la localización de la identidad y la legitimidad.

Estos procesos de cambio estructural, que he analizado en los dos volúmenes previos de este libro, inducen una transformación fundamental de los contextos macropolíticos y macrosociales que moldean y condicionan la acción social y la experiencia humana en todo el mundo. Este volumen explora algunas de estas macrotransformaciones, intentando explicarlas como resultado de la interacción entre los procesos que caracterizan a la era de la información: informacionalización, globalización, interconexión, construcción de la identidad, crisis del patriarcado y del Estado-nación. Aunque no pretendo que todas las dimensiones importantes del cambio social estén representadas en este volumen, creo que las tendencias documentadas y analizadas en los capítulos siguientes sí constituyen un nuevo paisaje histórico, cuya dinámica es probable que tenga efectos duraderos sobre nuestras vidas y las de nuestros hijos.

No es por casualidad que el volumen comience con un análisis del derrumbamiento del comunismo soviético. La Revolución rusa de 1917 y el movimiento comunista internacional que puso en marcha fueron el fenómeno político e ideológico dominante del siglo xx. El comunismo y la Unión Soviética, y las reacciones opuestas que desencadenaron por todo el mundo, marcaron decisivamente a las sociedades y a la gente durante el siglo. Y, sin embargo, este poderoso imperio y su vigorosa mitología se desintegraron en sólo unos cuantos años, en uno de los más extraordinarios ejemplos de cambio histórico inesperado. Sostengo que en las raíces de este proceso, que marca el fin de una época histórica, se encuentra la incapacidad del estatismo para gestionar la transición a la era de la información. El capítulo 1 tratará de proporcionar una base empírica a esta afirmación.

El fin del comunismo soviético y la adaptación apresurada del comunismo chino al capitalismo global han dejado al capitalismo por fin solo en su ámbito planetario, en una nueva forma más flexible y más dura. La reestructuración del capitalismo entre los años setenta y noventa demostró la versatilidad de sus reglas de funcionamiento y su capacidad de utilizar con eficacia la lógica de las redes de la era de la información para inducir un salto espectacular en las fuerzas productivas y el crecimiento económico. Pero también mostró su lógica excluyente, ya que millones de personas y grandes zonas del planeta están quedando marginadas de los beneficios del informacionalismo, tanto en el mundo desarrollado como en los países en vías de desarrollo. El capítulo 2 documenta estas tendencias, relacionándolas con la naturaleza incontrolada de las redes capitalistas globales. Además, en los márgenes del capitalismo global ha aparecido un nuevo actor colectivo que posiblemente cambiará las reglas de las instituciones económicas y políticas en los años venideros: el crimen global. En efecto, aprovechándose del desorden mundial que siguió a la desintegración del imperio soviético, manipulando poblaciones y territorios excluidos de la economía formal y utilizando los instrumentos de la interconexión global, las actividades delictivas proliferaron en todo el planeta y establecieron vínculos entre sí, constituyendo una emergente economía criminal global que penetra en los mercados financieros, el comercio, las empresas y los sistemas políticos de todas las sociedades. Esta conexión perversa es un rasgo significativo del capitalismo global e informacional, cuya importancia suele reconocerse en los medios de comunicación, pero que no se integra en los análisis sociales, un defecto teórico que trataré de corregir en el capítulo 3 de este volumen.

Al mismo tiempo, se ha producido una extraordinaria expansión del crecimiento capitalista, que incluye a cientos de millones de personas en el proceso de desarrollo, sobre todo en el Pacífico asiático (capítulo 4). La incorporación de áreas dinámicas de China, India y el este y sureste asiático, a la estela del desarrollo japonés, a una economía global interdependiente cambia la historia, estableciendo una base multicultural de interdependencia económica: señala el fin de la dominación occidental que caracterizó a la era industrial desde sus comienzos. Sin embargo, la volatilidad del nuevo capitalismo global también se manifestó en el dramático cambio de fortuna del Pacífico asiático, sacudido por la crisis financiera de 1997-1998. El análisis expuesto en el capítulo 4 examina la interacción entre el desarrollo y la crisis en Asia como manifestación de la creciente tensión entre la globalización y el Estado.

Enfrentados con el torbellino de la globalización y removidos los cimientos culturales y geopolíticos del mundo tal como se conocía, los países europeos convergieron, no sin problemas, en el proceso de unificación de Europa, que aspira simbólicamente a unificar sus monedas y, de este modo, sus economías, hacia el fin del milenio (capítulo 5). Sin embargo, aún no se han esclarecido las dimensiones culturales y políticas, esenciales para el proceso de unificación, por lo que el destino de Europa acabará dependiendo, como el de otras zonas del mundo, de la resolución de los rompecabezas históricos planteados por la transición al informacionalismo y por el cambio del Estado-nación a una nueva interacción de las naciones y el Estado, bajo la forma del Estado red.

Tras investigar estas transformaciones macrosociales/políticas, que definen algunos de los principales debates de nuestro tiempo, concluiré en una vena más analítica. No sólo sobre los temas presentados en este volumen, sino sobre las conexiones entre éstos y los procesos sociales analizados en los dos volúmenes precedentes. Con la benevolencia del lector, la conclusión de este volumen propondrá algunos materiales para construir una teoría social sobre la era de la información. Lo que quiere decir que, tras explorar nuestro mundo, intentaré hallarle sentido.

1

LA CRISIS DEL ESTATISMO INDUSTRIAL Y EL COLAPSO DE LA UNIÓN SOVIÉTICA

Cuando la Unión Soviética produzca 50 millones de toneladas de lingotes de hierro, 60 millones de toneladas de acero, 500 millones de toneladas de carbón y 60 millones de toneladas de petróleo, estaremos asegurados contra cualquier desgracia.

Stalin, discurso de febrero de 1946[1].

La contradicción que se hizo evidente en los años cincuenta, entre el desarrollo de las fuerzas productivas y las necesidades crecientes de la sociedad, por una parte, y las relaciones productivas cada vez más obsoletas del antiguo sistema de gestión económica, por otra, se fue agudizando con cada año que pasaba. La estructura conservadora de la economía y las tendencias hacia la inversión extensiva, junto con el atrasado sistema de gestión económica, se fueron convirtiendo de forma gradual en un freno y un obstáculo para el desarrollo económico y social del país.

Abel Aganbegyan, *The Economic Challenge of Perestroika*, pág. 49.

La economía mundial es un organismo único y ningún Estado, sea cual fuere su sistema social o posición económica, puede desarrollarse normalmente fuera de él. Ello pone en el orden del día la necesidad de idear una maquinaria fundamental-

---

Este capítulo ha sido investigado, elaborado y escrito conjuntamente con Emma Kiselyova. Se basa fundamentalmente en dos conjuntos de informaciones. El primero es la investigación de campo que realicé entre 1989 y 1996 en Moscú, Selenogrado, Leningrado, Novosibirsk, Tiumen, Jabarovsk y Sajalín en el marco de los programas de investigación del Programa de Estudios Rusos, Universidad Autónoma de Madrid, y del Programa de la Cuenca del Pacífico de la Universidad de California, en cooperación con la Asociación Sociológica Rusa; el Instituto de Economía e Ingeniería Industrial, Academia de Ciencias Rusa, rama siberiana; y el Centro de Estudios Sociológicos Avanzados, Instituto de la Juventud, Moscú. Codirigí junto con O. I. Shkaratan, V. I. Kuleshov, S. Natalushko, E. Kiselyova y A. Granberg, respectivamente, cuatro importantes proyectos de investigación. En las notas a pie de página se proporcionan las referencias específicas de cada proyecto de investigación correspondiente a cada tema. Agradezco a todos mis colegas rusos su contribución esencial a mi comprensión de la Unión Soviética, pero, por supuesto, los exonero de toda responsabilidad por mis errores y mi interpretación personal de los resultados. El segundo conjunto de informaciones sobre el que se basa este capítulo son las fuentes documentales, bibliográficas y estadísticas, reunidas y analizadas fundamentalmente por Emma Kiselyova. También deseo agradecer los amplios y detallados comentarios que proporcionaron sobre el borrador de este capítulo Tatiana Zaslavskaya, Gregory Grossman y George Breslauer.

[1] Citado por Menshikov, 1990, pág. 72.

mente nueva para el funcionamiento de la economía mundial, una nueva estructura de la división internacional del trabajo. Al mismo tiempo, el crecimiento de la economía mundial revela las contradicciones y los límites inherentes al tipo tradicional de industrialización.
Mijaíl Gorbachov, alocución a la ONU, 1988 [2].

Un día nos daremos cuenta de que en realidad somos el único país de la tierra que trata de entrar en el siglo XXI con la ideología obsoleta del siglo XIX.
Borís Yeltsin, Memorias, 1990, pág. 245 [3].

El derrumbamiento repentino de la Unión Soviética y, con él, la desaparición del movimiento comunista internacional plantean un enigma histórico: ¿por qué, en los años ochenta, los dirigentes soviéticos sintieron la urgencia de embarcarse en un proceso de reestructuración tan radical que acabó conduciendo a la desintegración del Estado soviético? Después de todo, la Unión Soviética no sólo era una superpotencia militar, sino también la tercera economía del mundo, el mayor productor mundial de petróleo, gas y metales raros, y el único país autosuficiente en recursos energéticos y materias primas. Es cierto que se habían advertido síntomas de serios defectos económicos desde los años sesenta, y la tasa de crecimiento había venido disminuyendo desde 1971 para estancarse en 1980. Pero las economías occidentales habían experimentado una tendencia descendente en el aumento de la productividad, así como un crecimiento económico negativo, en algunos momentos de las dos últimas décadas, sin sufrir consecuencias catastróficas. La tecnología soviética parecía haberse rezagado en algunos campos fundamentales pero, en general, la ciencia soviética mantenía un nivel excelente en disciplinas esenciales: matemática, física, química, y sólo la biología tenía alguna dificultad para recobrarse de las locuras de Lisenko. La difusión de esta capacidad científica en la aplicación tecnológica no parecía inalcanzable, como indica el hecho de que el programa espacial soviético superase a los deprimentes resultados de la NASA en los años ochenta. La agricultura continuaba en crisis permanente y la escasez de bienes de consumo era habitual, pero las exportaciones de energía y materias primas, al menos hasta 1986, proporcionaron un colchón de divisas para importaciones sustitutivas, de tal modo que las condiciones de vida de los ciudadanos soviéticos eran mejores, no peores, a mediados de los años ochenta que una década antes.

Además, el poder soviético no se encontraba ante un desafío serio internacional o interno. El mundo había entrado en una era de estabilidad

---

[2] Reimpreso en un suplemento especial de *Soviet Life*, febrero de 1989, y Tarasulo, 1989, pág. 331.
[3] Traducción del ruso.

relativa en las esferas de influencia reconocidas entre las superpotencias. La guerra en Afganistán se estaba haciendo sentir en sufrimiento humano, en imagen política y en orgullo militar, pero no en un grado mayor que el del daño causado por la guerra de Argelia a Francia o la guerra de Vietnam a los Estados Unidos. La disidencia política se limitaba a pequeños círculos intelectuales, tan respetados como aislados; a los judíos que deseaban emigrar; y al cotilleo de cocina, una tradición rusa profundamente arraigada. Aunque hubo unos cuantos casos de protestas y huelgas, asociados en general con la escasez de alimentos y los aumentos de precios, no se puede hablar realmente de movimientos sociales. La opresión de las nacionalidades y las minorías étnicas despertaba resentimiento y, en las repúblicas bálticas, franca hostilidad antirrusa, pero tales sentimientos rara vez se articularon en una acción colectiva o en movimientos de opinión parapolítica.

La gente estaba descontenta con el sistema y expresaba su distanciamiento de formas diferentes: cinismo, hurtos menores en el trabajo, absentismo, suicidio y alcoholismo generalizado. Pero con el terror estalinista superado desde hacía mucho tiempo, la represión política era limitada y muy selectiva, y el adoctrinamiento ideológico había acabado teniendo más de ritual burocrático que de inquisición ardiente. Para cuando el largo gobierno de Brezhnev hubo logrado establecer la normalidad y el aburrimiento en la Unión Soviética, la gente había aprendido a arreglárselas con el sistema, viviendo sus vidas lo mejor que podía, lo más lejos posible de los pasillos del Estado. Aunque la crisis estructural del estatismo soviético se estaba cociendo en las calderas de la historia, pocos de sus actores parecen haberse dado cuenta. La segunda revolución rusa, que desmanteló el imperio soviético, poniendo fin a uno de los experimentos humanos más atrevidos y costosos, quizás sea el único cambio histórico importante producido sin la intervención de movimientos sociales o sin una guerra trascendental. Parece que el Estado creado por Stalin intimidó a sus enemigos y logró acabar con el potencial rebelde de la sociedad durante un largo periodo.

El velo de misterio histórico se hace aún más tupido cuando consideramos el proceso de reforma iniciado por Gorbachov. ¿Cómo y por qué se perdió el control de ese proceso? Después de todo, en contra de la imagen simplista transmitida en la prensa occidental, la Unión Soviética, y antes Rusia, había pasado «de una *perestroika* a otra», como van Regemorter titula su excelente análisis histórico de los procesos de reforma en Rusia [4]. De la Nueva Política Económica de los años veinte a las reformas de Kossyguin de la gestión económica a finales de los años sesenta, pasando por la violenta reestructuración estalinista de los años treinta y el revisionismo de Jrushchov en los años cincuenta, la Unión Soviética había progresado/re-

---

[4] Van Regemorter, 1990.

trocedido a saltos, haciendo de la alternancia entre continuidad y reforma un rasgo sistémico. En efecto, éste fue el modo específico utilizado por el sistema soviético para responder a la cuestión del cambio social, esencial para todos los sistemas políticos duraderos. No obstante, con la excepción importante de la despiadada capacidad de Stalin para reescribir constantemente las reglas del juego a su favor, el aparato del partido siempre fue capaz de controlar las reformas dentro de los límites del sistema, procediendo cuando era necesario a purgas políticas y cambios de liderazgo. ¿Cómo pudo, a finales de los años ochenta, un partido tan veterano y astuto, curtido en batallas interminables de reforma controlada, perder el control político hasta el punto de tener que recurrir a un golpe desesperado y apresurado que acabó precipitando la desaparición del sistema?

Mi hipótesis es que la crisis que suscitó las reformas de Gorbachov fue de una naturaleza histórica diferente de las anteriores, y esta diferencia afectó al propio proceso de reforma, haciéndolo más arriesgado y al final incontrolable. Sostengo que la crisis galopante que sacudió los cimientos de la economía y la sociedad soviéticas a partir de los años setenta fue la expresión de la incapacidad estructural del estatismo y de la variante soviética del industrialismo para asegurar la transición a la sociedad de la información.

Por estatismo entiendo un sistema social organizado en torno a la apropiación del excedente económico producido en la sociedad por quienes ostentan el poder en el aparato estatal, en contraste con el capitalismo, en el cual el excedente se lo apropian quienes controlan las organizaciones económicas (véase el volumen I, prólogo). Mientras que el capitalismo se orienta hacia la maximización de beneficios, el estatismo lo hace hacia la maximización de poder; es decir, hacia el incremento de la capacidad militar e ideológica del aparato estatal para imponer sus objetivos a un número mayor de sujetos y a niveles más profundos de su conciencia. Por industrialismo entiendo un modo de desarrollo en el que las principales fuentes de la productividad son el aumento cuantitativo de los factores de producción (trabajo, capital y recursos naturales), junto con el uso de nuevas fuentes de energía. Por informacionalismo entiendo un modo de desarrollo en el que la principal fuente de la productividad es la capacidad cualitativa para optimizar la combinación y el uso de los factores de producción basándose en el conocimiento y la información. El ascenso del informacionalismo es inseparable de una nueva estructura social, la sociedad red (véase el volumen I, cap. 1). El último cuarto del siglo XX estuvo marcado por la transición del industrialismo al informacionalismo, y de la sociedad industrial a la sociedad de la información, tanto para el capitalismo como para el estatismo, en un proceso que acompaña a la revolución de la tecnología de la información. En la Unión Soviética, esta transición requirió medidas que socavaron los intereses establecidos de la burocracia estatal y la *nomenklatura* del partido. Advirtiendo cuán crítico era asegurar la transición del sistema a un nivel más elevado de fuerzas productivas y capacidad tecnológica, los reformadores, encabezados por Gorbachov, apostaron por apelar a la sociedad para superar la resistencia de la *nomenklatura* al cambio. *Glasnost* (apertura) desplazó a *uskorenie* (aceleración [económica]) como principal instrumento en el desarrollo de la *perestroika* (reestructuración). Y la historia ha demostrado que una vez que la sociedad rusa sale al campo político abierto, como ha sido reprimida durante tanto tiempo, se niega a amoldarse a políticas estatales preestablecidas, adopta una vida política propia y se vuelve impredecible e incontrolable. Esto es lo que Gorbachov, en la tradición de Stolipin, aprendió de nuevo a su propia costa.

Además, la apertura de la expresión política a la sociedad soviética en general liberó la presión contenida de las identidades nacionales, distorsionadas, reprimidas y manipuladas durante el estalinismo. La búsqueda de fuentes de identidad diferentes de la marchita ideología comunista condujo al resquebrajamiento de la aún frágil identidad soviética, debilitando de forma decisiva al Estado soviético. El nacionalismo, incluido el ruso, se convirtió en la expresión más aguda de los conflictos entre la sociedad y el Estado. Fue un factor político inmediato que llevó a la desintegración de la Unión Soviética.

En las raíces de la crisis que indujo la *perestroika* y desencadenó el nacionalismo, se encuentra la incapacidad del estatismo soviético para asegurar la transición al nuevo paradigma informacional, paralelamente al proceso que estaba teniendo lugar en el resto del mundo. No se trata de una hipótesis muy original. De hecho, es la aplicación de una antigua idea marxiana, según la cual los sistemas sociales pueden detener el desarrollo de las fuerzas productivas, si bien en este contexto histórico cobra un carácter irónico. Espero que el valor añadido del análisis que se somete a la atención del lector en las páginas siguientes radique en su especificidad. ¿Por qué fue el estatismo estructuralmente incapaz de llevar a cabo la reestructuración necesaria para adaptarse al informacionalismo? Sin duda, no fue culpa del Estado *per se*. El Estado japonés y, más allá de las costas del Mar de Japón, el Estado desarrollista, cuyos orígenes y logros se analizan en otro lugar (véase el capítulo 4), han sido instrumentos decisivos para fomentar la innovación tecnológica y la competitividad global, así como para transformar países bastante tradicionales en sociedades informacionales avanzadas. Ciertamente, estatismo no equivale a intervencionismo. El estatismo es un sistema social específico, orientado hacia la maximización del poder estatal, mientras que la acumulación de capital y la legitimidad social se subordinan a esa meta general. El comunismo soviético (como todos los sistemas comunistas) se construyó para asegurar el control total del partido sobre el Estado, y del Estado sobre la sociedad a través de la doble palanca de una economía planificada desde el centro y de una ideología marxista-leninista impuesta por un aparato cultural estrechamente controlado. Fue este sistema específico, no el Estado en general, el que resultó incapaz de navegar en las aguas tormentosas de la transición histórica entre industrialismo e informacionalismo. Los porqués, cómos y pormenores de esta idea se examinan en este capítulo.

El modelo extensivo de crecimiento económico y los límites del hiperindustrialismo

Nos hemos acostumbrado tanto a las valoraciones negativas de la economía soviética en los últimos años que suele pasarse por alto que, durante un largo periodo, sobre todo en los años cincuenta y hasta finales de los sesenta, el PNB soviético creció en general más deprisa que el de la mayor parte del mundo, si bien con un terrible coste humano y medioambiental[5]. Sin duda, las estadísticas oficiales soviéticas exageraron enormemente la tasa de crecimiento, sobre todo durante los años treinta. La importante labor estadística de Janin[6], sólo plenamente reconocida en los años noventa, parece indicar que la renta nacional soviética entre 1928 y 1987 no se multiplicó por 89,5, como las estadísticas soviéticas querrían hacernos creer, sino por 6,9. Sin embargo, según su propia estimación (que hay que considerar el límite inferior de la serie que se evalúa; véanse los cuadros 1.1-1.3 y las figuras 1.1 y 1.2), el crecimiento anual medio de la renta nacional soviética fue del 3,2% en el periodo de 1928-1940, del 7,2% en el de 1950-1960, del 4,4% en el de 1960-1965, del 4,1% en 1965-1970, y del 3,2% en 1970-1975. Tras 1975 prácticamente se estancó y en 1980-1982 y a partir de 1987 se hizo negativo.

No obstante, en general, y durante la mayor parte de la existencia de la Unión Soviética, su crecimiento económico fue más acelerado que el de Occidente y su ritmo de industrialización, uno de los más rápidos de la historia mundial.

Además, los resultados de un sistema deben evaluarse de acuerdo con sus propias metas. Desde esa perspectiva, la Unión Soviética tuvo durante medio siglo un éxito extraordinario. Si dejamos de lado (¿se puede, realmente?) las decenas de millones de personas (¿60 millones?) que murie-

---

[5] Véanse, entre otras obras, Nove, 1969/1982; Bergson, 1978; Goldman, 1983; Thalheim, 1986; Palazuelos, 1990. Para el debate sobre la precisión estadística en el análisis de la economía soviética, véase Central Intelligence Agency, 1990b.

[6] Janin, 1991a. Janin, durante muchos años, ha sido investigador del Instituto de Economía e Ingeniería Industrial, Academia de Ciencias Rusa, rama siberiana. Además de la referencia citada, que se corresponde en general con su tesis doctoral, gran parte de su obra se ha publicado en el periódico económico del mencionado Instituto, *EKO,* por ejemplo, véanse los números 1989(4), 1989(10), 1990(1), 1991(2). Para una revisión sistemática en inglés de la contribución decisiva de Janin a la estadística económica de la Unión Soviética, véase Harrison, 1993, págs. 141-167.

CUADRO 1.1 Aumento de la renta nacional soviética, 1928-1987: estimaciones alternativas (evolución durante ese periodo, porcentaje anual).

Periodo	TsSU[a]	CIA	Janin
1928-40	13,9	6,1	3,2[b]
1940-50	4,8	2,0	1,6[c]
1928-50	10,1	4,2	2,5
1950-60	10,2	5,2	7,2
1960-65	6,5	4,8	4,4
1965-70	7,7	4,9	4,1
1970-75	5,7	3,0	3,2
1975-80	4,2	1,9	1,0
1980-85	3,5	1,8	0,6
1985-87	3,0	2,7	2,0
1950-87	6,6	3,8	3,8
1928-87	7,9	3,9	3,3

[a] TsSU: Administración Central de Estadística (URSS).
[b] 1928-1941.
[c] 1941-1950.

Fuentes: compilado por Harrison, 1993, pág. 146 a partir de las fuentes siguientes: TsSu; Janin; producto material neto calculado a partir de Janin, 1991b, pág. 85; CIA, PNB de CIA, 1990a, cuadro A-1.

ron como consecuencia de la revolución, la guerra civil, el hambre, los trabajos forzados, la deportación y las ejecuciones; la destrucción de las culturas, la historia y las tradiciones nacionales (en Rusia y en el resto de las repúblicas por igual); la violación sistemática de los derechos humanos y la libertad política; la degradación masiva de un entorno natural hasta entonces prístino; la militarización de la economía y el adoctrinamiento de la sociedad; si, por un único momento analítico, pudiéramos contemplar el proceso histórico con ojos bolcheviques, sólo cabe sentir admiración ante las proporciones heroicas de la saga comunista. En 1917, los bolcheviques eran un puñado de revolucionarios profesionales que representaban una fracción minoritaria del movimiento socialista, que a su vez sólo era una parte del movimiento democrático más amplio que protagonizó la revolución de febrero de 1917 casi exclusivamente en las principales ciudades de un país cuya población era en un 84% rural[7]. Pero no sólo

[7] Véanse, entre otras obras, Trotski, 1965; Conquest, 1968, 1986; Cohen, 1974; Antonov-Ovseyenko, 1981; Pipes, 1991.

CUADRO 1.2 Producción e inflación soviéticas, 1928-1990 (evolución durante ese periodo, porcentaje anual).

	Crecimiento de producto real			Inflación de los precios al por mayor	
	Industria	Construcción	Renta Nacional	Verdadera	Oculta
TsSU[a]					
1928-40...............	17,0	—	13,9	8,8	—
1940-50...............	—	—	4,8	2,6	—
1950-60...............	11,7	12,3[b]	10,2	–0,5	—
1960-65...............	8,6	7,7	6,5	0,6	—
1965-70...............	8,5	7,0	7,7	1,9	—
1970-75...............	7,4	7,0	5,7	0,0	—
1975-80...............	4,4	—	4,2	–0,2	—
1980-85...............	—	—	3,5	—	—
1985-87...............	—	—	3,0	—	—
1928-87...............	—	—	7,9	—	—
Janin					
1928-41...............	10,9	—	3,2	18,5	8,9
1941-50...............	—	—	1,6	5,9	3,2
1950-60...............	8,5	8,4[b]	7,2	1,2	1,8
1960-65...............	7,0	5,1	4,4	2,2	1,6
1965-70...............	4,5	3,2	4,1	4,6	2,6
1970-75...............	4,5	3,7	3,2	2,3	2,3
1975-80...............	3,0	—	1,0	2,7	2,9
1980-85...............	—	—	0,6	—	—
1985-87...............	—	—	2,0	—	—
1928-87...............	—	—	3,3	—	—
1980-82...............	—	—	–2,0	—	—
1982-88...............	—	—	1,8	—	—
1988-90[c]	—	—	–4,6	—	—

[a] TsSU: Administración Estadística Central (URSS).
[b] 1955-60.
[c] Preliminar.

Fuentes: compilado por Harrison, 1993, pág. 147 a partir de las fuentes siguientes: TsSU; 1928-87: renta nacional calculada a partir de Janin, 1991b, pág. 85; las demás columnas calculadas a partir de Janin, 1991a, pág. 146 (industria), 167 (construcción), 206, 212 (precios al por mayor); 1980-90: calculado a partir de Janin, 1991b, pág. 29.

CUADRO 1.3 Factores de producción y productividad soviéticos, 1928-1990 (evolución durante ese periodo, porcentaje anual).

	Existencias de activo fijo	Productividad del capital	Producción por trabajador	Intensidad de insumos
TsSU[a]				
1928-40	8,7	4,8	11,9	−0,3
1940-50	1,0	3,1	4,1	−0,2
1950-60	9,4	0,8	8,0	−0,5
1960-65	9,7	−3,0	6,0	−0,2
1965-70	8,2	−0,4	6,8	−0,4
1970-75	8,7	−2,7	4,6	0,6
1975-80	7,4	−2,7	3,4	0,0
1980-85	6,5	−3,0	3,0	0,0
1985-87	4,9	−2,0	3,0	0,4
1928-87	7,2	0,5	6,7	−0,2
Janin				
1928-41	5,3	−2,0	1,3	1,7[b]
1941-50	2,4	−0,8	1,3	1,1
1950-60	5,4	1,6	5,0	−0,5
1960-65	5,9	−1,4	4,1	0,4
1965-70	5,1	−0,1	3,0	0,4
1970-75	3,9	−0,6	1,9	1,0
1975-80	1,9	−1,0	0,2	1,0
1980-85	0,6	0,0	0,0	1,0
1985-87	0,0	2,0	2,0	−0,5
1928-87	3,9	−0,6	2,2	0,8
1980-82	1,5	−3,6	−2,5	2,5
1982-88	1,9	−0,2	1,4	0,7
1988-90[c]	−0,5	−4,1	−4,1	3,4

[a] TsSU: Administración Estadística Central (URSS).
[b] 1,7-2%.
[c] Preliminar.

Fuentes: compiladas por Harrison, 1993, pág. 151, a partir de las fuentes siguientes: TsSU; 1928-87: Janin, 1991b, pág. 85; 1980-90: Janin, 1991b, pág. 29.

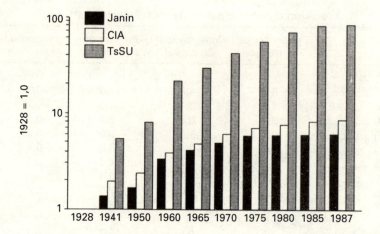

FIGURA 1.1   Renta nacional soviética, 1928-1987: estimaciones alternativas.

Fuente: compilado a partir de las cifras del cuadro 1.1 por Harrison, 1993, pág. 145

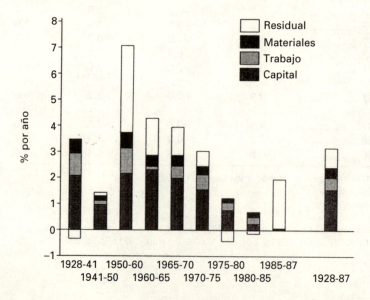

FIGURA 1.2   Renta nacional soviética: papel de los factores de producción en el aumento de la productividad.

Fuente: compilado a partir de las cifras de Janin, 1991a, b por Harrison, 1993, pág. 149.

fueron capaces de hacerse con el poder en el golpe de octubre, eliminando la competencia de todas las fuerzas políticas, sino también de ganar una atroz guerra revolucionaria contra los restos del ejército zarista, la Guardia Blanca y las fuerzas expedicionarias extranjeras. En el proceso, también liquidaron al ejército campesino anarquista de Majnó y a los marineros revolucionarios de Kronstadt. Es más, pese a una base social exigua en un proletariado urbano poco numeroso, al que apenas se unió un reducido grupo de intelectuales, los bolcheviques consiguieron construir en un tiempo récord, y pese al aislamiento internacional, una economía industrializada que en sólo dos décadas estuvo lo suficientemente desarrollada para proporcionar el armamento militar capaz de aplastar a la máquina bélica nazi. Con una determinación inexorable de superar al capitalismo, junto con una paranoia defensiva comprensible hasta cierto punto, la Unión Soviética, una economía pobre en términos generales, logró convertirse rápidamente en una potencia nuclear, mantener la paridad militar estratégica con los Estados Unidos y adelantarse en la carrera espacial en 1957, con gran asombro por parte de los gobiernos occidentales, que se habían creído su propia mitología sobre la incapacidad del comunismo para levantar una economía industrial avanzada.

Estas hazañas innegables se lograron al precio de deformar la economía para siempre[8]. En las raíces de la lógica económica soviética había un conjunto de prioridades en cascada[9]. Tuvo que exprimirse a la agricultura de sus productos para subvencionar a la industria y alimentar a las ciudades, y vaciarla de mano de obra para crear obreros industriales[10]. Los bienes de consumo, la vivienda y los servicios hubieron de conceder prioridad a la industria de bienes de capital y a la extracción de materias primas, para que el socialismo pudiera ser en seguida autosuficiente en todas las líneas de producción indispensables. La propia industria pesada se puso al servicio de la producción industrial militar, ya que el poder militar era el objetivo último del régimen y la piedra angular del estatismo. La lógica leninista-estalinista, que consideraba la fuerza absoluta la *raison d'être* del Estado —de todos los estados en último término—, penetró en toda la organización institucional de la economía soviética y reverberó a lo largo de toda la historia de la Unión Soviética bajo diversas formas ideológicas.

Para imponer estas prioridades en las condiciones más estrictas, «para llevar la política a los puestos de mando de la economía», como reza el eslogan comunista, se estableció una economía planificada desde el centro, la primera de su género en la historia mundial, si exceptuamos algunas economías preindustriales controladas centralmente. Como es obvio, en tal economía, los precios son sólo un instrumento de contabilidad y no

---

[8] Aganbegyan, 1988.
[9] Menshikov, 1990.
[10] Johnson y McConnell Brooks, 1983.

pueden indicar ninguna relación entre oferta y demanda [11]. Así, toda la economía se mueve por decisiones administrativas verticales, entre las instituciones planificadoras y los ministerios ejecutores, y entre los ministerios y las unidades de producción [12]. Los vínculos entre las unidades de producción no son realmente horizontales, puesto que sus intercambios han sido preestablecidos por sus respectivas administraciones matrices. En el núcleo de esa planificación central, dos instituciones moldearon la economía soviética. La primera fue el Gosplan, o Junta Estatal de Planificación, que establecía los objetivos para toda la economía en periodos de cinco años, luego pasaba a calcular las medidas de ejecución para cada producto, para cada unidad de producción y para todo el país, año por año, con el fin de asignar objetivos de producción y cuotas de suministro a cada unidad de la industria, construcción, agricultura e incluso servicios. Entre otros detalles, los «precios» de unos 200.000 productos se establecían de forma centralizada cada año. No es de extrañar que la programación lineal soviética estuviera entre las más complicadas del mundo [13].

La otra institución económica importante, menos conocida pero más significativa en mi opinión, fue el Gossnab (Junta Estatal de Suministro de Materiales y Equipo), que se ocupaba de controlar todos los suministros para cada transacción en todo el país, de un alfiler a un elefante. Mientras el Gosplan se preocupaba de la coherencia de sus modelos matemáticos, el Gossnab, con sus antenas ubicuas, estaba en el mundo real de autorizar suministros, controlar los flujos de bienes y materiales y, por lo tanto, de gestionar las escaseces, rasgo fundamental del sistema soviético. El Gosbank o Banco central nunca desempeñó un papel económico sustancial, ya que el crédito y la circulación del dinero eran la consecuencia automática de las decisiones del Gosplan, interpretadas y ejecutadas por el Estado de acuerdo con las instrucciones del comité central del partido [14].

Para lograr una industrialización rápida y para cumplir los objetivos de los planes, el Estado soviético recurrió a la movilización plena de los activos humanos y naturales de un país inmenso, rico en recursos, que suponía un sexto de la superficie de la tierra [15]. Este modelo extensivo de crecimiento económico fue característico de la Unión Soviética no sólo durante la fase de acumulación primitiva de los años treinta [16], sino también durante el periodo postestalinista [17]. Así, según Aganbegyan,

---

[11] Para una comprensión teórica de la lógica de la economía planificada desde el centro, véase la obra clásica de Janos Kornai, 1986, 1990.
[12] Nove, 1977; Thalheim, 1986; Desai, 1989.
[13] Cave, 1980.
[14] Menshikov, 1990.
[15] Jasny Nove, 1961; Ellman y Kontorovich, 1992.
[16] Wheatcroft *et al.*, 1986.
[17] Palazuelos, 1990.

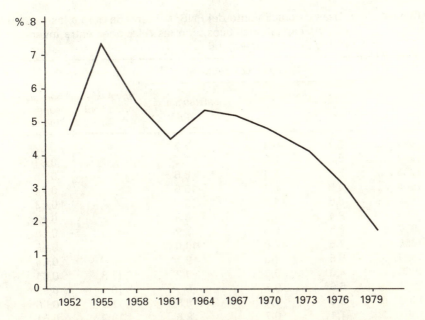

FIGURA 1.3 Tasas de crecimiento del PNB soviético, 1951-1980. Las tasas de crecimiento anual están promediadas en tres años y marcadas en el año medio de cada periodo.

Fuente: elaborado a partir del cuadro 1.4, col. 2.

en un periodo típico de cinco años de la posguerra, por lo general [...] la aplicación básica de fondos e inversión se multiplicó por 1,5, la extracción de petróleo y materias primas aumentó un 25-30%, y se reclutó de 10 a 11 millones de trabajadores en la economía nacional, gran parte de los cuales entraron en las nuevas ramas de producción. Fue una característica de todo el periodo de 1956 a 1975. El último periodo de cinco años que entrañó un gran aumento en el uso de recursos fue 1971-1975. En ese periodo, un índice compuesto del incremento de todos los recursos utilizados en la producción mostró un crecimiento del 21%[18].

Por lo tanto, el modelo soviético de crecimiento económico era típico de una economía industrial primitiva. Su tasa de crecimiento era función del volumen de la inversión y la productividad de la mano de obra, mientras que el cambio tecnológico desempeñaba un papel secundario, con lo que se inducía potencialmente rendimientos decrecientes cuando se agotaba el suministro de recursos (véase el cuadro 1.4 y la figura 1.3). En términos econométricos, era un modelo de crecimiento caracterizado por una función de producción de elasticidad constante con rendimientos

[18] Aganbegyan, 1988, pág. 7.

CUADRO 1.4 Tasas de crecimiento del PNB, la mano de obra y las existencias de capital soviéticos, con las relaciones entre inversión-PNB y producción-capital.

Año	Tasa de crecimiento de			Inversión bruta-PNB %	Producción-capital (media)
	PNB %	Mano de obra en horas hombre	Existencias de capital		
1951......	3,1	−0,1	7,7		0,82
1952......	5,9	0,5	7,5		0,81
1953......	5,2	2,1	8,6		0,78
1954......	4,8	5,1	10,5		0,74
1955......	8,6	1,6	10,6		0,73
1956......	8,4	1,9	10,3		0,72
1957......	3,8	0,6	9,9		0,68
1958......	7,6	2,0	10,0		0,66
1959......	5,8	−1,0	9,7		0,64
1960......	4,0	−0,3	9,2	17,8	0,61
1961......	5,6	−0,7	8,9	18,1	0,59
1962......	3,8	1,4	8,8	17,9	0,56
1963......	−1,1	0,7	8,8	19,3	0,51
1964......	11,0	2,9	8,6	19,1	0,52
1965......	6,2	3,5	8,2	18,9	0,51
1966......	5,1	2,5	7,7	19,2	0,50
1967......	4,6	2,0	7,2	19,9	0,49
1968......	6,0	1,9	7,1	20,2	0,48
1969......	2,9	1,7	7,2	20,3	0,46
1970......	7,7	2,0	7,8	21,0	0,46
1971......	3,9	2,1	8,1	21,7	0,45
1972......	1,9	1,8	8,2	22,9	0,42
1973.....	7,3	1,5	8,0	22,3	0,42
1974	3,9	2,0	7,8	23,0	0,40
1975......	1,7	1,2	7,6	24,6	0,38
1976......	4,8	0,8	7,2	24,5	0,37
1977......	3,2	1,5	7,0	24,6	0,36
1978......	3,4	1,5	6,9	25,2	0,35
1979......	0,8	1,1	6,7	25,2	0,33
1980......	1,4	1,1	6,5	25,4	0,31

El PNB y la inversión (sobre los que sólo se dispone de información a partir de 1960) están calculados en rublos de 1970, mientras que los datos de existencias de capital lo están en rublos de 1973. Los ratios de producción-capital son promedios, que se han hallado dividiendo los valores absolutos de producción y capital durante un año determinado. El último es la media de las existencias de capital al comienzo de dos años consecutivos.

Fuentes: compilado y elaborado por Desai, 1987, pág. 17.

constantes a escala [19]. Su futuro dependía de su capacidad para seguir absorbiendo recursos adicionales o bien de aumentar su productividad mediante avances tecnológicos y/o el uso de ventajas comparativas en el comercio internacional.

No obstante, la economía soviética se desarrolló en la autarquía y, durante largo tiempo, en un entorno mundial hostil que generó una mentalidad de asedio [20]. El comercio se reducía a los artículos esenciales, siempre condicionados, tanto en las importaciones como en las exportaciones, por consideraciones de seguridad. La adquisición predatoria de recursos adicionales nunca fue una opción real para la Unión Soviética, ni siquiera después de que el Tratado de Yalta reconociera su ocupación de Europa Oriental. Sus estados vasallos, de Alemania Oriental a Cuba y Vietnam, se consideraban peones políticos más que colonias económicas, siendo en realidad algunos de ellos (por ejemplo, Cuba) muy costosos para el presupuesto soviético [21]. Resulta interesante que esta prioridad política sobre los criterios económicos se extendiera a la relación entre Rusia y las demás repúblicas soviéticas. La Unión Soviética es un caso único de dominio nacional en el que había discriminación inversa en la cuota regional de inversión y recursos, con Rusia distribuyendo a las demás repúblicas muchos más recursos de los que obtenía de ellas [22]. Dada la tradicional desconfianza soviética hacia la inmigración extranjera y la creencia en el potencial ilimitado de recursos en las zonas asiáticas y septentrionales del país, el énfasis *económico* no estaba en extender geográficamente el alcance del imperio, sino en movilizar de lleno los recursos soviéticos, tanto naturales como humanos (poniendo a las mujeres a trabajar fuera del hogar; haciendo que la gente trabajara más).

Los defectos de este modelo extensivo de crecimiento económico fueron consecuencia directa de los rasgos que aseguraron su éxito histórico en sus metas establecidas políticamente. El sacrificio de la agricultura y la brutal política de colectivización obligatoria destruyeron las fuentes de productividad de la agricultura, no sólo en el cultivo, sino en la cosecha, el almacenaje y la distribución [23]. Con mucha frecuencia, se dejaba que las cosechas se pudrieran en los campos o se echaban a perder en depósitos o en el largo camino hasta silos distantes, situados lo más lejos posible de los pueblos para evitar el pillaje de una población rural recelosa y resentida. De forma sistemática, las diminutas parcelas familiares tenían una productividad mucho más alta, pero eran demasiado pequeñas y con de-

---

[19] Weitzman, 1970, pág. 63; citado por Desai, 1987, pág. 63.
[20] Holzman, 1976; Desai, 1987, págs. 251-273; Aganbegyan, 1988, págs. 141-156; Menshikov, 1990, págs. 222-264.
[21] Marrese y Vanous, 1983. Para una crítica (que nos parece cuestionable) de este análisis, véase Desai, 1987, págs. 153-162.
[22] Véase, entre otras fuentes, Korowkin, 1994.
[23] Volin, 1970; Johnson y McConnell Brooks, 1983; Scherer y Jakobson, 1993.

masiada frecuencia estaban sometidas a controles y abusos para compensar la diferencia en una agricultura por lo demás ruinosa. Cuando la Unión Soviética pasó de un estado de emergencia a una sociedad que trataba de alimentar a sus ciudadanos, el déficit agrícola se convirtió en una carga onerosa para el presupuesto estatal y las importaciones soviéticas, que de forma gradual fue restando recursos a la inversión industrial [24].

La economía planificada desde el centro, muy derrochadora pero efectiva para movilizar recursos hacia metas prioritarias, también fue la fuente de interminables rigideces y desequilibrios que disminuyeron la productividad a medida que la economía se fue haciendo más compleja, avanzó tecnológicamente y diversificó su organización. Cuando se permitió a la población expresar sus preferencias de consumo por encima del nivel de supervivencia, cuando el cambio tecnológico impuso la transformación de los procedimientos de trabajo tradicionales, y cuando el mero tamaño de la economía, funcionalmente interdependiente a una vasta escala geográfica, escapó a la habilidad programadora de los planificadores del Gosplan, la economía dirigida comenzó a sufrir disfunciones sistémicas a la hora de poner en práctica los planes. Las torpes burocracias verticales, varadas en una era de flexibilidad, se confundieron cada vez más, vagando por los caminos de su propia interpretación contradictoria de los designios del plan.

Este sistema también desalentó la innovación en un momento de cambio tecnológico fundamental, pese a los vastos recursos que la Unión Soviética dedicaba a la ciencia y a investigación y desarrollo (I+D), y pese a poseer una proporción más elevada de científicos e ingenieros en la población activa que cualquier otro país importante del mundo [25]. Debido a que la innovación siempre supone riesgo y sus resultados son impredecibles, se desanimó sistemáticamente a las unidades de producción a todos los niveles de participar en aventuras tan arriesgadas. Además, el sistema contable de la economía dirigida presentaba un obstáculo fundamental para la innovación que aumenta la productividad, tanto en tecnología como en gestión. Expliquémoslo. Los resultados de cada unidad se medían en el valor bruto de la producción calculado en rublos. Este valor de la producción (o *valovaya produktsiya, val*) incluía el valor de todos los insumos (*inputs*). La comparación del *val* de los distintos años determinaba el grado de cumplimiento del plan y, en definitiva, la prima para los gestores y los trabajadores. Así pues, no había interés en reducir el valor de los insumos en un producto determinado, por ejemplo, mejorando la utilización de la tecnología o la gestión, si el sistema del *val* no podía traducir tales mejoras en un valor añadido más elevado [26]. Es más, la organización vertical de la pro-

---

[24] Goldman, 1983, 1987.
[25] Aganbegyan, 1988.
[26] Goldman, 1987.

ducción, incluida la científica, hacía extremadamente difícil establecer lazos sinergéticos entre producción e investigación. En general, la Academia de Ciencias siguió aislada de la industria y cada ministerio tenía su propio sistema de apoyo de investigación, frecuentemente separado de los de otros ministerios, con los que rara vez colaboraba. Las soluciones tecnológicas fragmentarias y específicas eran la regla en la economía soviética precisamente cuando la innovación tecnológica inexplorada abría nuevos horizontes en las economías capitalistas avanzadas en los albores de la era de la información [27].

De forma similar, las prioridades asignadas desde la política a cada rama y sector de la economía permitieron la realización de las metas del Partido Comunista, no siendo la menor conseguir la posición de superpotencia en menos de tres décadas. Pero las prioridades sistémicas llevaron a desequilibrios sistémicos entre los sectores, y a una falta de ajuste crónica entre oferta y demanda en la mayoría de los productos y procesos. Puesto que los precios no podían reflejar tales desequilibrios porque se establecían por decisión administrativa, la brecha daba como resultado escaseces. La escasez de todo se convirtió en un rasgo estructural de la economía soviética [28]. Y con las escaseces también llegó el desarrollo de métodos para afrontarlas, del consumidor a la tienda, del fabricante al proveedor, y de un gestor a otro. Lo que comenzó como un modo pragmático de paliar la escasez, en una red de favores recíprocos, acabó como un vasto sistema de intercambio de economía informal, organizado cada vez más mediante pagos ilegales, ya fuera en dinero o en bienes. Como la lealtad y la protección de los burócratas supervisores era un requisito para que el sistema funcionara fuera de las reglas a una escala tan grande, el partido y el Estado acabaron inmersos en una gigantesca economía sumergida, una dimensión fundamental del sistema soviético que ha sido investigada por Gregory Grossman, uno de los principales estudiosos de la economía soviética [29]. A veces se ha afirmado que esa economía sumergida suavizó las rigideces del sistema, creando un mecanismo cuasi de mercado que permitió funcionar a la economía real. De hecho, tan pronto como los gestores y burócratas descubrieron los beneficios de esta economía de escaseces crónicas, se indujeron éstas de forma constante mediante la aplicación estricta de las rígidas reglas del plan, creando así la necesidad de suavizar el sistema, a un precio. La economía sumergida, que aumentó considerablemente durante los años setenta con la condescendencia de la *nomenklatura* del partido, transformó profundamente la estructura social soviética, desorganizando y haciendo más costosa una eco-

---

[27] Golland, 1991.
[28] Sobre el análisis de la generación sistémica de escasez en la economía dirigida, véase Kornai, 1980.
[29] Grossman, 1977.

nomía planificada a la que, por definición, ya no se le permitía planificar, pues el interés dominante de los «guardianes» del aparato administrativo era cobrar sus rentas sumergidas en lugar de recibir sus primas por el cumplimiento de los objetivos previstos [30].

El aislamiento internacional de la economía soviética fue útil para el sistema porque posibilitó el funcionamiento del plan (lo que no es factible en una economía abierta) y porque apartó a la producción de las presiones competitivas externas. Pero precisamente por esta misma razón, la industria y la agricultura soviéticas dejaron de ser capaces de competir en la economía mundial justo en el momento histórico en que se formaba un sistema global interdependiente. Cuando la Unión Soviética se vio obligada a importar bienes, ya fuera maquinaria avanzada, bienes de consumo o grano para alimentar al ganado, descubrió los perjudiciales límites de su escasa capacidad de exportar productos manufacturados a cambio. Recurrió a las exportaciones masivas de petróleo, gas, materias primas y metales preciosos, que en la década de los ochenta ya representaban el 90% de las exportaciones soviéticas al mundo capitalista, suponiendo sólo el petróleo y el gas dos tercios de esas exportaciones [31]. Esta estructura de comercio exterior, típica de las economías subdesarrolladas, está expuesta al deterioro secular de los precios de las materias primas frente a los precios de los productos manufacturados y es excesivamente vulnerable a las fluctuaciones del precio del petróleo en los mercados mundiales [32]. Esta dependencia de las exportaciones de recursos naturales desvió recursos energéticos y materias primas de la inversión en la economía soviética, socavando aún más el modelo de crecimiento extensivo. Por otra parte, cuando el precio del petróleo cayó, en 1986, la capacidad de importación de la economía quedó severamente dañada, aumentando la escasez de bienes de consumo e insumos agrícolas [33].

No obstante, quizás la debilidad más devastadora de la economía soviética fuera precisamente la fuerza de su Estado: un complejo militar-industrial sobreextendido y un presupuesto de defensa insostenible. En los años ochenta, el gasto de defensa podía evaluarse en torno al 15% del PNB soviético, más del doble del gasto equivalente de los Estados Unidos en el momento álgido de la política armamentista de Reagan. Algunos cálculos lo sitúan en un nivel aún más elevado, en torno al 20-25% del PNB [34]. Cerca de un 40% de la producción industrial estaba relacionada con la defensa y la producción de las empresas que participaban en el complejo industrial militar alcanzaba en torno al 70% de toda la produc-

---

[30] Grossman, 1989.
[31] Menshikov, 1990.
[32] Veen, 1984.
[33] Aganbegyan, 1988.
[34] Steinberg, 1991.

ción industrial. Pero el daño de una industria militar tan gigantesca a la economía civil fue aún más profundo [35]. Sus empresas concentraban los mejores científicos, ingenieros y obreros especializados, y también se les suministraba la mejor màquinaria y el acceso a los recursos tecnológicos. Contaban con sus propios centros de investigación, los más avanzados en tecnología del país, y tenían prioridad en la adjudicación de las cuotas de importación. De este modo, absorbían lo mejor del potencial industrial, humano y tecnológico soviético. Y una vez que estos recursos se adjudicaban al sector militar, difícilmente volvían a la producción o a aplicaciones civiles. La difusión tecnológica al sector civil era la excepción y la proporción de bienes civiles de la producción total de las empresas militares solía ser inferior al 10%. Aun así, la mayor parte de los aparatos de televisión y otros artículos electrónicos de consumo eran producidos por las empresas militares, como un producto secundario de su actividad. No es necesario decir que apenas se prestaba atención a la satisfacción del consumidor, dada la dependencia orgánica de estas empresas del Ministerio de Defensa. El sector militar-industrial funcionaba como un agujero negro en la economía soviética, absorbiendo la mayor parte de la energía creativa de la sociedad y haciéndola desaparecer en un abismo de inercia invisible. Después de todo, la militarización de la economía es un atributo lógico de un sistema que asigna prioridad absoluta al poder del Estado en aras del poder del Estado. Que un país empobrecido, prácticamente rural y apenas desarrollado como la Unión Soviética a comienzos de siglo pudiera convertirse en una de las mayores potencias militares de la historia sólo en tres décadas tenía necesariamente que cobrarse un precio en la economía civil y la vida cotidiana de sus ciudadanos.

Los dirigentes soviéticos eran conscientes de las contradicciones y cuellos de botella que se estaban desarrollando en la economía planificada. En efecto, como ya se ha mencionado, la historia soviética ha estado dominada por esfuerzos periódicos de reforma y reestructuración [36]. Jrushchov trató de acercar los logros del socialismo a los hogares de la gente, mejorando la producción agrícola y prestando mayor atención a los bienes de consumo, la vivienda y las prestaciones sociales, sobre todo las pensiones [37]. Además, imaginó un nuevo tipo de economía capaz de permitir el desarrollo pleno de las fuerzas productivas. La ciencia y la tecnología se pondrían al servicio del desarrollo económico y aprovecharían los recursos naturales de Siberia, el Lejano Oriente y las repúblicas de Asia central. En la estela del entusiasmo generado por el exitoso lanzamiento de los primeros sputniks, el XXI Congreso del Partido, extrapolando los indicadores de crecimiento, predijo que la URSS alcanzaría la paridad

---

[35] Rowen y Wolf, 1990; Cooper, 1991.
[36] Van Regemorter, 1990.
[37] Gustafson, 1981; Gerner y Hedlund, 1989.

económica con los Estados Unidos en veinte años. En consecuencia, la estrategia general para vencer al capitalismo pasó de la confrontación militar inevitable a la política admitida de coexistencia y competencia pacíficas. En realidad, Jrushchov creía que el efecto de demostración de los logros del socialismo acabaría llevando al poder a los partidos comunistas y sus aliados en el resto del mundo[38]. Pero antes de implicar al movimiento comunista internacional en una perspectiva tan grandiosa (contestada por los comunistas chinos), sabía que había que realizar cambios en la burocracia del Estado soviético. Con el sector duro del partido a la defensiva tras la revelación de las atrocidades de Stalin en el XX Congreso, Jrushchov eliminó los ministerios económicos, limitó el poder del Gosplan y transfirió responsabilidad a los consejos económicos regionales (*sovnarjozi*). Como era de esperar, la burocracia respondió reconstruyendo las redes informales verticales de control y gestión de los escasos recursos. La desorganización resultante del sistema de planificación llevó a una disminución en la producción y a una ralentización sustancial del crecimiento de la agricultura, núcleo de las reformas jrushchovianas. Antes de que pudiera reaccionar al sabotaje de sus políticas, que sin duda adolecían de un excesivo voluntarismo, el aparato del partido organizó un golpe interno que puso fin al mandato de Jrushchov en 1964. Inmediatamente después se restablecieron los poderes del Gosplan y se crearon ministerios de nuevo cuño, a través de los cuales las autoridades planificadoras pudieron hacer cumplir sus directivas.

La reforma económica no se paró por completo, sino que se reorientó desde el nivel de la administración del Estado hasta el de la empresa. Las reformas de Kossyguin de 1965[39], inspiradas por los economistas Liberman y Nemchinov, dieron mayor libertad de decisión a los gestores de las empresas y experimentaron con un sistema de precios para pagar los recursos productivos. También se prestó mayor atención a los bienes de consumo (cuya producción, por primera vez, creció más deprisa que la de bienes de capital en 1966-1970). Se ofrecieron incentivos a la agricultura, que dieron como resultado un incremento sustancial de la producción en el periodo 1966-1971. Pero cuando se enfrentaron con la lógica de la economía planificada, estas reformas no pudieron perdurar. Las empresas que mejoraron su productividad utilizando su reciente libertad se encontraron con que al año siguiente se les asignaron cuotas más altas de producción. Los gestores empresariales y los trabajadores (como en la empresa que se convirtió en el modelo de las reformas de 1967, el complejo químico de Shchekino en Tula) se sintieron atrapados al verse castigados de hecho con una intensificación de su ritmo laboral, mientras que a las empresas que habían mantenido el nivel de producción constante aproxi-

---

[38] Taibo, 1993b.
[39] Kontorovich, 1988.

mado se las dejó en su rutina burocrática. A comienzos de los años setenta, Kossyguin ya había perdido poder y el potencial innovador de las reformas se había desvanecido.

No obstante, los primeros diez años del periodo de Brezhnev (1964-1975)[40] presenciaron un crecimiento económico moderado (por encima de un 4% anual de media), emparejado con estabilidad política y una mejora sostenida de las condiciones de vida de la población. El término «estancamiento» (*zastoi*), usualmente aplicado a los años de Brezhnev, no hace justicia a la primera parte del periodo[41]. El estancamiento relativo comenzó a partir de 1975, alcanzándose un nivel de crecimiento cero en 1980. Las fuentes de este estancamiento parecen haber sido estructurales y fueron los factores inmediatos que impulsaron la *perestroika* de Gorbachov.

Padma Desai ha proporcionado datos empíricos, así como una interpretación econométrica, sobre la ralentización del crecimiento de la economía soviética (véase la figura 1.3), cuyas principales razones parecen ser la tasa descendente de cambio tecnológico y los rendimientos decrecientes del modelo de acumulación extensivo[42]. Abel Aganbegyan también atribuye la ralentización del crecimiento económico al agotamiento del modelo de industrialización basado en el uso extensivo de capital, mano de obra y recursos naturales[43]. El atraso tecnológico condujo a rendimientos decrecientes en los campos de petróleo y gas, en las minas de carbón, y en la extracción de hierro y metales raros. El coste de explorar nuevos recursos aumentó espectacularmente con la distancia y con las barreras geográficas creadas por las condiciones inhóspitas de las zonas septentrionales y orientales del territorio soviético. La provisión de mano de obra menguó en la economía soviética a medida que disminuían las tasas de natalidad, como resultado de la educación y del desarrollo económico, y que se generalizaba la incorporación de las mujeres a la mano de obra. Así, uno de los pilares del modelo de acumulación extensivo, los incrementos cuantitativos constantes de mano de obra, desapareció. Las aportaciones de capital también se vieron limitadas por los rendimientos decrecientes de la inversión en la misma función de producción, característica de un estadio más atrasado de industrialización. Para producir la misma cantidad, en las nuevas condiciones económicas, tenía que utilizarse más capital, como indica el llamativo descenso de la relación producción-capital (véase el cuadro 1.4).

Asimismo, la ralentización estaba provocada por la dinámica inherente y la lógica burocrática del modelo de acumulación. Stanislav Menshi-

---

[40] Goldman, 1983; Veen, 1984; Mitchell, 1990.
[41] Van Regemorter, 1990.
[42] Desai, 1987.
[43] Aganbegyan, 1988.

kov, junto con un equipo de jóvenes economistas del Instituto de Economía de la Academia de Ciencias de Novosibirsk, desarrolló en los años setenta un modelo intersectorial de la economía soviética. En sus palabras:

> El análisis económico mostró que, en realidad, nuestra toma de decisiones en inversión, producción y distribución no se orientaba a aumentar el bienestar de la población, fomentando el progreso tecnológico y manteniendo unas tasas de crecimiento lo suficientemente elevadas como para sostener el equilibrio económico. Por el contrario, las decisiones se tomaban con vistas a maximizar el poder de los ministerios en su lucha por el reparto de unos recursos materiales, financieros, laborales, naturales e intelectuales excesivamente centralizados. Nuestro análisis económico-matemático reveló que el sistema tenía una inexorable inercia propia y estaba abocado a hacerse cada vez más ineficiente [44].

Esta ineficiencia resultó particularmente flagrante cuando las demandas de consumo de una población cada vez más educada, para entonces segura de sí misma, comenzó a presionar al gobierno, no mediante movimientos sociales que cuestionaran el sistema, sino afirmando la demanda ciudadana del reparto gradual del bienestar prometido [45].

No obstante, dos importantes problemas estructurales parecían impedir al sistema reformarse en los años ochenta. Por una parte, el agotamiento del modelo de crecimiento económico extensivo implicaba la necesidad de pasar a una nueva ecuación de producción en la que el cambio tecnológico pudiera desempeñar un papel mayor, utilizando los beneficios de la revolución tecnológica en marcha para aumentar sustancialmente la productividad de toda la economía. Ello requería que una parte del excedente pudiera separarse para consumo social sin poner en peligro la modernización de la maquinaria militar. Por otra parte, la excesiva burocratización de la gestión económica y las consecuencias caóticas de su corolario, el crecimiento de la economía sumergida, tenían que corregirse estimulando las instituciones de planificación y poniendo bajo control los circuitos paralelos de apropiación y distribución de bienes y servicios. En ambas vertientes —modernización tecnológica y regeneración administrativa— los obstáculos eran formidables.

La cuestión de la tecnología

Pese a las deficiencias de la planificación centralizada, la Unión Soviética construyó una poderosa economía industrial. Cuando, en 1961, Jrushchov lanzó al mundo el reto de que para los años ochenta la URSS produ-

---
[44] Menshikov, 1990, pág. 8.
[45] Lewin, 1988.

ciría más bienes industriales que los Estados Unidos, la mayoría de los observadores occidentales ridiculizaron la afirmación, aunque aún estaba reciente la impresión causada por el sputnik. No obstante, lo irónico es que, al menos según las estadísticas oficiales, pese a la ralentización económica y al desorden social, en los años ochenta la Unión Soviética produjo considerablemente más que los Estados Unidos en diversos sectores económicos importantes: un 80% más de acero, 78% más de cemento, 42% más de petróleo, 55% más de fertilizantes, el doble de hierro en bruto y cinco veces más tractores [46]. El problema es que, mientras tanto, el sistema de producción mundial había desplazado su centro de gravedad a la electrónica y la química especializada, e iniciaba la revolución en la biotecnología, todos ellos campos en los que la economía y la tecnología soviéticas presentaban un retraso sustancial [47]. Según todos los datos, la Unión Soviética perdió el tren de la revolución de las tecnologías de la información que tomó forma en el mundo a mediados de los años setenta. En un estudio que realicé en 1991-1993 con Svetlana Natalushko sobre las principales firmas de microelectrónica y telecomunicaciones en Selenogrado (el Silicon Valley soviético, a 25 km de Moscú) [48], la inmensa brecha tecnológica entre las tecnologías electrónicas soviéticas y occidentales se hizo evidente, pese a la calidad técnica generalmente elevada de los científicos e ingenieros que entrevistamos. Por ejemplo, incluso en fecha tan tardía, las empresas rusas no tenían la capacidad de diseñar chips menores de una micra, y sus «salas estériles» estaban tan «sucias» que ni siquiera podían producir los chips más avanzados que eran capaces de diseñar. En efecto, la principal razón que se nos dio de su subdesarrollo tecnológico fue la falta de equipo apropiado para la producción de semiconductores. Cabe contar un relato similar acerca de la industria informática que, según las observaciones de otro estudio que realicé en los institutos de investigación de la rama siberiana de la Academia de Ciencias en Novosibirsk, en 1990, parecía estar veinte años por detrás de la industria informática estadounidense o japonesa [49]. La revolución del ordenador personal dejó completamente de lado a la tecnología soviética, como también hizo con IBM. Pero, a diferencia de IBM, la Unión Soviética tardó más de una década en comenzar a diseñar y producir su propio clon, que se pareció sospechosamente al Apple One [50]. En el otro extremo del espectro, en los superordenadores, que debían ser el punto fuerte de un sistema tecnológico estatista, el rendimiento punta agregado de las máquinas soviéticas en 1991 —el mejor año de esa producción en la URSS—

---

[46] Walker, 1986, pág. 53.
[47] Amman y Cooper, 1986.
[48] Castells y Natalushko, 1993.
[49] Castells, 1991; para una versión abreviada de este análisis, véase Castells y Hall, 1994, cap. 4.
[50] Agamirzian, 1991.

fue inferior en más de dos órdenes de magnitud al de Cray Research[51]. En cuanto a la infraestructura tecnológica de telecomunicaciones, la evaluación de Diane Doucette del sistema de telecomunicaciones soviético en 1992 también mostró su retraso en relación con cualquier país importante industrializado[52]. Incluso en tecnologías clave con aplicaciones militares, a finales de los años ochenta, la Unión Soviética estaba muy por detrás de los Estados Unidos. En una comparación de tecnología militar entre los Estados Unidos, la OTAN, Japón y la URSS, realizada por el Departamento de Defensa estadounidense en 1989, la Unión Soviética era el país menos avanzado en 15 de las 25 tecnologías evaluadas y no estaba en paridad con los Estados Unidos en ningún campo tecnológico[53]. La valoración de Malleret y Delaporte de la tecnología militar también parece confirmar este hecho[54].

De nuevo, no hay una razón directa y obvia para tal retraso. La Unión Soviética no sólo poseía una sólida base científica y una tecnología lo bastante avanzada como para haber superado a los Estados Unidos en la carrera espacial a finales de los años cincuenta[55], sino que la doctrina oficial durante el mandato de Brezhnev llevó la «revolución científico-técnica» (RCT) al núcleo de la estrategia soviética para superar a Occidente y construir el comunismo sobre un cimiento tecnológico asentado en las relaciones de producción socialistas[56]. Tampoco era su prioridad declarada un discurso puramente ideológico. La importancia otorgada a la RCT fue respaldada por una inversión masiva en ciencia, I+D y formación de personal técnico, con el resultado de que, en los años ochenta, la URSS tenía más científicos e ingenieros, en relación con la población total, que ningún otro país importante del mundo[57].

Así, volvemos a quedarnos con la idea de que fue «el sistema», no las personas, ni la falta de recursos materiales dedicados al desarrollo científico y técnico, lo que socavó sus cimientos, provocando un retraso tecnológico justamente en el momento crítico del cambio de un importante paradigma en el resto del mundo. En efecto, hasta comienzos de los años sesenta no hay pruebas de un rezagamiento sustancial soviético en los principales campos tecnológicos, con la excepción notable de las ciencias biológicas, devastadas por el lisenkoísmo[58]. Pero tan pronto

---

[51] Wolcott y Goodman, 1993; véase también Wolcott, 1993.
[52] Doucette, 1995.
[53] Departamento de Defensa estadounidense, 1989, compilado y citado por Álvarez González, 1993.
[54] Malleret y Delaporte, 1991.
[55] *US News and World Report*, 1988.
[56] Afanasiev, 1972; Dryajlov *et al.*, 1972. Para un resumen en inglés de estos temas, véase Blyajman y Shkaratan, 1977.
[57] Véase Fortescue, 1986; Smith, 1992, págs. 283-309.
[58] Thomas y Kruse-Vaucienne, 1977; Fortescue, 1986.

como hubo discontinuidad en la evolución tecnológica, la investigación científica no pudo contribuir al progreso tecnológico y los esfuerzos por aprender la tecnología occidental mediante copias del diseño de ingeniería de sus máquinas abocaron a la Unión Soviética a un retraso inevitable, en el momento en que Estados Unidos y Japón aceleraban su despegue tecnológico [59]. «Algo» pasó durante los años setenta que indujo el retraso tecnológico en la URSS, pero ese «algo» no sucedió en la Unión Soviética, sino en los países capitalistas avanzados. Las características de la nueva revolución tecnológica, basada en las tecnologías de la información y en la rápida difusión de estas tecnologías en una amplia gama de aplicaciones, hizo extremadamente difícil que el sistema soviético las asimilara y adaptara a sus objetivos propios. No fue la crisis del periodo de estancamiento brezneviano lo que dificultó el desarrollo tecnológico. Más bien fue la incapacidad del sistema soviético para integrar realmente la tan alardeada «revolución científico-técnica» lo que contribuyó a su estancamiento económico. Especifiquemos las razones de esta incapacidad.

La primera razón fue la absorción de recursos económicos, ciencia y tecnología, maquinaria avanzada y capacidad intelectual por el complejo industrial-militar. Este vasto universo, que a comienzos de los años ochenta suponía unos dos tercios de la producción industrial y recibía, junto con las fuerzas armadas, entre el 15 y el 20% del PNB soviético [60], era un depositario derrochador de ciencia y tecnología: recibía a los más preparados y el mejor equipo disponible, y devolvía a la economía civil sólo electrodomésticos y artículos electrónicos de consumo mediocres [61]. Las tecnologías avanzadas que se descubrieron, usaron o aplicaron en el complejo militar industrial rara vez se difundieron en la sociedad, principalmente por motivos de seguridad, pero también con el fin de controlar la información que hacía de las empresas militares oligopolios virtuales de conocimientos industriales avanzados. Es más, la lógica de las empresas militares, en el Este como en el Oeste, era y es, sobre todo, complacer a su único cliente: el Ministerio de Defensa [62]. Así, se desarrollaron o adaptaron tecnologías para cumplir los requerimientos extremadamente específicos del armamento militar, lo que explica las dificultades considerables de cualquier proyecto de conversión, tanto en Rusia como en los Estados Unidos: ¿quién necesita, en el mercado industrial o de consumo, un chip diseñado para resistir una explosión nuclear? Lo que salvó a las

---

[59] Goldman, 1987.
[60] Sapir, 1987; Audigier, 1989; Alexander, 1990, pág. 7620; Steinberg, 1991.
[61] Álvarez González, 1993.
[62] Trabajo de campo de Manuel Castells, Svetlana Natalushko y colaboradores sobre empresas electrónicas de Selenogrado (1991-1993). Véase Castells y Natalushko, 1993. Sobre los problemas de los productos derivados de la industria de defensa en las economías occidentales, véase Kaldor, 1981.

industrias electrónicas de defensa estadounidenses de una rápida obsolescencia fue su apertura relativa a la competencia de otras empresas estadounidenses, así como de los productores electrónicos japoneses [63]. Pero las empresas soviéticas, al vivir en una economía cerrada, sin el incentivo de la exportación y sin otro objetivo que seguir las especificaciones de un Ministerio de Defensa no necesariamente al día, se empeñaron en una trayectoria tecnológica cada vez más alejada de las necesidades de la sociedad y de los procesos de innovación del resto del mundo [64].

La lógica impuesta por los requerimientos militares al desarrollo tecnológico es en buena medida responsable de la desaparición de los ordenadores soviéticos, que no estaban muy rezagados respecto a sus equivalentes occidentales entre mediados de los años cuarenta y mediados de los sesenta, y fueron un elemento clave en el progreso programa espacial soviético en sus comienzos [65]. El diseño de ordenadores comenzó en la Academia de Ciencias de Kiev en los años cuarenta, bajo la dirección del profesor S. A. Lebedev [66]. El primer prototipo, el MESM, se construyó en 1950, sólo cuatro años después del primer ordenador estadounidense, el UNIAC. De estos prototipos se desarrolló, a finales de los años cincuenta y los sesenta, toda una familia de *mainframes*: M-20, BASM-3M, BASM-4, M-220 y M-222. Esta línea de desarrollo alcanzó su cima en 1968 con la producción de una potente máquina, el BESM-6, capaz de realizar 800.000 operaciones por segundo, que durante las dos décadas siguientes fue la estrella de la informática soviética. No obstante, fue el último avance importante de una industria informática endógena. En 1965, bajo la presión de los militares, el gobierno soviético decidió adoptar el modelo 360 de IBM como núcleo del Sistema Informático Unificado del Consejo de Asistencia Económica Mutua (la organización internacional de Europa Oriental dominada por la Unión Soviética). A partir de entonces, IBM y Digital, y luego algunos ordenadores japoneses, se convirtieron en la norma en la Unión Soviética. En lugar de desarrollar su propia línea de diseño y producción, los centros y fábricas de electrónica de I+D (todos bajo el Ministerio de Defensa) se dedicaron al contrabando de ordenadores de Occidente, reproduciendo cada modelo en un proceso de ingeniería inverso y adaptándolo a las especificaciones militares soviéticas. Al KGB se le encargó, como tarea prioritaria, de la adquisición de los conocimientos técnicos y máquinas occidentales más avanzados, sobre todo en electrónica, por los medios que fuera [67]. La transferencia abierta y encubierta de tecnología occidental, tanto en diseño como en equipo, se con-

---

[63] Sandholtz *et al.*, 1992.
[64] Cooper, 1991.
[65] Trabajo de campo de Manuel Castells en Novosibirsk (1990) y en Selenogrado (1991-1993); véanse también Hutching, 1976; Amman y Cooper, 1986.
[66] Agamirzian, 1991.
[67] Andrew y Gordievski, 1990, pág. 521 ss.

virtió en la principal fuente para la revolución de la tecnología de la información en la Unión Soviética. Ello incrementó necesariamente su retraso respecto a los últimos avances occidentales, ya que el lapso de tiempo entre el momento en que un nuevo ordenador salía al mercado mundial (o incluso llegaba a los agentes del KGB) y el momento en que las fábricas soviéticas eran capaces de producirlo se fue haciendo mayor, debido sobre todo a la aceleración de la carrera tecnológica a finales de los años setenta. Como se seguía el mismo procedimiento para todos los componentes electrónicos y los programas, el retraso de cada segmento de la industria interactuaba con el resto, con lo que se multiplicaba la brecha tecnológica. La que había sido una situación cercana a la paridad en el diseño informático a comienzos de los años sesenta, se convirtió, en los años noventa, en una diferencia de veinte años en capacidad de diseño y fabricación [68].

Una evolución similar tuvo lugar en la programación. Las máquinas soviéticas de los años sesenta estaban trabajando con el lenguaje ALGOR, desarrollado endógenamente, lo que habría preparado el camino para la integración de sistemas, la frontera actual de la informática. Pero en los años setenta, con el fin de utilizar ordenadores semejantes a los estadounidenses, los científicos soviéticos desarrollaron su versión de FORTRAN, que rápidamente se quedó obsoleta por la evolución de la programación en Occidente. Por último, recurrieron a copiar, sin permiso legal, todo programa aparecido en los Estados Unidos, con lo que introdujeron el mismo mecanismo de retraso en un campo en el que los matemáticos rusos podían haber estado en la vanguardia científica mundial.

¿Por qué todo esto? ¿Por qué, paradójicamente, los militares y el KGB decidieron hacerse dependientes en tecnología de los Estados Unidos? Los investigadores que entrevisté en el Instituto de Sistemas Informáticos de la Academia de Ciencias en Novosibirsk me proporcionaron un argumento convincente, extraído de su propia experiencia. El desarrollo de las ciencias informáticas soviéticas en aislamiento del resto del mundo era demasiado inseguro en un campo casi sin explorar para satisfacer a los preocupados dirigentes militares y políticos. ¿Qué habría sido de la potencia soviética, basada en la capacidad informática, si sus investigadores pasaban por alto un nuevo desarrollo crucial, si la trayectoria tecnológica en la que se encontraban divergía peligrosamente de la de Occidente en una dirección inexplorada? ¿No sería demasiado tarde para cambiar el curso si los Estados Unidos se daban cuenta un día de que la Unión Soviética no tenía la capacidad informática real para defenderse

---

[68] Valoración del director del Instituto de Sistemas Informáticos, Academia de Ciencias Rusa, rama siberiana. Esta evaluación fue confirmada por seis ingenieros y gestores de institutos de telecomunicaciones y electrónica de Selenogrado durante mi trabajo de campo; véase Castells y Natalushko, 1993; Castells y Hall, 1994, cap. 4.

efectivamente? Así, los dirigentes soviéticos (probablemente una decisión de alto nivel para la que informó el KGB) optaron por un planteamiento conservador y seguro: tengamos las mismas máquinas que «ellos», aun cuando tardemos algún tiempo en reproducir «sus» ordenadores. Después de todo, para activar el Armagedón, una brecha tecnológica de unos pocos años en circuitería electrónica sería realmente irrelevante, siempre y cuando funcionara. De este modo, los intereses militares predominantes del Estado soviético llevaron a la paradoja de colocar a la Unión Soviética en una situación de dependencia de la tecnología estadounidense en el campo crucial de la tecnología de la información.

Sin embargo, las empresas electrónicas japonesas también optaron por copiar la tecnología estadounidense en los primeros estadios y lograron ponerse a la misma altura en varios sectores clave en una o dos décadas, mientras que la Unión Soviética experimentaba el resultado opuesto. ¿Por qué? La principal razón parece ser que los japoneses (y después otros países asiáticos) tuvieron que competir con las firmas de las que tomaron la tecnología, así que se vieron obligados a mantener el paso, mientras que el ritmo del desarrollo tecnológico en las empresas soviéticas lo dictaban los procedimientos de abastecimiento militar y una economía dirigida que anteponía la cantidad a la calidad. La ausencia de competencia internacional o interna hizo desaparecer toda presión sobre las firmas soviéticas para innovar más deprisa de lo que los planificadores del Ministerio de Defensa consideraban necesario [69]. Cuando la aceleración tecnológica de orientación militar del programa de la «Guerra de las Galaxias» hizo evidente la tan temida brecha tecnológica entre la Unión Soviética y los Estados Unidos, la alarma del alto mando soviético, según expresó con toda franqueza el jefe del Estado Mayor, mariscal Ogarkov, fue uno de los factores que impulsaron la *perestroika*, pese a su propia caída política [70].

Sin embargo, la Unión Soviética poseía suficientes recursos científicos, industriales y tecnológicos fuera del sector militar para haber sido capaz de mejorar su desarrollo tecnológico aun en ausencia de productos derivados militares. Pero otro estrato de la lógica estatista impidió este desarrollo. El funcionamiento de la economía dirigida, como ya se ha mencionado, se basaba en el cumplimiento del plan, no en la mejora de productos o procesos. Los esfuerzos dedicados a la innovación siempre suponían un riesgo, tanto en la producción como en la capacidad de obtener los suministros necesarios para aplicarlos a nuevos sectores de producción. El programa de producción industrial no incorporaba incentivos para esa meta. En efecto, toda iniciativa que supusiera riesgo llevaba inscrita la posibilidad de fracaso. La innovación tecnológica no tenía recom-

---

[69] Goldman, 1987.
[70] Walker, 1986.

pensas, pero podía dar como resultado sanciones[71]. Una lógica burocrática simplista presidía la toma de decisiones tecnológicas, como en los demás ámbitos de la administración económica. Quizás ayude a ilustrar el argumento una anécdota reveladora[72]. En la mayoría de los chips estadounidenses, las líneas están separadas entre sí por 1/10 de pulgada. El Ministerio de Electrónica soviético, encargado de copiar los chips estadounidenses, ordenó un espaciado métrico, pero 1/10 equivale a una rara medida métrica: unos 0,254 mm. Para simplificar las cosas, como suele ser el caso en la burocracia soviética, se decidió redondear, creando una «pulgada métrica»: 0,25 mm de espaciado. De este modo, los chips clónicos soviéticos parecen iguales a sus equivalentes estadounidenses, pero no encajan en un soporte occidental. El error se descubrió demasiado tarde, con el resultado neto de que el equipo de ensamblaje de semiconductores soviético ni siquiera en 1991 podía utilizarse para producir chips del tamaño occidental, con lo que se excluían las exportaciones potenciales de la producción de microelectrónica soviética.

Además, la investigación científica y la producción industrial fueron separadas institucionalmente. La poderosa y bien provista Academia de Ciencias era una institución orientada estrictamente a la investigación, con sus propios programas y criterios, desconectada de las necesidades y problemas de las empresas industriales[73]. Al no poder apoyarse en las contribuciones de la Academia, las empresas utilizaban los centros de investigación de sus propios ministerios. Como cualquier intercambio entre estos centros habría requerido contactos formales entre ministerios en el contexto del plan, los centros de investigación aplicada tampoco se comunicaban entre sí. Esta estricta separación vertical, impuesta por la lógica institucional de la economía dirigida, vedó el proceso de «aprender haciendo», que fue crucial para fomentar la innovación tecnológica en Occidente. La falta de interacción entre la ciencia básica, la investigación aplicada y la producción industrial condujo a una rigidez extrema en el proceso de producción, a la ausencia de experimentación en los descubrimientos científicos y a una aplicación restringida de tecnologías específicas para usos limitados, precisamente en el momento en que el avance en las tecnologías de la información se basaba en la interacción constante de diferentes campos tecnológicos en virtud de su comunicación a través de las redes informáticas.

Los dirigentes soviéticos se preocuparon cada vez más por la falta de interacción productiva entre ciencia e industria, al menos desde 1955, cuando una conferencia convocada por Bulganin discutió el problema.

---

[71] Berliner, 1986; Aganbegyan, 1989.
[72] Informado por Fred Langa, editor jefe del periódico *BYTE*; véase el número de abril de 1991, pág. 128.
[73] Kassel y Campbell, 1980.

Durante los años sesenta, Jrushchov, y luego Brezhnev, apostaron por la ciencia y la tecnología para superar al capitalismo. A finales de los años sesenta, en el contexto de las precavidas reformas económicas, se introdujeron las «asociaciones de ciencia-producción», que establecían lazos horizontales entre empresas y centros de investigación [74]. Una vez más, los resultados fueron paradójicos. Por una parte, las asociaciones obtuvieron cierta autonomía e incrementaron la interacción entre sus componentes industriales y científicos. Por la otra, debido a que se las recompensaba por su aumento diferencial de producción frente a otras asociaciones, desarrollaron una tendencia a ser autosuficientes y a cortar los lazos con otras asociaciones de producción, así como con el resto del sistema de ciencia y tecnología, ya que sólo eran responsables ante sus propios ministerios. Además, los ministerios no eran proclives a colaborar fuera de sus rediles controlados, y la Academia de Ciencias se opuso a todo intento de recortar su independencia burocrática, utilizando hábilmente los temores de regresar al sometimiento excesivo de la era estalinista. Aunque Gorbachov trató después de revitalizar la experiencia, los vínculos horizontales entre la investigación científica y las empresas industriales nunca funcionaron realmente en la economía planificada, lo que impidió la aplicación efectiva de los descubrimientos tecnológicos a través de canales diferentes de las instrucciones ministeriales transmitidas verticalmente.

Un asunto que viene al caso y que ilustra la incapacidad fundamental de la economía de planificación centralizada para acomodar procesos de rápida innovación tecnológica, es el experimento de la ciudad de la ciencia de Akademgorodok, cerca de Novosibirsk [75]. En 1957, Jrushchov, a su regreso de los Estados Unidos, quiso emular el modelo de campus universitario estadounidense, convencido de que, dadas las condiciones adecuadas, la ciencia soviética sobrepasaría a su equivalente occidental. Con el consejo de un distinguido matemático, Lavrentiev, se lanzó a la construcción de una ciudad de la ciencia en los bosques de abedules siberianos, a la orilla del lago artificial Ob, adyacente pero deliberadamente separado del principal centro industrial y político siberiano, Novosibirsk. Se incentivó a algunos de los mejores, jóvenes y dinámicos talentos científicos de la Unión Soviética para que se afincaran allí, lejos de la burocracia académica de Moscú y Leningrado, y algo más libres del control ideológico central. En los años sesenta, Akademgorodok floreció como un importante centro científico en física, matemática, informática, materiales avanzados y economía, entre otras disciplinas. En su momento de máxima actividad, en los años ochenta, Akademgorodok llegó a albergar 20 institutos de la Academia de Ciencias, así como una pequeña universidad de elite, la Universidad Estatal de Novosibirsk. En total, había casi 10.000 investiga-

---

[74] Kazantsev, 1991.
[75] Castells y Hall, 1994, págs. 41-56.

dores y profesores, 4.500 alumnos y miles de trabajadores auxiliares y técnicos. Estas instituciones científicas constituían la vanguardia de sus disciplinas. En efecto, en economía y sociología, algunos de los primeros dirigentes intelectuales de la *perestroika*, como Abel Aganbegyan y Tatiana Zaslavskaya provenían de Akademgorodok. Pero, pese a la excelencia científica lograda por la ciudad de la ciencia siberiana, nunca se efectuó su vinculación con la industria. Y ello a pesar de su proximidad del centro industrial siberiano, donde estaban localizadas importantes plantas de defensa, incluidas fábricas de electrónica y aviación. La separación entre los dos sistemas era tal que la Academia de Ciencias estableció sus propios talleres industriales en Akademgorodok a fin de producir las máquinas necesarias para la experimentación científica, mientras que las empresas electrónicas de Novosibirsk continuaban dependiendo de sus centros de investigación con base en Moscú. La razón, según los investigadores que entrevisté en 1990-1992, era que las empresas industriales no estaban interesadas en la tecnología de vanguardia: sus planes de producción se ajustaban a la maquinaria que ya habían instalado y cualquier cambio en el sistema de producción significaba no poder cumplir las cuotas de producción que tenían asignadas. Por lo tanto, el cambio tecnológico sólo podía obtenerse mediante el impulso de la correspondiente unidad del Gosplan, que tendría que ordenar la introducción de nuevas máquinas al mismo tiempo que determinaba una nueva cuota de producción. Pero los cálculos del Gosplan no podían depender de la maquinaria potencial resultante de la investigación de vanguardia efectuada en los institutos académicos. Por el contrario, se basaba en la tecnología ya desarrollada disponible en el mercado internacional, ya que la tecnología occidental más avanzada procurada bajo cuerda por el KGB se reservaba para el sector militar. Así, uno de los experimentos más atrevidos de la era de Jrushchov, diseñado para vincular ciencia e industria con el fin de formar el núcleo de un nuevo proceso de desarrollo en una de las regiones más ricas del mundo en recursos naturales, acabó fracasando bajo el peso ineludible del estatismo soviético.

Así, cuando la innovación tecnológica se aceleró en Occidente, durante los años setenta y ochenta, la Unión Soviética se apoyó cada vez más en las importaciones de maquinaria y la transferencia de tecnología para sus principales sectores industriales, aprovechando la bonanza en dinero efectivo resultante de las exportaciones de petróleo y gas siberianos. Hubo un derroche considerable. Marshall Goldman entrevistó a diversos ejecutivos occidentales que participaron en las exportaciones de tecnología a la Unión Soviética a comienzos de los años ochenta [76]. Según sus relatos, el equipo importado se utilizó de forma poco satisfactoria (en torno a los dos tercios de la eficiencia occidental para las mismas máqui-

---

[76] Goldman, 1987, pág. 118 ss.

nas); el Ministerio de Comercio Exterior intentaba ahorrar sus escasos recursos de divisa fuerte, mientras que las principales empresas tenían intereses creados en acumular el equipo más reciente y grandes cantidades de piezas de repuesto siempre que se les autorizaba a realizar importaciones; por otra parte, la desconfianza entre ministerios hizo imposible armonizar sus políticas de importación y el resultado fue la incompatibilidad de los equipos; y los largos periodos de amortización para cada tipo de equipo importado en una fábrica determinada condujeron a la obsolescencia tecnológica, y a la penosa coexistencia de maquinaria y procedimientos de eras tecnológicas muy diversas. Es más, pronto resultó evidente que era imposible modernizar la tecnología de un segmento de la economía sin renovar todo el sistema. Debido precisamente a que la economía planificada hacía a sus unidades muy interdependientes, era imposible remediar el retraso tecnológico en algunos sectores fundamentales (por ejemplo, la electrónica) sin permitir que cada elemento del sistema se relacionara con el resto. Para cerrar el círculo, la lógica de utilizar los escasos recursos tecnológicos extranjeros para un reducido segmento indispensable del sistema reforzó la prioridad otorgada al sector militar-industrial y estableció firmemente una neta separación entre dos sistemas tecnológicos cada vez más incompatibles, la maquinaria bélica y la economía de supervivencia.

Por último, pero no por ello menos importante, la represión ideológica y la política de control de la información fueron obstáculos decisivos para la innovación y difusión de nuevas tecnologías, centradas precisamente en el procesamiento de la información [77]. Sin duda, en los años sesenta, los excesos del estalinismo habían quedado atrás y habían sido sustituidos por las grandes perspectivas de la «revolución científico-técnica» como base material del socialismo. Lisenko fue cesado poco después de la caída de Jrushchov, aunque sólo después de haber ejercido el terror intelectual durante veinte años; la «cibernética» dejó de considerarse una ciencia burguesa; se introdujeron los modelos matemáticos en la economía; el análisis de sistemas fue favorablemente comentado en los círculos marxistas-leninistas; y, lo que es más significativo, la Academia de Ciencias recibió un fuerte apoyo material y una considerable autonomía burocrática para ocuparse de sus asuntos, incluido el ejercicio de sus propios controles ideológicos. Pero la ciencia y la tecnología soviéticas continuaron padeciendo la burocracia, el control ideológico y la represión política [78]. Se siguió limitando mucho el acceso a la comunidad científica internacional, sólo disponible para un grupo selecto de científicos, estrechamente vigilado, con la consiguiente desventaja para la sinergia científica. Se filtró la información sobre la investigación, y la difusión de los resultados se controló y li-

---

[77] Smaryl, 1984.
[78] Fortescue, 1986.

mitó. Los burócratas de la ciencia solían imponer sus opiniones a los investigadores e innovadores, encontrando respaldo en la jerarquía política. La presencia del KGB en los principales centros científicos continuó siendo dominante hasta el final del régimen soviético. La reproducción de la información y la comunicación libre entre investigadores, y entre éstos y el mundo exterior, continuó siendo difícil durante largo tiempo, constituyendo un formidable obstáculo para la creatividad científica y la difusión tecnológica. Siguiendo la genial intuición de Lenin de controlar el suministro de papel como mecanismo básico para controlar la información después de la Revolución, las prensas, fotocopiadoras, y máquinas de procesamiento de la información y de comunicación fueron estrictamente controladas. Las máquinas de escribir eran artículos raros, cuidadosamente fiscalizados. El acceso a las fotocopiadoras siempre requería un permiso de seguridad: dos firmas autorizadas para un texto ruso y tres firmas autorizadas para un texto no ruso. El uso de líneas de teléfono de larga distancia y télex se controlaba mediante procedimientos especiales dentro de cada organización. Y la sola idea de «ordenador *personal*» era objetivamente subversiva para la burocracia soviética, incluida la científica. La difusión de la tecnología de la información, tanto de máquinas como de conocimientos técnicos, difícilmente podía tener lugar en una sociedad donde el control de la información era crucial para la legitimidad del Estado y el control de la población. Cuanto más hacían las tecnologías de la información el mundo exterior accesible a la representación imaginaria de los ciudadanos soviéticos, más objetivamente destructivo sería que esas tecnologías estuvieran a disposición de una población que, en general, había pasado del terror sumiso a la rutina pasiva por la falta de información y de visiones del mundo alternativas. Así pues, por su propia esencia, el estatismo soviético impidió la difusión de las tecnologías de la información en el sistema social. Y sin esa difusión, las tecnologías de la información no pudieron desarrollarse más allá de las asignaciones funcionales específicas recibidas del Estado, con lo que resultó imposible el proceso de innovación espontánea por el uso y la interacción de las redes que caracteriza al paradigma de la tecnología de la información.

Por lo tanto, en el núcleo de la crisis tecnológica de la Unión Soviética se encuentra la lógica fundamental del sistema estatista: la prioridad aplastante concedida al poder militar, el control político-ideológico de la información por el Estado, los principios burocráticos de la economía planificada desde el centro, el aislamiento del resto del mundo y la incapacidad de modernizar tecnológicamente algunos segmentos de la economía y la sociedad sin modificar todo el sistema en el que estos elementos interactuaban entre sí.

Las consecuencias de este retraso tecnológico en el mismo momento en que los países capitalistas avanzados estaban inmersos en una transformación tecnológica fundamental tuvieron un significado decisivo para la

Unión Soviética y acabaron convirtiéndose en uno de los principales factores que contribuyeron a su desaparición. La economía no pudo pasar de un modelo de desarrollo extensivo a uno intensivo, lo que aceleró su declive. La brecha tecnológica creciente incapacitó a la Unión Soviética para competir a nivel mundial, cerrando la puerta a los beneficios del comercio internacional más allá de su papel de proveedora de energía y materiales. Una población muy educada se encontró atrapada en un sistema tecnológico cada vez más distante de las sociedades industriales comparables. La aplicación de ordenadores al sistema burocrático y a una economía planificada aumentó la rigidez de los controles[79], verificando la hipótesis según la cual la racionalización tecnológica de la irracionalidad social acrecienta el desorden. En última instancia, la propia máquina militar acabó perjudicada debido a la creciente brecha tecnológica frente a sus competidores bélicos[80], profundizando así la crisis del Estado soviético.

La abducción de la identidad y la crisis del federalismo soviético

Muchos de nuestros problemas nacionales están causados por la naturaleza contradictoria de los dos principios que se establecieron como piedras angulares de la Federación Rusa: el principio del territorio nacional y el principio de la administración territorial.

Borís Yeltsin, *Rossiyskaya Gazeta*, 25 de febrero de 1994.

En su concepción, las reformas de Gorbachov pretendían la reestructuración económica y la modernización tecnológica. No obstante, éstos no eran los únicos defectos del sistema soviético. Los cimientos del Estado federal soviético, multinacional, multiétnico y de múltiples estratos, se habían construido sobre las arenas movedizas de la historia reconstruida y se habían sostenido a duras penas mediante una represión despiadada[81]. Tras deportaciones masivas de grupos étnicos enteros a Siberia y Asia central durante el régimen de Stalin[82], se impuso una prohibición férrea a la expresión autónoma del nacionalismo de las más de cien nacionalidades y grupos étnicos que poblaban la Unión Soviética[83]. Aunque hubo manifestaciones nacionalistas aisladas (por ejemplo, Armenia, abril de 1965; Georgia, abril de 1978), a veces aplastadas por la fuerza (por ejemplo, Tbilisi, marzo de 1956), la mayoría de las expresiones nacionalistas

---

[79] Cave, 1980.
[80] Walker, 1986; Praaning y Perry, 1989; Rowen y Wolf, 1990; Taibo, 1993a.
[81] Carrere d'Encausse, 1978.
[82] Nekrich, 1978.
[83] Motyl, 1987; Lane, 1990.

estuvieron sometidas durante un largo periodo y sólo fueron retomadas por intelectuales disidentes en los raros momentos de tolerancia relativa durante el mandato de Jrushchov o a finales de los años setenta [84]. No obstante, fue la presión del nacionalismo, utilizada en su interés personal por las elites políticas de las repúblicas, lo que acabó sentenciando el experimento reformista de Gorbachov y llevó a la desintegración de la Unión Soviética. El nacionalismo, incluido el ruso, proporcionó la base ideológica para la movilización social en una sociedad donde las ideologías estrictamente políticas, que no se sustentaban en una identidad histórica-cultural, no encontraban más que el cinismo y la incredulidad generados por siete décadas de adoctrinamiento en los temas de la utopía comunista [85]. Aunque la incapacidad del estatismo soviético para adaptarse a las condiciones tecnológicas y económicas de una sociedad informacional fue la causa subyacente más poderosa de la crisis del sistema soviético, fue el resurgimiento de la identidad nacional, arraigada en la historia o reinventada desde la política, lo que primero desafió y luego acabó destruyendo al Estado soviético. Si los problemas tecnológicos impulsaron las reformas de Andrópov y Gorbachov de los años ochenta, la cuestión explosiva del nacionalismo insurgente y las relaciones federales dentro de la Unión Soviética fueron los principales factores políticos que explican la pérdida de control del proceso de reforma por parte de los dirigentes soviéticos.

Las razones de este resurgimiento irrefrenable del nacionalismo en la Unión Soviética durante los años de la *perestroika* hay que buscarlas en la historia del comunismo soviético. De hecho, es una historia compleja que va más allá de la imagen simplista de una represión completa de las culturas nacionales/étnicas por parte del Estado soviético. En efecto, uno de los principales historiadores de las nacionalidades no rusas de la Unión Soviética, el profesor de historia armenia Ronald Grigor Suny, sostiene que:

Hasta qué punto los largos y difíciles años de gobierno del Partido Comunista continuaron realmente la «creación de naciones» del periodo prerrevolucionario es algo que está perdido en la vigorosa retórica nacionalista. Cuando la generación presente contempla la autodestrucción de la Unión Soviética, se pierde la ironía de que la URSS fue víctima no sólo de sus efectos negativos sobre los pueblos no rusos, sino de su propia contribución «progresista» al proceso de edificación de una nación. [...] La política profundamente contradictoria de los estados soviéticos alimentó la singularidad cultural de pueblos distintos. De este modo, aumentó la solidaridad étnica y la conciencia nacional en las repúblicas no rusas, aun cuando frustrara la plena articulación de una agenda nacional exigiendo acatar un orden político impuesto [86].

---

[84] Simon, 1991.
[85] Carrere d'Encausse, 1991; Jazanov, 1995.
[86] Suny, 1993, págs. 101, 130.

Tratemos de reconstruir la lógica de esta extrema paradoja política [87].

La Unión Soviética se fundó en diciembre de 1922 y su Estado multinacional y federal fue consagrado en la Constitución de 1924 [88]. Incluía originalmente: la República Federada Socialista Soviética Rusa (RFSSR), que incorporaba, además de Rusia, varias repúblicas autónomas no rusas; la República Socialista Soviética Ucraniana; la República Socialista Soviética Bielorrusa; y la República Socialista Soviética Transcaucásica, una entidad artificial, potencialmente explosiva, que reunió pueblos enemigos desde siglos, como georgianos, azeríes, armenios y diversos grupos étnicos menores, entre ellos inguches, osetos, abjazos y mesketios. La pertenencia a la Unión estaba abierta a todas las Repúblicas Socialistas Soviéticas existentes y futuras del mundo. En otoño de 1924, se incorporaron dos repúblicas adicionales: Uzbekistán (formada por la integración territorial obligada de la población uzbeca de Turkestán, Bujara y Jorezm) y Turkmenistán. En 1936, tres nuevas repúblicas fueron creadas bajo los nombres de Tayikistán, Kirghizistán y Kazajstán. También en 1936, Transcaucasia fue dividida en tres repúblicas, Georgia, Armenia y Azerbaiyán, dejando dentro de cada una importantes enclaves étnicos que acabaron actuando como bombas de relojería nacionalistas. En 1940, la absorción obligatoria dentro de la URSS de Estonia, Letonia, Lituania y Moldavia (tomada de Rumanía) completó la estructura republicana de la Unión Soviética. Su expansión territorial también incluyó la anexión de Carelia y Tuva, como repúblicas autónomas dentro de la RFSSR, y la incorporación de nuevos territorios en Ucrania occidental y Bielorrusia occidental, extraídos de Polonia, en el periodo 1939-1944, y Kaliningrado, tomada de Alemania en 1945 [89].

La formación del Estado federal de la Unión Soviética fue el resultado de un compromiso que siguió a intensos debates políticos e ideológicos durante el periodo revolucionario [90]. Originalmente, la posición bolchevique negó la importancia de la nacionalidad como criterio significativo para la construcción del nuevo Estado, ya que el internacionalismo proletario basado en la clase pretendía superar las diferencias nacionales entre las masas obreras y explotadas, manipuladas en confrontaciones interétnicas por el imperialismo burgués, como demostró la Primera Guerra Mundial. Pero en enero de 1918 la urgencia por encontrar alianzas militares en la guerra civil que siguió al golpe bolchevique de octubre convenció a Lenin de la importancia del apoyo de las fuerzas nacionalistas de fuera de Rusia, sobre todo de Ucrania. El Tercer Congreso Panru-

---

[87] Para un análisis teórico de la relación entre nacionalismo y movilización de las elites leninistas, véase Jowitt, 1971, sobre todo la parte I, que establece su base analítica en una perspectiva comparativa.

[88] Pipes, 1954.

[89] Singh, 1982; Hill, 1985; Kozlov, 1988.

[90] Carrere d'Encausse, 1987.

so de Soviets de enero de 1918 adoptó la «Declaración de los Derechos del Pueblo Obrero y Explotado», esbozando la conversión del antiguo Imperio Ruso en la «unión fraternal de Repúblicas Soviéticas de Rusia reunidas libremente en federación»[91]. A esta «federalización interna» de Rusia, los bolcheviques añadieron el proyecto de la «federalización externa» de otras naciones en abril de 1918, invitando explícitamente a la unión al pueblo de Polonia, Ucrania, Crimea, Transcaucasia, Turkestán, Kirguizistán «y otros». Pero el debate decisivo giró en torno al principio bajo el que la identidad étnica y nacional se reconocería en el nuevo Estado soviético. Lenin y Stalin se opusieron a los planteamientos de los partidarios de la confederación y otros socialistas que querían que las culturas nacionales fueran reconocidas en toda la estructura del Estado, haciendo a la Unión Soviética verdaderamente multicultural en sus instituciones. *Opusieron a este planteamiento el principio de la territorialidad como base del carácter de nación*[92]. Es más, los derechos étnicos/nacionales iban a institucionalizarse bajo la forma de repúblicas de la Unión, repúblicas autónomas y regiones autónomas. El resultado fue un encapsulamiento completo de la cuestión nacional en la estructura de múltiples estratos del Estado soviético: las identidades se reconocieron sólo en la medida en que pudieran ordenarse dentro de las instituciones del gobierno. Ello se consideró expresión del principio del centralismo democrático, al reconciliar el proyecto unitario del Estado soviético con el reconocimiento de la diversidad de sus súbditos territoriales[93]. Así, la Unión Soviética se construyó en torno al principio de una doble identidad: identidades étnicas/nacionales (incluida la rusa) e identidad soviética, como el cimiento de la nueva cultura de una nueva sociedad.

Más allá de la ideología, el principio territorial del federalismo soviético era la aplicación de una arriesgada estrategia geopolítica que pretendía extender el comunismo por todo el mundo. A. M. Salmin ha propuesto un interesante modelo para interpretar la estrategia leninista-estalinista subyacente en el federalismo soviético[94]. En su opinión, la Unión Soviética era un sistema institucional centralizado pero flexible cuya estructura debía permanecer abierta y adaptable para recibir nuevos miembros que se sumarían al sistema a medida que la causa del socialismo avanzara inexorablemente en el mundo. Éste fue el motivo por el que la Constitución soviética de 1924 estableció el derecho de las repúblicas no sólo de entrar en la Unión, sino también de separarse de ella, haciendo tales decisiones soberanas y reversibles. La historia manifestó cuán difícil se convirtió en la práctica la aplicación de ese derecho a separarse del Estado soviético.

---

[91] Citado por Singh, 1982, pág. 61.
[92] Suny, 1993, pág. 110 ss.
[93] Rezun, 1992.
[94] Salmin, 1992.

No obstante, fue este principio, heredado de los primeros debates revolucionarios y reproducido en las Constituciones de 1936 y 1977, el que proporcionó la base legal/institucional a los movimientos separatistas durante la era de Gorbachov, que tomaron la palabra a la ideología revolucionaria e invirtieron, y en última instancia desmantelaron, la extraña construcción del federalismo soviético [95].

En el modelo geopolítico propuesto por Salmin, que parece ajustarse a los datos históricos sobre los orígenes del Estado soviético [96], se diseñaron cinco círculos concéntricos como zonas de seguridad y ondas de expansión del Estado soviético, portador de la norma del comunismo mundial. El primero era Rusia y sus repúblicas autónomas satélites, organizadas en la RFSSR. Ésta se consideraba el núcleo del poder soviético hasta tal punto que, paradójicamente, era la única república de la URSS que no tenía organizaciones específicas del Partido Comunista, la única sin presidente del Soviet Supremo republicano y la que tenía las instituciones estatales republicanas menos desarrolladas. En otras palabras, la RFSSR era el dominio reservado del PCUS. Resulta significativo que no tuviera fronteras terrestres con el mundo capitalista potencialmente agresor. En torno a este núcleo de poder soviético, formaban un segundo círculo protector las repúblicas de la Unión, formalmente iguales en derechos a la RFSSR. Como varias repúblicas autónomas de la RFSSR (por ejemplo, Chechenia) eran tan no rusas como algunas de las repúblicas de la Unión, parecería que el criterio real para su inclusión en una u otra formación fue precisamente el que las repúblicas de la Unión tuvieran fronteras en contacto directo con el mundo exterior, con lo que actuaban como glacis territoriales con fines de seguridad. El tercer círculo estaba formado por las «democracias populares», fuera de la Unión Soviética pero bajo control soviético directo, tanto militar como territorial. Originalmente, éste fue el caso de Jorezm y Bujará (después repartidas entre Uzbekistán y Turkmenistán), Mongolia y Tanu-Tura.

En los años cuarenta, las democracias populares de Europa Oriental también desempeñaban ese papel. El cuarto círculo lo representaban los estados vasallos de orientación prosoviética (en última instancia, esta categoría estaba formada por países como Cuba, Vietnam y Corea del Norte); nunca se consideró que China estuviera realmente dentro de esta categoría, pese al triunfo del comunismo; de hecho, pronto se la consideraría una amenaza geopolítica. Por último, formaban un quinto círculo el movimiento comunista internacional y sus aliados de todo el mundo,

---

[95] Sobre la relación entre el principio de territorialidad nacional del federalismo soviético y el proceso de desintegración de la Unión Soviética, véase el excelente análisis de Granberg, 1993b. Para una recopilación de los hechos, véase Smith, 1992.

[96] Suny, 1993, pág. 110 ss.

como embriones de la expansión del Estado soviético a todo el planeta cuando las condiciones históricas precipitaran la desaparición inexorable del capitalismo [97].

Esta tensión constante entre el universalismo ahistórico basado en la clase, propugnado por la utopía comunista y el interés geopolítico de apoyar las identidades étnicas/nacionales como potenciales aliadas territoriales determinó la esquizofrenia de la política soviética hacia la cuestión nacional.

Por una parte, las culturas y lenguas nacionales se estimularon, y en algunos casos se reconstruyeron, en las repúblicas de la Unión, las repúblicas autónomas y los territorios de base étnica (*krai*). Las políticas «indigenistas» (*korenizatsiya*) fueron apoyadas por Lenin y Stalin hasta los años treinta, alentando el uso de las lenguas y costumbres autóctonas, aplicando la «discriminación positiva», el reclutamiento de miembros en favor de las minorías y las políticas de ascenso en el Estado y aparatos del partido en las repúblicas, y fomentando el desarrollo de elites endógenas políticas y culturales en las instituciones republicanas [98]. Aunque estas políticas padecieron los reveses de la represión antinacionalista en los años de la colectivización, durante los mandatos de Jrushchov y Brezhnev fueron revitalizadas y condujeron a la consolidación de poderosas elites nacionales/étnicas en las repúblicas. Jrushchov, que era ucraniano, avanzó tanto en el sesgo no ruso del federalismo soviético como para decidir de forma repentina en 1954 la transferencia de Crimea, territorio históricamente ruso, a Ucrania, parece que tras una noche de borrachera la víspera del día nacional ucraniano. Además, en las repúblicas centroasiáticas y caucasianas, durante el mandato de Brezhnev, las redes étnicas de clientelismo se combinaron con la afiliación al partido para establecer un sistema hermético que vinculaba a la *nomenklatura*, el clientelismo y la economía sumergida en una cadena jerárquica de lealtades personales que se extendían hasta el Comité Central de Moscú, un sistema que Hélène Carrere d'Encausse denomina «mafiocracia» [99]. Así pues, cuando en diciembre de 1986 Gorbachov trató de limpiar a fondo el corrupto aparato del partido de Kazajstán, la sustitución de un antiguo protegido de Brezhnev (este último había iniciado su carrera como jefe del partido en Kazajstán), el kazajo Dinmujammed Kunaev, por un ruso como secretario del partido provocó revueltas masivas en Alma Ata en defensa de los derechos étnicos kazajos [100].

La mayor paradoja de esta política hacia las nacionalidades fue que la cultura rusa y las tradiciones nacionales fueron oprimidas por el Esta-

---

[97] Conquest, 1967; Singh, 1982; Mace, 1983; Carrere d'Encausse, 1987; Suny, 1993.
[98] Suny, 1993, cap. 3.
[99] Carrere d'Encausse, 1991, cap. 2.
[100] Wright, 1989, págs. 40-45, 71-74; Carrere d'Encausse, 1991.

do soviético [101]. Las tradiciones rusas, los símbolos religiosos y el folclore ruso fueron perseguidos u olvidados, según las necesidades de la política comunista en cada momento específico. La redistribución de los recursos económicos se efectuó en un sentido inverso al que habría dictado el «imperialismo ruso»: Rusia fue la perdedora neta en los intercambios entre las repúblicas [102], una situación que ha continuado en la era postcomunista (véase el cuadro 1.5). Si se aplica la teoría geopolítica de Salmin sobre el Estado soviético, el sistema operaba como si la conservación del poder comunista en Rusia dependiera de la habilidad del partido para atraer al sistema a las otras naciones, no sólo subyugándolas mediante la represión, sino también cooptando su fidelidad mediante la concesión de más recursos y derechos de los que se otorgaban a los rusos. Por supuesto, esto no excluye la discriminación étnica en las principales instituciones del Estado, por ejemplo, en el ejército y en el KGB, cuyos mandos eran mayoritariamente rusos; o la política de

CUADRO 1.5 Balance del intercambio entre repúblicas de productos y recursos, 1987.

	Balance de producción (miles de millones de rublos)		Balance total	
			Activos fijos (miles de millones de rublos)	Recursos laborales (millones personas/ año)
República	Directo	Total		
Rusia	3,65	− 4,53	15,70	−0,78
Ucrania y Moldavia.....	2,19	10,30	8,61	0,87
Bielorrusia	3,14	7,89	1,33	0,42
Kazajstán....................	−5,43	−15,01	−17,50	−0,87
Asia central................	−5,80	−13,41	20,04	−0,89
Transcaucasia.............	3,20	7,78	2,48	0,57
R. bálticas	−0,96	0,39	− 3,22	−0,05
Total	0,00	− 7,37	−12,63	−0,74

Fuente: Granberg, 1993a.

[101] Suny, 1993; Galina Starovoitova, conferencia en el Centro de Estudios Eslavos y de Europa Oriental, Universidad de California en Berkeley, 23 de febrero de 1994, notas de Emma Kiselyova.
[102] Véanse, entre otras obras de Alexander Granberg, Granberg y Spehl, 1989, y Granberg, 1993a.

rusificación en el lenguaje, los medios de comunicación y la ciencia[103]. Pero, en general, el nacionalismo ruso fue reprimido (salvo durante la guerra, cuando el ataque de las tropas nazis provocó que Stalin resucitara a Alexander Nevsky) tanto como la identidad cultural de las naciones sometidas no rusas. Como consecuencia, cuando la relajación de los controles en la *glasnost* de Gorbachov permitió surgir al nacionalismo, el ruso no fue sólo uno de los que más apoyo popular recibió, sino que, en alianza con los movimientos nacionalistas democráticos de las repúblicas bálticas, fue decisivo en el desmantelamiento de la Unión Soviética. En contraste, pese a su fuerte especificidad nacional/étnica, las repúblicas islámicas de Asia central fueron el último bastión del comunismo soviético, y sólo se convirtieron al independentismo al final del proceso. Ello se debió a que las elites políticas de estas repúblicas estaban bajo el patrocinio directo de Moscú y sus recursos dependían mucho del proceso de redistribución, efectuada con criterios políticos, dentro del Estado soviético[104].

Por otra parte, las expresiones nacionalistas autónomas fueron duramente reprimidas, sobre todo durante los años treinta, cuando Stalin decidió acabar con toda oposición potencial a su programa de industrialización acelerada y construcción de una potencia militar a cualquier precio. El líder comunista nacionalista ucraniano Mycola Skypnyk se suicidó en 1933, tras darse cuenta de que los sueños de emancipación nacional dentro de la Unión Soviética habían sido otra ilusión en la larga lista de las promesas sin cumplir de la revolución bolchevique[105]. Las repúblicas bálticas y Moldavia fueron anexadas cínicamente en los años cuarenta basándose en el pacto Ribbentrop-Molotov de 1939, y las expresiones nacionales en esas zonas fueron limitadas severamente hasta los años ochenta[106]. Además, los grupos étnicos y nacionales en cuya lealtad no se confiaba sufrieron deportaciones masivas fuera de sus territorios originales y se abolieron sus repúblicas autónomas: ése fue el caso de los tártaros de Crimea, los alemanes del Volga, los mesketios, los chechenos, los inguches, los balcarios, los karachái y los calmucos[107]. También sufrieron el mismo destino millones de ucranianos, estonios, letones y lituanos sospechosos de colaboración con el enemigo durante la Segunda Guerra Mundial. El antisemitismo fue un rasgo permanente del Estado soviético que caló todos y cada uno de los mecanismos de ascenso político y profesional[108]. Además, la política de industrialización y asentamiento en las regiones orientales llevó a la emigración (inducida por el Estado soviético)

---

[103] Rezun, 1992.
[104] Carrere d'Encausse, 1991.
[105] Mace, 1983.
[106] Simon, 1991.
[107] Nekrich, 1978.
[108] Pinkus, 1988.

de millones de rusos a otras repúblicas, en las que se convirtieron en una minoría considerable o incluso en el grupo étnico mayor (como en Kazajstán), aunque seguían siendo representados en el Estado por las elites nativas de cada república (véase el cuadro 1.6). Al final de la Unión Soviética, unos 60 millones de ciudadanos vivían fuera de su tierra natal[109]. Esta construcción federal en buena medida artificial era más un sistema de cooptación de elites locales/regionales que un reconocimiento de derechos nacionales. El poder real siempre estuvo en manos del PCUS, y el partido estaba organizado jerárquicamente en todo el territorio soviético, transmitiendo de forma directa las órdenes de Moscú a la organización del partido en cada república, república autónoma u *oblast*[110]. Es más, la mezcla de diferentes poblaciones nacionales a tan gran escala y durante un periodo tan largo sí hizo surgir una nueva identidad soviética, compuesta no sólo de ideologías, sino de lazos familiares y relaciones laborales.

CUADRO 1.6 Composición étnica de las repúblicas autónomas de Rusia, 1989.

República	Área (miles de km²)	Cuota porcentual de población	
		Grupo titular	Rusos
Bashkir	144	21,9	39,3
Buriatos	351	4,0	70,0
Cabardia-Balkaria	13	57,6	31,9
Calmucos	76	45,4	37,7
Carelia	172	10,0	73,6
Chechenia-Inguchetia	19	70,7	23,1
Chuvash	18	67,8	26,7
Daghestán	50	27,5 (ávaros)	9,2
Komi	416	23,3	57,7
Mari	23	43,3	47,5
Moldavia	26	32,5	60,8
Osetia Septentrional	8	53,0	29,9
Tartaria	68	48,5	43,3
Tuva	171	64,3	32,0
Udmurtos	42	30,9	58,9
Yakutsk	3.103	33,4	50,3

Fuente: Shaw, 1993, pág. 532.

---

[109] Suny, 1993.
[110] Gerner y Hedlund, 1989.

Así, el Estado soviético reconocía la identidad nacional, con la rara excepción de la identidad rusa, pero al mismo tiempo la definía en instituciones organizadas atendiendo a la territorialidad, mientras que las poblaciones nacionales se mezclaban en toda la Unión Soviética. Al mismo tiempo, practicaba la discriminación étnica y prohibía las expresiones nacionalistas autónomas fuera de la esfera del poder comunista. Esta política contradictoria creó una estructura política muy inestable que sólo duró mientras pudo ejercerse una represión sistémica con la ayuda de las elites políticas nacionales comunistas que tenían intereses creados en el Estado federal soviético. Pero al canalizar la identidad en la autodefinición nacional/étnica como la única expresión alternativa admisible a la ideología socialista dominante, la dinámica del Estado soviético creó las condiciones para que desafiara su gobierno. La movilización política de las repúblicas con base nacional, incluida Rusia, contra la superestructura del Estado federal anacional fue la palanca que realmente causó el derrumbamiento de la Unión Soviética.

La creación de un nuevo pueblo soviético (*sovetskii narod*) como una entidad culturalmente distinta de cada nacionalidad histórica aún era demasiado frágil para soportar el asalto de las sociedades civiles contra el Estado soviético. Paradójicamente, esta fragilidad se debía en gran medida al énfasis comunista en los derechos de las culturas e instituciones nacionales, definidas dentro de la estructura del Estado soviético. Y este énfasis estaba directamente motivado por los intereses geopolíticos del PCUS como la vanguardia de un movimiento comunista que aspiraba al poder mundial. Como al pueblo se le permitió la autodefinición atendiendo a su identidad primaria nacional/étnica, el vacío ideológico creado por el fracaso del marxismo-leninismo simplificó los términos del debate cultural en la oposición entre el cinismo sometido y el nacionalismo redescubierto. Aunque la falla nacionalista sólo produjo temblores menores bajo la mano férrea de una autoridad comunista descomedida, tan pronto como la conveniencia política del proceso de reestructuración liberó la presión, sus ondas expansivas destrozaron los cimientos del Estado soviético.

LA ÚLTIMA *PERESTROIKA*[111]

En abril de 1983, unos seis meses después de la muerte de Brezhnev, un seminario a puerta cerrada, organizado en Novosibirsk por el Depar-

---

[111] Esta sección y la siguiente se basan fundamentalmente en trabajo de campo, entrevistas y observación personal propia y de mis colaboradores rusos mencionados anteriormente durante el período 1989-1996. Entre las importantes personalidades entrevistadas se encuentran: A. Aganbegyan, T. Zaslavskaya, N. Shatalin, G. Yazov, B. Orlov, N. Jandruyev,

tamento de Sociología del Instituto de Economía e Ingeniería Industrial de la Academia de Ciencias Soviética, reunió a 120 participantes de 17 ciudades para discutir un atrevido informe que denunciaba «el rezagamiento sustancial de las relaciones de producción en la sociedad soviética respecto al desarrollo de sus fuerzas productivas»[112]. El «Informe de Novosibirsk», elaborado para uso exclusivamente confidencial, fue filtrado misteriosamente a *The Washington Post,* que lo publicó en agosto de 1983. La repercusión de ese informe *en el exterior* impulsó a Gorbachov, que aún no contaba con pleno poder, a leerlo y discutirlo informalmente en los círculos más elevados del partido. El informe se había preparado bajo la dirección de la socióloga Tatiana Zaslavskaya en el Instituto de Novosibirsk. El director del Instituto en ese momento era uno de los principales economistas soviéticos, Abel Aganbegyan. Sólo dos años después, Aganbegyan se convirtió en el consejero económico supremo del recién nombrado secretario general, Mijaíl Gorbachov. A Tatiana Zaslavskaya,

---

Y. Afanasiev, G. Burbulis, Y. Gaidar, A. Shojin, A. Golovkov y varios altos cargos del Consejo de Ministros soviético (1990, 1991) y del gobierno de la Federación Rusa (1991, 1992). Para una síntesis preliminar de estas observaciones véase Castells, 1992. La información sobre la estructura política de la Unión Soviética y sobre el proceso político entre 1990 y 1993, basada en fuentes rusas y entrevistas con actores políticos, se proporciona en Castells, Shkaratan y Kolomietz, 1993. (Existe una versión en lengua rusa del mismo informe: Asociación Sociológica Rusa, Moscú). Sólo se facilitan referencias bibliográficas específicas cuando son aplicables a un argumento o incluso se mencionan en el texto. No he considerado necesario proporcionar referencias específicas de informes en la prensa rusa sobre acontecimientos y hechos que son de conocimiento público. Existen en versión inglesa diversos relatos periodísticos excelentes del proceso de reforma y conflicto político durante la última década de la Unión Soviética. Dos de los mejores son Kaiser, 1991; y el ganador del Premio Pulitzer, David Remnick, 1993.

[112] *Survey,* 1984. La historia real del Informe de Novosibirsk difiere de la que se presentó en los medios de comunicación y fue aceptada por la comunidad académica. La autora reconocida del informe, la socióloga Tatiana I. Zaslavskaya, nos escribió a Emma Kiselyova y a mí para transmitirnos su propio relato de los orígenes y usos del Informe de Novosibirsk. No se originó en una reunión de la sección económica del Comité Central del PCUS, como se ha informado. El Comité Central ni siquiera discutió el documento como tal. El informe fue preparado para su discusión en una reunión académica en el Instituto de Economía e Ingeniería Industrial en Novosibirsk. Se prohibió su distribución y se clasificó como un «documento de uso restringido» y cada ejemplar se numeró para uso exclusivo de los participantes en la reunión. Durante ésta, dos de las copias desaparecieron. El KGB trató de inmediato de recuperarlas, buscándolas por todo el Instituto y confiscando todos los ejemplares de los participantes, así como el manuscrito original del informe. Tatiana Zaslavskaya no pudo guardar ni una sola copia de su propio informe y sólo lo recibió en 1989 como un regalo personal de la BBC de Londres. Según ella, Gorbachov no leyó el informe hasta su publicación en Occidente en agosto de 1983. Parece plausible que utilizara algunas de sus ideas para la elaboración de su propia estrategia reformista ya en octubre de 1984 en una reunión del Comité Central sobre la gestión de la economía. Varios observadores señalan el origen de algunos elementos clave del crucial informe de Gorbachov al XXVII Congreso del Partido en febrero de 1986 en los temas desarrollados por Zaslavskaya en el documento de Novosibirsk. Sin embargo, ella es mucho más escéptica acerca de su influencia intelectual sobre Gorbachov y los dirigentes soviéticos.

como directora del primer instituto serio de investigación de la opinión pública de Moscú, la consultó con frecuencia, hasta que sus datos comenzaron a mostrar el declive de la popularidad de Gorbachov en 1988.

En general se piensa que las tesis presentadas en el documento de Novosibirsk inspiraron directamente el informe de Gorbachov al XXVII Congreso del PCUS el 23 de febrero de 1986. En su informe, el secretario general ponía en entredicho el predominio de los «métodos administrativos» en la gestión de una economía compleja, anunciando la *perestroika* aparentemente más ambiciosa de la historia rusa.

La *perestroika* de Gorbachov nació de los esfuerzos de Andrópov para sacar al partido comunista de las aguas estancadas de los últimos años de Brezhnev[113]. Como jefe del KGB desde 1967, Andrópov tenía la suficiente información para saber que la economía sumergida se había extendido por todo el sistema hasta el punto de desorganizar la economía dirigida, llevando la corrupción a los niveles más elevados del Estado, a saber, la familia de Brezhnev. No se observaba la disciplina laboral, el adoctrinamiento ideológico se recibía con un cinismo masivo, la disidencia política iba en aumento y la guerra en Afganistán estaba revelando cuán rezagada estaba la tecnología de las fuerzas armadas soviéticas en armamento convencional basado en la electrónica. Andrópov logró obtener el apoyo de una generación más joven de dirigentes soviéticos que habían crecido en la sociedad postestalinista y estaban dispuestos a modernizar el país y abrirlo al mundo, terminando con la mentalidad de asedio que seguía prevaleciendo entre la vieja guardia del Politburó.

Así, las contradicciones sistémicas, esbozadas en las secciones precedentes de este estudio, se estaban intensificando hacia un punto crítico de paralización potencial. Pero el cauteloso liderazgo soviético no estaba dispuesto a asumir riesgos. Como suele suceder en la historia, las cuestiones estructurales no afectan a los procesos históricos hasta que se alinean con los intereses personales de los actores sociales y políticos. De hecho, estos nuevos actores fueron capaces de organizarse en el PCUS en torno a Andrópov sólo porque el sucesor designado de Brezhnev, Andréi Kirilenko, estaba incapacitado por la arteriosclerosis. Pese a su breve mandato (quince meses entre su elección como secretario general y su muerte) y su mala salud durante esos meses, Andrópov desempeñó un papel decisivo preparando el camino a las reformas de Gorbachov: lo nombró suplente suyo, purgó el partido y creó una red de reformadores en la que Gorbachov pudo apoyarse más tarde[114]. No se puede decir que estos reformadores fueran liberales. Miembros notables del grupo eran Yegor Ligachov,

---

[113] Para un análisis documentado sobre la transición en el liderazgo soviético de Brezhnev a Gorbachov, véase Breslauer, 1990.

[114] Un excelente informe sobre las luchas por el poder en el Politburó del PCUS tras la muerte de Brezhnev puede encontrarse en Walker, 1986, pág. 24 ss.; véase también Mitchell, 1990.

el ideólogo que acabó encabezando la resistencia a Gorbachov durante la *perestroika*, y Nikolai Ryzhkov, que más tarde, como primer ministro de Gorbachov, defendió la economía dirigida contra las propuestas liberales de Shatalin, Yavlinsky y otros economistas partidarios del mercado. Los anteproyectos originales de Andrópov para la reforma se centraban en restaurar el orden, la honradez y la disciplina, tanto en el partido como en los centros de trabajo, mediante un gobierno fuerte y limpio. En efecto, cuando Gorbachov fue finalmente elegido en marzo de 1985, tras la última resistencia de la vieja guardia con el corto nombramiento de Chernenko, su primera versión de la *perestroika* repitió muy de cerca los planteamientos de Andrópov. Los dos principales objetivos declarados de sus medidas eran la modernización tecnológica, comenzando con el sector de máquinas-herramienta, y el restablecimiento de la disciplina laboral, invocando la responsabilidad de los trabajadores y lanzando una decisiva campaña contra el alcohol.

Pronto se hizo evidente que la corrección de los fallos del sistema soviético, según se describían en el Informe de Novosibirsk, requería una importante revisión de las instituciones y de la política interior y exterior[115]. Fue mérito histórico de Gorbachov haberse dado plena cuenta de esta necesidad y haberse atrevido a afrontar el reto, convencido como estaba de que la solidez del Partido Comunista, en cuyos principios fundamentales nunca dejó de creer, podía resistir el dolor de la reestructuración para que surgiera del proceso una nueva y saludable Unión Socialista Soviética. En el XXVII Congreso del PCUS de 1986, articuló la serie de medidas que perdurarían en la historia como la *perestroika* de Gorbachov[116].

La última *perestroika* comunista, como sus predecesoras en la historia soviética y rusa, fue un proceso de arriba abajo, sin ninguna participación de la sociedad civil en su inicio y primera aplicación. No fue una respuesta a las presiones de abajo o de fuera del sistema. Pretendía rectificar fallos internos desde dentro del sistema, mientras mantenía intactos sus principios fundamentales: el monopolio del poder del Partido Comunista, la economía dirigida y la posición de superpotencia de un Estado soviético unitario.

En su sentido más estricto, la *perestroika* de Gorbachov incluyó una serie de medidas decididas personalmente por éste, que aspiraban a restaurar el comunismo soviético, entre febrero de 1986 (XXVII Congreso) y septiembre-noviembre de 1990, cuando Gorbachov rechazó el «plan de los 500 días» de transición a la economía de mercado y cedió a las presiones del Comité Central del PCUS, nombrando un gobierno conservador que casi paralizó las reformas y acabó preparando el golpe de Estado de agosto de 1991 contra el propio Gorbachov.

---

[115] Véase Aslund, 1989.
[116] Véase la serie editada por Aganbegyan, 1988-1990.

La *perestroika* tuvo cuatro importantes dimensiones, distintas pero interrelacionadas: a) desarme y renuncia al imperio soviético en Europa Oriental, y fin de la guerra fría; b) reforma económica; c) liberalización gradual de la opinión pública, los medios de comunicación y las expresiones culturales (la denominada *glasnost*); y d) democratización controlada y descentralización del sistema político. Resulta bastante significativo que las demandas nacionalistas dentro de la Unión Soviética no estuvieran en el orden del día hasta que el conflicto de Nagorno-Karabaj, la movilización en las repúblicas bálticas y la matanza de Tbilisi de 1989 obligaron a Gorbachov a ocuparse de los problemas subyacentes.

El fin de la guerra fría permanecerá en la historia como la contribución fundamental de Gorbachov a la humanidad. Sin su decisión personal de tomarle la palabra a Occidente y superar la resistencia de los halcones soviéticos del *establishment* de seguridad, no es probable que el proceso de desarme y de desmantelamiento parcial de los arsenales soviético y estadounidense hubiera avanzado hasta donde lo ha hecho, pese a sus limitaciones y demoras. Es más, la iniciativa de Gorbachov fue decisiva para el desmoronamiento de los regímenes comunistas de Europa Oriental, ya que llegó a amenazar (entre bastidores) con el uso de las tropas soviéticas para bloquear la intención de la *Stasi* de disparar en las manifestaciones de Leipzig. Renunciar al control sobre Europa Oriental fue la jugada maestra de Gorbachov para hacer posible el desarme y la coexistencia verdaderamente pacífica con Occidente. Ambos procesos eran indispensables para atacar los problemas de la economía soviética y vincularla con la economía mundial, su designio último. Sólo si podía sacudirse la carga del gigantesco esfuerzo militar del Estado soviético, cabría reorientar los recursos humanos y económicos hacia la modernización tecnológica, la producción de bienes de consumo y la mejora de los niveles de vida de la población, encontrando así nuevas fuentes de legitimidad para el sistema soviético.

No obstante, las reformas políticas resultaron ser difíciles, aun teniendo en cuenta la promesa del desarme futuro [117]. La conversión de las empresas militares resultó tan complicada que sigue sin completarse tras varios años de régimen postcomunista en Rusia. Los precios mundiales del petróleo cayeron en 1986, agravando la falta de productividad y el descenso de la producción en los campos de petróleo y gas siberianos, de tal modo que el colchón de divisas fuertes, que durante casi una década había evitado a la Unión Soviética importantes carencias económicas, comenzó a reducirse, aumentando la dificultad de la transición. El dramático accidente nuclear ocurrido en Chernóbil en abril de 1986 mostró que el fracaso tecnológico del industrialismo soviético había alcanzado un nivel peligroso y, de hecho, contribuyó a la liberalización al proporcionar a

---

[117] Véase Aganbegyan, 1989.

Gorbachov argumentos adicionales para reorganizar la burocracia estatal. No obstante, los obstáculos más serios a la reforma económica provenían del Estado soviético e incluso de las propias filas de los reformadores de Gorbachov. Aunque existía acuerdo acerca del movimiento gradual hacia la introducción de mecanismos de semimercado en algunos sectores (sobre todo en la vivienda y los servicios), ni Gorbachov ni sus consejeros económicos contemplaban realmente aceptar la propiedad privada de la tierra y los medios de producción, la liberalización de precios en toda la economía, la eliminación del control directo del Gosbank sobre el crédito o el desmantelamiento del núcleo de la economía planificada. Si hubieran intentado estas reformas, como en el «plan de los 500 días» elaborado por Shatalin y Yavlinsky en el verano de 1990, se habrían enfrentado a la oposición incondicional del aparato del Estado soviético y de los dirigentes del Partido Comunista. En efecto, eso fue exactamente lo que pasó cuando insinuaron esa posibilidad en el verano de 1990. En las raíces de las dificultades inherentes a la *perestroika* se encontraba la contradicción personal y política de Gorbachov al tratar de reformar el sistema empleando al Partido Comunista mientras se movía en una dirección que acabaría socavando el poder de este mismo partido. Las políticas de «frenar y avanzar» que se derivaron de una reforma tan poco entusiasta desorganizaron literalmente la economía soviética, provocando una escasez generalizada e inflación. Ésta alimentó la especulación y el acaparamiento ilegal, abonando el terreno a un crecimiento aún mayor de la economía sumergida en todos los sectores de actividad. Desde su papel complementario, como parásito rentable de la economía dirigida, la economía sumergida dominaba sectores enteros del comercio y la distribución de bienes y servicios, de tal modo que durante largo tiempo, y aún más después del fin del comunismo, la antigua economía sumergida, con su cohorte de mafias criminales y cargos corruptos, se convirtió en la forma organizativa predominante de la actividad económica productora de beneficios en la Unión Soviética y en sus sociedades sucesoras [118]. Al ocupar los sectores económicos más dinámicos, la economía sumergida desorganizó aún más la antigua economía dirigida, sumiendo a la economía soviética en el caos y la hiperinflación en 1990.

Gorbachov no era un idealista visionario, sino un dirigente pragmático, un veterano y hábil político del partido, que se había enfrentado a los problemas endémicos de la agricultura soviética en su provincia natal de Stavropol. Estaba seguro de su capacidad de maniobrar, convencer, cooptar, comprar y, cuando era necesario, reprimir a sus adversarios políticos, a medida que las circunstancias se adecuaran a su designio. Su *perestroika* se radicalizó y paralizó debido a que creyó sinceramente que podía perfeccionar el sistema sin oponerse fundamentalmente a los intereses que

---

[118] Véase, por ejemplo, Handelman, 1995.

apoyaban al comunismo soviético. En este sentido, fue al mismo tiempo sociológicamente ingenuo y políticamente arrogante. Si hubiera prestado mayor atención al análisis sociológico implícito en el documento de Zaslasvskaya, habría obtenido una visión clara de los grupos sociales en los que podría haberse apoyado y de los que acabarían oponiéndose a cualquier intento significativo de cimentar el sistema en una lógica diferente, ya fuera la democracia política o la economía de mercado. En último término, la estructura de la sociedad determina en buena medida el destino de los proyectos políticos. Por ello, es pertinente recordar en este punto del análisis cuál era la estructura social básica subyacente en el sistema de poder de la sociedad estatista soviética. Cuatro importantes grupos de interés representaban la esencia del poder social soviético[119]:

1. Los ideólogos comunistas, vinculados con la defensa de los valores marxistas-leninistas y de su dominio en los hábitos sociales y las instituciones. Eran los líderes doctrinarios del Partido Comunista (encabezados por Ligachov durante los años de la *perestroika*), pero también incluían a quienes ostentaban el poder en los aparatos culturales y los medios de comunicación de la Unión Soviética, desde la prensa, la televisión y la radio, hasta la Academia de Ciencias y las universidades, así como los artistas y escritores oficiales.
2. La elite del poder del aparato estatal, interesada en la continuación de su monopolio del poder en el Estado soviético, una fuente de privilegios extraordinarios hasta el punto de representar una casta más que una clase. Esta elite del poder estaba subdividida en al menos cuatro categorías principales que obviamente no agotan la estructura completa del Estado soviético:

    a) El aparato político nuclear del PCUS, que constituía la fuente de la *nomenklatura*, la verdadera clase gobernante de la Unión Soviética. Como es sabido, el término *nomenklatura* tiene un significado preciso: era la lista de puestos en el Estado y en el partido, para los cuales cada candidato debía contar con el consenso explícito de comité pertinente del partido; en el sentido más estricto e importante, el vértice de la *nomenklatura* (literalmente, miles de puestos) requería el acuerdo explícito del Comité Central del PCUS. Éste fue el mecanismo fundamental a través del cual el Partido Comunista controló al Estado soviético durante siete décadas.

    b) El segundo grupo de elite diferenciado del aparato del Estado lo

---

[119] Véase Lane, 1990; Castells *et al.*, 1993. Para un interesante análisis teórico para comprender la estructura social de las sociedades socialistas, véase Verdery, 1991. También nos hemos basado en la obra de Ivan Szelenyi. Véase, por ejemplo, Szelenyi, 1982.

formaban los cargos del *Gosplan*, que gestionaban por su cuenta toda la economía soviética y daban instrucciones a los ministerios y unidades administrativas importantes. Los ejecutivos del *Gossnab* y, en cierta medida, los del *Gosbank* también han de incluirse en esta categoría.

c) Un tercer grupo lo formaban los mandos de las fuerzas armadas. Aunque siempre estuvieron sometidos a la autoridad del partido (sobre todo después de que fueran diezmados por Stalin en los años treinta), representaron a un grupo cada vez más autónomo a medida que el ejército fue ganando complejidad y se basó más en la tecnología y el servicio secreto. Ejercieron cada vez más su poder de veto y en la última década de la Unión Soviética no se podía contar con ellos sin una consulta seria, como aprendieron demasiado tarde los conspiradores de 1991[120].

d) Por último, pero no por ello menos importante, el KGB y las fuerzas especiales del Ministerio de Interior continuaban desempeñando un papel importante y relativamente autónomo en el Estado soviético, tratando de encarnar los intereses del Estado más allá de las variaciones de la rivalidad política dentro del partido. Debe recordarse que el KGB contemporáneo fue creado tras la muerte de Stalin, en marzo de 1954, después de que la alianza de los dirigentes del partido y las fuerzas armadas acabara con un intento de golpe de Estado de Beria y el MVD (el antiguo Ministerio del Interior) con el que el ejército siempre estuvo enfrentado por los recuerdos del terror de los años treinta. Así, pese a las continuidades obvias, el KGB de los años ochenta no era el heredero histórico directo de Dzerzhinsky y Beria, sino una fuerza más profesional, aún dependiente del PCUS pero más centrada en el poder y la estabilidad del Estado soviético que en la pureza ideológica de su construcción comunista[121]. Esto explica el apoyo paradójico del KGB a la última ronda de reformas, de Andrópov a Gorbachov, y su resistencia al golpe de 1991, pese a la participación activa de Kryuchkov, jefe del KGB.

3. Un tercer grupo en las raíces del poder soviético estaba formado por los gestores industriales de las grandes empresas estatales, sobre todo en dos sectores importantes: el complejo militar-industrial[122] y la industria de petróleo y gas[123]. Este grupo, aunque era competen-

---

[120] Sobre las fuerzas armadas soviéticas, véase Taibo, 1993a.
[121] Andrew y Gordievsky, 1990.
[122] Véase Castells y Natalushko, 1993.
[123] Véase Kuleshov y Castells, 1993. (El informe original está en ruso y puede consultar-

te profesionalmente y estaba interesado en la modernización tecnológica, se oponía de manera fundamental al establecimiento del mercado, a la desmilitarización de la economía y a su pérdida de control sobre el mercado exterior. Debido a su poder económico, social y político en las empresas y las ciudades y regiones clave en todo el país, la movilización de su elite de poder contra las reformas fue decisiva para bloquear los esfuerzos de Gorbachov en el Comité Central del PCUS, que en 1990 había caído bajo el control de este grupo [124].

4. Por último, otro grupo de interés extremadamente importante se organizaba en toda la estructura del Estado soviético. Era la red formada entre la *nomenklatura* y los «jefes» de la economía sumergida. De hecho, este grupo no era diferente del anterior en cuanto a las personas que lo integraban, pero sí en cuanto a su posición estructural en el sistema de poder soviético: su fuente de poder provenía de su conexión con la economía sumergida. Este grupo se oponía al desmantelamiento de la economía dirigida puesto que aquella sólo podía prosperar en sus grietas. Sin embargo, una vez que quedó desorganizada, la economía sumergida, profundamente conectada con la *nomenklatura* comunista, se aprovechó de la situación, transformando el conjunto de la economía en un gigantesco mecanismo especulativo. Como la economía sumergida prospera particularmente bien en tiempos de caos económico, sus dirigentes, poco menos que delincuentes, fueron y son un importante factor desestabilizador durante la *perestroika* y el periodo subsiguiente con la transformación de dicha economía en protocapitalismo salvaje [125].

Éste era, en pocas palabras, el conjunto de poderosos grupos de interés con los que Gorbachov tenía que enfrentarse para reformar el comunismo sin abolir los privilegios generados por el sistema. Se apuntó una fácil victoria contra los ideólogos. Cuando los sistemas alcanzan el punto de crisis, los mecanismos para legitimar sus valores pueden desaparecer de la misma forma que se crearon siempre que se generen nue-

---

se en el Instituto de Economía e Ingeniería Industrial, Academia de Ciencias Rusa, rama siberiana, Novosibirsk, 1993.) Véase también Kiselyova *et al.*, 1996.

[124] El grupo que controlaba el Comité Central de PCUS en el otoño de 1990, que bloqueó las reformas y cuyas iniciativas prepararon el camino para el golpe, estaba encabezado por Lukyanov, presidente del Soviet Supremo de la URSS; Guidaspov, secretario del partido de Leningrado; Masljukov, Velitchko y Laverov, dirigentes de empresas militares-industriales; y Baklanov, secretario de la Comisión Militar del Comité Central. Se consideró que Baklanov había desempeñado un papel decisivo en la preparación del golpe y fue uno de los miembros del «Comité del Estado de Excepción» que tomó el poder el 19 de agosto de 1991. (Información de las entrevistas con observadores políticos rusos.)

[125] Véase Handelman, 1995.

vas formas de dominio cultural y luego se incorporen a los intereses materiales de las elites dominantes. Ligachov y las Ninas Andreyevas de la Unión Soviética se convirtieron en el blanco perfecto contra el que evaluar el progreso de la reforma. El ejército era una fuerza más potente con la que vérselas, ya que nunca es fácil para los militares aceptar una disminución de poder, sobre todo cuando va emparejado con la frustración de darse cuenta de que unidades enteras no podían ser repatriadas porque carecerían de vivienda y servicios básicos. No obstante, Gorbachov logró que aceptaran el desarme porque eran conscientes de la necesidad de reagrupamiento y reequipamiento tras haber perdido la carrera tecnológica en las armas convencionales. El mariscal Ogarkov, jefe del Estado Mayor, fue destituido en septiembre de 1984, un año después de que hubiera declarado públicamente la necesidad de elevar los presupuestos militares para modernizar la tecnología del equipo militar soviético, cuya inferioridad había quedado expuesta en la destrucción de los aviones sirios por parte de la fuerza aérea israelí en el valle de Bekaa en 1982. No obstante, su mensaje fue recibido y Gorbachov, de hecho, aumentó el presupuesto militar, aun cuando la situación económica era extremadamente mala. Los planes militares de Gorbachov no eran demasiado diferentes de los del gobierno estadounidense: pretendían reducir los costes con el tiempo y desmantelar una plétora inútil de misiles nucleares, a la vez que elevar la calidad profesional y tecnológica de las fuerzas armadas soviéticas al nivel de una superpotencia que no aspiraba al holocausto nuclear. De hecho, esta estrategia la apoyaban tanto las fuerzas armadas como el KGB, que, por lo tanto, no se oponía en principio a las reformas, siempre que no se traspasaran dos límites: la integridad territorial del Estado soviético y el control del complejo militar industrial por parte del Ministerio de Defensa. Así, aunque Gorbachov parecía convencido del apoyo del ejército y las fuerzas de seguridad, estas dos condiciones no negociables perjudicaron de forma decisiva sus reformas porque, en la práctica, significaban que el nacionalismo tenía que reprimirse (prescindiendo de la opinión personal de Gorbachov) y que el núcleo de la industria no podría operar con las reglas del mercado.

Entre 1987 y 1990, la *nomenklatura* del partido, la alta burocracia estatal, el complejo militar-industrial, los generales del petróleo y los jefes de la economía sumergida se opusieron de forma efectiva a las reformas de Gorbachov, cediendo en batallas ideológicas pero atrincherándose en la estructura del partido y en la burocracia estatal. Los decretos de Gorbachov se convirtieron gradualmente en tigres de papel, como había sucedido a menudo en la historia de las *perestroikas* rusas.

Pero Gorbachov era un luchador. Decidió no seguir a Jrushchov en su derrota histórica y contaba con el apoyo de la nueva generación de dirigentes comunistas, contrarios a la gerontocracia soviética, con la simpatía de Occidente, la desorganización de la burocracia estatal y la neutralidad del ejército y las fuerzas de seguridad hacia la lucha política interna. Así que, para superar la resistencia de los grupos de interés, que se había convertido en un obstáculo para la *perestroika,* y creyendo aún en el futuro del socialismo y en un partido comunista reformado como su instrumento, apeló a la sociedad civil para que se movilizara en apoyo de sus reformas: la *uskorenie* llevó a la *perestroika* y ésta se hizo independiente de la *glasnost*, abriendo el camino a la democratización [126]. Al hacerlo, puso en marcha inadvertidamente un proceso que, en último término, acabó con el Partido Comunista, el Estado soviético y su propio poder. No obstante, aunque para la mayoría del pueblo soviético Gorbachov fue el último jefe de Estado comunista, y para la minoría comunista fue el traidor que arruinó la herencia de Lenin, para la historia seguirá siendo el héroe que cambió el mundo al destruir el imperio soviético, aunque lo hiciera sin saberlo y sin quererlo.

EL NACIONALISMO, LA DEMOCRACIA Y LA DESINTEGRACIÓN DEL ESTADO SOVIÉTICO

La liberalización de la política y los medios de comunicación de masas, decidida por Gorbachov para obtener el apoyo de la sociedad civil a sus reformas, dio como resultado una amplia movilización social sobre diversos temas. La recuperación de la memoria histórica, estimulada por una prensa y una televisión cada vez más independientes, sacó a la luz la opinión pública, las ideologías y los valores de una sociedad liberada de repente, a menudo expresados confusamente, pero con un rechazo compartido de toda clase de verdades oficiales. Entre 1987 y 1991, en un torbellino social de intensidad creciente, los intelectuales denunciaron el sistema, los trabajadores fueron a la huelga en defensa de sus demandas y derechos, los ecologistas expusieron las catástrofes medioambientales, los grupos de derechos humanos organizaron sus protestas y los votantes utilizaron cualquier oportunidad en las elecciones parlamentarias y locales para rechazar a los candidatos oficiales del Partido Comunista, con lo que deslegitimaron la estructura de poder establecida.

No obstante, las movilizaciones más vigorosas y el reto directo al Estado soviético provinieron de los movimientos nacionalistas [127]. En febrero de 1988, la matanza de armenios a manos de azeríes en Sumgait revivió el conflicto latente en el enclave armenio de Nagorno-Karabaj en Azer-

---

[126] Véase el excelente informe periodístico sobre la influencia de los medios de comunicación en la desintegración de la Unión Soviética en Shane, 1994.
[127] Carrere d'Encausse, 1991.

baiyán, un conflicto que degeneró en una guerra abierta y obligó a la intervención del ejército soviético y la administración directa del territorio desde Moscú. Las tensiones interétnicas en el Cáucaso explotaron abiertamente tras décadas de represión forzada e integración artificial. En 1989, cientos de personas resultaron muertas en el valle de Ferghana, en Uzbekistán, en revueltas entre uzbecos y mesketios. El 9 de abril de 1989, una masiva manifestación pacífica de nacionalistas georgianos en Tbilisi que fue reprimida con gas venenoso se saldó con 23 muertos, lo que provocó una investigación de Moscú. También a comienzos de 1989, el Frente Nacional Moldavo comenzó una campaña en favor de la independencia de la república y su ulterior reintegración en Rumanía.

Sin embargo, la movilización nacionalista más potente y resuelta se produjo en las repúblicas bálticas. En agosto de 1988, la publicación del tratado secreto de 1939 entre Stalin y Hitler para anexionar a las repúblicas bálticas condujo a manifestaciones masivas en las tres repúblicas y a la formación de frentes populares en cada una de ellas. Después, el parlamento estoniano votó a favor de cambiar su huso horario, pasando de la hora de Moscú a la de Finlandia. Lituania comenzó a emitir sus propios pasaportes. En agosto de 1989, para protestar contra el quincuagésimo aniversario del pacto Ribbentrop-Molotov, dos millones de personas formaron una cadena humana que abarcó los territorios de las tres repúblicas. En la primavera de 1989, los soviets supremos de las tres repúblicas declararon su soberanía y su derecho a anular la legislación de Moscú, provocando una confrontación abierta con los dirigentes soviéticos, que respondieron con un embargo de provisiones a Lituania.

Resulta significativo que las repúblicas islámicas de Asia central y el Cáucaso no se rebelaran contra el Estado soviético, aunque el islamismo iba en ascenso, sobre todo entre las elites intelectuales. Los conflictos en el Cáucaso y Asia central tomaron predominantemente la forma de confrontación interétnica y guerras civiles políticas dentro de las repúblicas (como en Georgia) o entre repúblicas (por ejemplo, Azerbaiyán contra Armenia).

El nacionalismo no sólo fue la expresión de la identidad étnica colectiva, sino también la forma predominante del movimiento democrático en toda la Unión Soviética, y sobre todo en Rusia. El «movimiento democrático» que lideró el proceso de movilización política en los principales centros urbanos de la Unión Soviética nunca fue un frente organizado, como tampoco era un partido «Rusia Democrática», el movimiento popular fundado por Yuri Afanasiev y otros intelectuales. Hubo docenas de protopartidos de todas las tendencias políticas, pero en general el movimiento era profundamente antipartido, dada la experiencia histórica de organizaciones altamente estructuradas. La desconfianza hacia las ideologías formalizadas y la política de partido llevó a los movimientos sociopolíticos, especialmente en Rusia, pero también en Ucrania, Armenia y las repúblicas bálticas, a estructurarse vagamente en torno a dos señas de identidad: por una parte, la negación del comunismo soviético en cualquier forma, ya fuera reestructurado o no; por la otra, la afirmación de una identidad primaria colectiva, cuya expresión más amplia era la identidad nacional, la única memoria histórica a la que la gente podía referirse tras el vacío creado por el marxismo-leninismo y su posterior desaparición. En Rusia, este nacionalismo renovado encontró un eco particularmente fuerte entre la gente como reacción al nacionalismo antirruso de las demás repúblicas. Así, como suele suceder en la historia, varios nacionalismos se alimentaron mutuamente. Ésta es la razón por la que, inesperadamente, Yeltsin, se convirtió en el único dirigente político ruso con un apoyo y confianza populares masivos, pese (y probablemente debido) a todos los esfuerzos de Gorbachov y el PCUS para destruir su imagen y su reputación. Gennadi Burbulis, el principal consejero político de Yeltsin en el período 1988-1992, trató de explicar en una de las conversaciones que mantuvimos en 1991 las razones profundas de su atractivo para el pueblo ruso. Merece la pena citarle directamente:

Lo que los observadores occidentales no comprenden es que, tras setenta años de terror estalinista y de supresión de todo pensamiento independiente, la sociedad rusa es profundamente irracional. Y las sociedades que han sido reducidas a la irracionalidad se movilizan fundamentalmente en torno a mitos. Este mito en la Rusia contemporánea se llama Yeltsin. Por ello es la única fuerza verdadera del movimiento democrático [128].

En efecto, en la manifestación crítica del 28 de mayo de 1991 en Moscú, cuando el movimiento democrático se opuso de forma definitiva a Gorbachov y ocupó las calles pese a su prohibición, desafiando la presencia del ejército, los cientos de miles de manifestantes sólo gritaron dos consignas: «¡Rossiya!» y «¡Yeltsin, Yeltsin!». La afirmación del pasado olvidado y la negación del presente simbolizada por el hombre que podía decir «¡No!» y seguir sobreviviendo eran los únicos principios claramente compartidos por una sociedad civil recién nacida.

La conexión entre el movimiento democrático, la movilización nacionalista y el proceso de desmantelamiento del poder soviético estuvo predeterminada, paradójicamente, por la estructura del Estado federal soviético. Como todo el poder se concentraba en el Comité Central del PCUS y en las instituciones centrales del Estado soviético (diputados del Congreso del Pueblo, Soviet Supremo de la URSS, Consejo de Ministros y presidencia de la URSS), el proceso de democratización durante el mandato de Gorbachov consistió en permitir candidaturas rivales (pero no asociaciones políticas libres) para los soviets de las ciudades, regiones y

---

[128] Entrevista con Gennadi Burbulis, 2 de abril de 1991.

repúblicas, mientras se mantenía bajo un control más estricto a los diputados del Congreso del Pueblo y el Soviet Supremo de la URSS. Entre 1989 y 1991, la mayoría de los escaños de los soviets locales de las principales ciudades y de los parlamentos de las repúblicas fueron para los opositores de los candidatos oficiales comunistas.

La estructura jerárquica del Estado soviético parecía limitar el daño infligido al mecanismo del control político. Pero la estrategia diseñada de forma deliberada por los estrategas políticos del movimiento democrático, y sobre todo por los colaboradores de Yeltsin, era consolidar el poder en las instituciones representativas de las repúblicas y luego utilizarlas como una palanca de oposición contra el Estado central soviético, reclamando todo el poder posible para las repúblicas. Por lo tanto, lo que parecía ser un movimiento autonomista o separatista también era un movimiento para romper la disciplina del Estado soviético y en última instancia para liberarse del control del Partido Comunista. Esta estrategia explica por qué la batalla política clave en 1990-1991 en Rusia se libró en torno al incremento del poder y la autonomía de la Federación Rusa, la única que no tenía un presidente de su parlamento republicano. Así, aunque Gorbachov pensó que podía cantar victoria cuando obtuvo la mayoría del voto popular en el referéndum sobre un nuevo Tratado de la Unión el 15 de marzo de 1991, de hecho este referéndum fue el principio del fin de la Unión Soviética. Los partidarios de Yeltsin lograron introducir en las papeleta una pregunta que pedía la elección popular directa del presidente de la Federación Rusa, con una fecha de elecciones precisa, 12 de junio. La aprobación de esta pregunta por el electorado, con lo que de forma automática se convocaban esas elecciones, fue mucho más importante que la aprobación otorgada a las vagas propuestas de Gorbachov para un nuevo Estado federal. Cuando Yeltsin se convirtió en el primer jefe de Estado ruso elegido democráticamente, se creó una división fundamental entre las estructuras políticas representativas de Rusia y del resto de las repúblicas, y la cada vez más aislada superestructura del Estado federal soviético. En este punto, sólo una represión masiva y decisiva podía haber puesto otra vez bajo control el proceso.

Pero el Partido Comunista soviético no estaba en condiciones de ejercer esa represión. Estaba dividido, desconcertado, desorganizado por las maniobras de Gorbachov y por la penetración en sus filas de los valores y proyectos de una sociedad revivida. Bajo los impactos de la crítica de todos los sectores, la *nomenklatura* política perdió la confianza en sí misma [129]. Por ejemplo, la elección de Yeltsin como presidente del Parlamento ruso en marzo de 1991 sólo fue posible debido a que una importante facción

---

[129] George Breslauer me llamó la atención sobre la pérdida de confianza en sí misma de la *nomenklatura* del partido como uno de los principales factores que impidieron una primera reacción contra las reformas de Gorbachov.

del Partido Comunista ruso recientemente establecido, encabezada por Rutskoi, se unió al campo demócrata contra el liderazgo nacionalista-comunista de Polozkov, dirigente de la mayoría del Partido Comunista ruso y abiertamente opuesto a Gorbachov. De hecho, el grupo más influyente del Comité Central del PCUS, articulado vagamente en torno a Anatoly Lukyanov, presidente del Soviet Supremo de la URSS (y compañero de la facultad de Derecho de Gorbachov), había decidido poner un límite a las reformas en el otoño de 1990. El gobierno de Pavlov nombrado entonces pretendió restablecer la economía dirigida. Se tomaron medidas políticas para restaurar el orden en las ciudades y para controlar el nacionalismo, comenzando con las repúblicas bálticas. Pero el brutal asalto al canal de televisión en Vilnius por parte de las fuerzas especiales del Ministerio de Interior en enero de 1991 impulsó a Gorbachov a pedir moderación y detener la represión. En julio de 1991, Gorbachov ya estaba dispuesto a establecer un nuevo Tratado de la Unión sin seis de las quince repúblicas (las bálticas, Moldavia, Georgia y Armenia) y a otorgarles extensos poderes como único medio de salvar la Unión Soviética. En su discurso al Comité Central el 25 de julio de 1991, también esbozó un programa ideológico para abandonar el leninismo y convertir al partido al socialismo democrático. Obtuvo una fácil victoria. Las fuerzas reales del Comité Central, y la mayoría del gobierno soviético, ya se habían embarcado en la preparación de un golpe contra su secretario general y presidente, tras fracasar en el control del proceso mediante los procedimientos institucionales normales que ya no funcionaban porque la mayoría de las repúblicas, y sobre todo Rusia, se habían liberado del control del Estado central soviético.

Las circunstancias del golpe de agosto de 1991, el acontecimiento que precipitó la desintegración de la Unión Soviética, aún no se han expuesto en su totalidad y es dudoso que esto ocurra durante un largo tiempo, dado el laberinto de intereses políticos tejido en torno al complot. Superficialmente, puede sorprender que fracasara un golpe organizado desde el Comité Central del PCUS con la participación plena del jefe del KGB, el ministro de Interior, el ministro de Defensa, el vicepresidente de la URSS y la mayor parte del gobierno soviético. Y, en efecto, pese al análisis presentado aquí sobre el carácter inevitable de la crisis de la Unión Soviética, el golpe de 1991 podría haber tenido éxito si Yeltsin y unos cuantos miles de partidarios no le hubieran hecho frente, arriesgando abiertamente sus vidas, con la presencia de los medios de comunicación como su defensa simbólica, y si, en toda Rusia y en algunas repúblicas soviéticas, gente de todos los sectores sociales no se hubiera reunido en sus lugares de trabajo y hubiera votado su apoyo a Yeltsin enviando decenas de miles de telegramas a Moscú para que se conociera su posición. Tras siete décadas de represión, el pueblo aún estaba allí, confuso pero dispuesto a luchar si era necesario para defender su libertad recién hallada. El éxito posible del golpe a corto plazo no habría significado necesariamente que la crisis de la Unión Soviética pudiera haberse detenido, dado el proceso de descomposición de todo el sistema. No obstante, la crisis habría tomado otro derrotero y la historia habría sido diferente. Lo que determinó el fracaso del golpe fueron dos factores fundamentales: la actitud del KGB y el ejército, y el desconocimiento de su propio país por parte de los dirigentes comunistas como resultado de su aislamiento creciente en la cima del Estado soviético. Las unidades clave de las fuerzas de seguridad se negaron a colaborar: la unidad alfa de la elite del KGB se negó a obedecer la orden de atacar la Casa Blanca y recibió apoyo de mandos clave del KGB; las unidades de paracaidistas bajo el mando del general Pável Grachov declararon su lealtad a Gorbachov y a Yeltsin; y, por último, el jefe de las fuerzas aéreas, el general Shaposhnikov, amenazó al ministro de Defensa con bombardear el Kremlin. La rendición se produjo pocas horas después de este ultimátum. Estas decisiones obedecieron a la transformación sufrida por el ejército y el KGB durante el periodo de la *perestroika*. No era tanto que fueran defensores activos de la democracia, como que habían estado en contacto directo con la evolución de la sociedad en general, de modo que cualquier movimiento decisivo contra la cadena de mando establecida podía dividir las fuerzas y abrir el camino a la guerra civil. Ningún mando responsable se arriesgaría a una guerra civil con un ejército equipado con un arsenal nuclear gigantesco y diverso. De hecho, los propios organizadores del golpe no estaban dispuestos a iniciar una guerra civil. Estaban convencidos de que una demostración de fuerza y la retirada legal de Gorbachov, siguiendo el precedente histórico de la expulsión de Jrushchov, serían suficientes para poner bajo control al país. Subestimaron la determinación de Yeltsin y no comprendieron el nuevo papel de los medios de comunicación y hasta qué punto estaban fuera del control comunista. Planearon y ejecutaron un golpe como si se encontraran en la Unión Soviética de los años sesenta, probablemente la última vez que habían estado en la calle sin guardaespaldas. Cuando descubrieron el nuevo país que había madurado en el último cuarto de siglo, era demasiado tarde. Su caída se convirtió en la caída de su partido-Estado. No obstante, el desmantelamiento del Estado comunista y, aún más, la descomposición de la Unión Soviética no eran una necesidad histórica. Requirieron una acción política deliberada en los meses siguientes, aplicada por un reducido grupo de revolucionarios decisivos en la más pura tradición leninista. Los estrategas de Yeltsin, liderados por Burbulis, el Maquiavelo incontestable de la nueva Rusia democrática, llevaron hasta el límite el plan de separación entre las instituciones de las repúblicas con arraigo social y la para entonces aislada superestructura del Estado federal soviético. Mientras Gorbachov trataba desesperadamente de sobrevivir a la disolución del Partido Comunista y de reformar las instituciones soviéticas, Yeltsin convenció a los dirigentes comunistas ucranianos y bielorrusos, rápidamente reconvertidos al nacionalismo e independentismo, de que se separaran de la Unión Soviética. Su acuerdo en Bolovezhskaya Pushcha el 9 de diciembre de 1991 para disolver el Estado soviético y crear una amplia Comunidad de Estados Independientes como mecanismo para distribuir el legado de la extinta Unión Soviética entre las nuevas repúblicas soberanas, señaló el fin de uno de los experimentos sociales más atrevidos y dañinos de la historia humana. Pero la facilidad con la que Yeltsin y sus colaboradores abordaron el proceso de desmantelamiento en sólo cuatro meses reveló la absoluta descomposición de un aparato de Estado sobredimensionado que se había desarraigado de su propia sociedad.

LAS CICATRICES DE LA HISTORIA, LAS LECCIONES PARA LA TEORÍA, EL LEGADO PARA LA SOCIEDAD

El experimento soviético marcó decisivamente un siglo XX que, en general, giró en torno a su desarrollo y consecuencias en todo el mundo. Proyectó una sombra gigantesca no sólo sobre la geopolítica de los estados, sino también sobre las construcciones imaginarias de transformación social. Pese a los horrores del estalinismo, durante un largo tiempo la izquierda política y los movimientos sociales de todo el mundo vieron en el comunismo soviético al menos un motivo de esperanza y frecuentemente una fuente de inspiración y apoyo, percibida a través del velo distorsionante de la propaganda capitalista. Pocos intelectuales de las generaciones nacidas en la primera mitad del siglo escaparon a la fascinación del debate sobre el marxismo, el comunismo y la construcción de la Unión Soviética. Un gran número de notables sociólogos de Occidente han elaborado sus teorías en relación —ya sea positiva o negativa— con la experiencia soviética. En efecto, algunos de los críticos intelectuales más prominentes del comunismo soviético estuvieron influidos en sus años de estudiantes por el trotskismo, una ideología ultrabolchevique. Que todo este esfuerzo, todo este sufrimiento y pasión humanos, todas estas ideas, todos estos sueños, puedan haberse desvanecido en un tiempo tan corto, revelando la vacuidad del debate, es una demostración asombrosa de nuestra capacidad colectiva de construir fantasías políticas tan poderosas que acaban cambiando la historia, aunque en la dirección contraria de los pretendidos proyectos históricos. Éste quizás sea el fallo más doloroso de la utopía comunista: la abducción y distorsión de los sueños y las esperanzas revolucionarios de tanta gente de Rusia, y de todo el mundo, convirtiendo la liberación en opresión, transformando el proyecto de una sociedad sin clases en un estado dominado por una casta, y pasando de la solidaridad entre los obreros explotados a la complicidad de los *apparatchiki* de la *nomenklatura* en su camino para convertirse en padrinos de la economía criminal global. En conjunto, y pese a algunos elementos positivos de las políticas sociales de la era postestalinista, el experimento soviético causó un sufrimiento considerable a los pueblos de la Unión Soviética y al mundo en general. Rusia podría haberse industrializado y modernizado de otro modo, no sin dolor, pero sí sin el holocausto humano que tuvo lugar durante el periodo estalinista. La igualdad social relativa, el pleno empleo y el Estado de bienestar fueron logrados por regímenes socialdemócratas en la vecina Escandinavia, entonces pobre, sin recurrir a políticas tan extremas. La máquina nazi no fue derrotada por Stalin (que, en realidad, había diezmado y debilitado al Ejército Rojo justo antes de la guerra para imponer su control personal), sino por la secular voluntad rusa de luchar contra el invasor extranjero. El dominio del Comintern sobre un gran segmento del movimiento revolucionario y socialista del mundo esterilizó energías, estancó proyectos políticos y condujo a naciones enteras a callejones sin salida. La división de Europa y del mundo en bloques militares obligó a dedicar buena parte de los avances tecnológicos y del crecimiento económico en los años posteriores a la Segunda Guerra Mundial a una carrera armamentista sin sentido. Sin duda, los sectores estadounidenses (y en menor medida europeos) que fomentaron la guerra fría tienen la misma responsabilidad por participar en la confrontación, desarrollar y utilizar armas nucleares y construir una simetría bipolar con el fin de dominar el mundo[130]. Sin embargo, sin la coherencia, fortaleza y fachada amenazadora del poder soviético, las sociedades y la opinión pública occidentales difícilmente habrían aceptado la expansión desmesurada de sus maquinarias bélicas y la continuación de empresas coloniales agresivas, como se ha demostrado tras el fin de la guerra fría. Es más, la construcción de una superpotencia sin basarse en una economía productiva y una sociedad abierta ha resultado insostenible a largo plazo, arruinando de este modo a Rusia y al resto de las repúblicas soviéticas sin mucho beneficio aparente para sus pueblos, si exceptuamos la seguridad laboral y alguna mejoría de las condiciones de vida en el periodo 1960-1980: periodo que ahora muchos idealizan en Rusia debido a la si-

---

[130] La historia de la guerra fría está llena de sucesos y anécdotas que revelan cómo los dos bloques militares fueron alimentando su propia paranoia defensiva más allá de límites razonables. Un ejemplo de esta mentalidad, olvidada demasiado deprisa, es la revelación en 1995 del misterio de los submarinos soviéticos en aguas suecas. Como algunos quizás recuerden, durante más de dos décadas las fuerzas armadas suecas, apoyadas por la OTAN, declararon que sus aguas jurisdiccionales habían sido invadidas repetidas veces por submarinos soviéticos, por lo que habían recurrido al lanzamiento regular de cargas de profundidad explosivas retransmitidas por la televisión a todo el mundo. Hasta 1995 Suecia no confirmó «un hecho embarazoso: que sus fuerzas de defensa habían estado cazando visones, no submarinos rusos [...]. Los nuevos instrumentos hidrofónicos introducidos en la marina sueca en 1992 demostraron que los visones podían emitir pautas de sonidos similares a las de los submarinos» (*New York Times*, 12 de febrero de 1995, pág. 8). No se hace referencia en el informe a la suerte de los visones.

tuación desesperada en la que se encuentran grandes segmentos de la población en la transición salvaje al capitalismo salvaje.

No obstante, la ironía histórica más dañina fue la mofa que el Estado comunista hizo de los valores de solidaridad humana en los que fueron educadas tres generaciones de ciudadanos soviéticos. La mayoría de las personas creían sinceramente que debían compartir las dificultades y ayudarse mutuamente para construir una sociedad mejor. Poco a poco fueron descubriendo que una casta de burócratas cínicos había abusado de ellos de forma sistemática. Una vez que se reveló la verdad, los daños morales infligidos al pueblo de la Unión Soviética es probable que perduren durante largo tiempo: se perdió el sentido de la vida; se degradaron los valores humanos, base de los esfuerzos cotidianos; el cinismo y la violencia han impregnado toda la sociedad, después que las esperanzas inspiradas por la democracia, en el periodo posterior al derrumbamiento soviético, se desvanecieron rápidamente. Los fracasos sucesivos del experimento soviético, de la *perestroika* y de la política democrática de los años noventa han llevado la ruina y la desesperación a las tierras de Rusia y a las antiguas repúblicas soviéticas.

En cuanto a los intelectuales, la lección política más importante del experimento comunista es la distancia fundamental que debe mantenerse entre los programas teóricos y el desarrollo histórico de los proyectos políticos. Para expresarlo de forma contundente, todas las utopías conducen al terror si se intenta seriamente ponerlas en práctica. Las teorías, y sus narrativas ideológicas inseparables, pueden ser (y han sido) herramientas útiles para comprender y, de este modo, guiar, la acción colectiva. Pero sólo como herramientas, siempre para ser rectificadas y ajustadas según la experiencia. Nunca como esquemas para ser reproducidos, con su elegante coherencia, en el mundo imperfecto pero maravilloso de la vida humana. Porque tales intentos son, en el mejor de los casos, racionalizaciones cínicas de intereses personales o de grupo. En el peor, cuando se cree en ellas verdaderamente y son aplicadas por sus creyentes, estas construcciones teóricas se convierten en fuentes del fundamentalismo político, una corriente que acaba llevando a la dictadura y al Terror. No estoy abogando por un paisaje político insípido, libre de valores y pasiones. Los sueños y proyectos son el material del que está hecho el cambio social. Un sujeto egoísta, puramente racional, del tipo del *free-rider*, siempre permanecería en casa y dejaría que el trabajo del cambio histórico lo realizaran «los otros». El único problema de esa actitud (la mejor «elección económica racional») es que asume la acción colectiva de los otros. En otras palabras, es una forma de parasitismo histórico. Por fortuna, pocas sociedades en la historia han sido construidas por parásitos, debido precisamente a que son demasiado egoístas para participar. Las sociedades son moldeadas, y siempre lo serán, por los actores sociales, movilizados en torno a intereses, ideas y valores, en un proceso abierto y conflictivo. El cambio social y político es el que en definitiva determina el destino y la estructura de las sociedades. Así pues, lo que la experiencia de la Unión Soviética muestra no es la necesidad de un proceso de transformación social apolítico y sin valores, sino la distancia y la tensión necesarias entre el análisis teórico, los sistemas de representación de la sociedad y la práctica política real. La práctica política relativamente exitosa siempre se mueve en los límites de la historia sin tratar de avanzar a saltos, sino adaptándose a los contornos de la evolución social y aceptando el lento proceso de transformación de la conducta humana. Este argumento no tiene nada que ver con la distinción entre reforma y revolución. Cuando las condiciones materiales y la conciencia subjetiva se transforman en la sociedad en general hasta el punto en el que las instituciones no corresponden con esas condiciones, una revolución (pacífica o no, o a medias) es parte del proceso normal de evolución histórica, como muestra el caso de Sudáfrica. Cuando las vanguardias, que son casi invariablemente vanguardias intelectuales, aspiran a acelerar el tempo histórico más allá de lo que esas sociedades pueden asumir realmente con el fin de satisfacer tanto su deseo de poder como su doctrina teórica, quizá lo consigan y transformen la sociedad, pero sólo a condición de estrangular almas y torturar cuerpos. Los intelectuales supervivientes pueden reflexionar entonces, desde la comodidad de sus bibliotecas, sobre los excesos de su sueño revolucionario distorsionado. Pero lo que es crucial retener como la principal lección política de la experiencia soviética es que las revoluciones (o reformas) son demasiado importantes y demasiado costosas en vidas humanas para dejarlas a los sueños o, incluso, a las teorías. Corresponde a la gente, utilizando las herramientas que tenga a su alcance, incluidas las herramientas teóricas y organizativas, encontrar y andar el camino colectivo de sus vidas individuales. El paraíso artificial de la política inspirada por la teoría debe ser enterrado para siempre con el Estado soviético. Porque la lección más importante del derrumbamiento del comunismo es que no hay un sentido de la historia más allá de la historia que sentimos.

También se pueden extraer importantes lecciones para la teoría social en general y para la teoría de la sociedad de la información en particular. El proceso de cambio social es definido por la matriz histórica de la sociedad en la que tiene lugar. Así, las fuentes de la dinámica del estatismo se convirtieron al mismo tiempo en sus limitaciones estructurales y en las desencadenantes de procesos contradictorios dentro del sistema. El control de la sociedad y la economía por el Estado permite la movilización plena de los recursos materiales y humanos en torno a los objetivos del poder y la ideología. Pero este esfuerzo resulta despilfarrador desde el punto de vista económico porque no incorpora constreñimientos en el uso y la distribución de los recursos escasos. Y sólo es sostenible desde el punto de vista social mientras la sociedad civil esté sometida por una coerción total o reducida al papel pasivo de contribuir al trabajo y el servicio público en el nivel más bajo posible. En estas condiciones, tan pronto como la sociedad se vuelve activa, también se hace impredecible en su relación con el Estado. Éste mismo es debilitado por su incapacidad para movilizar a sus súbditos, que le niegan su colaboración ya sea mediante la resistencia o la indiferencia.

El estatismo soviético se enfrentó a una tarea especialmente difícil al gestionar su relación con la economía y la sociedad en el contexto histórico de la transición al informacionalismo. A las tendencias de despilfarro inherentes a la economía dirigida y a los límites impuestos a la sociedad por la prioridad estructural otorgada al poder militar, se añadieron las presiones para adaptarse a las demandas específicas del informacionalismo. Paradójicamente, un sistema construido bajo la bandera del desarrollo de las fuerzas productivas no pudo dominar la revolución tecnológica más importante en la historia humana. Porque las características del informacionalismo, la interacción simbiótica entre el procesamiento de información y la producción material, determinados por la sociedad, se hicieron incompatibles con el monopolio de la información por parte del Estado y con el confinamiento de la tecnología dentro del ámbito militar. En el nivel de las organizaciones, la lógica estructural de las burocracias verticales se quedó obsoleta por la tendencia informacional hacia redes flexibles, en buena parte como pasó en Occidente. Pero, a diferencia de Occidente, la cadena de mando vertical constituía el núcleo del sistema, haciendo mucho más difícil la transformación de las grandes empresas en nuevas formas de organizaciones empresariales interconectadas. Es más, los gestores y burócratas soviéticos sí descubrieron la flexibilidad y el funcionamiento en red como forma organizativa, pero la aplicaron al desarrollo de la economía sumergida, con lo cual socavaron desde dentro la capacidad de la economía dirigida, aumentando la distancia entre la organización institucional del sistema soviético y las exigencias funcionales procedentes de la economía real.

Además, la sociedad informacional no es la superestructura de un nuevo paradigma tecnológico. Se basa en la tensión histórica entre el poder material del procesamiento abstracto de la información y la búsqueda por parte de la sociedad de una identidad cultural significativa. En ambos respectos, el estatismo parece incapaz de captar la nueva historia. No sólo sofoca la capacidad de innovación tecnológica, sino que se apropia y redefine identidades con arraigo histórico para disolverlas en el proceso primordial de afirmar su poder. En definitiva, el estatismo se ve impotente en un mundo en que la capacidad de la sociedad para renovar constantemente la información y la tecnología que incorpora información son las fuentes fundamentales del poder económico y político. Y el estatismo también se debilita y acaba siendo destruido por su incapacidad para generar legitimidad basándose en la identidad. La abstracción del poder estatal en nombre de una construcción ideológica que se desvanece rápidamente no puede soportar la prueba del tiempo contra el doble reto de las tradiciones históricas y los deseos individuales.

No obstante, pese a estas fundamentales contradicciones estructurales, el estatismo soviético no se derrumbó bajo el asalto de movimientos sociales nacidos de estas contradicciones. Una importante contribución de la experiencia soviética a la teoría general del cambio social es que, en ciertas condiciones, los sistemas sociales pueden desaparecer como consecuencia de sus propias contradicciones sin ser debilitados decisivamente por los actores sociales movilizados de forma consciente. Tales condiciones parecen ser la labor histórica del Estado en la destrucción de los cimientos de la sociedad civil. Ello no quiere decir que el mosaico de sociedades que formaban la Unión Soviética no fuera capaz de la protesta política, la revuelta social o incluso la movilización revolucionaria. De hecho, la movilización nacionalista de las repúblicas bálticas, o las masivas manifestaciones democráticas en Moscú y Leningrado en la primavera de 1991 demostraron la existencia de un segmento activo y políticamente consciente de la población urbana que esperaba el momento para derribar al Estado soviético. Pero no sólo había una escasa organización política, sino que, lo que es más importante, no existía un sólido movimiento social de carácter positivo que proyectara planteamientos alternativos de política y sociedad. En su mejor expresión, el movimiento democrático ruso hacia el término de la Unión Soviética era un movimiento por la libertad de expresión, caracterizado sobre todo por la recuperación de la capacidad de la sociedad para manifestar su opinión y hablar en voz alta. En su corriente mayoritaria, el movimiento democrático ruso era una negación colectiva de la experiencia que la sociedad había vivido sin más afirmación de valores que la reconstrucción confusa de una identidad nacional histórica. Cuando el enemigo obvio (el comunismo soviético) se desintegró, cuando las dificultades materiales de la transición condujeron al deterioro de la vida cotidiana y cuando la dura realidad de la magra herencia recibida tras siete décadas de lucha diaria se hicieron evidentes para el pueblo ex soviético, la ausencia de un proyecto colectivo, más allá del hecho de ser «ex», generalizó la confusión política y fomentó la competencia salvaje en una carrera por la supervivencia individual en toda la sociedad.

Las consecuencias de un importante cambio social resultado de la desintegración de un sistema, y no de la construcción de un proyecto alternativo, pueden percibirse en el doloroso legado que Rusia y las sociedades ex soviéticas han recibido del estatismo soviético, y de la confusión de las políticas de la *perestroika*. La economía se hundió, causando en la gente sufrimientos insoportables, por maniobras especulativas en beneficio de la *nomenklatura*; por el consejo irresponsable sobre medidas de liberalización por parte del Fondo Monetario Internacional y de algunos consejeros occidentales y economistas rusos sin experiencia política, que de repente se encontraron en los altos cargos; y por la parálisis del Estado democrático como resultado de disputas bizantinas entre facciones políticas dominadas por ambiciones personales. La economía criminal creció en proporciones nunca vistas en un importante país industrial, vinculándose con la economía criminal mundial y convirtiéndose en un factor fundamental que es necesario combatir, tanto en Rusia como en el escenario internacional. Las políticas miopes de los Estados Unidos, que en realidad aspiraban a acabar con el Oso Ruso en la política mundial, desataron reacciones nacionalistas, amenazando con alimentar de nuevo la carrera armamentista y la tensión internacional. Las presiones nacionalistas dentro del ejército, las maniobras políticas en el Kremlin de Yeltsin y los intereses criminales en posiciones de poder llevaron a la aventura catastrófica de la guerra en Chechenia. Los demócratas en el poder se perdieron entre su fe de neófitos en el poder del mercado y sus estrategias maquiavélicas diseñadas para la trastienda de la camarilla política de Moscú, pero bastante ignorantes de la condición básica de una población traumatizada, dispersa por el inmenso territorio de un país cada vez más desarticulado.

El legado más duradero del estatismo soviético será la destrucción de la sociedad civil tras décadas de negación sistemática de su existencia. Reducido a redes de identidad primaria y supervivencia individual, el pueblo ruso, y el pueblo de las sociedades ex soviéticas, tendrá que enfrentarse a la reconstrucción de su identidad colectiva, en un mundo donde los flujos de poder y dinero tratan de hacer pedazos las instituciones económicas y sociales antes de que cobren realidad, para poder engullirlas en sus redes globales. En ningún lugar es más importante la batalla en curso entre los flujos económicos globales y la identidad cultural que en el erial creado por el colapso del estatismo soviético en la orilla histórica de la sociedad de la información.

2

EL CUARTO MUNDO: CAPITALISMO INFORMACIONAL, POBREZA Y EXCLUSIÓN SOCIAL

El ascenso del informacionalismo en el cambio de milenio va unido al aumento de la desigualdad y la exclusión en todo el mundo. En este capítulo trataré de explicar por qué y cómo es así, a la vez que expongo algunas instantáneas de los nuevos rostros del sufrimiento humano. El proceso de reestructuración del capitalismo, con su lógica fortalecida de competitividad económica, tiene mucho que ver con ello. Pero las nuevas condiciones tecnológicas y organizativas de la era de la información, analizadas en este libro, le dan otra vuelta de tuerca al modelo clásico de ganancia capitalista.

Sin embargo, hay datos contradictorios, que alimentan un debate sesgado ideológicamente sobre la situación de la gente en el mundo. Después de todo, el último cuarto del siglo XX ha contemplado el acceso al desarrollo, la industrialización y el consumo de decenas de millones de chinos, coreanos, indios, malaisios, tailandeses, indonesios, chilenos, brasileños, mexicanos, argentinos y de sectores más reducidos en otros países. Incluso teniendo en cuenta cómo cambió la suerte para algunos de esos millones a consecuencia de la crisis financiera asiática de 1997-1998 y sus repercusiones en otras zonas del mundo. El grueso de la población de Europa Occidental sigue disfrutando de los niveles más altos de vida del mundo, y de la historia del mundo. Y en los Estados Unidos, aunque los salarios medios de los hombres se estancaron o descendieron durante dos décadas, hasta 1996, con la excepción del vértice de la escala de licenciados universitarios, la incorporación masiva de las mujeres al trabajo remunerado, cerrando relativamente su brecha salarial con el hombre, ha conservado en general niveles de vida decentes, siempre que se sea lo suficientemente estable como para mantener dos salarios en el hogar y se acepte trabajar cada vez más horas. En todo el mundo, las estadísticas de salud, educación e ingresos muestran, como media, una mejoría considerable sobre los parámetros históricos [1]. De hecho, durante los últimos diez años, de la población en general, sólo la antigua Unión Soviética, tras el colapso del estatismo, y el África subsahariana, tras su marginación del capitalismo, han experimentado un descenso en las condiciones de vida, y en algunos países en estadísticas vitales (aunque la mayor parte de América Latina sufrió un retroceso en los años ochenta). No obstante, como Stephen Gould tituló un maravilloso artículo hace años, «la mediana no es el mensaje» [2]. Aun sin entrar de lleno en una discusión sobre el significado de la calidad de vida, incluidas las consecuencias medioambientales de la última ronda de industrialización, el balance aparentemente desigual del desarrollo en los albores de la era de la información transmite una perplejidad manipulada ideológicamente a falta de claridad analítica.

Por ello, al valorar la dinámica del informacionalismo, es necesario establecer una distinción entre varios procesos de diferenciación social: por una parte, *desigualdad, polarización, pobreza* y *miseria* pertenecen al ámbito de las relaciones de distribución/consumo o de la apropiación diferencial de la riqueza generada por el esfuerzo colectivo. Por otra parte, *individualización del trabajo, sobreexplotación de los trabajadores, exclusión social* e *integración perversa* son características de cuatro procesos específicos respecto a las relaciones de producción [3].

La desigualdad hace referencia a la apropiación desigual, en términos relativos, de la riqueza (renta y activos) por parte de individuos y grupos sociales diferentes. La polarización es un proceso específico de desigualdad que aparece cuando tanto el vértice como la base de la escala de distribución de la renta o la riqueza crecen más deprisa que el centro, de manera que éste disminuye y se agudizan las diferencias sociales entre los dos segmentos extremos de la población. La pobreza es una norma institucionalmente definida referente al nivel de recursos por debajo del cual no es posible alcanzar el nivel de vida considerado la norma mínima en una sociedad y en una época determinadas (por lo general, un nivel de renta para un número determinado de miembros de un hogar, definido por los gobiernos o instituciones competentes). La miseria es el término

---
[1] PNUD, 1996.
[2] Gould, 1985.
[3] Para una discusión informada sobre el análisis de la pobreza y la exclusión social en una perspectiva comparativa, véase Rodgers *et al.*, 1995; Mingione, 1996.

que propongo para referirse a lo que los estadísticos sociales denominan «pobreza extrema», esto es, la base de la distribución de la renta/activos, o lo que algunos expertos conceptúan como «privación», introduciendo una gama más amplia de desventajas sociales/económicas. En los Estados Unidos, por ejemplo, la pobreza extrema hace referencia a los hogares cuya renta desciende por debajo del 50% de la que define la línea de pobreza. Resulta obvio que estas tres definiciones (con importantes efectos para categorizar a la población y definir políticas sociales y distribución de los recursos) son relativas desde el punto de vista estadístico y están definidas culturalmente, además de manipularse desde la política. No obstante, al menos nos permiten ser precisos acerca de lo que decimos cuando describimos/analizamos la diferenciación social en el capitalismo informacional.

El segundo conjunto de procesos y su categorización pertenece al análisis de las relaciones de producción. Así, cuando los observadores critican la «precariedad» de las relaciones laborales suelen hacer referencia al proceso de individualización del trabajo y a la inestabilidad que induce en las pautas del empleo. O el discurso sobre la exclusión social denota la tendencia observada a excluir de forma permanente de los mercados laborales formales a ciertas categorías de la población. Estos procesos tienen consecuencias fundamentales para la desigualdad, la polarización, la pobreza y la miseria. Pero los dos planos deben diferenciarse analítica y empíricamente con el fin de establecer su relación causal y, de este modo, preparar el camino para comprender las dinámicas de la diferenciación, la explotación y la exclusión sociales en la sociedad red.

Por individualización del trabajo entiendo el proceso por el cual la contribución laboral a la producción se define de forma específica para cada trabajador y para cada una de sus aportaciones, ya sea en forma de trabajo autónomo o asalariado contratado individualmente y en buena parte no reglamentado. Desde el punto de vista empírico, desarrollo el argumento sobre la difusión de esta forma de acuerdos laborales en el volumen I, capítulo 4. Sólo añado aquí un recordatorio sobre el hecho de que la individualización del trabajo es la práctica dominante en la economía urbana informal que se ha convertido en la forma predominante de empleo en la mayoría de los países en vías de desarrollo, así como en ciertos mercados laborales de economías avanzadas [4].

Utilizo el término «sobreexplotación» [5] para indicar acuerdos laborales que permiten al capital retener sistemáticamente la distribución de pa-

---

[4] Portes *et al.*, 1989.
[5] Utilizo el término «sobreexplotación» para distinguirlo del concepto de explotación de la tradición marxiana que, en la economía estrictamente marxista, sería aplicable a todo trabajo asalariado. Puesto que esta categorización implicaría aceptar la teoría del valor del

gos/recursos o imponer a ciertos tipos de trabajadores condiciones más duras de lo que es la norma/regulación en un mercado laboral determinado en un tiempo y espacio precisos. Hace referencia a la discriminación, tolerada o sancionada por las entidades reguladoras, de inmigrantes, minorías, mujeres, jóvenes, niños u otras categorías de trabajadores. Una tendencia particularmente significativa en este contexto es el resurgimiento del trabajo infantil remunerado en todo el mundo, en condiciones extremas de explotación, indefensión y abuso, invirtiendo la pauta histórica de protección social de los niños que existía bajo el último capitalismo industrial, así como en el estatismo industrial y en las sociedades agrícolas tradicionales[6].

Exclusión social es un concepto propuesto por el gabinete asesor sobre política social de la Comisión de la Unión Europea y adoptado por la Oficina Internacional del Trabajo de la ONU[7]. Según el Observatorio sobre Políticas Nacionales para Combatir la Exclusión Social de la Comisión Europea, hace referencia a «los derechos sociales de los ciudadanos [...] a ciertos niveles de vida básicos y a la participación en las principales oportunidades sociales y ocupacionales de la sociedad»[8].

Para tratar de ser más preciso, defino *exclusión social como el proceso por el cual a ciertos individuos y grupos se les impide sistemáticamente el acceso a posiciones que les permitirían una subsistencia autónoma dentro de los niveles sociales determinados por las instituciones y valores en un contexto dado*[9]. En circunstancias normales, en el capitalismo informacional, *tal posición suele asociarse con la posibilidad de acceder a un trabajo remunerado relativamente regular al menos para un miembro de una unidad familiar estable*. De hecho, la exclusión social es el proceso que descalifica a una persona como trabajador en el contexto del capitalismo. En países con un Estado de bienestar desarrollado, la inclusión también puede suponer generosas compensaciones en el caso de desempleo o incapa-

---

trabajo, un asunto de creencia más que de investigación, prefiero soslayar el debate, pero evitando crear mayor confusión al utilizar el término «explotación», como me gustaría hacer para los casos de discriminación sistémica como a los que me refiero en mi categorización.

[6] OIT, 1996.
[7] Rodgers *et al.,* 1995.
[8] Room, 1992, pág. 14.
[9] Por «autonomía», en este contexto, entiendo el margen medio de autonomía individual/heteronomía social construido por la sociedad. Es obvio que un trabajador, o incluso una persona autoempleada, no es autónomo frente a su empleador o red de clientes. Me refiero a las condiciones sociales que representan la norma social, en contraste con la incapacidad de la gente para organizar sus vidas, incluso dentro de las limitaciones de la estructura social, debido a que no pueden acceder a los recursos que la estructura social exige como necesarios para construir su autonomía limitada. Esta discusión de la autonomía constreñida por la sociedad es la que subyace en la conceptuación de inclusión/exclusión como expresión diferencial de los derechos sociales de la gente.

cidad de larga duración, aunque estas condiciones son cada vez más excepcionales. Consideraría entre los socialmente excluidos a la masa de personas con asistencia social de larga duración en condiciones institucionalmente punitivas, como ocurre en los Estados Unidos. Sin duda, entre la nobleza inglesa o entre los jeques del petróleo, aún hay unos cuantos individuos independientemente ricos a quienes no preocuparía en absoluto ser degradados a no-trabajador: no considero que estén socialmente excluidos.

La exclusión social es un proceso, no una condición. Por lo tanto, sus fronteras cambian, y quién es excluido e incluido puede variar con el tiempo, dependiendo de la educación, las características demográficas, los prejuicios sociales, las prácticas empresariales y las políticas públicas. Es más, aunque la falta de trabajo regular como fuente de ingresos es en última instancia el mecanismo clave en la exclusión social, son muy variadas las vías que conducen a la indigencia y que colocan a individuos y grupos en una situación de dificultad/imposibilidad estructural para procurarse el sustento. No es sólo una cuestión de falta de preparación o de no ser capaz de encontrar un empleo. Puede ser que la enfermedad golpee a una sociedad sin cobertura sanitaria para una proporción cuantiosa de sus miembros (por ejemplo, los Estados Unidos). O también que la adicción a las drogas o el alcoholismo destruya la humanidad en una persona. O que la cultura de las cárceles y el estigma de ser un ex convicto cierren las vías fuera del delito al recuperar la libertad. O que los daños de una enfermedad mental o una crisis nerviosa, que colocan a una persona ante las alternativas de la represión psiquiátrica y la irresponsable falta de atención médica, paralicen el alma y anulen la voluntad. O, simplemente, que el analfabetismo funcional, la condición de ilegal, la imposibilidad de pagar el alquiler, lo que induce la carencia de techo, o la pura mala suerte con un jefe o un policía, desaten una cadena de acontecimientos que lleven a una persona (y a su familia, con mucha frecuencia) a arrastrarse a la deriva hacia las regiones exteriores de la sociedad, habitadas por los despojos de la humanidad fracasada.

Además, el proceso de exclusión social en la sociedad red afecta tanto a personas como a territorios, de suerte que, en ciertas condiciones, países, regiones, ciudades y barrios enteros quedan excluidos, abarcando en esta exclusión a la mayoría o a toda su población. Es diferente del proceso tradicional de segregación espacial, como trataré de demostrar cuando examine los nuevos rasgos de los guetos del centro de las ciudades estadounidenses. Bajo la nueva lógica dominante del espacio de los flujos (volumen I, capítulo 6), las áreas que no son valiosas desde la perspectiva del capitalismo informacional, y que no tienen un interés político significativo para los poderes existentes, son esquivadas por los flujos de riqueza e información, y acaban siendo privadas de la infraestructura tecnológica básica que nos permite comunicarnos, innovar, producir, consumir e incluso vivir en el mundo de hoy. Este proceso induce una geografía extremadamente desigual de exclusión e inclusión social/territorial, que incapacita a grandes segmentos de la población, mientras vincula transterritorialmente, mediante la tecnología de la información, a todos y todo lo que pueda ser de valor en las redes globales que acumulan riqueza, información y poder.

El proceso de exclusión social y la insuficiencia de las políticas reparadoras de integración social conducen a un cuarto proceso clave que caracteriza algunas formas específicas de las relaciones de producción en el capitalismo informacional: lo denomino integración perversa y hace referencia al proceso laboral en la economía criminal. Por economía criminal entiendo aquellas actividades generadoras de ingresos que son declaradas delito por las normas y, en consecuencia, perseguidas en un contexto institucional determinado. No hay juicio de valor en la etiqueta, no porque apruebe el tráfico de drogas, sino porque tampoco apruebo diversas actividades respetables desde el punto de vista institucional que causan un daño tremendo en las vidas de la gente. No obstante, lo que una sociedad determinada considera que es un delito lo es, y ello tiene consecuencias sustanciales para quien participe en esas actividades. Como sostendré en el capítulo 3, el capitalismo informacional se caracteriza por la formación de una economía criminal global y por su creciente interdependencia con la economía formal y las instituciones políticas. Ciertos segmentos de la población socialmente excluida, junto con individuos que eligen modos más rentables aunque peligrosos de ganarse la vida, constituyen un submundo del hampa cada vez más poblado, que se está convirtiendo en un rasgo esencial de la dinámica social en la mayor parte del planeta.

Existen relaciones sistémicas entre el capitalismo informacional, la reestructuración del capitalismo, las tendencias de las relaciones de producción y las nuevas tendencias de las relaciones de distribución. O, en pocas palabras, entre la dinámica de la sociedad red, la desigualdad y la exclusión social. Trataré de adelantar algunas hipótesis sobre la naturaleza y la forma de esas relaciones. Pero en lugar de proponer una matriz teórica formal, investigaré la interacción de estos procesos y sus resultados sociales, centrándome en tres temas empíricos, de los que trataré de extraer algunas conclusiones analíticas. Me centraré en el proceso de exclusión social de casi un continente completo, el África subsahariana, y de la mayoría de sus 500 millones de habitantes. Examinaré la extensión y profundización de la pobreza urbana en el país que presume de una economía puntera y de la tecnología más avanzada del mundo, los Estados Unidos. Y consideraré una visión diferente del proceso de desarrollo y subdesarrollo globales: la de los niños. Antes de nada, permítanme presentar un breve panorama general del estado del mundo en cuanto a desigualdad, pobreza y exclusión social.

¿HACIA UN MUNDO POLARIZADO? UNA VISIÓN GLOBAL

La divergencia entre la producción por persona de los países quizás sea el rasgo dominante de la historia económica moderna. La relación entre la renta per cápita de los países más ricos y los más pobres [entre 1870 y 1989] se ha multiplicado por 6 y la desviación estándar del PNB per cápita ha aumentado entre un 60 y un 100%,

escribe Pritchett, resumiendo los resultados de su estudio econométrico para el Banco Mundial [10]. En gran parte del mundo, esta disparidad geográfica en la creación/apropiación de riqueza se ha incrementado en las dos últimas décadas, mientras que el diferencial entre los países de la OCDE y el resto del planeta, que representan a una proporción abrumadora de la población, aún es abismal. Así, utilizando las estadísticas económicas históricas elaboradas por Maddison [11], Benner y yo hemos elaborado el cuadro 2.1, representado gráficamente en la figura 2.1, que muestra la evolución del índice del PNB per cápita para un grupo de países seleccionados, clasificados por el valor relativo de su índice frente a los Estados Unidos, entre 1950, 1973 y 1992. Japón ha logrado ponerse casi a la misma altura en las cuatro últimas décadas, mientras que Europa Occidental ha mejorado su posición relativa, pero sigue a la zaga de los Estados Unidos por un margen considerable. Durante el periodo 1973-1992, la muestra de países de América Latina, África y Europa Oriental estudiada por Maddison se ha rezagado aún más. En cuanto a los diez países asiáticos, incluidos los milagros económicos de Corea del Sur, China y Taiwan, han mejorado sustancialmente su posición relativa, pero a nivel absoluto, en 1992, siguen siendo más pobres que cualquier otra región del mundo salvo África, representando sólo el 18% del nivel de riqueza de los Estados Unidos.

Sin embargo, si la distribución de la riqueza entre los países continúa divergiendo, en general, las condiciones medias de vida de la población mundial medidas por el Índice del Programa de las Naciones Unidas para el Desarrollo (PNUD) han mejorado constantemente durante las tres últimas décadas. Ello es debido, principalmente, a las mayores oportunidades de educación y a la mejora de los niveles de salud, que se traducen en un incremento espectacular de la esperanza de vida, que en los países en vías de desarrollo ascendió de cuarenta y seis años en la década de los sesenta a sesenta y dos años en 1993 y a 64,4 años en 1997, sobre todo para las mujeres [12].

---

[10] Pritchett, 1995, págs. 2 y 3.
[11] Maddison, 1995.
[12] PNUD, 1996, págs. 18 y 19.

CUADRO 2.1 PNB per cápita en una muestra de 55 países.

País	PNB/cápita (en dól. EE.UU. 1990)			Índice PNB/cápita (EE.UU. =100)			Evolución del Índice PNB/cápita (en cifras)		Evolución del Índice PNB/cápita (en %)	
	1950	1973	1992	1950	1973	1992	1950-73	1973-92	1950-73	1973-92
EE. UU.	9.573	16.607	21.558	100	100	100	0	0	0	0
Japón	1.873	11.017	19.425	20	66	90	47	24	239	36
16 países de Europa Occidental										
Alemania	4.281	13.152	19.351	45	79	90	34	11	77	13
Austria	3.731	11.308	17.160	39	68	80	29	12	75	17
Bélgica	5.346	11.905	17.165	56	72	80	16	8	28	11
Dinamarca	6.683	13.416	18.293	70	81	85	11	4	16	5
España	2.397	8.739	12.498	25	53	58	28	5	110	10
Finlandia	4.131	10.768	14.646	43	65	68	22	3	50	5
Francia	5.221	12.940	17.959	55	78	83	23	5	43	7
Grecia	1.951	7.779	10.314	20	47	48	26	1	130	2
Irlanda	3.518	7.023	11.711	37	42	54	6	12	15	28
Italia	3.425	10.409	16.229	36	63	75	27	13	75	20
Noruega	4.969	10.229	17.543	52	62	81	10	20	19	32
P. Bajos	5.850	12.763	16.898	61	77	78	16	2	26	2
Portugal	2.132	7.568	11.130	22	46	52	23	6	105	13
R. Unido	6.847	11.992	15.738	72	72	73	1	1	1	1
Suecia	6.738	13.494	16.927	70	81	79	11	–3	15	–3
Suiza	8.939	17.993	21.036	93	108	98	15	–11	16	–10
Media	4.760	11.340	15.912	50	68	74	19	6	37	8

3 países de características occidentales										
Australia	7.218	12.485	16.237	75	75	75	0	0	0	0
Canadá	7.047	13.644	18.159	74	82	84	9	2	12	3
N. Zelanda	8.495	12.575	13.947	89	76	65	-13	-11	-15	-15
Media	7.857	12.901	16.114	79	78	75	-2	-3	-2	-4
7 países de Europa Oriental										
Bulgaria	1.651	5.284	4.054	17	32	19	15	-13	84	-41
Checoslovaquia	3.501	7.036	6.845	37	42	32	6	-11	16	-25
Hungría	2.480	5.596	5.638	26	34	26	8	-8	0	-22
Polonia	2.447	5.334	4.726	26	32	22	7	-10	26	-32
Rumanía	1.182	3.477	2.565	12	21	12	9	-9	70	-43
URSS	2.834	6.058	4.671	30	36	22	7	-15	23	-41
Yugoslavia	1.546	4.237	3.887	16	26	18	9	-7	58	-29
Media	2.234	5.289	4.627	23	32	21	9	-10	36	-33
7 países latinoamericanos										
Argentina	4.987	7.970	7.616	52	48	35	-4	-13	-8	-26
Brasil	1.673	3.913	4.637	17	24	22	6	-2	35	-9
Chile	3.827	5.028	7.238	40	30	34	-10	3	-24	11
Colombia	2.089	3.539	5.025	22	21	23	-1	2	-2	9
México	2.085	4.189	5.112	22	25	24	3	-2	16	-6
Perú	2.263	3.953	2.854	24	24	13	0	-11	1	-44
Venezuela	7.424	10.717	9.163	78	65	43	-13	-22	-17	-34
Media	3.478	5.616	5.949	36	34	28	-3	-6	-7	-18

CUADRO 2.1 (Continuación)

País	PNB/cápita (en dól. EE.UU.1990)			Índice PNB/cápita (EE.UU.=100)			Evolución del Índice PNB/cápita (en cifras)		Evolución del Índice PNB/cápita (en %)	
	1950	1973	1992	1950	1973	1992	1950-73	1973-92	1950-73	1973-92
10 países asiáticos										
Bangladesh	551	478	720	6	3	3	-3	0	-50	16
Birmania	393	589	748	4	4	3	-1	0	-14	-2
Corea del Sur	876	2.840	10.010	9	17	46	8	29	87	172
China	614	1.186	3.098	6	7	14	1	7	11	101
Filipinas	1.293	1.956	2.213	14	12	10	-2	-2	-13	-13
India	597	853	1.348	6	5	6	-1	1	-18	22
Indonesia	874	1.538	2.749	9	9	13	0	3	1	38
Pakistán	650	981	1.642	7	6	8	-1	2	-13	29
Taiwan	922	3.669	11.590	10	22	54	12	32	129	143
Tailandia	848	1.750	4.694	9	11	22	2	11	19	107
Media	762	1.584	3.881	8	10	18	2	8	20	89
10 países africanos										
Costa de Marfil	859	1.727	1.134	9	10	5	1	-5	16	-49
Egipto	517	947	1.927	5	6	9	0	3	6	57
Etiopía	277	412	300	3	2	1	0	-1	-14	-44
Ghana	1.193	1.260	1.007	12	8	5	-5	-3	-39	-38
Kenia	609	947	1.055	6	6	5	-1	-1	-10	-14
Marruecos	1.611	1.651	2.327	17	10	11	-7	1	-41	9
Nigeria	547	1.120	1.152	6	7	5	1	-1	18	-21
Sudáfrica	2.251	3.844	3.451	24	23	16	0	-7	-2	-31
Tanzania	427	655	601	4	4	3	-1	-1	-12	-29
El Zaire	636	757	353	7	5	2	-2	-3	-31	-64
Media	893	1.332	1.331	9	8	6	-1	-2	-14	-23

Fuente: Maddison, 1995, calculado del cuadro 1.3.

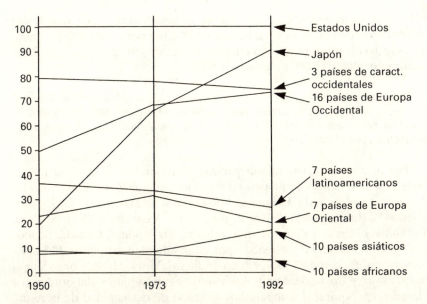

FIGURA 2.1 Índice del PNB per cápita en una muestra de 55 países (EE.UU. = 100).

Fuente: elaborado a partir del cuadro 2.1.

La evolución de la desigualdad de la renta presenta un perfil diferente si se adopta un planteamiento global o se contempla su evolución dentro de países específicos en una perspectiva comparativa. En un planteamiento global, durante las tres últimas décadas ha aumentado la desigualdad y la polarización en la distribución de la riqueza. Según los informes sobre el Desarrollo Humano de 1996/1999 del PNUD, en 1993 sólo 5 billones de dólares de los 23 billones de dólares del PNB global procedían de los países en vías de desarrollo, aun cuando suponían casi el 80% de la población total. El 20% más pobre de los habitantes del mundo han visto reducirse su parte de la renta global de un 2,3% a un 1,4% en los últimos treinta años. Mientras tanto, la parte del 20% más rico ha ascendido del 70 al 85%. La ratio de la renta del 20% más rico del mundo en relación al 20% más pobre aumentó: del 30:1 en 1960 al 74:1 en 1997. En 1994, el patrimonio de las 358 personas del mundo con fortunas superiores a los mil millones de dólares estadounidenses superaba la renta anual combinada de países en los que vivía el 45% de la población mundial. La concentración de la riqueza en la cúspide se aceleró en la segunda mitad de los noventa: el patrimonio neto de las 200 personas más ricas del mundo pasó de 440.000 millones de dólares a más de un billón entre 1994 y 1998. Así, en 1998, el patrimonio de las tres personas más ricas del mundo excedía al

PIB combinado de los 48 países menos desarrollados, en los que vivían 600 millones de personas [13]. La brecha en la renta per cápita entre el mundo industrializado y el mundo en vías de desarrollo se triplicó, de 5.700 dólares en 1960 a 15.000 dólares en 1993 [14].

Entre 1960 y 1991, todos menos el quintil más rico [de la población mundial] vieron descender su porcentaje de la renta, de tal modo que en 1991 más del 85% de la población mundial recibía sólo el 15% de su renta, una indicación más de un mundo más polarizado [15].

Por otra parte, existe una disparidad considerable en la evolución de la desigualdad dentro de un país en diferentes regiones del mundo. En las dos últimas décadas, la desigualdad de la renta ha aumentado en Estados Unidos [16], Reino Unido [17], Brasil, Argentina, Venezuela, Bolivia, Perú, Tailandia y Rusia [18]; y en los años ochenta, en Japón [19], Canadá, Suecia, Australia, Alemania [20] y México [21] por citar sólo algunos países. Pero *disminuyó* en el periodo 1960-1990 en India, Malaisia, Hong Kong, Singapur, Taiwan y Corea del Sur [22]. Asimismo, según los datos elaborados por Deininger y Squire, si comparamos el grado de desigualdad de la renta, medido por el índice de Gini, en las principales regiones del mundo, entre los años noventa y los setenta, en 1990 era mucho más elevado en Europa Oriental, algo más elevado en América Latina, pero inferior en el resto de las regiones, cuando se analizan a un nivel altamente agregado [23]. El índice de Gini se mantuvo para el conjunto de Latinoamérica en un 0,58% durante los años noventa, reflejando de este modo el mayor nivel de desigualdad entre las grandes regiones del mundo [24].

Sin embargo, aunque admite un cierto grado de variación en las tendencias de diversos países, el cuadro 2.1 muestra el predominio de la tendencia hacia una desigualdad creciente (medida conforme al cambio anual del índice de Gini) para la mayoría de los países de la OCDE entre finales de los años setenta y mediados de los noventa. El Reino Unido es el país en el que la desigualdad aumentó con mayor rapidez. Pero lo que llama especialmente la atención es que los otros dos países en los que la

---

[13] PNUD, 1999, pág. 37.
[14] PNUD, 1996, págs. 2 y 3.
[15] PNUD, 1996, pág. 13.
[16] Fischer *et al.*, 1996.
[17] Townsend, 1993.
[18] PNUD, 1996.
[19] Bauer y Mason, 1992.
[20] Green *et al.*, 1992.
[21] Skezely, 1995.
[22] PNUD, 1996.
[23] Deininger y Squire, 1996, pág. 584.
[24] PNUD, 1999, pág. 39.

CUADRO 2.2   Evolución de la desigualdad de la renta después de 1979 en los países de la OCDE.

País	Periodo	Evolución anual de acuerdo con el índice de Gini[1]	
		Relativo (%)	Absoluto (puntos)
Reino Unido............	1979-95	1,80	0,22
Suecia......................	1979-94	1,68	0,38
Dinamarca................	1981-90	1,20	—
Australia...................	1981-89	1,16	0,34
Países Bajos............	1979-94	1,07	0,25
Japón.......................	1979-93	0,84	0,25
Estados Unidos........	1979-95	0,79	0,35
Alemania[2]................	1979-95	0,50	0,13
Francia.....................	1979-89	0,40	0,12
Noruega....................	1979-92	0,22	0,05
Canadá.....................	1979-95	–0,02	0,00
Finlandia...................	1979-94	–0,10	–0,02
Italia.........................	1980-91	–0,64	–0,58

[1] Medida como el cambio relativo del índice de Gini, donde su crecimiento refleja mayor desigualdad.
[2] Alemania Occidental.

Fuente: Gottschalk y Smeeding, 1997, elaborado por Mishel *et al.*, 1999, pág. 374.

desigualdad aumenta rápidamente sean Suecia y Dinamarca, que hasta hace poco eran sociedades igualitarias. Pero si añadimos Japón a la misma categoría de desigualdad en rápido aumento en sociedades con bajo nivel de desigualdad, esta observación sugeriría la hipótesis de una tendencia estructural al crecimiento de la desigualdad en la sociedad red. Por otra parte, Finlandia, una sociedad red muy avanzada, no siguió la tendencia de sus vecinos escandinavos, e Italia redujo la desigualdad de forma significativa. Si se incluyeran en el cuadro los datos de España y Portugal, mostrarían una pauta de desigualdad estable y moderada. Las economías en transición de Europa Oriental y la CEI experimentaron en los años noventa el récord histórico de aumento de la desigualdad. A finales del siglo, en Rusia el porcentaje de la renta del 20% más rico de la población era 11 veces el del 20% más pobre[25].

Pero si la evolución de las desigualdades en el interior de los países varía, *lo que parece ser un fenómeno global es el aumento de la pobreza y sobre todo de la pobreza extrema*. En efecto, la aceleración del desarrollo

[25] PNUD, 1999, pág. 36.

desigual y la inclusión y exclusión simultáneas de los pueblos en el proceso de crecimiento, que yo considero un rasgo del capitalismo informacional, se traduce en polarización y en la extensión de la miseria a un número creciente de personas. Así, según el PNUD:

Desde 1980, ha habido un aumento espectacular del crecimiento económico en unos 15 países, que ha propiciado un rápido incremento en las rentas de muchos de sus 1.500 millones de habitantes, más de un cuarto de la población mundial. Sin embargo, durante gran parte de este periodo, el declive o el estancamiento económico ha afectado a 100 países, reduciendo las rentas de 1.600 millones de personas, de nuevo más de un cuarto de la población mundial. En 70 de estos países, las rentas medias son inferiores a las de 1980 y en 43 países inferiores a las de 1970. [Es más], durante 1970-1985, el PNB global aumentó un 40%, pero el número de pobres ascendió un 17%. Mientras que en 1965-1980 descendió la renta per cápita de más de 200 millones de personas, en 1980-1993 este descenso afectó a más de 1.000 millones de personas [26].

A mediados de los años noventa, trazando la línea de extrema pobreza por debajo de un consumo equivalente a un dólar estadounidense diario, 1.300 millones de personas —el 33% de la población del mundo en vías de desarrollo— estaban en la miseria. De ellas, 550 millones vivían en el sur de Asia, 215 millones, en el África subsahariana y 150 millones, en América Latina [27]. En una estimación similar, utilizando un dolar diario como línea divisoria de la pobreza extrema, la OIT calculó que el porcentaje de la población por debajo de esta línea aumentó del 53,5% en 1985 al 54,4% en 1990 en el África subsahariana; del 23% al 27,8% en América Latina; y descendió del 61,1% al 59% en el sur de Asia, y del 15,7% al 14,7% en el este y sureste de Asia (sin China). Según el PNUD, entre 1987 y 1993 el número de personas con rentas de menos de un dólar diario aumentó en cien millones hasta llegar a los 1.300 millones de personas. Si consideramos el nivel de renta de menos de dos dólares diarios, deberían añadirse otros mil millones de personas. Así, a finales del milenio más de un tercio de la humanidad vivía en el nivel de subsistencia o por debajo de él.

Además de la escasez de ingresos, otras dimensiones de la pobreza son todavía más llamativas: a mediados de los noventa, unos 840 millones de personas eran analfabetas, más de 1.200 millones carecía de acceso a agua no contaminada, 800 millones carecían de acceso a servicios sanitarios y más de 800 millones padecía hambre. La esperanza de vida de casi un tercio de la población de los países menos desarrollados (principalmente en el África subsahariana) era inferior a 40 años. Quienes más sufren la pobreza son las mujeres y los niños: 160 millones de niños de me-

---

[26] PNUD, 1996, págs. 1 y 2.
[27] PNUD, 1996, pág. 27.

nos de cinco años padecían desnutrición, y la tasa de mortalidad materna era de unas 500 mujeres por cada 100.000 nacidos vivos [28]. La mayor concentración de pobreza se producía, con mucha diferencia, en las zonas rurales: en 1990 la proporción de pobres entre la población rural era del 66% en Brasil, 72% en Perú, 43% en México, 49% en India y 54% en Filipinas [29]. En cuanto a Rusia, los países de la CEI y Europa oriental, un informe del Banco Mundial de abril de 1999 calculaba que 147 millones de personas vivían por debajo del umbral de pobreza de 4 dólares diarios. La cifra equivalente en 1989 era de 14 millones.

Por otro lado, algunos países, y en especial China y Chile, redujeron de forma sustancial su nivel de pobreza durante los años noventa. En el caso de China ello obedeció al elevado crecimiento económico en combinación con la migración del campo a la ciudad. En el caso de Chile, fue el resultado de políticas deliberadas del primer gobierno democrático chileno después de que el «milagro» de Pinochet hubiera reducido a la pobreza a un 43% de la población chilena [30]. Por consiguiente, a pesar de las tendencias estructurales, la pobreza también está en función de las medidas políticas. La cuestión es que durante los años ochenta y noventa la mayoría de los gobiernos dieron prioridad a la reestructuración tecnoeconómica respecto al bienestar social. Como consecuencia, la pobreza también aumentó durante los ochenta y principios de los noventa en la mayoría de los países desarrollados. El número de familias por debajo del umbral de pobreza aumentó un 60% en el Reino Unido y un 40% en los Países Bajos. En conjunto, a mediados de los años noventa había más de 100 millones de personas por debajo del umbral de pobreza en los países industrializados, incluyendo 5 millones de personas sin hogar [31].

A la persistencia estructural de la pobreza en todas las zonas del mundo debe añadirse la súbita inducción de la pobreza causada por las crisis económicas relacionadas con la volatilidad de los mercados financieros globales. Por ejemplo, la crisis asiática de 1997-1998 hundió en la pobreza a otros 40 millones de personas en Indonesia, lo que representaba el 20% de la población, e hizo descender bajo el umbral de pobreza a 5,5 millones de personas en Corea y 6,7 millones en Tailandia. En efecto, aunque los mercados y las exportaciones puedan recuperarse en un plazo relativamente breve (en torno a los dos años en la mayoría de las economías asiáticas afectadas por la crisis de 1997-1998), el empleo, la renta y los beneficios sociales disminuyen durante un período mucho más prolongado. Un análisis de más de 300 crisis económicas en más de 80 países desde 1973 mostró que el crecimiento de la producción se recuperó al nivel an-

---

[28] OIT, 1995, cuadro 13.
[29] OIT, 1994.
[30] PNUD-Chile, 1998.
[31] PNUD, 1999, pág. 37; PNUD, 1997, pág. 24.

terior a la crisis en el plazo de un año, como promedio. Sin embargo, el crecimiento real de los salarios tardó en torno a cuatro años en recuperarse, y el del empleo cinco años. La distribución de la renta empeoró como promedio durante tres años, mejorándose los niveles previos a la crisis en el quinto año [32]. Eso, contando con que en este período de tres a cinco años no se produjera una nueva crisis.

Por consiguiente, en conjunto, *el ascenso del capitalismo global informacional se caracteriza simultáneamente por el desarrollo y el subdesarrollo económico, la inclusión y la exclusión social.* Se da una polarización en la distribución de la riqueza en el nivel global, una evolución diferencial de la desigualdad en la renta dentro de cada país, aunque con una tendencia predominante hacia la desigualdad creciente, y un aumento sustancial de la pobreza y la miseria en el mundo en su conjunto, y en la mayoría —aunque no todos— de los países, tanto desarrollados como en vías de desarrollo. Sin embargo, las pautas de exclusión social y los factores que las explican requieren un análisis cualitativo de los procesos que las inducen.

LA DESHUMANIZACIÓN DE ÁFRICA [33]

El ascenso del capitalismo informacional/global en el último cuarto del siglo XX ha coincidido con el derrumbamiento de las economías africanas, la desintegración de muchos de sus estados y el desmoronamiento de la mayoría de sus sociedades. Como resultado, hambrunas, epidemias, violencia, guerras civiles, matanzas, éxodos masivos y caos social y político son, en este fin de milenio, rasgos sobresalientes de la tierra que alimentó el nacimiento de Lucy, quizás la abuela común de la humanidad. Sostengo que hay una causalidad social y estructural subyacente en esta coincidencia histórica. Y, en las páginas siguientes, trataré de presentar la compleja interrelación de economía, tecnología, sociedad y política en la gestación de un proceso que niega la humani-

---

[32] PNUD, 1999, pág. 40.

[33] El análisis presentado aquí trata exclusivamente del África subsahariana, salvo Sudáfrica y Botswana, ya que ambos son casos especiales. A lo largo de todo este capítulo, cuando se habla de África, se hace referencia a esta unidad socioeconómica, según la definen las instituciones internacionales, menos Bostwana y Sudáfrica. Me ocuparé de Sudáfrica en las últimas páginas de esta sección, analizando su papel potencial en el desarrollo general de la región. No me ocuparé de Bostwana porque su alta especialización en la minería y las exportaciones de diamantes (es el segundo mayor productor del mundo después de Rusia) y su interpenetración con la economía de Sudáfrica invalidan la comparación con las condiciones del resto de la región. Sin embargo, me gustaría señalar que, tras crecer a una asombrosa media anual del 13% en PNB real desde su independencia (1966), Botswana también está afrontando serios problemas de desempleo y pobreza en los años noventa. Los lectores interesados deben acudir a Hope, 1996.

dad al pueblo africano, así como a todos nosotros en nuestro fuero interno.

Marginación e integración selectiva del África subsahariana en la economía informacional/global

En las dos últimas décadas del siglo XX, mientras se constituyó en gran parte del mundo una economía global y dinámica, el África subsahariana experimentó un deterioro sustancial en su posición relativa en el comercio, la inversión, la producción y el consumo frente al resto de las regiones del mundo, a la vez que su PNB per cápita disminuía durante el periodo 1980-1995 (cuadro 2.3). A comienzos de los años noventa, los ingresos de la exportación combinados de sus 45 países, con unos 500 millones de habitantes, suponían sólo 36.000 millones de dólares corrientes, por debajo de los 50.000 millones de 1980. Esta cifra representa menos de la mitad de las exportaciones de Hong Kong en el mismo periodo. En una perspectiva histórica, de 1870 a 1970, durante la incorporación de África a la economía capitalista, bajo la dominación colonial, las exportaciones africanas aumentaron rápidamente y su parte de las exportaciones de los países en vías de desarrollo se incrementó. En 1950, África representaba más del 3% de las exportaciones mundiales; en 1990, en torno al 1,1% [34]. En 1980, África era el destino del 3,1% de las exportaciones mundiales; en 1995, de sólo un 1,5%. Las importaciones mundiales de África descendieron del 3,7% en 1980 al 1,4% en 1995 [35].

Además, sus exportaciones han permanecido reducidas a productos básicos (el 92% de las exportaciones totales), sobre todo agrícolas (en torno al 76% de los ingresos por exportaciones en 1989-1990). Por otra parte, estas exportaciones cada vez están más concentradas en unos pocos cultivos, como el café y el cacao, que supusieron el 40% de los ingresos por exportaciones en 1989-1990. La relación entre las exportaciones de productos manufacturados y las exportaciones totales cayó del 7,8% en 1965 al 5,9% en 1985, mientras que ascendió del 3% al 8,2% en Asia occidental, del 28,3% al 58,5% en el sur y sureste de Asia, y del 5,2% al 18,6% en América Latina [36]. Puesto que los precios de los productos básicos han ido a la baja desde mediados de los años setenta, el deterioro de la relación real de intercambio, como resultado de la estructura de las exportaciones, hace extremadamente difícil que África pueda crecer orientando su economía hacia el exterior. En efecto, de acuerdo con Simon *et al.*, las políticas de ajuste inspiradas por el

---
[34] Svedberg, 1993.
[35] ONU, 1996, págs. 318 y 319.
[36] Riddell, 1993, págs. 222 y 223.

CUADRO 2.3 PNB per cápita para las economías en vías de desarrollo, 1980-1996.

	Tasa anual de crecimiento del PNB per cápita (%)			PNB per cápita (dólares de 1988)			
	1981-90	*1991-95*	*1995*[a]	*1996*[b]	*1980*	*1990*	*1995*[a]	*1996*[b]
Economías en vías de desarrollo ..	1,0	2,9	3,3	4,0	770	858	988	1.028
América Latina	-0,9	0,8	-0,9	0,75	2.148	2.008	2.092	2.106
África....................................	-0,9	-1,3	0,0	1,5	721	700	657	667
Asia occidental......................	-5,3	-0,6	0,4	0,25	5.736	3.423	3.328	3.335
Sureste Asia	3,9	4,0	5,0	6,0	460	674	817	865
China	7,5	10,2	9,1	8,0	202	411	664	716
Países menos desarrollados	-0,5	-0,9	0,4	1,75	261	249	238	243

[a] Estimación preliminar.
[b] Previsión.

Fuente: ONU/DIESAP.

CUADRO 2.4 Valor de las exportaciones del mundo, países subdesarrollados y el África subsahariana, 1950-1990.

Región	1950	1960	1970	1980	1990
	Miles de millones de dólares corrientes				
Mundo	60,7	129,1	315,1	2.002,0	3.415,3
Países subdesarrollados	18,9	28,3	57,9	573,3	738,0
África subdesarrollada	2,0	3,8	8,0	49,4	36,8
	Porcentaje de los países sub.				
Exportaciones mundiales	31,1	21,9	18,4	28,6	21,6
	Porcentaje de África subs.				
Exportaciones mundiales	3,3	2,9	2,5	2,5	1,1
Exportaciones países subd.	10,6	13,4	13,8	8,6	5,0

Fuente: UNCTAD, 1979, 1989 y 1991, cuadro 1.1; elaborado por Simon *et al.* (1995).

FMI/Banco Mundial para mejorar los resultados de las exportaciones no han hecho más que aumentar la dependencia de productos básicos como el algodón y el cobre, lo que ha socavado los esfuerzos de algunos países para diversificar sus economías y hacerlas menos vulnerables al deterioro a largo plazo de los precios de los productos primarios frente a los bienes y servicios con un valor añadido más elevado[37]. En general, la relación real de intercambio se deterioró sustancialmente para la mayoría de los países africanos entre 1985 y 1994 (véanse los cuadros 2.4-2.7).

Por otra parte, los débiles mercados internos no han sido capaces de sostener la industrialización basada en la sustitución de importaciones y ni siquiera la producción agrícola destinada a ellos. Entre 1965 y 1989, la relación entre el valor añadido del total de las manufacturas y el PNB no ascendió más del 11%, comparado con un incremento del 20 al 30% para todos los países en vías de desarrollo[38]. La producción agrícola va por detrás del 3% de aumento anual de la tasa de crecimiento de la población. Así, desde comienzos de los años ochenta, las importaciones de alimentos han aumentado en torno a un 10% anual[39].

El cuadro 2.8 muestra que desde 1973 la tasa de crecimiento en la agricultura, la industria y los servicios de la economía africana ha sido inferior a la de las demás regiones del mundo. Destaca particularmente el derrumbamiento de la industria en los años ochenta, tras un fuerte crecimiento en los sesenta y más moderado en los setenta. Parece que la in-

---

[37] Simon *et al.*, 1995.
[38] Riddell, 1993, págs. 22 y 23.
[39] Simon *et al.*, 1995, pág. 22.

CUADRO 2.5 Estructura de las exportaciones (porcentaje), 1990.

Región	Petróleos, minerales y metales	Otros productos básicos	Maquinaria y equipo de transporte	Otros manufacturados	Textiles y ropa
El África subsahariana	63	29	1	7	1
Asia oriental y Pacífico	13	18	22	47	19
Sur de Asia	6	24	5	65	33
Europa	9	16	27	47	16
África central, oriental y septentrional	75	12	1	15	4
América Latina y Caribe	38	29	11	21	3
Países de renta baja y media	31	20	15	35	12
Países de renta baja	27	20	9	45	21

Los porcentajes corresponden a las exportaciones de las regiones respectivas, ponderados los datos por el volumen de los flujos. Toda el África subsahariana se clasifica de renta baja, salvo a) de renta media: Zimbabwe, Senegal, Costa de Marfil, Camerún, Congo, Botswana, Angola, Namibia; b) de renta alta-media: Sudáfrica, Gabón; India y China se consideran de renta baja.

Fuente: Banco Mundial, 1992, *World Development Report 1992*; elaborado por Simon *et al.*, 1995.

CUADRO 2.6   Participación porcentual del África subsahariana en las exportaciones mundiales de las principales categorías de productos.

Categoría de producto	Participación en la categoría de producto en las exportaciones mundiales		Participación del África subsahariana en las exportaciones mundiales		Participación en la categoría de producto en las exportaciones mundiales	
	1970	1988	1970	1988	1970	1988
Petróleo (SITC 331)	5,3	6,0	6,5	6,9	14,0	34,5
Productos no derivados del petróleo (SITC 0-9 menos 331)	94,7	94,0	2,2	0,8	86,0	65,5
Productos básicos[a] (no petróleo)	25,9	16,3	7,0	3,7	73,8	50,4
Productos agrícolas	7,0	2,8	6,3	3,6	12,3	8,2
Minerales y menas	7,5	3,8	9,7	4,2	30,0	14,6
18 productos del IPC[b]	9,1	4,3	16,1	10,0	59,1	35,6

[a] Standard International Trade Classification (SITC) 0, 1, 2 -(233, 244, 266, 267), 4, 68 e item 522.56.
[b] Lo que la UNCTAD denomina Integrated Programme Commodities (IPC) (que supuestamente es de la mayor importancia para los países en vías de desarrollo): aceites vegetales y semillas oleaginosas, algodón e hilo de algodón, azúcar, bananas, bauxita, cacao, café, carne de bovino, caucho, cobre, estaño, fibras y productos resistentes, fosfatos, maderas tropicales, manganeso, mineral de hierro, té, yute y manufacturas de yute.

Fuentes: Derivado de la base de datos de la UNCTAD, 1994, 1986, 1988 y 1989: varios cuadros; UNCTAD, 1980, cuadros 1.1 y 1.2; elaborado por Simon *et al.*, 1995.

dustrialización de África entró en crisis en el momento exacto en que la renovación tecnológica y la industrialización orientada a la exportación caracterizaban a la mayoría del mundo, incluidos otros países en vías de desarrollo.

En estas condiciones, la supervivencia de la mayor parte de las economías africanas ha pasado a depender de la ayuda internacional y el crédito exterior. La ayuda, fundamentalmente de los gobiernos, pero también de donantes humanitarios, se ha convertido en un rasgo esencial de la economía política de África. En 1990, recibió el 30% del total de los fondos de ayuda del mundo. En 1994, la ayuda internacional representó el 12,4% del PNB de África, en comparación con el 1,1% de los países de renta media y baja en su conjunto[40]. En diversos países, representa real-

[40] BIRD, 1996.

CUADRO 2.7 Relación real de intercambio de los países africanos seleccionados, 1985-1994.

País	Relación real de intercambio (1987 = 100)	
	1985	1994
Burkina Faso	103	103
Burundi	133	52
Camerún	113	79
Chad	99	103
Congo	150	93
Costa de Marfil	109	81
Etiopía	119	74
Gambia	137	111
Kenia	124	80
Madagascar	124	82
Malawi	99	87
Malí	100	103
Mozambique	113	124
Níger	91	101
Nigeria	167	86
Ruanda	136	75
Senegal	107	107
Sierra Leona	109	89
Tanzania	126	83
Togo	139	90
Uganda	149	58
Zimbabwe	100	84

Fuente: BIRD, 1996, cuadro 3, pág. 192.

mente la mayoría del PNB (por ejemplo, el 65,7% en Mozambique, el 45,9% en Somalia)[41]. En los años ochenta, hubo una afluencia masiva de deuda exterior (en su mayor parte de gobiernos e instituciones internacionales o respaldada por dichas instituciones) para impedir que las economías africanas se derrumbaran, por lo que África se ha convertido en la región del mundo más endeudada. Como porcentaje del PNB, la deuda exterior total ha ascendido del 30,6% en 1980 al 78,7% en 1994[42]. Y como porcentaje del valor de las exportaciones, subió del 97% en 1980 al 324% en 1990[43].

---

[41] Simon *et al.*, 1995.
[42] BIRD, 1996.
[43] Simon *et al.*, 1995, pág. 25.

CUADRO 2.8 Tasas de crecimiento sectorial (evolución porcentual media anual del valor añadido), 1965-1989.

Grupo de países	Agricultura			Industria			Servicios		
	1965-73	1973-80	1980-89	1965-73	1973-80	1980-89	1965-73	1973-80	1980-89
Economías de renta baja	2,9	1,8	4,3	10,7	7,0	8,7	6,3	5,3	6,1
Economías de renta media	3,2	3,0	2,7	8,0	4,0	3,2	7,6	6,3	3,1
Economías de renta media muy endeudadas	3,1	3,6	2,7	6,8	5,4	1,0	7,2	5,4	1,7
El África subsahariana	2,2	−0,3	1,8	13,9	4,2	−0,2	4,1	3,1	1,5
Asia oriental	3,2	2,5	5,3	12,7	9,2	10,3	10,5	7,3	7,9
Asia meridional	3,1	2,2	2,7	3,9	5,6	7,2	4,0	5,3	6,1
América Latina y Caribe	3,0	3,7	2,5	6,8	5,1	1,1	7,3	5,4	1,7

Las cifras en cursiva en las columnas 1980-90 no corresponden a toda la década.

Fuente: Banco Mundial, 1990, *World Development Report 1990*, pág. 162; elaborado por Simon *et al.*, 1995.

Puesto que en general se reconoce la imposibilidad de pagar tal deuda, los gobiernos acreedores y las instituciones internacionales utilizaron esta dependencia financiera para imponer políticas de ajuste a los países africanos, intercambiando su subordinación por la condonación parcial de la deuda o la renegociación de los pagos del servicio de la deuda. Expondré más adelante la repercusión real de estas políticas de ajuste en el contexto específico de la economía política africana.

La inversión directa extranjera está desviándose de África en un momento en que aumenta de forma sustancial en todo el mundo. Según Collier,

mientras que la inversión directa extranjera en los países en vías de desarrollo ha ascendido extraordinariamente durante la última década, hasta alcanzar unos 200.000 millones de dólares anuales, la parte destinada a África ha disminuido a proporciones insignificantes: en la actualidad se estima que menos de un 1% de este flujo se dirige al África subsahariana. Incluso este nivel está descendiendo: el total absoluto de 1992 fue menor en términos reales que la afluencia en 1985, el nadir de la crisis económica para gran parte del continente [44].

Simon *et al.* también informan de que la inversión directa extranjera en África descendió continuamente tanto en términos absolutos como relativos en los años ochenta y comienzos de los noventa, representando en 1992 sólo en torno a un 6% de la inversión directa extranjera total (IDE) en los países en vías de desarrollo. Mientras que África representaba el 4% de la IDE de la red industrial mundial del Reino Unido a mediados de los años setenta, su porcentaje descendió hasta el 0,5% en 1986 [45].

Las razones para esta marginación de África en la economía global son objeto de un debate candente entre los expertos, así como entre los dirigentes políticos. Paul Collier ha sugerido una interpretación multicausal, respaldada por los resultados de su investigación realizada con 150 ejecutivos de empresas extranjeras en África oriental [46]. Pueden resumirse bajo tres encabezamientos: un entorno institucional poco fiable; falta de infraestructuras de producción y comunicaciones, así como de capital humano; y políticas económicas erróneas que penalizan las exportaciones y la inversión en bien de las empresas locales favorecidas por su relación con la burocracia estatal. En general, invertir en África es una aventura de alto riesgo, que desanima incluso a los capitalistas más atrevidos. Incapaces de competir en la nueva economía global, la mayoría de los países africanos representan pequeños mercados internos que no proporcionan una base para la acumulación de capital endógeno.

---

[44] Collier, 1995, pág. 542.
[45] Simon *et al.*, 1995, pág. 28.
[46] Collier, 1995.

Sin embargo, no toda África está marginada de las redes globales. Los recursos valiosos, como el petróleo, el oro, los diamantes y los metales, continúan exportándose, induciendo un crecimiento económico sustancial en Botswana y proporcionando ingresos considerables a otros países, como Nigeria. El problema es el uso de los ingresos provenientes de estos recursos, así como de los fondos de la ayuda internacional recibidos por los gobiernos [47]. En muchos países, la clase burocrática, pequeña pero acomodada, muestra un alto nivel de consumo de productos importados caros, incluidos productos alimenticios occidentales y ropa de moda internacional [48]. Los flujos de capital de los países africanos a cuentas personales e inversiones internacionales rentables de todo el mundo, para el beneficio exclusivo de unos pocos individuos ricos, demuestra la existencia de una acumulación privada sustancial que no se reinvierte en el país donde se genera la riqueza [49]. Así que hay una integración selectiva de pequeños segmentos de capital africano, mercados ricos y exportaciones rentables en las redes globales de capital, bienes y servicios, mientras que la mayor parte de la economía y la gran mayoría de la población está abandonada a su propio destino, entre la mera subsistencia y el saqueo violento [50].

Además, mientras que las empresas africanas apenas pueden competir en la economía global, los lazos existentes con esta economía han penetrado profundamente en sus sectores tradicionales. De este modo, la agricultura de subsistencia y la producción de alimentos para los mercados locales han entrado en crisis en la mayoría de los países, como resultado de la conversión a la agricultura orientada a la exportación y cultivos comerciales especializados, en un intento desesperado de vender en los mercados internacionales [51]. Así, lo que es marginal a escala global, sigue siendo fundamental en África y, en realidad, contribuye a desorganizar los sistemas económicos tradicionales [52]. En este sentido, África no está fuera de la economía global. Por el contrario, está desarticulada por su incorporación fragmentada a la economía global a través de vinculaciones tales como la cantidad limitada de exportaciones de bienes, la apropiación especulativa de recursos valiosos, las transferencias financieras al exterior y el consumo parasitario de bienes importados.

La consecuencia de este proceso de desinversión en toda África, en el preciso momento histórico en que la revolución de la tecnología de la información ha transformado la infraestructura de la producción, la gestión y las comunicaciones en todas partes, ha sido la desvinculación de las em-

---

[47] Yansane, 1996.
[48] Ekholm-Friedman, 1993.
[49] Jackson y Rosberg, 1994; Collier, 1995.
[50] Blomstrom y Lundhal, 1993; Simon *et al.*, 1995.
[51] Jamal, 1995.
[52] Callaghy y Ravenhill, 1993.

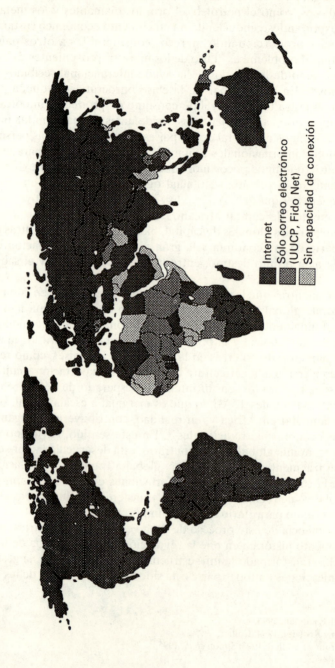

FIGURA 2.2 Capacidad de conexión internacional.

Fuente: copyright © 1995 Larry Landweber y la Internet Society.

presas y la mano de obra africanas de las operaciones de la nueva economía que caracteriza a la mayor parte del mundo, mientras se vincula a las elites africanas con las redes globales de riqueza, poder, información y comunicación.

El apartheid *tecnológico africano en los albores de la era de la información*

La tecnología de la información, y la capacidad de utilizarla y adaptarla, son los factores decisivos para generar y acceder a la riqueza, el poder y el saber en nuestro tiempo (véase el volumen I, caps. 2 y 3). África (con la excepción fundamental de Sudáfrica), en el momento actual, está excluida de la revolución de la tecnología de la información, si se exceptúan unos pocos nodos de finanzas y gestión internacionales, conectados directamente con las redes globales mientras esquivan sus economías y sociedades.

No sólo es con creces la región menos informatizada del mundo, sino que tampoco cuenta con la infraestructura mínima requerida para utilizar ordenadores, con lo cual pierden sentido muchos de los esfuerzos por proporcionar equipo electrónico a países y organizaciones [53]. En efecto, antes de pasar a la electrónica, África necesita un suministro fiable de electricidad: entre 1971 y 1993, el uso comercial de la energía aumentó de sólo 251 kilovatios per cápita a 288 kilovatios per cápita, mientras que, en su conjunto, en los países en vías de desarrollo, el consumo se duplicó con creces, pasando de 255 a 536 kilovatios per cápita. Y todo ello en comparación con un consumo de 4.589 kilovatios per cápita en 1991 para los países industrializados [54]. Es más, el principal aspecto del uso del ordenador en la era de la información es su capacidad de interconexión, que se basa en la infraestructura de las telecomunicaciones y la conexión en red. La distancia entre las telecomunicaciones africanas y los parámetros mundiales de la actualidad es abismal. Hay más líneas telefónicas en Manhattan o Tokio que en toda el África subsahariana. En 1991, había una línea telefónica por cada 100 habitantes en África, en comparación con las 2,3 de todos los países en vías de desarrollo y las 37,2 de los países industrializados. En 1994, África suponía sólo en torno al 2% de las líneas telefónicas mundiales [55]. Algunos de los obstáculos para desarrollar las telecomunicaciones proceden de las burocracias gubernamentales y de su política de mantener el monopolio de sus compañías nacionales, ralentizando su modernización. Los operadores de teléfonos nacionales requieren permisos

---

[53] Odedra *et al.,* 1993; Jensen, 1995; Heeks, 1996.
[54] PNUD, 1996, pág. 183.
[55] Hall, 1995; Jensen, 1995; PNUD, 1996, pág. 167.

para instalar cualquier aparato telefónico. La importación de equipo de telecomunicaciones es cara e insegura, ya que con frecuencia «se pierde» en las aduanas[56]. La Organización para la Unidad Africana estableció la Unión de Telecomunicaciones Panafricana a fin de coordinar la política de telecomunicaciones en África, pero la decisión de localizar la oficina en el Zaire, debido a la insistencia de Mobutu, limitó su efectividad, ya que este país cuenta con una de las redes de telecomunicaciones más deficientes. La conexión con Internet está muy limitada debido a la insuficiente anchura de banda internacional y a la falta de conexión entre los países africanos. La mitad de ellos no tenían conexión con Internet en 1995 y, en general, África sigue siendo la región desconectada del mundo (véase la figura 2.2). Sin embargo, lo que es significativo es que, en 1996, 22 capitales africanas tuvieran conexión plena con Internet, pero sólo en un país (Senegal) fuera posible el acceso fuera de la capital[57]. Así pues, aunque algunos centros se están conectando con Internet, sus países permanecen desconectados.

Si la infraestructura física esta rezagada, los conocimientos humanos precisos para manejar la tecnología de la información siguen siendo totalmente inadecuados. Un agudo observador de la tecnología de la información de África, Mayuri Odedra, escribe:

El África subsahariana carece de conocimientos informáticos en todos los ámbitos, incluidos los análisis de sistemas, la programación, el mantenimiento y la consultoría, y a todos los niveles operativos, del uso básico a la gestión. La mayoría de los países carecen de las instalaciones educativas y de formación necesarias para ayudar a la gente a adquirir los conocimientos adecuados. Los pocos centros de formación que existen no han sido capaces de estar a la altura de la demanda. Sólo un puñado de países, como Nigeria, Malawi y Zimbabwe, tienen universidades que ofrecen titulación en ciencias informáticas. En el resto de los países, sólo se dispone en general de diplomas y certificados. A consecuencia de la falta de personal con los conocimientos y la preparación adecuados, las organizaciones de usuarios se ven obligadas a contratar personal extranjero, que a su vez carece de conocimientos sobre las organizaciones locales y, por lo tanto, diseñan sistemas deficientes[58].

La mayor parte del trabajo informático tiene como objetivo el procesamiento rutinario de datos, con poca toma de decisiones asistida por ordenador. El sector público, la fuerza predominante de las economías africanas, sigue con la «informatización ciega», inducida por la ideología de la modernización o por los alicientes financieros de las compañías informáticas extranjeras, sin utilizar realmente la capacidad informática insta-

---

[56] Adam, 1996.
[57] Jensen, 1995.
[58] Odedra *et al.*, 1993, págs. 1 y 2.

lada para procesar información importante. Las reglamentaciones suelen imponer la adquisición centralizada de equipo informático por el sector público y gravan a las empresas privadas para desalentar las importaciones independientes. La informatización limitada de África se ha convertido en otra fuente de dinero para los burócratas, sin relación con las necesidades de la economía o del servicio público [59]. En los años ochenta, la mitad de los ordenadores introducidos habían sido donados por la ayuda internacional y la mayoría eran obsoletos, de tal modo que los expertos consideran que ese continente se ha convertido en el vertedero de equipos que se han quedado anticuados por la rápida revolución tecnológica. En cuanto al mercado privado de ordenadores, está dominado por las multinacionales, que suelen asegurar que se ocuparán del mantenimiento. La mayoría de los sistemas se compran ya preparados, por lo que a nivel local se sabe manejarlos hasta cierto punto, pero no cómo programarlos o repararlos. Las pocas casas de software autóctonas sólo son capaces de afrontar pequeños trabajos [60].

La dependencia y el subdesarrollo tecnológicos, en un periodo de cambio tecnológico acelerado en el resto del mundo, hace literalmente imposible que África compita en industria o servicios avanzados en el ámbito internacional. Otras actividades que también dependen de un procesamiento de la información eficiente, como la prometedora industria turística, caen bajo el control de los tour operadores y agencias de viajes internacionales, que se quedan con la parte del león de la parte del león de los turistas, mediante el control de la información del mercado. Incluso las exportaciones agrícolas y minerales, que constituyen el grueso de las exportaciones africanas, cada vez dependen más de la gestión de la información en las operaciones internacionales, así como del equipo electrónico y los insumos químicos/biotecnológicos para la producción agrícola avanzada. Debido a la incapacidad de los países africanos para producir/utilizar equipo tecnológico y conocimientos técnicos avanzados, su balanza comercial se vuelve insostenible, ya que el valor añadido de los bienes y servicios que utilizan tecnología intensamente continúa aumentando frente al valor de las materias primas y los productos agrícolas, limitando su capacidad para importar los insumos necesarios a fin de mantener sus sistemas de producción de bienes en funcionamiento. Ello conduce a una espiral descendente de la competitividad, ya que, con cada salto adelante del cambio tecnológico, África se queda más marginada en la economía informacional/global. Su desinformación en los albores de la era de la información puede ser la herida más duradera infligida a este continente por los nuevos modelos de dependencia, agravada por las políticas del Estado predatorio.

---

[59] Bates, 1988, pág. 352.
[60] Woherem, 1994; Heeks, 1996.

El Estado predatorio

Un número creciente de africanistas parece estar de acuerdo en el papel destructivo de los estados-nación africanos sobre sus economías y sociedades. Frimpong-Ansah, antiguo gobernador del banco central de Ghana, considera que la limitación de capital no es el obstáculo para el desarrollo. Lo crucial es la capacidad institucional de movilizar el ahorro y ésta se ha visto erosionada en África desde mediados de los años setenta debido al mal uso del capital por el «Estado vampiro», esto es, un Estado enteramente patrimonializado por las elites políticas para su beneficio personal [61]. Desde una perspectiva diferente, uno de los africanistas más respetados, Basil Davidson, piensa que «la crisis de la sociedad africana se deriva de muchos trastornos y conflictos, pero la raíz del problema es diferente [...] Fundamentalmente, es una crisis de las instituciones. ¿Qué instituciones? Debemos ocuparnos aquí del nacionalismo que produjo los estados-nación de la recién independiente África tras el periodo colonial: del nacionalismo que se convirtió en nación-estatismo» [62]. Fatton sostiene que el «gobierno predatorio» que caracteriza a la mayoría de los estados africanos es el resultado de un proceso de individualización de las clases dirigentes: «Sus miembros tienden a ser mercenarios, ya que su permanencia en posiciones de privilegio y poder está a merced de las decisiones caprichosas de un líder máximo» [63]. Esto parece igualmente aplicable a los gobiernos dictatoriales sangrientos como el de Mobutu en el Zaire o el del «emperador» Bokassa en la República Centroafricana, y a las pseudodemocracias benevolentes, como el régimen de Houphouet-Boigny en Costa de Marfil. En palabras de Colin Leys: «Pocos teóricos de cualquiera de esas convicciones [marxistas, teóricos de la dependencia] esperaban que los estados postcoloniales de toda índole ideológica fueran corruptos, rapaces, insuficientes e inestables, como en su mayoría lo han sido [64]».

Jean-François Bayart interpreta la precaria situación africana como el resultado de una trayectoria histórica a largo plazo dominada por la «política de la panza» practicada por las elites, sin ninguna estrategia aparte de cosechar las riquezas de sus países y de las conexiones internacionales de sus países [65]. Propone una tipología de mecanismos de apropiación privada de recursos utilizando las posiciones de poder en el Estado:

---

[61] Frimpong-Ansah, 1991.
[62] Davidson, 1992, pág. 10.
[63] Fatton, 1992, pág. 20.
[64] Leys, 1994, pág. 41.
[65] Bayart, 1989.

- Acceso a los recursos de «extraversión» (conexiones internacionales), incluidos los recursos diplomáticos y militares, así como los culturales y los conocimientos técnicos occidentales.
- Puestos de trabajo en el sector público que proporcionan un salario regular, un activo fundamental prescindiendo de su cuantía.
- Posiciones de predación, utilizando el poder para extraer bienes, dinero en efectivo o trabajo: «Al menos en el campo, la mayoría de los cuadros administrativos y políticos actúan así»[66].
- Prebendas obtenidas sin violencia o amenazas, sino simplemente mediante la receptividad a una variedad de sobornos y donaciones de diversos intereses, constituyendo una extensa «economía estatal informal». La mayoría de las decisiones técnicas o administrativas que suponen beneficiarios potenciales llevan una etiqueta con el precio para las partes interesadas. Bayart cita el caso de un comisario regional de la rica provincia de Shaba en el Zaire, en 1974, que recibía un salario mensual de 2.000 dólares estadounidenses, complementado por cerca de 100.000 dólares mensuales de prebendas[67].
- Los lazos con el comercio y la inversión exteriores son fuentes cruciales de acumulación privada, ya que los derechos de aduana y las regulaciones proteccionistas ofrecen la oportunidad de evitarlas a cambio de una contribución a la cadena de burócratas encargados de hacerlas cumplir.
- La ayuda internacional para el desarrollo, incluida la ayuda alimentaria, se canaliza a través de intereses privados y sólo llega a los necesitados, o al programa de desarrollo destinado, si es que llega, tras un descuento sustancial efectuado por los organismos gubernamentales y el personal encargados de su distribución y puesta en marcha.
- Los cargos oficiales y la elite política suelen utilizar parte de su riqueza para comprar propiedades e invertir en agricultura y empresas de transporte en sus países, explorando constantemente oportunidades de inversiones rentables a corto plazo y ayudándose entre sí a controlar de forma colectiva cualquier fuente de beneficios que aparezca. Sin embargo, una parte sustancial de esta riqueza privada se deposita en cuentas de bancos extranjeros, que representan una proporción significativa del capital acumulado en cada país. Como lo expresó Houphouet-Boigny, el padre (o quizá padrino) de Costa de Marfil: «¿Quién no depositaría parte de sus bienes en Suiza?»[68]. La fortuna personal de Mobutu en 1984, también depositada en bancos privados e invertida en el exterior, se calculaba en 4.000 mi-

---

[66] Bayart, 1989, pág. 76.
[67] Bayart, 1989, pág. 78.
[68] Citado por Bayart, 1989, pág. 101.

llones de dólares estadounidenses, aproximadamente el total de la deuda exterior del Zaire[69]. En 1993, mientras que el Zaire estaba en proceso de desintegración, la fortuna de Mobutu fuera del país se calculaba que había ascendido a cerca de unos 10.000 millones de dólares[70].

Lewis, basándose en su análisis de Nigeria, introduce una interesante distinción entre *prebendismo* y *predación*[71]. El «prebendismo» no es esencialmente diferente del patrocinio político y la corrupción gubernamental sistemática tal y como se practican en la mayoría de los países del mundo. Sostiene de forma convincente que, en Nigeria, hasta finales de los años ochenta y comienzos de los noventa, durante el régimen de Babangida, la política de predación no se hizo dominante, difundiendo un modelo de «zairización» de la oligarquía estatal dominada por los militares. Aunque Lewis no extiende su análisis más allá de Nigeria, parece plausible, atendiendo a la información disponible sobre otros países[72], que esta transición al gobierno predatorio sólo tuviera lugar en una fase tardía de la crisis africana, empezando en un momento diferente según cada país. Esta visión contrasta con la reconstrucción histórica de Bayart, que afirma la continuidad del saqueo de África a manos de sus propias elites políticas desde el periodo precolonial. En contraste con el prebendismo, el gobierno predatorio se caracteriza por la concentración del poder en el vértice y la personalización de las redes de delegación de este poder. Es impuesto mediante una represión despiadada. Los alicientes económicos para el personal gubernamental y la corrupción y el soborno generalizados se convirtieron en el modo de vida del gobierno. Este modelo de conducta lleva a la erosión de las instituciones políticas como sistemas estables, siendo reemplazadas por círculos muy estrechos de lealtades personales y étnicas: todo el Estado se informaliza, mientras que el poder y las redes de poder se personalizan. Aunque es discutible si la predación ya era la regla en tiempos precoloniales o en el primer periodo del nacionalismo africano tras la independencia (Bayart piensa lo primero, aunque Davidson, Leys, Lewis y Fatton, entre otros, lo ponen en entredicho), lo que importa, para comprender los procesos actuales de exclusión social, es que el modelo predatorio, y no sólo el prebendismo, parece caracterizar a la mayoría de los estados africanos en los años noventa, con la excepción de Sudáfrica y quizá algún otro caso.

Tres consecuencias principales se deducen de este ejercicio de gobierno predatorio, característico de la mayoría de los estados africanos. En

---

[69] Sandbrook, 1985, pág. 91.
[70] Kempster, 1993.
[71] Lewis, 1996.
[72] Fatton, 1992; Nzongola-Ntalaja, 1993; Leys, 1994; Kaiser, 1996; *The Economist*, 1996a.

primer lugar, cualquier recurso, de fuentes internacionales o nacionales, que llega a estas economías dominadas por el Estado es procesado según una lógica de acumulación personalizada, en buena medida desconectada de la economía del país. Lo que carece de sentido desde el punto de vista del desarrollo económico y la estabilidad política del país, tiene mucho sentido desde el punto de vista de sus gobernantes. En segundo lugar, el acceso al poder estatal equivale al acceso a la riqueza y a los recursos de la riqueza futura. Sigue un modelo de confrontación violenta y alianzas inestables entre diferentes facciones políticas que compiten por la oportunidad de practicar el pillaje, cuyo resultado último es la inestabilidad de las instituciones estatales y el papel decisivo desempeñado por los militares en la mayoría de los estados africanos. En tercer lugar, el apoyo político se construye en torno a redes de clientelismo que vinculan a quienes tienen el poder con segmentos de la población. Debido a que la parte más cuantiosa de la riqueza del país está en manos de la elite política/militar y los burócratas estatales, la gente debe prestar lealtad a la cadena de patronazgo para ser incluida en la distribución de puestos de trabajo, servicios y favores triviales en todos los ámbitos del Estado, de los organismos de orientación internacional a la benevolencia de los gobiernos locales. Bajo tal sistema de patronazgo, diversas elites, a diferentes niveles del gobierno, conectadas en definitiva con el vértice del poder estatal, elaboran complejos cálculos y estrategias: cómo maximizar su apoyo y consolidar clientelas mientras se minimiza la cantidad de recursos necesarios para obtener dicho apoyo. Una mezcla de criterios, que abarcan etnicidad, territorialidad y economía, contribuyen a formar redes de geometría variable que constituyen la política de la vida real en la mayor parte de África.

Aunque los análisis empíricos detallados están fuera del alcance de este capítulo, ilustraré la dinámica de los estados predatorios africanos con una breve referencia a los dos países mayores, el Zaire y Nigeria.

El Zaire: la apropiación personal del Estado

El Zaire se ha convertido, al menos hasta 1997 (y quizá después, rebautizado como el Congo), en el epítome de la política predatoria, así como en un aviso de las consecuencias de la desintegración política y social, y de las catástrofes humanas (epidemias, saqueos, matanzas, guerras civiles) que son el resultado de esta política[73]. El Estado zaireño se organizó en torno a la dictadura personal del sargento Mobutu, respaldado por Francia, Bélgica y los Estados Unidos en el contexto de la política de

---

[73] Sandbrook, 1989; Bayart, 1989; Davidson, 1992; Noble, 1992; Kempster, 1993; Press, 1993; Leys, 1994; French, 1995; Weiss, 1995; McKinley, 1996.

la guerra fría. Norman Kempster, que escribe regularmente en *Los Angeles Times*, resumió en 1993 la trayectoria de Mobutu como sigue:

Mobutu es un antiguo sargento del ejército colonial belga que tomó el poder con el respaldo estadounidense y occidental en 1965, poniendo fin a una rivalidad caótica entre facciones procomunistas y anticomunistas. Durante tres décadas, puso a su vasto país, el segundo mayor del África subsahariana, a disposición de la CIA y otras agencias occidentales, que lo utilizaron como una base para sus actividades en todo el continente. A cambio, le dieron carta blanca, desviando para su uso personal miles de millones de dólares de la riqueza mineral del Zaire, mientras sumía en la pobreza a la mayoría de los zaireños [74].

Mobutu se basó en un sistema de poder muy simple. Controlaba la única unidad operativa del ejército, la guardia presidencial, y dividió los cargos políticos, gubernamentales y militares entre diferentes grupos étnicos. Los protegía a todos, pero también fomentó sus enfrentamientos violentos [75]. Se concentró en controlar los negocios mineros, sobre todo el cobalto, los diamantes industriales y el cobre, utilizando empresas gubernamentales, en asociación con inversores extranjeros, para su beneficio propio. La «zairización» de las empresas extranjeras también puso valiosos activos del país en manos de la burocracia y los militares. Descapitalizó los servicios sociales y la infraestructura, limitándose a gestionar unas cuantas aventuras rentables y exportando las ganancias al exterior. Alentó a toda la plana del ejército y a los organismos estatales a actuar del mismo modo. Así, Bayart informa de cómo la aviación zaireña participó en el transporte aéreo pirata, luego en el contrabando y, por último, en la venta de los repuestos de los aparatos, hasta que todos los aviones quedaron inservibles [76]. En consecuencia Mobutu exigió un equipo de aviación adicional a sus aliados occidentales. La falta de control sobre los gobiernos locales y provinciales condujo a la práctica desintegración del Estado zaireño, y a que la mayoría de las localidades, incluida Kinshasa, quedara fuera del control del gobierno central. Los motines militares, seguidos de un saqueo indiscriminado, como el ocurrido en septiembre de 1991, condujeron al éxodo de los residentes extranjeros y finalmente al atrincheramiento de Mobutu en su pueblo natal de Gbadolite, en la provincia de Equateur, protegido por su ejército privado, aunque el dictador pasaba gran parte del tiempo en sus mansiones de Suiza, Francia, España y Portugal. Los gobiernos provinciales, abandonados a sí mismos, siguieron el ejemplo del dirigente en muchos casos, utilizando su poder para robar a sus propios súbditos, comenzando con los grupos étnicos menos poderosos. En última instancia, la rapacidad de algunos gobiernos provinciales

---

[74] Kempster, 1993, pág. 7.
[75] Press, 1993.
[76] Bayart, 1989, págs. 235-237.

fue fatal para toda la empresa, cuando, en 1996, el gobierno de Kivu, en el este del Zaire, se dispuso a expropiar las tierras de los banyamulenge, una minoría tutsi que había estado asentada en esa zona durante siglos, ordenándoles que abandonaran la región. La rebelión subsiguiente de los banyamulenge y otros grupos étnicos, liderada por un revolucionario veterano, Laurent Kabila, puso en fuga a las bandas de malhechores que se hacían pasar por ejército nacional y desenmascaró la ficción del Estado zaireño, llevando al fin del régimen de Mobutu en 1997 [77]. En unos pocos meses, el nuevo Congo se precipitaba en una nueva fase de guerra civil y enfrentamientos interétnicos cuando Kabila se volvió en contra de sus anteriores aliados, y varios estados africanos intervinieron en la guerra para apoyar sus fuerzas vicarias en la lucha por el control de las riquezas de Congo. Las consecuencias de estas tres décadas de saqueo de uno de los países más ricos de África a manos de su propio gobernante y asociados, con la franca complicidad de las potencias occidentales, son dramáticas y duraderas para el Zaire/Congo, para África y para el mundo. Para el Zaire/Congo, porque toda su infraestructura de comunicaciones, transporte y producción se ha derrumbado, deteriorándose muy por debajo del grado alcanzado en el momento de la independencia, mientras que su pueblo ha sufrido desnutrición masiva y se le ha mantenido en el analfabetismo y la miseria, perdiendo en el proceso gran parte de su agricultura de subsistencia. Para África, porque la desarticulación de una de las mayores economías, en el corazón mismo del continente, ha bloqueado la integración regional efectiva. Además, el «modelo zaireño» actuó como ejemplo magnético para el resto de las elites del continente. Fue promovido personalmente por Mobutu, quien, como socio privilegiado de Occidente, desempeñó un importante papel en la Organización para la Unidad Africana y en la escena política del continente. Para el mundo, porque el Zaire/Congo se ha convertido en una importante fuente de «epidemias de abandono» mortales, como el virus del Ébola, cuyo potencial letal muy bien pudiera repercutir en las posibilidades de subsistencia en el siglo XXI. Es más, la contribución indirecta de Occidente, y sobre todo de Francia, a la apropiación privada del Zaire por parte de una camarilla militar/burocrática prácticamente ha privado de credibilidad a las futuras políticas de cooperación internacional en las mentes de algunos de los mejores africanos. La desintegración del Estado zaireño en la forma heredada de Mobutu señaló los límites del gobierno predatorio, subrayando su asociación histórica con la política de la Guerra Fría y los modelos de dominación postcoloniales. Sin embargo, la experiencia post-Mobutu mostró que este modelo, aunque se originó en la confrontación de las superpotencias en África, sobrevivió a su origen histórico. En efecto, la experiencia de Nigeria parece indicar que el Estado predatorio tiene raíces estructurales e históricas

---

[77] McKinley, 1996; *The Economist*, 1996c; French, 1997.

más profundas, vinculadas tanto al pasado colonial de África como a su modelo en evolución de conexiones selectivas con la economía global.

Nigeria: petróleo, etnicidad y depredación militar

El destino de Nigeria, que representa cerca de un quinto de la población total del África subsahariana, es probable que condicione el futuro del continente. Si es así, las perspectivas son desoladoras. La economía de Nigeria gira en torno al Estado, y éste controla los ingresos del petróleo, que suponen el 95% de las exportaciones y el 80% de los ingresos del gobierno. La política y la estructura del Estado están organizadas por y en torno a los militares, que han controlado el gobierno durante veintiséis de los treinta y cinco años de independencia, suprimiendo las elecciones e imponiendo su voluntad cuando es necesario, como en el golpe de Estado de 1993 encabezado por el general Sani Abacha [78]. La apropiación de la riqueza del petróleo, explotado en consorcio por la Compañía Nacional de Petróleo Nigeriana y empresas petroleras multinacionales, está en el origen de las luchas étnicas, territoriales y faccionales que han desestabilizado al Estado nigeriano desde la guerra civil de 1966-1970. Las luchas políticas oponen a las facciones organizadas en torno a tres ejes: el norte (que controla el ejército) contra el sur (que produce el petróleo); rivalidades entre los tres principales grupos étnicos —los hausa-fulani (que tradicionalmente controlan el estado mayor de las fuerzas armadas), los yoruba y los igbo— y los 374 grupos étnicos minoritarios que, juntos, constituyen la mayoría de la población pero están excluidos del poder. De los 30 estados de la federación de Nigeria, sólo cuatro del delta del Níger (Rivers, Delta, Edo y Akwa-Ibom) producen casi todo el petróleo. Son la cuna de grupos étnicos minoritarios, sobre todo los ogoni, excluidos en general de las riquezas de su tierra. Su oposición y la feroz represión posterior por parte del régimen militar se pusieron dramáticamente de manifiesto en 1995, cuando Sane-Wiwa y otros dirigentes ogoni fueron ejecutados por el régimen de Abacha para sofocar el desorden social en las zonas productoras de petróleo y acallar las denuncias medioambientales de los ogoni contra la destrucción de su tierra por los métodos utilizados en la prospección y producción del petróleo, promoviendo con ello la protesta internacional.

En su origen, el Estado nigeriano, una construcción colonial arbitraria, resultaba ajeno a la gran mayoría de quienes lo constituían. Así que sus dirigentes utilizaron el control de los recursos para obtener el apoyo suficiente a fin de mantener su poder. Como Herbst escribe:

---

[78] *The Economist*, 1993; Forrest, 1993; Agbese, 1996; Herbst, 1996; Ikporukpo, 1996; Lewis, 1996.

El clientelismo, según se practica en Nigeria, no debe considerarse meramente como hurtos de individuos que buscan allanar los fondos del Estado [...] Más bien la distribución de los cargos gubernamentales es legitimada por un conjunto de normas políticas según las cuales la apropiación de dichos cargos no es sólo un acto de codicia o ambición individual, sino a la vez la satisfacción de los objetivos a corto plazo de un subconjunto de la población [79].

Quién está incluido en este subconjunto y cómo es de grande determina la dinámica de la política nigeriana y el acceso a recursos que, de forma indirecta o directa, están en manos del Estado. Esta relación de patronazgo se expandió considerablemente con los ingresos del petróleo, sobre todo en los años setenta, y con el «boom del petróleo» de 1990-1991. Para reducir la amenaza de la oposición étnica de los grupos excluidos, el gobierno federal, bajo control militar, aumentó el número de estados de 12 a 19, y luego a 30, para fomentar el clientelismo estatal transétnico y multiplicar las burocracias estatales y, en consecuencia, los puestos de trabajo, sinecuras y canales para los recursos y puestos generadores de renta del gobierno. Sin embargo, bajo la presión de las instituciones financieras internacionales y compañías y gobiernos extranjeros, hubo algunos intentos de estabilizar la economía nigeriana, acercando sus sectores productivos al comercio y la inversión globales. El esfuerzo más notable se produjo en la primera mitad del régimen del general Babangida (1985-1993), que desreguló parcialmente la economía, desmanteló el monopolio de las juntas de comercialización para los productos agrícolas y restringió la oferta monetaria y la deuda del gobierno durante un corto periodo. No obstante, estas medidas se tomaron sin recortar los privilegios de la elite militar dominante del norte, a expensas de los estados y las minorías étnicas del sur. Cuando, en 1990, casi tuvo éxito un intento de golpe militar de jóvenes oficiales que reclamaron el apoyo de las regiones del sur, el régimen, tras una sangrienta represión, decidió estabilizar su poder compartiendo la riqueza con un espectro más amplio de las clases dirigentes nigerianas. Pero para repartir el pastel sin que disminuyera su parte, éste tenía que ser mayor, es decir, tenía que extraerse más riqueza de los ingresos públicos. El resultado fue, a finales de los años ochenta y comienzos de los noventa, el paso del «prebendismo» al «gobierno predatorio», siguiendo el análisis de Lewis, y la extensión del ámbito de las actividades generadoras de ingresos, utilizando el control del Estado, a todo un conjunto de negocios ilícitos, incluido el tráfico internacional de drogas, el blanqueo de dinero y las redes de contrabando [80]. La utilización del programa de ajuste, respaldado y financiado por instituciones internacionales, para el

---

[79] Herbst, 1996, pág. 157.
[80] Lewis, 1996, págs. 97-99.

uso privado de quienes ostentaban el poder en Nigeria es resumida por Lewis en los términos siguientes:

> En suma, el gobierno gestionó el programa de ajuste mediante una mezcla de orquestación política interna, medidas compensatorias y coerción. El Estado proporcionó a las elites un acceso especial a los mercados emergentes y las actividades ilegales, y manipuló políticas clave para proporcionar las rentas oportunas [...] Enfrentado a una beligerancia política creciente, una inseguridad personal amenazante y la aparición fortuita de nuevos ingresos, el presidente [Babangida] se embarcó en una gestión económica temeraria. Ello supuso un desvío masivo de recursos públicos, la renuncia a los controles fiscales y monetarios básicos, y la expansión de la economía ilícita [81].

Con el aumento de la inseguridad personal y la quiebra de las instituciones económicas y legales, la inversión y el comercio exterior decayeron. El régimen trató de encontrar una salida política a través de la movilización electoral en torno a la competencia entre varios miembros de la elite empresarial en las elecciones de 1993. Entonces, Babangida anuló las elecciones, arreció la protesta social, incluida una huelga general que afectó al transporte del petróleo, y el faccionalismo regional amenazó con continuar la desintegración del Estado. En este punto, el ejército intervino una vez más, estableciendo un nuevo gobierno autoritario, bajo el general Abacha. El nuevo dictador desligó los flujos monetarios de Nigeria de la economía internacional, revaluando la naira, decretando tipos de interés negativos y reforzando el proteccionismo. Ello creó de nuevo las condiciones para la acumulación personal de los que estaban en puestos de control, mientras que inducía la huida del capital, reducía las exportaciones legales y favorecía el contrabando. Se dejó al país con el

> legado de un gobierno central débil, competencia étnica facciosa e ingresos centralizados que han politizado marcadamente la gestión económica [...] La economía política de Nigeria incorporó cada vez más las características de regímenes autocráticos tales como el Zaire de Mobutu Sese Seko, Haití bajo Jean-Claude Duvalier o la dinastía Somoza de Nicaragua. Pronto fue evidente una transición del gobierno clientelista descentralizado, o prebendismo, a la dictadura puramente egoísta o predación [82].

En cuanto al pueblo nigeriano, no a pesar, sino debido al auge del petróleo y a sus consecuencias políticas, era más pobre en 1995 que en el momento de la independencia, habiendo descendido su renta per cápita un 22% entre 1973 (fecha del aumento de los precios del petróleo en el mundo) y 1987 (fecha del programa de ajuste económico) [83].

---

[81] Lewis, 1996, pág. 91.
[82] Lewis, 1996, págs. 102 y 103.
[83] Herbst, 1996, pág. 159.

Así, los estados-nación de la mayor parte de África se han convertido, en buena parte, en predadores de sus propias sociedades, constituyendo un obstáculo formidable no sólo para el desarrollo, sino para la supervivencia y el civismo. En efecto, debido a los extraordinarios beneficios que aporta el control de los estados, varias facciones, más próximas a camarillas y bandas que a partidos y agrupamientos sociales, han entablado atroces guerras civiles, a veces por causa de divisiones étnicas, territoriales y religiosas. Ello ha conducido al desplazamiento de millones de personas por todo el continente, la desintegración de la producción de subsistencia, el desarraigo de asentamientos humanos, la quiebra del orden social y, en diversos casos (el Zaire, Liberia, Sierra Leona, Somalia, entre otros), la desaparición del Estado-nación para todos los supuestos prácticos.

¿Por qué es así? ¿Por qué se hicieron predatorios los estados-nación de África? ¿Existe una continuidad histórica, específica de la estructura social de gran parte del continente, antes, durante y después de la colonización, como sugiere Bayart? ¿O, por el contrario, es el resultado de las heridas duraderas del colonialismo y el legado perverso de las instituciones políticas inventadas e impuestas por el Tratado de Berlín, como propone Davidson? ¿Es la exterioridad del Estado respecto a las sociedades africanas resultado de un rompecabezas étnico, que reproduce luchas interétnicas ancestrales, como suelen interpretar los medios de comunicación? ¿Por qué el Estado-nación se convirtió en predatorio en África, mientras que surgió como un organismo de desarrollo en el Pacífico asiático? ¿Son los procesos de formación del Estado realmente independientes de las formas de incorporación (o falta de incorporación) de África a la nueva economía global, como sostienen muchos críticos de la teoría de la dependencia? Éstas son preguntas fundamentales que requieren una respuesta cuidadosa, si bien tentativa.

Identidad étnica, globalización económica y formación del Estado en África

La situación de África suele atribuirse, sobre todo en los medios de comunicación, a la hostilidad interétnica. En efecto, en los años noventa, han estallado conflictos étnicos por todo el continente, conduciendo en algunos casos a matanzas e intentos de genocidio. La etnicidad es importante, en África y en todas partes. Pero las relaciones entre etnicidad, sociedad, Estado y economía son demasiado complejas para ser reducibles a conflictos «tribales». Es precisamente esta red compleja de relaciones y su transformación en las dos últimas décadas lo que subyace en las raíces del Estado predatorio.

Si la etnicidad es importante, las diferencias étnicas que están en primer plano de la escena política africana actual son construcciones políticas sin arraigo cultural. Desde perspectivas teóricas opuestas, africanistas tan diferentes como Bayart, Davidson, Lemarchand y Adekanye, entre otros, convergen hacia una conclusión similar [84]. Como escribe Bayart:

La mayoría de las situaciones donde la estructuración del ámbito político parece enunciarse atendiendo a la etnicidad se refieren a identidades que no existían hace un siglo o, al menos, no estaban entonces definidas con tanta claridad [...] Los colonizadores conceptuaron los paisajes humanos indistintos que habían ocupado como identidades específicas, construidas en su imaginación según el modelo de un Estado-nación de ocasión. Con sus orígenes jacobinos y prefecturales, la administración francesa tenía un concepto manifiestamente territorial del Estado, siendo el gobierno indirecto británico, por el contrario, mucho más culturalista. Aparte de estos matices, fue de esta manera como se organizó el régimen colonial y como pretendió ordenar la realidad. Para lograrlo, utilizó la coerción mediante una política autoritaria de asentamiento obligatorio, el control de los movimientos migratorios y la determinación más o menos artificial de las particularidades étnicas a través de certificados de nacimiento y carnés de identidad. *Pero la fuerza contemporánea de la conciencia étnica proviene mucho más de su apropiación por la gente local, circunscribiendo la distribución de los recursos del Estado* [85].

Davidson apoya esta clasificación étnica de los territorios subyugados en la lógica política-burocrática sesgada ideológicamente, de las administraciones coloniales:

Los europeos suponían que los africanos vivían en «tribus» —una palabra sin significado preciso— y que las «lealtades tribales» eran el único y primitivo contenido de la política africana. El régimen colonial había funcionado sobre esta asunción, dividiendo a los africanos en tribus aun cuando estas «tribus» tuvieran que inventarse. Pero las apariencias eran engañosas. Lo que se desarrolló rápidamente no fue la política del tribalismo, sino algo diferente y más divisorio. Fue la política del clientelismo. Lo que el tribalismo había supuesto era que cada tribu reconocía un interés común representado por portavoces comunes, con lo que cabía la posibilidad de una «unidad tribal» basada en acuerdos entre los «representantes tribales». Pero el clientelismo —el planteamiento de «Tammany Hall»— llevó casi de inmediato a una lucha encarnizada por los despojos del poder político [86].

Esta redefinición de la identidad étnica realizada por las potencias coloniales reflejaba la estructura del Estado colonial de un modo que reverberaría a largo plazo en los estados-nación independientes. En primer lugar, los estados se crearon de forma arbitraria, siguiendo las fronteras de la conquista, mapas imprecisos de geógrafos coloniales y maniobras diplomáticas en la conferencia de 1884-1885 que llevó al Tratado de Berlín [87].

---

[84] Bayart, 1989; Davidson, 1992, 1994; Lemarchand, 1994a,b; Adekanye, 1995.
[85] Bayart, 1989, pág. 51; las cursivas son mías.
[86] Davidson, 1992, págs. 206 y 207.
[87] Davidson, 1992; Lindqvist, 1996.

Es más, el funcionamiento del Estado colonial, reproducido ampliamente en el periodo postindependentista, siguió la distinción de niveles de un «Estado bifurcado», como lo conceptuó Mahmood Mamdani en su brillante análisis sobre la formación del Estado [88]. Por una parte, estaba el Estado, como entidad racial, bajo el control de los europeos; por la otra, el poder consuetudinario de las estructuras de autoridad nativas, como la identidad étnica/tribal. La unidad del primero y la fragmentación del último fueron mecanismos esenciales de control durante las administraciones coloniales, que solían dedicar escasos recursos en personal y equipo para maximizar las ganancias netas de sus aventuras (Alemania, por ejemplo, tenía sólo cinco cargos civiles y 24 oficiales militares en Ruanda en 1914). Quién era miembro de qué unidad era una decisión administrativa, en un esfuerzo por simplificar que se tradujo en la asignación legal de identidades, a veces basada en criterios de apariencia física según las clasificaciones sucintas de los antropólogos físicos. No obstante, una vez que se estableció la estructura de los jefes tribales, el Estado consuetudinario se convirtió en una fuente fundamental de control sobre la tierra y la mano de obra, de tal modo que pertenecer a cierta tribu era el único canal reconocido para acceder a los recursos y la única vía reconocida de intermediación frente al Estado moderno legal, que era la conexión con los vastos recursos del mundo exterior, el sistema internacional de riqueza y poder. Tras la independencia, las elites nacionalistas africanas simplemente ocuparon las mismas estructuras del Estado legal/moderno que, de este modo, perdieron el carácter racial. Pero mantuvieron en su lugar al Estado consuetudinario fragmentado y etnicizado. Siempre que la distribución de los recursos planteaba dificultades debido tanto a la escasez creciente del país como a la rapacidad creciente de las elites, se hacía una elección en favor de los grupos etnicizados mejor representados en el Estado legal o de aquellos que, en virtud de su mayor número o de su control del ejército, llegaban al poder. La etnicidad se convirtió en la principal vía de acceso al control del Estado sobre los recursos. Pero fueron el Estado y sus elites los que determinaron una y otra vez la identidad y lealtad étnicas, y no al contrario. Según Bayart:

En África, la etnicidad casi nunca está ausente de la política, pero al mismo tiempo no proporciona su tejido básico [...] En el contexto del Estado contemporáneo, la etnicidad existe sobre todo como un agente de acumulación, tanto de riqueza como de poder político. Así, el tribalismo es percibido como una fuerza política en sí mismo, como un canal a través del cual se expresa la competición para la adquisición de riqueza, poder y posición [89].

---

[88] Mamdani, 1996.
[89] Bayart, 1989, pág. 55.

En efecto, en muchas zonas, y sobre todo en la región de los Grandes Lagos, este proceso de definición étnica por parte de la estructura de poder, como medio de canalizar/limitar el acceso a los recursos, parece haber precedido al régimen colonial [90]. En este punto del análisis puede aclararse algo su complejidad mediante una breve ilustración empírica. Por razones obvias de actualidad en este fin de milenio, he seleccionado la confrontación violenta entre tutsis y hutus en Ruanda, Burundi y más allá (este del Zaire, sur de Uganda). Como es un tema bien conocido sobre el que existe abundante literatura [91], me centraré exclusivamente en unos cuantos asuntos que son importantes para el análisis más amplio de las crisis contemporáneas de África.

Para comenzar, la distinción «objetiva» entre tutsis y hutus es mucho menos clara de lo que suele pensarse. Como escribe René Lemarchand, experto occidental en la materia:

Como se ha destacado repetidas veces, los hutus y los tutsis hablan la misma lengua —kirundi en Burundi, kinyarwanda en Ruanda—, comparten las mismas costumbres y vivieron en relativa armonía durante siglos antes del advenimiento del régimen colonial. Al contrario de la imagen proyectada por los medios de comunicación, los modelos de exclusión sacados a la luz durante la independencia y después de ella no pueden reducirse a «enemistades ancestrales profundamente asentadas». Aunque la Ruanda precolonial estaba sin duda mucho más rígidamente estratificada que Burundi, y de ahí que fuera más vulnerable a las revoluciones encabezadas por los hutus, la clave para comprender sus fortunas políticas opuestas estriba en los ritmos desiguales a los que los procesos de movilización étnica se pusieron en movimiento en los años inmediatamente anteriores a la independencia [...] En ambos casos, es la interrelación de las realidades étnicas y su reconstrucción subjetiva (o manipulación) por parte de los políticos lo que subyace en las raíces del conflicto entre hutus y tutsis [92].

Hasta las diferencias físicas (los tutsis, altos, de piel más clara; los hutus, rechonchos, de piel más oscura) se han exagerado, entre otras cosas debido a los frecuentes matrimonios y la formación de familias interétnicos. Así, Mamdani informa de que, durante las matanzas de 1994 de tutsis a manos de los hutus de la milicia asesina Intrahamwe, frecuentemente se controlaba la identidad mediante los carnés de identidad y las esposas tutsis eran denunciadas y enviadas a la muerte por sus maridos hutus, temerosos de aparecer como traidores [93]. Además, suele olvidarse que miles de hutus moderados fueron asesinados junto con los cientos de miles de tutsis, subrayando las divisiones sociales y políticas tras una estrategia de ex-

---

[90] Mamdani, 1996; Lemarchand, 1970.
[91] Lemarchand, 1970, 1993, 1994a, b; Newbury, 1988; Adekanye, 1995; Mamdani, 1996.
[92] Lemarchand, 1994a, pág. 588.
[93] Mamdani, 1996.

terminio calculada. Recordemos la historia general en pocas palabras, y luego trataremos de extraer las lecciones analíticas.

En tiempos precoloniales, el Estado construido en las tierras que se convertirían en Ruanda y Burundi estaba bajo el control de una aristocracia ganadera/guerrera que se definía como tutsi. Los campesinos (hutus) (así como los bosquimanos, batwa) estaban, en general, excluidos del Estado y el poder, casi por completo en Ruanda y menos en Burundi. Sin embargo, la acumulación de riqueza (sobre todo ganado) permitía a una familia hutu ascender a los niveles superiores de la sociedad (un proceso denominado *kwihutura*), con lo que se convertía en tutsi: eso en cuanto a la determinación biológica/cultural de la etnicidad. Como Mamdani escribe:

> Es evidente que estamos hablando de una distinción política, que dividía a la población sometida de la no sometida, y no de una distinción socioeconómica, entre explotadores y explotados o ricos y pobres [...] Los batutsis desarrollaron una identidad política —formaron una categoría social distinta, marcada por el matrimonio y los tabúes étnicos, dice Mafeje—, una conciencia propia de distinguirse de la población sometida. Así, el mero hecho de cierta diferencia física —con frecuencia la nariz, menos frecuentemente la altura— podía volverse simbólica de una gran diferencia política[94].

El Estado colonial —primero alemán, belga después— agudizó y movilizó de forma considerable esta división política/étnica, otorgando a los tutsis el control pleno del Estado consuetudinario (incluso en zonas que antes estaban en manos de la mayoría hutu) y proporcionándoles acceso a la educación, los recursos y los puestos de trabajo administrativos, con lo cual se creó un Estado nativo tutsi como apéndice subordinado del Estado colonial belga: un proceso no muy diferente del que tuvo lugar en Zanzíbar cuando los gobernantes británicos establecieron un sultanato árabe para administrar a la población nativa. Bajo el gobierno belga, hasta se abolió el *kwihutura* y el sistema se acercó a una sociedad de castas. Como cabía esperar, el proceso de independencia y la movilización política que conllevó liberaron la energía explosiva acumulada por la exclusión de todas las esferas del poder de la mayoría hutu (en torno al 84% de la población). Sin embargo, los resultados políticos fueron diferentes en Ruanda y Burundi. En Ruanda, la revolución hutu llevó a un gobierno de mayoría hutu, a pogromos y asesinatos masivos de tutsis y al exilio de un número significativo de tutsis, tanto a Burundi como a Uganda. En Burundi, una monarquía constitucional, en torno a la prestigiosa figura del príncipe Rwagasore, pareció ser capaz de organizar la coexistencia étnica en torno a un Estado nacional. Sin embargo, el asesinato del príncipe en 1961 y el fallido intento de golpe de Estado hutu de 1965 permitieron que

---

[94] Mamdani, 1996, pág. 10.

el ejército, dominado por los tutsis, tomara el control del país, convirtiéndolo en república e institucionalizando la marginación política de los hutus, cuya rebelión fue reprimida con un baño de sangre: en 1972, el ejército tutsi asesinó a más de 100.000 hutus en Burundi. De nuevo, en 1988, las matanzas de miles de tutsis por campesinos hutus en torno a Ntega/Marangara fueron respondidas con la matanza de decenas de miles de civiles hutus a manos del ejército tutsi. En 1990, la invasión de Ruanda por los tutsis ruandeses exiliados de Uganda (donde habían participado en la victoriosa guerra de guerrillas contra Milton Obote) llevó a una guerra civil que, como es bien sabido, desencadenó las matanzas de 1994, cuando la milicia hutu y la guardia presidencial prosiguieron la violencia, supuestamente en venganza por el asesinato del presidente Habyarimana cuando un misil alcanzó su avión en circunstancias aún oscuras. En el intento de genocidio de los tutsis no sólo participaron el ejército y la milicia ruandeses, sino también grandes segmentos de la población hutu civil, en cada barrio y en cada poblado: fue un holocausto descentralizado, con participación de las masas. Así, la victoria militar del Frente Patriótico Ruandés, dominado por los tutsis, desencadenó un exilio de millones, cuyo éxodo al Zaire y su subsiguiente retorno parcial a Ruanda a finales de 1996, muy bien puede haber contribuido a la completa desestabilización política de Centroáfrica. Mientras tanto, en Burundi, las elecciones de 1993 permitieron por primera vez que llegara al poder un presidente hutu elegido democráticamente, Melchior Ndadye. Pero sólo tres meses después fue asesinado por oficiales tutsis, desatando una nueva serie de matanzas recíprocas, el éxodo de cientos de miles de hutus y una guerra civil que se vio agravada por un golpe de Estado militar tutsi en julio de 1996, que impulsó el embargo comercial a Burundi de sus estados vecinos.

Tras décadas de exclusión política mutua y repetidas matanzas, organizadas fundamentalmente en torno a diferencias étnicas, sería absurdo negar que existen las identidades tutsi y hutu, hasta el punto de que parece imposible un gobierno mayoritario en un sistema democrático [95]. Esta situación parece abrir la vía para el establecimiento del dominio despiadado tutsi o hutu, una larga guerra civil o el restablecimiento de fronteras políticas. No obstante, lo que esta dramática experiencia parece demostrar es que la agudización de las diferencias étnicas y la cristalización de la etnicidad en posición social y poder político tenían su origen en la dinámica histórica de la base social del Estado, primero colonial y luego del Estado-nación independiente. También muestra la incapacidad de las elites políticas constituidas étnicamente para transcender la definición heredada del pasado, ya que utilizaron su etnicidad como bandera para tomar el poder del Estado o resistirse a él. De esta forma, hicieron inviable un Estado plural y democrático, ya que la ciudadanía y la etnicidad son prin-

---

[95] Mamdani, 1996.

cipios contradictorios de legitimidad política democrática. Es más, la memoria del exterminio, avivada por la repetición atroz de las peores pesadillas de ambas partes, marcó con sangre las fronteras étnicas del poder como violencia. Desde entonces, la etnicidad rebasó a la política, tras haber sido moldeada y fortalecida por la política del Estado. Es esta compleja interacción entre etnicidad y Estado, bajo el dominio de la lógica del Estado, la que debe recordarse para comprender la política africana y, más allá, la tragedia africana.

Sin embargo, si bien el Estado está etnicizado, apenas está nacionalizado. En efecto, uno de los rasgos clave que explican por qué surgió un Estado desarrollista en el Pacífico asiático, así como, aunque con menor fortuna, en América Latina, y no en África, es la debilidad de la nación en el Estado-nación africano. No es que el nacionalismo estuviera ausente de la escena africana: después de todo, los movimientos nacionalistas fueron la fuerza impulsora de la independencia y, a finales de los años cincuenta y comienzos de los sesenta, estremeció al mundo una impetuosa casta de dirigente nacionalistas (Sekou Ture, M'krumah, Kenyatta, Lumumba), que transmitió la promesa del renacimiento africano. Pero recibieron una magra herencia nacional del colonialismo, ya que el rompecabezas cultural/étnico/histórico/geográfico/económico del mapa político de África confinaba, en general, al nacionalismo a la elite educada del Estado legal/moderno y a la reducida clase empresarial urbana. Como escribe Davidson, coincidiendo con muchos otros africanistas:

El análisis de los problemas africanos también tiene que ser una indagación sobre el proceso —el proceso del nacionalismo en buena medida— que ha cristalizado la división de cientos de pueblos y culturas africanos en unas pocas docenas de estados-nación, cada uno de los cuales reclama su soberanía frente al resto, y luego puesto a todos ellos en graves dificultades [96].

La falta de una base nacional para estos nuevos estados-nación africanos, base que en otras latitudes solían aportar la geografía, historia y cultura compartidas (véase el vol. II, cap. 1), es una diferencia fundamental entre África y el Pacífico asiático, con la excepción de Indonesia, en el destino diferencial de sus procesos de desarrollo (véase el cap. 4). Es cierto que otros dos elementos (la amplia alfabetización y un nivel educativo relativamente elevado en Asia oriental; y el respaldo geopolítico de los Estados Unidos y la apertura de sus mercados a los países del Pacífico asiático) fueron igualmente importantes para facilitar una estrategia de desarrollo orientado al exterior en el Pacífico. Pero África proporcionó una educación primaria a gran escala con bastante rapidez, al menos en los centros urbanos, y Francia y Gran Bretaña continuaron «ayudando» a sus antiguas colonias, facilitando su acceso a los mercados de las antiguas

---

[96] Davidson, 1992, pág. 13.

metrópolis. La diferencia crucial fue la capacidad de los países del Pacífico asiático para movilizar a sus naciones, bajo un gobierno autoritario, en torno a un objetivo desarrollista, en virtud de una fuerte identidad nacional/cultural y la política de supervivencia (véase el cap. 4). La endeble base social del proyecto nacionalista debilitó considerablemente a los estados africanos, tanto frente a sus diversos grupos étnicos, como frente a los estados extranjeros que competían por la influencia sobre África en el marco de la guerra fría.

África, en las tres primeras décadas de su independencia, fue objeto de repetidas intervenciones de tropas extranjeras y consejeros militares de las potencias occidentales (sobre todo de Francia, Bélgica, Portugal y Sudáfrica blanca, pero también de los Estados Unidos, el Reino Unido, Israel y España), así como de la Unión Soviética, Cuba y Libia, que convirtieron gran parte del continente en campo de batalla de una guerra caliente. La división de facciones políticas, estados y regiones en diferentes alineamientos geopolíticos contribuyó a la desestabilización y militarización de los estados africanos, a la carga insoportable de unos presupuestos de defensa gigantescos, y dejó la herencia de un formidable arsenal de armamento militar, en su mayoría en manos poco fiables[97]. La corta historia de los estados-nación africanos, levantada sobre terreno históricamente movedizo, socavó a las naciones y el nacionalismo como base de la legitimidad y como unidad adecuada de desarrollo.

Ha de añadirse otro elemento fundamental a la ecuación que explica la crisis contemporánea de África: *el vínculo existente entre la política étnica del Estado-[nación débil], por una parte, y la economía política de África en las tres últimas décadas, por la otra.* Sin una referencia a esta conexión, es fácil caer en las afirmaciones semirracistas sobre la naturaleza perversa innata de la política africana. Colin Leys sostiene, y coincido con él, que la crisis de África, incluido el papel desempeñado por el Estado, no puede comprenderse sin una referencia a la historia económica. Por diversas razones, que plantea como hipótesis, entre las que se encuentran el escaso desarrollo de las fuerzas productivas y el predominio del sistema de producción familiar hasta el fin del colonialismo, «el momento de la incorporación original de África al sistema capitalista mundial, combinado con el retraso extremo de sus economías precoloniales y las limitaciones de la subsiguiente política colonial, impidió que la mayor parte del continente comenzara la transición clave a una acumulación de capital autosostenida tras la independencia»[98]. Elaboraré brevemente este planteamiento en mis propios términos[99].

---

[97] De Waal, 1996.
[98] Leys, 1994, pág. 45.
[99] Para datos relevantes, véanse Sarkar y Singer, 1991; Blomstrom y Lundhal, 1993; Riddell, 1995; Yansane, 1996; *The Economist*, 1996a.

En la secuencia histórica, en los años sesenta África «empezó mal»[100]. En esa década, en el contexto de la crisis y reestructuración mundial del capitalismo, su modelo de desarrollo se derrumbó, necesitando, a finales de la década, que los prestamistas extranjeros y las instituciones internacionales la sacaran de apuros. En los años ochenta, la carga de la deuda y los programas de ajuste estructural, impuestos como condición para el crédito internacional, desarticularon las economías, empobrecieron a las sociedades y desestabilizaron a los estados. En la década de los noventa, propiciaron la incorporación de algunos sectores minúsculos de ciertos países al capitalismo global, así como la desvinculación caótica de la mayor parte de la gente y los territorios de la economía global. ¿Cuáles fueron las razones de estos acontecimientos sucesivos? En los años sesenta, las políticas orientadas a las exportaciones agrícolas y la industrialización autárquica contribuyeron a destruir la economía campesina local y gran parte de la base de subsistencia de la población. Los mercados internos eran demasiado reducidos para sostener una industrialización a gran escala. Los intercambios económicos internacionales seguían dominados por los intereses neocoloniales. En los años setenta, el retraso tecnológico, la ineficiencia de la gestión y la persistencia de las limitaciones postcoloniales (por ejemplo, la zona franca en el África ex francesa) la impidieron competir en los mercados internacionales, mientras que el deterioro de la relación real de intercambio hizo las importaciones cada vez más difíciles, precisamente cuando el sector moderno requería nueva tecnología y la población necesitaba importar alimentos. El endeudamiento sin criterios ni control (gran parte utilizado para unos gastos de defensa intensificados, «elefantes blancos» industriales y un consumo ostentoso; por ejemplo, la construcción de Yamassoukro, el sueño de Houphouet-Boigny en su pueblo natal) llevó a la bancarrota a la mayor parte de África. Los programas de ajuste estructural, aconsejados/impuestos por el Fondo Monetario Internacional y el Banco Mundial, agravaron las condiciones sociales sin que, en general, lograran dinamizar las economías. Se centraron en disminuir el tamaño del Estado y estimular la exportación de productos básicos. Este último objetivo, en términos generales, es una mala apuesta en el contexto tecnológico y económico actual; y, en términos específicos, una propuesta poco realista ante el persistente proteccionismo agrícola en los mercados de la OCDE [101]. Aunque en algunos países han surgido islas de eficiencia económica, incluidas algunas empresas africanas grandes y competitivas (por ejemplo, Ashanti Goldfields de Ghana), se han derrochado recursos materiales y humanos y, como se ha expuesto anteriormente, la economía africana en su conjunto está mucho peor en los años noventa de lo que lo estaba en los sesenta, tanto en producción como en consumo.

---

[100] Dumont, 1964.
[101] Adepoju, 1993; Adekanye, 1995; Simon *et al.*, 1995.

La reducción masiva de los recursos, resultado de la crisis económica y las políticas de ajuste de los años ochenta, afectó espectacularmente a la dinámica política de los estados-nación, construidos sobre la capacidad de las elites estatales para distribuir a diferentes clientelas, usualmente definidas étnica o territorialmente, y seguir guardando lo suficiente para sí. De esta reducción se derivaron tres consecuencias:

1. Como la ayuda internacional y el préstamo exterior se convirtieron en una fuente fundamental de ingresos, los estados se embarcaron en la *economía política de la mendicidad*, y desarrollaron intereses creados en las catástrofes humanas que obtuvieran la atención internacional y generaran recursos caritativos. Esta estrategia fue particularmente importante cuando el final de la guerra fría puso término a las transferencias financieras y militares de las potencias extranjeras a sus estados vasallos africanos.
2. A medida que los recursos de sector formal y moderno de la economía se volvían más escasos, los dirigentes políticos, los oficiales militares, los burócratas y los empresarios locales se dedicaron cada vez más *al comercio ilícito a gran escala*, sin excluir empresas conjuntas con diversos socios de la economía criminal global (véase el cap. 3).
3. Como los recursos disminuían y las necesidades de la población aumentaban, *se tuvo que elegir entre diferentes clientelas, usualmente en favor de los grupos étnicos o regionales más leales* (es decir, los más cercanos a las facciones dominantes de la elite). Algunas facciones, derrotadas en el poder estatal, recurrieron a la intriga política o la fuerza militar para obtener su parte o simplemente para apropiarse de todo el sistema de control político sobre los recursos. En su lucha por el poder, buscaron el respaldo de los grupos étnicos o regionales que habían sido excluidos por el Estado del reparto de los recursos.

Con el aumento del faccionalismo y la división de los ejércitos nacionales, la distinción entre bandidaje y oposición política violenta se volvió más borrosa. Puesto que las afiliaciones étnicas y regionales se convirtieron en las únicas fuentes identificables de pertenencia y lealtad, la violencia caló a toda la población, de tal modo que vecinos, compañeros de trabajo y compatriotas se convirtieron de repente, primero, en competidores por la supervivencia, luego, en enemigos y, en última instancia, en asesinos o víctimas potenciales. La desintegración institucional, la violencia generalizada y la guerra civil desorganizaron aún más la economía y desencadenaron movimientos masivos de población que escapaba de un destino incierto.

Además, la gente también aprendió una versión a pequeña escala de la economía política de la mendicidad, ya que su condición de refugiados quizás, sólo quizás, les daría derecho a sobrevivir bajo las diversas banderas de la ONU, los gobiernos y las ONG. Al final, a mediados de los años noventa, África no sólo se encontraba cada vez más marginada de la economía global/informacional, sino que en gran parte del continente los estados-nación se estaban desintegrando y la gente, desarraigada y acosada, se estaba reagrupando en comunidades de supervivencia bajo diversas denominaciones, según el gusto de los antropólogos.

La dramática situación de África

El intento deliberado de las instituciones financieras internacionales de sacar a África de la crisis de la deuda de los años ochenta, homogeneizando las condiciones del comercio y la inversión con las reglas de la nueva economía global, acabó en un fiasco considerable, según la valoración de diversos observadores y organismos internacionales [102]. Un estudio sobre el impacto de los ajustes estructurales en África, elaborado por el Fondo de Población de la ONU, resume sus resultados del modo siguiente:

Los autores de este volumen están de acuerdo en que, en los países estudiados, no se da una estrecha asociación entre las políticas de ajuste y los resultados económicos. Hay sólidos indicios de que las medidas de ajuste quizá no puedan garantizar que los países africanos superen los efectos de las convulsiones externas incluso a largo plazo, a menos que se cree un contexto exterior más favorable. En muchos países africanos que siguen el ajuste estructural, el progreso que ha existido se ha limitado al crecimiento nominal del PNB sin ninguna transformación de la estructura de la economía. Ghana [el caso estrella de la evaluación del Banco Mundial], por ejemplo, logró una tasa de crecimiento medio anual del 5% durante 1984-1988. Pero la utilización de la capacidad industrial ha seguido siendo baja, al 35% en 1988. En Nigeria, era sólo del 38% en 1986-1987. En la mayoría de los países examinados en este estudio, las pequeñas y medianas empresas se han visto marginadas por el tipo de cambio y las medidas de liberalización del comercio. Los altos tipos de interés internos, resultado de políticas monetarias y crediticias restrictivas, crearon climas empresariales perjudiciales. Se produjeron cierres industriales en masa, cuatro de cada diez bancos fueron cerrados en Camerún, mientras que en muchos países se disolvieron las juntas de comercialización para los principales productos. Aunque la agricultura creció de forma modesta en estos países, la producción de alimentos descendió. En Ghana, la producción de cereales bajó un 7% y la de féculas básicas, un 39% entre 1984 y 1988. Otros países tuvieron experiencias similares. Aunque los ingresos por exportaciones aumentaron en general, también lo hicieron las importaciones, intensificando la crisis de la balanza de pagos [...] Una conferencia organizada por la ONU concluyó que «las medidas de ajuste se han llevado a cabo con altos costes y sacrificios humanos, y están desgarrando el tejido de la sociedad africana» [103].

---

[102] Adepoju, 1993; Ravenhill, 1993; Hutchful, 1995; Loxley, 1995; Riddell, 1995.
[103] Adepoju, 1993, págs. 3 y 4.

El coste social, económico y político de este intento fallido de globalizar las economías africanas, sin informacionalizar sus sociedades, puede mostrarse a lo largo de tres grandes líneas argumentales y una consecuencia general: el abandono creciente de la mayoría del pueblo africano.

En primer lugar, los mercados laborales urbanos dejaron de absorber mano de obra, generando un aumento sustancial del desempleo y el subempleo, que se tradujo en una mayor incidencia de los niveles de pobreza. Un estudio de la OIT sobre la evolución de los mercados laborales en África, centrado en seis países francófonos [104], descubrió una relación estadística entre el desempleo y la incidencia de la pobreza. En el conjunto del África subsahariana, la tasa urbana de desempleo se duplicó entre 1975 y 1990, pasando del 10 al 20%. El empleo en el sector moderno, y sobre todo en el sector público, se estancó o descendió. En 14 países, el empleo asalariado creció en una media anual del 3% en 1975-1980, pero sólo en un 1% en la primera mitad de los años ochenta, muy por debajo de lo necesario para absorber los incrementos de la mano de obra provenientes del aumento de la población y de la emigración rural-urbana. El sector informal de empleo, cuyo crecimiento fue de un 6,7% anual, se convirtió en el refugio de la mano de obra excedentaria. La mayor parte de la mano de obra de las ciudades africanas está ahora en las categorías de «irregular», «autoempleo marginal» y «trabajador asalariado sin protección», todas ellas caracterizadas por unos ingresos inferiores, la falta de protección y una mayor incidencia de la pobreza. En cuanto a la población en general, en 1985, el 47% de los africanos vivían por debajo del nivel de pobreza, en comparación con el 33% de los países en vías de desarrollo en su conjunto. El número de personas indigentes en África aumentó en dos tercios entre 1975 y 1985, y según las proyecciones, este continente es la única región del mundo donde los niveles de pobreza aumentarán en los años noventa [105].

En segundo lugar, la producción agrícola per cápita africana, y sobre todo la producción de alimentos, ha descendido de forma sustancial en la última década (véase la figura 2.3), haciendo a muchos países vulnerables a las hambrunas y las epidemias cuando se producen sequías, guerras u otras catástrofes. La crisis agrícola parece ser resultado de la combinación de una concentración excesiva en la producción orientada a la exportación y de una transición desatinada a tecnologías o líneas de productos inapropiadas para las condiciones ecológicas y tecnológicas de un país [106]. Por ejemplo, en África occidental, las compañías forestales extranjeras impulsaron la sustitución de las acacias por árboles no autóctonos, sólo para invertir el proceso unos cuantos años después, cuando se puso de

---

[104] Lachaud, 1994.
[105] Adepoju, 1993.
[106] Jamal, 1995.

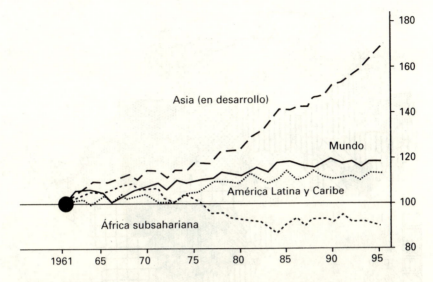

FIGURA 2.3   Producción de alimentos por persona (1961 = 100) (África subsahariana no incluye a Sudáfrica).

Fuente: Compilado por *The Economist* (7 de septiembre de 1996) a partir de los datos de la Organización para la Alimentación y la Agricultura.

manifiesto que las acacias necesitaban menos agua y atención, además de ayudar a alimentar a las cabras y ovejas durante la estación seca. O, en otro ejemplo de cambio tecnológico inapropiado, en el lago Turkana, en África oriental, expertos noruegos organizaron un programa de conversión de los ganaderos turkanas en productores de pescados como percas y tilapias, más comerciales. Sin embargo, el coste del equipo para congelar el pescado era tan elevado que los costes de producción/distribución superaban el precio del pescado en los mercados accesibles. Al no poder volver a la cría de ganado, 20.000 turkanas nómadas acabaron dependiendo de la ayuda alimentaria de los organismos donantes [107]. La dificultad de penetrar en los mercados internacionales para una pequeña gama de productos agrícolas africanos y la transformación de las políticas gubernamentales hacia la agricultura durante los años ochenta hicieron este sector extremadamente impredecible. De este modo, muchos agricultores pasaron a estrategias de cultivo de supervivencia a corto plazo, en lugar de invertir en una conversión a largo plazo a la agricultura comercial orientada a la exportación, socavando así sus posibilidades de ser competitivos a escala internacional [108].

---

[107] *The Economist*, 1996a.
[108] Berry, 1993, págs. 270 y 271.

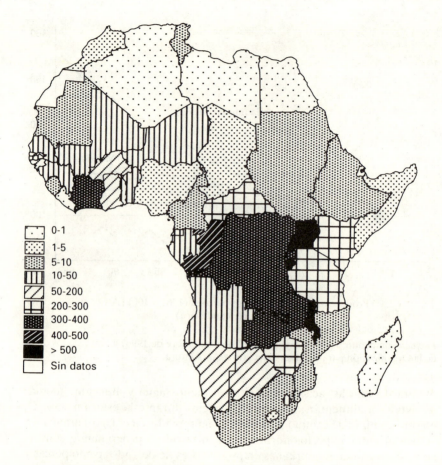

FIGURA 2.4 Casos de sida por millón de habitantes en África, 1990.

Fuentes: Registro Epidemiológico de la OMS; WorldAIDS, 1990, 1991, elaborado por Barnett y Blaikie, 1992.

La tercera tendencia importante en la evolución social y económica de África es la desorganización de la producción y los medios de vida inducida por la desintegración del Estado. El modelo de violencia, saqueo, guerra civil, bandidaje y matanzas que golpeó a la gran mayoría de los países africanos durante los años ochenta y noventa, ha arrojado de sus ciudades y pueblos a millones de personas, arruinado la economía de regiones y países, y acabado con gran parte de la capacidad institucional para gestionar las crisis y reconstruir las bases materiales de la vida [109].

[109] Leys, 1994; Adekanye, 1995; Kaiser, 1996.

Como documenta el Informe sobre Desarrollo Humano de la ONU de 1996, la pobreza urbana, la crisis de la agricultura, sobre todo de la de subsistencia, el colapso institucional, la violencia generalizada y los movimientos masivos de población se han combinado para deteriorar de forma significativa las condiciones de vida de la mayoría de la población africana en la última década. La pobreza, la migración y la desorganización social también han contribuido a crear las condiciones para la aparición de epidemias devastadoras que amenazan con el exterminio de una proporción considerable de africanos, así como con la extensión potencial de enfermedades al resto del mundo. Debe destacarse que las condiciones de higiene y nutrición en las que viven la mayoría de los africanos no son la única fuente de enfermedades y epidemias, sino que la falta de una asistencia sanitaria y una educación adecuadas contribuyen en gran medida a su difusión.

Un caso dramático que viene a cuento es la epidemia de sida [110]. Aunque se informó de las primeras infecciones con el VIH en África a comienzos de los años ochenta, a mediados de los años noventa el África subsahariana representaba en torno al 60% de los 17 millones estimados de personas seropositivas en el mundo (véase la figura 2.4) [111]. En países como Uganda, Ruanda y Zambia, entre el 17 y el 24% de la población urbana estaba infectada en 1987 (véase el cuadro 2.9). En general, esta proporción ha aumentado sin duda en los años recientes en la mayoría de los países, con algunas excepciones (Gabón). El sida se considera ahora la principal causa de muerte en Uganda, y una causa importante en otros países. Como el sida se transmite en África mediante el contacto heterosexual en el 80% de los casos, las mujeres corren un riesgo particular, debido a su sometimiento sexual a los hombres y a la creciente promiscuidad de éstos en un tiempo de emigración y desarraigo. Se estima que unos 4,5 millones de mujeres son seropositivas. Su sumisión patriarcal limita su acceso a la información y los recursos para la prevención y disminuye su acceso al tratamiento de las infecciones relacionadas con el sida. Los estudios han mostrado que, en caso de necesidad, las mujeres van a los hospitales con menos frecuencia que los hombres, mueren de sida a una edad más temprana y es más probable que se queden con sus esposos cuando a éstos se les diagnostica como seropositivos que en el caso contrario [112]. Así, un gran número de mujeres en edad reproductiva son seropositivas. En los próximos diez-veinticinco años, se prevé que el impacto del sida sobre la supervivencia infantil será más severo que sobre la población general. Se espera que el sida cause más muertes entre los niños

---

[110] Barnett y Blaikie, 1992; Hope, 1995; Philipson y Posner, 1995; Boahene, 1996; Kamali *et al.*, 1996.
[111] Boahene, 1996.
[112] Boahene, 1996.

CUADRO 2.9 Frecuencia estimada de seropositividad en adultos (15-49 años) de ciudades y zonas rurales de los países africanos seleccionados, c. 1987.

País	Difusión del VIH (%) Ciudades	Rural	Población infectada con VIH (miles)
Uganda	24,1	12,3	894,3
Ruanda	20,1	2,2	81,5
Zambia	17,2	—	205,2
Congo	10,2	—	46,5
Costa de Marfil	10,0	1,3	183,0
Malawi	9,5	4,2	142,5
R. Centroafricana	7,8	3,7	54,3
El Zaire	7,1	0,5	281,8
Ghana	4,7	—	98,7
Burundi	4,3	—	15,0
Tanzania	3,6	0,7	96,6
Zimbabwe	3,2	0,0	30,9
Kenia	2,7	0,2	44,5
Camerún	1,1	0,6	33,2
Mozambique	1,0	0,6	43,5
Sudán	0,3	—	6,8
Nigeria	0,1	0,0	8,1
Suazilandia	0,0	—	0,0
Total de personas infectadas, todos los países africanos (incluidos otros no enumerados)			2.497,6
Total de la población africana infectada, 1987 (%)			0,9

Fuente: Over, 1990 (informado por Barnett y Blakie, 1992).

en el África subsahariana que la malaria o el sarampión. Las tasas de mortalidad infantil, cuyo descenso se había proyectado en un 35-40% para la próxima década, se espera ahora que permanezcan invariables o incluso que aumenten debido al sida. Los niños huérfanos se están convirtiendo en un problema masivo. Se prevé que unos 10 millones de niños no infectados habrán perdido a uno o ambos progenitores por la epidemia de sida para el año 2000. Los sistemas de familia extendida se están viniendo abajo por la presión de esta oleada de huérfanos.

El alcance y la velocidad de difusión de la epidemia de sida en África están inducidos por las condiciones sociales y económicas. Como escribe un experto en la materia, Kempe Ronald Hope: «Sin ninguna duda, la pobreza y las dificultades económicas de los países africanos han contribuido mucho a la rápida extensión del VIH y el sida»[113]. La falta de una asistencia sanitaria adecuada, los bajos niveles educativos, las condiciones de vida insalubres, el acceso iimitado a los servicios básicos, la rápida urbanización, el desempleo y la pobreza son fenómenos relacionados, y todos ellos son factores asociados con la infección de VIH. El acceso a la asistencia sanitaria en África está extremadamente limitado. Los datos para 1988-1991 indican que en el África subsahariana había un médico por cada 18.488 habitantes, en comparación con los 5.767 de todos los países en vías de desarrollo y de los 344 de los países industrializados[114]. La pobreza limita el acceso a la información sobre la prevención, así como a los métodos preventivos. La crisis agrícola, las hambrunas y la guerra han obligado a la emigración y desorganizado familias, comunidades y redes sociales. Los hombres que han emigrado a las áreas urbanas y regresan periódicamente a sus comunidades de origen son los principales portadores del VIH, propagando el virus a través de las prostitutas y difundiéndolo a través de las rutas de transporte. La gente pobre que contrae el VIH tiende a desarrollar el sida mucho más deprisa que los que tienen una posición socioeconómica más elevada.

La propagación potencial de la epidemia de sida de África a otras regiones del mundo representa un riesgo más serio de lo que suele reconocerse. Sudáfrica proporciona datos sorprendentes a este respecto. Aunque es un país limítrofe con zonas donde la epidemia comenzó en los años ochenta, y su población negra padeció durante largo tiempo malas condiciones sociales y sanitarias, su nivel de desarrollo económico e institucional es mucho más alto que el del resto de África. No obstante, en los años noventa, la epidemia de sida se ha extendido de forma alarmante, reproduciendo las pautas y la velocidad de difusión experimentadas en los países vecinos una década antes. Se estima que ciertos grupos, como las prostitutas y los jornaleros emigrantes, están infectados en un 10-30% de su total. Entre las mujeres en edad reproductiva, las estimaciones de infección con el VIH para el conjunto del país alcanzan el 4,7%, con una incidencia mayor en algunas zonas, como Kwa/Zulu Natal. Al ritmo de difusión actual, los modelos de la futura extensión del VIH/sida prevén que, para el año 2010, el 27% de la población sudafricana estará infectada. Los modelos más optimistas, aun asumiendo una reducción del 40% en el número de parejas sexuales y un aumento del 20% en el uso efectivo del preservativo, siguen proyectando, para la misma fecha, que el 8% de la población total estará infectada[115].

No es probable que los problemas de África permanezcan confinados dentro de sus fronteras por el mero hecho de minimizarlos o ignorarlos.

---

[113] Hope, 1995, pág. 82.
[114] PNUD, 1996.
[115] Campbell y Williams, 1996.

Tanto la humanidad como nuestro sentido de lo humano estarán amenazados. El *apartheid* global es una ilusión cínica en la era de la información.

La conexión sudafricana: ¿la esperanza de África?

¿Está condenada el África subsahariana a la exclusión social en la nueva economía global, al menos en el futuro previsible? Ésta es una cuestión fundamental, pero excede los límites de este capítulo y el objetivo de este libro, que se ocupa del análisis más que de la política o la previsión. Sin embargo, desde un punto de vista estrictamente empírico, el fin del *apartheid* y la vinculación potencial de una Sudáfrica democrática gobernada por una mayoría negra y los países africanos, al menos los de África oriental/meridional, nos permite examinar la hipótesis de la incorporación de este continente al capitalismo global en unas condiciones nuevas y más favorables a través de la conexión sudafricana. Debido a sus implicaciones para un análisis general de las condiciones que reproducen o modifican la exclusión social en la economía global, examinaré brevemente este asunto antes de abandonar África.

Sudáfrica es claramente diferente del resto del África subsahariana. Tiene un nivel mucho más elevado de industrialización, una economía más diversificada y desempeña un papel más importante en la economía global que el resto del continente. No es una economía dependiente de bajos salarios, ni una economía emergente competitiva y muy cualificada. De hecho, combina aspectos de ambos tipos y en cierto sentido los procesos de inclusión y exclusión simultáneos son más evidentes e intensos aquí que en muchos otros países. El entorno político está cambiando rápidamente en el periodo democrático posterior a las elecciones, y la economía se está beneficiando de su rápida incorporación a la economía global tras varias décadas de aislamiento relativo, debido tanto a las sanciones como a las elevadas barreras arancelarias derivadas de su política de industrialización en sustitución de las importaciones.

Sudáfrica representa el 44% del PNB total de toda el África subsahariana y el 52% de su producción industrial. Consume el 64% de la electricidad de toda el África subsahariana. En 1993, el PNB real per cápita del África subsahariana (incluida Sudáfrica) era de 1.288 dólares, mientras que sólo en Sudáfrica era de 3.127 dólares. Hay nueve veces más líneas telefónicas per cápita allí que en el África subsahariana.

La Bolsa de valores de Johanesburgo es la décima mayor del mundo (por el valor de mercado del capital emitido). No obstante, el sistema bancario y financiero está dominado por cuatro grandes bancos comerciales y ha atendido fundamentalmente a los principales sectores industriales. Los pequeños y medianos empresarios han dispuesto de escasos fondos. Al menos desde el descubrimiento de diamantes en el siglo XIX, Sudáfrica ha desempeñado un papel en la economía mundial. La minería fue crucial en el desarrollo general del país durante el siglo pasado y aportó un motor para la acumulación de capital. A pesar del declive reciente, la minería del oro sigue siendo el núcleo del complejo minero sudafricano, constituyendo en torno al 70% de las exportaciones y el empleo en la minería, y el 80% de los ingresos [116]. No obstante, la mayor parte de las reservas de oro de Sudáfrica se han agotado. Durante el siglo pasado se extrajeron más de 45.000 toneladas de oro, que constituían más de dos tercios de los recursos originales y las 20.000 toneladas restantes tienden a estar más profundas y ser de inferior calidad. Hay otras industrias mineras y de procesamiento de minerales estratégicos como hierro, acero, estaño, zinc, ferrroaleaciones, manganeso, cobre, plata, aluminio y platino. La minería aún supone el 71% de los ingresos derivados del comercio exterior, aunque más de la mitad del PNB proviene de servicios y casi un cuarto de la manufactura [117]. La industria minera, más que cualquier otra industria, dependía del sistema de *apartheid* debido a que se basaba en mano de obra emigrante y heterogénea.

El crecimiento de la industria manufacturera fue sustancial en los años sesenta, pero comenzó a reducirse en los setenta y se estancó por completo en los ochenta. La producción manufacturera aumentó en los años setenta una media del 5,3 anual [118]. Pero entre 1980 y 1985 descendió un 1,2%, y sólo aumentó un 0,7% entre 1985 y 1991, mientras que el empleo en la industria descendió un 1,4% [119]. El sector manufacturero sudafricano se caracteriza por los problemas clásicos de la industrialización en sustitución de las importaciones, con una gran capacidad en la producción de bienes de consumo y algo de industria pesada, vinculada con las industrias mineras y de procesamiento de minerales, pero carece de bienes de capital y muchos bienes de producción. Sin embargo, Sudáfrica está vinculada con la economía informacional/global. Por ejemplo, posee el mayor número de receptores de Internet de todos los países no pertenecientes a la OCDE [120]. No obstante, el aumento de la capacidad tecnológica está limitado por un entorno institucional fragmentado y la falta de un apoyo gubernamental efectivo. El gasto empresarial en I+D descendió cerca del 27% de 1983-1984 a 1989-1990 y hay una fuerte dependencia de la adquisición de tecnología extranjera, principalmente mediante contratos de licencia. El I+D es significativamente menor que en otros países de crecimiento rápido [121]. En 1993, al

---

[116] MERG, 1993.
[117] *The Economist*, 1995.
[118] ISP, 1995, pág. 6.
[119] MERG, 1993, pág. 239.
[120] Network Wizards, 1996.
[121] ISP, 1995, pág. 239.

menos, «había pocos indicios de que dicha transferencia de tecnología fuera acompañada de programas de formación que garanticen una asimilación efectiva» [122].

A nivel general, el empleo ha presentado una tendencia descendente desde mediados de los años setenta, con caídas en la agricultura, el transporte, la minería y la industria. Si no hubiera habido un crecimiento sustancial en el empleo en el sector público durante el periodo 1986-1990, el aumento total del empleo habría sido negativo en dicho periodo. De 1989 a 1992, el empleo total en los sectores no agrícolas de la economía descendió un 4,8%, lo que equivale a la pérdida de unos 286.000 puestos de trabajo, y el crecimiento sólo fue positivo en el sector público. El empleo total en el sector privado descendió un 7,8% durante este periodo. La proporción de la mano de obra empleada en la economía formal en 1989 pasaba del 61% en la zona de Johanesburgo/Pretoria a sólo el 22% en las regiones más pobres. Aunque no existen cifras fiables del desempleo, resulta evidente que existe un gran desfase que aumenta rápidamente entre el número de personas que buscan empleo y la capacidad de la economía formal de proporcionarlo. El incremento del salario real para los trabajadores africanos fue negativo en el periodo 1986-1990. Para los trabajadores africanos de las categorías educativas y ocupacionales más bajas, los salarios reales descendieron a una tasa del 3% anual entre 1975 y 1985 [123]. La tasa oficial de desempleo fue calculada en un 32,6% por el Servicio Estadístico Central en 1994, pero la ausencia —en comparación con otros países africanos— de oportunidades de obtener ganancias y subsistir de la tierra, y por tanto de una red rural de seguridad, agrava el problema del desempleo. Éste es especialmente serio entre los jóvenes, con un 64% de la población económicamente activa entre las edades de dieciséis y veinticuatro años (en torno a un millón de jóvenes) sin trabajo en 1995.

Así, muchos sudafricanos dependen de la economía informal para subsistir, aunque los cálculos sobre su número varían. El Servicio Central de Estadística estimó en 1990 que 2,7 millones de personas, o el 24% de la mano de obra, trabajaban en la economía informal. Sin embargo, puede que se trate de una infravaloración significativa de la actividad económica informal. Por ejemplo, en una encuesta realizada en 1990 entre los residentes del municipio de Alexandra, uno de los importantes del área de Johanesburgo, el 48% informó que era autónomo, trabajaba en casa o se desplazaba a otro lugar dentro del municipio [124]. La economía informal de Sudáfrica es fundamentalmente de estricta supervivencia. Aproximadamente un 70% de todas las empresas informales implican venta calleje-

---

[122] MERG, 1993, pág. 232.
[123] MERG, 1993, págs. 149-150.
[124] Informe UDP Greater Alexandra/Sandton, 1990, citado por Benner, 1994.

ra, sobre todo de comida, ropa y curiosidades[125]. Sólo una estimación del 15-20% supone cierta forma de empresa de manufactura y la subcontratación parece ser mucho menos común en el sector informal en Sudáfrica que en otros lugares. La razón de la baja incidencia de la manufactura en las empresas informales se explica no sólo por las políticas del *apartheid*, que obstaculizaron la urbanización negra y prohibieron a los negros convertirse en empresarios, sino también por el hecho de que fueron privados sistemáticamente del derecho a la educación, la formación y la experiencia esenciales para el desarrollo de un carácter empresarial dinámico, y sobre todo de conocimientos informacionales. La economía sudafricana también presenta elevados niveles de concentración de capital y control oligopólico[126].

Sudáfrica tiene una distribución de la renta extremadamente desigual; según algunas medidas, incluso la más desigual del mundo. Presenta un índice Gini de 0,65, en comparación con el 0,61 de Brasil, 0,50 de México y 0,48 de Malaisia, e índices de 0,41 o menos de los países industrializados avanzados. El 20% inferior de quienes obtienen ingresos logran sólo un 1,5% de la renta nacional, mientras que el 10% más rico de las familias reciben el 50% de la misma. Se estima que entre el 36% y el 53% de los sudafricanos viven por debajo de la línea de pobreza, que prácticamente se concentra en la población africana y de color: el 95% de los pobres son africanos y el 65% de los africanos son pobres, en comparación con el 33% de la población de color, el 2,5% de los asiáticos y el 0,7% de los blancos[127].

Las diferencias raciales siguen siendo un factor importante en la desigualdad, pese al aumento de la clase media negra. Por ejemplo, la encuesta sobre hogares de octubre de 1994 realizada por el Servicio Central de Estadística reveló que sólo el 2% de los hombres negros estaban empleados en puestos de alta gestión, en comparación con el 11% de los blancos. De estos puestos de alto nivel, el 51% de los hombres negros ganaban más de 2.000 rands (unos 500 dólares estadounidenses) mensuales, en comparación con el 89% de blancos que ganaban más de 2.000 rands mensuales. En torno al 51% de los hombres negros estaban empleados como «obreros básicos» u «operarios y montadores», en comparación con el 36% de los blancos[128].

Así, la economía y la sociedad sudafricanas son menos boyantes de lo que parecen en comparación con su entorno continental, constituido por los países más pobres del mundo. No obstante, también hemos de considerar las relaciones de Sudáfrica con sus vecinos. Los estados fronterizos

---

[125] Riley, 1993.
[126] Rogerson, 1993; Manning, 1993; Manning y Mashigo, 1994.
[127] Gobierno sudafricano, 1996a.
[128] Gobierno sudafricano, 1996b.

de Sudáfrica sufrieron mucho durante la lucha contra el *apartheid*, ya que Sudáfrica libró una guerra total para controlar la región y castigar a sus países vecinos por su apoyo al Congreso Nacional Africano. Pese a los esfuerzos por desarrollar rutas de transporte alternativas y diversificar sus relaciones comerciales, la mayoría de los estados africanos meridionales siguieron dependiendo mucho de sus relación con Sudáfrica durante los años ochenta. A comienzos de los años noventa, se planteó hasta qué punto Sudáfrica podría convertirse en la «locomotora» para toda la región. Toda África meridional está integrada, vía Sudáfrica, en la mayoría de las rutas de transportes que cruzan Sudáfrica, al tiempo que muchos de los países circundantes aportan buena parte de la mano de obra para sus industrias. Por ejemplo, en 1994, de los 368.463 trabajadores de la minería, el 45% eran extranjeros. Esto representa un descenso desde el pico de 1974, cuando el 77% de todos los mineros eran extranjeros. Las estimaciones sobre el número de personas indocumentadas en Sudáfrica procedentes de los países vecinos varían ampliamente. La Policía sudafricana calcula que representan entre 5,5 y 8 millones de personas. El Consejo de Investigación sobre Ciencias Humanas también llegó a una cifra de entre 5 y 8 millones [129].

La desigualdad de la relación entre Sudáfrica y sus vecinos resulta clara. Los 11 países de África meridional poseen juntos una población de 130 millones de habitantes, pero más de 40 millones de ellos viven en Sudáfrica. Ella sola representa el 80% del PNB de toda la región. Como media, los sudafricanos son 36 veces más ricos que los mozambiqueños. Las exportaciones sudafricanas a la región son ocho veces mayores que el tráfico en la dirección contraria. Sin embargo, hay conversaciones sobre integración regional como un bloque de libre comercio. Se están haciendo esfuerzos para reconstruir en Mozambique tanto los ferrocarriles destruidos por la guerra como los puertos para recibir las exportaciones de Zimbabwe, Botswana y Zambia. No obstante, al contemplar la estructura económica diferencial entre Sudáfrica y sus vecinos, dos observaciones adquieren un significado considerable: a) los ingresos por exportación de todas las economías, incluida la sudafricana, dependen en su mayor parte de las materias primas; y b) con la excepción de los minúsculos satélites de Sudáfrica, Botswana y Lesoto, existe poca capacidad industrial que pueda proporcionar una base de exportación para el gran mercado sudafricano. En efecto, los datos del comercio revelan que las empresas sudafricanas asumen la mayor parte de la limitada capacidad del mercado de importaciones de los países vecinos.

Así, en términos estrictamente económicos, apenas hay complementariedad entre Sudáfrica y su entorno africano. Cuando mucho, habrá

---

[129] Gobierno sudafricano, 1996a.

competencia en algunas industrias clave, como el turismo global. Sudáfrica no posee la base industrial y tecnológica para representar por sí misma un centro de acumulación en una escala lo suficientemente grande como para impulsar el desarrollo a su estela. En efecto, tiene problemas sociales y económicos importantes que requerirán políticas de empleo para sus ciudadanos, con consecuencias potencialmente desastrosas para los inmigrantes de otros países, cuyas remesas de dinero son una fuente crucial de divisa fuerte para las economías vecinas. El problema real de Sudáfrica es cómo evitar quedarse fuera de la dura competición en la nueva economía global, una vez que su economía está abierta. Así, los programas de cooperación regional pueden contribuir al desarrollo de una infraestructura tecnológica y de transporte en los países vecinos; y algunos excedentes de Sudáfrica aplicados a África meridional (por ejemplo, inversiones en recursos minerales y en turismo) sin duda aliviarían las condiciones de pobreza extrema, como ya sucede en Namibia, Botswana y Mozambique. Sin embargo, la visión de una nueva Sudáfrica convertida en la locomotora de gran parte del continente, mediante su incorporación a múltiples niveles a la economía global (en una versión africana de modelo de «las cigüeñas en vuelo» que tanto les gusta a los estrategas japoneses), no parece realista examinada de cerca. Si bien el destino político de Sudáfrica está ligado a su identidad africana, su senda de desarrollo continúa divergiendo de la de sus vecinos expoliados, a menos que el fin de la fiebre del oro, el retraso en su capacidad tecnológica y las tensiones sociales y étnicas crecientes la empujen al abismo de la exclusión social de la que el Congreso Nacional Africano luchó con tantas fuerzas para escapar.

¿Fuera de África o vuelta a África? Una política y economía independientes

La antropóloga Ida Susser, a su vuelta de un viaje de campo al desierto del Kalahari, en Namibia, en 1996, cuenta que las vidas de los agricultores y los jornaleros prosigue, sobreviviendo en los intersticios del Estado. Su magra subsistencia se cubre al día. No hay signos aparentes de desintegración social y hambruna masiva: existe pobreza, pero no indigencia[130]. Puede que no sean representativos de la diversidad de las economías de subsistencia que aún permiten sobrevivir a una proporción cuantiosa de africanos en todo el continente. No obstante, ¿pueden estas economías de subsistencia y las comunidades tradicionales con las que van asociadas constituir un refugio contra el torbellino de destrucción y desintegración que recorre África? De hecho, un número creciente de vo-

---

[130] Susser, comunicación personal, 1996.

ces del mundo intelectual y político de África, o de los que se ocupan de ella, reclaman la reconstrucción de las sociedades africanas a partir de sus propios recursos [131]. Ello no implicaría aferrarse a economías primitivas y sociedades tradicionales, sino empezar a construir desde abajo, logrando el acceso a la modernidad a través de un camino diferente, y rechazando fundamentalmente los valores y objetivos predominantes en el capitalismo global actual. Pueden encontrarse vigorosos argumentos en favor de esta postura en las experiencias actuales de marginación tecnológica/económica de África, el ascenso del Estado predatorio y el fracaso de las políticas de ajuste inspiradas por el FMI/Banco Mundial, tanto en términos económicos como sociales. Un modelo de desarrollo alternativo, que fuera realmente más sostenible desde el punto de vista social y medioambietal, no es una utopía, y existen numerosas propuestas realistas y técnicamente sólidas de modelos de desarrollo independientes en diversos países, así como de estrategias para la cooperación regional en África. En la mayoría de los casos, presuponen la desvinculación parcial de las economías africanas de las redes globales de acumulación de capital, dadas las consecuencias de las actuales relaciones asimétricas, presentadas en este capítulo. Sin embargo, existe un obstáculo fundamental para llevar a cabo estrategias independientes: los intereses y valores de la mayoría de las elites políticas africanas y sus redes de patronazgo. Ya he expuesto cómo y por qué lo que es una tragedia humana para la mayoría de los africanos continúa representado una fuente de riquezas y privilegios para las elites. Este sistema político pervertido ha sido producido históricamente y es mantenido estructuralmente por las potencias europeas/americana y por la incorporación fragmentada de África a las redes capitalistas globales. Es precisamente esta articulación selectiva de elites y activos valiosos, junto con la exclusión social de la mayor parte de la gente y la devaluación económica de la mayoría de los recursos naturales, el rasgo específico de la última expresión de la tragedia africana.

Así, la desvinculación de África en sus propios términos supondría una revolución en el sentido político más antiguo de esta palabra, un acontecimiento improbable en el futuro predecible, considerando la fragmentación étnica de la población y la experiencia devastadora de la gente con la mayoría de sus dirigentes y salvadores. No obstante, los días están contados, si recordamos la experiencia histórica según la cual no existe opresión que no sea enfrentada con resistencia. En cuanto a los resultados sociales y políticos de esta resistencia, las únicas valoraciones posibles son la incertidumbre y la experimentación, ya que el proceso de cambio ha de avanzar a través de la experiencia colectiva de la cólera, el conflicto, la lucha, la esperanza, el fracaso y el compromiso.

---

[131] Davidson, 1992, 1994; Aina, 1993; Wa Mutharika, 1995.

El nuevo dilema estadounidense: desigualdad, pobreza urbana y exclusión social en la era de la información

Los Estados Unidos representan la economía mayor y más avanzada tecnológicamente del mundo. Es la sociedad que primero experimentó las transformaciones estructurales y organizativas características de la sociedad red, en los albores de la era de la información; pero también es una sociedad que ha mostrado, en las dos últimas décadas del siglo XX, un aumento sustancial de la desigualdad social, la polarización, la pobreza y la miseria. Sin duda, es una sociedad muy específica, con un modelo histórico de discriminación racial, una forma urbana peculiar —el gueto— y una resistencia ideológica y política profundamente arraigada a la regulación gubernamental y al Estado de bienestar. Sin embargo, su experiencia con la desigualdad y la exclusión social en el estadio formativo de la sociedad red puede ser un signo de los tiempos por venir a otras zonas del mundo también, y en particular a Europa, por dos razones principales. En primer lugar, la ideología y política dominantes en la mayoría de los países capitalistas hacen hincapié en la desregulación de los mercados y la flexibilidad de gestión, en una especie de «recapitalización del capitalismo» que repite de cerca muchas de las decisiones estratégicas, políticas y gestoras aplicadas en los Estados Unidos en los años ochenta y noventa [132]. En segundo lugar, y quizás lo más decisivo, la creciente integración de capital, mercados y empresas en una economía global común hace extremadamente difícil para algunos países separarse mucho del contexto institucional/macroeconómico de otras regiones, sobre todo si una de esas «otras regiones» es tan grande e importante para la economía global como los Estados Unidos. Para que las empresas y los mercados de capital y de trabajo europeos o japoneses operen con reglas diferentes y con costes de producción más elevados que las radicadas en los Estados Unidos, ha de cumplirse una de las dos condiciones siguientes: sus mercados, incluidos los de capital y servicios, tienen que estar protegidos o, en otro caso, la productividad tiene que ser más alta que en los Estados Unidos. Pero sabemos que la productividad laboral estadounidense, aunque ha crecido muy despacio en las dos últimas décadas, sigue estando entre las más altas del mundo en términos comparativos, ligeramente por detrás de Francia y Alemania, e igual que la de Holanda y Bélgica, aunque muy por encima de la media de los países de la OCDE. En cuanto a la protección de mercados, aunque continúa siendo el caso de Japón, los nuevos pactos comerciales y la creciente movilidad del capital están preparando el camino para un igualamiento relativo de las condiciones laborales en todos los países de la OCDE. Así, aunque cada sociedad afrontará sus problemas según su estructura social y proceso

---

[132] Brown y Crompton, 1994; Hutton, 1996.

político, lo que sucede en los Estados Unidos con respecto a la desigualdad, la pobreza y la exclusión social puede considerarse un resultado estructural probable de las tendencias intrínsecas del capitalismo informacional cuando las fuerzas de mercado siguen estando en buena medida incontroladas. En efecto, los estudios comparativos muestran tendencias similares (pero diferentes niveles) en el aumento de la pobreza en los Estados Unidos y en Europa Occidental, sobre todo en el Reino Unido. Aunque la existencia de una marcada desigualdad entre los niveles superiores e inferiores de la sociedad es una tendencia universal, es particularmente flagrante en los países capitalistas avanzados [133]. Para fundamentar la discusión sobre las implicaciones sociales del capitalismo informacional en las sociedades avanzadas, proseguiré con una investigación empírica, tan sucinta como sea posible, sobre la evolución de la desigualdad, la pobreza y la exclusión social en los Estados Unidos durante las dos últimas décadas, valorando estas tendencias dentro del marco de categorías propuesto al inicio de este capítulo.

Los Estados Unidos duales

En los años noventa, el capitalismo estadounidense parece haber logrado convertirse en un sistema muy rentable en las condiciones de reestructuración, informacionalismo y globalización [134]. Las tasas de beneficios después de impuestos en los puntos máximos de los ciclos económicos ascendieron del 4,7% en 1973 al 5,1% en 1979, se estabilizaron en los años ochenta y ascendieron al 7% en 1995. El valor de los mercados bursátiles alcanzó en 1999 su mayor nivel histórico; en cierto momento, el índice Dow Jones traspasó los 11.000 puntos. Aunque las acciones bajan y suben. Aunque suben y bajan, a menos que haya un derrumbamiento catastrófico de los mercados financieros (que siempre es posible), la meseta media del índice Dow Jones parece establecerse a un nivel cada vez más alto. No sólo tiene recompensas el capital, sino que a los gestores capitalistas también les está yendo bien. Contado en dólares de 1995, el sueldo medio total de los cargos de dirección en las mayores empresas estadounidenses ascendió de 1.269.000 dólares anuales en 1973 a 3.180.000 en 1989, y a 4.367.000 en 1995. La relación entre el sueldo total de los cargos de dirección y el sueldo total de los trabajadores pasó de 44,8 veces más en 1973 a 172,5 veces más en 1995. En 1999, el 1% más

---

[133] Funken y Cooper, 1995; Hutton, 1996.
[134] La principal fuente de datos para esta sección sobre «los Estados Unidos duales» es el excelente estudio anual de Mishel *et al.*, 1996, que proporciona su propia elaboración de estadísticas fiables. A menos que se indique lo contrario, los datos citados en el texto provienen de esta fuente.

El Cuarto Mundo: capitalismo informacional, pobreza y exclusión social 159

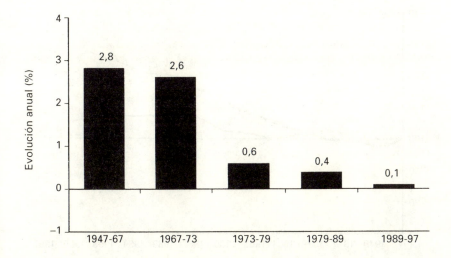

Figura 2.5 Evolución anual de la renta familiar media en Estados Unidos, 1947-1997.

Fuente: Oficina del Censo de los Estados Unidos, 1998.

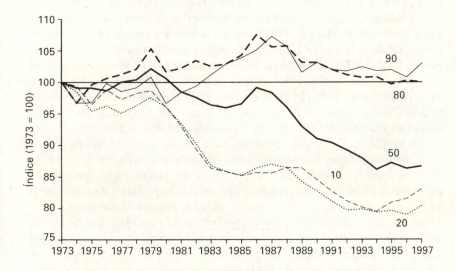

Figura 2.6a Salarios por hora de los hombres por percentil salarial en Estados Unidos, 1973-1997.

Fuente: Mishel *et al.*, 1999, pág. 133.

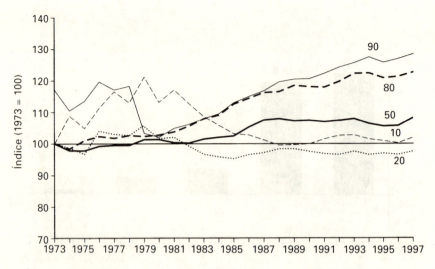

FIGURA 2.6b   Salarios por hora de las mujeres por percentil salarial en Estados Unidos, 1973-1997.

Fuente: Mishel *et al.*, 1999, pág. 134.

rico de los hogares tenía en promedio una renta de 515.600 dólares después de impuestos, desde los 243.700 de 1977[135].

Al mismo tiempo, la renta media familiar aumentó al ritmo del 0,6% anual en los años setenta, el 0,4% en los ochenta y apenas el 0,1% en los noventa (véase la figura 2.5). Esto se debe particularmente a la disminución del salario real semanal de los trabajadores de producción y que no ocupan puestos de supervisión, que pasó de 479,44 dólares en 1973 a 395,37 dólares en 1995. El 80% de los hogares estadounidenses —o 217 millones de personas— vieron cómo disminuía su porcentaje de la renta nacional, que pasó del 56% de 1977 a menos del 50% en 1999.

En la dorada California, en pleno *boom* de los noventa, el salario por hora medio de todos los trabajadores cayó un 1% entre 1993 y 1998, y para los hombres el descenso fue del 5%[136]. En efecto, en el conjunto de los Estados Unidos la mayoría de las familias sólo podían salir adelante si ambos miembros contribuían al presupuesto familiar; la aportación media de las esposas trabajadoras pasó de un 26% de la renta familiar en 1979 a un 32% en 1992, de modo que la estructura del hogar se convierte en una de las principales fuentes de la diferencia de renta entre familias. El descenso del salario por hora de los hombres se concentró en especial entre los trabajadores peor remunerados, mientras que los mejor remunerados

---

[135] Bureau of the Census, 1999.
[136] Benner *et al.*, 1999.

El Cuarto Mundo: capitalismo informacional, pobreza y exclusión social 161

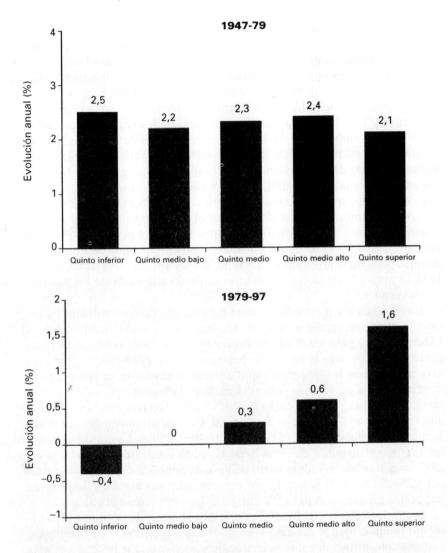

FIGURA 2.7 Evolución media anual en la renta familiar en Estados Unidos, 1947-1997.

Fuente: Oficina del Censo de los Estados Unidos (varios años); análisis de Mishel *et at.*, 1999, pág. 52.

(el percentil superior) fue el único grupo que no experimentó un descenso (figura 2.6a). Sin embargo, en promedio, incluso los grupos de trabajadores varones con mejor nivel educativo experimentaron un descenso de los salarios reales durante la mayor parte de los años ochenta y noventa:

así, los hombres con educación universitaria y 1-5 años de experiencia sufrieron una disminución del 10,7% de sus salarios por hora en el periodo 1979-1995. No obstante, en 1996-1999 los salarios de los graduados universitarios varones aumentaron algo, aunque siguiendo una pauta muy irregular según el sector en que trabajaran. Aun así, el incremento medio fue modesto. Por ejemplo, en California, la Meca de la nueva economía, entre 1993 y 1998 los salarios medios por hora de los graduados universitarios varones aumentaron únicamente el 0,9%, y los de los titulados universitarios superiores el 0,8%. Por el contrario, durante este periodo aumentó el sueldo de muchas mujeres, en especial en el grupo de mujeres con experiencia laboral (figura 2.6b). En California, el salario de las mujeres con educación universitaria aumentó un 6,1% entre 1993 y 1998. Pero, en conjunto, en los Estados Unidos el salario medio por hora de las mujeres aumentó únicamente 0,08 dólares durante el periodo 1989-1997. Por tanto, aunque la distancia entre los salarios por hora de hombres y mujeres se redujo levemente, pasando del 66,4% en 1989 al 66,9% en 1997, la mayor parte de esa reducción se debió a la caída de los salarios de los varones.

La disminución media de la renta ha afectado de forma distinta a los estratos superior, medio e inferior. La desigualdad social, medida por el índice de Gini, pasó de 0,399 en 1967 a 0,450 en 1995. Además, la desigualdad ha adoptado la forma de polarización: en 1979-1997 las familias más ricas fueron las que más rápidamente aumentaron su renta anual, mientras que la de las más pobres disminuyó (véase la figura 2.7). Como resultado de este proceso, en 1999 el 1% de los hogares con la renta más alta constituía el 12,9% de la renta total, tras haber aumentado su renta después de impuestos en un 119,7% entre 1997 y 1999. La quinta parte de los más ricos disponía del 50,4% de la renta total, frente al 44,2% en 1977, mientras que la quinta parte de los más pobres disponía únicamente del 4,2% del total de la renta, tras experimentar sus ingresos después de impuestos un descenso del 12% entre 1977 y 1999 (véase el cuadro 2.10).

Según los cálculos de Wolf[137], en la distribución de la riqueza (patrimonio familiar menos deudas) y en su evolución en 1983-1997 se observan una concentración y una polarización semejantes. En 1997, el 1% más rico de los hogares disponía del 39,1% de la riqueza total, frente al 33,8% de 1983. Por otra parte, las cuatro quintas partes restantes sólo representaban el 15,7 de la riqueza, frente al 18,7 de 1983. El aumento del valor de los mercados bursátiles probablemente contribuyera aún más a la concentración de la riqueza en 1995-1997, puesto que el porcentaje del 1% más rico pasó del 37,6% en 1995 al 39,1% en 1997. Por otro lado, la quinta parte más pobre de los hogares tenía más deudas que patrimonio tanto en 1983 como en 1997. Calculado en porcentajes de cambio, entre 1989 y

---

[137] Wolf, 1994; Mishel *et al.*, 1999.

El Cuarto Mundo: capitalismo informacional, pobreza y exclusión social 163

CUADRO 2.10   Desigualdad de la renta en Estados Unidos, 1977-1999.

Grupo de renta	Porcentaje de la renta total[1]		Renta media estimada después de impuestos ($)		Cambio
	1977	1999	1977	1999	(%)
Quinto inferior............	5,7	4,2	10.000	8.800	−12,0
Quinto medio bajo.........	11,5	9,7	22.100	20.000	−9,5
Quinto medio	16,4	14,7	32.400	31.400	−3,1
Quinto medio alto..........	22,8	21,3	42.600	45.100	+5,9
Quinto superior...........	44,2	50,4	74.000	102.300	+38,2
1% con la renta más alta..	*7,3*	*12,9*	*234.700*	*515.600*	*+119,7*

[1] Las cifras no suman 100 porque se han redondeado.

Fuente: Datos de la Oficina de Datos Presupuestarios del Congreso de Estados Unidos analizados por el Centro de Prioridades Políticas y Presupuestarias.

1997 la quinta parte más rica de los hogares aumentó su riqueza un 1,8%, mientras que la riqueza de las cuatro quintas partes restantes disminuyó un 0,8% [138]. Por tanto, no sólo existe una desigualdad creciente, sino también una creciente polarización.

En 1997-1999 hubo una cierta mejora del 10% de los asalariados peor remunerados, pues sus salarios aumentaron un 10%, muy por encima de la media global. Aunque los círculos empresariales utilizaron esto como prueba de cómo los beneficios de la nueva economía alcanzaban a todos, la principal causa de la mejora en realidad fue una decisión gubernamental: el aumento del salario mínimo legal en 1996. En cualquier caso, el aumento del 10% supuso 60 centavos de dólar por hora, lo que seguía dejando el nivel de los salarios reales del 10% de los trabajadores peor remunerados muy por debajo de su nivel en 1979.

La pobreza también ha aumentado. El porcentaje de personas cuya renta está por debajo de la línea de pobreza aumentó del 11,1% en 1973 al 13,3% en 1997: es decir, más de 35 millones de estadounidenses, dos tercios de los cuales son blancos, incluida una proporción sustancial en las zonas rurales. La miseria, o pobreza extrema, se ha extendido aún más deprisa. Definiendo esta categoría como aquellas personas pobres con rentas por debajo del 50% del nivel de pobreza (en 1994, 7.571 dólares de renta anual para una familia de cuatro miembros), suponían casi el 30% de todos los pobres en 1975 y alcanzaron el 41% en 1997, lo que viene a ser cerca de 14,6 millones de estadounidenses.

Las causas de la desigualdad, polarización, pobreza y miseria crecientes en los Estados Unidos informacionales son objeto de un violento de-

---

[138] Mishel *et al.*, 1999, pág. 262.

bate y no pretendo saldar el asunto en unos cuantos párrafos. Sin embargo, puedo sugerir algunas hipótesis relacionadas con la principal línea argumental de este libro. Para abreviar, creo que los datos empíricos apoyan una interpretación que vincula el aumento de la desigualdad y pobreza en los Estados Unidos durante los noventa con seis procesos interrelacionados: (a) el paso de una economía industrial a una economía informacional, con transformaciones estructurales en la composición sectorial de la mano de obra; (b) el incentivo que da la economía informacional al alto nivel educativo, junto con la creciente desigualdad en el acceso a una educación pública de buena calidad; (c) el impacto de la globalización de la producción industrial, el trabajo y los mercados, impacto que induce procesos de desindustrialización; (d) la individualización e incorporación a redes del proceso de trabajo; (e) el creciente componente inmigrante de la mano de obra en condiciones de desigualdad; (f) la incorporación de la mujer a la mano de obra asalariada en la economía informacional en condiciones de discriminación patriarcal y con el coste económico adicional resultante de la crisis de la familia patriarcal. A estos procesos estructurales tengo que añadir los factores sociopolíticos que, al garantizar el dominio sin restricciones de las fuerzas del mercado, acentúan la lógica de la desigualdad[139].

¿Cómo operan estos mecanismos para inducir una desigualdad y pobreza crecientes? En primer lugar, hay una disparidad creciente en el dinamismo de la economía entre su nuevo sector de la «nueva economía» y su sector tradicional (véase el volumen 1, capítulo 2). Según los cálculos de *Business Week* de septiembre de 1999, en el periodo 1994-1999, cuando comenzó a florecer la «nueva economía», los salarios medios reales de las industrias de esta nueva economía aumentaron en un 11%, en contraste con el 3% del resto de la economía[140]. Además, el cálculo de la evolución de los salarios reales entre 1988 y 1999 muestra que descendieron un 4,5% en las industrias de la «economía tradicional». Tomando como referencia un índice de 100 en el año 1988, el índice de valor de los salarios reales de la nueva economía en 1999 ascendió a 112, mientras que el de la «vieja economía» descendió a 95,5. La clave es que, conforme a esta definición, en la «nueva economía» se integraban 19 millones de trabajadores en 1999, mientras que la «vieja economía» seguía empleando a 91 millones de trabajadores. Ambos macrosectores muestran diferencias importantes en el crecimiento de la productividad, los beneficios y el empleo. Como las empresas de la «nueva economía» necesitan trabajadores, están dispuestas a pagar salarios elevados, en particular a los trabajadores con alto nivel educativo que son cruciales para la innovación y la competencia. Por otro lado, las industrias «tradicionales» no tienen los márgenes de

---

[139] Brown and Crompton, 1994; Navarro, 1997.
[140] *Business Week*, 1999a, págs. 90-102.

beneficio ni las expectativas de aumento del valor de sus acciones para compensar a sus trabajadores, con independencia de su nivel de cualificación. De hecho, generalmente tratan de reducir los salarios o los costes disminuyendo su plantilla en una espiral descendente de competencia a través del recorte de costes, en vez de estimulando la innovación y la productividad. Como una proporción mucho mayor de la mano de obra está atrapada en la «vieja economía», la capacidad de generar valor de la nueva economía informacional se concentra en un sector del empleo relativamente pequeño, que de ese modo se apropia desproporcionadamente de los frutos de la productividad. Quienes trabajan en la nueva economía acumulan la renta suficiente como para invertir en el mercado bursátil, beneficiándose así más aún del crecimiento económico. Es posible que, con el tiempo, dado el mayor índice de crecimiento del empleo en la «nueva economía» y la difusión de la mejor tecnología y las mejores prácticas de gestión en toda la economía, un segmento mucho mayor de la población se beneficie de los actuales procesos de generación de riqueza. Sin embargo, la desigualdad inducida por la disparidad entre ambos sectores en su fase inicial tiende a reproducirse, puesto que la menor renta y menor educación tienden a reducir las oportunidades de prosperar en una economía basada en el conocimiento. En última instancia, se forman bolsas estructurales de pobreza entre los sectores de la población que no se ajustan al perfil del trabajador de la información.

En segundo lugar, en la nueva economía la educación se convierte en el recurso crítico de valor añadido al trabajo. En 1979, el graduado universitario medio ganaba el 38% más que el bachiller medio. En 1999, la diferencia era del 71%. Además, educación no es lo mismo que escolarización. La economía basada en el conocimiento requiere facultades analíticas generales y una capacidad de entender e innovar que únicamente pueden satisfacerse en instituciones educativas avanzadas. Los grupos de renta baja, inmigrantes y minorías tienen oportunidades significativamente inferiores de acceder a una educación de calidad, tanto secundaria como universitaria [141]. Por tanto, cuanto mayor es el papel de la educación en el progreso laboral, mayores son las probabilidades de que se aumente la desigualdad en ausencia de políticas educativas compensatorias. Como se prevé que en 2050 en torno al 50% de la población estadounidense se compondrá de miembros de minorías étnicas, a menos que se corrijan las actuales tendencias puede desarrollarse una aguda división socioétnica.

En tercer lugar, la globalización ha producido una desindustrialización parcial de los Estados Unidos como consecuencia del desplazamiento (no desaparición) geográfico de la producción industrial a otras zonas del mundo. Por tanto, la globalización sí reduce los empleos industriales tra-

---

[141] Carnoy, 1995; Lemann, 1999.

dicionales; el tipo de empleos semicualificados y con un sueldo decente que constituían la columna vertebral de los Estados Unidos trabajadores. La cuestión clave aquí ha sido el desmantelamiento de la base económica y organizativa del trabajo organizado, lo que ha debilitado a los sindicatos y privado a los trabajadores de su instrumento de defensa colectiva. Después de todo, fue la existencia de sindicatos poderosos lo que explica por qué los empleos industriales estaban mejor remunerados que los empleos en el sector servicios en niveles equivalentes de cualificación. El índice de sindicalización de los Estados Unidos en 1999 se había reducido al 13,9% de la mano de obra y un porcentaje creciente de trabajadores sindicalizados se concentra en el sector público. Hay abundantes pruebas de la relación positiva entre afiliación sindical y salarios, especialmente en áreas de elevada densidad sindical, como ocurre en el sector público. Entre 1985 y 1999, el salario medio de los trabajadores no sindicados descendió un 6%, mientras que el de los trabajadores sindicados se redujo únicamente en un 3%[142].

El cuarto mecanismo, la individualización del trabajo, y la transformación concomitante de las empresas bajo la forma de la empresa red, es el factor más importante de la creciente desigualdad (véase el vol. I, caps. 3 y 4). Ello es así, por una parte, porque los trabajadores, como grupo, se hallan en condiciones laborales muy específicas para cada uno de ellos, por lo que cada uno se enfrenta en solitario a su suerte individual. Así, en el área clave de expansión de la economía en red, California, de 1993 a 1997 las grandes empresas perdieron 277.443 empleos, mientras que las empresas con menos de 100 empleados crearon más de 1,3 millones netos de nuevos puestos de trabajo, siendo las empresas con menos de 20 trabajadores las responsables del 65% de este crecimiento. Fue una poderosa exhibición de espíritu empresarial, pero las consecuencias para los trabajadores fueron sombrías: los empleados de empresas de 1.000 o más empleados ganan, en promedio, el 39% más que los de las pequeñas empresas; más del 68% tiene la cobertura de planes de pensiones, en contraste con el 13,2% en las pequeñas empresas, y el 78,4% disfruta de un seguro sanitario, en comparación con el 30% de los trabajadores de las pequeñas empresas. Además, la permanencia en el empleo es dos veces mayor en las grandes empresas que en las empresas con menos de 25 empleados[143].

Por la otra, el proceso de negociación individualizado entre empleadores y trabajadores lleva a una diversidad extraordinaria de acuerdos laborales y prima de forma decisiva a los trabajadores que poseen conocimientos únicos, pero hace a muchos otros fácilmente reemplazables. Es más, al negar los modelos de carreras para toda la vida, el trabajador solicitado de hoy puede convertirse en el desechado de mañana, de tal modo

---

[142] Benner *et al.*, 1999.
[143] Benner *et al.*, 1999, pág. 31.

que, en general, sólo aquellos que están firmemente en lo alto de la escala durante un tiempo suficiente pueden acumular activos. Esta minoría privilegiada suele tener un alto grado de educación. Pero no cabe deducir que la educación proporcionará la solución, ya sea para los individuos o para la igualdad social. Es una condición necesaria, pero no suficiente, para prosperar en la economía informacional. Los datos muestran que, en promedio, los salarios de los graduados universitarios varones se estancaron en la primera mitad de los años noventa y aumentaron, pero sólo moderadamente, durante la expansión de finales de los noventa. El creciente diferencial salarial entre los trabajadores con y sin estudios universitarios se debe principalmente al brusco descenso de los salarios de los trabajadores con menor nivel educativo. Los trabajadores muy bien remunerados constituyen un grupo aparte, apenas contemplado en las categorías estadísticas tradicionales. Son esos trabajadores/actores/empresarios que, por la razón que sea, proporcionan una ventaja competitiva a las empresas en su campo específico de actividad: en ocasiones, esto tiene que ver más con cuestiones de imagen que de contenido. Esta incorporación de valor añadido provoca una disparidad creciente entre unos pocos empresarios/trabajadores/colaboradores/consultores muy bien pagados y una masa creciente de individuos que, al estar aislados, suelen tener que aceptar el mínimo denominador común de lo que el mercado les ofrece. Tal disparidad provoca una distribución cada vez más sesgada de rentas y activos.

En quinto lugar, la inmigración creciente, en condiciones de discriminación estructural, conduce a salarios inferiores, en primer lugar para los inmigrantes. Por tanto, aunque la inmigración es una aportación positiva relevante al crecimiento económico general, contribuye a la desigualdad en la medida en que a la mayoría de los inmigrantes se les retribuye por debajo de las tarifas habituales en el mercado, en particular si son indocumentados. En California, un estudio del Public Policy Institute of California de 1999 descubrió que la inmigración parecía responsable de una cuarta parte del aumento de la desigualdad. El estudio mostró que podía atribuirse a la inmigración y a la educación el 44% del aumento de la desigualdad durante los años noventa [144].

Por último, la incorporación masiva de la mujer a la economía informacional ha contribuido decisivamente a que ésta funcionara de forma eficiente a un coste muy inferior. Aunque los salarios de las mujeres con educación han ascendido de forma significativa en los Estados Unidos (sobre todo los de las mujeres blancas), como media, siguen suponiendo en torno al 67% del que reciben sus equivalentes masculinos. Por tanto, la proporción general de los salarios sobre el PNB total disminuyó en las dos últimas décadas del siglo XX. Esto no significa que

---

[144] Reed, 1999.

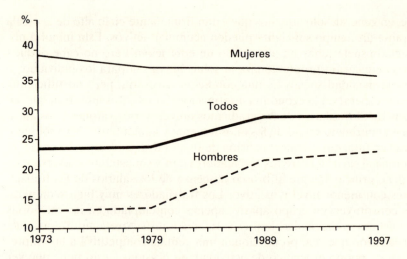

FIGURA 2.8   Porcentaje de trabajadores que ganan salarios de nivel de pobreza en Estados Unidos, 1973-1997.

Fuente: Mishel *et al.,* 1999, pág. 137.

las mujeres sean las beneficiadas entre los trabajadores en la economía informacional. En efecto, la crisis de la familia patriarcal (en parte relacionada con la creciente autonomía económica de las mujeres) ha tenido efectos punitivos para la mayoría de las personas, pero sobre todo para las mujeres y las madres solas. Los estudios de Eggebeen y Lichter, Rodgers y Lerman muestran la estrecha relación que existe entre la estructura familiar cambiante y la creciente pobreza de las mujeres y sus hijos [145]. Lerman estima que la tendencia a pasar del matrimonio a los hogares monoparentales supuso casi la mitad del incremento de la desigualdad en la renta de los niños y todo el aumento de las tasas de pobreza infantil entre 1971 y 1989 [146].

La tasa de pobreza de las personas que no viven en familia aumentó un 2,2% en 1989-1994 para alcanzar el 21,5% de este grupo, que representa el 14,5% de todas las personas. En cuanto a las familias cuya cabeza es una mujer, su tasa de pobreza también aumentó un 2,2% en el mismo periodo, para alcanzar, en 1994, el 38,6% del total de familias con una mujer a la cabeza. Como resultado, entre 1973 y 1993, el número de niños blancos que viven en la pobreza aumentó un 52,6%, el de los niños hispanos, un 116%, y el de los niños negros, un 26,9% [147]. En conjunto, el

---

[145] Eggebeen y Lichter, 1991; Lerman, 1996; Rodgers, 1996.
[146] Lerman, 1996.
[147] Cook y Brown, 1994.

19,9% de los niños estadounidenses vivía en la pobreza en 1997, de los cuales el 37,2% eran negros. La proporción aumenta en el caso de los niños de menos de 6 años (22% y 40,2%, respectivamente).

Lo que caracteriza a la denominada «nueva pobreza» es que afecta generalmente a personas y familias trabajadoras, que simplemente no pueden mantenerse con lo que ganan. Como muestra la figura 2.8, la proporción de trabajadores que ganan salarios de nivel de pobreza aumentó sustancialmente para los hombres, entre 1973 y 1997, aunque disminuyó en el caso de las mujeres, de modo que en 1997 el porcentaje de trabajadores estadounidenses que ganaba salarios por debajo del umbral de pobreza había aumentado al 28,6% desde el 23,7% de 1973. Uno de los rostros más impresionantes de esta nueva pobreza es la carencia de hogar, situación que se disparó en los años ochenta en las ciudades estadounidenses y sigue en un nivel elevado en los años noventa. Los cálculos sobre la población sin techo varían mucho. El informe de 1994 del gobierno de Clinton «Prioridad: un hogar» estimaba que el número de personas sin techo en la segunda mitad de los años ochenta estaba entre los 5 y 9 millones, y que en torno al 7% de los estadounidenses adultos habían carecido de techo en algún momento de su vida. Esta valoración probablemente sea exagerada, pero la cuestión más importante es que una gran parte, y el segmento de crecimiento más rápido, de la población sin techo comprende a familias con niños. En efecto, representan la mayoría en algunas ciudades, como Nueva York, donde, a comienzos de los años noventa, las familias constituían en torno a tres cuartos de los sin techo[148]. El problema es que una vez que la pobreza se convierte en miseria y exclusión social —cuando se vive en la calle—, se instala el estigma, y la destrucción de la personalidad y las redes sociales profundiza la situación de penuria[149]. Así es cómo el conjunto de relaciones entre las tendencias dominantes del capitalismo informacional, la desigualdad y la pobreza acaban conduciendo al proceso de exclusión social, encarnado en la miseria de la vida en los guetos de las ciudades estadounidenses.

El gueto del centro de las ciudades como sistema de exclusión social

Los daños cotidianos a la vida en el gueto constituyen uno de los problemas sociales más antiguos y agudos de los Estados Unidos. Durante décadas, la crisis social urbana, encarnada en los guetos del centro de las ciudades segregados por raza y clase, ha sido objeto de un conjunto de políticas publicas, así como de ardientes debates políticos, además de

---

[148] Da Costa Núñez, 1996, págs. 3-8.
[149] Susser, 1996.

aportar el campo a una prestigiosa tradición de investigación de la sociología urbana [150]. Pero, al comienzo de este nuevo milenio, los guetos, sobre todo los negros, pero también algunos latinos, como el del este de Los Angeles, concentran las expresiones más graves de desigualdad, discriminación, miseria humana y crisis social, precisamente en el momento del auge del informacionalismo en los Estados Unidos. En efecto, cabe sostener que las condiciones sociales, económicas y de vivienda en la mayoría de los guetos han empeorado considerablemente en las tres últimas décadas, pese (¿o debido?) al esfuerzo sostenido de los programas sociales urbanos y las políticas de asistencia social [151]. Propongo la hipótesis, junto con William J. Wilson y otros sociólogos [152], de que existe una relación sistémica entre las transformaciones estructurales que he analizado como características de la nueva sociedad red y el abandono creciente del gueto: la constitución de una economía informacional/global, en las condiciones de reestructuración del capitalismo; la crisis del Estado-nación, con una de sus principales manifestaciones en la crisis del Estado de bienestar; la desaparición de la familia patriarcal sin ser reemplazada por una forma alternativa de convivencia y socialización; el surgimiento de una economía criminal global pero descentralizada, que penetra en la sociedad y las instituciones a todos los niveles y domina ciertos territorios desde los que opera; y el proceso de alienación política y atrincheramiento comunal entre grandes segmentos de la población que son pobres y se sienten despojados de sus derechos. La discriminación racial y la segregación espacial siguen siendo importantes factores en la formación/reforzamiento de los guetos como sistemas de exclusión social. Pero sus efectos adquieren un nuevo significado y cada vez se vuelven más devastadores en las condiciones del informacionalismo, por las razones que trataré de explicar en los párrafos siguientes.

Para hacerlo, me basaré en el excelente análisis empírico propuesto por William J. Wilson en su libro de 1996 *When Work Disappears*. Sin embargo, aunque su interpretación me parece convincente en su tesis fundamental, la reformularé en mis propios términos, tanto para vincularla con la teoría presentada en esta obra, como para evitar hacer responsable a Wilson de mi interpretación de sus resultados. También utilizaré otras fuentes cuando sea necesario.

La formación de grandes guetos en el centro de las ciudades de los Estados Unidos metropolitanos es el resultado de una serie de procesos bien conocidos [153]. La mecanización de la agricultura del sur y la movilización de la mano de obra industrial, durante la Segunda Guerra Mun-

---

[150] Drake y Cayton, 1945.
[151] Jones, 1992; Massey y Denton, 1993; Gans, 1995; Van Kempen y Marcuse, 1996.
[152] Wilson, 1987, 1996; Wacquant, 1993, 1996; Susser, 1996.
[153] Castells, 1977, págs. 379-427.

dial y después de ella, condujo a una emigración masiva de jornaleros negros que se concentraron en los barrios que quedaron vacíos por el proceso de suburbanización estimulado por las políticas de vivienda y transporte federales. El desplazamiento masivo provocado por el programa federal de renovación urbana para mantener las empresas y los centros culturales en los núcleos metropolitanos aumentó aún más la concentración de negros y otras minorías en los barrios más degradados. La localización de los proyectos de vivienda social contribuyó a la segregación. El sistema de alquiler de los barrios bajos y el abandono residencial aceleraron el proceso de huida de las zonas pobres del centro urbano de todo aquel que tuviera la oportunidad. La organización de la escolarización según el lugar de residencia, en un sistema descentralizado que divide las ciudades de los suburbios, concentró a los niños desfavorecidos en un sistema de escuelas públicas escaso de fondos y de personal que pronto se deterioró. La perversión de la tradición jeffersoniana de autogobierno local llevó a la disparidad fiscal entre necesidades y recursos, pues los suburbios disfrutan de mayores recursos y las ciudades sufren mayores necesidades. Éste es el modelo de formación del clásico gueto estadounidense, cuyas desigualdades sociales desataron revueltas sociales y protestas políticas en los años sesenta. Las políticas sociales que respondieron a la presión popular redujeron la discriminación institucional, dieron algún poder a las elites políticas afroamericanas y contribuyeron a la movilidad ascendente individual para los afroamericanos con mayor educación, la mayoría de los cuales se mudaron fuera del centro de las ciudades. Sin embargo, los residentes de los guetos vieron deteriorarse dramáticamente sus condiciones de vida durante el cuarto de siglo siguiente. ¿Por qué?

Wilson sustenta su interpretación, y estoy de acuerdo, en la transformación del trabajo y el empleo en las condiciones de informacionalización y globalización de la economía. No es que las nuevas tecnologías induzcan el desempleo: en el volumen I, capítulo 4, mostré que tanto los datos empíricos como los planteamientos analíticos desmienten el supuesto simplista de que las máquinas estén acabando paulatinamente con el trabajo y los trabajadores a gran escala. En efecto, en todo el mundo hay una expansión sin precedentes del trabajo remunerado mediante la incorporación masiva de las mujeres a la mano de obra y el desplazamiento de los trabajadores agrícolas hacia la industria, los servicios y la economía informacional urbana. Es precisamente esta globalización de la manufactura y el traslado de la producción a zonas de costes más bajos lo que contribuye principalmente a la eliminación de los trabajos que son más costosos de realizar en los Estados Unidos, pero no lo suficientemente cualificados como para requerir su localización en un medio altamente industrializado. La informacionalización estimula el aumento de puestos de trabajo más cualificados en los Estados Unidos, mientras que la globalización lleva los puestos de trabajo poco cualificados de la industria a los países de industrialización reciente [154]. Así, en los Estados Unidos, se ha producido una reducción sustancial de puestos de trabajo en la industria, y sobre todo de puestos de trabajo de baja cualificación, precisamente el tipo de trabajos que llevó a los inmigrantes negros a las zonas urbanas y constituyó el núcleo estable de su empleo. Muchos de los nuevos puestos de trabajo de la economía informacional requieren un nivel educativo y unas capacidades verbales/relacionales que las escuelas públicas de los guetos rara vez proporcionan. Además, la nueva industria y una proporción creciente de puestos de trabajo en los servicios se han trasladado a los suburbios, disminuyendo su accesibilidad para los residentes del centro de las ciudades. Así, hay un desajuste creciente entre el perfil de muchos nuevos puestos de trabajo y el perfil de los negros pobres que viven en el gueto [155].

No obstante, hay otras fuentes de puestos de trabajo poco remunerados, sobre todo en los servicios sociales y en el sector público. Gracias a las políticas de discriminación positiva, éstas son las principales oportunidades laborales para las mujeres de los guetos, incluidas las negras [156]. Sin embargo, es menos probable que los hombres negros con bajo nivel educativo obtengan estos puestos de trabajo. Además, la disminución del empleo público, que ha seguido al recorte de los servicios sociales en las dos últimas décadas, ha reducido la disponibilidad de puestos de trabajo públicos y aumentado los requisitos de educación de los aspirantes.

También hay trabajos humildes de baja cualificación (por ejemplo, actividades de limpieza y alimentación, así como servicios informales de construcción, reparación y mantenimiento). Por qué los hombres negros no obtienen fácilmente estos trabajos está menos claro en el análisis de Wilson. En mi opinión, la discriminación racial podría ser una causa. Pero Wilson no encuentra datos que lo apoyen, destacando en su lugar, por ejemplo, que los empleadores negros también son reacios a contratar hombres negros de los guetos. Alude a dos factores posibles. Por una parte, los resultados comparativamente mucho mejores de los inmigrantes mexicanos en el mercado laboral de actividades de servicios de baja cualificación parecen ser fruto de su disposición, y de la de otros grupos de inmigrantes, a aceptar un salario bajo y un trabajo duro en las condiciones discriminatorias que se les impone, debido a su vulnerabilidad, a menudo ligada con su condición de indocumentados. Así, parecería que las condiciones laborales y salariales a que aspiran muchos negros pobres, y que frecuentemente conducen a quejas y descontento mientras desempeñan un trabajo, son contraproducentes para la percepción de sus posibles em-

---

[154] Carnoy *et al.*, 1997.
[155] Kasarda, 1990, 1995.
[156] Carnoy, 1994.

pleadores, al inducir la idea de que los negros de los guetos son «trabajadores difíciles». Es más, los nuevos puestos de trabajo en los servicios suelen requerir una capacidad de relación de la que parecen carecer los negros pobres, sobre todo los hombres, lo que reduce sus posibilidades de empleo. Yo consideraría que, el racismo generalizado de la población, particularmente con los negros, es un factor importante, si no el único, de la mayor dificultad que plantea la relación con un empleado negro fuera de un contexto de clientela negra mayoritaria [157]. Así, aunque puede que sea cierto que, debido a su deterioro, las escuelas no preparan a la mano de obra de baja cualificación para actividades relacionales e informacionales en la nueva economía de servicios, este nuevo obstáculo puede interactuar con una fuente más antigua de exclusión, a saber, las barreras raciales que sesgan la interacción social. También añadiría que la crisis de la vida familiar y la inestabilidad de los modelos de vida y trabajo en el gueto interactúan fuertemente con la dificultad de los hombres negros, sobre todo los jóvenes, para encajar en el modelo de aceptabilidad social y ética laboral que sigue subyacente en las decisiones de contratación en muchas empresas. Por último, la pobreza y la crisis familiar en el gueto negro conducen a un deterioro de las redes sociales, lo que disminuye las posibilidades de encontrar trabajo a través de los contactos personales. Como sostiene Wilson, y Alejandro Portes y sus colaboradores han demostrado [158], esta situación contrasta marcadamente con la experiencia de los inmigrantes/minorías mexicanas y latinas, cuya estructura familiar más fuerte y amplias redes sociales proporcionan un apoyo considerable en las referencias e información laborales.

Como resultado de estas tendencias que se refuerzan mutuamente, en las zonas de los guetos negros está desapareciendo el trabajo formal, sobre todo para los hombres, e incluso más para los jóvenes. Wilson resalta que en estas zonas, además de tener tasas de desempleo más elevadas, sobre todo entre la juventud, hay un número considerable de adultos que han quedado fuera de la mano de obra y ni siquiera buscan trabajo. Cita los resultados de sus estudios sobre Woodlawn y Oakland (dos barrios pobres del South Side de Chicago) donde, en 1990, sólo el 37% y el 23% respectivamente de los adultos estaban trabajando en una semana determinada [159]. Además, la mayoría de los hombres pobres también están excluidos de los programas del Estado de bienestar urbano [160].

No se deduce de ello que la mayoría de los adultos estén inactivos o no tengan acceso a fuentes de ingresos. La economía informal, y sobre todo la economía criminal, se han generalizado en muchos barrios pobres,

---

[157] West, 1993.
[158] Portes, 1995; Wilson, 1996.
[159] Wilson, 1996, pág. 23.
[160] Susser, 1993.

que se convierten en el taller de esas actividades e influyen cada vez más en los hábitos y la cultura de segmentos de su población. La explosión del tráfico y consumo de crack y cocaína en los guetos negros en los años ochenta representó un punto crítico para muchas comunidades [161]. Las bandas se convirtieron en importantes formas de organización y modelos de conducta de la juventud [162]. Al mismo tiempo, las armas son herramientas de trabajo, signos de autoestima y motivos de respeto ante los compañeros [163]. La presencia generalizada de las armas tiene un efecto multiplicador, ya que todos se apresuran a autodefenderse, después de que la policía renunciara a imponer la ley seriamente en diversos barrios pobres [164]. Las transacciones económicas en estas zonas del centro de las ciudades casi siempre están marcadas por la economía criminal, como fuente de trabajo e ingresos, como actividad generadora de demanda y como unidad operativa de protección/tributación en la economía informal. La competencia económica suele practicarse mediante la violencia, destruyendo aún más la vida comunitaria y propiciando que, aparte de las iglesias de base comunitaria, las redes sociales supervivientes se identifiquen cada vez más con las bandas. Citando a Hagedorn en la conclusión de su penetrante estudio de las bandas de Milwaukee:

La historia de los habitantes de Milwaukee es la de los Estados Unidos urbanos contemporáneos. Los hombres y mujeres de las bandas que estudiamos habían luchado por convertirse en adultos productivos y felices con el único resultado de ver cómo fuerzas sobre las que no tenían control alguno les arrebataban su seguridad económica. Las jóvenes generalmente se aferraban a los roles tradicionales de género e intentaban criar a sus familias en las condiciones más duras. Es incierto qué pueda depararles el futuro... Por otra parte, como cabría esperar, los hombres, con menos escrúpulos, respondieron a la pérdida de empleos legítimos lanzándose a la «búsqueda del oro» en la economía de las drogas. Su respuesta era predecible porque sus valores y su interpretación cultural de los mismos nos son familiares a todos: querían su parte del pastel. Los principios fundamentales del sueño americano gozan de buena salud en los callejones de nuestros centros urbanos [165].

La crisis del gueto va más allá de la cuestión desempleo formal frente a empleo informal/criminal. Afecta a los modelos de formación de la familia en el contexto de la crisis del patriarcado que analizo en el volumen II, capítulo 4. La tendencia creciente a la paternidad individual y extramatrimonial no está de ningún modo vinculada con la pobreza o la cultura afroamericana. De hecho, en 1993, en los Estados Unidos, el 27% de los niños menores de dieciocho años vivían con un solo progenitor: el

---

[161] Bourgois y Dunlap, 1993; Bourgois, 1995.
[162] Sánchez Jankowski, 1991.
[163] Wilson, 1996.
[164] Susser, 1995.
[165] Hagerdorn y Macon, 1998, pág. 208.

21% de los niños blancos, el 32% de los hispanos y el 57% de los negros. Entre 1980 y 1992 la tasa de nacimientos fuera del matrimonio aumentó un 9% para los negros, pero un asombroso 94% para los blancos [166]. Este aumento diferencial se debe, en parte, a la incidencia tradicionalmente alta de los nacimientos extramatrimoniales entre los afroamericanos. En efecto, la crisis de la familia negra ha sido un argumento decisivo de los sociólogos y los diseñadores de las políticas sociales durante largo tiempo. Pero también cabría sostener que, en lugar de considerarlo un síntoma de desviación social, podría reflejar un esfuerzo pionero de las mujeres negras por asumir el control de sus propias vidas, sin mendigar la responsabilidad de los hombres. Sean cuales fueren las razones históricas/culturales de la debilidad de la familia patriarcal entre los afroamericanos urbanos, este modelo, considerado en una perspectiva histórica, parece ser un precursor de los tiempos venideros para muchos estadounidenses, así como para mucha gente del mundo (véase el volumen II, capítulo 4).

Diversos factores, identificados por Wilson, parecen concurrir a que la mayoría de las familias en los barrios negros pobres estén centradas en torno a una mujer sola con niños. En primer lugar, está la falta de oportunidades de empleo para los jóvenes negros, lo que conlleva unos ingresos inciertos y, de este modo, una disminución de su capacidad para establecer compromisos. También añadiría que, dada las posibilidades que tienen los jóvenes del gueto de ser encarcelados o heridos o incluso de morir prematuramente, en algunos casos realmente cabría considerar una actitud responsable el no establecer una familia cuyo cuidado futuro es cuando menos incierto. En segundo lugar, Wilson documenta, basándose en los estudios etnográficos de su equipo, un extraordinario grado de desconfianza e incluso hostilidad entre los hombres y mujeres jóvenes de los barrios negros estudiados. Mi única advertencia sobre esta importante observación es que estudios similares entre los blancos de clase media de las grandes áreas metropolitanas podrían tener resultados no demasiado distintos. Sin embargo, la diferencia estriba en la actitud coherente de muchas mujeres afroamericanas al decidir no casarse y tener hijos fuera del matrimonio. Esta decisión —sugiere Wilson, de acuerdo con el estudio clásico de Drake y Cayton sobre el gueto negro [167]— quizás esté relacionada con la falta de recompensas económicas y esperanzas de movilidad social vinculadas con el matrimonio, en contraste con los modelos de matrimonio en la clase media blanca. Sin beneficios económicos y sociales aparentes del matrimonio, y con una antigua desconfianza hacia el compromiso de los hombres, las jóvenes negras pobres cuentan con pocos incentivos para casarse y tener que resolver los problemas de los hombres además de los suyos. Así, mientras que en 1993 el 9% de los ni-

---

[166] Wilson, 1996, pág. 87.
[167] Drake y Cayton, 1945.

ños estadounidenses vivían con un progenitor que nunca se había casado, la proporción de niños negros era del 31%, pero era aún mayor entre los negros pobres. Según los datos de Wilson, en los barrios del gueto de Chicago, casi un 60% de los adultos negros entre los dieciocho y los cuarenta y cuatro años nunca se había casado y entre los padres negros que vivían en zonas de extremada pobreza, sólo el 15,6% estaban casados [168]. ¿Por qué las mujeres negras, y sobre todo las muy jóvenes, siguen decidiendo tener hijos? Parece ser, fundamentalmente, una cuestión de autoestima, de obtener respeto, de convertirse en alguien en su entorno social, además de tener a alguien propio y una meta tangible en la vida. Aunque la mayoría de los embarazos adolescentes son producto del amor/sexo sin mayor reflexión, la decisión de conservar al bebé suele asociarse con la asunción de la condición de mujer, en contraste con las escasas posibilidades de recibir educación o conseguir un trabajo gratificante en las condiciones de vida del gueto [169]. Parece haber pocos datos que apoyen el argumento conservador según el cual las ayudas sociales para las madres solteras y sus hijos ofrecen un incentivo para la maternidad sin pareja [170]. Sin embargo, una vez que las mujeres tienen hijos por su cuenta, fundamentalmente por razones personales, cada vez les resulta más difícil salir de la trampa de la asistencia social [171], porque el tipo de trabajo al que tienen acceso está tan mal pagado que no pueden afrontar el coste del cuidado infantil, el transporte, la vivienda y la salud (en general no cubierta por la mayoría de sus empleadores) con su salario. Así, a pesar de lo difícil que resulta sobrevivir con la asistencia social, se convierte en una opción mejor que trabajar, sobre todo cuando se tiene en cuenta la asistencia médica de los niños. Es probable que los drásticos recortes en la asistencia social para las madres solteras autorizados en enero de 1997 tengan efectos devastadores sobre las mujeres pobres y sus hijos, lo que provocará un deterioro mayor de la vida social en los barrios pobres hasta bien entrado el siglo XXI.

Con muchos hombres jóvenes sin trabajo ni familia, a quienes frecuentemente no quedan más oportunidades que las de la economía criminal, la ética del trabajo y las pautas del empleo difícilmente cumplen las expectativas de los presuntos empleadores, lo que proporciona la base material para reforzar los prejuicios sobre el empleo de hombres negros de los guetos y, en último término, sentencia su destino. Así, para los hombres negros, existe un vínculo entre desempleo y pobreza, pero son la discriminación racial y su ira contra esta discriminación las que especifican este vínculo.

---

[168] Wilson, 1996, pág. 89.
[169] Plotnick, 1990.
[170] Wilson, 1996, págs. 94 y 95.
[171] Susser y Kreniske, 1987.

La estructura espacial interactúa de forma decisiva con los procesos económicos, sociales y culturales que he descrito. La segregación urbana se refuerza por la creciente separación entre la lógica del espacio de los flujos y la lógica del espacio de los lugares que he identificado como características de la sociedad red (vol. I, cap. 6). El gueto como lugar cada vez está más confinado en su pobreza y marginalidad [172]. Un factor decisivo en este sentido ha sido la movilidad ascendente de una proporción significativa de familias negras urbanas que, ayudadas por la política, la educación, los programas de discriminación positiva y su propio esfuerzo, se han ganado su lugar en la sociedad mayoritaria. En su gran mayoría, dejaron el centro de las ciudades para salvar a sus hijos de un sistema que estaba reproduciendo la exclusión y el estigma sociales. Pero, al salvarse individualmente, dejaron atrás, atrapados en las estructuras desmoronadas del gueto, a la mayoría del tercio de negros pobres (y a más del 40% de los niños negros) que forman ahora el segmento más necesitado de la población estadounidense. Además, el surgimiento del espacio de los flujos, que utiliza las telecomunicaciones y el transporte para enlazar lugares valiosos en un patrón no continuo, ha permitido la reconfiguración de áreas metropolitanas en torno a conexiones selectivas de actividades localizadas estratégicamente, sorteando las zonas indeseables, abandonadas a sí mismas. Primero la suburbanización, después el crecimiento extraurbano y la formación de los nodos periféricos de la «ciudad borde» (véase el volumen I, cap. 6), permitieron al mundo metropolitano privar a los guetos de su función y significado, separando espacio y sociedad de acuerdo con patrones de dualismo urbano y exclusión social [173]. El confinamiento espacial de los negros pobres reprodujo su exclusión creciente del mercado laboral formal, disminuyó sus oportunidades educativas, arruinó sus viviendas y entorno urbano, dejó sus barrios bajo la amenaza de las bandas criminales y, debido a su asociación simbólica con el crimen, la violencia y las drogas, deslegitimó sus opciones políticas. Los guetos del centro de las ciudades estadounidenses, y sobre todo el gueto negro, se han convertido en parte del infierno terrenal construido para castigar a las clases peligrosas de los pobres indignos. Y debido a que una gran proporción de niños negros están creciendo en esos barrios, los Estados Unidos están reproduciendo de forma sistemática su modelo más profundo de exclusión social, hostilidad interracial y violencia interpersonal.

---

[172] Wacquant, 1996.
[173] Mollenkopf y Castells, 1991.

Cuando la clase marginada va al infierno

La expresión última de la exclusión social es el confinamiento físico e institucional de un segmento de la sociedad en la cárcel o bajo la supervisión del sistema de justicia, en libertad vigilada o condicional. Los Estados Unidos poseen la dudosa distinción de ser el país con el porcentaje más elevado de población reclusa del mundo. El aumento más rápido de las tasas de encarcelamiento se dio desde 1980, un marcado incremento frente a las tendencias históricas (véase la figura 2.9). El 1 de enero de 1996, había al menos 1,6 millones de internos en prisiones y cárceles (locales, estatales y federales) y otros 3,8 millones más de personas en libertad bajo palabra y condicional, dando un total de 5,4 millones, lo que representaba el 2,8% del total de adultos, bajo supervisión correccional. Este número casi se ha triplicado desde 1980, aumentando a una tasa media anual del 7,4% (véase la figura 2.10). La proporción de internos en relación con la población general en 1996 era de 600 internos por 100.000 residentes en los Estados Unidos, una tasa que casi se ha duplicado en diez años. Las prisiones federales en 1996 operaban un 26% por encima de su capacidad y las estatales, entre un 14 y un 25% por encima de su capacidad[174].

Esta población penal presenta un sesgo social y étnico: en 1991, el 53% de los internos eran negros y el 46%, blancos, aumentando la proporción de negros en los años noventa. Los hispanos constituyen el 13% de la población de las prisiones y el 14% de la de las cárceles. Los negros también suponen el 40% de los internos del Corredor de la Muerte. La relación entre las tasas de encarcelamiento de negros y blancos en 1990 era de 6,44. Los datos muestran que ello se debe en buena medida a la discriminación en las sentencias y al encarcelamiento preventivo más que a la frecuencia o las características de los delitos cometidos[175]. En lo que respecta a los adultos en libertad condicional, en 1995, el 49% eran negros y el 21%, hispanos[176].

Veamos ahora más de cerca la evolución del sistema carcelario en California, el Estado que ostenta la distinción de poseer la mayor población penal de los Estados Unidos[177]. El número de encarcelados en el Estado se multiplicó por cuatro entre 1980 y 1991. La tasa total de encarcelamientos a mediados de los años noventa es de 626 por 100.000 habitantes, lo que supone casi el doble de la de Sudáfrica o Rusia. La tasa de encarcelamientos para los blancos era de 215 por 100.000 habitantes, pero para los negros de 1.951 por 100.000. En la California de

---

[174] Departamento de Justicia, 1996; Gilliard y Beck, 1996.
[175] Tonry, 1995.
[176] Departamento de Justicia, 1996.
[177] Hewitt *et al.*, 1994; Koetting y Schiraldi, 1994; Schiraldi, 1994; Connolly *et al.*, 1996.

El Cuarto Mundo: capitalismo informacional, pobreza y exclusión social 179

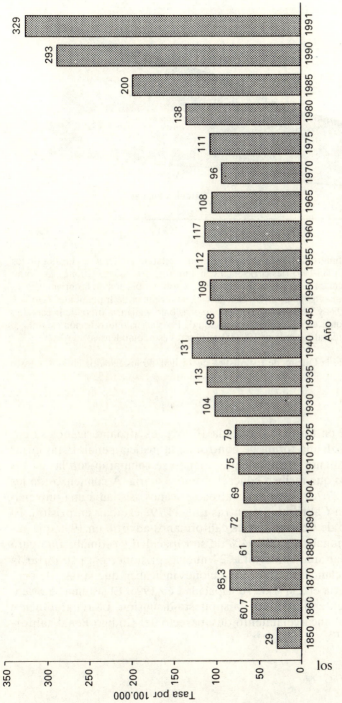

FIGURA 2.9   Tasas de encarcelamiento en Estados Unidos, 1850-1991.

Fuentes: Margaret Werner Cahalan, *Historical Corrections Statistics, 1850-1984*, Rockville, MD, Westat, 1986; Oficina de Estadística de Justicia, *Sourcebook of Criminal Justice Statistics, 1991*, Washington, DC, Departamento de Justicia de los Estados Unidos, 1992; Oficina de Estadística de Justicia, *Prisoners in 1991*, Washington, DC, Departamento de Justicia de los Estados Unidos, 1992, elaborada por Gilliard y Beck, 1996.

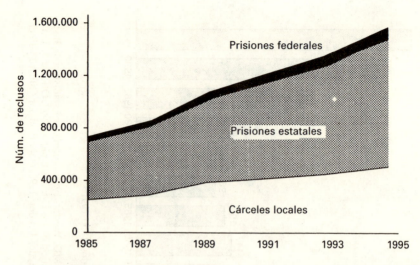

FIGURA 2.10 Número de internos en las prisiones estatales, federales o locales de los Estados Unidos, 1985-1995 (las cifras incluyen a los reclusos de las prisiones, así como a los que se hallan en cárceles locales debido a la sobrepoblación de las prisiones y a los presos bajo vigilancia en otros lugares, como centros de tratamiento. Los recuentos de 1994 y 1995 excluyen a las personas bajo vigilancia fuera de la cárcel. Total de personas en situación de privación de libertad bajo jurisdicción estatal, federal o local por 100.000 residentes estadounidenses).

Fuente: Boletín de la Oficina de Estadística de Justicia de los Estados Unidos, agosto de 1996.

años noventa, en torno a 4 de cada 10 jóvenes afroamericanos se encuentran bajo alguna forma de control de la justicia penal. Estas cifras son particularmente sorprendentes cuando se comparan con las de los afroamericanos que reciben educación universitaria. A comienzos de los años noventa, 27.707 estudiantes afroamericanos asistían a una universidad pública en California, mientras que 44.792 estaban en prisión. El Departamento de Correccionales californianos advirtió en 1996 que sus prisiones funcionaban a un 194% de su capacidad y estimaba que para el 2005 tendrían que construirse 24 nuevas prisiones para soportar la tasa de encarcelamiento. Las proyecciones indicaban que la tasa de ocupación alcanzaría el 256% de su capacidad en 1996. El sistema se orientaba enteramente al castigo y la supuesta disuasión. La rehabilitación como meta del encarcelamiento desapareció del Código Penal californiano en 1977[178].

---

[178] Connolly *et al.*, 1996.

Irwin, Austin, Tonry, Welch y Mergenhagen [179], entre otros, han establecido cuidadosamente el perfil de la población carcelaria, las razones de su encarcelamiento y sus consecuencias sociales. Descubrieron que la mayoría de los delitos no son violentos. En efecto, en 1990, el 28% de los reclusos habían sido encarcelados por violar la libertad condicional, en dos tercios de los casos por violaciones técnicas de la libertad condicional, sin cometer un delito. En cuanto al 68% con sentencia judicial, en torno a un 70% fueron sentenciados por delitos no violentos (robo con allanamiento de morada, posesión o tráfico de drogas, hurto, delitos contra el orden público). En 1993, el 26% de los internos estaban en prisión por delitos relacionados con la droga, en ascenso desde el 8% de 1980, mientras que los porcentajes de los encarcelados por delitos violentos (incluido el robo) descendieron del 57% al 45% [180]. En su investigación, Irwin y Austin revelaron que la mayoría de los delitos «eran mucho menos graves que las imágenes populares propiciadas por quienes hacen un tema sensacionalista del delito. [...] Los guetos de nuestras ciudades contienen realmente un número creciente de hombres jóvenes, en su mayoría no blancos, que acaban involucrados en pequeños delitos no profesionales debido a que carecen de vías para llevar una vida convencional satisfactoria» [181]. En efecto, el 64% de los internos carecen de una educación secundaria formal y la mayoría «no tienen educación ni preparación (en el delito así como en otras actividades) y son personas extremadamente desorganizadas» [182]. Hay un rápido incremento de menores bajo el sistema de justicia penal: 600.000 en 1991, de los cuales 100.000 estaban en prisiones o centros correccionales. Las mujeres sólo representan el 6% de los encarcelados, pero su proporción está subiendo rápidamente, desde el 4% en 1980. El 6% de ellas llegan a la prisión embarazadas. La mayoría de los internos son padres: el 78% de las mujeres y el 64% de los hombres tienen hijos menores de dieciocho años. Esto, aparentemente, constituye un buen negocio para las compañías telefónicas, ya que los reclusos llaman a cobro revertido para mantenerse en contacto con sus hijos, de tal modo que, según un informe de *The Wall Street Journal*, un solo teléfono de prisión puede rendir hasta 15.000 dólares anuales brutos. Además, las cárceles son lugares peligrosos, infestados de consumo de droga y violencia, controlados por bandas con frecuencia relacionadas con los guardias de la prisión. La salud es un tema importante. Un tercio de los internos de las prisiones estatales participan en programas de tratamiento de la drogadicción y casi un 3% de los mismos son seropositivos o están enfer-

---
[179] Irwin, 1985; Irwin y Austin, 1994; Tonry, 1995; Welch, 1994, 1995; Mergenhagen, 1996.
[180] Mergenhagen, 1996.
[181] Irwin y Austin, 1994, págs. 59 y 60.
[182] Irwin y Austin, 1994, pág. 143.

mos de sida. La incidencia de la tuberculosis es cuatro veces mayor que en la población general, y en torno a un cuarto de los internos tiene algún tipo de problema de psiquiatría clínica[183].

La sociedad de la prisión reproduce, y acrecienta, la cultura de la delincuencia, de tal modo que las posibilidades de integración social de los que ingresan en prisión disminuyen de forma sustancial, tanto debido al estigma social como a sus secuelas internas. En palabras de Irwin y Austin, «las prisiones se han convertido en verdaderos almacenes humanos, a menudo extremadamente abarrotados, violentos y crueles»[184]. Y ello a un coste muy elevado para los contribuyentes: unos 39.000 dólares anuales por interno. Como en el viejo dicho de los criminólogos, cuesta más enviar a un joven a la cárcel que a Yale. En los años noventa, el Estado de California gasta tanto dinero en sus prisiones como en su sistema educativo (en torno al 9% del presupuesto estatal para cada partida).

Diversos estudios han demostrado el escaso impacto del castigo sobre la incidencia real del delito[185]. En palabras de Robert Gangi, director de la Asociación Correccional de Nueva York: «Construir más prisiones para afrontar el delito es como construir más cementerios para afrontar una enfermedad mortal»[186]. No obstante, el castigo masivo de la desviación social sí que tiene un efecto considerable, mucho más allá de su valor instrumental como disuasorio del delito: marca las fronteras de la exclusión social culpando a los excluidos de su situación, deslegitimando su rebelión potencial y confinando los problemas sociales en un infierno fabricado. La conversión de una proporción considerable de los hombres jóvenes de la clase marginal en una clase peligrosa muy bien puede ser la expresión más dramática del nuevo dilema estadounidense en la era de la información.

GLOBALIZACIÓN, SOBREEXPLOTACIÓN Y EXCLUSIÓN SOCIAL:
LA VISIÓN DESDE LOS NIÑOS

Si quedaban algunas dudas sobre el hecho de que la principal cuestión laboral en la era de la información no es el fin del trabajo, sino la condición de los trabajadores, se han disipado definitivamente por la explosión del trabajo infantil mal pagado en la última década. Según el informe publicado por la Oficina Internacional del Trabajo en noviembre de 1996[187], unos 250 millones de niños entre los cinco y los catorce años trabajaban por un salario en los países en vías de desarrollo, de los cuales 120 millo-

---

[183] Mergenhagen, 1996.
[184] Irwin y Austin, 1994, pág. 144.
[185] Roberts (ed.), 1994; Lynch y Paterson (eds.), 1995.
[186] Citado por Smolowe, 1994, pág. 55.
[187] OIT, 1996.

nes lo hacían a tiempo completo. Estos cálculos, basados en una metodología mejorada —y contando a los niños de cinco a diez años por primera vez—, duplicaron las estimaciones previas. Unos 153 millones de estos niños trabajadores estaban en Asia, 80 millones en África y 17,5 millones en América Latina. Sin embargo, África posee la incidencia más elevada de trabajo infantil, en torno al 40% de los niños entre los cinco y los catorce años. Un estudio de 1995 de la OIT sobre el trabajo infantil en Ghana, India, Indonesia y Senegal determinó que el 25% de los niños entre cinco y catorce años participaban en la actividad económica y que en torno al 33% no estaba escolarizado. La OIT también informa, sin cuantificarlo, de un aumento significativo del trabajo infantil en los países de Europa Oriental y Asia en transición a una economía de mercado [188]. Aunque la gran mayoría de los niños trabajadores se encuentran en el mundo en vías de desarrollo, el fenómeno también está en ascenso en los países capitalistas avanzados, sobre todo en los Estados Unidos, donde los locales de comida rápida prosperan basándose en el trabajo adolescente y otros negocios —por ejemplo, la venta comercial de golosinas— le siguen el paso. En 1992, el Departamento de Trabajo registró 19.443 delitos contra las leyes sobre el trabajo infantil, el doble que en 1980. Además del principal culpable, la industria de comida rápida, se informó de otros casos de niños inmigrantes que trabajaban ilegalmente en talleres textiles de Manhattan, obras de construcción en el Bronx o granjas de Tejas, California y Florida. El Instituto Nacional de Seguridad en el Trabajo estima que, cada año, 300 niños mueren y 70.000 resultan heridos en el trabajo. Dumaine, citando a expertos, atribuye el aumento del trabajo infantil en los Estados Unidos al deterioro de las condiciones de vida de la clase obrera y al incremento de la inmigración indocumentada [189]. Lavalette encuentra una expansión similar del trabajo infantil en Gran Bretaña. Cita estudios según los cuales, de los niños en edad escolar entre trece y dieciséis años, el 80% de las niñas y el 69% de los niños tenían alguna forma de empleo; en Birmingham, un estudio de 1.827 niños en edad escolar entre diez y dieciséis años reveló que el 43,7% estaba trabajando de algún modo o había tenido un trabajo hacía poco tiempo [190]. Afirma que «los estudios existentes sobre el trabajo infantil a tiempo parcial en las economías avanzadas, aunque no son numerosos, sugieren que el empleo infantil es una actividad generalizada, realizada por una pequeña recompensa y en condiciones laborales precarias» [191]. Fuera del alcance de la observación estadística, un gran número de niños, tanto en los países desarrollados como en vías de desarrollo, participan en actividades genera-

---

[188] OIT, 1996, págs. 7 y 8.
[189] Dumaine, 1993.
[190] Lavalette, 1994, págs. 29-31.
[191] Lavalette, 1994, pág. 1.

doras de ingresos vinculadas con la economía criminal, sobre todo en el tráfico de drogas, hurtos pequeños y la mendicidad organizada [192]. En buena medida, la proliferación de los niños de las calles está ligada a estas actividades. Así, los estudios sobre Brasil, cuyas ciudades, y sobre todo Río de Janeiro, se han citado como el ejemplo más llamativo de miles de niños viviendo en las calles, muestran que, de hecho, la mayoría de ellos vuelven a sus pobres hogares al terminar el día, llevando sus escasas ganancias a la familia. Un estudio de 1989 sobre los niños de la calle de Río determinó que los que viven solos en las calles, sin su familia, suponían nada más el 14,6% del total, entre los cuales el 80% eran adictos a las drogas. Otro 13,6% carecía de techo, pero compartía la vida de la calle con su familia. El 21,4% vivía en el hogar familiar y trabajaba en la calle bajo el control de su familia. La mayoría (el 50,5%) tenía contacto con su familia, pero trabajaba en las calles de forma independiente y ocasionalmente dormía en ellas. No obstante, todas las categorías compartían un alto riesgo de violencia y muerte, a menudo a manos de los «vigilantes» y policías encargados de las «limpiezas callejeras» [193]. Pedrazzini y Sánchez informan de una situación similar entre los «malandros» de Caracas [194].

Según la OIT, el trabajo infantil está presente en todo un conjunto de actividades, muchas de ellas muy peligrosas [195]. Además del conocido caso del tejido de alfombras, una industria exportadora que en India y Pakistán utiliza el trabajo infantil a gran escala, se informa de niños trabajadores en la industria del latón en la India; en las fábricas de ladrillos de Pakistán; en la pesca de Muro-ami (que supone bucear a grandes profundidades) en el sureste asiático; en las plantaciones envenenadas con pesticidas de Sri Lanka; en los talleres de reparación y las carpinterías llenos de emanaciones tóxicas de Egipto, Filipinas y Turquía; en minas en África, Asia y América Latina; y en millones de hogares, como trabajadores domésticos, frecuentemente expuestos al abuso. Así, unos 5 millones de niños están empleados como trabajadores domésticos en Indonesia y medio millón en Sri Lanka. En Venezuela, el 60% de las niñas trabajadoras entre los diez y los catorce años lo hacen en el servicio doméstico. Una proporción sustancial de trabajadores domésticos infantiles son muy jóvenes: el 24% en Bangladesh y el 26% en Venezuela tenían menos de diez años. Estos trabajadores domésticos tienen jornadas incluso de diez a quince horas diarias y los estudios informan de lo que la OIT describe como «una prueba alarmante de abuso físico, mental y sexual de adolescentes y mujeres jóvenes que trabajan como sirvientas domésticas» [196].

---

[192] Hallinan, 1994; Pedrazzini y Sánchez, 1996.
[193] Rizzini, 1994.
[194] Pedrazzini y Sánchez, 1996.
[195] OIT, 1996.
[196] OIT, 1996, pág. 15.

El rápido crecimiento del turismo global, una industria que en la actualidad emplea en torno al 7% de toda la mano de obra global, también es una importante fuente de trabajo infantil en todo el mundo [197]. Como es una industria que utiliza mano de obra intensivamente, de actividad estacional e irregular, es muy proclive al empleo de mano de obra flexible y barata, es decir, trabajo infantil. Entre estos trabajos están botones, camareras, doncellas, cobradores en los taxis colectivos, masajistas, recepcionistas, «animadores», recogepelotas, *caddies*, mensajeros, servidores de té y aperitivos, cuidadores de tumbonas y ponys en las playas, etc. El salario es extremadamente bajo: un estudio sobre Acapulco (México) del que informa Black reveló que se empleaba a niños entre siete y doce años como servidores de bebidas sin más paga que las propinas y pequeñas comisiones por bebida servida [198]. Esto parece coincidir con los informes de otros países.

En algunos casos, el trabajo infantil está relacionado con actividades horribles. Así, en la Kabul sumida en la pobreza y desgarrada por la guerra, en 1996, muchos niños participaban, para beneficio de sus familias, en el rentable robo y contrabando de huesos humanos. Obtenían los huesos de los cementerios, los mezclaban (para disfrazar su origen) con huesos de perros, vacas y caballos, y los vendían a los intermediarios para mandarlos a Pakistán, donde eran usados para hacer aceite de cocina, jabón, pienso para pollos y botones. Un niño que participara en este comercio obtenía unos 12 dólares mensuales, tres veces el salario de un funcionario civil en el Afganistán dominado por los talibanes [199].

Un tipo particularmente explotador de trabajo infantil es el cautivo. En el informe de 1996 de la OIT se lee: «La esclavitud no ha muerto. Las sociedades se resisten a aceptar que aún la albergan, pero, como puede deducirse de los casos informados a la OIT, numerosos niños están atrapados en la esclavitud en muchas partes del mundo. De todos los niños trabajadores, sin duda éstos son los que se hallan en una situación más peligrosa» [200]. Así, de acuerdo con un estudio de 1994 del Departamento de Trabajo estadounidense:

En India, donde los cálculos conservadores de trabajadores cautivos niños y adultos parten de 3 millones, la esclavitud por deudas se produce cuando una persona que necesita un préstamo y no tiene garantía que ofrecer empeña su trabajo o el de alguien bajo su control como tal garantía [...] Hay cada vez más informes sobre niños trabajadores cautivos tanto en el sector de servicios como en el de la manufactura en India [...] En algunos países, los reclutadores peinan el campo pagando a los padres para que envíen a sus hijos a trabajar en las fábricas. Por ejemplo, en

---

[197] Black, 1995.
[198] Black, 1995.
[199] *The New York Times Magazine*, 12 de enero de 1997, págs. 30-32.
[200] OIT, 1996, pág. 15.

Tailandia, muchos niños trabajadores provienen de las zonas más pobres de las regiones nororientales, que han sido vendidos por sus padres o son parte de un acuerdo de esclavitud por deudas. Con frecuencia, «agencias de empleo» carentes de escrúpulos negocian la transacción y envían a los niños a industrias como la del pelado de gambas o la prostitución. En Filipinas, en dos redadas distintas de una fábrica de conservas de sardinas se encontró a niños de once años llenando latas con lonjas de pescado para pagar la deuda contraída con el reclutador de mano de obra [201].

El informe está lleno de estudios particulares de diversos países que documentan el cautiverio infantil. Otro informe del Departamento de Trabajo de los Estados Unidos proporciona amplias pruebas del empleo de trabajo infantil forzado y cautivo en la agricultura comercial, así como las dañinas consecuencias de su exposición a edad tan temprana a fertilizantes y pesticidas químicos [202].

¿Por qué este auge en el trabajo infantil? En primer lugar, es el resultado de la profundización simultánea de la pobreza y la globalización de la actividad económica. La crisis de las economías de subsistencia y el empobrecimiento de grandes segmentos de la población, según se ha documentado anteriormente, fuerzan a las familias y a sus hijos a todo tipo de estrategias de supervivencia: no hay tiempo para ir a la escuela, la familia necesita tantos ingresos como sea posible, y los necesita ahora mismo. Las familias, empujadas por la necesidad, a veces ofrecen a sus hijos para el trabajo cautivo o los envían a las calles. Los estudios han determinado la influencia de las familias de gran tamaño en el trabajo infantil: cuanto mayor es el número de hijos, más posibilidades hay de que se seleccione a unos para ir a la escuela y a otros para ir a las calles. Sin embargo, los mismos estudios también muestran que el efecto del tamaño de la familia sobre el trabajo infantil se reduce marcadamente en países o regiones con políticas de asistencia social más desarrolladas [203].

Por otra parte, la globalización de las actividades económicas proporciona la oportunidad de obtener ganancias sustanciales empleando a los niños, contando con la diferencia entre el coste de un niño trabajador en los países en vías de desarrollo y el precio de los bienes y servicios en los mercados prósperos. Éste es claramente el caso en la industria turística internacional. Los lujosos servicios que los turistas de renta media se pueden permitir en muchos «paraísos tropicales» se basan en buena medida en la sobreexplotación de la mano de obra local, incluidos muchos niños, como ha documentado Black [204]. No obstante, el informe de 1996 de la OIT sostiene que los costes laborales no son necesariamente los principales de-

---

[201] Departamento de Trabajo estadounidense, 1994, pág. 19.
[202] Departamento de Trabajo estadounidense, 1995.
[203] Grootaert y Kanbur, 1995.
[204] Balck, 1995.

terminantes para contratar niños. En India, por ejemplo, parece que el ahorro derivado de contratar mano de obra infantil sólo representa el 5% del precio final de los brazaletes y entre un 5 y un 10% de las alfombras. Entonces, ¿por qué contratar niños? Según el informe, «la respuesta se encuentra en *dónde* se producen las ganancias de contratar mano de obra infantil. En la fabricación de las alfombras, por ejemplo, son los propietarios de los telares que supervisan el tejido quienes se benefician directamente. Muy numerosos, suelen ser pequeños contratistas pobres que trabajan con un margen de beneficio muy reducido y que pueden hasta duplicar su escasa renta utilizando niños trabajadores»[205]. Así pues, *es la interconexión entre los pequeños productores y las grandes empresas que exportan a los mercados prósperos, a menudo con la intermediación de comerciantes al por mayor y grandes almacenes de estos mercados, lo que explica tanto la flexibilidad como la rentabilidad de la industria.* Un estudio de 1994 del Departamento de Trabajo de los Estados Unidos también reveló que, aunque la mayoría de los niños no trabajaban directamente en empresas orientadas a la exportación, la expansión de las redes de subcontratación y de la producción en el hogar en muchos países estaba incorporando a los niños a las industrias de exportación. Por ejemplo, un estudio de una muestra de costureras de la industria textil en América Latina reveló que el 80% eran mujeres que trabajaban en casa. De ellas, el 34% tenía la ayuda de sus hijos y, de las que trabajaban 50 horas semanales, el 40% tenía a sus hijos como ayudantes. En otro ejemplo, la mayoría de los trabajadores de las maquiladoras de México orientadas a la exportación son mujeres jóvenes, de catorce a veinte años; se piensa que entre ellas también hay algunas menores de catorce años[206].

Sin embargo, el factor más importante del empleo de niños parece ser su *indefensión*, que conduce a una imposición relativamente fácil de una paga mínima y atroces condiciones laborales. Como afirma el informe de la OIT:

Puesto que los niños no poseen una cualificación irreemplazable y con frecuencia no son mucho menos costosos que los adultos, parece que una importante explicación para contratarlos no es económica. Hay muchas razones no monetarias, pero la más importante parece ser el hecho de que los niños son menos conscientes de sus derechos, menos problemáticos y están más dispuestos a aceptar órdenes y a realizar un trabajo monótono sin quejarse, son más fiables, menos proclives al robo y es menos probable que se ausenten del trabajo. La tasa de absentismo inferior de los niños es especialmente valiosa para los empleadores de industrias del sector informal donde los trabajadores se emplean día a día eventualmente, por lo que ha de encontrarse un contingente completo de trabajadores cada día[207].

---

[205] OIT, 1996, pág. 19.
[206] Departamento de Trabajo estadounidense, 1994, pág. 19.
[207] OIT, 1996, pág. 20.

Los niños como mano de obra lista para usar y tirar es la última frontera de la sobreexplotación en el capitalismo global interconectado. ¿O no lo es?

La explotación sexual de los niños

Sin duda, mi pregunta es retórica. Hay cosas mucho peores en la situación actual de muchos niños: se han convertido en artículos sexuales en una industria a gran escala, organizada internacionalmente mediante el uso de tecnología avanzada y aprovechando la globalización del turismo y las imágenes. El Congreso Mundial contra la Explotación Sexual de los Niños, que se celebró en Estocolmo del 27 al 31 de agosto de 1996, reunió un conjunto impresionante de documentos que proporcionaban pruebas de la extensión de esta explotación, de su rápida difusión y de las causas subyacentes en el fenómeno [208]. Las estadísticas no pueden ser precisas en este tema, pero los cálculos empíricos fiables señalan la importancia del problema y su rápido crecimiento, asociado con frecuencia a la globalización del turismo y a la búsqueda perversa de disfrute sexual más allá del consumo sexual normalizado [209]. En Tailandia, centro de la industria del sexo global, el Centro para la Protección de los Derechos de los Niños, una prestigiosa organización no gubernamental, calcula que hay 800.000 niños en la prostitución, la mayoría infectados con el VIH. En efecto, la virginidad es una mercancía bien pagada y las relaciones sexuales sin preservativo se cotizan mucho. Un estudio de 1991 de *India Today* estableció el número de prostitutas infantiles en India entre 400.000 y 500.000. En Sri Lanka, los cálculos son de unas 20.000. En la diminuta República Dominicana, más de 25.000 menores se dedican a la prostitución. Otro estudio contabilizó 3.000 menores prostituyéndose en Bogotá. Beyer calcula que Brasil tiene unos 200.000 adolescentes en la prostitución y Perú en torno al medio millón [210]. Pero el problema no se restringe de ningún modo a los países en vías de desarrollo. El Consejo de Europa calculó que en París, en 1988, 5.000 niños y 3.000 niñas trabajaban prostituyéndose en las calles; la Internacional para la Defensa del Niño evaluó en 1.000 el número de niños prostituidos en los Países Bajos en 1990; y un estudio de 1996 presentado al Congreso Mundial indicaba un aumento sustancial de la prostitución infantil entre los niños rusos, polacos, rumanos, húngaros y checos [211]. En Bélgica, una de las mayores manifestaciones políticas tuvo lugar en Bruselas el 20 de octubre de 1996 para protestar contra la

---

[208] Congreso Mundial, 1996.
[209] *Christian Science Monitor*, 1996.
[210] Beyer, 1996.
[211] Congreso Mundial, 1996.

ocultación gubernamental de las implicaciones del asesinato de cuatro niñas, aparentemente vinculado con un círculo de prostitución infantil en el que pueden estar implicados destacados políticos [212].

Uno de los mercados de crecimiento más rápido para la prostitución infantil se encuentra en los Estados Unidos y Canadá, donde, en 1996, había entre 100.000 y 300.000 niños prostituidos, según los cálculos [213]. Algunas zonas del país están en el punto de mira. Por ejemplo, a los proxenetas de Nueva York les gusta reclutar a sus esclavos sexuales en Kansas y Florida. Trasladan a los niños de ciudad en ciudad para mantenerlos en entornos desconocidos; los tienen encerrados y no les dan dinero. ¿Cómo llegan los niños a esta situación? Según un informe del Departamento de Trabajo, las razones pueden variar:

> Padres que venden a sabiendas a sus hijos a los reclutadores para aumentar la renta familiar, reclutadores que hacen falsas promesas, niños raptados o que huyen y son atraídos a la prostitución para sobrevivir en las calles... No importa cuál sea la causa, el resultado es el mismo. Una industria grande y rentable está deseosa de explotar sexualmente a los niños para satisfacer la demanda de prostitución infantil. Los niños suelen quedar aterrados de por vida, que puede ser corta, ya que los peligros ocupacionales como el sida y otras enfermedades de transmisión sexual o el maltrato físico brutal suelen matarlos [214].

Relacionada con la prostitución, pero como un segmento distinto de la floreciente industria del sexo, está la pornografía infantil. La tecnología es un factor importante para impulsar esta industria. Cámaras y reproductores de vídeos, mesas de edición caseras, gráficos por ordenador, todos ellos han trasladado la industria porno infantil al hogar, dificultando la tarea de la policía. Internet han abierto nuevos canales de información para quienes buscan acceso a los niños para obtener sexo. En algunos casos, han sido pedófilos encarcelados quienes han operado desde la prisión los sistemas de información informáticos. Así, un pueblo empobrecido y desindustrializado del norte de Minnesota descubrió que sus niños eran el blanco específico en los registros confiscados por la policía a una red de pedofilia que los internos pusieron en funcionamiento desde la cárcel. Como las imágenes pornográficas y los videoclips pueden cargarse y descargarse de forma casi anónima, se ha desarrollado una red global de pornografía infantil, de un modo completamente descentralizado y con pocas posibilidades de hacerse cumplir la ley [215]. En efecto, la pornografía infantil en línea es un importante argumento para establecer la censura en Internet. Es más fácil culpar al mensajero que cuestionar

---

[212] *The Economist*, 1996b; Trueheart, 1996.
[213] Clayton, 1996; Flores, 1996.
[214] Departamento de Trabajo estadounidense, 1995, pág. 11.
[215] Congreso Mundial, 1996.

las fuentes del mensaje; es decir, preguntar por qué nuestra sociedad informacional participa en esta actividad a escala tan grande. Los principales productores y distribuidores de pornografía infantil (mucha de la cual versa sobre niños y no sobre niñas) son empresas legales localizadas en entornos permisivos en sociedades de alta tecnología, como Japón, Dinamarca, Holanda y Suecia[216].

Diversos análisis sobre las razones de este auge sorprendente de la industria global de sexo infantil (distinto del tradicional abuso sexual de los niños a lo largo de la historia) convergen hacia un conjunto de factores. Primero está la globalización de los mercados de todo y desde cualquier sitio a cualquier otro, ya sea viajes sexuales organizados o distribución audiovisual de material pornográfico por todo el mundo. El anonimato, garantizado por el hogar electrónico o por el viaje exótico, ayuda a romper la barrera del temor a las masas de pervertidos que viven entre nosotros. La escapada a otra transgresión para encontrar excitación sexual en una sociedad de sexualidad normalizada (véase el volumen II, cap. 4) alimenta la demanda de nuevas emociones, sobre todo entre los segmentos adinerados de los profesionales aburridos.

Del lado de la oferta, la pobreza y la crisis de la familia proporcionan la materia prima. La vinculación entre la oferta y la demanda suelen realizarla las redes criminales globales que controlan gran parte de la prostitución de todo el mundo y siempre están esforzándose por encontrar nuevas líneas de producto y mercados más rentables. De forma específica, las redes de prostitución infantil del sureste asiático compran niños en las zonas rurales más pobres de Tailandia, Camboya, Filipinas y otros países, para alimentar sus redes de distribución en Asia, orientadas sobre todo a los centros turísticos internacionales y Japón, en cooperación con los *yakuzas*. Bangkok, Manila y Osaka son lugares internacionalmente famosos por la prostitución infantil. En 1998, Honduras se convirtió en uno de los destinos favoritos de los pedófilos estadounidenses, adecuadamente informados de las direcciones de contacto en Tegucigalpa a través de Internet. Por último, como afirmó el documento del Congreso Mundial de 1996, el interés de los medios de comunicación en la pornografía y prostitución infantiles puede alimentar la demanda de forma no intencionada, y el fácil acceso a la información abre rutas de suministro y aumenta la demanda.

Así, la sociedad red se devora a sí misma, a medida que consume/destruye un número suficientes de sus propios niños como para perder el sentido de la continuidad de la vida a través de las generaciones, negando de este modo el futuro de los humanos como especie humana.

---

[216] Healy, 1996.

La muerte de los niños: las matanzas de las guerras y los niños soldados

Todavía hay algo más de lo que hablar en esta negación de nosotros mismos. En este fin de milenio, en países de todo el mundo, sobre todo (pero de ningún modo solamente) en la región más devastada, África, millones de niños han muerto o están muriendo por la guerra. Y decenas de miles se han transformado o se están transformando en animales combatientes/moribundos para alimentar las lentas guerras sangrientas y sin sentido que asuelan el planeta. Según el informe de 1996 de UNICEF sobre el *State of the World's Children*[217], dedicado fundamentalmente al impacto de la guerra sobre los niños, durante la última década, como efecto directo de ésta, en este mundo posterior a la guerra fría, dos millones de niños resultaron muertos, entre cuatro y cinco millones quedaron inválidos, más de un millón quedaron huérfanos o separados de sus padres, 12 millones perdieron su hogar y más de 10 millones sufrieron traumas psicológicos. La proporción creciente de niños entre las víctimas de la guerra se debe al carácter de estas nuevas guerras olvidadas, una vez que el mundo rico decidió vivir en paz (véase el volumen I, capítulo 7). Como afirma el informe de UNICEF:

Son mucho más complejas que las batallas tradicionales entre ejércitos contendientes: se trata de guerras entre militares y civiles, o entre grupos rivales de civiles armados. Hay tantas probabilidades de que la luche se desarrolle en las aldeas y las calles de las afueras como en cualquier otro lugar. En este caso, el enemigo está por todas partes y las distinciones entre combatientes y no combatientes se funden en las sospechas y las confrontaciones de la lucha diaria[218].

Pero también se lleva cada vez a más niños como soldados a esas guerras. Cohn y Goodwin han investigado este tema en profundidad[219] y documentan hasta qué punto cientos de miles de niños han sido reclutados en los ejércitos regulares de los estados (como en Irán o Bosnia), en la milicia rebelde y en bandas de delincuentes. En algunos casos, simplemente se mandó a los niños a morir en los campos de minas. En otros, como en las guerrillas antigubernamentales de la RENAMO de Mozambique o los Jemers Rojos de Camboya, se torturaba a los niños durante un tiempo para hacerlos guerreros feroces, si bien traumatizados psíquicamente. En todos los casos, los niños se unen o son obligados a unirse a estos valientes dirigentes militares a falta de otras alternativas. La pobreza, el desplazamiento, la separación de sus familias, la manipulación ideológica o religiosa, todo desempeña un papel[220]. En algunos casos, como

---

[217] Bellamy, 1996.
[218] Bellamy, 1996, pág. 14.
[219] Cohn y Goodwin Gill, 1994.
[220] Drogin, 1995.

entre los rebeldes del Zaire oriental en 1996, se hacía creer a los niños que tenían poderes mágicos y que no podían morir. En otros, el sentimiento de poder, de suscitar miedo, de «convertirse en un hombre» o un guerrero, son impulsos poderosos para atraerlos. En todos los casos, los niños parecen ser luchadores feroces, dispuestos a matar, dispuestos a morir, sin darse mucha cuenta de la frontera real entre guerra y juego, vida y muerte. Con la extraordinaria potencia de fuego en armas ligeras y transportables que proporciona la nueva tecnología bélica, estos ejércitos de niños son capaces de infligir bajas tremendas. Mutuamente. En cuanto a los supervivientes, en palabras de Cohn y Goodwin, «los niños que han participado en hostilidades suelen quedar marcados de por vida, mental, moral y físicamente»[221].

Por qué se destruye a los niños

¿Y qué tiene que ver el capitalismo informacional con este horror? Después de todo, ¿no se ha abusado de los niños a lo largo de toda la historia? Sí y no. Es cierto que los niños han sido víctimas durante toda la historia, a menudo de sus propias familias; que han sido sometidos a abusos físicos, psicológicos y sexuales por los distintos poderes que ha habido en todos los periodos históricos; y que el ascenso de la era industrial también presenció el empleo masivo de trabajo infantil en minas y fábricas, con frecuencia en condiciones cercanas al cautiverio. Y, como los niños son personas, la forma en que las sociedades han tratado a la infancia inflige heridas morales duraderas en la condición humana. Pero hay algo nuevo en estos albores de la era de la información: existe un vínculo sistémico entre las características *actuales*, incontroladas, del capitalismo informacional y la destrucción de las vidas de un gran segmento de los niños del mundo.

Lo nuevo es que estamos presenciando una inversión dramática de las conquistas sociales y los derechos de los niños obtenidos por las reformas sociales en las sociedades industriales maduras a raíz de la desregulación a gran escala y el soslayamiento de los gobiernos por parte de las redes globales. Lo nuevo es la desintegración de las sociedades tradicionales en todo el mundo, que deja a los niños indefensos en la tierra de nadie de los barrios bajos de las megaciudades. Lo nuevo son los niños de Pakistán tejiendo alfombras para la exportación mundial a través de las redes de proveedores de los grandes almacenes de los mercados opulentos. Lo nuevo es el turismo global masivo organizado en torno a la pedofilia. Lo nuevo es la pornografía electrónica en la red a escala mundial. Lo nuevo es la desintegración del patriarcado, sin que sea reemplazado por un sistema

---

[221] Cohn y Goodwin Gill, 1994, pág. 4.

de protección infantil a cargo de nuevas familias o del Estado. Y lo nuevo es el debilitamiento de las instituciones de apoyo a los derechos de los niños, como los sindicatos o la política de reforma social, para ser reemplazados por admoniciones morales sobre los valores familiares que con frecuencia culpan a las propias víctimas de su situación.

Además, el capitalismo informacional no es una entidad. Es una estructura social específica, con sus reglas y su dinámica, que, mediante los procesos documentados en este capítulo, se relacionan sistémicamente con la sobreexplotación y el abuso de los niños, a menos que unas políticas y estrategias deliberadas combatan estas tendencias.

En las raíces de la explotación infantil están los mecanismos generadores de pobreza y exclusión social en todo el mundo, del África Subsahariana a los Estados Unidos. Con los niños en la pobreza y con países, regiones y barrios enteros excluidos de los circuitos importantes de riqueza, poder e información, el desmoronamiento de las estructuras familiares rompe la última barrera de defensa de los niños. En algunos países, como el Zaire, Camboya o Venezuela, las familias se hallan sumidas en la miseria, tanto en las zonas rurales como en los poblados de chabolas, de tal modo que los niños son vendidos para sobrevivir, son enviados a las calles para que ayuden o terminan escapándose del infierno de sus hogares para caer en el infierno de su no existencia. En otras sociedades la crisis histórica del patriarcado destruye la familia nuclear tradicional sin reemplazarla, haciendo que las mujeres y los niños paguen por ello. Éste es el motivo por el cual casi el 22% de los niños estadounidenses viven en la pobreza, la mayor tasa de pobreza infantil en el mundo industrializado. Éste es el motivo por el cual, de acuerdo con los análisis documentados de Rodgers y Lerman, existe una estrecha relación entre el cambio de la estructura familiar y el aumento de mujeres y niños pobres en los Estados Unidos [222]. Quien desafía al patriarcado lo hace a su propio riesgo, y al de sus hijos. Un informe de 1996 del Departamento de Salud y Servicios Humanos de los Estados Unidos estimó que el abuso y el abandono de los niños en los Estados Unidos se había duplicado entre 1986 y 1993, ascendiendo de 1,4 millones de niños afectados a más de 2,8 millones en 1993. El número de niños que sufrieron malos tratos graves se multiplicó por cuatro, de 143.000 a 570.000. Los niños procedentes de las familias de rentas más bajas tenían 18 veces más posibilidades de sufrir abusos sexuales, casi 56 veces más de carecer de la educación mínima y 22 veces más de sufrir heridas graves por maltrato. Mientras tanto, el porcentaje de casos investigados descendió marcadamente [223].

La oferta de niños que proporciona este debilitamiento de la estructura familiar y esta infancia empobrecida es cubierta, del lado de la deman-

---

[222] Lerman, 1996; Rodgers, 1996.
[223] Sedlak y Broadhurst, 1996.

da, por los procesos de globalización, la interconexión empresarial, la criminalización de un segmento de la economía y las tecnologías de comunicación avanzadas, a los que me he referido de forma específica en los análisis presentados anteriormente. A los factores de la oferta y de la demanda debemos añadir —como fuentes de la sobreexplotación, la exclusión y la destrucción de los niños— la desintegración de los estados y las sociedades y el desarraigo masivo de poblaciones enteras por la guerra, las hambrunas, las epidemias y el bandidaje.

Hay algo más en la cultura fragmentada de nuestras sociedades que contribuye a la destrucción de las vidas de los niños, e incluso la racionaliza. Entre ellos mismos se ha difundido lo que Pedrazzini y Sánchez, basándose en su trabajo de campo en las calles de Caracas, han denominado «la cultura de la urgencia»[224]. Es la idea de que no hay futuro ni raíces, sólo el presente. Y el presente está compuesto por instantes, de cada instante. Así que la vida ha de vivirse como si cada instante fuera el último, sin ninguna referencia más que la satisfacción explosiva de un hiperconsumo individualizado. Este reto constante e intrépido de explorar la vida más allá del desamparo presente mantiene en marcha a los niños desposeídos: durante un corto espacio de tiempo, hasta que se enfrentan a la destrucción total.

De la parte de la sociedad en general, el desmoronamiento de las instituciones sociales tras la fachada de fórmulas repetitivas de las virtudes de una familia tradicional que, en general, ha dejado de existir, deja a los individuos, y en particular a los hombres, solos con sus deseos de transgresión, con sus ansias de poder, con su búsqueda interminable de consumo, caracterizado por un modelo de gratificación inmediata. ¿Por qué, entonces, no aprovecharse de los miembros más indefensos de la sociedad?

Y de la parte de la economía, cuando son posibles los mercados globales de todo de cualquier lugar a cualquier otro, el impulso último a convertirlo todo en mercancía, el que afecta a nuestra propia especie, no parece contradecir la regla más estricta: que la lógica de mercado sea la única guía de las relaciones entre la gente, soslayando los valores y las instituciones de la sociedad. No estoy proponiendo de ningún modo la idea de que el capitalismo informacional esté compuesto por una multitud de proxenetas y explotadores de niños. Las elites capitalistas conservadoras defienden sin duda los valores familiares y hay grandes empresas que financian y respaldan causas en defensa de los niños. Sin embargo, existe un vínculo estructural entre la lógica del mercado imperante sin freno alguno en una economía interconectada y global, fortalecida por las tecnologías avanzadas de la información, y los fenómenos que he descrito en este capítulo. En efecto, es frecuente encontrar en el campo del desa-

---

[224] Pedrazzini y Sánchez, 1996.

rrollo económico opiniones de expertos que aceptan y apoyan la extensión del trabajo infantil como una respuesta racional del mercado que, en ciertas condiciones, proporcionará beneficios a países y familias. La principal razón por la que se destruye a los niños es porque, en la era de la información, las tendencias sociales se ven extraordinariamente amplificadas por la nueva capacidad tecnológica/organizativa de la sociedad, mientras que las redes globales de información y capital soslayan las instituciones de control social. Y como todos estamos habitados a la vez por los ángeles y los demonios de humanidad, cuando quiera y donde quiera que domine nuestro lado oscuro, desencadena la liberación de un poder destructivo sin precedentes.

Conclusión: los agujeros negros del capitalismo informacional

He tratado de mostrar en este capítulo el complejo conjunto de vinculaciones que existen entre las características del capitalismo informacional y el aumento de la desigualdad, la polarización social, la pobreza y la miseria en la mayor parte del mundo. El informacionalismo crea una aguda divisoria entre pueblos y localidades valiosos y sin valor. La globalización avanza de forma selectiva, incluyendo y excluyendo a segmentos de economías y sociedades dentro y fuera de las redes de información, riqueza y poder que caracterizan al nuevo sistema dominante. La individualización del trabajo deja solo a cada uno de los trabajadores para negociar su destino frente a unas fuerzas del mercado en cambio constante. La crisis del Estado-nación y de las instituciones de la sociedad civil construidas a su alrededor durante la era industrial socava la capacidad institucional para corregir el desequilibrio social derivado de la lógica del mercado sin restricciones. En el límite, como en algunos estados africanos o latinoamericanos, el Estado, vacío de su representatividad, se convierte en predador de su propio pueblo. Las nuevas tecnologías de la información conducen este torbellino global de acumulación de riqueza y difusión de pobreza.

Pero en este proceso de reestructuración social hay más que desigualdad y pobreza. También hay exclusión de pueblos y territorios que, desde la perspectiva de los intereses dominantes en el capitalismo informacional global, pasan a una posición de irrelevancia estructural. Este amplio y multiforme proceso de exclusión social lleva a la formación de lo que denomino, tomándome la libertad de utilizar una metáfora cósmica, *los agujeros negros del capitalismo informacional*. Son las regiones de la sociedad desde las que, hablando estadísticamente, es imposible escapar al dolor y la destrucción infligidos sobre la condición humana de quienes, de un modo u otro, entran en estos paisajes sociales. A menos que haya un cambio en las leyes que gobiernan el universo del capitalismo informacional, ya que, a diferencia de las fuerzas cósmicas, la acción humana deliberada *puede* cambiar las reglas de la estructura social, incluidas las que inducen la exclusión social.

Estos agujeros negros concentran en su densidad toda la energía destructiva que afecta a la humanidad desde múltiples fuentes. Cómo entran las personas y localidades en estos agujeros negros es menos importante que lo que sucede después; es decir, la reproducción de la exclusión social y la imposición de nuevas adversidades a los que ya están excluidos. Por ejemplo, Timmer *et al.* han mostrado la diversidad de caminos que conducen a la vida en la calle en las ciudades estadounidenses [225]. La población sin techo de los años noventa estaba compuesta por una mezcla de «antiguos sin techo», los tipos clásicos de los barrios bajos o las personas con enfermedades mentales sin asistencia médica, y por personajes más nuevos, como las «mamás de la asistencia social», familias jóvenes dejadas atrás por la desindustrialización y la reestructuración, inquilinos desalojados por la renovación urbana, adolescentes escapados, inmigrantes sin hogar y mujeres maltratadas que huyen de los hombres. Pero una vez en la calle, el agujero negro de la falta de hogar, como un estigma y como un mundo de violencia y abuso, actúa sobre ellos de forma indiscriminada, condenándolos a la miseria si permanecen en la calle durante algún tiempo. Por ejemplo, Ida Susser ha expuesto el impacto de las regulaciones de los refugios para los sin techo de Nueva York sobre la separación de las mujeres de sus hijos en un proceso que a menudo conduce a la destrucción de los niños en el sentido que hemos descrito en las páginas precedentes [226].

En otro ejemplo, citado con menor frecuencia, el analfabetismo funcional desencadena mecanismos de desempleo, pobreza y, en definitiva, exclusión social, en una sociedad que se basa cada vez más en una capacidad mínima de decodificar el lenguaje. Esta incapacidad funcional está mucho más extendida en las sociedades avanzadas de lo que suele reconocerse. Así, en 1988, una encuesta nacional sobre alfabetización realizada por el Departamento de Educación de los Estados Unidos reveló que el 21-23% de una muestra nacional representativa —por lo tanto, unos 40-44 millones de adultos estadounidenses— poseía niveles claramente insuficientes de lectura y escritura en inglés, así como de aritmética elemental. Dos tercios de ellos no habían completado la educación secundaria. Un cuarto comprendía a inmigrantes que estaban aprendiendo inglés, lo que sigue dando una cifra de analfabetismo funcional por encima de los 30 millones de estadounidenses nativos. Un 25-28% adicional demostró capacidades de lo que el estudio denomina nivel 12, un nivel muy re-

---
[225] Timmer *et al.*, 1994.
[226] Susser, 1991, 1993, 1996.

ducido de comprensión que incluía la capacidad de recibir instrucciones escritas, pero no de escribir una carta o explicar un error en un estado de cuenta de una tarjeta de crédito, ni de organizar reuniones utilizando horarios de autobuses o de vuelos. El analfabetismo funcional es un obstáculo fundamental para la integración en el mercado laboral formal, en cualquier nivel, y está muy correlacionado con el empleo mal remunerado y la pobreza: casi la mitad del nivel inferior de la escala de alfabetización vivía en la pobreza. Del mismo modo, la mayoría de los reclusos de los Estados Unidos son analfabetos funcionales[227].

La adicción a las drogas, las enfermedades mentales, la delincuencia, el encarcelamiento y la ilegalidad también son caminos hacia las condiciones específicas de la miseria que aumentan la probabilidad de perder de forma irreversible el derecho a la vida sancionado por la sociedad. Todos ellos tienen un atributo en común: la pobreza, de la que se originan o a la que conducen.

Estos agujeros negros suelen comunicarse entre sí, mientras que carecen de comunicación *social/cultural* con el universo de la sociedad mayoritaria. Sin embargo, están conectados económicamente con algunos mercados específicos (por ejemplo, mediante la economía criminal de las drogas y la prostitución) y relacionados burocráticamente con el Estado (con los organismos establecidos para su contención, como la policía y la asistencia social). Drogas, enfermedades (por ejemplo, el sida), delitos, prostitución y violencia son parte de las mismas redes, reforzando cada una al resto (como en la infección con el VIH por compartir las agujas entre los drogadictos y/o a través del sexo prostituido)[228].

La exclusión social suele expresarse en términos espaciales. El confinamiento territorial de las poblaciones sistémicamente irrelevantes, desconectadas de las redes de funciones y personas valiosas, es sin duda una importante característica de la lógica espacial de la sociedad red, como sostenía en el volumen I, capítulo 6. En este capítulo he documentado la lógica espacial de la exclusión social con una visión general de la marginación del África subsahariana y con una referencia a los guetos estadounidenses. Pero existen otros muchos ejemplos de esa exclusión determinada territorialmente en la geografía desigual del capitalismo informacional. No menos llamativo es el destino de la mayoría de las islas del Pacífico, paraísos tropicales que viven en una pobreza abyecta y experimentan la desintegración social inducida por el turismo, en medio de una región pacífica transformada en la central de energía del capitalismo global[229]. Del mismo modo, por qué la gente entra en los agujeros negros, por qué y cómo los territorios quedan excluidos o incluidos, depende de aconteci-

---

[227] Kirsch *et al.*, 1993; Newman *et al.*, 1993.
[228] Susser, 1996.
[229] Wallace, 1995.

mientos específicos que «encierran» trayectorias de marginalidad. Puede ser un dictador rapaz, como en el Zaire; o la decisión de la policía de dejar ciertos barrios en manos de los traficantes de drogas; o la denegación de un crédito hipotecario porque la vivienda está en un barrio arruinado; o el agotamiento de las minas o la devaluación de los productos agrícolas de los que vivía una región. Sea cual fuere la razón, para estos territorios y para la gente atrapada en ellos, opera una espiral descendente de pobreza, luego de miseria y por último de irrelevancia, hasta o a menos que una fuerza contrarrestadora, incluida la revuelta de la gente contra su condición, invierte la tendencia.

En este nuevo milenio, lo que solía denominarse el Segundo Mundo (el universo estatista) se ha desintegrado, incapaz de dominar las fuerzas de la era de la información. Al mismo tiempo, el Tercer Mundo ha desaparecido como entidad pertinente, vaciado de su significado geopolítico y extraordinariamente diversificado en su desarrollo económico y social. Pero el Primer Mundo no se ha convertido en el universo abarcador de la mitología neoliberal, porque ha surgido un nuevo mundo, el Cuarto Mundo, compuesto por múltiples agujeros negros de exclusión social a lo largo de todo el planeta. El Cuarto Mundo comprende grandes áreas del globo, como buena parte del África subsahariana y las zonas rurales empobrecidas de América Latina y Asia. Pero también está presente en cada país y en cada ciudad, en esta nueva geografía de exclusión social. Está formado por los guetos estadounidenses, los enclaves españoles de desempleo juvenil masivo, las *banlieues* francesas que almacenan a los norteafricanos, los barrios de *yoseba* japoneses, y los poblados de chabolas de las megaciudades asiáticas. Y está habitado por millones de personas sin techo, encarceladas, prostituidas, criminalizadas, brutalizadas, estigmatizadas, enfermas y analfabetas. Son la mayoría en algunas zonas, la minoría en otras, y una exigua minoría en unos pocos contextos privilegiados. Pero, en todas partes, su número aumenta y son más visibles, a medida que el criterio selectivo del capitalismo informacional y la quiebra política del Estado de bienestar intensifican la exclusión social. En el contexto histórico actual, el ascenso del Cuarto Mundo es inseparable del ascenso del capitalismo informacional global.

3

LA CONEXIÓN PERVERSA: LA ECONOMÍA CRIMINAL GLOBAL

Durante los últimos años, la comunidad internacional ha experimentado un número creciente de convulsiones políticas, cambios geopolíticos y reestructuraciones tecnológicas. Sin duda, el crimen transnacional organizado, una nueva dimensión de las formas más «tradicionales» del crimen organizado, ha surgido como uno de los desafíos más alarmantes. El crimen transnacional organizado, con su capacidad para extender sus actividades y apuntar a la seguridad y las economías de los países, en particular de los que están en vías de desarrollo o en transición, representa una de las mayores amenazas que tienen que afrontar los gobiernos para asegurar su estabilidad, la seguridad de su pueblo, la conservación de todo el tejido de la sociedad y la viabilidad y ulterior desarrollo de sus economías.
Naciones Unidas, Consejo Económico y Social, 1994, pág. 3.

Las organizaciones criminales internacionales han llegado a acuerdos y tratos para dividirse las zonas geográficas, desarrollar nuevas estrategias de mercado, elaborar formas de asistencia mutua y solventar conflictos [..]. todo ello a escala planetaria. Nos enfrentamos con una genuina contrapotencia criminal, capaz de imponer su voluntad a los estados legítimos, socavar las instituciones y fuerzas de la ley y el orden, trastornar el delicado equilibrio económico y financiero, y destruir la vida democrática.
Comisión Antimafia del Parlamento italiano [1].

El delito es tan antiguo como la humanidad. De hecho, en el relato bíblico de nuestros orígenes, nuestra condición comenzó con el tráfico ilegal de manzanas. Pero el delito global, la interconexión de poderosas organizaciones criminales y sus asociados en actividades conjuntas por todo el planeta es un nuevo fenómeno que afecta profundamente a la economía, la política y la seguridad nacionales e internacionales, y, en definitiva, a la sociedad en general. La *Cosa Nostra* siciliana (y sus asociadas, la *Camorra*, *N'dranghetta* y *Sacra Corona Unita*), la mafia estadounidense,

---

[1] Informe de la Comisión Antimafia del Parlamento Italiano a la Asamblea de Naciones Unidas, 20 de marzo de 1990, citado por Sterling, 1994, pág. 66.

los cárteles de Colombia y de México, las redes criminales nigerianas, los *yakuzas* japoneses, las Tríadas chinas, la constelación de mafias rusas, los traficantes de heroína turcos, las cuadrillas armadas de Jamaica y una miríada de agrupaciones criminales regionales y locales de todos los países se han unido en una red global diversificada que transciende las fronteras y vincula negocios de toda clase. Aunque el tráfico de drogas es el segmento más importante de esta industria mundial, el de armas también representa un mercado de alto valor. Además está todo lo que recibe valor añadido precisamente por su prohibición en un entorno institucional determinado: contrabando de todo de cualquier sitio a cualquier otro, incluidos material radioactivo, órganos humanos e inmigrantes ilegales; prostitución; juego; usura; secuestro; fraude y extorsión; falsificación de objetos, billetes bancarios, documentos financieros, tarjetas de crédito y carnés de identidad; asesinos de alquiler; tráfico de información delicada, tecnología u objetos de arte; ventas internacionales de objetos robados; o incluso vertidos de basura ilegales de un país en otro (por ejemplo, la basura de los Estados Unidos pasada de contrabando a China en 1996). La extorsión también se practica a escala internacional, como en el caso de los *yakuzas* sobre las grandes empresas japonesas del exterior. En el núcleo del sistema está el blanqueo de dinero por cientos de millones (quizá trillones) de dólares. La economía criminal se vincula con la economía formal a través de complejos planes financieros y redes comerciales internacionales, penetrando así profundamente en los mercados financieros y constituyendo un elemento crítico y volátil en una frágil economía global. La economía *y la política* de muchos países (como Italia, Rusia, las repúblicas de la antigua Unión Soviética, Colombia, México, Bolivia, Perú, Ecuador, Paraguay, Panamá, Venezuela, Turquía, Afganistán, Birmania, Tailandia, pero también Japón [véase el capítulo 4], Taiwan, Hong Kong y una multitud de pequeños países entre los que se incluyen Luxemburgo y Austria) no pueden comprenderse sin considerar la dinámica de las redes criminales presentes en su funcionamiento diario. La conexión flexible de estas actividades criminales en redes internacionales constituye un rasgo esencial de la nueva economía global y de la dinámica social/política de la era de la información. Existe un reconocimiento general de la importancia y realidad de este fenómeno, que están atestiguadas por abundantes datos, principalmente de informes periodísticos bien documentados y de las conferencias de las organizaciones internacionales [2]. No obstante, los

---

[2] La fuente internacional más autorizada sobre el crimen global es la documentación reunida por el Consejo Económico y Social de Naciones Unidas con ocasión de la Conferencia Ministerial Mundial sobre el Crimen Transnacional Organizado, celebrada en Nápoles del 21 al 23 de noviembre de 1994. He utilizado extensamente esos materiales y quiero dar las gracias a las personas que me los proporcionaron, el doctor Gopinath, director del Instituto Internacional de Estudios Laborales de la OIT, en Ginebra, y el señor Vetere, jefe de la División de Prevención del Crimen y Justicia Penal de Naciones Unidas, en Viena. Una ex-

sociólogos prescinden en buena medida del fenómeno cuando se trata de comprender economías y sociedades, con el argumento de que los datos no son verdaderamente fiables y que adolecen de sensacionalismo. No estoy de acuerdo con estos planteamientos. Si se reconoce un fenómeno como una dimensión fundamental de nuestras sociedades, e incluso del nuevo sistema globalizado, debemos utilizar cualquier dato disponible para explorar la conexión entre estas actividades criminales y las sociedades y economías en general.

GLOBALIZACIÓN ORGANIZATIVA DEL CRIMEN, IDENTIFICACIÓN CULTURAL DE LOS CRIMINALES [3]

En las dos últimas décadas, las organizaciones criminales han llevado a cabo sus operaciones cada vez más a escala transnacional, aprovechándose de la globalización económica y de las nuevas tecnologías de comunicación y transporte. Su estrategia consiste en ubicar sus funciones de gestión y producción en zonas de bajo riesgo, donde poseen un control relativo del entorno institucional, mientras que buscan sus mercados preferentes en las zonas de demanda más rica, a fin de cobrar precios más altos. Éste es claramente el caso de los cárteles de la droga, ya se trate de la cocaína de Colombia y la región andina o del opio/heroína del Triángulo Dorado del sureste asiático, o de Afganistán y Asia central. Pero también es el mecanismo esencial en el tráfico de armas o de material radioactivo. Utilizando su relativa impunidad en Rusia y las repúblicas de la antigua Unión Soviética durante el periodo de transición, las redes criminales,

---

celente y documentada visión general de la expansión del crimen globalizado puede encontrarse en Sterling, 1994. Aunque su obra ha sido criticada por su sensacionalismo, no tengo constancia de que los hechos de que informa, siempre respaldados por informes de investigación y entrevistas personales, hayan sido puestos en entredicho. Véase también Martin y Romano, Gootenberg, 1999; 1992; y, aunque es algo antiguo, Kelly (ed.), 1986.

[3] La fuente de los datos presentados en esta sección, cuando no se hace referencia específica, es el Informe de la Conferencia de 1994 de Naciones Unidas sobre el Crimen Transnacional Organizado, citado como Consejo Económico y Social, Naciones Unidas (CESONU, 1994). Sobre la repercusión del crimen organizado en Europa, además del análisis perceptivo de Sterling, véase Roth y Frey, 1995. Sobre la Mafia italiana, véanse Colombo, 1990; Santino y La Fiura, 1990; Catanzaro, 1991; Tranfaglia, 1992; Calvi, 1992; Savona, 1993; Arlacchi, 1995. Sobre la transformación reciente de la Mafia estadounidense, véanse Potter, 1994, y, de nuevo, Sterling, 1994. Sobre el impacto del crimen global sobre el crimen estadounidense, véase Kleinknecht, 1996. Sobre las Tríadas chinas, véanse Booth, 1991; Murray, 1994; Chu, 1996. Sobre el tráfico de heroína en/desde el Triángulo de oro birmano/tailandés, véase Renard, 1996. Sobre los *yakuzas* japoneses, véanse Kaplan y Dubro, 1986, y Seymour, 1996. Sobre África, véase Fottorino, 1991. Sobre Rusia y América Latina, véase más adelante. Además, he utilizado diversas fuentes de los informes de prensa publicados en los Estados Unidos, Europa y Rusia, recogidos y analizados por Emma Kiselyova. Las fuentes de la información específica usadas en esta sección se citan en las notas a pie de página.

tanto rusas/ex soviéticas como de todo el mundo, se hicieron con el control de una cantidad significativa de suministros militares y nucleares para ofrecerlos al mejor postor en el caótico escenario internacional posterior a la guerra fría. Esta internacionalización de las actividades criminales hace que el crimen organizado de diferentes países establezca alianzas estratégicas para colaborar, en lugar de combatirse, en los ámbitos de cada uno, mediante acuerdos de subcontratación y empresas conjuntas, cuya práctica comercial sigue muy de cerca la lógica organizativa de lo que he denominado «empresa red», característica de la era de la información (volumen I, capítulo 3). Es más, el grueso de las operaciones de estas actividades están globalizadas por definición, a través del blanqueo en los mercados financieros globales.

Los cálculos de los beneficios y flujos financieros originados en la economía criminal varían mucho y no son totalmente fiables. No obstante, hay indicadores del sorprendente volumen del fenómeno que estamos describiendo. La Conferencia de 1994 de Naciones Unidas sobre el Crimen Organizado Global estimó que el tráfico global de drogas suponía en torno a 500.000 millones de dólares estadounidenses anuales; es decir, era mayor que el comercio global de petróleo [4]. Los beneficios generales de toda clase de actividades se situaron en una cifra tan elevada como 750.000 millones de dólares anuales [5]. Otros cálculos mencionan la cantidad de un billón anual en 1993, que era casi la misma que el presupuesto federal de los Estados Unidos en ese momento [6]. Sterling considera plausible que la facturación global de los «narcodólares» se sitúe en torno a los 500.000 millones de dólares [7].

En 1999, el FMI aventuró una estimación muy general del blanqueo global de capitales, que oscilaba entre los 500.000 millones y los 1,5 billones de dólares anuales (o el 5% del PIB mundial) [8]. Una proporción significativa de los beneficios se blanquea (con una comisión para los blanqueadores de entre el 15 y el 25% del precio nominal de los dólares) y en torno a la mitad del dinero blanqueado, al menos en el caso de la Mafia siciliana, se reinvierte en actividades legítimas [9]. Esta continuidad entre los beneficios de las actividades criminales y su inversión en actividades legítimas hace imposible restringir el impacto económico del crimen global a las primeras, puesto que las últimas desempeñan un importante papel a la hora de asegurar y ocultar la dinámica general del sistema. Es más, el cumplimiento de los tratos también combina la diestra manipula-

---

[4] ONU-CES, 1994.
[5] Fuentes de la ONU, informado por Cowell, 1994.
[6] Centro Nacional de Información Estratégica, con base en Washington, informado por *Newsweek*, 13 de diciembre de 1993.
[7] Sterling, 1994.
[8] *The Economist*, 1999a, pág. 17.
[9] Sterling, 1994, pág. 30.

ción de los procedimientos legales y sistemas financieros en cada país y a escala internacional, con el uso selectivo de la violencia y la corrupción de numerosos cargos gubernamentales, banqueros, burócratas y personal encargado del cumplimiento de la ley.

En las fuentes del crimen global se encuentran organizaciones con arraigo nacional, regional y étnico, la mayoría con una larga historia, enlazada con la cultura de países y regiones específicos, su ideología, sus códigos de honor y sus mecanismos de vinculación. Estas organizaciones de base cultural no desaparecen en las nuevas redes globales. Por el contrario, su interconexión global permite a las organizaciones tradicionales sobrevivir y prosperar escapando a los controles de un Estado determinado en un momento difícil. Así, la Mafia estadounidense, tras los devastadores golpes que le asestó el FBI en los años ochenta, está reviviendo en los noventa mediante los nuevos aportes de la Mafia siciliana y las alianzas con las Tríadas chinas, las mafias rusas y una variedad de bandas étnicas[10].

La Mafia siciliana sigue siendo una de las organizaciones criminales más poderosas del mundo, utilizando su control histórico del sur de Italia y su profunda penetración en el Estado italiano. Sus vínculos con la Democracia Cristiana (que, al parecer, incluyen a Andreotti, la figura cumbre del partido durante casi medio siglo) le permitieron extender su presencia a todo el país, conectarse con el sistema bancario y, mediante éste, con toda la elite política y empresarial del país, llegando incluso muy cerca del Vaticano a través del Banco Ambrosiano, que parece haber estado bajo su influencia. En 1987, un acuerdo entre la Mafia siciliana y el cártel de Medellín abrió el camino para trocar heroína de Asia/Europa por cocaína de Colombia. De este modo, los colombianos pudieron entrar en el mercado de heroína de los Estados Unidos, que hasta entonces se repartían las mafias siciliana y estadounidense y las Tríadas chinas. Mientras utilizaban la infraestructura siciliana, los cárteles de Colombia pudieron distribuir su cocaína en Europa, pagando una cuota a los sicilianos[11]. Ésta fue sólo la mejor documentada de una serie de jugadas internacionales de la Mafia siciliana, que incluyó una profunda penetración en los mercados criminales de Alemania e importantes apropiaciones especulativas de bienes raíces y divisas soviéticas durante el periodo de transición (véase más adelante).

Cuando el Estado italiano trató de recobrar su autonomía enfrentándose a la Mafia, una vez que se hubo sacudido el dominio de los democristianos y otros partidos políticos tradicionales sobre el país a comienzos de los años noventa, la reacción de ésta alcanzó una brutalidad sin precedentes, llegando al asesinato de figuras destacadas en las operaciones anticrimen de Italia, como los jueces Falcone y Borsalino. La reacción

---

[10] Kleinknecht, 1996.
[11] Sterling, 1994.

popular, las revelaciones de los medios de comunicación y el desmoronamiento parcial de la política corrupta italiana debilitaron considerablemente el poder de la Mafia en la propia Italia, con la captura y encarcelamiento de su sangriento *capo di tutti capi* Toto Riina. No obstante, la creciente internacionalización de sus actividades en los años noventa permitió a sus miembros recuperar su prosperidad, aun cuando tuvieran que renunciar a parte (pero no la mayor) de su control sobre las sociedades locales y las instituciones gubernamentales italianas.

En este proceso de internacionalización, la Mafia italiana coincide con las Tríadas chinas, en la actualidad una de las redes mayores y mejor articuladas de las organizaciones criminales del mundo, que cuenta, sólo en Hong Kong, con unos 160.000 miembros, divididos en el 14k, el Sun Yee On y el Grupo Wo. Otra red poderosa, la United Bamboo, está afincada en Taiwan. Como las mafias italiana y estadounidense, las Tríadas también están arraigadas en la historia y la etnia. Se originaron en el sur de China en el siglo XVI como un movimiento de resistencia contra los invasores manchúes de la dinastía Qing. Huyeron de China tras la revolución comunista y se extendieron por todo el mundo, sobre todo en los Estados Unidos. La pérdida de su base de Hong Kong en 1997 se previó diez años antes con un movimiento a gran escala hacia la internacionalización y la diversificación, utilizando fundamentalmente a los inmigrantes chinos ilegales en los Estados Unidos, Europa y Canadá, con frecuencia introducidos clandestinamente en el país por las Tríadas, y en algunos casos mantenidos bajo su control. La Place d'Italie en París y el antiguo (alrededor de Grant Street) y el nuevo (alrededor de Clemen Street) Chinatown de San Francisco son testigos de la proliferación de empresas chinas, algunas de las cuales puede que sirvan de apoyo y mecanismo para blanquear dinero a una amplia variedad de actividades criminales, la más importante de las cuales continúa siendo el tráfico de la heroína proveniente del Triángulo de oro, controlado históricamente por los ejércitos de los señores de la droga, en su origen miembros del ejército de Chiang Kai-chek y respaldados por la CIA durante la guerra fría [12].

Los *yakuzas* japoneses (los *boryokudan*, es decir, los violentos) tienen una existencia semilegal en Japón y están abiertamente presentes en un amplio conjunto de empresas y actividades políticas (por lo general, asociaciones políticas ultranacionalistas). Las bandas más importantes son *Yamagachi-gumi*, con 26.000 miembros en 944 bandas interconectadas; *Inagawa-kai*, con 8.600 miembros; y *Sumiyoshi-kai*, con más de 7.000 miembros. También se originaron en las redes de protección creadas por los *samurais* desafectos entre la población pobre de las ciudades en los primeros estadios de la urbanización japonesa en el siglo XIX. Al igual que ocurrió con las otras organizaciones, la protección se convirtió en

---

[12] Renard, 1996.

opresión de sus propios miembros. Durante mucho tiempo, los *yakuzas* japoneses se sintieron tan seguros en su tierra que su actividad internacional se limitó al contrabando de armas de los Estados Unidos a Japón y a proporcionar esclavas sexuales de otros países asiáticos a los burdeles y *nigth clubs* japoneses. No obstante, siguieron la globalización de las empresas japonesas y pasaron a exportar a los Estados Unidos su práctica habitual de chantaje y extorsión a las empresas, intimidando a los ejecutivos japoneses del extranjero con sus *sokaiyas* (provocadores violentos). También imitaron a las empresas japonesas realizando grandes inversiones en bienes raíces, sobre todo en los Estados Unidos, y manipulando valores en los mercados financieros. Para operar en los Estados Unidos y Europa, hicieron diversos tratos con las mafias siciliana y estadounidense, así como con varios grupos criminales rusos.

La espectacular expansión de diversas redes criminales rusas ha sido noticia de primera plana en todo el mundo en los años noventa. Aunque algunos dirigentes de estos bajos fondos están relacionados con la antigua tradición rusa de *vorovskoi mir* («comunidad de ladrones» o «mundo de ladrones»), actualmente el crimen organizado en Rusia y las repúblicas ex soviéticas es el resultado de la transición caótica e incontrolada del estatismo al capitalismo salvaje. Ciertos miembros de la *nomenklatura* soviética, «capitalistas» extremadamente emprendedores que aspiran a convertirse en «los barones ladrones»* de fin de milenio, y una miríada de bandas étnicas (la chechena la más brutal y envilecida) constituyeron redes criminales en los eriales creados por el derrumbamiento de la Unión Soviética. Desde allí se extendieron por todo el mundo, vinculándose con el crimen organizado de todas partes, convergiendo o compitiendo, compartiendo los beneficios o matándose entre sí, según las circunstancias[13].

Los cárteles de Medellín y Cali en Colombia y los de Tamaulipas, Tijuana y Ciudad Jerez en México, y grupos similares surgidos del tráfico de

---

* *Robber barons*: Nombre con que se conoce a ciertos capitalistas estadounidenses que a finales del siglo XIX adquirieron inmensas riquezas por medio de la explotación, el cohecho y otros medios ilícitos *(N. de la T.)*.

[13] En uno de los casos más sorprendentes de vinculaciones entre el crimen ruso internacionalizado y los traficantes de drogas latinoamericanos, en marzo de 1997 la Dirección Antidrogas (DEA) de los Estados Unidos en Miami detuvo a Ludwig Fainberg, inmigrante ruso, y a Juan Almeida y Nelson Yester, dos cubanos considerados intermediarios de los cárteles de la droga colombianos. Según la DEA, Fainberg, propietario de un bar de *striptease* cerca del aeropuerto de Miami, estaba negociando la venta de un submarino soviético con su tripulación, encabezada por un antiguo almirante de la marina soviética, para introducir cocaína de contrabando en los puertos de la costa oeste de los Estados Unidos. De hecho, estos socios ya habían hecho negocios juntos en 1992, cuando los cárteles adquirieron dos helicópteros rusos. Fainberg, antiguo dentista en la Unión Soviética, también estaba organizando el envío de cocaína a Rusia e ideando nuevos métodos de transporte de la droga que serían utilizados de forma conjunta por las organizaciones criminales rusas y colombianas (véase Adams, 1997; Navarro, 1997).

drogas casi en cada país de América Latina organizaron una red de producción, gestión y distribución que enlazó las zonas agrícolas de producción, los laboratorios químicos, las instalaciones de almacenamiento y los sistemas de transporte para la exportación a los mercados ricos. Estos cárteles se centraron casi exclusivamente en el tráfico de drogas, originalmente de cocaína, pero después también de marihuana, heroína y drogas químicas. Establecieron sus grupos de extorsión y sus métodos de blanqueo de dinero autónomos. También cuidaron la penetración en la policía, el ejército, los sistemas judiciales y entre los políticos, en una vasta red de influencia y corrupción que cambió la política latinoamericana y que ejercerá una influencia duradera en los años venideros. Por su misma esencia, estos cárteles (compuestos realmente por una red coordinada de pequeños productores bajo el control de los jefes de los cárteles mediante la violencia, la financiación y la capacidad de distribución) desde el principio estuvieron internacionalizados. Su objetivo esencial era exportar a los Estados Unidos, después a Europa y luego a todo el mundo. Sus estrategias eran, de hecho, una adaptación peculiar de las políticas de crecimiento orientado a la exportación inspiradas por el FMI teniendo en cuenta la capacidad real de algunas regiones de América Latina para competir en el entorno de alta tecnología de la nueva economía global. Se vincularon con organizaciones criminales nacionales/locales de los Estados Unidos y Europa para distribuir su mercancía, y establecieron un vasto imperio financiero y comercial de operaciones de blanqueo de dinero que, más que ninguna otra organización criminal, penetró profundamente en el sistema financiero global. Los traficantes de drogas colombianos y latinoamericanos, como sus semejantes sicilianos, chinos, japoneses o rusos, también están muy arraigados en su identidad nacional y cultural. Pablo Escobar, el líder del cártel de Medellín, hizo famoso el eslogan: «Prefiero una tumba en Colombia que una prisión en los Estados Unidos». Y logró cumplir su deseo. Su actitud, y actitudes similares entre los jefes del narcotráfico latinoamericano, refleja un oportunismo obvio, ya que confían en su control relativo de los jueces, la policía y el sistema penal de sus propios países. Pero sin duda hay algo más, un componente específico más cultural, en su postura contra los Estados Unidos y en su apego a sus regiones y naciones, un tema sobre el que volveré más adelante.

Las organizaciones criminales de base nacional y étnica que he citado son las más notorias, pero de ningún modo las únicas en el escenario global. El crimen organizado turco (que tiene una influencia significativa en la política y los organismos encargados del cumplimiento de las leyes de su país) es un actor importante en la tradicional ruta balcánica que trae heroína a Europa, una ruta utilizada ahora para toda clase de tráficos adicionales. Las diversificadas redes criminales nigerianas se han convertido en una fuerza reconocida no sólo en Nigeria y África (donde subcontratan su conocimiento del terreno a los cárteles internacionales), sino en el ámbito mundial, donde destacan, por ejemplo, en el fraude de las tarjetas de crédito. En cada país, y en cada región, las bandas y las redes de bandas se dan cuenta de sus posibilidades de vincularse con unas cadenas más amplias de actividades en este submundo que tiene una presencia dominante en muchos barrios, ciudades y regiones, y que ha sido capaz de comprar la mayoría de los activos de algunos pequeños países, como la isla de Aruba, frente a la costa venezolana.

Desde estas bases locales, nacionales y étnicas, arraigadas en la identidad y fundadas en unas relaciones interpersonales de confianza/desconfianza (impuestas naturalmente con ametralladoras), las organizaciones criminales se embarcan en una amplia gama de actividades. El tráfico de drogas es el principal negocio, hasta el punto de que la legalización de las drogas probablemente sea la mayor amenaza a la que el crimen organizado tendría que enfrentarse. Pero pueden confiar en la ceguera política y la moralidad equivocada de unas sociedades que no asumen la base del problema: la demanda impulsa la oferta. La fuente de la drogadicción y, por lo tanto, de la mayoría de los delitos del mundo, radica en los daños psicológicos causados a las personas por la vida cotidiana en nuestras sociedades. Así que, pese a la represión, habrá un consumo masivo de drogas en un futuro previsible. Y el crimen global organizado encontrará medios de suministrar a esta demanda, haciendo de ello un negocio muy rentable y la madre de la mayoría de los delitos restantes.

No obstante, además del tráfico de drogas, la economía criminal ha extendido su ámbito a una extraordinaria variedad de operaciones, creando una industria global cada vez más diversificada e interconectada. La Conferencia de las Naciones Unidas de 1994 sobre el Crimen Transnacional enumeró las principales actividades en las que participa este tipo de crimen organizado, *además del tráfico de drogas*:

1) *Tráfico de armas*. Por supuesto, es un negocio de muchos millones de dólares, cuyas fronteras con la exportación legal de armas no son fáciles de determinar. Lo decisivo en este negocio es la identidad del usuario final, a quien los acuerdos internacionales o consideraciones geopolíticas prohíben recibir ciertos tipos de armamento. En algunos casos, son estados que sufren un embargo internacional (como Irán, Irak, Libia, Bosnia o Serbia). En otros, son grupos guerrilleros o bandos de una guerra civil. Otros son grupos terroristas y organizaciones criminales. Los Estados Unidos y la Unión Soviética crearon el principal suministro de armamento bélico en el mundo al proporcionarlo generosamente a diversos bandos en guerra para influirlos en sus juegos geopolíticos. Tras el fin de la guerra fría, las armas quedaron con frecuencia en manos poco fiables, que las utilizaron para abastecer el mercado. Otros tienen su origen en exportaciones semilegales desde países produc-

tores de armas, como Francia, el Reino Unido, China, la República Checa, España o Israel. Por ejemplo, en una espectacular operación llevada a cabo en mayo de 1996 fueron incautados en San Francisco 2.000 rifles de asalto AK-47, importados ilegalmente desde China, y se descubrió que un representante de la principal compañía de armas china propiedad del gobierno estaba implicado en la transacción [14]. Según el informe de la ONU: «Prescindiendo de quién sea el usuario final, la compraventa de armas del mercado negro tiene tres características: es una actividad oculta, una gran parte del coste se relaciona con la naturaleza subrepticia de la transacción y el dinero resultante de la operación es blanqueado» [15].

2) *Tráfico de material nuclear.* Implica el contrabando de material secreto nuclear para su uso final en la fabricación de estas armas o el chantaje con la amenaza de usarlo. La desintegración de la Unión Soviética proporcionó una importante oportunidad para el suministro de este tipo de material. En los años noventa, Alemania ha estado en primera línea de este tipo de tráfico, ya que las redes criminales de los países del antiguo Pacto de Varsovia han estado pasando de contrabando material nuclear para agentes internacionales, a veces de manera temeraria, como transportar artículos extremadamente radioactivos en los bolsillos del contrabandista [16]. Según el testimonio público de Hans-Ludwig Zachert, jefe de la policía federal alemana, en 1992 hubo 158 casos de comercio ilícito de material radioactivo; y, en 1993, 241 casos. En esos dos años, se produjeron 39 incautaciones, y en 1993 fueron identificados 545 sospechosos, el 53% de los cuales eran alemanes, siendo el resto predominantemente checos, polacos y rusos [17]. Pero el comercio, aunque el suministro provenga fundamentalmente de Europa Oriental, es internacional: el 10 de agosto de 1994, la policía alemana se incautó de 350 gramos de plutonio enriquecido y detuvo a un colombiano y dos españoles, aunque, en este caso, parece que la operación fue un montaje del Servicio de Espionaje alemán [18]. Hubo otras incautaciones de material nuclear en Budapest y Praga. Los expertos creen que en China también se está filtrando material nuclear para el tráfico ilegal [19]. No obstante, el origen de este tráfico se encuentra en la situación catastrófica de la industria de armamento nuclear rusa. Emplea a unos 100.000 trabajadores a los que, en 1994, se les pagaba como media (cuando se les pagaba) salarios

---

[14] *Time*, 3 de junio de 1996.
[15] ONU-CES, 1994, pág. 18.
[16] Sterling, 1994.
[17] ONU-CES, 1994, pág. 18.
[18] *Der Spiegel*, 4 de abril, 1995.
[19] *Time*, 1 de agosto de 1994.

de 113 dólares mensuales. Recurrieron a la huelga varias veces para llamar la atención sobre su situación. En 1996, el director del principal instituto de investigación nuclear relacionado con el complejo nuclear militar de Rusia se suicidó por desesperación. En estas circunstancias, la tentación es demasiado grande para al menos unos pocos de estas decenas de miles de trabajadores, dado que, en el mercado negro, el precio potencial del plutonio necesario para fabricar una bomba alcanza miles de millones de dólares. Además, las condiciones de seguridad en las que se realizó el desmantelamiento de las bases soviéticas fuera de Rusia no fueron estrictas: en 1995, el gobierno estonio admitió que se había producido un robo de material radioactivo en la base nuclear de Padilski[20]. En las bases rusas del lejano oriente se apilan los desechos radioactivos de los submarinos nucleares sin instalaciones de almacenaje apropiadas, lo que no sólo representa un serio peligro, sino que invita a un fácil contrabando a lo largo de una frontera oriental mal guardada[21]. El informe de la ONU-CES de 1994 concluye sobre este tema:

> Está claro que este comercio tiene un potencial considerable para la extorsión, así como para causar un daño medioambiental significativo, aunque sólo sea como resultado del manejo inadecuado de los materiales [...] El hecho de que los materiales nucleares suelan obtenerse de organizaciones controladas por el gobierno en la Federación Rusa sugiere la participación de organizaciones criminales en busca de beneficios. Si no pueden obtenerlos de un modo [vendiendo a un cliente], sólo hay un pequeño paso para intentar obtenerlo mediante algún tipo de chantaje nuclear. A medida que continúe el desarme nuclear, la disponibilidad de material probablemente aumentará en lugar de disminuir[22].

3) *Contrabando de inmigrantes ilegales.* La combinación de miseria en todo el mundo, el desplazamiento de las poblaciones y el dinamismo de las economías importantes impulsa a millones de personas a emigrar. Por otra parte, el aumento de los controles fronterizos, sobre todo en las sociedades ricas, trata de detener el flujo inmigratorio. Estas tendencias contradictorias proporcionan una oportunidad excepcional a las organizaciones criminales para intervenir en un inmenso mercado: el tráfico de los «coyotes» a escala global[23]. El informe de 1994 de Naciones Unidas cita cálculos fiables que estiman el volumen del paso ilegal de inmigrantes de países pobres a

---

[20] *Baltic Observer*, 30 de marzo-5 de abril de 1995.
[21] *San Francisco Chronicle*, 18 de diciembre de 1996.
[22] ONU-CES, 1994, pág. 19.
[23] «Coyote» es el apodo con que se conoce a los contrabandistas de inmigrantes entre México y los Estados Unidos.

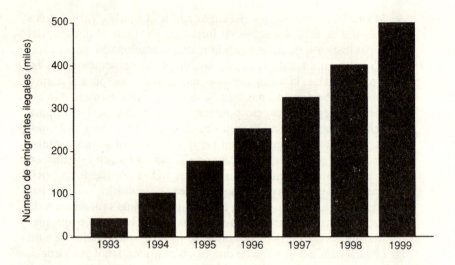

FIGURA 3.1   Emigrantes ilegales en la Unión Europea (estimaciones), 1993-1999.

Fuente: Centro Internacional para el Desarrollo de la Política de Emigración, elaborado por *The Economist*, 1999b, pág. 26.

más ricos en torno al millón de personas por año, en torno a un 20% de ellos chinos. Este porcentaje apenas cubre los 700.000 inmigrantes indocumentados que aproximadamente llegan cada año a los Estados Unidos por medios muy diferentes. A finales de los noventa, en la Unión Europea la inmigración ilegal aumentó hasta los 500.000 emigrantes al año (véase la figura 3.1) y las mafias de Europa Oriental desempeñaron un papel importante en la organización de este tráfico [24]. Por tanto, el número real de inmigrantes ilegales en el mundo debe ser muy superior al cálculo de la ONU. La inmigración ilegal controlada por criminales no es sólo una fuente de beneficios provenientes de los pagos efectuados por los futuros inmigrantes (por ejemplo, sólo en México y el Caribe ascenderían a 3.500 millones de dólares anuales). También mantienen a muchos de ellos en cautiverio durante un largo tiempo para saldar su deuda con un alto interés. Los expone, asimismo, al fraude, el abuso, la violencia y la muerte. Es más, al amenazar con desbordar los canales de inmigración legal, desata reacciones xenófobas que, manipuladas por políticos demagógicos, están acabando con la tolerancia cultural y los sentimientos de solidaridad en la mayoría de los países.

---

[24] *The Economist*, 1999b, págs. 26-28.

4) *Trafico de mujeres y niños.* El turismo global está estrechamente vinculado con la industria de la prostitución global, activa sobre todo en Asia, donde suele estar controlada por las Tríadas y los *yakuzas*. Pero también en Europa, por ejemplo en Italia, donde las mafias albanesas organizaron, a finales de los noventa, una vasta red de prostitución traficando con mujeres inmigrantes esclavizadas, muchas de ellas procedentes de Albania, y otras de Europa Oriental y Oriente Medio. Este tráfico ilegal de seres humanos cada vez afecta más también a los niños (véase el capítulo 2). Además del abuso y la explotación infantiles, existe una industria creciente de adopción de niños, sobre todo en América Latina, con destino a los Estados Unidos. En 1994, se vendían bebés de Centroamérica por 20.000 dólares a los círculos de adopción, en la mayoría de los casos (pero no siempre) con el consentimiento de sus padres. Se cree que este tráfico se ha convertido en un negocio que mueve muchos millones de dólares.

5) *Tráfico de órganos.* Según el informe de Naciones Unidas de 1994, se han confirmado informes sobre este tráfico en Argentina, Brasil, Honduras, México y Perú, en su mayoría con destino a compradores alemanes, suizos e italianos. En Argentina, ha habido casos de retirada de córneas de pacientes a quienes se les declaró muerte cerebral después de falsificar exploraciones cerebrales. El problema parece ser serio en Rusia, principalmente debido a los miles de cuerpos no reclamados que van a parar a los depósitos de cadáveres: en 1993 se informó que una compañía de Moscú había extraído 700 órganos importantes, riñones, corazones y pulmones, más de 1.400 secciones de hígado, 18.000 timos, 2.000 ojos y más de 3.000 pares de testículos, todos destinados a transplantes a clientes que pagaban un precio elevado [25]. La conferencia internacional sobre Comercio de Órganos: Cultura, Política y Bioética del Mercado Global, celebrada en la Universidad de California en Berkley, del 26 al 28 de abril de 1996, con la participación de notables académicos y profesionales de todo el mundo, confirmó la importancia de este mercado en expansión. También se destacó la fina línea que existe entre el tráfico delictivo y el comercio de inspiración gubernamental. Por ejemplo, según los informes presentados a esta conferencia, el gobierno chino parece haber autorizado de forma rutinaria la venta de órganos de personas ejecutadas —varios cientos cada año—, cuyos beneficios van a parar, legalmente, a las arcas del Estado. El tráfico parece ser particularmente importante en India y Egipto, con destino a pacientes adinerados de Oriente Próximo. La mayoría de estos órganos son vendidos de forma voluntaria

---

[25] *The Times*, 18 de noviembre de 1993.

por la gente viva (un riñón, un ojo) o por sus familias una vez que ha muerto. Pero, según la legislación nacional e internacional, el tráfico en realidad es ilegal y es gestionado por redes de contrabando, cuyos clientes últimos son, naturalmente, importantes hospitales de todo el mundo. Éste es uno de los lazos que existen entre la pobreza global y la alta tecnología. En noviembre de 1999, académicos y defensores de los derechos humanos volvieron a reunirse en Berkeley y establecieron una institución permanente, Organs Watch, para documentar, dar a conocer y, en definitiva, poner coto al tráfico de órganos humanos.

6) *Blanqueo de dinero*. El conjunto del sistema criminal sólo tiene sentido comercial si los beneficios generados pueden utilizarse y reinvertirse en la economía legal. Esto se ha vuelto cada vez más complicado dado el asombroso volumen de estos beneficios. Por eso el blanqueo de dinero es la matriz del crimen global y su punto de conexión más directo con el capitalismo global. El blanqueo de dinero [26] supone tres estadios. El primero, y más delicado, requiere la colocación del dinero en efectivo en el sistema financiero mediante bancos u otras instituciones financieras. En algunos casos, los bancos están en países con escaso control. Panamá, Aruba, las Islas Caimán, las Bahamas, St. Maertens, Vanuatu, pero también Luxemburgo y Austria (aunque en estos dos países las cosas están cambiando últimamente) suelen citarse en los informes policiales como puntos clave de entrada de dinero negro en el sistema financiero. Sin embargo, en las principales economías debe informase de las transacciones en metálico por encima de una cierta suma (10.000 dólares en los Estados Unidos). Así, los depósitos operan mediante una gran cantidad de transacciones de 9.999 dólares (o menos). El segundo estadio consiste en la separación de los fondos de sus fuentes para evitar su detección en auditorías futuras. Lo crucial aquí es la globalización de los mercados financieros y la disponibilidad de transferencias electrónicas en segundos. Junto con las operaciones en efectivo, las inversiones en diferentes valores y el uso de parte de este «dinero negro» como garantía para préstamos de fondos legítimos, la velocidad y la diversidad de las transacciones hacen extremadamente difícil detectar el origen de estos fondos. Prueba de esta dificultad es la cantidad tan pequeña de fondos incautados en los principales países capitalistas [27]. El tercer es-

---

[26] El término «blanqueo de dinero» proviene del Chicago de los años veinte, cuando un financiero de la mafia local compró unas cuantas lavanderías automáticas donde los servicios sólo podían pagarse en metálico. Todas las noches, antes de declarar sus ganancias diarias con fines fiscales, añadía algún dinero «negro» a su dinero «blanqueado» (información de *Literaturnaya Gazeta*, 12 de julio de 1994).

[27] Sterling, 1994.

tadio es la introducción del capital blanqueado en la economía legal, usualmente en bienes raíces o valores, y por lo general utilizando los puntos de entrada más débiles de la economía legal, en países sin legislación o con escasa legislación contra el blanqueo de dinero. Tras esta integración, los beneficios generados por delitos se unen al torbellino de los flujos financieros globales [28].

La clave del éxito y la expansión del crimen global en los años noventa es la flexibilidad y versatilidad de su organización. La *interconexión es su forma de operación*, tanto interna, en cada organización criminal (por ejemplo, la Mafia siciliana, el cártel de Cali), como en relación con otras organizaciones criminales. Las redes de distribución funcionan mediante bandas locales autónomas, a las que suministran bienes y servicios, y de las que reciben dinero en efectivo. Cada organización criminal importante tiene sus propios medios de hacer cumplir los tratos. La violencia despiadada (incluidos la intimidación, la tortura, el secuestro de familiares y el asesinato) es, por supuesto, parte de la rutina, con frecuencia subcontratada a asesinos a sueldo. Pero más importante es el «aparato de seguridad» del crimen organizado, la red de agentes de la ley, jueces y políticos que están en su nómina. Una vez que entran en el sistema, están cautivos de por vida. Aunque las tácticas judiciales de reducción de la sentencia y protección para los testigos de un delito han contribuido a la represión del crimen organizado, sobre todo en los Estados Unidos y en Italia, la creciente habilidad de los dirigentes criminales para encontrar paraísos seguros y el alcance global de los asesinos de alquiler están limitando de forma considerable la efectividad de los métodos de represión clásicos de los Estados Unidos de los años cincuenta y la Italia de los ochenta.

Esta necesidad de escapar de la represión policial articulada en los estados-nación hace esenciales las *alianzas estratégicas entre redes criminales* en su nuevo modo de operación. Ninguna organización puede abarcar por sí misma todo el globo. Es más, no puede extender su alcance internacional sin entrar en el territorio tradicional de otra potencia criminal. Por ello, en estricta lógica empresarial, las organizaciones criminales se respetan mutuamente y encuentran puntos de convergencia a lo largo de las fronteras nacionales y los territorios de cada una. La mayoría de los asesinatos son intranacionales: los rusos asesinan a rusos, los sicilianos asesinan a sicilianos, los miembros del cártel de Medellín y del cártel de Cali se matan entre sí, precisamente para controlar su base local/nacional desde la que pueden operar cómodamente. Es esta combinación de interconexión flexible de territorios locales, arraigados en la tradición y la identidad, en un entorno institucional favorable, y el alcance global que proporcionan las alianzas estratégicas lo que explica la fortaleza organiza-

---

[28] De Feo y Savona, 1994.

tiva del crimen global. Lo convierte en un actor fundamental en la economía y la sociedad de la era de la información. En ningún otro lugar es este papel estratégico global más evidente que en el saqueo de Rusia durante y después de la transición del estatismo soviético al protocapitalismo salvaje.

El saqueo de Rusia [29]

¿Dónde se origina la mafia? Es simple: comienza con los intereses comunes de políticos, hombres de negocios y gánsters. Todos los demás son rehenes de esta sagrada alianza. Todos los demás quiere decir nosotros.
Pável Voshchanov, *Komsomolskaya Pravda*, pág. 13.

La caótica transición de la Unión Soviética a la economía de mercado creó las condiciones para que el crimen organizado penetrara ampliamente en las actividades comerciales de Rusia y las demás repúblicas. También provocó la proliferación de actividades criminales originadas dentro y fuera de Rusia y la antigua Unión Soviética, como el tráfico ilegal de armas, material nuclear, metales raros, petróleo, recursos naturales y divisas. Las organizaciones criminales internacionales se vincularon con los cientos de redes de mafias postsoviéticas, muchas de ellas de base étnica (chechenos, azeríes, georgianos y demás), para blanquear dinero, adquirir propiedades valiosas y hacerse con el control de negocios ilegales y legales prósperos. Un informe de 1994 sobre el crimen organizado, realizado por el Centro de Análisis de la Política Social y Económica de la presidencia de Rusia, estimaba que casi todas las pequeñas empresas privadas estaban pagando un tributo a grupos criminales. En cuanto a las empresas privadas mayores y a los bancos comerciales, el informe decía que entre el 70 y el 80% también pagaban cuotas de protección a grupos criminales. Estos pagos representaban entre el 10 y el 20% de los ingresos de esas empresas, una cantidad que equivalía a la mitad de sus beneficios [30].

---

[29] Esta sección se basa en varias fuentes. En primer lugar, en el análisis de informes de la prensa, tanto de fuentes rusas como occidentales, efectuado por Emma Kiselyova. No he considerado necesario citar todos los informes, ya que son de conocimiento público. En segundo lugar, en el trabajo de campo que realicé en Rusia entre 1989 y 1996, al que ya se hace referencia en el capítulo 1 de este volumen y en el capítulo 2 del volumen I. Aunque mi investigación no se ocupaba directamente del crimen organizado, encontré sus huellas constantes en los procesos de cambio económico y político que trataba de estudiar. En tercer lugar, he utilizado unos cuantos libros y artículos importantes sobre el tema. El mejor relato en inglés sobre el crimen organizado en Rusia lo ofrece Handelman, 1995. Sterling, 1994, cuenta con algunas secciones importantes sobre Rusia en su libro sobre el crimen global. Voshchanov, 1995, y Goldman, 1996, articulan argumentos convincentes sobre la interpretación de las fuentes de la criminalización de la economía rusa.

[30] Informado por *Izvestia*, 26 de enero de 1994.

La situación no parece haber mejorado en 1997. Según otro informe de *Izvestia*, se estimaba que en torno a 41.000 compañías industriales, el 50% de los bancos y el 80% de las empresas conjuntas tenían conexiones criminales[31]. El informe sostenía que la economía sumergida, en todas sus manifestaciones, podía suponer hasta el 40% de la economía rusa. La valoración de otros observadores, entre los que se cuenta Marshall Goldman, coinciden en que el crimen organizado está ampliamente introducido en las empresas y el gobierno[32]. El derrumbamiento del sistema fiscal está directamente relacionado con los pagos de las empresas a los grupos extorsionadores para resolver sus problemas en ausencia de un Estado fiable. Enfrentadas a la elección entre una administración irresponsable y una organización de chantaje efectiva aunque despiadada, las empresas y la gente se están acostumbrando a confiar en la segunda, sea por miedo o por conveniencia, o por ambas razones.

En algunas ciudades (por ejemplo, Vladivostok), la administración local está muy condicionada en su funcionamiento por sus dudosas conexiones. Es más, incluso cuando una empresa determinada no está relacionada con el crimen organizado, opera en un entorno en el que la presencia de los grupos criminales es dominante, sobre todo en la banca, en las operaciones de importación-exportación, y en el comercio del petróleo y de metales preciosos y raros. El grado de violencia en el mundo empresarial ruso a mediados de los años noventa era verdaderamente extraordinario: *Kommersant*, en 1996, publicaba *a diario* una sección necrológica que enumeraba a los empresarios asesinados en cumplimiento de su deber. Los asesinatos a sueldo se convirtieron en un modo de vida en el mundo empresarial[33]. Según el Ministerio de Interior, en 1995 se detectaron unos 450 asesinatos a sueldo y sólo 60 fueron resueltos por la policía. Los nuevos ricos rusos dirigían sus empresas de Moscú por teléfono desde sus mansiones de California para escapar a las amenazas a ellos y sus familias, mientras seguían involucrados en los negocios que ofrecían la oportunidad de hacer una fortuna casi sin paralelo en el mundo. El cumplimiento de los tratos comerciales, en un entorno legal incierto, solía lograrse mediante la intimidación, a veces mediante el asesinato. El crimen organizado por lo general no se contentaba con subcontratar la violencia o las operaciones ilegales a un precio. Quería, y solía obtener, una parte del negocio, ya fuera en existencias o, más frecuentemente, en dinero en efectivo, o también en favores especiales, como préstamos preferentes o posibilidades de contrabando. En el sector privado, las empresas pagaban «impuestos» a las organizaciones criminales en lugar de hacerlo al gobierno. En efecto, la amenaza de denunciar el fraude fiscal de una em-

---

[31] *Izvestia*, 18 de febrero de 1997.
[32] Goldman, 1996.
[33] Shargorodsky, 1995.

presa a los inspectores fiscales del gobierno era uno de los métodos de extorsión utilizados por el crimen organizado.

La amplia presencia de los cárteles criminales internacionales en Rusia y las repúblicas ex soviéticas fue correspondida con una expansión espectacular de las redes criminales postsoviéticas en el extranjero, sobre todo en los Estados Unidos y Alemania. Estas redes criminales, en los Estados Unidos, funcionaban con un alto grado de complejidad financiera y tecnológica, y en general estaban organizadas por profesionales jóvenes muy cualificados que no dudaban en respaldar sus operaciones con una violencia extrema pero calculada, ejecutada con frecuencia por ex oficiales del KGB, que encontraron una carrera profesional después de la guerra fría [34]. Debido a la importancia estratégica, económica y política de Rusia, y a su enorme arsenal militar y nuclear, su nueva y profunda conexión con el crimen organizado global se ha convertido en uno de los problemas más preocupantes de este fin de milenio y en un asunto candente de las reuniones geopolíticas en todo el mundo [35].

¿Cómo se ha llegado a este estado de cosas? En primer lugar, debe decirse que *no* está en continuidad histórica con la experiencia rusa pasada o con la economía sumergida de la Unión Soviética, aunque en la nueva economía criminal hay elementos muy activos que participaban en actividades delictivas o ilegales en el antiguo sistema. Pero se les han unido muchos otros actores en el escenario criminal, y los mecanismos de formación y crecimiento de la nueva economía criminal son completamente diferentes. En Rusia han existido organizaciones criminales durante siglos [36]. El *vorovskoi mir* (mundo de ladrones), usualmente gobernado desde las cárceles por una elite de *vory v zakonye* (ladrones políticos), sobrevivió a la represión y guardó las distancias frente a los estados zarista y soviético. Sin embargo, fue muy castigado durante el mandato de Stalin y después se vio debilitado por divisiones y asesinatos internos, sobre todo durante las denominadas «guerras de canallas» de los años cincuenta. Reapareció durante la *perestroika*, pero tuvo que competir por el control de las calles y el tráfico criminal con una proliferación de mafias étnicas y una legión de recién llegados al negocio. En los años noventa, sólo es un componente de un cuadro mucho más amplio, cuyos centros de poder y riqueza se

---

[34] Kleinknecht, 1996; Kuznestsova, 1996; Wallace, 1996.

[35] Sobre el significado de la participación rusa en el crimen global, véase Ovchinsky, 1993. En cuanto a la persistencia de la actividad criminal en Rusia, según un informe del ministro de Interior A. Kulikov del 17 de enero de 1997, se habían cometido unos 7 millones de delitos en 1996 y se había informado de unos 2,62 millones; se habían cometido 29.700 asesinatos e intentos de asesinato. Más de 200 bandas fueron desarticuladas por la policía. Kulikov reconoció que en su ministerio había numerosos casos de corrupción. El jefe de la Dirección de Suministros Técnicos y Militares y otros 30 cargos fueron despedidos por malversación de fondos. En 1996 se pidieron cuentas a unos 10.000 empleados del ministerio, 3.500 de ellos por delitos.

[36] Handelman, 1995.

originaron durante los años de la transición. Tampoco son las mafias rusas contemporáneas una continuación de las redes que controlaban la economía sumergida que se desarrolló durante el periodo de Brezhnev. La economía sumergida no estaba en manos de criminales, sino de la *nomenklatura* soviética. Aportó flexibilidad a una economía dirigida cada vez más rígida, a la vez que proporcionaba recompensas (rentas) a los guardianes de cada obstáculo burocrático. Como he descrito en el capítulo 1, esta economía sumergida incluía trueques entre empresas, así como ventas ilegales de bienes y servicios a todos los niveles del sistema económico, bajo la supervisión y para el beneficio personal de una red gigantesca de burócratas, asociados usualmente con la estructura de poder comunista. La existencia de esta economía sumergida estaba unida a la economía dirigida, por lo que sus redes no pudieron sobrevivir al derrumbamiento del Estado soviético. Aunque muchos de estos beneficiarios de la *nomenklatura* utilizaron su influencia y riqueza acumuladas para tomar posición en la nueva economía criminal de la Rusia postsoviética, la estructura de ésta y sus mecanismos de conexión con la empresa y el gobierno fueron enteramente nuevos.

Las nuevas redes criminales se formaron en el periodo 1987-1993 para proseguir el saqueo de Rusia, y consolidaron sus estrechas vinculaciones con el mundo empresarial y el sistema político durante los años noventa [37]. Para tratar de analizar este extraordinario desarrollo, propondré una explicación en tres pasos que creo plausible a la luz de los datos disponibles [38]. Combino una interpretación estructural, la identificación de los actores participantes en la apropiación incontrolada de los activos soviéticos y una descripción de los mecanismos utilizados por estos actores para acumular riqueza y poder en un tiempo muy corto.

---

[37] La designación de 1987-1993 como el periodo de formación de las mafias rusas contemporáneas no es arbitraria. En 1987 Gorbachov autorizó la creación de empresas privadas (sobre todo en forma de cooperativas) en términos extremadamente confusos y sin un contexto legal apropiado, lo que indujo el desarrollo de un protocapitalismo embrionario que a menudo tuvo que funcionar bajo planes de protección ilegales. En octubre de 1993, Yeltsin aplastó con los tanques la rebelión del último Parlamento ruso establecido durante la era soviética, poniendo fin a la transición política. Fue durante este periodo incierto de transición, en el que nadie sabía realmente quién mandaba, salvo el propio presidente, cuando el crimen organizado estableció sus redes empresariales, mientras que muchos políticos tomaban posiciones para la apropiación generalizada de la riqueza rusa. A finales de 1993, con una nueva Constitución y un nuevo Parlamento elegido democráticamente, Rusia ya había entrado en una especie de normalidad institucional. Sin embargo, en este punto, la conexión de empresas, gobierno y crimen ya se había consolidado y se convirtió en un rasgo del nuevo sistema.

[38] Véanse las fuentes citadas en la nota 28. Además, consúltense Ovchinskyi, 1993; Bohlen, 1993, 1994; Bonet, 1993, 1994; Comisión sobre Seguridad y Cooperación en Europa, 1994; Podlesskikh y Tereshonok, 1994; *Izvestia*, 1994a, b; Gamayunov, 1994; Savvateyeva, 1994; *The Current Digest of the Post-Soviet Press*, 1994; Erlanger, 1994a, 1994b; Kunznetsova, 1996; Bennet, 1997.

La perspectiva estructural

El caos económico que dio como resultado la criminalización parcial de la empresa se produjo, en primer lugar, por un proceso de transición de una economía dirigida a una economía de mercado, operado sin instituciones que pudieran organizar y regular los mercados y entorpecido por el derrumbamiento de los organismos estatales, que fueron incapaces de controlar o reprimir los acontecimientos. Como escribe Marshall Goldman:

El colapso de la Unión Soviética fue acompañado por el de la infraestructura económica; el Gosplan, los ministerios, las operaciones mayoristas, todo desapareció. Finalmente, se produjo un vacío institucional. Para rematar las cosas, no había un código aceptado de conducta empresarial. De repente Rusia se encontró con el funcionamiento de un mercado, pero sin código comercial, sin código civil, sin un sistema bancario efectivo, sin un sistema contable efectivo, sin procedimientos para declarar la bancarrota. Lo que quedaba no servía de mucho, sobre todo la idea prevaleciente de que era perfectamente apropiado engañar al Estado [39].

En esas condiciones de caos institucional, la transición acelerada a mecanismos de mercado, incluida la liberalización de los controles de precios, abrió el camino a una competición salvaje para apoderarse de la propiedad estatal por cualquier medio, a menudo en asociación con elementos criminales. Como escribe Goldman, «cabe sostener hasta cierto punto que los reformistas rusos hicieron el movimiento de la Mafia peor de lo que hubiera sido preciso que fuera» [40].

---

[39] Goldman, 1996, pág. 42.
[40] Goldman, 1996, pág. 40. Al primer gobierno de la Rusia democrática, en 1992, se le advirtió debidamente de las consecuencias potenciales de una transición acelerada a una economía de mercado sin establecer antes las instituciones que permitieran a los mercados funcionar adecuadamente. El comité asesor internacional al gobierno ruso que presidí en 1992 (véase la explicación en el capítulo 1 de este volumen y en el capítulo 2 del volumen I) entregó varias notas e informes (que aún conservo), además de repetidas advertencias verbales, en el sentido de que los mercados requerían instituciones y regulaciones, como demostraba la historia del desarrollo capitalista en otros países. Burbulis me dijo en julio de 1992 que estaba de acuerdo con nuestros argumentos, pero que las «fuerzas del Kremlin» estaban a favor de un planteamiento más pragmático y menos reglamentista, que proporcionase mayor libertad de maniobra. Gaidar, apoyado por el FMI, creía firmemente en la capacidad intrínseca de las fuerzas del mercado para eliminar los obstáculos por sí mismas, una vez que se hubieran liberalizado los precios y la gente pudiera utilizar sus bonos para comprar acciones. En 1996, reconociendo *a posteriori* algunos de los problemas de la privatización incontrolada que nuestro comité había previsto en marzo de 1992, culpó «a los comunistas y sus aliados». Personalmente no creo que Gaidar, Burbulis y otros dirigentes del primer gabinete de Yeltsin fueran corruptos en 1992. Creo que la cuestión clave es que no tenían poder legal, político o burocrático para controlar los resultados de sus decisiones. Así, liberalizaron, desatando las fuerzas económicas, y fueron sobrepasados por toda clase de grupos de presión de dentro y fuera del Estado. Cuando el proceso de liberalización y

Este caos institucional se vio agravado por el desmembramiento de la Unión Soviética en 15 repúblicas independientes. Los organismos de seguridad y las fuerzas armadas quedaron desorganizados, se borraron las líneas de mando burocráticas, y proliferó la legislación en desorden, mientras que los controles fronterizos dejaron de existir. Los protocapitalistas y criminales pasaron de unas repúblicas a otras, seleccionando los entornos más favorables y operando en toda la extensión de la antigua Unión Soviética. El subdesarrollo tecnológico hizo difícil seguir la pista de los movimientos de capital, bienes y servicios en un territorio enorme. Las mafias locales tomaron el control de los estados locales y establecieron sus propias redes de conexión. Las mafias y sus asociados empresariales saltaron a la era de la información mucho más deprisa que las burocracias estatales. Controlando tanto los nodos locales como los vínculos de comunicación, las empresas semicriminales sortearon los controles extremadamente centralizados que seguían funcionando. Gobernaron el país mediante sus propias redes.

La identificación de los actores

¿Quiénes son los actores que intervinieron en la puesta en marcha de este proceso salvaje de acumulación, moldeado en parte por intereses criminales? Para uno de los más respetados observadores de la escena política rusa, Pavel Voshchanov, la respuesta es inequívoca:

¿Cómo nació el Estado criminal soviético? En cierto modo, surgió tras el golpe de agosto de 1991. En ese momento, la nueva elite política estaba considerando quizás la cuestión más importante, cómo hacer irreversibles los cambios económicos y políticos posteriores al golpe. Estaban de acuerdo en que debían tener su propia base social: una clase de propietarios. Ésta debía ser bastante grande y capaz de sostener a sus patrones. El problema era crear esta clase comenzando en un punto donde todos eran casi iguales en cuanto a renta y propiedad. [...] ¿Cuál era el principal obstáculo para la nueva *nomenklatura* del Kremlin?: la ley. Toda ley era un obstáculo ya que, según los ayudantes presidenciales en 1991, «imposibilitaba el progreso de la democracia»[41].

Los intereses políticos estratégicos de los reformistas en el poder en 1991-1992 indujeron un rápido proceso de liberalización y privatización

---

privatización se convirtió en una batalla campal y las instituciones del Estado no pudieron ofrecer ninguna garantía, aparecieron las mafias y se hicieron con el control parcial del proceso. Ésta es una lección importante de la historia. Cuando y donde no hay regulación y control por parte de la fuerza legítima del Estado, se impone el control despiadado de las fuerzas ilegítimas de grupos privados violentos. Los mercados sin restricciones equivalen a sociedades salvajes.

[41] Voshchanov, 1995, pág. 13.

que pudiera crear una gran clase de propietarios, con intereses creados en el desarrollo del capitalismo en Rusia. Algunos de estos reformadores quizá también tuvieran en mente obtener un beneficio personal de sus posiciones de poder, como acabaron logrando algunos en los años siguientes. Sin embargo, lo más importante es que, inadvertidamente o no, crearon la oportunidad para que quienes tenían dinero y poder se apoderaran de la propiedad del Estado, es decir, de toda Rusia. Esos pretendidos capitalistas eran, ante todo, miembros destacados de la *nomenklatura* comunista que habían acumulado riqueza, en particular durante los años de la *perestroika*, desviando fondos estatales a cuentas bancarias personales en el extranjero. Varios altos cargos del gabinete de Yeltsin en 1992 me dijeron que, cuando éste llegó al poder, las reservas de oro y divisa fuerte del Estado soviético habían desaparecido casi por completo, información que más tarde fue confirmada por varias fuentes y hecha pública, entre otros, por Yegor Gaidar en 1996. Ello además de las cuentas secretas en el extranjero del Partido Comunista de la Unión Soviética que simplemente se desvanecieron en los flujos financieros globales. En conjunto, pueden representar, con toda probabilidad, decenas de miles de millones de dólares. Una fracción de este capital era suficiente para comprar una cantidad considerable de propiedades, empresas, bancos, bienes y servicios en Rusia, particularmente si la influencia política, todavía en manos de los amigos de la *nomenklatura*, facilitaba la adquisición de la propiedad estatal. Sólo unos meses después del fin de la Unión Soviética surgieron en la economía rusa imperios financieros gigantescos con una gama altamente diversificada de inversiones. Estos conglomerados pronto encontraron conexiones en el nuevo sistema político, ya que el vacío institucional requería que prosperase alguna forma específica de respaldo gubernamental en un entorno incierto, agitado periódicamente por un aluvión de decretos.

Hubo otros actores que participaron activamente en el desarrollo salvaje del nuevo capitalismo ruso. El crimen organizado global, sobre todo la Mafia siciliana y los cárteles de Colombia, aprovecharon el caos ruso para blanquear considerables sumas de dinero, así como para mezclar «dinero negro» con miles de millones de dólares falsificados [42]. El propio Gaidar reconoció en 1994 la existencia de cuantiosas sumas de «dinero negro», capital blanqueado y capital en proceso de blanqueo en Rusia [43]. Al haberse establecido en Rusia a finales de los años ochenta y comienzos de los noventa, las redes criminales globales pudieron aprovechar el proceso de privatización creando conexiones con el crimen organizado ruso, así como induciendo el desarrollo de nuevas organizaciones criminales. También se vincularon con las redes de contrabando que surgieron

---

[42] Sterling, 1994.
[43] Entrevista con Gaidar, *Trud*, 10 de febrero, 1994.

en torno a los arsenales, las instalaciones nucleares, los campos petroleros y las minas de metales raros y preciosos [44].

Cuándo el sistema institucional se derrumbó en 1991 y floreció una economía de mercado caótica en la calle, proliferaron criminales de todo tipo —viejos y nuevos— y de diversas procedencias étnicas, como parásitos de cualquier negocio, pequeño o grande, que surgía en Rusia. Muchas organizaciones sin ánimo de lucro y exentas de impuestos cayeron bajo la influencia de la mafia, por ejemplo, la Fundación Nacional de los Deportes, el Fondo Ruso para los Inválidos de la Guerra de Afganistán y la Sociedad Panrusa para los Sordos. Incluso la Iglesia ortodoxa rusa entró en negocios exentos de impuestos, probablemente bajo la protección de la mafia, importando cigarrillos libres de impuestos para ayuda humanitaria e invirtiendo en compañías petroleras [45]. Debido a la ausencia de una regulación y control estatales efectivos, se estableció una relación simbiótica entre el crecimiento de las empresas privadas y su protección/extorsión por parte de las redes criminales. Esta empresa penetrada por el crimen se vinculó con políticos de ámbito local, provincial y nacional, de tal modo que, en definitiva, las tres esferas (política, empresa, crimen) quedaron entrelazadas. Esto no significa que el crimen controle la política, o que la mayoría de las empresas sean criminales, pero sí quiere decir que la empresa funciona en un entorno profundamente penetrado por el crimen; que la empresa necesita la protección del poder político; y que muchos políticos, en los años noventa, han amasado fortunas considerables mediante sus contactos empresariales.

Mecanismos de acumulación

Los mecanismos mediante los cuales se ha realizado esta especie de acumulación primitiva de capital en Rusia son diversos: los planes atrevidos e imaginativos son el renglón principal cotidiano de los capitalistas y estafadores rusos. Pero el mecanismo esencial ha sido el *proceso de privatización*, realizado sin transparencia, escaso control y contabilidad poco fiable. Mediante la privatización incontrolada, todos los activos de Rusia se vendieron a precios ridículos a cualquiera que tuviera el dinero y el poder para controlar la transacción. Así es como los cargos del gobierno, la ex *nomenklatura* y el crimen organizado acabaron unidos, voluntaria o involuntariamente.

Justo antes del proceso de privatización, varias megaespeculaciones contribuyeron a desestabilizar las instituciones económicas y proporcionaron el capital originario para embarcarse en la acumulación primitiva

---

[44] Beaty, 1994; Handelman, 1995; Gordon, 1996.
[45] *Business Week*, 9 de diciembre, 1996; Specter, 1996.

de los activos rusos. Claire Sterling ha identificado y documentado cuidadosamente la que probablemente fue la mayor de estas operaciones en 1990-1992, iniciada por las redes criminales globales, sobre todo por la Mafia siciliana, con la complicidad de contactos en el gobierno soviético y, probablemente, de los servicios de espionaje occidentales. Remito a su relato, que enumera varias fuentes fiables, citando nombres, lugares, fechas y cifras [46]. En pocas palabras, mediante diversos intermediarios presentados como «hombres de negocios internacionales», las organizaciones criminales y sus contactos depreciaron el rublo, comprando con dólares «negros» millones de rublos en Rusia con un gran descuento y ofreciendo estos rublos en el mercado mundial a bajo precio. Además, difundieron rumores de transacciones aún más grandes, contribuyendo a una depreciación mayor. Ciertos elementos de la *nomenklatura* estaban interesados en convertir estos rublos sin valor en moneda fuerte, tanto en su propio beneficio como, en algunos casos, para aumentar las reservas de divisas del Estado soviético. Las transacciones propiciaron la huida del capital de la Unión Soviética durante el último periodo de la *perestroika*. Parece que las reservas de oro del Estado se utilizaron como garantía de algunas de estas transacciones. La devaluación del rublo hizo los activos y artículos mucho más baratos en Rusia. Las redes criminales, los intermediarios especuladores y los jefes de la *nomenklatura* utilizaron los miles de millones de rublos que habían amasado y unos pocos millones de dólares para comprar y pasar de contrabando petróleo, armas, materias primas y metales raros y preciosos. También invirtieron en bienes raíces, hoteles y restaurantes. Y compraron grandes paquetes de bonos de privatización a ciudadanos particulares que no sabían qué hacer con ellos, o fueron obligados a venderlos. Una vez que este capital especulativo/criminal se situó en la economía, buscó, y obtuvo, el apoyo del gobierno soviético, luego ruso, para invertir en el país y para actividades de importación/exportación. Así, esta inversión, compuesta originalmente por dinero blanqueado y/o fondos desfalcados al Estado, se multiplicó de forma considerable. Como gran parte de la inversión extranjera legítima pronto se retrajo ante el entorno inseguro de Rusia, la legislación soviética y rusa para favorecer el capital y el comercio funcionó mayoritariamente en favor de las redes paracriminales. Algunos de los autores de estas operaciones especuladoras fueron identificados (Sterling cita a los estadounidenses Leo Wanta y Marc Rich), pero nunca fueron detenidos y continuaron dirigiendo sus empresas desde sus refugios en otros países (Rich se afincó en Zug, Suiza, en 1994). Sterling ha valorado el contrabando de capital en 1992 en torno a 20.000 millones de dólares y la salida ilícita de petróleo y materiales, en otros 17.000 millones de dólares. Esto representa varias veces la inversión directa extranjera total en Rusia durante el periodo 1991-

---

[46] Sterling, 1994, págs. 169-243.

1996. Aunque el relato de Sterling tiene todos los rasgos de una novela policiaca, su documentación es lo suficientemente seria como para hacerla verosímil y la idea fundamental de su argumento coincide con los informes de otras fuentes [47]. Es más, aunque no poseo pruebas concretas, el cuadro de operaciones ilegales y desestabilización económica que se desprende de mi trabajo de campo en Rusia durante 1989-1996, que incluye entrevistas al más alto nivel del gobierno soviético y ruso, no contradicen lo que Sterling, Handelman, Voshchanov y muchos otros observadores informan.

No obstante, las maniobras especulativas del crimen global durante los tiempos caóticos del derrumbamiento soviético no hubieran bastado para establecer el entrelazamiento de política, empresa y crimen que caracteriza a la escena rusa de los años noventa. Los dramáticos errores cometidos por Gorbachov primero, al desorganizar el sistema soviético sin reemplazarlo, y por los demócratas rusos después, al impulsar una transición acelerada a la economía de mercado sin un control social e institucional, crearon las condiciones para apoderarse de uno de los países mayores y con más recursos naturales del mundo. Es esta apropiación salvaje de la riqueza, realizada o tolerada por los poderes de turno, lo que explica la presencia aplastante del crimen, no al revés. Pero, a diferencia de los «barones ladrones» estadounidenses, que utilizaron todos los medios a su disposición para acumular capital con el fin de invertir, además de enriquecerse, el capitalismo ruso está profundamente atrincherado en el crimen global y en las redes financieras globales. Tan pronto como se generan beneficios, se envían al torbellino anónimo de las finanzas globales, desde donde sólo una parte se reinvierte, convenientemente blanqueada, en la remuneradora pero arriesgada economía rusa.

En agosto de 1999, *The New York Times* hizo público un sofisticado plan de transferencia ilegal de capitales de Rusia mediante el Bank of New York a través de una serie de empresas fantasma radicadas en Gran Bretaña, Suiza, los Estados Unidos y otros países. Se calcula que las operaciones ascendían a decenas de miles de millones de dólares. Dado el volumen de las transferencias, pronto se evidenció que las mafias rusas no podían ser por sí solas la fuente de este capital, a pesar de la implicación en algunas de estas operaciones de Mogilevich, ciudadano israelí y notorio capo de las mafias de Europa Oriental, que antes operaba desde Budapest. A medida que el caso fue desvelándose en los meses siguientes (todavía siguen apareciendo nuevos datos cuando escribo esto), la prensa europea y rusa informó extensamente sobre una vasta red de intereses que convergían en el fraude fiscal y en la exportación ilegal de enormes sumas desde Rusia. Llegó a sostenerse la hipótesis de que un porcentaje

---

[47] El argumento de Sterling, 1994, coincide con otras fuentes, citadas en las notas de este capítulo.

significativo de los préstamos del FMI a Rusia había sido desviado y transferido fuera de Rusia por banqueros y funcionarios gubernamentales con el conocimiento de autoridades rusas de muy alto nivel. Los informes del *Corriere della Sera* implicaron directamente al jefe de la administración del Kremlin y a la familia del presidente Yeltsin. El *Times* de Londres (7 de noviembre de 1999) documentó la transferencia ilegal de fondos desde Rusia a los Estados Unidos a través de bancos británicos y mantuvo que el destino de este dinero era el pago de sobornos a funcionarios estadounidenses en Washington D.C. A media que la información y contrainformación se convertían en munición política en Rusia y en el mundo en general, cada vez era más difícil desenmarañar los hechos de las invenciones y manipulaciones, y no digamos probar algo en este asunto cada vez más importante y extremadamente oscuro. En pro de la claridad, ofreceré la siguiente hipótesis: en primer lugar, en la raíz de la exportación ilegal de capitales se encuentra la absurda y opaca regulación del gobierno ruso en lo que respecta al control de capitales y fiscalidad de empresas y la aplicación, totalmente arbitraria, de esas normas. Por tanto, los negocios legítimos en Rusia, en particular en el sector financiero y en las empresas de exportación, tienen que recurrir a medidas extraordinarias para poder funcionar: esto incluye el mantener pagos en el exterior para operaciones legítimas de exportación y la inversión internacional de sus beneficios para soslayar las restricciones de la burocracia rusa. Estas operaciones pueden ser ilegales pero, en sí mismas, no están relacionadas con la mafia. En segundo lugar, los mecanismos para la evasión fiscal tienen que encontrar vías para salir del país. Tercero, los capitales procedentes de fondos indebidamente apropiados en el gobierno y su entorno también necesitan una salida. Cuarto, los funcionarios gubernamentales en diversos niveles de la administración encubren estos mecanismos de exportación ilegal de capitales y generación ilícita de rentas, a cambio de lo cual reciben su parte y se suman al club de exportadores de capital. Quinto, es probable que algunas organizaciones criminales contribuyeran a establecer las redes de circulación ilegal de capitales, utilizándolas también para blanquear sus propios beneficios. Sexto, una red de intermediarios, tanto en Rusia como en Occidente, desarrolló un complejo sistema de compañías fantasma e instituciones financieras, la mayoría de ellas en la zona turbia del comercio internacional, para extraer de Rusia capitales con orígenes diversos y beneficiarse de sus oscuros orígenes. Por último, el Bank of New York y otras instituciones financieras respetables simplemente aceptan el dinero sin hacer preguntas... de hecho, incentivando a sus empleados de origen ruso por sus lucrativos contactos comerciales. Sobre todo, cuando el dinero asciende a decenas de miles de millones de dólares. En ese punto, el dinero está libre de restricciones y una parte puede incluso reinvertirse en Rusia como capital extranjero en condiciones nuevas y más favorables. Por consiguiente, lo que los medios de co-

La conexión perversa: la economía criminal global 225

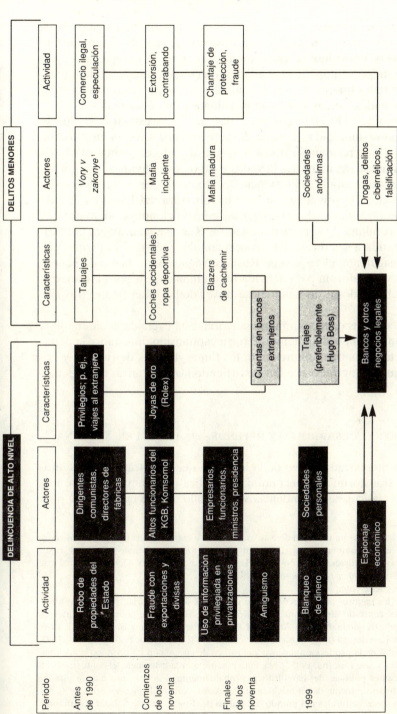

[1] Delincuentes con su propio código - bandas tradicionales.

Esquema 3.1 Evolución de las redes ilegales y criminales en Rusia.

Fuente: Control Risk, *The Economist*, 1999a.

municación denominan la mafia rusa no es más que una pequeña parte de la vasta red de operaciones ilegales a través de la cual, en última instancia, unos pocos individuos se apropian de gran parte de la riqueza del país (y quizá de un porcentaje de la ayuda internacional), transfiriéndola finalmente a las redes financieras internacionales en cooperación (a sabiendas o no) con grandes bancos e instituciones financieras occidentales [48].

En agosto de 1999 *The Economist*, después de investigar la evolución de la economía sumergida de Rusia durante los años noventa, propuso un gráfico en el que resumía la transformación de esta economía desde las actividades delictivas menores, llevadas a cabo por individuos marginales y mafias étnicas, hasta la delincuencia de alto nivel, que se intensificó durante el proceso de privatización bajo la cobertura del Estado y (añado yo) con el conocimiento de los gobiernos e instituciones occidentales que decidieron condonar la corrupción mientras Rusia se mantuviera políticamente sometida a sus dirigentes prooccidentales (véase el esquema 3.1).

Por consiguiente, el saqueo de Rusia prosigue como fuente de beneficios fáciles y plataforma para actividades criminales e ilegales internacionales, distribuyéndose sus beneficios a través de las redes financieras globales.

La sociedad rusa, en su inmensa mayoría, está excluida de la era de la información a finales del milenio. Pero su capitalismo, infestado de delincuencia, está plenamente inmerso en los flujos globales de riqueza y poder, a los que ha logrado acceder pervirtiendo las esperanzas de la democracia rusa [49].

Narcotráfico, desarrollo y dependencia en América Latina [50]

El aumento extraordinario de la industria del narcotráfico en los años setenta ha transformado la economía y política de América Latina. Los paradigmas clásicos de dependencia y desarrollo han de replantearse para

---

[48] Puede consultarse un resumen de este escándalo, así como una cronología de los acontecimientos hasta noviembre de 1999, en el *web site* de noticias políticas rusas (http://www.polit.ru/stories.html) (en ruso). En cuanto a las fuentes occidentales, véanse Bonner y O'Brien, 1999, y *The Economist*, 1999a.

[49] Castells y Kiselyova, 1998.

[50] Uno de los mejores análisis económicos y políticos sobre el narcotráfico en América Latina, aunque centrado en Colombia, es el de Thoumi, 1994. Sobre la estructura internacional de la industria de la droga en América Latina, véanse Tokatlian y Bagley (eds.), 1990; Arnedy, 1990; Laserna, 1991; Simposio Internacional, 1991; Del Olmo, 1991; y Bastias, 1993. Sobre los efectos de la producción de coca y el tráfico de cocaína en las economías nacionales y regionales, véase Laserna, 1995, 1996. Para comprender la psicología, el contexto social y las implicaciones políticas del narcotráfico, probablemente el documento más inspirador es el extraordinario informe de Gabriel García Márquez, *Noticia de un secuestro*, 1996. Sobre las dimensiones culturales del mundo del tráfico de drogas, véanse Salazar y Jaramillo,

incluir, como un rasgo fundamental, las características de la industria del narcotráfico, y su profunda penetración en las instituciones del Estado y la organización social. La industria se centra fundamentalmente en torno a la producción, el procesamiento y la exportación de coca y cocaína. Sin embargo, en los años noventa, la heroína se convirtió en un componente cada vez más importante y la marihuana, sobre todo en México, recuperó parte del significado que tuvo a finales de los años sesenta y comienzos de los setenta. En torno a las poderosas redes criminales creadas por el tráfico de drogas, se están organizando otras actividades criminales (sobre todo blanqueo de dinero, contrabando, tráfico de armas, tráfico de inmigrantes, prostitución internacional y secuestros), constituyendo de este modo un mundo criminal complejo, cuya estructura altamente descentralizada cala y marca todas las sociedades latinoamericanas. Varios rasgos importantes caracterizan a la industria del narcotráfico.

1) *Está dirigido a la demanda y orientado a la exportación.* Su mercado original y aún más importante son los Estados Unidos. Sin embargo, Europa Occidental y el Asia rica se están convirtiendo rápidamente en mercados importantes. Como ilustración del contexto económico de la industria de la cocaína, en 1991 el coste de producción de un kilogramo de cocaína en Colombia (incluido el coste de producción de la pasta de coca procedente de otros países) se estimaba en 750 dólares; su precio de exportación desde Colombia estaba en torno a los 2.000 dólares; el precio al por mayor del mismo kilogramo en Miami era de 15.000 dólares; y en las calles de las ciudades estadounidenses, vendido por gramos, una vez convenientemente «cortado» con otros ingredientes, su valor podía alcanzar más de 135.000 dólares[51]. Los costes de transporte y distribución, y de protección de estos sistemas de distribución, están relacionados obviamente con su ilegalidad y su demanda sostenida en los Estados Unidos.

1992; De Bernieres, 1991; y Prolongeaù, 1992. Sobre la conexión entre la industria de las drogas y las relaciones entre los Estados Unidos y América Latina, véase la obra clásica de Scott y Marshall, 1991. Sobre Bolivia, véanse Laserna, 1995, y Pasquini y De Miguel, 1995. Sobre Ecuador, Bagley *et al.*, 1991. Sobre Venezuela, Azocar Alcalá, 1994. Sobre México, Mejía Prieto, 1988; García, 1991, y mi capítulo 5 en el volumen II. Sobre Perú, Turbino, 1992, y Pardo Segovia, 1995. Una fuente importante de información e ideas sobre la economía política del narcotráfico en América Latina ha sido Roberto Laserna, profesor de economía de la Universidad Mayor de San Simón, Cochabamba. Nuestra interacción intelectual durante más de diez años ha determinado de forma decisiva mis ideas sobre este tema, aunque él no tiene ninguna responsabilidad sobre mis posibles errores. También mi estancia en La Paz y Cochabamba en 1985, incluyendo una interesante visita al Chaparé, por entonces uno de los centros de cultivo de coca de América Latina, fue esencial para mi comprensión de la industria del narcotráfico, por muy limitada que sea.

[51] Thoumi, 1994, pág. 295.

2) *Está plenamente internacionalizado, con una división del trabajo cambiante entre diferentes localizaciones.* Centrándonos de nuevo en la cocaína, las hojas de coca son y han sido cultivadas y consumidas sin peligro durante cientos de años en la región andina [52]. A finales de siglo, Colombia producía en torno al 40% de la hoja de coca del mundo, Bolivia y Perú, juntas, en torno a otro 40%, y el resto se repartía principalmente entre Ecuador, Venezuela y, más recientemente, Brasil y México. La transformación de las hojas de coca en pasta de coca y, después, en una base de coca, suele hacerse en los países de cultivo, aunque a alguna distancia de los campos para evitar ser detectados. Por ejemplo, cuando visité el entonces principal centro productor de coca de Bolivia, el Chaparé, en la provincia de Cochabamba, la pasta de coca se producía a unos cien kilómetros del Chaparé, en poblados de los valles que rodean la ciudad de Cochabamba, desde donde la pasta de coca se transportaba en las espaldas de porteadores hasta las pistas de aterrizaje clandestinas en la selva. Desde allí, así como desde Alto Huallaga, la principal zona productora de Perú, la pasta de coca y la base de coca iba/va en avión a Colombia, donde los principales centros de la industria han consolidado su control desde finales de los años setenta. Pese a la represión, Colombia sigue siendo el centro más importante de refinado y procesado avanzado de la cocaína. También alberga los centros gestores y comerciales desde los que se organiza la operación más delicada: el transporte a los mercados ricos, sobre todo a los Estados Unidos. Además, a finales de los noventa, después de que los gobiernos peruano y boliviano, acuciados por la DEA estadounidense, aumentaran la presión sobre los cultivadores de coca, Colombia se convirtió también en uno de los principales centros de cultivo. Ello se debe a la existencia de vastas áreas del país que quedan fuera del control del gobierno, lo que permite a los campesinos cultivar coca con menor riesgo de represión que en otros países.

Inicialmente eran personas las que se encargaban de pasar la droga de contrabando directamente; ahora, la principal forma de transporte a los Estados Unidos son pequeños aviones que vuelan desde el Caribe. Este método fue organizado por primera vez por el notorio traficante Carlos Lehder, que compró una isleta, el Cayo Norman, en las Bahamas, y prestó su pista de aterrizaje a otros exportadores, poniendo así las bases de la cooperación —un cártel flexible— entre exportadores. Pero se utilizaron y utilizan muchos otros medios, a medida que aumentaron las incautaciones de los oficiales de las aduanas: líneas aéreas comerciales, cargueros, servicios de mensajería, cocaína escondida en mercancía exportada le-

---

[52] Laserna, 1996; Gootenberg, 1999.

galmente (materiales de construcción, paneles de cristal, fruta, conservas, ropa y demás), así como, sobre todo en los años noventa, el transporte por tierra a lo largo de la frontera entre México y los Estados Unidos. Así, los cárteles de la droga mexicanos se han desarrollado considerablemente en los años noventa, primero como intermediarios de los colombianos, y luego por su cuenta, sumando heroína, anfetaminas y marihuana a la cocaína que transportan como socios de los colombianos.

En muchos casos, el método de transporte es directo: sobornar a los oficiales de aduanas de uno o varios países. En otros casos es más imaginativo: por ejemplo, en 1999 se persuadió a la mujer del coronel estadounidense responsable de las operaciones militares de los Estados Unidos en Colombia de que remitiera seis paquetes a Nueva York desde la Embajada estadounidense en Colombia[53]. Las rutas largas, como la de Europa o Asia, se realizan sobre todo en cargueros, desde los que la droga se pasa a embarcaciones más pequeñas cerca de la costa: así se hace en Galicia (España), uno de los principales puntos de entrada en Europa, en continuidad histórica con las redes de contrabando de tabaco existentes allí. Las redes de distribución en los Estados Unidos tienden a estar controladas por los colombianos o sus asociados, a menudo mexicanos, que utilizan redes de inmigrantes de su mismo origen nacional (o incluso regional): redes basadas en la confianza. En Europa y Asia, los cárteles colombianos proporcionan la mercancía y dejan la distribución a las organizaciones criminales encargadas de cada territorio. Guayaquil desempeña un papel importante en los envíos marítimos a los Estados Unidos, mientras que Venezuela es el punto de carga para los envíos aéreos a Europa.

Otros insumos decisivos para la industria son los precursores químicos, importados fundamentalmente de Suiza, Alemania y los Estados Unidos, pero suministrados de forma creciente por la industria química latinoamericana, sobre todo de Argentina y Brasil. Brasil, donde se cultiva algo de coca, también ha entrado en la industria de procesado, a medida que los laboratorios colombianos fueron sometidos a mayor presión por la Agencia Antidroga de los Estados Unidos. Aunque el patrón geográfico del narcotráfico está evolucionando y extendiendo su alcance, ha mantenido una estabilidad notable en su jerarquía interna, ya que los cárteles colombianos han sido capaces de conservar su dominio por razones y con mecanismos que presentaré más adelante.

Las tres *transformaciones más importantes de esta división internacional del trabajo de la industria de la droga en el cambio de siglo*

---

[53] McFadden, 1999.

son: a) la aparición de México como centro de exportación semiautónomo, beneficiándose de su proximidad con los Estados Unidos; b) las alianzas estratégicas entre los cárteles colombianos y las organizaciones criminales de todo el mundo, en particular con la Mafia siciliana, la Mafia estadounidense y las redes criminales rusas; c) el amplio uso de la nueva tecnología de la comunicación, sobre todo de teléfonos móviles y ordenadores portátiles, para comunicarse y seguir el curso de las transacciones, aumentando de este modo la flexibilidad y complejidad de la industria.

3) *El componente decisivo de toda la industria de la droga es el sistema de blanqueo de dinero.* También se encuentra bajo el control de los principales traficantes de Colombia y México, pero lo llevan a cabo agentes especializados que trabajan principalmente con los bancos e instituciones financieras de Colombia, Venezuela, Panamá y Florida. Las instituciones financieras de varios países pequeños del Caribe, como las Islas Caimán, Turcos y Caicos, Aruba y las Bahamas, desempeñaron un papel esencial como puntos de entrada del blanqueo de dinero en los años ochenta, pero el hecho de que sean conocidos y el pequeño tamaño de sus sistemas financieros han disminuido su papel en el blanqueo de dinero global, aunque siguen proporcionando cuentas de ahorro seguras para las finanzas personales de los traficantes.

4) Todo el conjunto de transacciones se basa en *la coacción mediante una violencia extraordinaria.* Todas las organizaciones criminales importantes tienen establecidas sus propias redes de asesinos (por ejemplo, los sicarios colombianos), algunos de ellos extremadamente especializados y profesionales. Muchos otros, miles de ellos, se encargan de vigilar y aterrorizar a ciudades enteras, ya sea como miembros de la organización o como subcontratados. Además de su función de coacción, estas redes de asesinos también son instrumentos de competencia y protección, cuando las organizaciones luchan entre sí por el control de un mercado determinado, o se disputan el reparto de los beneficios. En efecto, como Thoumi observa, este alto grado de violencia actúa como una «barrera de entrada» decisiva para los posibles competidores en la industria [54]. A menos que posean los recursos y el empuje necesarios para aceptar el riesgo, simplemente serán eliminados antes de que puedan tomar posición en el mercado.

5) *Para funcionar necesita la corrupción y penetración de su entorno institucional en todos los puntos del sistema.* Los traficantes de drogas tienen que corromper o intimidar a las autoridades locales y nacionales, la policía, las aduanas, los jueces, los políticos, los banque-

---

[54] Thoumi, 1994.

ros, los químicos, los transportistas, los periodistas, los propietarios de medios de comunicación y los hombres de negocios. Para la mayoría de estas personas, la alternativa entre obtener sumas de dinero considerables o ver a sus familias aterrorizadas es demasiado fuerte para resistirse. En ausencia de una afirmación decisiva del poder estatal, las redes del narcotráfico se hacen con el control de tantas personas y organizaciones como les sean necesarias en su entorno. Es cierto que un asalto frontal contra el Estado, como el lanzado por Pablo Escobar y el cártel de Medellín en Colombia en 1984-1993, suele acabar mal para los criminales. Sin embargo, las tácticas de Medellín fueron extremas y estaban muy ligadas a la personalidad de sus dirigentes, Rodríguez Gacha «el Mexicano», asesinado en 1989, y Pablo Escobar, profundamente resentido con un gobierno que le había marginado políticamente. El cártel de Cali, tan despiadado y violento como el de Medellín, desarrolló una estrategia más sutil de penetración del Estado, comprando en lugar de matar, mientras reservaba los asesinatos para sus rivales de Medellín y para el personal subalterno, al que podía someter fácilmente. Como resultado de esta estrategia, cuando los jefes del cártel de Cali, Miguel y Gilberto Rodríguez Orejuela, fueron finalmente apresados y llevados ante la justicia, en enero de 1997, fueron sentenciados a lo que, muy probablemente, supondrá unos tres o cuatro años en prisión. La corrupción sistemática del Estado y la violencia extrema como modo de vida son componentes esenciales de la industria del narcotráfico.

¿Cuáles son las consecuencias económicas de la industria de la droga para América Latina?

No hay duda de que la economía criminal representa un segmento considerable y muy dinámico de las economías latinoamericanas en este fin de milenio. Es más, a diferencia de los modelos tradicionales de internacionalización de la producción y el comercio en América Latina, ésta es una industria orientada a la exportación, de control latinoamericano y con una competitividad global probada. Incluso si, en el futuro, acaban imponiéndose las drogas sintéticas, las redes con base en Colombia tienen el sistema situado para mantener su predominio en el mercado, incluidas las actividades de I+D que financian para el diseño de nuevos productos y la tecnología del transporte. El principal mercado sigue todavía en los Estados Unidos, con su estable y vasta demanda de consumo de drogas. Como consecuencia de su adicción, los Estados Unidos sufren un enorme lastre de crimen, desintegración social y costes policiales/judiciales/penitenciarios, cuyo principal origen reside en la criminalización de las drogas y el tráfico de drogas. La heroína de Asia también desempeña un papel, y las mafias estadounidense y siciliana, así como las bandas internas de muchas ciudades estadounidenses, son significativas en el escenario de la delincuencia. No obstante, el tráfico de drogas de origen latinoamericano es un componente esencial del crimen estadounidense, hasta el punto de que la política de los Estados Unidos hacia América Latina está dominada por la obsesión de luchar contra el narcotráfico en el lugar de suministro. Es una tarea imposible, pero ha transformado por completo sus relaciones, de un imperialismo anticuado a la persecución histérica de un enemigo evanescente que, en sus repetidas huidas, provoca el deterioro de sistemas políticos enteros.

Si el narcotráfico ha invertido el modelo de dependencia, ¿es desarrollista? Esta cuestión es objeto de un encarnizado debate. Un notable economista latinoamericano de la economía política del tráfico de drogas, Francisco Thoumi, piensa que no lo es. Otros, como Sarmiento, vinculan el crecimiento colombiano con las remesas de divisas y la inversión generada por el tráfico de drogas[55]. Y otros, como Laserna, tienen una posición intermedia, evaluando el impacto económico de la coca/cocaína según el tipo de desarrollo que se examine, de qué segmento de la industria y dónde ocurra[56]. Tiendo a coincidir con él. Las áreas de cultivo —en Bolivia, Perú, Ecuador, Colombia— mejoran su renta, pero no sus condiciones de vida. Ello se debe a que la precariedad de la producción bloquea la inversión permanente en esos asentamientos. Son poblados de frontera, siempre huyendo, listos para ser desmantelados en un lugar y comenzar de nuevo cien kilómetros más adentro de la selva. Lo que vi en el Chaparé, en 1985, en el punto culminante de su producción, fueron pobres cabañas sin condiciones higiénicas, sin agua, con electricidad escasa, sin escuelas, sin asistencia sanitaria, pocas mujeres y aún menos niños. Pero también vi, en un lugar con sólo tres kilómetros de carretera pavimentada, una proliferación de Mercedes y BMW, numerosos electrodomésticos japoneses y un ordenador personal IBM desenchufado, cuyo dueño me contó orgullosamente que iba a ser la clave de la educación de sus hijos. La mayor parte del dinero generado en el Chaparé (unos 20.000 dólares estadounidenses anuales por familia de cultivadores de coca, recogiendo cuatro cosechas al año) se cambiaba por pesos en las calles para comprar una camioneta y construirse una casa al regresar al pueblo. Una parte del dinero se depositaba en bancos de Cochabamba, desde donde este capital se blanquearía a través de La Paz, el Caribe y Miami. Ni siquiera en Cochabamba se veía mucha riqueza, salvo por media docena de mansiones recién construidas. Sin embargo, en una nueva visita en 1998 observé muchas más mansiones en Cochabamba y un consumo ostentoso mucho ma-

---

[55] Sarmiento, 1990.
[56] Laserna, 1995, 1996.

yor, como si la «narcoburguesía» se sintiera más segura y respetable. La Paz, y la economía boliviana en general, se han beneficiado más. Al igual que, en cierta medida, Perú: una parte de su asombrosa inversión de capital en 1992-1996 quizás se haya originado en la economía criminal. Pero los campesinos de Alto Huallaga, una región en buena parte bajo el control de las guerrillas de Sendero Luminoso —aliadas con los narcotraficantes—, no parecían haber obtenido muchas ventajas de este auge. Los colombianos se apropiaban de una parte mucho mayor de los beneficios, aun cuando la proporción más grande sin duda era reciclada en los mercados financieros globales en beneficio de una pequeña elite empresarial criminal. Pero, desde mediados de los años ochenta, se ha producido un auge significativo en la construcción, el desarrollo de los bienes raíces y la inversión en Colombia. Pese a la devastación del narcoterrorismo y la inestabilidad política, en 1995, el área metropolitana de Bogotá experimentó un crecimiento anual del PNB de en torno a un 12%. Durante mi comida de lo más surrealista con el alcalde de Medellín, en Bogotá, en diciembre de 1994, éste expuso sus grandiosos planes para el nuevo desarrollo de la ciudad, que llegaban hasta el siglo XXI. Sin duda, esta oleada de inversiones a mediados de los años noventa no puede atribuirse rigurosamente a fuentes criminales. Pero, dada la prudente distancia del capital extranjero regular del escenario colombiano, es plausible que parte de esta inversión y, más aún, la proliferación de intermediarios que gestionan la inversión en construcción, agricultura, industria y servicios avanzados en Colombia, pueda relacionarse con el reciclado de los beneficios del tráfico de drogas en empresas legales. Así, Bogotá y Colombia parecen haberse beneficiado económicamente de su posición central en el rentable tráfico de drogas, aunque los beneficios de este comercio se han visto en parte contrarrestados por la destrucción causada por el terrorismo, el clima de violencia y la inestabilidad política generada por las presiones contradictorias de los traficantes de drogas y del gobierno de los Estados Unidos. En efecto, a finales de los noventa, dada la creciente presión ejercida sobre los narcotraficantes colombianos por el gobierno y las agencias estadounidenses, y la extensión de la violencia y la guerrilla, la economía colombiana inició una grave recesión que puso de relieve la inestabilidad estructural de una economía adicta al narcocapital.

¿Por qué Colombia? [57]

El dominio en la industria global de la cocaína de los cárteles/redes de Colombia, que por primera vez ocupa una posición hegemónica en un

---

[57] Una historia social documentada sobre el narcotráfico en Colombia se encuentra en Betancourt y García, 1994. Un buen relato periodístico es el de Castillo, 1991. Para un análi-

sector importante de la economía global, aparte de las exportaciones de café, está vinculado a determinadas *características culturales e institucionales*. Un breve recordatorio de cómo se desarrolló en Colombia, bajo control colombiano, una industria de narcotráfico orientada a la exportación me permitirá introducir un importante tema de mi interpretación del crimen global: *la importancia de la identidad cultural en la constitución, funcionamiento y estrategias de las redes criminales.*

El tráfico de drogas orientado a la exportación comenzó en Colombia a finales de los años sesenta y comienzos de los setenta en la zona de la costa del Atlántico de La Guajira, comerciando con la marihuana cultivada en las sierras próximas a Santa Marta (la famosa variedad de marihuana «oro de Santa Marta»). Los historiadores sociales informan de que el descubrimiento del potencial de la marihuana se produjo por el entusiasmo que demostraron por la marihuana colombiana los jóvenes estadounidenses enviados a Colombia en los años sesenta por los Cuerpos de Paz estadounidenses. La Mafia estadounidense, vinculada con Colombia desde Panamá, organizó el tráfico en colaboración con un conjunto de redes vagamente conectadas de La Guajira, en torno a Barranquilla, una zona que durante siglos fue tierra de piratas y destino de inmigrantes y contrabandistas de todo el mundo. Acabaron conociéndose como los *marimberos* en la nueva era próspera de los años setenta. Pero no duró. La marihuana era demasiado voluminosa para su transporte y la baja relación entre precio y volumen le hizo perder su competitividad cuando se enfrentó con los controles más estrictos de las aduanas estadounidenses. El mercado de marihuana estadounidense comenzó a ser suministrado por los Estados Unidos. El condado de Humboldt, en California del Norte, pronto sobrepasó a Colombia como productor de marihuana. La represión del cultivo y el tráfico de la marihuana en México y Colombia inducida por los Estados Unidos aceleró el traslado de la mayor parte de la producción a los Estados Unidos (por ejemplo, a la región de los Apalaches)

---

sis sobre el impacto económico en Colombia, véanse Sarmiento, 1990; L. F. Sarmiento, 1991; Kalmanovitz, 1993; Thoumi, 1994. Para análisis sociales sobre las subculturas criminales colombianas y su relación con la vida cotidiana, véanse Salazar y Jaramillo, 1992, y Prolongeau, 1992. Para informes y análisis sobre el cártel de Medellín, las organizaciones criminales relacionadas con la cocaína más documentadas, y sus guerras con el cártel de Cali, véanse Veloza, 1988, De Bernieres, 1991, Gómez y Giraldo, 1992, y Strong, 1995. Sobre los vínculos entre el narcotráfico y las organizaciones paramilitares de Colombia, con especial atención a Boyaca, véase Medina Gallego, 1990. Para información adicional, véanse también Camacho Guizado, 1988, Pérez Gómez, 1988, y Arrieta *et al.*, 1990. De nuevo, la lectura de *Noticia de un secuestro* de García Márquez, 1996, es la fuente más iluminadora para comprender la interacción del narcotráfico y la sociedad colombiana. También he formado mi análisis y recopilado información durante mis visitas a Bogotá en 1992, 1994 y 1999. Tuve el privilegio de conversar y reunirme con diversos colegas y amigos, cuyos nombres prefiero no mencionar, por adoptar una precaución que probablemente es excesiva. Sin embargo, sí quiero expresar a todos ellos, y en particular a E.H., mi más profunda, si bien callada, gratitud.

hasta los años noventa, cuando el control de los cárteles mexicanos sobre grandes regiones del Estado mexicano hizo posible volver a la producción de marihuana para exportarla al otro lado de la frontera.

Las redes que se habían creado en torno a las exportaciones de marihuana de Colombia sobrevivieron. Los mafiosos estadounidenses establecidos en Panamá confundieron Colombia con Bolivia (*sic*) y preguntaron a sus contactos colombianos sobre las posibilidades de pasar a la cocaína. Algunos contrabandistas colombianos aprovecharon la oportunidad. También podían cultivar coca, pero, lo que es más importante, podían hacerse con el tráfico incipiente que se estaba desarrollando en Bolivia, Ecuador, Perú y Chile. Uno de ellos era un antiguo dirigente estudiantil de Medellín, Pablo Escobar, que estaba haciendo su agosto traficando con lápidas robadas y que ya había aprendido a escapar de la represión judicial mediante el soborno y el asesinato. Se benefició de un entorno comercial favorable.

Medellín, la capital de Antioquia, había sido tradicionalmente el semillero de los empresarios colombianos, el equivalente de São Paulo en Brasil. En los años setenta, su industria textil tradicional estaba en decadencia como consecuencia de la competencia internacional de las fibras sintéticas. Al igual que el otro centro empresarial importante de Colombia, Cali, la capital del valle del Cauca, cuya industria azucarera estaba sufriendo las consecuencias de las nuevas cuotas para el azúcar establecidas en el mercado internacional. Una tercera región, Boyaca, en el centro del país, también atravesaba un periodo de agitaciones debido a la crisis en la minería y el contrabando de esmeraldas, su artículo básico. Estas tres áreas se convirtieron en los centros de las redes del tráfico cocaína. Boyaca, encabezada por un sangriento líder populista, Rodríguez Gacha, se unió al grupo de Medellín, dirigido por Pablo Escobar y la familia Ochoa. Cali constituyó su propia red y con frecuencia entabló una guerra feroz contra el grupo de Medellín. El grupo de Cali, liderado por los hermanos Rodríguez Orejuela, provenía de la clase media alta de la zona y nunca desafió el poder de la oligarquía colombiana tradicional, que siempre ha controlado los negocios, el prestigio, la riqueza, la tierra, el gobierno y los dos partidos, Conservador y Liberal. Estos oligarcas aún encontraron el modo de lanzar a los liberales contra los conservadores en la guerra civil más devastadora de América Latina, La Violencia de los años cincuenta, prefigurando unas pautas de violencia que se convertirían en el sello de las redes criminales colombianas.

En contraste, el grupo de Medellín, proveniente de la clase media baja, tenía que ajustar sus diferencias de clase con la elite local, en una cultura donde la riqueza es la única fuente de respeto. También estaba muy politizado, hasta el punto de que Pablo Escobar y un estrecho aliado político suyo fueron elegidos al Congreso en 1982, sólo para ser expulsados después, cuando intervino el embajador estadounidense. Asimismo, la relación entre los dos cárteles y los sectores marginales de la población eran marcadamente diferentes. Escobar financió un programa de viviendas y servicios sociales para los pobres de Medellín, y se granjeó un apoyo significativo entre los chabolistas. Incluso trató de defender los «derechos humanos» de sus bandas de jóvenes contra los flagrantes abusos de la policía nacional. El cártel de Cali, por otra parte, practicaba la «limpieza social», es decir, mataba aleatoriamente a cientos, quizás a miles de «desechables» que, en opinión de los traficantes, incluían a los sin techo, prostitutas, niños de la calle, mendigos, rateros y homosexuales. Actualmente, esta práctica la mantienen en Bogotá unidades paramilitares y «partidas de caza» inspiradas por la clase alta, que llevan el terror a toda la ciudad por la noche.

No obstante, todos los grupos traficantes recibieron su entrenamiento militar en la misma red de asesinos: el MAS (Muerte A Secuestradores), que fue creado en 1981 en respuesta al secuestro de Martha Nieves de Ochoa (de la familia Ochoa de Medellín) por las guerrillas izquierdistas del M-19. Aunque fue liberada tras unas negociaciones, los asesinatos, a cientos, continuaron durante años: los traficantes de drogas siguieron mandando el mensaje de que eran lo suficientemente fuertes y decididos como para no dejar que nadie les impusiera nada.

Pero, prescindiendo de sus divergencias violentas y sus tácticas opuestas, tanto el grupo de Medellín como el de Cali abrigaban la esperanza de integrarse en la sociedad colombiana. Propusieron repetidas veces a varios presidentes saldar la deuda externa del país en efectivo (por sumas diferentes —siempre en miles de millones de dólares— en momentos diferentes) y reinvertir su capital en Colombia, convirtiéndose de este modo en hombres de negocios legales. No era un sueño imposible, pero, en efecto, un sueño, porque el gobierno estadounidense decidió impedir que se hiciera realidad y utilizó todos los medios disponibles para evitar que los narcos hicieran de Colombia un hogar seguro. Así, el escollo principal era la extradición de los traficantes de droga a los Estados Unidos, una medida que lograron en los años ochenta. Pero también fue la razón por la que el cártel de Medellín lanzó un ataque frontal contra el Estado colombiano, para invertir la ley en nombre de los «extraditables». Perdió la batalla, pero ganó la guerra. Tras años del terrorismo urbano más violento jamás presenciado en América Latina, el liderazgo del cártel de Medellín quedó diezmado y Pablo Escobar murió a consecuencia de un disparo en un tejado de Medellín en diciembre de 1993. Pero en 1992 la nueva Constitución colombiana prohibió la extradición de los nacionales, aunque se restableció en 1998, cediendo a la presión de Estados Unidos.

El apego de los narcotraficantes a su país y a sus regiones de origen va más allá del cálculo estratégico. Estaban/están profundamente arraigados en sus culturas, tradiciones y sociedades regionales. No sólo han compartido su riqueza con sus ciudades e invertido una parte considerable (pero no la mayor) de su fortuna en su país, sino que también han recuperado las culturas locales, reconstruido la vida rural, afirmado vigorosamente sus convicciones religiosas y su fe en santos y milagros locales, apoyado el folclore musical (y fueron recompensados con canciones laudatorias de los bardos colombianos), hecho de los equipos de fútbol colombianos el orgullo de la nación, y revitalizado las aletargadas economía y vida social de Medellín y Cali, hasta que las bombas y ametralladoras perturbaron la dicha. El funeral de Pablo Escobar fue un homenaje de la ciudad y sobre todo de los pobres: muchos le consideraban su benefactor. Se reunieron cientos de personas que entonaron lemas contra el gobierno, rezaron, cantaron, lloraron y lanzaron salvas.

¿Por qué Colombia? Por la combinación original de unas redes latentes de narcotráfico vinculadas con los Estados Unidos, la existencia de una clase empresarial marginada por la industrialización fallida de América Latina y el vigoroso arraigo en sus culturas y sociedades locales de unos contrabandistas relativamente educados y con movilidad social ascendente. Sin embargo, esta fórmula afortunada se apoyó en una tradición y se aprovechó de un entorno institucional muy favorable. La tradición era la violencia que había caracterizado a Colombia durante toda su historia y sobre todo en los años cincuenta. Los sicarios de los ochenta eran una reencarnación de los *pájaros* (matones) que trabajaron tanto para los liberales como para los conservadores en toda la Colombia rural durante La Violencia. Y los traficantes de drogas se aprovecharon de la crisis perenne de legitimidad y control del Estado. Colombia es el único Estado de América del Sur donde, incluso en este nuevo milenio, extensas zonas del país escapan al control del gobierno. Las guerrillas comunistas como las Fuerzas Armadas Revolucionarias Colombianas y otros grupos menores, como el Ejército de Liberación Nacional, han controlado zonas del campo, las selvas y las montañas durante el último medio siglo. En los años ochenta, Rodríguez Gacha y Carlos Lehder organizaron «territorios libres anticomunistas» en el centro del país, sembrando libremente el terror con la tolerancia del ejército. Incluso más que otros estados latinoamericanos, el colombiano ha sido presa de una exigua oligarquía y profundamente penetrado por la corrupción. Cuando dirigentes valerosos como Luis Carlos Galán han tratado de invertir este curso, simplemente han sido asesinados (en este caso, por los sicarios de Pablo Escobar). Los grupos paramilitares, vinculados a elementos de la policía y las fuerzas armadas, han impuesto su feroz dictado sobre los moderados en el gobierno y asesinando a numerosos cargos electos, líderes sindicales, activistas comunistas, intelectuales y militantes de izquierdas. Y el crimen organizado tuvo voz en el gobierno mucho antes de que el tráfico de cocaína adquiriera importancia en Colombia. Así, parece plausible la hipótesis de Thoumi, que señala la debilidad del Estado colombiano como uno de los principales factores que han favorecido la posición de ese país en el tráfico global de cocaína [58]. También sugiere una tendencia más amplia. Si los estados grandes pero débiles (como Colombia) facilitan el establecimiento de centros de mando y control de las redes criminales globales, el poder de estos centros criminales es probable que debilite a estos estados aún más. Ello conduce a una espiral descendente donde, en última instancia, las organizaciones criminales pueden controlar algunos estados: no mediante la confrontación violenta como la táctica de Medellín, sino combinando el soborno, la intimidación, el financiamiento de la política y la afirmación de la identidad cultural con una hábil gestión de los negocios internacionales. Colombia, luego México, Rusia, Tailandia, Nigeria, Albania...

Globalización e identidad interactúan en la economía criminal de América Latina. Organizan la conexión perversa que redefine el desarrollo y la dependencia de modos no previstos históricamente.

El impacto del crimen global sobre la economía, la política y la cultura

El blanqueo de dinero y sus derivados se ha convertido en un componente significativo y preocupante de los flujos financieros globales y los mercados de valores. El volumen de estos capitales, aunque desconocido, es probable que sea considerable. Pero más importante resulta su movilidad. Para evitar su seguimiento, el capital originado en la economía criminal pasa constantemente de una institución financiera a otra, de una divisa a otra, de un valor a otro, de una inversión en bienes raíces a otra en ocio. Debido a su volatilidad y a su disposición a aceptar un alto riesgo, el capital criminal sigue y amplifica las turbulencias especulativas de los mercados financieros. Así, se ha convertido en una fuente importante de desestabilización de los mercados financieros y de capital internacionales.

La actividad criminal también tiene un poderoso efecto directo sobre diversas economías nacionales. En algunos casos, el tamaño de su capital se adueña de la economía de países pequeños. En otros, como en Colombia, Perú, Bolivia o Nigeria, representa una cantidad lo bastante considerable como para condicionar los procesos macroeconómicos, volviéndose decisivo en regiones o sectores específicos. En otros países, como Rusia o Italia, su penetración en empresas e instituciones transforma el entorno económico, haciéndolo impredecible y favoreciendo las estrategias de inversión centradas en rendimientos a corto plazo. Incluso en economías tan poderosas y sólidas como la japonesa, pueden desatarse crisis financieras por maniobras criminales, como ocurrió en 1995 con el impago de

---

[58] Thoumi, 1994.

ahorros y préstamos por cientos de miles de millones de dólares, a consecuencia de los préstamos de riesgo a los que fueron obligados algunos banqueros por los *yakuzas*. Los efectos distorsionadores de la economía criminal invisible sobre las políticas monetarias y la política económica en general hacen aún más difícil controlar los procesos económicos de base nacional en una economía globalizada, uno de cuyos componentes no tiene existencia oficial.

La repercusión del crimen en las instituciones y la política del Estado es aún mayor. La soberanía estatal, ya debilitada por los procesos de globalización e identificación, se ve directamente amenazada por las redes flexibles del crimen, que sortean los controles y asumen un nivel de riesgo que ninguna otra organización es capaz de absorber (véase el volumen II, capítulo 5). La posibilidad tecnológica y organizativa de establecer redes globales ha transformado y dado poder al crimen organizado. Durante largo tiempo, su estrategia fundamental fue penetrar en las instituciones nacionales y locales del Estado en su país de origen para proteger sus actividades. La Mafia siciliana, los *yakuzas* japoneses, las Tríadas de Hong Kong, Taiwan o Bangkok, y los cárteles colombianos se basaron en su capacidad de establecer, con el tiempo, una profunda conexión con segmentos de los estados nacionales y regionales, tanto con burócratas como con políticos. Éste sigue siendo un importante elemento en los procedimientos operativos del crimen organizado: sólo puede sobrevivir apoyándose en la corrupción e intimidación de políticos y funcionarios y, a veces, de las instituciones estatales. Sin embargo, en los últimos tiempos, la globalización ha dado un giro decisivo a la estrategia institucional del crimen organizado. Se han encontrado refugios seguros o relativamente seguros por todo el planeta: pequeños (Aruba), medianos (Colombia), grandes (México) o muy grandes (Rusia), entre muchos otros. Además, la alta movilidad y extrema flexibilidad de las redes permite eludir las regulaciones nacionales y los rígidos procedimientos de la colaboración policial internacional. Así, la consolidación de la Unión Europea ha proporcionado al crimen organizado una maravillosa oportunidad para aprovecharse de las contradicciones entre las legislaciones nacionales y la renuencia de la mayor parte de las fuerzas de policía a perder su independencia. De este modo, Alemania se ha convertido en un importante centro operativo de la Mafia siciliana, Galicia es un punto fundamental de distribución de los cárteles colombianos y los Países Bajos albergan importantes nodos del tráfico de heroína de las Tríadas chinas[59]. Cuando la presión del Estado y de las fuerzas internacionales (por lo general, de los servicios de información estadounidenses) se vuelve excesiva en un país determinado, incluso en una región «segura» para el crimen organizado (por ejemplo, la significativa represión del crimen en Sicilia en 1995-1996 o en Medellín y Cali

---

[59] Sterling, 1994; Roth y Frey, 1995; *The Economist*, 1999b.

en 1994-1996), la flexibilidad de la red permite cambiar su geometría organizativa, trasladando las bases de suministro, alterando las rutas de transporte y encontrando nuevos lugares de residencia para sus jefes, cada vez más en países respetables como Suiza, España y Austria. En cuanto a lo realmente importante, es decir, el dinero, circula seguro en los flujos de las transacciones financieras informatizadas, gestionadas desde bases bancarias distantes que dirigen su turbulencia en el tiempo y el espacio.

Además, escapar del control de la policía mediante la interconexión y la globalización permite al crimen organizado mantener el dominio de sus bases nacionales. Por ejemplo, a mediados de los años noventa, mientras que los cárteles colombianos (sobre todo el de Medellín) sufrían serios golpes, los narcotraficantes sobrevivieron modificando su organización y descentralizando su estructura. De hecho, nunca fueron cárteles jerárquicos y consolidados, sino una asociación flexible de exportadores que en Cali, por ejemplo, comprendía más de 200 organizaciones independientes. Así, cuando algunos dirigentes se vuelven demasiado incómodos (como, por ejemplo, Rodríguez Gacha o Escobar) o son eliminados, estas redes encuentran nuevos acuerdos, nuevas relaciones de poder y nuevas, aunque inestables, formas de colaboración. Al resaltar la flexibilidad local y la complejidad internacional, la economía criminal se adapta a los desesperados intentos de control de las rígidas instituciones estatales ligadas a las naciones, que, por el momento, saben que están perdiendo la batalla. Con ella, también están perdiendo un componente esencial de la soberanía y *legitimidad* del Estado: su capacidad de imponer la ley y el orden.

En una reacción desesperada contra el poder creciente del crimen organizado, los estados democráticos, en defensa propia, recurren a medidas que recortan y recortarán las libertades democráticas. Es más, como el crimen organizado suele utilizar las redes de inmigrantes para penetrar en las sociedades, la asociación excesiva y a menudo injusta de inmigración y delito despierta sentimientos xenófobos en la opinión pública, socavando la tolerancia y la capacidad de coexistencia que necesitan desesperadamente nuestras sociedades, cada vez más multiétnicas. Con el Estado-nación bajo asedio y las sociedades y economías nacionales ya inseguras por su entrelazamiento con las redes transnacionales de capital y personas, la creciente influencia del crimen global puede provocar una reducción sustancial de los derechos, valores e instituciones democráticos.

El Estado no sólo es soslayado desde fuera por el crimen organizado: se está desintegrando desde dentro. Además de la capacidad de los criminales para sobornar o intimidar a la policía, jueces y cargos gubernamentales, hay una penetración más insidiosa y devastadora: *la corrupción de la política democrática*. Las crecientes necesidades económicas de los candidatos y partidos políticos crean oportunidades de oro para que el crimen organizado ofrezca su apoyo en momentos críticos de las campañas políticas. Cualquier movimiento en esta dirección perseguirá al político para siempre. Es más, al estar el proceso democrático dominado por la política del escándalo, la difamación y la creación de imagen, también se prepara al crimen organizado un terreno privilegiado de influencia política (véase el volumen II, capítulo 6). Atrayendo a los políticos al sexo, las drogas y el dinero, o fabricando cuantas acusaciones sean necesarias, el crimen organizado ha creado una amplia red de información y extorsión que trafica con influencia a cambio de silencio. En los años noventa, la política de muchos países, no sólo de América Latina, se ha visto dominada por escándalos y crisis provocadas por la conexión directa o indirecta entre el crimen organizado y la política. Pero, además de estos casos conocidos o sospechados de corrupción política, la omnipresencia de la política del escándalo sugiere la posibilidad de que el crimen organizado haya tomado posiciones discretamente en el mundo de la política y los medios de comunicación en diversos países, por ejemplo en Japón (*yakuzas*)[60] o Italia (Mafia siciliana).

La influencia del crimen global también alcanza el *ámbito cultural* por vías más sutiles. De una parte, la identidad cultural nutre la mayoría de estas redes criminales y aporta los códigos y vínculos que sustentan la confianza y la comunicación dentro de cada red. Esta complicidad no impide la violencia contra los semejantes. Por el contrario, en la mayoría de los casos ésta se da dentro de la red. Pero existe un nivel más amplio de comunidad y comprensión en la organización criminal, que se construye sobre la historia, la cultura y la tradición, y que genera su propia ideología legitimadora. Ha sido documentado en diversos estudios sobre las mafias estadounidense y siciliana, desde su resistencia a la ocupación francesa en el siglo XVIII; o entre las Tríadas chinas, que se originaron en la resistencia del sur a los invasores del norte y luego se desarrollaron como fraternidades en tierras extranjeras. En mi breve descripción de los cárteles colombianos, he dejado entrever su profundo arraigo en la cultura regional y en su pasado rural, que trataron de revitalizar. En cuanto al crimen ruso, que probablemente es el más cosmopolita en cuanto a proyección, también está inserto en la cultura y las instituciones rusas. De

---

[60] Para mencionar sólo un ejemplo reciente de penetración del gobierno por el crimen organizado en Japón, resumiré un informe de una revista japonesa fiable. El 3 de enero de 1997, el antiguo ministro de Defensa del gobierno japonés, Keisuke Nakanishi, aún un político notable del partido de Shinshinto, fue atacado y herido ligeramente en el aeropuerto de Haneda por dos *yakuzas*. El ataque pareció motivado por una disputa entre los *yakuzas* y el ex ministro sobre su conducta mientras conseguía un préstamo considerable de un banco para un urbanista en beneficio de la organización criminal. Durante la transacción desaparecieron unos 200 millones de yenes y los *yakuzas* estaban utilizando la intimidación para recuperar el dinero. Se consideró sospechoso a Nakanishi de participar en varias empresas conjuntas con grupos de *yakuzas* durante su mandato como ministro de Defensa (fuente: *Shukan Shincho*, 16 de enero de 1997).

hecho, cuanto más global se vuelve el crimen organizado, más destacan sus componentes más importantes su identidad cultural para no desaparecer en el torbellino del espacio de los flujos. Al hacerlo, conservan sus bases étnicas, culturales y, cuando es posible, territoriales. Ésta es su fuerza. Las redes criminales probablemente llevan la delantera a las compañías multinacionales en su capacidad decisiva de combinar la identidad cultural y la empresa global.

Sin embargo, el principal impacto de las redes del crimen global en las sociedades en general, más allá de la expresión de su propia identidad cultural, es *la nueva cultura que inducen*. En muchos contextos, atrevidos criminales de éxito se han convertido en modelos para una generación de jóvenes que no ven un camino fácil para salir de la pobreza y ninguna posibilidad de disfrutar del consumo y vivir aventuras. De Rusia a Colombia, los observadores destacan la fascinación de la juventud local por los mafiosos. En un mundo de exclusión, y en plena crisis de legitimidad política, los límites entre la protesta, los modelos de gratificación inmediata, la aventura y el crimen se vuelven cada vez más borrosos. Quizás, haya captado García Márquez mejor que ningún otro la «cultura de la urgencia» de los jóvenes asesinos en el mundo del crimen organizado. En su libro *Noticia de un secuestro* (1996), describe el fatalismo y negativismo de los jóvenes asesinos. Para ellos, no hay esperanza en la sociedad y todo, en particular la política y los políticos, está corrompido. La vida misma carece de significado y la propia no tiene futuro. Saben que morirán pronto. Así que sólo cuenta el momento, el consumo inmediato, la buena ropa, la buena vida, a la carrera, junto con la satisfacción de provocar miedo, de sentirse poderosos con sus armas. Sólo hay un valor supremo: sus familias y, sobre todo, sus madres, por quienes harían cualquier cosa. Y su fe religiosa, particularmente hacia determinados santos que les ayudarían en los malos momentos. En impresionantes términos literarios, García Márquez refiere el fenómeno que muchos sociólogos de todo el mundo han observado: los criminales jóvenes están atrapados entre su entusiasmo por la vida y la percepción de sus límites. Por lo tanto, la comprimen en unos pocos instantes, para vivirla plenamente y luego desaparecer. Por esos breves momentos de existencia, la infracción de las reglas y la sensación de poder compensan la monotonía de una vida más larga pero miserable. Sus valores, en buena medida, son compartidos por muchos otros jóvenes, si bien en formas menos extremas [61].

La difusión de la cultura del crimen organizado se refuerza por la omnipresencia de su vida cotidiana en los medios de comunicación. Es probable que, en todo el mundo, la gente concozca mejor la versión de los medios de comunicación de las condiciones de trabajo y la psique de los «hombres de éxito» y los traficantes de drogas que la dinámica de los mer-

---

[61] Souza Minayo *et al.*, 1999; Waiselfisz, 1999.

cados financieros donde invierte su dinero. La fascinación colectiva de todo el planeta por las películas de acción donde los protagonistas son los actores del crimen organizado no puede explicarse sólo por el impulso violento reprimido de nuestra estructura psicológica. Muy bien pudiera indicar la quiebra cultural del orden moral tradicional y el reconocimiento implícito de una nueva sociedad, hecha, a la vez, de identidad comunal y competencia salvaje, y de la que el crimen global es una expresión condensada.

4

DESARROLLO Y CRISIS EN EL PACÍFICO ASIÁTICO: LA GLOBALIZACIÓN Y EL ESTADO [1]

La fortuna cambiante del Pacífico asiático [2]

Hasta el 2 de julio de 1997, el Pacífico asiático se consideraba, con razón, el mayor éxito mundial del desarrollo económico y la modernización tecnológica de la última mitad del siglo. Efectivamente, entre 1965 y 1966 la tasa de crecimiento anual real del PNB mundial fue del 3,1%. En contraste con esto, en el Pacífico asiático la tasa de crecimiento anual media de China ascendió a un 8,5%, la de Hong Kong a un 7,5%, la de Corea del

---

[1] Este capítulo se ha revisado sustancialmente en el otoño de 1999 para introducir nuevos materiales y análisis referidos a la crisis de 1997-1998 y sus implicaciones para los estados y sociedades del Pacífico asiático, así como de la economía global.

[2] Los datos sobre la crisis asiática, para todos los países y el periodo 1996-1998, se han obtenido de publicaciones económicas estándar como *Far Eastern Economic Review*, *Business Week*, *The Economist*, *The Wall Street Journal*, *The Financial Times* y *The International Herald Tribune*, así como de otras fuentes en Internet. Como todas las fuentes son de fácil acceso, no me parece necesario facilitar referencias específicas para las cifras que cito. Véase también Jomo, 1999, y Henderson, 1999. Varios colegas me proporcionaron ideas e informaciones valiosas, como recortes de prensa de países asiáticos. Particularmente estoy agradecido a Chu-Joe Hsia, de la Universidad Nacional de Taiwan; Jeffrey Henderson, de la Universidad de Manchester; You-tien Hsing, de la Universidad de Columbia Británica; Jong-Cheol Kim, de la Universidad de California en Berkeley; y Jeffrey Sachs, de la Universidad de Harvard.

Sur a un 8,9%, la de Singapur a un 8,3%, la de Tailandia a un 7,3%, la de Indonesia a un 6,7%, la de Malaisia a un 6,8%, la de Filipinas a un 3,5% y la de Japón a un 4,5%. En 1959, Asia representaba el 19% de la renta mundial; en 1996 su cuota era del 33%. En el transcurso de unas tres décadas, el Pacífico asiático se convirtió en uno de los principales centros de acumulación de capital del planeta, en el mayor productor de bienes manufacturados, en la región comercial más competitiva, en uno de los dos centros punteros de innovación y producción de tecnología de la información (el otro era Estados Unidos) y en el mercado de más rápido crecimiento. Y, en un proceso que tendría importantes consecuencias, en el destino preferido de la inversión de capital global privado en mercados emergentes: durante los años noventa, los países asiáticos en vías de desarrollo recibieron un flujo de capital que se calcula en más de 420.000 millones de dólares. Esto, unido al surgimiento de China como potencia mundial y al poderío tecnológico y financiero de Japón, parecía anunciar un desplazamiento tectónico geoeconómico que daría paso a la era del Pacífico. En ese momento, en unos pocos meses, en 1997 y 1998, economías enteras se colapsaron (Indonesia, Corea del Sur), otras sufrieron una recesión profunda (Malaisia, Tailandia, Hong Kong, Filipinas) y la principal economía, Japón, segunda del mundo, fue sacudida por bancarrotas financieras, lo que dio lugar a la devaluación internacional de los bonos y valores bursátiles japoneses. En último término, la economía japonesa también cayó en recesión. Taiwan y Singapur sufrieron mucho menos, aunque también experimentaron una devaluación moderada de su moneda. La tasa de crecimiento de Taiwan se ralentizó y la de Singapur disminuyó ligeramente por primera vez en 1998. China pareció absorber el choque al principio de la crisis y fue el único país que contribuyó a estabilizar la región. La trayectoria divergente de las economías de China, Taiwan y Singapur en los momentos álgidos de la conmoción global de 1997 y 1998 es una observación extremadamente significativa que puede aportar algunas claves para explicar la crisis y sus consecuencias. Interpretaré el significado de esta observación al final del capítulo.

A principios de 1999 las economías asiáticas parecían resurgir de la crisis. Lideradas por la recuperación, inducida por el gobierno, de la economía japonesa, que aumentó sus importaciones de los países asiáticos en un 13% después de una caída del 10% en 1998, el Pacífico asiático reanudó su crecimiento. Las exportaciones, a las que contribuyó la devaluación de la mayoría de las monedas, fueron una vez más el motor de la recuperación económica. Las bolsas de la región experimentaron un crecimiento acusado hasta julio de 1999: la cotización de las acciones aumentó en la primera mitad de 1999 un 60% en Corea, Malaisia e Indonesia. Sin embargo, en la segunda mitad de 1999 se produjo una considerable ralentización del crecimiento económico en todos los países, a excepción de Japón. Aunque China siguió creciendo a un ritmo en torno al 7%, se debió principalmente al gasto público, que inyectó dinero a una economía al borde de la deflación. El crédito exterior al Pacífico asiático (sin Japón) arrojó un balance negativo de 50.000 millones de dólares en 1998, y otro balance negativo de 26.000 millones en 1999, en contraste con el balance positivo de 110.000 millones de dólares en 1996, antes de la crisis. Las proyecciones eran similarmente negativas para el año 2000. De hecho, en 1998 los emisores extranjeros de deuda tuvieron que cancelar créditos por valor de 300.000 millones de dólares en Asia oriental [3]. Las inversiones de cartera en Asia también descendieron abruptamente entre 1996 y 2000. Por tanto, en conjunto la situación posterior a la crisis se caracterizó por la inestabilidad económica y la volatilidad de los mercados financieros. El Pacífico asiático entró, efectivamente, en una nueva era con el nuevo milenio. Pero no se trataba de la era del Pacífico, sino de la era de la incertidumbre y la reestructuración económica, con el surgimiento de un nuevo paradigma de relaciones entre economías, sociedades e instituciones estatales como consecuencia de la crisis. El estudio de las causas y características de la crisis asiática de 1997-1999 puede ayudar a entender la especificidad del proceso de integración de Asia en el capitalismo global y, a través de él, las nuevas características del propio capitalismo global. Por supuesto, los economistas sostienen un acalorado debate sobre esta cuestión, cuya exposición detallada nos apartaría demasiado del enfoque central, de carácter analítico, de este capítulo. Además, como la crisis asiática no fue un acontecimiento único, sino un proceso cuyas consecuencias aún se dejan sentir, cualquier evaluación empírica de sus perfiles puede haber quedado anticuada en el momento en el que se lean estas líneas. Por tanto, me ceñiré a lo que tiene valor analítico general, a la interpretación de la crisis asiática en el marco del proceso de desarrollo asiático a largo plazo, concentrándome en lo que considero el factor fundamental de ese proceso: la evolución de la relación entre la globalización y el Estado.

La crisis asiática fue, en su origen, una crisis financiera desencadenada por una crisis de los tipos de cambio. Después de la devaluación del baht tailandés el 2 de julio de 1997, se desplomó la mayoría de las monedas de la región (la rupia indonesia, por ejemplo, perdió el 80% de su valor respecto al dólar en un año, aunque su récord en seis meses fue mucho peor: –250%), con la excepción del yuan, que no es totalmente convertible. La devaluación de las monedas hizo imposible que los bancos locales devolvieran su deuda a corto plazo a los inversores extranjeros, puesto que operaban con monedas que, hasta entonces, tenían un tipo de cambio vinculado al dólar. Cuando los gobiernos actuaron, en su mayoría bajo la presión del FMI, para elevar los tipos de interés con el fin de defender la moneda, presionaron todavía más a los bancos y empresas insolventes, terminando por estrangular sus economías al agotar las fuentes de capital.

---

[3] *Business Week*, 18 de octubre de 1999, pág. 169.

Además, economistas de primera fila como Jeffrey Sachs han sostenido de forma convincente que la intervención del FMI agravó considerablemente la crisis [4]. En efecto, cuando la principal cuestión en juego era la falta de credibilidad de una moneda dada, lo crucial era restablecer la confianza en ella. Por el contrario, las declaraciones alarmistas del FMI sobre las economías en crisis y lo poco fidedigno de sus bancos e instituciones financieras amplificó el pánico financiero, empujando a inversores internacionales y nacionales a retirar su dinero y denegar nuevos créditos. Por lo tanto las monedas siguieron cayendo y la bancarrota afectó a miles de empresas. La inestabilidad en los mercados financieros asiáticos estimuló movimientos especulativos que se difundieron a través de los mercados de divisas de la región. Cuando el 23 de octubre de 1997 el dólar de Hong Kong, símbolo de estabilidad, fue sometido a un ataque sostenido, la economía del territorio quedó gravemente socavada, con caídas del valor de la propiedad inmobiliaria del orden del 40% entre mediados de 1997 y mediados de 1998, lo que volatilizó 140.000 millones en dólares estadounidenses de la riqueza de Hong Kong. Aunque la resuelta defensa china del sistema financiero de Hong Kong estabilizó la moneda durante algún tiempo, la crisis de Hong Kong fue el punto de inflexión que alertó a los inversores globales de los peligros de los mercados asiáticos emergentes. A esto siguió el colapso real de la economía más endeudada, Corea del Sur, la undécima economía mundial en aquel momento. A finales de 1997, Corea del Sur tuvo que declararse en bancarrota y someter su soberanía económica al FMI a cambio de un crédito de 58.000 millones de dólares, el mayor que se ha concedido en la historia del FMI. Las medidas de austeridad introducidas en Corea del Sur y en el conjunto de la región indujeron en 1998 una recesión en la mayoría de las economías del Pacífico asiático, excepto en China y Taiwan.

Por tanto, en la raíz de la crisis asiática está la pérdida de la confianza de los inversores y la repentina falta de credibilidad de las monedas y acciones asiáticas en los mercados financieros globales. El desencadenante de la crisis fue la brutal inversión de los flujos de capital: las cinco economías más afectadas (Corea del Sur, Tailandia, Indonesia, Malaisia y Filipinas) tuvieron un aflujo de capital de 93.000 millones de dólares en 1996, que se convirtió en una salida de capital de 12.000 millones en 1997, es decir, un desfase de 105.000 millones. ¿Pero cuál fue la causa de esta crisis de credibilidad? Algunos economistas, como Krugman o Fischer, del FMI, apuntan a las debilidades económicas de las economías asiáticas (por ejemplo, déficits por cuenta corriente, sistemas financieros aislados, acciones sobrevaloradas, excesiva deuda a corto plazo y utilización de propiedades inmobiliarias sobrevaloradas como respaldo de los créditos). Otros economistas, como Sachs o Stiglitz, señalan por el contrario las ca-

---

[4] Sachs, 1998.

racterísticas básicamente saneadas de la mayoría de las economías asiáticas: superávit presupuestario, baja inflación, elevada tasa de ahorro, economías orientadas a la exportación, es decir, todas las características que son la base habitual de una buena economía de desarrollo. Y eso era, efectivamente, lo que pensaban hasta entonces los inversores internacionales.

Además, había considerables diferencias entre los datos macroeconómicos y la estructura industrial de diversas economías que terminaron compartiendo la crisis. Y otras economías, en particular Taiwan, Singapur y China, lograron capear el temporal, evitando una recesión. Así que, por un lado, hubo una causa externa de la crisis relacionada con la dinámica de los mercados financieros globales; por otro, la diversidad económica y la especificidad institucional desembocaron en resultados muy distintos en lo que se refiere al impacto de la crisis y sus consecuencias [5]. Examinemos sucesivamente ambas afirmaciones.

En primer lugar, la dimensión externa de la crisis: por qué, y cómo, afectó la globalización de las finanzas a la estabilidad financiera de ciertos países. Algunos elementos de las economías asiáticas (como las prácticas bancarias políticamente orientadas y la falta de transparencia contable) eran preocupantes para la inversión capitalista prudente. Sin embargo, estas peculiaridades eran bien conocidas desde hacía años y no disuadían a la inversión exterior masiva, tanto directa como a través de valores bursátiles. ¿Por qué en 1997 se desvaneció repentinamente, en pocos meses, esa confianza? ¿Cómo se transmutó, en la percepción de los inversores, la protección gubernamental en capitalismo mafioso y la flexibilidad financiera en prácticas crediticias irresponsables? Una de las principales razones de la inestabilidad de las finanzas asiáticas parece haber sido el volumen excesivo de crédito exterior, gran parte de él a corto plazo. Éste había alcanzado tal dimensión que, como sugirió Jeffrey Sachs, los inversores entendieron que si todos los inversores dejaban de conceder créditos, países como Tailandia, Indonesia y Corea del Sur quebrarían. Por ese motivo, tan pronto como hubo manifestaciones de preocupación por la sobrevaloración de ciertas monedas (el baht y el won en particular) se produjo una carrera entre inversores para sacar su dinero antes que los demás. Se trataba de un cálculo que se cumplía a sí mismo. Cuando los precios inmobiliarios se desplomaron como consecuencia de la incertidumbre económica, la mayoría de los activos que respaldaban créditos pendientes se evaporaron. Y el apoyo gubernamental pronto dejó de ser viable cuando se enfrentó al volumen de ayudas que requerirían simultáneamente numerosos bancos y corporaciones. A continuación, las agencias globales profundizaron la crisis. Agencias privadas de calificación de riesgos, como Moody's o Standard & Poor, hicieron sonar las alarmas degradando países enteros, como por ejemplo Corea del Sur, degradación que

---

[5] Henderson, 1998a.

se extiende de forma automática a todas las empresas y corporaciones que operan desde el país degradado (la denominada «doctrina del techo nacional» [*sovereign ceiling doctrine*]). Todo esto detuvo el aflujo de capital exterior, con excepción de las compras a precios de ganga de empresas nacionales, en particular en el sector financiero.

Por otro lado, las políticas inspiradas por el FMI salvaron gran parte del dinero de los inversores exteriores a costa de agravar la crisis de credibilidad y estancar las economías nacionales, haciendo todavía más difícil que las empresas pagaran sus créditos, extendiendo de este modo la bancarrota. Las economías más débiles, como la de Indonesia, se colapsaron literalmente, sufriendo una amplia desindustrialización y una migración de vuelta al campo, lo que tuvo como consecuencia un importante malestar social, en ocasiones caótico, desviado hacia el odio étnico/religioso, que en ocasiones fue beneficioso para el cambio social y político (por ejemplo, el final de la dictadura de Suharto, la reforma económica y el fortalecimiento de la democracia en Corea del Sur, el cambio político en Tailandia).

Existe otro factor que hay que tener en cuenta para explicar la cronología y características de la crisis asiática: la crisis del propio Japón durante la mayor parte de los noventa, que ha sido un factor fundamental en la incapacidad de la región para reaccionar a la inestabilidad provocada por los flujos volátiles de capital. Si Japón hubiera estado en condiciones de prestar capital, absorber importaciones y reorganizar los mercados financieros, la crisis asiática se habría limitado a una perturbación temporal. Pero, de hecho, Japón venía sufriendo una crisis estructural de su modelo de desarrollo desde comienzos de los noventa. Además, durante algún tiempo el Estado japonés se entregó a la autonegación, con el resultado de que Japón, en vez de convertirse en un baluarte contra la crisis asiática, sufrió gravemente el impacto del colapso financiero de toda la región. Se evidenció la inestable situación de los bancos e instituciones financieras japoneses, y la economía entró en recesión después de años de estancamiento, hasta que Japón inició finalmente un proceso de reforma económica que dio algunos resultados en 1998-1999. Volveré más adelante en este capítulo al carácter específico de la crisis de Japón y su relación con la crisis asiática en su conjunto.

Esta interpretación de la crisis asiática, sin embargo, debe situarse en el marco de un análisis más amplio, en línea con la teoría del capitalismo informacional global que se propone a lo largo de este libro. Sostengo que la razón principal por la que los mercados financieros destruyeron la estabilidad de las economías nacionales asiáticas fue que a mediados de los años noventa los flujos financieros globales habían penetrado tan profundamente en estas economías que éstas se habían hecho adictas al crédito masivo a corto plazo, una práctica que hace a las economías extremadamente vulnerables a cualquier inversión súbita de los flujos inversores.

Las maniobras especulativas fueron, indudablemente, un factor más en la caída de varias monedas. Sin embargo, no debemos equiparar especulación a la supuesta actuación de unos pocos personajes siniestros que conspiran en las salas de reuniones de ciertas corporaciones. Por el contrario, entiendo por especulación las estrategias orientadas al beneficio de inversores de todo tipo, incluyendo gestoras de fondos de inversión, así como inversores institucionales, vinculados anónimamente en redes informáticas para obtener ventajas financieras sobre una moneda sobrevalorada o sobre una Bolsa inestable, amplificando así de forma decisiva las tendencias del mercado.

Sin embargo, ¿por qué los mercados financieros globales desempeñaron un papel tan abrumador en las economías asiáticas? Parece que entraron en funcionamiento dos factores principales: uno, el éxito de estas economías y sus perspectivas de elevado crecimiento económico; otro, la debilidad de sus instituciones financieras, que dependían enteramente del Estado. Los inversores extranjeros obtenían beneficios sustancialmente superiores a los de los Estados Unidos o los mercados europeos: sin preguntas. Como durante mucho tiempo los gobiernos asiáticos respaldaron plenamente a sus bancos e instituciones financieras (en el caso de Hong Kong el principal avalista era, paradójicamente, el gobierno de la República Popular China, como se puso de manifiesto en la crisis de 1997), se confiaba en que si algo salía mal los gobiernos cubrirían las pérdidas. Así, en primer lugar fueron precisamente los motivos de queja habitual de los inversores globales (falta de regulación legal e interferencia gubernamental) las razones que determinaron una inversión de capital sin precedentes en Asia.

Queda por plantear otra pregunta importante: ¿por qué las instituciones financieras, los bancos y las agencias de valores asiáticos eran tan inestables? ¿Por qué los mecanismos de control financiero que habían permitido a los gobiernos inducir el proceso más extraordinario de crecimiento económico de la historia de Asia resultaron ineficaces para controlar los movimientos globales de crédito e inversión? En mi opinión, durante el proceso de desarrollo acelerado, que se extendió desde comienzos de los años sesenta hasta el final de los ochenta, las economías asiáticas fueron protegidas por sus gobiernos del torbellino de los mercados financieros globales e incluso, hasta cierto punto, de la competencia comercial global mientras que, por otro lado, las empresas asiáticas resguardadas en sus economías se iban convirtiendo en actores del comercio y la inversión globales. Cuando la escala de estas economías, el volumen de estas empresas y su imbricación en las redes capitalistas globales desembocaron en una integración recíproca en la economía global, los estados ya no pudieron proteger ni controlar los movimientos de capital, bienes y servicios. Así, fueron desbordados por los flujos económicos globales, impotentes para regular o gobernar sus economías bajo las reglas preexistentes, que se habían quedado obsoletas debido a su propio éxito. Carentes de protección estatal, los mercados financieros y las empresas asiáticas fueron tomados por flujos globales de capital que extrajeron sustanciosos beneficios y abandonaron esos mercados cuando su falta de transparencia los hizo demasiado arriesgados. Calculada o no, en conjunto y en la mayoría de los casos fue una operación rentable para los inversores globales (incluido el capital globalizado asiático), puesto que el respaldo internacional de los créditos fallidos se orientó principalmente a cubrir sus pérdidas. Además, el hundimiento de las empresas locales se convirtió en una oportunidad bien recibida por las empresas extranjeras, en particular de Estados Unidos y Europa Occidental, que podían finalmente entrar en la industria financiera de los países asiáticos a través de adquisiciones y alianzas empresariales en condiciones muy ventajosas. En suma, el sistema institucional que originó el milagro asiático, el Estado desarrollista, se convirtió en el obstáculo para la nueva fase de integración global y desarrollo capitalista de la economía asiática. Para que las economías asiáticas se incorporaran plenamente a la economía global, no únicamente como competidores e inversores, sino también como mercados y receptores de la inversión global, tenían que avenirse a la disciplina de los mercados financieros globales. Esto implicaba su sometimiento a normas estándar de mercado, impuestas, en caso de necesidad, a través de la bancarrota, las malas calificaciones financieras y las políticas impuestas al estilo del FMI. No era el resultado de una conspiración capitalista, sino la consecuencia inexorable de una lógica capitalista común, global, impuesta mediante la integración de los mercados financieros y de divisas. La larga travesía del Estado desarrollista asiático tuvo éxito en el sentido de que llevó a las economías periféricas pobres a la alta mar del capitalismo informacional. En ese momento, tras alcanzar el océano proceloso de las redes financieras globales, carente de centro y de instituciones, en la mayoría de los países se hundió el Estado desarrollista, embarcación inútil atrapada en su fondeo en las costas nacionales. Las economías y sociedades se desestatalizaron de forma gradual, comprendiendo súbitamente la nueva tiranía de los flujos de capital manifestada por las instrucciones reflejadas en la pantalla del ordenador.

Sin embargo, como ha observado Henderson [6], la pauta de desarrollo y crisis del Pacífico asiático fue muy variable según los entornos sociales, económicos e institucionales específicos. Lo que sucedió en Japón, Corea, China, Singapur, Taiwan, Indonesia o en cualquier otro país dependía del conjunto específico de relaciones entre el Estado, la economía y la sociedad. Así, es preciso explicar al mismo tiempo por qué se desarrolló cada economía, por qué sufrió (o no) la crisis y por qué la crisis afectó, en grado diverso, a países con situaciones muy distintas. Es en la interrelación entre la dinámica social interna y los flujos financieros externos, ambos

---

[6] Henderson, 1998b.

mediados por las instituciones del Estado, donde se encuentra la explicación al proceso contradictorio del desarrollo y crisis del Pacífico asiático.

Así, para entender la nueva etapa histórica del Pacífico asiático y su relación con la era de la información tengo que remontarme a las raíces sociales e institucionales de su saga desarrollista, centrándome en sociedades y procesos de desarrollo específicos. Sólo después de adelantar una serie de análisis de cada país podré volver a las causas y consecuencias de la crisis asiática de 1997-1998 para evaluar su resultado potencial respecto al Pacífico y al mundo en su conjunto. Como las sociedades no son globales, sino que tienen raíces históricas y culturales, para avanzar en el análisis del ascenso del Pacífico asiático resumiré la travesía histórica de varias sociedades a lo largo de las tres últimas décadas. Dados los límites de mi capacidad de investigación, tengo que omitir de este examen algunos países que son importantes para la comprensión de la crisis, en particular Indonesia, Tailandia y Malaisia. Sin embargo, intentaré integrar el análisis de sus crisis económicas en el contexto de reestructuración del Pacífico asiático en la última sección de este capítulo. Me centraré en primer término en el proceso de desarrollo de los seis países que, considerados en su conjunto, constituyeron el núcleo de la nueva economía del Pacífico asiático y transformaron para siempre el significado histórico del desarrollo. Empezaré con la economía decisiva de la región, Japón, proseguiré con un estudio de los cuatro tigres asiáticos y finalizaré con una visión sumaria de la transformación de China, patria de una quinta parte de la humanidad.

EL JAPÓN DE HEISEI: EL ESTADO DESARROLLISTA FRENTE A LA SOCIEDAD DE LA INFORMACIÓN [7]

La derrota de Japón era inevitable. Japón carecía de materias primas, estaba atrasado en la ciencia y el carácter del pueblo se había corrompido y cegado desde ha-

---

[7] Mi análisis de la sociedad japonesa fue elaborado fundamentalmente durante mi estancia como profesor visitante de sociología en la Universidad de Hitotsubashi en 1995. Estoy especialmente agradecido al profesor Shujiro Yazawa, decano de la Facultad de Ciencias Sociales, tanto por su invitación como por las esclarecedoras discusiones que mantuvimos y seguimos manteniendo después. También estoy en deuda con el profesorado y los estudiantes de doctorado de diversas universidades japonesas por su participación activa y excelentes aportaciones a mis seminarios en Hitotsubashi, y con mi ayudante de investigación, Keisuke Hasegawa, que me ayudó en el análisis del material japonés y creó una base de datos sobre la sociedad de la información de Japón. El profesor Kokichi Shoji, director del Departamento de Sociología de la Universidad de Tokio, me proporcionó generosamente numerosos estudios sociológicos sobre Japón y compartió conmigo sus ideas sobre la transformación social japonesa. Tanto Yazawa como Shoji han sido fuentes de inspiración en mi interpretación, pero, naturalmente, no tienen ninguna responsabilidad sobre ninguna de mis afirmaciones y posibles malinterpretaciones.

cía mucho tiempo. Debéis considerar la derrota de Japón providencial y como un juicio divino, y debéis trabajar alegremente para contribuir a la reconstrucción de nuestra nueva madre patria. El pueblo japonés debe renacer. Habiendo llegado a esta conclusión, hoy soy un hombre feliz [el día de su ejecución].
Última carta de un oficial médico de la marina japonesa,
ejecutado en Guam en 1949 [8].

El proceso de crecimiento económico, transformación tecnológica y desarrollo social experimentado por Japón en el último medio siglo, al surgir de las cenizas de sus ambiciones imperialistas aplastadas, es realmente extraordinario. En efecto, ha cambiado el mundo y nuestra percepción del desarrollo mundial, ya que fue capaz de combinar crecimiento con redistribución, elevar sustancialmente los salarios y reducir la desigualdad de rentas a uno de los niveles más bajos del mundo [9]. Es más, aunque los paisajes sociales y medioambientales se transformaron profundamente, la identidad cultural japonesa se conservó en general, en una vigorosa exhibición de la viabilidad histórica de modernización sin occidentalización [10]. Sin duda, estos logros requirieron un esfuerzo agotador de toda la sociedad japonesa; la población activa hubo de trabajar muchas más horas que sus semejantes estadounidense y europea, consumiendo mucho menos y ahorrando/invirtiendo mucho más durante un largo periodo [11]. Paradójicamente, las reformas impuestas por la ocupación estadounidense también fueron de ayuda para Japón. Entre ellas, resultaron particularmente importantes la reforma agraria; la legislación laboral, incluido el reconocimiento de los derechos de los sindicatos; la prohibición de los monopolios económicos, que llevó al desmantelamiento de los *zaibatsu*, y las nuevas leyes electorales, que reconocieron a la mujer el derecho al voto. Además, la cobertura militar que los Estados Unidos establecieron para Japón en el contexto de la guerra fría liberó a su economía de la carga de los gastos militares y a su Estado de los dolores de cabeza de la política exterior, que podían haberlo distraído de su obsesiva concentración en producción, tecnología y exportaciones. No obstante, incluso teniendo en cuenta este contexto favorable, el asombroso proceso de desarrollo y transformación estructural sufrido por Japón sólo puede explicarse por la dinámica interna de su sociedad.

En las raíces de esta dinámica estaba un proyecto de afirmación de la identidad nacional, en continuidad histórica con el *Ishin Meiji* de 1868. Japón era, y es, una de las sociedades más homogéneas cultural y socialmente del mundo, si bien no tanto como piensan algunos japoneses, olvi-

---
[8] Citado por Tsurumi, 1970, pág. 172.
[9] Allen, 1981; Tsuru, 1993.
[10] Reischauer, 1988; Shoji, 1991.
[11] Tsuru, 1993.

dando a sus millones de residentes coreanos, okinawanos y ainos, así como a los burakuminos, asimilados culturalmente pero excluidos de la sociedad. Su aislamiento insular durante siglos reforzó esta identidad, que se vio amenazada por la apertura impuesta por el colonialismo al comercio occidental con los «barcos negros» del comodoro Perry en 1853. La reacción a esta amenaza llevó a la Restauración Meiji y a la modernización acelerada del país en las décadas siguientes como único modo de hacer frente al desafío occidental [12]. Éste sigue siendo el factor esencial para comprender el consenso social y la legitimidad política que han sido la base del esfuerzo desarrollista japonés durante más de un siglo. Tras el fracaso de la vía democrática a la modernización durante el periodo de Taisho (1912-1926) y del proyecto ultranacionalista y militarista en la segunda década de Showa (1935-1945), el nacionalismo japonés resurgió en la forma de un proyecto de desarrollo económico dirigido por el Estado, orientado a la competencia pacífica en la economía internacional [13]. Un país empobrecido e indefenso, completamente dependiente en energía y recursos naturales, y enfrentado a la desconfianza en sí mismo y, en los círculos intelectuales progresistas, a la culpa y la vergüenza, se movilizó colectivamente: primero para vivir, luego para competir y, por último, para afirmarse mediante la producción industrial, la gestión económica y la innovación tecnológica. Éste debe ser el punto de partida de todo análisis sobre *el desarrollo japonés: fue la búsqueda de la independencia y el poder nacionales, mediante medios pacíficos (económicos)*, de acuerdo con la Constitución de 1947, que renunciaba para siempre a la guerra y las fuerzas armadas. Trataré de exponer el vínculo directo entre este proyecto nacionalista y el modelo de desarrollo que caracterizó tanto al periodo de hipercrecimiento de 1956-1973 como a la audaz reestructuración tecnoeconómica que respondió acertadamente a los desafíos de la crisis del petróleo de 1974. Sin embargo, mi argumento, en el contexto de mi análisis del surgimiento del Pacífico como región esencial del siglo XXI, va más allá de una revaloración de esta conocida experiencia de desarrollo. Sugiero que *el modelo de desarrollo japonés está sufriendo una crisis fundamental en el periodo Heisei* (que comenzó el 7 de enero de 1989), manifestada durante los años noventa en la inestabilidad del sistema político, en marcado contraste con las cinco décadas precedentes; en la larga recesión que siguió al estallido de la «economía burbuja»; en la crisis financiera de 1997, y en la confusión psicológica predominante entre sectores significativos de la juventud, como reveló dramáticamente el caso de *Aum Shinrikyo* (véase el volumen II, cap. 3). Propongo la hipótesis de que *esta crisis multidimensional precisamente es resultado del éxito del modelo de desarrollo japonés, que indujo la aparición de nuevas fuerzas*

---

[12] Norman, 1940.
[13] Kato, 1987; Beasley, 1990.

económicas, sociales y culturales, que acabaron poniendo en entredicho la prioridad del proyecto nacionalista y, por lo tanto, del Estado desarrollista. Las condiciones y formas de solución de esta crisis afectarán profundamente a la sociedad japonesa, a las relaciones de Japón con el Pacífico y, en última instancia, al destino de toda la zona del Pacífico.

Un modelo social del proceso de desarrollo japonés [14]

Debería ser evidente, tras décadas de investigación en la sociología del desarrollo, que los procesos de crecimiento económico y transformación estructural se insertan en las instituciones, están orientados por la cultura, respaldados por el consenso social, configurados por el conflicto social, disputados por los políticos, y dirigidos por políticas y estrategias [15]. En el núcleo del proceso de desarrollo japonés, desde los años cincuenta,

---

[14] En mi opinión, el mejor análisis económico y político sobre los orígenes y las características del desarrollo japonés, desde una perspectiva occidental, es un libro poco conocido de un prestigioso estudioso inglés, G. C. Allen, 1981. Por supuesto, el estudio clásico sobre la formación y el funcionamiento del Estado desarrollista, y que acuñó el término, es Chalmers Johnson, 1982. Para una mayor elaboración de esta perspectiva, véase una selección de sus obras sobre el sistema político japonés en Johnson, 1995. El mejor análisis histórico de la génesis del Estado japonés moderno, comenzando con la Restauración Meiji, sigue siendo el de Norman, 1940. Para una opinión japonesa sobre el proceso de desarrollo económico desde los años cincuenta, véase Tsuru, 1993. Sobre las condiciones culturales y psicológicas en las que surgió el nuevo Estado desarrollista, véase Tsurumi, 1970. Para un completo análisis sociopolítico de la evolución de Japón en el periodo 1960-1990, con atención especial al neonacionalismo, véase Shoji, 1991. Para un análisis de los movimientos sociales japoneses, véase Yazawa, 1997. Para un estudio sobre el nacionalismo cultural, véase Yoshino, 1992. Si desea recrearse en las críticas occidentales a la sociedad y política japonesas (sesgadas, en mi opinión), las encontrará en van Wolferen, 1989; y Harvey, 1994. Para una perspectiva occidental favorable, véase Reischauer, 1988. Para una interpretación teórica del Estado japonés, véase Kato, 1984, 1987; y Taguchi y Kato, 1985. Una interesante crónica de las dinámicas internas del Estado japonés la proporciona Ikuta, 1995. Un excelente y actualizado estudio sobre *Kanryo* (la burocracia japonesa) es el de Inoguchi, 1995. Puede encontrarse un análisis empírico de la vida política japonesa en Kishima, 1991. Un estudio de la maquinaria política japonesa, que comprende la corrupción política, se encuentra en Schlesinger, 1997. Sobre el neonacionalismo japonés, véase Watanabe, 1996. Sobre las condiciones de la mujer y sus movilizaciones en Japón, véase Ueno, 1987; Gelb y Lief-Palley, 1994; Shinotsuka, 1994; y Yazawa, 1995. Sobre la familia japonesa, véanse Seki, 1987; y Totani y Yatazawa, 1990. Para un planteamiento empírico de las escuelas japonesas, véase Tsuneyoshi, 1994. Para una bibliografía sociológica comentada de las fuentes japonesas, véase Shoji, 1994. Sobre la estructura empresarial japonesa, las relaciones laborales, la organización laboral, los mercados de trabajo y las prácticas de empleo, véase mi análisis en el volumen I, capítulos 3 y 4. No repetiré aquí las referencias a las fuentes utilizadas en estos análisis, que pueden encontrarse en el volumen I. Otras fuentes empleadas en mi análisis de esta sección se citan en el texto. Naturalmente, ni siquiera se han tocado las ingentes fuentes potenciales de bibliografía y datos para los temas tratados en esta sección. *Me refiero sólo a las fuentes que he utilizado directamente en mi elaboración.*

[15] Evans, 1995.

se encuentra el proyecto nacionalista del Estado desarrollista, establecido por la burocracia estatal en nombre de la nación [16]. En pocas palabras, la burocracia estatal ha guiado y coordinado a las grandes empresas japonesas, las ha organizado en redes empresariales (*keiretsu* y *kigyo shudan*), y las ha ayudado mediante la política comercial, la política tecnológica y el crédito a competir con éxito en la economía mundial. Los excedentes comerciales se reciclaron como excedentes financieros y, junto con el alto índice de ahorro interno, permitieron la expansión no inflacionista, al mismo tiempo que posibilitaban altas tasas de inversión, el rápido aumento de los salarios reales y la mejora de los niveles de vida. Los altos índices de inversión en I+D y la concentración en fabricación avanzada permitieron a Japón ocupar una posición delantera en las industrias de tecnología de la información, en un momento en que sus productos y procesos se estaban volviendo esenciales en la economía global. Estos resultados económicos se basaron en la estabilidad social y la elevada productividad laboral en virtud de la colaboración entre la dirección y los trabajadores, posibilitada por el empleo estable y por el ascenso basado en la antigüedad para la mano de obra nuclear. La flexibilidad del mercado de trabajo se aseguró mediante el empleo a tiempo parcial y eventual, destinado por lo general a las mujeres, cuya participación en la mano de obra se disparó. La estabilidad social se basó en tres factores principales: a) el compromiso del pueblo para reconstruir la nación; b) el acceso al consumo y la mejora sustancial del nivel de vida; y c) una familia patriarcal fuerte, que reproducía los valores tradicionales, inducía la ética del trabajo y proporcionaba seguridad personal a sus miembros, al coste de mantener a las mujeres bajo sumisión. Se aseguró la estabilidad política organizando una coalición de grupos de interés y patrocinio a la sombra del Partido Liberal Demócrata, que controló el gobierno hasta 1993, contando con el apoyo inquebrantable de los Estados Unidos, pese a las prácticas de corrupción generalizadas. El Estado desarrollista, aunque se legitimó mediante la promesa del desarrollo económico, se benefició, además, de una doble fuente de legitimidad: la de los votos del pueblo al PLD y la del sistema del Emperador Simbólico, que proporcionó la continuidad histórica con las raíces de la identidad nacional. El esquema 4.1 representa sintéticamente la lógica social/institucional subyacente en el desarrollo económico japonés. Pasaré a desarrollarlo brevemente para aclarar este resumen demasiado condensado.

Como en todos los procesos de movilización social, es esencial identificar las fuentes de legitimidad que permiten al actor dominante del proceso (en este caso, el Estado japonés) encontrar apoyo en la sociedad y poner a las empresas bajo su coordinación. Los orígenes de la legitimidad del Estado se encuentran fuera de la burocracia, en el denominado «Sis-

---

[16] Kato, 1984; Taguchi y Kato, 1985; Johnson, 1995.

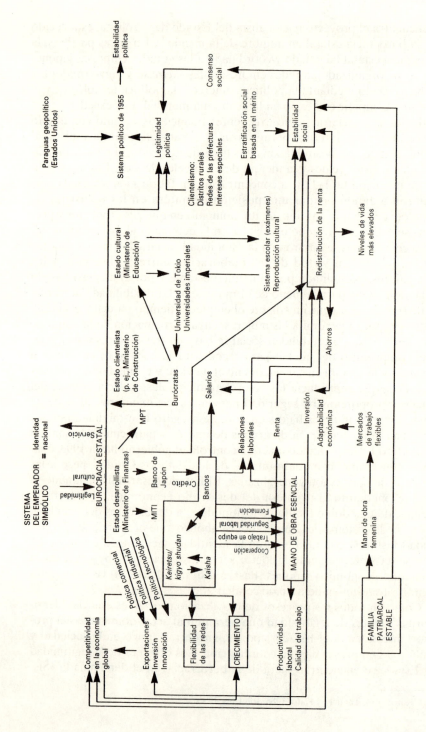

ESQUEMA 4.1 Modelo social del desarrollo japonés, 1955-1985.

tema del Emperador Simbólico» (*Shocho Tenno-sei*) y, desde la Constitución de 1947, en menor medida, en el sistema político elegido democráticamente. Digo en menor medida porque el gobierno, aunque elegido según la Constitución, fue dependiente durante casi cinco décadas de la «política de Nagatacho», es decir, de la coalición de intereses, facciones y redes de clientelismo organizadas en torno al Partido Liberal Demócrata, amañada por la corrupción y prácticamente carente de valor a los ojos de la mayoría de la gente. El proceso de desarrollo lo dirigió esencialmente una burocracia estatal eficiente y en general honrada, que aseguró la estabilidad de la toma de decisiones políticas, tendiendo puentes sobre las disputas entre las diferentes facciones del PLD, formado por una coalición de intereses, ideologías y personalidades heterogéneos [17]. Aunque formalmente dependiente del gobierno, la burocracia estatal se legitimó sobre los valores de un sistema del Emperador Simbólico actualizado. Masao Maruyama escribió en 1946 un clásico de la ciencia política japonesa, que sigue considerándose el análisis más interesante del sistema del Emperador Simbólico, de su papel en la cultura y la política japonesas. Según este análisis, «en Japón nos enfrentamos con una situación en la que soberanía nacional implica tanto autoridad espiritual como poder político. Las normas según las cuales los actos de la nación son juzgados acertados o equivocados se encuentran en su interior [esto es, en el sistema nacional]» [18]. Porque

mientras que en Occidente el poder nacional tras la Reforma se basó en la soberanía formal y externa, el Estado japonés [tras Meiji] nunca llegó al punto de establecer una distinción entre las esferas interna y externa, y de reconocer que su autoridad era válida sólo para la primera [...] En consecuencia, hasta el día de 1946 en el que la divinidad del emperador fue negada formalmente en un edicto imperial, en principio no había base en Japón para la libertad de culto. Puesto que la nación comprende en su «sistema nacional» todos los valores internos de verdad, moralidad y belleza, la erudición o el arte no podían existir fuera de estos valores nacionales [...] Fue en el momento en el que el motor del éxito unió sus fuerzas con el nacionalismo, cuando el Japón moderno fue capaz de embarcarse en su «carrera hacia el progreso». No obstante, al mismo tiempo, fue esta misma combinación la que lo condujo a su decadencia. Porque la lógica según la cual los asuntos privados no pueden justificarse moralmente por sí mismos, sino que siempre deben identificarse con asuntos nacionales, tiene una implicación contraria: los intereses privados se infiltran interminablemente en las preocupaciones nacionales [19].

La lógica social de lo que se convertiría en el Japón corporativista, o Japón S.A. en la denominación de sus críticos, está implícita en el análisis

---

[17] Inoguchi, 1995; Schlesinger, 1997.
[18] Maruyama, 1963, pág. 8.
[19] Maruyama, 1963, págs. 6-7.

de Maruyama sobre la cultura política. Tras la derrota humillante del proyecto ultranacionalista, un sistema del Emperador Simbólico renovado aseguró la continuidad histórica y, en el proceso, descubrió de forma pragmática cómo crear un Japón fuerte y moderno, capaz de dominar la economía mundial. G. C. Allen y Chalmers Johnson han presentado análisis empíricos convincentes sobre el ascenso del Estado desarrollista japonés y su papel crucial como guía estratégico del crecimiento económico de la nación, al menos entre 1955 y 1985 [20]. El organismo dominante en su burocracia es el Ministerio de Finanzas, que controla los recursos financieros y, de este modo, tiene el poder material de la toma de decisiones. Sus dos principales instrumentos son el legendario MITI (Ministerio de Comercio Internacional e Industria) y el Banco de Japón, ya que el crédito, las asignaciones de las exportaciones/importaciones y el apoyo al desarrollo tecnológico son las herramientas esenciales a través de las cuales la burocracia del Estado coordina, fomenta y organiza la competencia y, a veces, somete a las empresas japonesas. Además, a partir de los años ochenta otros ministerios orientados a la infraestructura, sobre todo el de Correos y Telecomunicaciones (MCT), también fueron cruciales para proporcionar las condiciones materiales de producción y organizar de forma selectiva la difusión de la tecnología. Paralelamente, y a veces en conflicto, otros ministerios cumplieron diferentes funciones, según su ámbito de competencia específico. Así, el Ministerio de Educación tuvo a su cuidado la conservación de la identidad cultural y la organización de un ordenado sistema de estratificación y movilidad social aplicando un sistema de exámenes rígido y jerárquico, que puntuaba toda la vida de los niños y jóvenes japoneses, y de este modo integraba a todas las familias en la ideología y los rituales de la meritocracia. Otros ministerios se encargaron de funciones más políticas. El Ministerio de Construcción, el Ministerio de Agricultura y el Ministerio de Transporte parecen haber desempeñado un papel importante en la canalización de los fondos privados a las campañas políticas del PLD y en la captación de clientelas locales mediante la distribución de fondos gubernamentales a los gobiernos locales y regionales receptivos [21]. Pero no debe exagerarse la cohesión de la burocracia estatal, incluida la de las ramas del Estado desarrollista. Como todos los estados, el japonés también está desgarrado por conflictos internos e intereses contradictorios, ya que varias burocracias compiten por establecer su posición en el juego del poder. Por ejemplo, el papel del MCT no se limitó a la infraestructura y la tecnología, puesto que su control de la mayor fuente de ahorro, a través del sistema de ahorro postal, le permitía intervenir decisivamente en los mercados financieros y en la financiación gubernamental de inversiones públicas y privadas. Además, aunque, en

---

[20] Allen, 1981; Johnson, 1982, 1995.
[21] Ikuta, 1995; Johnson, 1995.

términos generales, la burocracia estatal era en buena medida autónoma de las elites políticas y estaba menos influida por los grupos de interés, había un entrecruzamiento considerable de políticos y burócratas, ya que los puestos ministeriales servían de bases de poder a varias facciones políticas, lo que añadía complejidad al sistema. Sin embargo, la homogeneidad cultural y la creencia común en los intereses superiores de la nación, aún encarnados simbólicamente en el sistema del Emperador, quedaban asegurados por el control estricto del reclutamiento de los altos cargos de la burocracia en instituciones cuidadosamente vigiladas por el Ministerio de Educación. Elementos clave en este reclutamiento eran (y siguen siendo) la Universidad de Tokio, sobre todo su Facultad de Derecho, y las universidades imperiales en las que, sin olvidar unas cuantas universidades privadas de elite, se forman prácticamente todos los altos cargos burocráticos. Esta cohesión social del vértice cala a toda la sociedad, ya que sólo en torno al 1% de los reclutados llega al vértice de la burocracia estatal. Los demás «descienden del cielo» para ocupar puestos como ejecutivos de las grandes empresas, dirigentes políticos o directores de fundaciones parapúblicas encargadas de estructurar y guiar a la sociedad civil. Así pues, la cohesión cultural de la clase burocrática se difunde mediante la circulación de las elites entre diferentes esferas de la vida social y económica, asegurando la comunicación de ideas, la negociación de intereses y la reproducción de la ideología.

El mecanismo inductor del crecimiento económico, diseñado y aplicado por esta burocracia nacionalista, ha sido expuesto en multitud de monografías sobre el «milagro japonés»: una orientación extrema a la exportación, basada en una competitividad extraordinaria, posibilitada por un aumento sustancial de la productividad laboral, la calidad del trabajo y la protección de los mercados internos; la abundancia de capital, basada en un alto índice de ahorro y créditos a corto plazo a los bancos del *keiretsu* por parte del Banco de Japón, a un bajo tipo de interés; un esfuerzo sostenido de desarrollo tecnológico con programas patrocinados por el gobierno para la adquisición de tecnología y la renovación tecnológica; el énfasis puesto en la fabricación; la política industrial, pasando de industrias de baja tecnología a industrias de tecnología media y luego de alta tecnología, de acuerdo con la evolución de la tecnología, la demanda mundial y la capacidad productiva de las industrias japonesas. El MITI, después de recibir el visto bueno del Ministerio de Finanzas para sus programas, desempeñó un papel esencial en la planificación estratégica y en la ayuda, orientación y apoyo de las redes empresariales japonesas, sobre todo en las políticas comercial, tecnológica e industrial, decidiendo los sectores prioritarios para la inversión. Sus decisiones no siempre tuvieron éxito, ni se siguieron necesariamente. Por ejemplo, el tan divulgado Programa de Ordenadores de Quinta Generación de los años ochenta fue un fracaso. Y la mayoría de las 26 tecnópolis creadas de acuerdo con el Programa de Tecnópolis del MITI en prefecturas de todo el país en los años ochenta y noventa, cuando tuvieron éxito, eran aglomeraciones de plantas sucursales en lugar de Silicon Valleys pequeños, como pretendía el MITI en su concepción original. No obstante, con el tiempo, los planificadores estratégicos del MITI consiguieron frecuentemente su objetivo y las industrias japonesas fueron capaces de pasar, a una velocidad notable, de productos y procesos con bajo valor añadido a otros de alto valor añadido, superando primero a Europa, y luego a los Estados Unidos, en la mayoría de las industrias clave, de los automóviles a los semiconductores, hasta que la contraofensiva tecnológica/gestora de las empresas estadounidenses en los años noventa las pusieron por delante de sus competidores japoneses en el nivel más alto de los microordenadores, la programación informática, la microelectrónica, las telecomunicaciones, la biotecnología y en la decisiva industria creada en torno a Internet. Pero las empresas japonesas continúan dominando la electrónica de consumo, los chips de memoria y la fabricación de equipos semiconductores, y mantienen posiciones muy competitivas en toda una gama de industrias avanzadas, con las excepciones importantes de la farmacéutica y química. Y sería un error descartar su futura competitividad en tecnologías y empresas relacionadas con Internet.

A la efectividad de la orientación administrativa contribuyó de manera decisiva la estructura en red del mundo empresarial japonés, que he presentado con cierto detalle en el volumen I, capítulo 3. Coordinando a unos pocos actores y manteniendo la competencia entre las principales redes de empresas, los burócratas estatales fueron capaces de llegar a toda la estructura económica sin recurrir al procedimiento autodestructivo de la planificación centralizada. El modelo japonés es una experiencia crucial al mostrar que la intervención selectiva y estratégica del Estado puede hacer más productiva y competitiva una economía de mercado, desmintiendo de este modo las pretensiones ideológicas de la eficiencia superior inherente a la economía de *laissez-faire*.

Pero nada de lo anterior habría funcionado sin la plena colaboración entre la dirección y los trabajadores, la fuente de la productividad, la estabilidad y la inversión estratégica de largo alcance que fueron los determinantes definitivos de la competitividad japonesa. El proteccionismo comercial fue ampliamente practicado por las economías latinoamericanas, algunas de ellas muy grandes, sin que nunca fueran capaces de convertirse en actores importantes en los mercados globales de alto valor añadido. Fue la participación de la mano de obra en la producción y la paz social disfrutada por las empresas japonesas lo que proporcionó de inmediato una ventaja decisiva a la economía. Ello tuvo una importancia particular para asegurar la transición japonesa a la industria y los servicios basados en la tecnología de la información, que requerían la movilización de la capacidad de pensar de la mano de obra para obtener el máximo provecho de las nuevas tecnologías. Pero la participación y colaboración de la mano de obra con la empresa no puede atribuirse a una idiosincrasia tecnocultural. La vigorosa especificidad cultural de los trabajadores japoneses no evitó que se movilizaran, hicieran huelgas y organizaran un movimiento sindical militante cuando tuvieron libertad para ello, en los años veinte y comienzos de los treinta, y de nuevo a finales de los cuarenta y cincuenta [22]. Estas luchas llevaron a una serie de reformas laborales y de política social en los años cincuenta. Basándose en ellas, en torno a 1960 las empresas y el gobierno establecieron un nuevo sistema de política laboral y relaciones laborales, que se articuló en torno a cuatro rasgos principales. El primero fue el compromiso por parte de las grandes empresas de asegurar a su mano de obra nuclear el empleo indefinido, ya fuera en las mismas o en otras empresas del *keiretsu*; a cambio, los trabajadores japoneses también se comprometían a permanecer en la misma empresa durante toda su vida laboral. El segundo fue el sistema de antigüedad para el ascenso, con lo que desaparecía el poder discrecional de la dirección para recompensar/castigar a los trabajadores, que les dividía induciendo la competencia individual; este sistema de antigüedad permitía que fueran predecibles las pautas de la vida de los trabajadores. El tercer factor fue el sistema de colaboración de las prácticas laborales, incluida una jerarquía organizativa plana en la supervisión en fábricas y oficinas, la formación de equipos de trabajo y círculos de control de calidad, y el fomento de la iniciativa de los trabajadores para mejorar la eficiencia y calidad del proceso de producción. El cuarto factor fue la organización de sindicatos de empresa, que identificaban los intereses de los dirigentes sindicales y sus afiliados con los de la firma. Había/hay confederaciones de sindicatos y también hay negociación colectiva, si puede llamarse así, de ámbito nacional en algunos sectores, precedida de una movilización simbólica (como el ritual de las «ofensivas de primavera») para afirmar el potencial sindical. No obstante, en general, mediante los sindicatos de empresa, la participación de los trabajadores en la fábrica y el compromiso conjunto de la dirección y la mano de obra para garantizar una economía nacional saludable, el capitalismo japonés ha disfrutado de mejores relaciones laborales que ninguna otra economía de mercado.

Estas prácticas laborales fueron esenciales para la puesta en práctica de mecanismos que suelen asociarse con exitosas prácticas de gestión japonesas, como he sostenido en mi análisis de los acuerdos sindicales y laborales en el volumen I, capítulos 3 y 4. Así, el sistema de «justo a tiempo» para eliminar inventarios sólo puede funcionar en ausencia de paros laborales, en un sistema de relaciones laborales tranquilas. El desarrollo y difusión del «conocimiento tácito» de los trabajadores, que, según el influyente análisis de Nonaka y Takeuchi, está en el origen de la «empresa

---

[22] Yazawa, 1997.

generadora de conocimiento»²³, sólo es posible si los trabajadores tienen incentivos para invertir su experiencia única, su conocimiento desde dentro del sistema de producción de la compañía, en el éxito de la empresa a la que pertenecen. En suma, la productividad y calidad del trabajo, fuentes fundamentales de la competitividad japonesa, se basaron en un sistema de colaboración en el trabajo y relaciones laborales posibles gracias a las ventajas conseguidas por los trabajadores, como generosos beneficios sociales, y el compromiso a largo plazo de mantener los puestos de trabajo, aun en las fases de recesión del ciclo económico. Sin embargo, también es cierto que algunos elementos culturales, como la búsqueda de *Wa* (armonía) en las relaciones laborales, el espíritu comunal del equipo de trabajo y la movilización nacional para reconstruir Japón y convertirlo en una nación fuerte y respetada, contribuyeron a la consolidación del pacto social alcanzado entre las empresas, la mano de obra y el gobierno en torno a 1960.

No obstante, esta dimensión colaboradora de las relaciones laborales es sólo una parte de la historia de los mercados de trabajo japoneses. Siguiendo el análisis empírico que he presentado en el volumen I, capítulo 4, la flexibilidad de los mercados de trabajo quedó asegurada por prácticas laborales mucho más flexibles y menos derechos de los trabajadores en empresas pequeñas de sectores tradicionales (como el comercio minorista) y los trabajadores a media jornada de las grandes empresas. Gran parte de estos puestos de trabajo a media jornada y eventual eran, y son cada vez más, ocupados por mujeres, sobre todo casadas, que vuelven a trabajar tras haber criado a sus hijos durante sus primeros años. El mercado laboral femenino en expansión (que actualmente alcanza en torno al 50% de las mujeres adultas) es la clave de la flexibilidad y adaptabilidad de los mercados de trabajo, pues asegura la estabilidad de la mano de obra nuclear, como fuente de la productividad laboral, al tiempo que permite protegerse a las empresas durante las recesiones despidiendo a las trabajadoras eventuales. En otros países industrializados existe una segmentación similar de los mercados de trabajo, que lleva a una estructura social igualmente segmentada y, de este modo, a la desigualdad y la pobreza. El verdadero milagro de la sociedad japonesa es que esta segmentación de clase queda borrada por la fortaleza de la familia patriarcal, que reúne en su seno a trabajadores estables masculinos y trabajadoras eventuales femeninas, de tal modo que las divisiones sociales se disuelven en la unidad de la familia. Esto es particularmente significativo cuando se considera el alto nivel educativo de las mujeres japonesas, lo que significa que esta mano de obra eventual no está menos cualificada, sino que simplemente es menos valorada.

---

[23] Nonaka y Takeuchi, 1994.

El patriarcado es un ingrediente esencial del modelo desarrollista japonés. Y no sólo por razones económicas. La familia patriarcal ha sobrevivido a la industrialización y modernización aceleradas como unidad estable de estabilidad personal y reproducción cultural. Las tasas de divorcio, aunque van aumentando, están muy por debajo de las de otros países industrializados avanzados, salvo Italia y España (véase el volumen II, cap. 3). Casi dos tercios de los ancianos japoneses vivían con sus hijos adultos en 1980, y la mayoría siguen haciéndolo, aun cuando la proporción ha descendido rápidamente en los últimos treinta años. En general, se impone a los niños una estricta disciplina paternal y la cultura de la vergüenza sigue siendo un importante determinante de su conducta. Las mujeres cumplen todos sus papeles con escasos signos de rebelión abierta, en buena medida porque la mayoría de los maridos japoneses, a diferencia de los estadounidenses, han respetado sus compromisos patriarcales, por lo general no dejándose llevar por la búsqueda de la felicidad personal fuera de las reglas familiares (véase el volumen II, cap. 3). Cuando es necesario, el Estado aparece para poner su granito de arena institucional recompensando el patriarcado. Por ejemplo, el código fiscal japonés hace que carezca de sentido que las mujeres ganen demasiado dinero más allá de los salarios de media jornada porque el tramo impositivo para los hogares de renta doble se vuelve excesivamente gravoso. La contribución de las mujeres educadas e hiperactivas a los mercados de trabajo flexibles, las familias estables y la cultura tradicional es un componente decisivo de todo el equilibrio social y económico de Japón. Y quizás el eslabón más débil del modelo japonés, si la experiencia comparativa tiene algún valor.

El Estado también asegura la reproducción cultural, sobre todo a través del Ministerio de Educación, que supervisa muy de cerca los programas educativos, de preescolar a las principales universidades. Se hace hincapié en la cultura tradicional y en un complejo y jerárquico sistema de exámenes que determina el destino ocupacional de cada persona, a menudo en una etapa muy temprana de su vida. La disciplina estricta es la regla, como ejemplificó un trágico incidente en 1990, cuando una escolar resultó muerta al quedar atrapada por la puerta corrediza instalada por la escuela para que no pudieran entrar las alumnas que llegaban tarde a clase. Esta homogeneidad cultural estratificada es esencial para asegurar la colaboración, la comunicación y el sentido de pertenencia a una cultura comunal/nacional, a la vez que se reconocen las diferencias sociales y se respeta el lugar que corresponde a cada uno. La presión combinada de una fuerte familia patriarcal desde abajo y de un fuerte Ministerio de Educación desde arriba suaviza la reproducción cultural y destierra los valores alternativos a los desafíos radicales fuera del sistema, con lo que se margina la rebelión.

Basándose en unos niveles de vida en ascenso, la colaboración laboral, la reproducción ordenada de los valores tradicionales y la movilización social en bien de la nación, se aseguró la estabilidad política mediante una coalición improvisada de personalidades, grupos de interés y clientelas, reunidos apresuradamente bajo el nombre de Partido Liberal Demócrata después de la ocupación estadounidense. El PLD era (en buena medida como los democristianos italianos, formados por el Vaticano y los Estados Unidos para resistir al comunismo y al socialismo) una coalición inestable de facciones políticas, cada una con su *capo* (el más poderoso de los cuales era Kakuei Tanaka), en torno a los cuales, durante cinco décadas, se tejió una red de intereses, complicidades, maquinaciones, silencios y deudas. Con la complacencia estadounidense (algo imprescindible para las empresas japonesas, que necesitaban un interlocutor fiable para asegurarse el fundamental acceso a los mercados y suministros estadounidenses), las facciones del PLD perfeccionaron el arte de la intermediación política. Cambiaron votos por dinero, dinero por favores, favores por puestos, puestos por patronazgo, luego patronazgo por votos, y así sucesivamente. Disputaban constantemente por el control de los recursos en este sistema de patronazgo, pero siempre estaban unidas en torno a su bien común. De forma periódica eran salpicadas por escándalos, sobre todo después del «asunto Lockheed» de 1976, que provocó la dimisión del primer ministro Tanaka y mostró la posibilidad de que los medios de comunicación publicaran revelaciones políticas, un acontecimiento similar al impacto del Watergate de Nixon en la política estadounidense. Como se ha analizado en el volumen II, capítulo 6, la corrupción política estaba vinculada, en Japón como en la mayoría de los países, a la financiación de las campañas y de las facciones políticas, sin olvidar una pequeña propina para los encargados de recoger fondos para el partido. Como ya se ha mencionado, los ministerios de Construcción, Agricultura y Transporte parecen haber sido mecanismos privilegiados para canalizar los fondos estatales con el fin de favorecer a compañías privadas, a cambio de que éstas financiaran las actividades y a los dirigentes del PLD, y del apoyo electoral de los jefes locales [24]. Pero sin duda ésta no era la única fuente de financiación política; los medios de comunicación japoneses han expuesto repetidas veces los vínculos abiertos entre los *yakuzas* y los dirigentes del PLD (incluidos primeros ministros).

Más allá de la corrupción política, el sistema tradicional de clientelismo aseguraba un amplio apoyo para los candidatos del PLD en los distritos rurales y las provincias menos desarrolladas. La ley electoral concedía una representación exagerada a estos distritos en el parlamento, por lo que era extremadamente difícil desafiar el repetido éxito del PLD. Funcionaba. Durante casi cinco décadas, a pesar de todas sus limitaciones, el sistema del PLD aseguró la estabilidad política en Japón, manteniendo los conflictos dentro de la «familia» y dejando que el pueblo disfrutara de

---

[24] Ikuta, 1995; Johnson, 1995; Schlesinger, 1997.

la prosperidad lograda con tanto esfuerzo mientras aumentaba su cinismo hacia los políticos. Sin embargo, este sistema sólo podía sobrevivir, a pesar de su limitada legitimidad, debido a que había una autoridad superior, el sistema del Emperador Simbólico, que seguía siendo una garantía moral para el pueblo, y a que una casta de déspotas ilustrados se cuidaba de los asuntos de Estado, uniendo a empresas y trabajadores en la reconstrucción de la nación.

Éste fue el modelo social de desarrollo que asombró al mundo, alarmó a los Estados Unidos e hizo que los gobiernos europeos corrieran a guarecerse bajo la Unión Europea. En efecto, era coherente, poderoso y brillante. También fue efímero históricamente, ya que alcanzó su cenit a mediados de los años ochenta y entró en una crisis estructural abierta hacia los primeros años del periodo Heisei.

El sol poniente: la crisis del modelo japonés de desarrollo

Desde mediados de los años ochenta, Japón entró gradualmente en una crisis estructural que se expresó en diversas dimensiones del paisaje económico, social y político. Mientras que en 1999 la economía japonesa parecía estar en vías de recuperación, la mayoría de los problemas subyacentes seguían en general sin resolverse, de modo que la reestructuración de Japón seguía desarrollándose a finales de siglo. La crisis de los noventa se manifestó en una serie de acontecimientos aparentemente inconexos, cuya lógica interrelacionada espero ser capaz de mostrar al final de mi análisis.

Centrémonos primero en la crisis financiera que parece estar en primer plano de la crisis estructural japonesa[25]. Reduciendo la complejidad de la crisis financiera a su esencia, el principal problema es el abrumador volumen de créditos fallidos acumulados por los bancos japoneses, que en 1998 se estimaba en unos 80 billones de yenes, equivalentes al 12% del PIB de Japón. Expertos extranjeros que evaluaron la situación de los bancos japoneses en 1998 consideraron que sólo dos de los 19 primeros bancos tenían una capitalización adecuada para cubrir sus pérdidas potenciales. El caso más flagrante era el de uno de los mayores bancos del mundo, el Banco de Crédito a Largo Plazo, que fue nacionalizado en otoño de 1998 después de una quiebra de más de 7.000 millones de dólares y luego vendido a un grupo financiero organizado en torno

---

[25] El análisis de la crisis financiera japonesa en el periodo de 1996-1998 se basa en informes aparecidos en las publicaciones económicas mencionadas en la nota 2. Pueden consultarse útiles análisis generales en *The Economist*, 1997; Eisenstodt, 1998; y los fascinantes escenarios del Nakame International Economic Research, Nikkei, y Global Business Network, 1998.

a Ripplewood Holdings, un consorcio estadounidense de gestión de inversiones. Entre los bancos en una situación desesperada estaban el Banco Fuji, que tenía 17.000 millones de dólares en créditos fallidos, la Banca Sakura, con otros 11.000 millones de dólares en pérdidas potenciales, y Crédito Nippon, con deudas por valor de 1.500 millones de dólares, los cuales fueron nacionalizados, reestructurados y fusionados o, en algunos casos, liquidados en 1998-1999. Esta situación de cuasiquiebra de los bancos japoneses devaluó sus acciones y les hizo prohibitivamente caro acceder al crédito internacional. Por lo tanto, los bancos supervivientes restringieron sus créditos de forma drástica, cortando el flujo de crédito a la economía. En 1998, por primera vez desde la crisis del petróleo de los años setenta, la economía japonesa se contrajo.

La pregunta clave es: ¿por qué se acumularon tantos créditos fallidos y por qué su impago potencial no se abordó durante tanto tiempo?

La respuesta está en las contradicciones inscritas en el modelo de desarrollo japonés, agravadas por la creciente exposición de las instituciones financieras japonesas a los mercados financieros globales. Expliquémoslo. El elevado crecimiento de Japón se basó en un sistema financiero apoyado por el gobierno orientado a garantizar la seguridad a ahorradores y bancos al tiempo que proporcionaba a las empresas fácil acceso a créditos a bajo interés. Durante mucho tiempo, las instituciones financieras japonesas operaron en relativo aislamiento de los flujos internacionales de capital y bajo regulaciones y orientaciones políticas establecidas e interpretadas por el Ministerio de Finanzas. La Bolsa no era una fuente de financiación importante y no proporcionaba una inversión atractiva al ahorro. La elevada tasa de ahorro era esencial para alimentar la inversión sin inflación. La intermediación entre ahorro e inversión se canalizaba a través de depósitos en la oficina postal, en bancos y en cuentas de ahorro y crédito. En 1997 la tasa de depósitos respecto al PIB era del 92,5% en Japón, en comparación con el 34% en Estados Unidos. Por tanto, los bancos e instituciones de ahorros estaban repletos de liquidez y ansiosos de prestarla. Los bancos estaban vinculados a un *keiretsu*, por lo que su política de crédito estaba obligada a dar prioridad a los clientes preferenciales. A cambio, disfrutaban de la cobertura de la estructura global del *keiretsu*. El gobierno cuidaba de que ningún banco quebrara. Los créditos estaban respaldados por propiedades inmobiliarias y acciones. De este modo, con escaso riesgo crediticio y tipos de interés bajos, los bancos tenían un interés directo en obtener un elevado volumen de crédito, más que en los márgenes de beneficio. Como el fácil acceso al dinero impulsaba la economía, tanto en el interior como internacionalmente, las elevadas tasas de crecimiento parecían garantizar la devolución de los créditos, proporcionando más liquidez para créditos futuros. Además, los precios inmobiliarios se dispararon, especialmente en Tokio y en Osaka, proporcionando un mayor valor para respaldar una inacabable expansión del crédito. Las razones de esta sobrevaloración de la propiedad inmobiliaria eran dos. Por un lado, la rápida acumulación del capital en Japón, que era, principalmente, el resultado de un sostenido superávit comercial, aportaba fondos para la inversión inmobiliaria, elevando los precios del suelo. Por otro lado, la naturaleza no planificada y caótica del urbanismo japonés, en brusco contraste con la cuidadosa planificación estratégica de la producción y la tecnología, indujo un mercado inmobiliario salvaje [26]. El rápido crecimiento económico concentró a la población y las actividades en densas áreas urbanas en un país que ya estaba obsesionado con la escasez de suelo utilizable. Los precios del suelo aumentaron espectacularmente por los mecanismos de patronazgo político, que favorecían especialmente a un gran número de pequeños propietarios de suelo, muchos de ellos establecidos en la periferia rural de las áreas metropolitanas. Por ejemplo, entre 1983 y 1988 los precios medios del suelo residencial y comercial aumentaron, respectivamente, el 119% y el 203% en la zona de Tokio [27]. Grandes empresas financieras, que eran sus principales beneficiarias, contribuyeron a la especulación inmobiliaria de los pequeños propietarios de suelo. Los órganos de gobierno local se aseguraban sus ingresos y el apoyo político precisamente por la falta de planificación y por no ofrecer alternativas de vivienda, permitiendo que el mercado decidiera y enriqueciendo artificialmente a los propietarios del suelo y a los bancos con la sobrevaloración de las propiedades inmobiliarias. Al mismo tiempo, las personas que aspiraban a la propiedad de una casa tenían que aumentar su tasa de ahorro, proporcionando así dinero adicional a los bancos y a las instituciones financieras. En un proceso correlacionado, la Bolsa, también alimentada por aportes financieros de las exportaciones japonesas, multiplicó su valor, proporcionando así créditos adicionales, supuestamente respaldados por títulos bursátiles sobrevalorados. Mientras el sistema funcionó, basándose en la competitividad exterior, los elevados beneficios de las exportaciones, las altas tasas de ahorro y la sobrevaloración de las acciones en el interior, el sistema financiero autoalimentó su expansión. En efecto, consultores empresariales de todo el mundo acudían en tropel a Tokio para estudiar y elogiar el milagro de un sistema financiero capaz de autogenerar valor al mismo tiempo que espoleaba la competitividad industrial y comercial. En 1990 ocho de los diez mayores bancos del mundo, medidos por su volumen de depósitos, eran japoneses.

También había otra dimensión oculta en la práctica del fácil acceso al crédito: el crédito preferencial. Los bancos estaban obligados a prestar a firmas, individuos u organizaciones con un acceso privilegiado al banco, con independencia de la solidez de la inversión o del riesgo del crédito. Había (¿hay?) cuatro fuentes para este modelo de «prestatario preferen-

---

[26] Machimura, 1994.
[27] Fukui, 1992, pág. 217.

cial». La primera eran las empresas del *keiretsu* del banco: la política de crédito formaba parte de una política corporativa más amplia. La segunda, el consejo, director o indirecto, del Ministerio de Finanzas respecto a un crédito determinado que se consideraba de interés para la economía japonesa. La tercera era que el banco (o la institución de ahorro y crédito) se doblegara a las presiones de las firmas relacionadas con la *Yakuza* (véase el cap. 3 de este volumen). La cuarta era la financiación de los partidos políticos, normalmente el partido gubernamental, el PLD, o el apoyo a alguno de sus miembros. Después de todo, a cambio de esto los bancos eran salvaguardados de posibles reveses precisamente por la eventual protección del gobierno, de su *keiretsu* y de la industria bancaria en su conjunto. El círculo se cerraba. Con escasa influencia de los mercados financieros, inversores individuales y consumidores sobre el sistema bancario, las finanzas japonesas funcionaban como un ejemplo de manual del corporativismo capitalista estatal. Los bancos tenían una autonomía muy limitada: principalmente eran un instrumento para captar ahorro y asignarlo a los objetivos decididos por la intrincada red de Japón, S.A., para servir a los intereses nacionales de Japón y al interés personal de sus representantes.

Mientras duró, este sistema fue sumamente dinámico y razonablemente eficaz en la consecución de sus propios fines. Pero cuando se invirtió, pasando de crear valor a destruir valor, conmocionó la economía japonesa. Tres conjuntos de factores fueron decisivos en el derrumbamiento de este sistema financiero. En primer lugar, la burbuja de la propiedad inmobiliaria y de la Bolsa reventó en 1991. En segundo lugar, la apertura de las instituciones financieras japonesas a los mercados financieros globales hizo cada vez más difícil mantener las prácticas financieras habituales. En tercer lugar, el gobierno perdió en gran medida su capacidad para cubrir las deudas bancarias y las eventuales bancarrotas. Examinemos con cierto detalle estos tres procesos.

En primer lugar, la burbuja reventó porque todas las burbujas acaban reventando. Esto se denomina «ciclo económico». Pero en el caso japonés también concurrieron circunstancias agravantes específicas. Una economía recalentada disparó el tipo de cambio del yen, debilitando la competitividad comercial japonesa. Pero un yen fuerte y un mercado bursátil boyante indujeron a las corporaciones a entrar en la inversión financiera y a prestar grandes sumas, tanto en el mercado internacional como en el interior. Los precios inmobiliarios terminaron cayendo debido a la incapacidad estructural del mercado de la vivienda de absorber el alza de los precios y por el exceso de oferta del mercado de construcción de oficinas. Los mercados bursátiles fueron arrastrados en la caída, desestabilizando el sistema financiero japonés, que se basaba en el arriesgado supuesto dé un ritmo sostenido de elevado crecimiento. Temiendo la inflación, el gobierno frenó la economía, provocando una recesión a comienzos de los años noventa. La brusca caída de la Bolsa, junto con el colapso del mercado inmobiliario, evaporaron en 1995 la mayor parte del valor artificialmente generado en los años ochenta (véase la figura 4.1). Por primera vez en cuatro décadas, la economía japonesa se estancó y sólo logró recuperarse a mediados de los años noventa, estimulada por el gasto público, aunque su crecimiento se ralentizó [28]. Pero esta recuperación fue efímera. La inestabilidad financiera obligó a los bancos a restringir su política de crédito. Así, pese al esfuerzo del gobierno por bajar los tipos de interés, cuyo descenso alcanzó en 1998 un récord histórico en torno al 1%, la economía carecía de liquidez, deteniendo su crecimiento. En 1997 y 1998 Japón inició un brusco declive.

Sin embargo, el problema más grave que afecta a las finanzas japonesas proviene de su creciente apertura a los mercados financieros globales. Es preciso considerar a este respecto tres cuestiones principales. En primer lugar, enfrentados al estancamiento de la economía japonesa y a la expansión del mercado del Pacífico asiático, los bancos e instituciones financieras japoneses concedieron un importante volumen de crédito a estos mercados emergentes. Reprodujeron las mismas prácticas de crédito que aplicaban en el país, es decir: concedieron importantes créditos a corto plazo a clientes preferenciales, con independencia de su solvencia, bajo la doble garantía de las grandes corporaciones y los gobiernos locales. Aceptaron como respaldo de gran parte de sus créditos propiedades inmobiliarias sobrevaloradas. Actuando de ese modo expusieron a sus créditos asiáticos a los mismos riesgos que corrían sus créditos japoneses. Cuando estalló la burbuja inmobiliaria asiática, muchos créditos perdieron las garantías que los respaldaban y se hicieron incobrables. Cuando se hundió el mercado bursátil de Tailandia, Indonesia, Malaisia, Filipinas, Corea del Sur y Hong Kong, las empresas nacionales que avalaban los créditos fueron incapaces de devolverlos. Cuando se desplomaron las monedas locales, los bancos japoneses no lograron recuperar sus créditos en dólares o en yenes. Y cuando se dirigieron a los gobiernos asiáticos, incluidos aquellos «amigos» en el gobierno que habían adquirido a tan alto precio, para pedirles que cumplieran sus compromisos, estos gobiernos simplemente fueron incapaces de ayudarles. Los gobiernos se enfrentaban a una montaña de deudas financieras que vencían al mismo tiempo. Así, buscando la salvación en los mercados asiáticos, las instituciones financieras japonesas contribuyeron en gran medida a exportar su propia crisis, que acabó repercutiendo otra vez sobre ellas.

En segundo lugar, cuando las firmas financieras japonesas se convirtieron en actores globales les resultó más difícil continuar explotando la información privilegiada y las prácticas empresariales dudosas habituales en Japón. No porque se introdujeran en un «entorno más limpio»; de he-

---

[28] Asahi Shimbun. 1995.

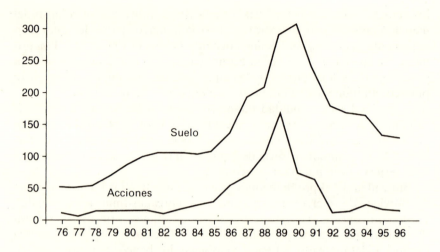

FIGURA 4.1 Valor de las acciones y del suelo de Japón, en miles de millones de yenes, 1976-1996 (valor total de los beneficios no realizados).

Fuente: The Economist (1997, pág. 4).

cho, hay numerosos ejemplos de prácticas cuestionables, arriesgadas e incluso ilegales en las instituciones financieras occidentales. Los gobiernos y las industrias financieras estadounidenses y europeos también han concedido avales a bancos e instituciones financieras que se habrían hundido y provocado el pánico financiero sin la decisiva intervención gubernamental, muchas veces a costa del dinero de los contribuyentes. Los avales a las asociaciones de ahorro y crédito en los Estados Unidos de los ochenta, con el pasmoso coste de 250.000 millones de dólares, la clausura del BCCI en Luxemburgo, la salvación del Crédit Lyonnais en Francia a costa de cubrir un agujero financiero de 100.000 millones de dólares y el aval de 1998 al Long Term Capital Management de Nueva York (4.000 millones de dólares) son ejemplos de lo difundidas que están las prácticas financieras arriesgadas en la economía global. El problema de los bancos y empresas bursátiles japoneses es que no entendieron claramente las reglas del juego en el exterior. En otras palabras, no disponían globalmente de la misma información privilegiada y de las redes de contactos de que disfrutaban en Japón. Además, a diferencia de lo que ocurre en Japón, no podían contar con la complicidad de los gobiernos en los principales mercados financieros del mundo. Cuando aprendieron, muy a su costa, las reglas globales, ya era demasiado tarde para muchos de los bancos y empresas bursátiles. Entre otros, el Banco Sanwa fue multado en los Estados Unidos, Nomura Securities sufrió escándalos y enormes pérdidas en Japón y Yamaichi Securities, una de las principales compañías bursátiles del mundo, se vio abocada a la bancarrota en 1997.

Además, al integrarse plenamente en los mercados financieros globales, los bancos y las agencias de valores se unieron a la creciente legión de grupos financieros aparentemente poderosos pero en realidad impotentes. En otras palabras, aunque acumulaban e invertían enormes capitales, tenían escaso control sobre los acontecimientos para configurar y reconfigurar los mercados financieros. De este modo, las empresas japonesas quedaron sometidas a los mismos riesgos que el resto de las empresas del mundo. Pero hubo otros dos factores que expusieron a mayores riesgos a las empresas japonesas. El primero es que construyeron una pirámide financiera basada en la devolución de créditos arriesgados sobre la base de un crecimiento elevado y sostenido. Cualquier caída podía iniciar una cadena de pérdidas financieras, dado el horizonte a corto plazo de una parte muy importante de esos créditos. El segundo consiste en lo que denomino «la paradoja del gigante débil». Al contrario de lo que podría dictar el sentido común, cuanto mayor es una institución financiera en el actual sistema de finanzas globales, tanto más vulnerable es a la crisis. Eso se debe a que su volumen determina su grado de implicación en todo el mundo. Cuanto mayor sea el volumen de capital a devolver, tanto mayor el alcance y la escala en los que debe implicarse la institución financiera para garantizar beneficios medios. Los mercados financieros globales son interdependientes, y las turbulencias en cualquier nodo de esas redes financieras se difunden a otros mercados por razones que, en gran medida, son independientes de las bases económicas. Así, cuanto mayor es el riesgo de las inversiones de una empresa, tanto mayor la probabilidad de que sufra una pérdida en algún lugar. O múltiples pérdidas simultáneas. Por otra parte, la probabilidad de obtener un beneficio en los mercados de éxito también aumenta con el volumen. Pero como los beneficios y las pérdidas no son predecibles en el tiempo y en el espacio, la volatilidad de los beneficios de la inversión aumentará con el tamaño y la complejidad de la firma financiera. Así, para un nivel dado de riesgo, cuanto mayor sea el tamaño de la empresa y mayor su globalización, tanto mayor será la volatilidad de sus beneficios financieros. Se supone que los fondos de inversión son una respuesta a esta paradoja. Sin embargo, se han convertido en el modelo de inversión más aventurero. Normalmente, las gestoras de fondos de inversión apuestan en escenarios alternativos de un activo financiero no para disminuir el riesgo, sino para obtener beneficios extra sobre las discrepancias relativas en el tiempo y en el espacio entre ambos lados de la apuesta. Por lo tanto, los fondos financieros aumentan la volatilidad financiera en lugar de evitarla. En este contexto, cuando se globalizaron los gigantescos bancos japoneses, con abundante liquidez procedente del superávit comercial de las corporaciones japonesas, se hicieron cada vez más vulnerables a la inestabilidad de los mercados financieros, acelerada por la velocidad de las transacciones electrónicas (véase el vol. I, cap. 2).

El tercer desarrollo importante que indujo la crisis del sistema financiero japonés fue la progresiva reducción de la capacidad del gobierno japonés para cubrir las pérdidas de las instituciones financieras, lo que se debió a varias razones. El volumen de las pérdidas aumentó hasta llegar a un nivel tal que los fondos públicos cada vez eran más insuficientes para dar la cobertura requerida, especialmente cuando las pérdidas tuvieron lugar simultáneamente debido al efecto difusor de las pirámides financieras. Al intentar reanimar a la economía para sacarla del estancamiento, el Ministerio de Finanzas bajó los tipos de interés, privando a los bancos de ingresos adicionales. Además, los fondos públicos disponibles fueron destinados a inversiones en obras públicas, reduciendo el margen financiero de maniobra para avalar a los bancos con el dinero de los contribuyentes. Sin embargo, el factor más importante para explicar la reducción de la capacidad del gobierno para remozar el sistema financiero fue su debilidad política. Como discutiré más adelante, el fin del dominio del PLD sobre la política japonesa impuso la necesidad de rendir cuentas de las decisiones políticas a los partidos de la oposición. Cuando un escándalo tras otro minaron la confianza de la opinión pública, el gobierno perdió el poder de ayudar subrepticiamente a sus compinches financieros. Además, la crisis de confianza afectó, por primera vez, a la burocracia japonesa, en particular al otrora todopoderoso Ministerio de Finanzas. En 1997-1998 todas las demandas de reforma de la oposición empezaban por pedir que se estableciera un organismo financiero autónomo, independiente del Ministerio de Finanzas, para supervisar la reforma financiera. De este modo, la debilidad política del PLD y de la burocracia contribuyó a la crisis del antiguo sistema financiero. Y la profundización de la crisis contribuyó a debilitar más todavía al gobierno, haciendo cada vez más difícil reflotar bancos sin rendir cuentas políticamente.

En definitiva, los tres grupos de factores que he analizado —la inversión del ciclo económico, las contradicciones inherentes a la globalización financiera y la crisis de la gestión política— se reforzaron mutuamente durante los años noventa, haciendo caer a la crisis financiera global en una espiral incontrolable. Cuando el gobierno se apresuraba a proteger a los inversores, se infligía un daño irreversible a la credibilidad de las instituciones financieras japonesas. La desregulación parcial de las transacciones financieras, que facilitó la circulación de los flujos financieros, permitió la fuga de capitales de Japón, depreciando al yen y aumentando así la pérdida de capitales. Como los ahorradores/inversores japoneses disfrutarán en el futuro próximo de un acceso más fácil a los fondos mutuos de inversión internacionales, y como los tipos de interés son superiores en los mercados exteriores, se cernía en el horizonte la posibilidad de un vaciamiento financiero de Japón.

Enfrentados al colapso de los precios de los valores bursátiles y la propiedad inmobiliaria en el interior del país, e incapaces de recuperar las grandes sumas prestadas en Japón y en Asia sin las garantías suficientes, los bancos y las empresas financieras japoneses pidieron el auxilio del gobierno. El gobierno respondió a su llamada con un paquete de más de 60.000 millones de dólares en 1997, y después con una inyección adicional de 570.000 millones de dólares en 1998, a los que en 1999 se añadieron otros 72.000 millones de dólares sólo para el grupo Daiwa Bank. Algunos bancos fueron nacionalizados o adquiridos y luego vendidos, y la mayoría reestructurados y/o fusionados. Algunas de las grandes fusiones inducidas por el gobierno crearon gigantescos grupos bancario-financieros en 1999: DKB, IBJ y Fuji Bank, cuyos activos sumaban 141 billones de yenes, lo que le convertía en el banco más grande del mundo en términos de activos; el Sumitomo y Sakura Bank, con 98,7 billones de yenes; el Tokai y Asahi Bank, con 66,3 billones de yenes, al que posiblemente se sume el Daiwa Bank. El rasgo más importante de estas fusiones es que se produjeron transversalmente respecto a diferentes *keiretsu*, lo que potencialmente podría poner fin a las obligaciones de los bancos con el *keiretsu*. Esta tendencia también reunió a bancos, aseguradoras e instituciones financieras. Después de esta reestructuración, si sumamos el Bank of Tokyo/Mitsubishi y el grupo Sanwa, la industria financiera japonesa quedó organizada tan sólo en torno a cinco grandes grupos. El gobierno asumió un porcentaje sustancial de los créditos fallidos de los bancos. A finales de 1999, el mercado bursátil recompensó los esfuerzos de reestructuración de los bancos y las acciones de los grandes bancos aumentaron su valor 60 veces por encima de las previsiones de ingresos por acción para 1999. Como el gobierno no tenía liquidez para pagar el reflotamiento, suscribió créditos al mismo tiempo que aumentaba el gasto para estimular la economía. Por tanto, el precio que el gobierno y el país tuvieron que pagar para salvar a los bancos japoneses fue aceptar un déficit abrumador (10% del PIB) y una deuda pública sin precedentes (140% del PIB), que pesará sobre la economía japonesa en el siglo XXI. Sin embargo, la estabilización temporal de la crisis financiera japonesa no solucionará los profundos problemas de su economía. Lo que se puso en tela de juicio fue el modelo global de desarrollo económico.

En efecto, la globalización también transformó el modelo de desarrollo industrial. A mediados de los años ochenta, los temores del proteccionismo de Estados Unidos y Europa, así como un yen fuerte y los altos costes de operar en Japón, empujaron a las corporaciones japonesas a la descentralización global, debilitando de forma relativa la base industrial de Japón[29]. Los primeros pasos se dieron hacia Asia en busca de menores costes productivos y plataformas más favorables para exportar a las eco-

---

[29] Aoyama, 1996.

nomías avanzadas [30]. Sin embargo, esta tendencia se aceleró a finales de los años ochenta, con la transferencia de unidades de producción enteras, incluidos centros de I+D junto con plantas industriales y establecimientos comerciales, a los principales mercados de Japón, sobre todo a los Estados Unidos, el Reino Unido y Alemania [31]. Los países asiáticos también se transformaron en un mercado, no en una mera base de producción. El MITI intentó contrarrestar esta migración de capital y tecnología japoneses desarrollando el Programa Tecnópolis en cooperación con las prefecturas de las provincias menos desarrolladas para atraer a las compañías de alta tecnología hacia una estrategia descentralizadora opuesta a la externalización [32]. Kyushu se benefició mucho del Programa Tecnópolis, pero en parte debido al interés de las compañías electrónicas extranjeras por establecerse en el mercado japonés. Las empresas japonesas también descentralizaron algunas de sus filiales mientras mantenían su capital intelectual esencial y sus actividades de alto nivel en el ámbito de innovación de Tokio/Yokohama. Sin embargo, el proceso de externalización de las actividades industriales, comerciales y financieras consumió volúmenes de inversión incomparablemente superiores. En parte, esta externalización tenía como finalidad producir con menores costes y reenviar los productos a Japón, por lo que una parte importante del comercio entre Japón y Asia es, de hecho, una expedición y reexpedición de las redes de producción japonesas en Asia. Sin embargo, en su mayor parte —como ha mostrado empíricamente Aoyama en su tesis doctoral en Berkeley sobre las estrategias de radicación internacional de las empresas japonesas de electrónica de consumo [33]— sí consiste en una auténtica globalización de las compañías japonesas fuera de las costas de Japón. Esta tendencia se intensificó a finales de los años noventa, impulsada por los temores al proteccionismo y por la necesidad de asegurarse un conocimiento específico de los mercados, tener acceso a tecnologías (en el caso de Estados Unidos), explotar los mercados laborales (cualificados y no cualificados) y diversificar las plataformas de exportación. En conjunto, se ha producido una tendencia creciente hacia la disociación entre las multinacionales japonesas y la economía nacional de Japón. La consecuencia más importante de esta tendencia es que el MITI y el sistema del Estado desarrollista han perdido gran parte de su control, e incluso influencia, sobre las corporaciones japonesas. No sólo porque éstas son mucho mayores y se pueden considerar lo suficientemente fuertes como para diseñar sus propias estrategias, sino también porque son globales y pertenecen a redes globales, de modo que sus intereses, en tanto que empresas

---

[30] Ozawa, 1996.
[31] Aoyama, 1996.
[32] Castells y Hall, 1994.
[33] Aoyama, 1996.

y grupos de empresas, son cada vez más diversificados y requieren estrategias diferentes para países diferentes, sectores diferentes y líneas de productos diferentes [34]. Indudablemente, la mayor parte de sus activos se encuentran todavía en Japón (aunque en proporción cada vez menor) y, probablemente, las compañías japonesas tengan una mayor lealtad cultural/geográfica hacia su país que cualquier otra compañía con un alcance global semejante. También es cierto que el Estado japonés adopta políticas favorables a sus empresas, igual que el estadounidense (como se evidencia, por ejemplo, en el apoyo del Departamento de Defensa a la megafusión entre Boeing y McDonnell Douglas en 1996 para contrarrestar la competencia del *Airbus*). Pero a diferencia de lo que ocurría en los años sesenta y setenta, el MITI ya no tiene una influencia directa sobre las corporaciones japonesas, y estas corporaciones tampoco deciden sus estrategias, de forma primordial, en el marco de los intereses nacionales de Japón. El desligamiento de la interacción sistémica ente el Estado desarrollista y las redes multinacionales con base en Japón introduce una nueva dinámica en Japón y en el mundo en su conjunto.

Entre los elementos clave de esta nueva dinámica están los siguientes. Es dudoso que, sujetas a las condiciones de la competencia global en una estructura de localización en múltiples niveles, las compañías japonesas puedan mantener el sistema de empleo estable para la totalidad del núcleo de su mano de obra. En 1999 aumentó el desempleo, aunque en un nivel moderado del 4,6%. Sin embargo, la mayoría de los puestos de trabajo creados eran a tiempo parcial. Las corporaciones japonesas estaban cerrando un gran número de sus empresas subsidiarias menos productivas, clausurando así la salida honorable de los trabajadores y gestores que sobraban en la compañía principal. El sector industrial sufrió con especial dureza los recortes de personal. El gradual debilitamiento del sistema de empleo estable y la expansión del trabajo eventual están socavando las instituciones japonesas de relaciones industriales estables. También es dudoso que la fortaleza Japón pueda mantenerse durante mucho tiempo bajo las nuevas normas de la Organización Mundial del Comercio, como parecen indicar las graves fricciones en las negociaciones comerciales con el gobierno estadounidense. El intento japonés de hacer multilaterales las negociaciones comerciales para evitar el enfrentamiento directo con los Estados Unidos puede de hecho agravar las tensiones, puesto que la Unión Europea estaba tratando de reforzar su posición competitiva. La excesiva exposición de las inversiones japonesas en todo el mundo y las incertidumbres de los flujos globales hacen cada vez más difícil que los bancos japoneses puedan cumplir sus obligaciones dentro del *keiretsu*. El constante torbellino de los flujos financieros hacia dentro y hacia fuera de la economía japonesa limita la influencia de los controles monetarios del

---

[34] Imai, 1990.

Banco de Japón, por lo que el Ministerio de Finanzas ya no puede determinar los tipos de interés, piedra angular de la política financiera japonesa. La desregulación de las telecomunicaciones, los medios de comunicación y los servicios públicos avanza de forma lenta pero segura, abriendo posibilidades a las inversiones procedentes de diversas fuentes, incluidas las exteriores [35]. Aunque la reestructuración de las finanzas japonesas reintrodujo cierto grado de estabilidad, los bancos japoneses recién reestructurados quedaron atrapados en las redes de las finanzas globales y tuvieron que jugar conforme a las normas del juego global en vez de seguir los consejos de la burocracia gubernamental. Además, el factor más importante tras la subida del índice Nikkei en 1999, que señaló la recuperación de la economía japonesa, fue el aflujo masivo de inversiones exteriores a los valores japoneses (en torno a los 125.000 millones de dólares en 1999). En 1999, el 15% de los valores de la bolsa de Tokio estaban en manos de inversores extranjeros, en contraste con el 5% de hacía una década. Como muestra la experiencia de otros países asiáticos, el reverso de esta bonanza es la volatilidad del mercado cuando los flujos de capitales invierten su curso. Por tanto, los mercados financieros de después de la crisis han conectado profundamente a Japón con los movimientos del capital global, socavando la autonomía del Estado japonés.

Además, en 1998 el Grupo de los Siete, el gobierno de Estados Unidos y el Fondo Monetario Internacional consideraron que Japón estaba en una situación de debilidad tal que consideraron necesario prescribir al gobierno japonés las políticas económicas que se creyeron necesarias para superar la crisis que amenazaba a la economía global en su totalidad. Aunque Japón se negó rotundamente a dejarse aconsejar por extranjeros, estas presiones fueron un factor más para adoptar determinadas medidas clave en Japón, en particular las referentes a la reforma financiera y la política fiscal.

En resumen: el sistema de guía administrativa que caracterizó al milagro japonés está en proceso de desintegración, en especial por la incapacidad del gobierno para mantener bajo control el sistema financiero en las condiciones de globalización de los mercados financieros. Sigue existiendo una serie de obstáculos cultural/institucionales para la apertura de los mercados japoneses, como las trabas burocráticas, la disciplina interna de las redes empresariales y el hábito cultural nacionalista de comprar/consumir productos japoneses. El impresionante mecanismo estatal establecido durante la última mitad del siglo sigue ahí para guiar/ayudar/apoyar a las empresas japonesas. Existe, sin embargo, una transformación fundamental de la pauta general de desarrollo en la medida en que las compañías intentan identificar los intereses de Japón con los suyos propios (en plural), en lugar de servir al interés nacional, tal como había predicho Maruyama.

---

[35] Khan y Yoshihara, 1994.

Está en marcha un cambio más fundamental. Como han sostenido Sumiko Yazawa, Chizuko Ueno y otros investigadores[36], sobre la base de estudios empíricos, la movilización de las mujeres japonesas es cada vez más intensa, tanto en el nivel popular como en el sistema político, especialmente en la política local, en paralelo a su acceso masivo al mundo laboral. Aunque el feminismo explícito tiene todavía una expresión limitada, las luchas de la mujer y los derechos de la mujer se han puesto en el primer lugar de la agenda pública en un número creciente de comunidades locales. La atención de los medios de comunicación a estas actividades está ampliando su impacto, abriendo una vía a un desafío al actual estatus de las mujeres como mano de obra de segunda clase y sujetos sometidos políticamente. Cuando el movimiento de las mujeres se amplíe, si es que se amplía, filtrándose en la esfera privada de la familia patriarcal, toda la estructura social japonesa se verá sometida a presión por la imbricación del patriarcalismo con la totalidad del sistema institucional. Y existen síntomas aislados pero significativos de que estos desafíos se están produciendo en los años noventa. En 1999, los índices de divorcio aumentaron bruscamente en Japón, las mujeres se casaban a edades más tardías y las crecientes manifestaciones de independencia profesional y personal en todo el espectro de la vida cotidiana japonesa aportaban una evidencia ilustrativa del proceso de transformación de las relaciones patriarcales en Japón[37].

En última instancia, la crisis económica y el cambio social en Japón se combinaron para inducir una crisis política fundamental, que potencialmente ha abierto el camino a un nuevo modelo de relaciones entre el Estado y la sociedad civil.

El fin de la «política nagatacho»

La crisis del modelo japonés de desarrollo se combinó en los años noventa con la crisis de su sistema político. La crisis se inició al perder el PLD las elecciones de 1993 y al formarse una coalición de gobierno integrada por nuevos partidos, escindidos del PLD, y los socialistas. Dos años después cambió el juego, al volver al gobierno el PLD en una coalición con los socialistas. Y en 1996 unas nuevas elecciones tuvieron como resultado un gobierno minoritario del PLD con apoyo parlamentario de pequeños partidos, incluyendo los disminuidos socialistas. Sin embargo, la composición del Parlamento evidenció que se formarían y disolverían nuevas coaliciones, inaugurando una era de inestabilidad en la política japonesa. En efecto, en julio de 1998 el PLD sufrió una catástrofe en las elecciones a la Cámara Alta del Parlamento, al obtener únicamente 44 de

---

[36] Ueno, 1987; Yazawa, 1995.
[37] Yazawa *et al.*, 1992; Iwao, 1993; Yazawa, 1995.

los 126 escaños elegidos. Estas elecciones contemplaron el ascenso de Naota Kan, líder del opositor Partido Democrático, que se convirtió en el político más popular de Japón. Significativamente, el Partido Comunista, que desarrolló una activa campaña popular, triplicó sus escaños. Como resultado de este revés electoral, dimitió el primer ministro y líder del PLD, Hashimoto. Fue sustituido por un *apparatchik* experimentado y consensualista, Keizo Obuchi, en un intento desesperado del PLD de combatir las fuerzas políticas que amenazaban con desintegrar el partido. Sin embargo, en el momento en que escribo estas líneas, aunque Obuchi sorprendió a muchos críticos por su determinación en llevar a cabo reformas económicas, pocos observadores concedían muchas oportunidades al PDL de seguir controlando el gobierno después de las próximas elecciones. En efecto, a finales del siglo el PLD parecía depender cada vez más de su alianza con la coalición de inspiración budista Komeito, un factor impredecible en el ámbito político.

Esta crisis política es más importante por lo que manifiesta que por sus consecuencias sociales directas [38]. Efectivamente, podría defenderse que no ha tenido lugar ninguna renovación auténtica del personal político en 1993-1999, puesto que los socialistas perdieron considerables apoyos y la razón principal de que el PLD perdiera el control del gobierno fue que varias de sus facciones lo abandonaron para crear nuevos partidos, en ciertos casos después de unas luchas intrapartidistas tan acerbas que dificultaron futuras coaliciones entre el PLD y grupos que pertenecieron a él, especialmente en el caso del partido Shinseito, de Ichiro Ozawa. Sin embargo, la crisis es más profunda de lo que parece. Seguiré la sugerencia de Shoji de que el «gran cambio» se produjo como consecuencia de la acumulación de «pequeños cambios», entre los cuales el más importante fue la transformación del estilo de vida del pueblo japonés [39]. La fragmentación gradual del PLD fue posible por el fin del Estado de excepción geopolítico, bajo el cual la unidad nacional de las fuerzas proamericanas tenía una importancia primordial, tanto para el mundo empresarial japonés y sus elites sociales como para los intereses estadounidenses [40]. Además, el reconocimiento abierto de las tensiones comerciales con Estados Unidos evidenció que la política de viejo cuño del PLD ya no era útil para doblegar la resistencia estadounidense a reconocer una nueva superpotencia económica. La diversificación de los intereses nacionales de Japón, en conformidad con la globalización de su economía y la crisis de sus finanzas, abrió el debate sobre políticas y estrategias, debate que requería la constitución de un sistema político auténticamente competitivo que fuera más allá de la coalición de celadores que endosaban las políticas de los

---

[38] Ikuta, 1995; Johnson, 1995; Schlesinger, 1997.
[39] Shoji, 1995; Smith, 1997.
[40] Curtis, 1993.

burócratas del Estado desarrollista. La urbanización plena de Japón socavó las redes de patronazgo tradicionales. En reconocimiento del nuevo mapa electoral, una reforma política redibujó los distritos electorales en 1994-1995 y combinó la representación de distritos electorales independientes con un sistema de circunscripción electoral nacional para la elección del Parlamento. El rechazo de la opinión pública a la corrupción política sistémica determinó que los políticos pasaran a la defensiva, por lo algunos de ellos intentaron empezar de nuevo, presentándose como líderes políticos regenerados. La apertura de la competencia política y el abandono de las lealtades en la familia del PLD crearon oportunidades para intrigas políticas en las que personalidades, clubes políticos e intereses especiales se entregaron al marketing político, entrando en un nuevo terreno de rivalidad política. Entretanto, los trapos sucios del PLD fueron aireados por unos medios de comunicación cada vez más osados e independientes, socavando la reconstrucción de la coalición y espoleando las fuerzas centrífugas. Ésta es la razón por la que la mayoría de los observadores japoneses y extranjeros piensan que la época de dominio del PLD se ha acabado[41]. Es mucho más difícil predecir lo que va a ocurrir ahora, puesto que los socialistas se están desintegrando aún más deprisa que el PLD y las personalidades locales, como el gobernador independiente de Tokio, Aoshima, elegido en 1995 en una plataforma anticorporativista, rápidamente se desfondaron sin un apoyo popular estable o un programa convincente. Bien puede ocurrir que esta era de «política de transición» no sea en absoluto de transición. Es decir, que el «sistema de partido» sea sustituido por un «mercado político» sometido a la exposición a los medios de comunicación y que dependa del apoyo de los movimientos de la opinión pública. Esto produciría una inestabilidad política que eliminaría el cómodo amortiguador de los partidos políticos entre el descontento popular y las alturas de la burocracia estatal que actúan en nombre del Sistema del Emperador Simbólico. La pérdida de poder del Ministerio de Finanzas durante la crisis financiera de 1997-1998 y la desconfianza de las empresas, los políticos de la oposición y del pueblo en general hacia la otrora intocable burocracia marcaron el fin de un ciclo para el Estado japonés. Esto no quiere decir que la burocracia carezca de poder. De hecho, probablemente sea el único sistema coherente y estable de poder que queda en el Japón actual. Sin embargo, su autoridad está sometida a desafíos desde tantos ángulos que se ha convertido en un nodo más, aunque esencial, en la enmarañada red de gestión de las decisiones en Japón. De esta confrontación entre las aspiraciones de una nueva sociedad japonesa y las antiguas estructuras de legitimidad histórica podría derivarse una crisis política más fundamental que afectara al núcleo de la identidad nacional japonesa.

---

[41] Curtis, 1993; Johnson, 1995; Schlesinger, 1997.

A mediados de los años noventa surgieron algunos elementos de este tipo de crisis social y política más profunda. Por un lado, existe un resurgimiento de los movimientos sociales, que, en general, estaban aletargados desde la derrota política y cultural de los movimientos estudiantiles radicales de los años sesenta. Éstos se centran, fundamentalmente, en temas medioambientales y antinucleares, en las reivindicaciones de la mujer y en la revitalización municipal y regional[42]. Frecuentemente establecen relaciones con la política local, por ejemplo apoyando a los candidatos populistas en las elecciones municipales (como ocurrió en las elecciones municipales de Tokio y Osaka en 1995) o rechazando la constitución de centrales nucleares mediante referéndum popular, como ocurrió en la ciudad de Maki en agosto de 1996. Por otro lado, una sociedad cada vez más confusa, particularmente en su segmento más joven, que ha crecido en la opulencia, queda privada de valores dotados de sentido a medida que las estructuras tradicionales del patriarcado familiar y el adoctrinamiento burocrático pierden el control sobre una cultura colmada de los flujos de información procedentes de fuentes diversas. Una mezcla de tradiciones ritualistas japonesas, iconos estadounidenses y consumo de alta tecnología sustituye a la ausencia de dinámica social, desafíos culturales o sueños personales en una sociedad que parece haber concluido la tarea que le había sido asignada: hacer a Japón seguro, rico y respetado en el plazo de cincuenta años. Ahora, después de su agotador esfuerzo, los japoneses encuentran el túnel al final de la luz, a medida que un Estado desarrollista que ha sobrevivido al Estado de excepción propone nuevos retos tecnocráticos, cada vez más abstractos. O, peor todavía, cuando la crisis financiera y el impacto de la globalización precipitaron a Japón en el estancamiento, desencadenando la reestructuración económica y minando el empleo estable después de décadas de agotadores esfuerzos por ser prósperos, seguros e independientes. Según los estudios sociológicos, la mayoría de la gente lo único que desea es poder disfrutar por fin del consumo tranquilo de la buena vida, lo que significa menos *karoshi*, más vacaciones, mejores viviendas, mejores ciudades y una vida sin exámenes[43]. Entretanto, los jóvenes, en los que desborda la energía de sus pasiones cada vez más liberadas, buscan formas de experimentación. De algunos de estos oscuros callejones, visitados durante exploraciones de este tipo, es de donde han surgido síntomas de revueltas destructivas, ejemplificadas en *Aum Shinrikyo* (véase el volumen II, cap. 2). *Aum* no fue, ni será, un incidente aislado. Y eso se debe a que las grietas en el espejo de la sociedad japonesa, reveladas por Asahara y sus discípulos, parecen originarse de la contradicción fundamental que surge en el Japón Heisei: la incompatibilidad entre el Estado desarrollista, actor del desarrollo japonés

---

[42] Hasegawa, 1994; Yazawa, 1997; Smith, 1997.
[43] Shoji, 1994, 1995.

y garante de la identidad japonesa, y la sociedad de la información, a cuyo alumbramiento contribuyó de forma decisiva este Estado.

Hatten Hokka y Johoka Shakai: *una relación contradictoria* [44]

En realidad, el concepto de «sociedad de la información» (*Johoka Shakai*) es una invención japonesa, importada a Occidente en 1978 por Simon Nora y Alain Minc en el título de su informe al primer ministro francés [45]. Fue propuesto por primera vez en 1963 por Tadao Umesao en un artículo sobre una teoría evolucionista de la sociedad basada en la densidad de las «industrias de la información». El artículo se debatió en el número de enero de 1964 del periódico *Hoso Asahi*, cuyos editores, al introducirlo, utilizaron el término *Johoka Shakai* por primera vez. Fue popularizado unos cuantos años después por futurólogos japoneses, sobre todo Masuda y Hayashi. Sin embargo, la razón de que la sociedad de la información se convirtiera en un tema importante en las expectativas políticas y el pensamiento estratégico fue su adopción como cuestión fundamental por la Sección de la Industria de la Información del Consejo de Estructura Industrial del MITI en 1967. Una vez alcanzados los límites del modelo de desarrollo extensivo, basado en la manufactura tradicional, el MITI estaba buscando nuevas metas de movilización para el país, haciendo hincapié en sectores industriales que fueran menos contaminantes y que tuvieran ventajas competitivas frente a los nuevos competidores asiáticos que producían a costes inferiores. Las industrias de la tecnología de la información eran las candidatas obvias, según el documento emitido por el Consejo en 1969: «Tareas para Johoka. Informe sobre el desarrollo de las industrias de procesamiento de la información».

---

[44] Este análisis de la sociedad de la información japonesa se basa en parte en la base de datos compilada y elaborada en 1995 por mi ayudante Keisuke Hasegawa, Departamento de Sociología, Universidad de Hitotsubashi. Una recopilación anterior de literatura y datos sobre la sociedad de la información de Japón fue realizada por mi ayudante Yuko Aoyama, en 1990-1994 en Berkeley, Universidad de California, Departamento de Planificación Urbana y Regional. El estudio que realicé con Peter Hall sobre las tecnópolis japonesas (Castells y Hall, 1994) y las entrevistas que mantuve en Japón en 1989 y 1995 me aportaron información adicional. Una importante fuente de datos estadísticos sobre la difusión de las tecnologías de la información en Japón es Ministerio de Correos y Telecomunicaciones, 1995. Véase también InfoCom Research, 1995; Japan Information Processing Development Center, 1994; y Wakabayashi, 1994. Para una perspectiva occidental de la competitividad japonesa en las industrias de tecnología de la información, algo anticuada a mediados de los años noventa en su exposición de la «conquista japonesa», véase la excelente visión general de Forester, 1993. Para algunos retazos de la discusión de cuestiones analíticas de transformación social vinculadas a la informatización de Japón, véanse Ito, 1980, 1991, 1993, 1994a, b; Watanuki, 1990; Kazuhiro, 1990; Watanuki, 1990; y Sakaiya, 1991.

[45] Ito, 1991.

Este informe era notable en dos aspectos: por una parte, preveía el papel esencial de la electrónica en el nuevo estadio de la competencia global; por la otra, extendía el concepto de informacionalismo a toda la economía y la sociedad, abogando por una profunda transformación de Japón mediante la difusión de la tecnología de la información. En efecto, este nuevo modo de desarrollo encajaba muy bien con el proyecto nipón de especializarse en la producción y exportación con uso intensivo de la inteligencia y retirarse de las industrias con uso intensivo de energía y consumidoras de recursos, en las que estaba en clara desventaja debido a su escasa dotación natural. La crisis del petróleo de 1973 puso de relieve la precisión de este diagnóstico, impulsando a Japón a una carrera salvaje para convertirse en el líder mundial en tecnología de la información. Casi lo logró: llegó el segundo, tras los Estados Unidos, después de un extraordinario esfuerzo competitivo durante más de tres décadas[46]. De forma paralela al diseño, producción y exportación de productos de la tecnología de la información, Japón también se embarcó en la rápida difusión de nuevas tecnologías en fábricas y oficinas del sector empresarial de la economía. La mayor parte de los robots empleados en la fabricación están en Japón. Las máquinas de control numérico basadas en la microelectrónica se convirtieron en un feudo japonés y fueron ampliamente utilizadas en las fábricas japonesas antes que en el resto del mundo. Vídeos, aparatos de televisión, videojuegos, videocámaras y electrónica de consumo en general se convirtieron en un monopolio japonés hasta que el resto de los productores asiáticos comenzaron a competir en el tramo inferior de la industria. En la gran mayoría de los bares y centros de entretenimiento japoneses se instalaron máquinas de karaoke. Los organismos gubernamentales, los hogares y las escuelas accedieron mucho más despacio a las tecnologías de la comunicación. Sin embargo, la modernización tecnológica procedió más deprisa que en el resto del mundo, con la excepción importante de los Estados Unidos. Con la ayuda de Keisuke Hasegawa, he elaborado algunos indicadores de nivel y desarrollo comparativos de la «informacionalización» en Japón, los Estados Unidos y el Reino Unido, en 1985 y 1992 (últimas estadísticas disponibles en el momento de mi estudio, 1995). Según nuestros datos (que considero innecesario reproducir aquí puesto que se pueden consultar en los anuarios estadísticos japoneses), Japón seguía por detrás de los Estados Unidos, mientras que iba por delante del Reino Unido, pero avanzaba rápidamente (aunque más lentamente que Estados Unidos en equipo electrónico personal, como ordenadores y teléfonos móviles en los hogares).

Junto con la producción y difusión de máquinas de tecnología de la información, Japón construyó una nueva mitología en torno a un planteamiento futurista de la sociedad informacional, que en realidad trataba de

---

[46] Forester, 1993.

sustituir el pensamiento social y los proyectos políticos por imágenes de una sociedad informatizada/telecomunicada, con algunos tópicos humanistas pseudofilosóficos. Una multitud de fundaciones, publicaciones, seminarios y conferencias internacionales proporcionaron el aparato de la nueva ideología, según la cual la revolución tecnológica resolvería el futuro de Japón y, de paso, también del mundo. El Estado desarrollista (*Hatten Hokka* en japonés) encontró una nueva mina de oro de iniciativas estratégicas: cada ministerio compitió para crear programas orientados a la tecnología que, en sus respectivos ámbitos de competencia, pretendían transformar Japón estableciendo la infraestructura de la sociedad informacional [47]. Entonces el MITI lanzó el Programa de Tecnópolis, cuya meta era producir en masa Silicon Valleys y, en el proceso, patrocinar a las prefecturas regionales, fortaleciendo la posición política del MITI en la era de la información. El Ministerio de Correos y Telecomunicaciones, entre otras iniciativas, lanzó su Programa Teletopia para instalar medios de comunicación interactivos en 63 ciudades modelo. El Ministerio de Construcción contó con su propio Programa de Ciudades Inteligentes, utilizando su control de las obras públicas para construir complejos de oficinas y residenciales con edificios inteligentes. La Corporación de Desarrollo Regional de Japón creó la Ciudad de la Ciencia de Tsukuba y obtuvo del gobierno nacional el establecimiento de una nueva universidad y la sede de 40 institutos de investigación nacionales, centrados en la investigación agrícola y biológica. Las prefecturas poderosas desarrollaron programas propios, de modo que la mayor parte de Japón acabó participando en la construcción de la base material de la nueva sociedad de la información, prometida por un ejército de futurólogos y liderada por altos burócratas y ejecutivos retirados que encabezaban los comités asesores de un amplio despliegue de fundaciones. El problema fue que, mientras tanto, la sociedad japonesa evolucionó hacia su modelo cultural/históricamente específico de sociedad de la información, que estaba en contradicción no sólo con los proyectos tecnocráticos de un modelo social abstracto, sino con los intereses institucionales y políticos de sus creadores. Es más, después de que Japón apostara todo su desarrollo tecnológico y económico al paradigma informacional, la lógica del Estado entró en contradicción con el pleno florecimiento de este paradigma. Expliquémoslo.

Una sociedad de la información no es una sociedad que utiliza la tecnología de la información. Es la estructura social específica, asociada con el ascenso del paradigma informacional, pero no determinada por él. El primer volumen de este libro trató de presentar tanto los rasgos estructurales como las variaciones históricas/culturales de esta sociedad que, para proponer una caracterización más sociológica, denomino la *sociedad red*.

---

[47] Castells y Hall, 1994.

La mayoría de sus rasgos caracterizaron al Japón de los años noventa, si bien con peculiaridades japonesas. Estos rasgos de la sociedad red entraron en contradicción con las instituciones y la lógica del Estado japonés constituido históricamente en el último medio siglo. Explicaré por qué y cómo.

En primer lugar, la globalización de las grandes empresas japonesas y los mercados financieros, como ya se ha mencionado, socavó la influencia del Estado desarrollista y reveló su dimensión burocrática y paralizadora, que se convirtió en un impedimento en un mundo de geometría variable donde la libertad de maniobra y adaptabilidad son cruciales para sobrevivir en una carrera competitiva incesante.

En segundo lugar, la oleada de desregulación y privatización, en el mundo y en Japón, obligó al gobierno japonés, de forma gradual pero constante, a aflojar su dominio de las telecomunicaciones, los medios de comunicación, los servicios públicos, las obras públicas y otros ámbitos, perdiendo de este modo muchas de sus vías para controlar la economía y dirigir el país.

En tercer lugar, la debilidad de la ciencia japonesa limitó su capacidad para mejorar la tecnología existente, para hacerla mejor y más barata, una vez que las empresas alcanzaron la vanguardia de la innovación tecnológica. El éxito de las compañías electrónicas estadounidenses, que invirtieron la ventaja japonesa en los años noventa, así como el progreso limitado de las empresas japonesas en biotecnología y programación, obedecen a su retraso en la ciencia básica y la formación de investigadores. La explicación de esta brecha entre la capacidad japonesa para adaptar tecnología y generar tecnología basada en la ciencia estriba en factores institucionales no culturales, pese a las generalizaciones cuasirracistas sobre sus capacidades/incapacidades innatas. Esencialmente radica en el carácter burocrático del sistema universitario japonés y en el anticuado sistema pedagógico orientado al examen, centrados en asegurar la reproducción cultural más que en estimular la innovación intelectual. Como es sabido, se ordena a las universidades que no trabajen para las empresas, los profesores son funcionarios públicos a los que se suele prohibir dedicarse al mundo empresarial, los cursos de postgrado son endebles, los programas de doctorado están orientados a la promoción interna y la endogamia es la regla en la contratación de profesorado, lo que desalienta la inversión en tiempo y recursos de estudiar en el extranjero. Además, las mujeres son discriminadas de forma flagrante en la carrera académica, lo que supone desperdiciar un potencial extraordinario para la innovación científica y la enseñanza de calidad. Las universidades son burocracias que conceden titulación, orientadas primordialmente a la reproducción cultural y la selección social, no centros de innovación y formación para un pensamiento autónomo. Estos hechos son ampliamente reconocidos por las instituciones estatales, pero no se pueden remediar fácilmente porque su corrección contradiría la misión fundamental del Ministerio de Educación: la conservación de la identidad japonesa, la transmisión de los valores tradicionales y la reproducción de la estratificación meritocrática. Abrir el sistema a la competición individual, el pensamiento autónomo, la variación de programas según las demandas del mercado y la influencia extranjera sería tanto como desmantelar el bastión del *nihonjiron* (la ideología de la singularidad japonesa). Seamos claros: no estoy argumentando que la identidad japonesa esté en contradicción con la sociedad de la información, aunque, como toda identidad cultural, será necesariamente modificada por el curso de la historia. Lo que sostengo es que el sistema educativo japonés, la fuente de producción de los sujetos de la sociedad de la información, con su estructura y metas actuales, es incapaz de generar la masa crítica de investigadores y programas de investigación sobre los que puedan basarse las empresas para innovar en los nuevos campos de desarrollo industrial, tecnológico y cultural, pese al número astronómico de licenciados en ingeniería. Y debido a que el juego de imitación en el que las empresas japonesas destacaron de los años sesenta a los ochenta hoy es practicado por diversos competidores en todo el mundo, las compañías japonesas ya no pueden basarse en las instituciones japonesas y los científicos e ingenieros formados en Japón para mantenerse a la altura de la competencia en el nivel superior de las industrias centradas en la información. El gobierno japonés pareció reconocer este hecho cuando, en agosto de 1996, aprobó un plan especial para avanzar en ciencia y tecnología, invirtiendo 155.000 millones de dólares a lo largo de cinco años en programas para 100 universidades nacionales y escuelas privadas[48]. Pero, a menos que exista una reforma fundamental en las instituciones educativas, la asignación de más fondos sólo significaría más licenciados de mente burocrática mejor formados, en centros de investigación organizados burocráticamente, que cada vez serían menos capaces de interactuar con el universo cada vez más interactivo de la investigación global. El explosivo desarrollo mundial de Internet a finales de los noventa, tanto en el mundo de los negocios como en la sociedad en general, reveló todavía más las deficiencias tecnológicas de Japón como consecuencia de la falta de iniciativa empresarial individual y como efecto colateral de las previsiones erróneas de una burocracia gubernamental que pensaba que la sociedad de la información se basaría en los superordenadores y no en la comunicación mediada por los ordenadores.

Un cuarto límite institucional a las exigencias de flexibilidad de la sociedad red concierne al cuestionamiento potencial del empleo estable de larga duración para la mano de obra nuclear. Este sistema no fue sólo el resultado de la negociación entre el capital y los trabajadores, sino que se produjo en una situación de excepcionalidad y movilización nacional para

---

[48] «Japan's blast-off in science», *Business Week*, 2 de septiembre, 1996.

el desarrollo a la que apeló el Estado. La creciente interdependencia de las empresas japonesas y las prácticas empresariales de todo el mundo, sobre todo del Pacífico asiático, caracterizadas por la flexibilidad laboral, hace cada vez más difícil la conservación del sistema de *choki koyo* (véase el volumen I, capítulo 4). Este sistema se encuentra en el centro de la estabilidad social en tres dimensiones: el sistema de relaciones laborales, la legitimidad del Estado, cuyo paternalismo garantiza la seguridad a largo plazo, y la familia patriarcal, porque sólo la garantía de un empleo estable para el patriarca permite la flexibilidad para las mujeres, ya que hace menos arriesgado que éstas mantengan su doble papel de amas de casa y trabajadoras temporales sin construir su propio futuro independiente. La inseguridad laboral, si se difunde más allá de las tendencias actuales de inestabilidad del empleo entre los trabajadores jóvenes, será particularmente dramática en Japón, porque la mayoría de los beneficios sociales dependen de la compañía empleadora.

En quinto lugar, la cultura de la virtualidad real (véase el volumen I, cap. 5) se está difundiendo rápidamente en Japón. Multimedia, videojuegos, karaoke, televisión por cable, y, últimamente, la comunicación a través del ordenador, son la nueva frontera de la vida social japonesa, sobre todo para las generaciones más jóvenes [49]. Lo que caracteriza a la cultura de la virtualidad real es la mezcla de temas, mensajes, imágenes e identidades en un hipertexto potencialmente interactivo. Como resultado de la globalización e individualización simultáneas de esta cultura, las identidades específicas japonesas se fusionarán o interactuarán con este texto y estarán abiertas a una variedad de expresiones culturales. ¿Qué consecuencias tendrá esto para la identidad japonesa? Un observador superficial apreciaría la aparente americanización de la cultura de los jóvenes japoneses (del rap a los iconos deportivos). Pero una mirada más precisa revela adaptaciones específicas de esas imágenes a un modo de ser japonés del siglo XXI. Sea lo que fuere, no es la identidad japonesa tradicional. Tampoco es una versión actualizada de la cultura japonesa. Es algo más: un caleidoscopio de mensajes e iconos de varias fuentes culturales, incluidas las propias, fabricado y consumido en Japón y por japoneses, pero nunca más en aislamiento de los callejones globales del hipertexto virtual. En este sentido, el énfasis de los aparatos culturales tradicionales en imponer la lealtad a los valores japoneses únicos entra en contradicción con el entorno cultural en el que las nuevas generaciones están creciendo. El resultado es cacofonía en lugar de alta fidelidad.

En sexto lugar, las nuevas vías de movilización social basadas en la identidad en torno a la defensa de la comunidad territorial, el género y el medio ambiente están en contradicción directa con el mito de la homogeneidad social japonesa y la imagen de una comunidad nacional suprema

---

[49] Instituto Dentsu de Estudios Humanos/Dataflow International, 1994.

representada por la burocracia estatal. Sin duda, la mayoría de los japoneses siguen siendo nacionalistas culturales y expresan un claro sentimiento de superioridad cultural frente a otras culturas del mundo, según las investigaciones de Shoji [50]. Pero los nuevos movimientos sociales que han surgido en los años noventa desmienten esta imagen de unidad nacional y plantean sus intereses diferenciales, no en contra de la nación, sino reclamando la diversidad dentro de la misma. Esta perspectiva contradice directamente la unidad indisoluble del sistema nacional en el que se basa el sistema del Emperador Simbólico.

Por último, la sociedad de la información creada en Japón durante los últimos veinte años es una sociedad civil activa, autónoma y enérgica, que cada vez es más crítica hacia un sistema político ineficiente y corrupto y rechaza el carácter rutinario del debate político [51]. Esta sociedad requiere un sistema político dinámico y abierto, capaz de procesar los debates fundamentales que surgen en Japón en torno a cómo debe ser la vida después del asedio y, en consecuencia, más allá de la mentalidad de asedio. Puesto que el «sistema político de 1955» era un mecanismo de control añadido con fines cosméticos al Estado desarrollista, carece de legitimidad y capacidad para transformarse en el ágora de los ciudadanos de la era de la información [52]. Así, la pérdida de legitimidad del sistema político expone directamente al Estado desarrollista a las demandas y los retos de la *Johoka Shakai*. Esta confrontación domina y seguirá dominando a Japón.

Finalmente, a finales de siglo hay múltiples indicios de que la sociedad red de Japón se desarrollaba siguiendo orientaciones imprevistas a pesar de todos los obstáculos mencionados anteriormente [53]. Internet se estaba desarrollando deprisa: en torno a 23 millones de japoneses utilizaban Internet en 1999-2000. Esto hizo posible una comunicación horizontal y libre, que pronto se utilizó para expresar las críticas de consumidores y ciudadanos y para vincularse con el mundo. Las ventas de ordenadores personales también aumentaron bruscamente (en torno al 80% en 1999), dotando a los jóvenes profesionales de acceso a capacidad de procesamiento de la información y comunicación a través del correo electrónico. El comercio electrónico se convirtió en una industria viable que soslayaba las empresas establecidas. La iniciativa empresarial individual se convirtió en una alternativa al empleo eventual a tiempo parcial y a las largas esperas en el escalafón empresarial para miles de jóvenes licenciados que ya no estaban dispuestos a aceptar el reparto jerárquico de gratificaciones de las empresas japonesas tradicionales. La potencial liberación de hasta

---

[50] Shoji, 1994.
[51] Shoji, 1995; Smith, 1997; Yazawa, 1997.
[52] Inoguchi, 1995.
[53] *Business Week*, 1999b.

430.000 millones de dólares de los depósitos en cuentas de ahorro postales en 2001 ofrecía la posibilidad de una inmensa reserva de capital para invertir en nuevas empresas prometedoras, una perspectiva que podría revolucionar la economía japonesa. La crisis simultánea de las carreras profesionales estables y la apertura de vías para la movilidad individual debilitaron de forma importante el modelo de gratificación diferida sobre el que se basaba la conducta social. De forma creciente, las mujeres afirmaron sus derechos con una determinación inédita. La familia tradicional japonesa quedó amenazada junto con la corporación tradicional y el Estado desarrollista japonés.

Por consiguiente, para los planificadores estratégicos del MITI, si es que todavía existen, el futuro es el presente. Y, como siempre ha sucedido en la historia, parece más anárquico de lo que se previó en sus modelos porque está hecho de las necesidades, reivindicaciones, temores y sueños del pueblo japonés.

Japón y el Pacífico

La prueba de que el sistema del Emperador Simbólico sigue vigente en Japón es la —de otro modo incomprensible— obstinada negativa de las elites políticas japonesas a disculparse ante sus vecinos asiáticos por la agresión y los crímenes de guerra de Japón durante los años treinta y cuarenta. Si Alemania hubiera adoptado la misma actitud, hoy no existiría la Unión Europea. Y como Japón escogió un camino diferente, *arraigado en sus instituciones de nacionalismo cultural*[54], no habrá instituciones de integración política del Pacífico, que son y serán rechazadas contundentemente por los chinos, los coreanos y los rusos (también un país del Pacífico).

Por otra parte, como se ha mostrado al inicio de este capítulo, en el Pacífico asiático hay una interdependencia económica creciente y un conjunto de intereses establecidos mayoritariamente en torno a las redes de producción de las compañías japonesas en Asia. Además, la dependencia de Japón en cuanto a energía y materias primas, su proximidad geográfica y la expansión de los mercados asiáticos crean poderosos incentivos para la colaboración y el intercambio pacíficos, en un proceso que podría acabar conduciendo a una mayor cooperación en el Pacífico. Sin embargo, las mismas instituciones que impulsaron a Japón y al resto de los países asiáticos hacia la economía global y la sociedad de la información son los principales obstáculos para una colaboración que vaya más allá de los intereses económicos comunes. Tanto para Japón como para los países asiáticos, ello se debe a que el motor del proceso de desarrollo ha sido el pro-

---

[54] Watanabe, 1996.

yecto nacionalista central de sus respectivos estados desarrollistas. Así pues, sólo la superación del Estado desarrollista nacionalista, en Japón y los demás países, podría crear las condiciones para nuevas identidades, nuevas instituciones y nuevas trayectorias históricas.

¿DECAPITAR AL DRAGÓN? CUATRO TIGRES ASIÁTICOS CON CABEZA DE DRAGÓN Y SUS SOCIEDADES CIVILES [55]

El desarrollo de Japón y su desafío a Occidente fueron sólo a medias una sorpresa histórica. Después de todo, se había industrializado desde finales del siglo XIX y había sido capaz de construir una formidable máquina industrial y militar en los años treinta. Lo que realmente hizo sonar las alarmas en un mundo dominado por culturas de abolengo europeo (naturalmente, incluida Rusia) fue el ascenso de los cuatro tigres del este asiático: Corea del Sur, Taiwan, Singapur y Hong Kong. Que esos territorios yermos, con sus economías devastadas por la guerra y la geopolítica, sin mercados internos ni recursos naturales o energéticos, sin tradición industrial ni base tecnológica, fueran capaces de transformarse en tres décadas en los productores y exportadores más competitivos del mundo envió una señal clara de que la nueva economía global estaba estructurada y seguía un ritmo marcado por nuevas reglas de juego, reglas que estos tigres parecían haber aprendido más deprisa y dominar mejor que los países industrializados más antiguos. Entre estas reglas se encontraba la capacidad de asimilar, utilizar y mejorar las nuevas tecnologías de la información, tanto en productos como en procesos, y la capacidad estratégica de prever el potencial de las nuevas tecnologías, centrándose de este modo en el reacondicionamiento de las industrias, la gestión y el trabajo de los países. Por tanto, el análisis del proceso de desarrollo de los «cuatro tigres» ilu-

---

[55] Este análisis se basa en buena medida en mi trabajo de campo, lecturas y experiencia personal durante mi periodo de docencia, conferencias e investigación en Hong Kong (Universidad de Hong Kong, 1983, 1987), Singapur (Universidad Nacional de Singapur, 1987, 1989), Corea del Sur (Instituto Coreano de Investigación de Asentamientos Humanos y Universidad Nacional de Seúl, 1988) y Taiwan (Universidad Nacional de Taiwan, 1989). Para mi análisis de Hong Kong y Singapur, véase mi libro Castells *et al.*, 1990, que debe considerarse una referencia genérica de fuentes sobre Hong Kong y Singapur hasta 1990 con el fin de no repetir aquí la bibliografía contenida en esa monografía. También quiero agradecer la ayuda e ideas recibidas de los profesores Chu-Joe Hsia y You-tien Hsing sobre Taiwan y del profesor Ju-Chool Kim sobre Corea del Sur. Las fuentes adicionales utilizadas directamente en esta sección son Lethbridge, 1978; Amsdem, 1979, 1985, 1989, 1992; Lau, 1982; Lim, 1982; Chua, 1985; Gold, 1986; Deyo, 1987a; Krause *et al.*, 1987; Kim, 1987; White, 1988; Winckler y Greenhalgh, 1988; Robinson, 1991; Sigur, 1994; Evans, 1995. También quiero mencionar una interesante contribución poco conocida de un joven investigador coreano que murió poco después de terminar su obra: Ahn, 1994. Otros materiales consultados se citan específicamente en las notas del texto.

mina las nuevas relaciones entre la tecnología, el Estado y la sociedad que caracterizan la transición a la economía informacional global. Además, la crisis económica asiática que se inició en 1997 tuvo un impacto y manifestaciones muy diversas en cada uno de los cuatro tigres. La economía de Corea del Sur, la mayor de las cuatro, se colapsó, suspendiendo el pago de su deuda externa el 21 de noviembre de 1997. A partir de octubre de 1997, el valor de las acciones y la propiedad inmobiliaria sufrió una caída espectacular en Hong Kong, como se ha mencionado en la sección introductoria de este capítulo. Las repercusiones de la crisis fueron considerablemente más suaves en Singapur, a pesar de una moderada devaluación de su moneda. Y, en conjunto, Taiwan pareció resistir la crisis. La respuesta diferenciada a la crisis entre los cuatro tigres ofrece una excelente oportunidad para comprender la naturaleza de la propia crisis. Por consiguiente, después de observar e interpretar el proceso de desarrollo de los cuatro tigres con un enfoque comparativo, ampliaré este análisis comparativo a la interpretación de su crisis.

También intentaré en esta sección ir más allá del análisis de los procesos de desarrollo y crisis para interpretar las contradicciones sociales y políticas desencadenadas por estos procesos, que han inducido la transición a las sociedades informacionales y su integración en la economía global. En efecto, aunque el papel del Estado desarrollista (el «dragón» del que hablamos) fue decisivo para fomentar, guiar y asegurar el crecimiento económico y la modernización tecnológica durante unas tres décadas, en los años noventa las sociedades civiles y las corporaciones empresariales empezaron a sentirse cada vez más incómodas con la presencia sofocante del Estado. Y la globalización de la economía contradijo la nacionalización de la sociedad. Como resultado, se crearon nuevas condiciones sociales y políticas en cada uno de estos cuatro países; el cuarto, Singapur, se transformó en un experimento extraordinario de nodo cibernético global. Es en esta interacción en continua transformación entre el desarrollo, la crisis, el Estado y la sociedad donde podemos encontrar la explicación a las diferentes formas de incorporación de estas sociedades asiáticas a la economía global y sus vías específicas de cambio social.

Entender el desarrollo asiático

La comprensión de los procesos sociales que entre 1960 y 1990 llevaron al espectacular desarrollo económico y modernización de estos cuatro países, si bien al precio de altos costes sociales y represión política, sigue oscurecida por la pasión del debate ideológico. Ello es debido a que los resultados de estas economías ponen en tela de juicio los modelos explicativos convencionales tanto del análisis dogmático de la dependencia como de la economía neoclásica en el campo de la teoría del desarrollo[56]. En oposición al planteamiento de izquierda clásico, según el cual no puede darse desarrollo económico en sociedades dependientes bajo el capitalismo, los cuatro tigres asiáticos mantuvieron la tasa más alta de crecimiento del PNB del mundo durante casi tres décadas y obtuvieron cuotas sustanciales de los mercados mundiales, transformando en el proceso su estructura económica y su tejido social. Es más, aunque la explotación y opresión fueron partes integrantes del proceso de desarrollo (como lo fueron en la industrialización europea), el crecimiento económico corrió parejas con una mejora sustancial de las condiciones de vida (en salarios, salud, educación y vivienda). Además, la desigualdad de la renta descendió en los años sesenta, se estabilizó en los setenta y, aunque aumentó ligeramente en los ochenta, seguía siendo inferior a mediados de esa década que en los años cincuenta y menor que en los Estados Unidos, el Reino Unido, Francia y España. Sin duda, esta transformación económica y social tuvo lugar en un contexto de represión política e ideológica. Pero la mayoría de las sociedades en vías de desarrollo del mundo estaban en condiciones represivas similares y seguían siendo incapaces de superar sus obstáculos para el desarrollo, en buena medida heredados de su pasado colonial o semicolonial. Sólo los tigres lograron romper con ese pasado, siendo emulados por el resto de los países asiáticos, que, en los años noventa, parecen estar siguiendo un camino similar, si bien en condiciones diferentes y con políticas algo distintas, precisamente porque el desarrollo de los tigres cambió el contexto en el que estaban operando, estableciendo la nueva conexión del Pacífico con la economía global.

Por otra parte, el éxito económico de los tigres asiáticos se ha utilizado para apoyar el discurso ideológico de algunos economistas y políticos del libre mercado que, en su versión reconstruida del desarrollo asiático, encontraron el paraíso perdido del neoliberalismo. No obstante, todo observador serio y objetivo del escenario del Pacífico asiático sabe que la intervención estatal sistemática en la economía, así como la orientación estatal estratégica de las empresas nacionales y las multinacionales ubicadas en el país, fueron factores fundamentales para asegurar la transición de las economías en vías de industrialización a cada uno de los estadios que estaban alcanzando en su proceso desarrollista[57]. Como en Japón, el Estado desarrollista se encuentra en el centro de la experiencia de las economías de industrialización reciente[58]. Este hecho es ampliamente reconocido en los casos de Singapur, Corea del Sur y Taiwan. Basándome en una serie de estudios menos conocidos, incluido el mío, sostendré que

---

[56] Amsden, 1979; Evans, 1995.
[57] Deyo, 1987a; Appelbaum y Henderson, 1992.
[58] Johnson, 1987.

también fue el caso de Hong Kong[59]. Pero argumentar que el Estado fue la fuerza impulsora del desarrollo económico de esos países suscita más preguntas que respuestas para la teoría del desarrollo. Porque, dada la amplia y, en general, ineficaz intervención estatal en otras economías en vías de desarrollo, debemos reconstruir el complejo juego de relaciones entre el Estado, la sociedad y la economía en el Pacífico asiático para comprender las condiciones sociales específicas que explican el éxito del proceso de desarrollo. Trataré de proporcionar tal explicación, centrándome primero en el proceso específico de cada país, y luego intentando suscitar preguntas analíticas, para responderlas en una perspectiva comparativa. La secuencia de presentación sigue un orden que va del nivel más alto al más bajo de intervención estatal: Singapur, Corea del Sur, Taiwan y Hong Kong.

Singapur: la construcción estatal de la nación mediante las empresas multinacionales

En términos econométricos, el análisis de Yuan Tsao sobre las fuentes del crecimiento en Singapur durante el periodo de 1965-1984 muestra que las entradas de capital fueron el principal factor, teniendo un efecto positivo también las aportaciones del trabajo, mientras que la contribución de la productividad total de los factores apenas fue perceptible[60].

En cuanto al trabajo, en 1966 Singapur presentaba una tasa de desempleo del 9%, con una tasa de ocupación del 42,3%. En 1983, el desempleo ya había descendido al 3%, con una ocupación del 63%, principalmente gracias a la incorporación masiva de las mujeres a la mano de obra. La educación de los trabajadores mejoró de forma sustancial, con inglés obligatorio en las escuelas y una expansión de la formación profesional. Se limitó rigurosamente la inmigración para evitar la implantación de actividades de bajos salarios y privilegiar a los ciudadanos de Singapur. Se reprimió duramente la inmigración indocumentada.

Sin embargo, el factor crucial fue la afluencia masiva de capital procedente de dos fuentes principales; a) la inversión extranjera directa, que representó entre el 10 y el 20% del PNB durante los años setenta; y b) un incremento excepcional del ahorro nacional bruto, que alcanzó el 42% del PNB a mediados de los años ochenta, la tasa más elevada del mundo. Para el periodo de 1966-1985, el ahorro nacional bruto representó más del 74% de la formación bruta total de capital nacional. Gran parte fue generada por el sector público (46%), sobre todo mediante el Fondo Central de Previsión, un plan de seguridad social contro-

---
[59] Castells *et al.*, 1990.
[60] Tsao, 1986, págs. 17-65.

lado por el gobierno y diseñado para imponer el ahorro a la población. El gobierno invirtió la mayor parte de estos ahorros, pero no todos, en infraestructura social y física, y en empresas públicas (en los años ochenta había en Singapur más de 500 empresas públicas). También invirtió en el extranjero, en valores y bienes raíces, para disminuir la vulnerabilidad de sus ingresos frente a los ciclos de su economía. Además, en torno a un cuarto de los ingresos totales del gobierno se mantuvieron en un fondo de desarrollo gubernamental para estabilizar la economía y financiar gastos estratégicos. Esta reserva proporcionó al gobierno un importante instrumento para asegurar la estabilidad monetaria y controlar la inflación.

La prudencia fiscal del gobierno dejó la responsabilidad de la inversión y el crecimiento económico a la inversión directa extranjera. Desde el momento de su independencia, en 1965, el gobierno de Singapur decidió que su diminuto territorio empobrecido sólo podía prosperar ofreciéndose como plataforma de exportación para las empresas multinacionales [61]. No obstante, el factor central del proceso de desarrollo fue el papel del gobierno proporcionando los incentivos necesarios para atraer capital extranjero y llegar a los inversores a través de la creación de una Junta de Desarrollo Económico, que realizó la planificación estratégica de la dirección futura de la economía internacional. Entre los factores decisivos que atrajeron la inversión a Singapur, sobre todo en la primera fase de fabricación, fueron: un entorno empresarial favorable, incluidos bajos costes laborales; la paz social, tras la represión y el desmantelamiento de los sindicatos independientes a comienzos de los años sesenta; una mano de obra educada, que en general hablaba inglés; una legislación social y medioambiental favorable a la empresa; una excelente infraestructura de transporte y comunicaciones; el suministro de suelo industrial, completamente equipado, incluida la posibilidad de fábricas «llave en mano» construidas por el gobierno; un diferencial de inflación ventajoso; una política fiscal estable; y estabilidad política [62].

El gobierno de Singapur fue esencial para hacer posible la diversificación industrial, así como para elevar el nivel técnico de las operaciones allí realizadas, incrementando el valor de sus productos con el tiempo. De forma gradual, se pasó de los servicios tradicionales (comercio regional) a la manufactura (sobre todo, ensamblaje electrónico) y luego a los servicios avanzados (finanzas externas, comunicaciones, servicios empresariales). De la manufactura de ensamblaje poco cualificada se pasó a productos y procesos avanzados de fabricación, incluidos I+D y fabricación de obleas de silicio en microelectrónica; y de una

---

[61] Deyo, 1981.
[62] Chen, 1983.

economía dominada por el comercio marítimo y el refinado de petróleo a una estructura industrial altamente diversificada, que comprendía maquinaria, electrónica, equipo de transporte, servicios de producción y finanzas internacionales. El gobierno fue en buena medida responsable de esta mejora creando la infraestructura tecnológica y educativa (su infraestructura de telecomunicaciones y transporte aéreo se halla entre las mejores del mundo); proporcionando los bienes raíces, los sistemas de información y un medio ambiente apenas regulado en el que podían prosperar los nuevos servicios empresariales internacionales; y elevando la calidad del trabajo mediante una serie de atrevidas medidas, como un fuerte aumento de los salarios en 1979-1982 para deshacerse de las compañías que buscaban trabajo no cualificado barato, una vez que la economía de Singapur había pasado el estadio de supervivencia. La eficiente gestión gubernamental y la estabilidad política, asegurada mediante un gobierno despiadado y mecanismos de integración social, proporcionaron a las multinacionales razones para creer que Singapur era el lugar más seguro en un mundo problemático. Lo era, salvo para los intelectuales, los periodistas independientes, los disidentes políticos, los adolescentes rebeldes, los inmigrantes indocumentados, las inmigrantes legales embarazadas, los fumadores, los drogadictos y los que ensucian las calles. Al 87% de la población se le proporcionó vivienda pública cada vez de mejor calidad, en su mayoría en terrenos residenciales planificados y verdes, totalmente equipados con servicios públicos, primero en alquiler y luego en propiedad. Además, el servicio de asistencia sanitaria muy subvencionado, la educación pública y el transporte colectivo, combinados con unos salarios reales en ascenso y la disminución de la desigualdad en la renta, mejoraron de forma espectacular las condiciones de vida de toda la población: en los años noventa, Singapur tiene una renta per cápita mucho más elevada que Gran Bretaña. Esta prosperidad material contribuyó a calmar el malestar social e interétnico que caracterizó al país en los años cincuenta y comienzos de los sesenta. Un complicado aparato de seguridad del Estado se ocupó discretamente de los pocos disidentes que había y aisló a Singapur de la influencia de los «valores no asiáticos». El proceso de reestructuración emprendido a comienzos de los años ochenta para elevar su base educativa y tecnológica llevó a una breve recesión económica en 1985-1986. Pero la Ciudad del León salió reforzada, cuando el gobierno se embarcó en la liberalización e internacionalización económicas, transformando gradualmente a Singapur en el centro de servicios tecnológicos, financieros y empresariales del sureste asiático, en estrecha competencia con Kuala Lumpur.

En los años noventa, cuando las líneas de productos manufacturados de cualificación media, como las unidades de disco de los ordenadores, comenzaron a marcharse de Singapur en busca de otros lugares del sureste asiático donde los costes de producción fueran menores, el gobierno hizo un gran esfuerzo para anclar la producción de la microelectrónica, a fin de que la contribución de la industria al PNB no descendiera del 25%, consecuente con su convicción estratégica de que la industria es importante para la riqueza del país. Su objetivo era la industria de alto valor, es decir, I+D y producción de obleas de chips avanzados. Como el gobierno de Singapur era ahora rico, invirtió en producción de microelectrónica. La Fábrica Autorizada de Semiconductores, propiedad del gobierno, construyó dos plantas en Singapur, por una inversión total de 1.100 millones de dólares y, en 1996, tenía prevista la construcción de otras cuatro. El gobierno también se agrupó con Texas Instruments, Canon y Hewlett Packard para construir otras dos plantas, con una inversión de 1.600 millones de dólares; y con Hitachi y Nippon Steel para construir otra planta de semiconductores por unos 100.000 millones. Contando con el apoyo del gobierno en materias fiscales y de formación, SGS-Thomson decidió ampliar su planta de fabricación de chips en Singapur con una nueva inversión de 710 millones de dólares para 1998. En conjunto, la industria de semiconductores de Singapur está en condiciones de superar, en calidad y cantidad, la producción de microelectrónica de cualquier país europeo para el año 2000.

Además, el rápido crecimiento de las economías de la región, sobre todo de Tailandia, Malaisia e Indonesia, ayudó a Singapur a subir la escalera del informacionalismo y a convertirse en uno de los centros de la economía mundial. No sólo estaba creciendo deprisa, sino transformando la calidad de su crecimiento, a medida que las compañías de todo el mundo elegían ese país como su base de operaciones preferida para la gestión e inversión en la región económica más dinámica del planeta.

Así, saliendo de una economía devastada a mediados de los años sesenta, aislada por la fuerza de Malaisia en 1965 y abandonada como centro de distribución y base militar por un imperio británico en retirada en 1968, Singapur, contra todas las previsiones, se estableció como el escaparate del nuevo proceso de desarrollo, construyendo una identidad nacional sobre la base de la inversión internacional, atraída y protegida por una ciudad-Estado desarrollista.

Corea del Sur: la producción estatal de un capitalismo oligopólico

La intervención estadounidense en Corea fue fundamental para crear la base de una economía moderna en 1948-1960 a través de la reforma agraria, el apoyo militar a Corea del Sur y una ayuda económica masiva que permitió la reconstrucción y supervivencia del país tras una de las guerras más sangrientas de la historia reciente. No obstante, el rápido proceso desarrollista no comenzó hasta el régimen de Park Chung Hee, establecido por el golpe militar de mayo de 1961 e institucionalizado como la Tercera República por las elecciones amañadas de octubre de 1963.

Basándose en el apoyo militar, financiero y político de los Estados Unidos —un apoyo determinado por el significado del paralelo 38 como el Muro de Berlín de Asia—, los militares surcoreanos y su brazo político, el Partido Republicano Democrático, emprendieron la construcción de una poderosa economía como la base de su proyecto nacionalista. En los estadios iniciales de desarrollo, el Estado asumió el papel de empresario a través de las empresas públicas y las inversiones gubernamentales. Así, en el periodo 1963-1979, las compras del gobierno y las empresas públicas supusieron una medida anual de casi el 38% de la formación bruta de capital interno. Sin embargo, el régimen de Park, muy influido por el modelo japonés, aspiró a crear una estructura industrial basada en grandes compañías coreanas, organizadas como conglomerados. Para ello, estableció fuertes medidas proteccionistas a fin de preservar los mercados internos. Pero, dada su limitada capacidad adquisitiva, el gobierno decidió seguir una estrategia de exportación basada en la industria. Utilizando su control del sistema bancario y las licencias de exportación-importación, el Estado impulsó la fusión de las compañías coreanas en grandes redes verticales (*chaebol*), similares al *keiretsu* japonés, pero sin independencia financiera (véase el volumen I, capítulo 3). En 1977, las empresas coreanas que empleaban más de 500 trabajadores, aunque representaban sólo el 2,2% del total, ya suponían el 44% de la mano de obra. El gobierno estableció una Junta de Planificación Económica, que diseñó y puso en práctica una serie de planes económicos de cinco años. Orientó a las empresas coreanas a sectores considerados estratégicos para la economía nacional, bien en el sentido de favorecer su autonomía o de fomentar la competitividad en la economía mundial. Así, Corea del Sur recorrió metódicamente el camino del desarrollo industrial, invirtiendo de forma consecutiva en textiles, petroquímica, construcción naval, siderurgia, maquinaria eléctrica, electrónica de consumo y (en los años ochenta) automóviles, ordenadores personales y microelectrónica (con algún éxito espectacular en esta última industria, como la capacidad endógena de diseñar y producir chips de 256k antes que Europa Occidental) [63]. Con frecuencia, algunas de las decisiones estratégicas de los organismos estatales fueron equivocadas y provocaron contratiempos económicos [64]. Pero el gobierno estaba ahí para absorber las pérdidas, reconvertir las fábricas y garantizar nuevos créditos [65].

---

[63] Lee, 1988.
[64] Johnson, 1987.
[65] Lim y Yang, 1987.

Como en el caso de Singapur, pero a escala mucho mayor, el papel decisivo del Estado consistió en atraer capital y controlar y movilizar la mano de obra para hacer posible la formación y crecimiento del *chaebol* durante los años sesenta y setenta. Una parte crucial del capital era de origen extranjero, pero con una diferencia decisiva respecto a la experiencia de Singapur. El nacionalismo del gobierno coreano llevó al rechazo de la presencia excesiva de las empresas multinacionales extranjeras, por miedo a su influencia en la sociedad y la política. Así, la afluencia de capital a Corea del Sur tomó fundamentalmente la forma de préstamos, garantizados por el gobierno con el patrocinio de los Estados Unidos. El gobierno recibió préstamos públicos, sobre todo de instituciones internacionales como el Banco Mundial, para construir una infraestructura productiva. Los préstamos fueron canalizados por el gobierno a las compañías coreanas, de acuerdo con el cumplimiento de sus planes estratégicos. Así pues, el capital extranjero representó el 30% de toda la formación de capital bruto interno entre 1962 y 1979. La relación entre la deuda externa y el PNB ascendió a más del 26% en 1978, convirtiendo a Corea del Sur en una de las economías más endeudadas del mundo a comienzos de los años ochenta. No obstante, el servicio de la deuda como proporción de las importaciones no era excesivo y, de hecho, descendió del 19,4% en 1970 al 10,5% al final de la década. En efecto, la relación entre el comercio exterior (exportaciones e importaciones) y el PNB saltó del 22,7% en 1963 al 72,7% en 1979. La experiencia de Corea del Sur indica que el endeudamiento en sí no es un obstáculo para el desarrollo: es el uso apropiado de los préstamos lo que determina el resultado económico. Corea del Sur, en contraste con algunos regímenes militares de América Latina (por ejemplo, Argentina), utilizó los préstamos para crear infraestructura y apoyar las exportaciones. Su libertad de maniobra estaba garantizada porque Estados Unidos pagaba la enorme cuenta de defensa del gobierno surcoreano, en compensación por ser el bastión asiático contra el comunismo.

Sólo en los años setenta, cuando los cimientos de la economía surcoreana estaban sólidamente establecidos bajo el estrecho control del *chaebol*, orientado por el Estado, el gobierno buscó activamente la inversión directa extranjera. Pero incluso entonces se impusieron severas restricciones a las compañías extranjeras: la titularidad de las obligaciones se limitó a un máximo del 50%, lo que obligó a los extranjeros a establecer agrupaciones temporales con empresas coreanas, salvo en las Zonas de Procesamiento de las Exportaciones, aisladas del mercado coreano. El gobierno también fue muy selectivo a la hora de permitir la inversión extranjera, pues sobre todo buscaba compañías que pudieran facilitar transferencias de tecnología. Las compañías japonesas invirtieron en textiles, maquinaria eléctrica y electrónica. Las empresas estadounidenses sobre todo en petróleo y química. Pero, en general, la inversión extranjera siguió siendo reducida, y en 1978 sólo representaba el 19% de las exportaciones surcoreanas y el 16% del total de la producción industrial.

El Estado también organizó la incorporación sumisa de la mano de obra a la nueva economía industrial, bajo el principio de producir primero, redistribuir después. Los trabajadores coreanos, educados y muy laboriosos, fueron, como en el resto de Asia oriental, un factor crucial en el proceso desarrollista. Sin embargo, su modo de incorporación fue mucho más represivo en Corea que en otras sociedades [66]. La concentración de trabajadores en grandes fábricas organizadas por una gestión casi militar favoreció la aparición de un sindicalismo militante. Pero se prohibieron los sindicatos independientes, se reprimieron brutalmente las huelgas y las condiciones laborales y vitales, en la fábrica y en las casas, se mantuvieron bajo mínimos durante un largo periodo. Tal actitud represiva llevó a la formación del movimiento sindical más militante de Asia, como demostrarían la frecuencia y violencia de las huelgas en los años ochenta y noventa. El mantenimiento del incremento salarial a un nivel considerablemente más bajo que el aumento de la productividad fue la piedra angular de la política económica gubernamental.

Sin embargo, las condiciones de vida mejoraron para la población en general, así como para los obreros industriales, debido a los impresionantes resultados de la economía bajo el impulso de la industrialización dirigida a la exportación. Por ejemplo, durante el decisivo periodo de desarrollo de 1972-1979, los ingresos del gobierno aumentaron a una asombrosa tasa anual del 94,7%, los primeros 46 *chaebol* recogieron un aumento anual del 22,8% del valor añadido y los salarios reales se incrementaron a una tasa anual del 9,8%. La proporción de la población que vivía por debajo de la línea de pobreza descendió del 41% en 1965 al 15% en 1975. Y aunque la desigualdad de las rentas aumentó en los años setenta, en general, Corea del Sur seguía mostrando, en los años ochenta, una distribución de la renta más equitativa que los Estados Unidos.

Por último, desde los años sesenta, el Estado ha favorecido prioritariamente la ciencia y la tecnología y la mejora de productos y procesos de la industria coreana. Creó y dotó a una serie de institutos de I+D especializados, vinculándolos con la industria bajo la orientación del Ministerio de Ciencia y Tecnología. Corea del Sur es el país en vías de industrialización que ha subido más rápidamente la escalera tecnológica en la nueva división internacional del trabajo [67]. Por ejemplo, entre 1970 y 1986, sus exportaciones de ingeniería crecieron a una tasa media anual del 39%, superando con creces los resultados de Japón, del 20%. En los años noventa,

---

[66] Deyo, 1987b.
[67] Ernst y O'Connor, 1992.

la microelectrónica, la electrónica de consumo y las industrias informáticas coreanas se han convertido en serias competidoras de las compañías japonesas y estadounidenses, superando con mucho a las europeas en su cuota de mercado mundial en electrónica.

Alice Amsdem describió acertadamente a Corea del Sur como «el nuevo gigante económico de Asia»: aumentó su cuota de producción interna mundial en un 345% entre 1965 y 1986 [68]. Los cuatro principales *chaebol* coreanos, Samsung, Lucky Gold Star, Daewoo y Hyundai, se encuentran, en los años noventa, entre los 50 mayores conglomerados del mundo. Ahora son inversores con un alcance global, que penetran en mercados de Estados Unidos, Europa, Asia y América Latina, tanto con sus exportaciones como con su inversión directa. Las regiones europeas y estadounidenses pugnan entre sí por atraer la inversión coreana. En 1996, el gobierno francés trató de vender por un franco a su debilitada «insignia nacional», Thomson, a un consorcio encabezado por Daewoo, sólo para retirarse del trato después de que el anuncio suscitara la indignación nacionalista en Francia.

En las raíces de un renacimiento tan extraordinario de las cenizas de un país destrozado y dividido, en aproximadamente tres décadas, se encuentra el proyecto nacionalista de un Estado desarrollista que buscó deliberadamente la creación de grandes empresas coreanas capaces de convertirse en actores globales en la economía mundial. Logró su objetivo utilizando los préstamos extranjeros, el apoyo militar estadounidense y la explotación despiadada de los trabajadores coreanos.

Taiwan: capitalismo flexible bajo un Estado inflexible

Incluso teniendo en cuenta los elevados niveles de desarrollo del Pacífico asiático, Taiwan probablemente sea la personificación del éxito mismo, en lo referente a la combinación de una alta tasa de crecimiento sostenido (media anual del 8,7% en 1953-1982 y del 6,9% en 1965-1986), aumento de la proporción mundial de PNB (multiplicado por 3,6 en 1965-1986), aumento de su cuota de exportaciones mundiales (2% en 1986, por encima del resto de los países de industrialización reciente, incluida Corea del Sur) e incremento de su proporción de la producción industrial mundial (multiplicada por 6,8 en 1965-1986, en comparación con el 3,6 de Corea del Sur). Y todo ello dentro del contexto de una distribución de la renta menos desigual que ningún otro país, salvo Escandinavia y Japón, de forma que la desigualdad descendió rápidamente durante el proceso de crecimiento: un índice Gini de 0,558 en 1953, y de 0,303 en 1980, muy por debajo de la media de los Estados Unidos o Europa Occidental,

---

[68] Amsden, 1989.

aunque aumentó algo durante los años ochenta[69]. También hubo mejoras sustanciales en la asistencia sanitaria, la educación y, en general, el nivel de vida[70].

El crecimiento taiwanés se logró en buena parte gracias a la productividad y competitividad generadas por un sistema de producción flexible[71], puesto en práctica en Taiwan antes de que los estudiosos estadounidenses lo descubrieran en el norte de Italia. La flexibilidad se refiere tanto a la estructura industrial como a su adaptabilidad general a las condiciones cambiantes de la economía mundial, bajo la orientación de un Estado fuerte, apoyado y aconsejado en los estadios iniciales del desarrollo por la Agencia Internacional de Desarrollo (AID) estadounidense. A lo largo del proceso de desarrollo, el modelo de crecimiento económico cambió espectacularmente, pasando de una concentración en la sustitución de importaciones en los años cincuenta a una industrialización orientada a las exportaciones en los años sesenta (el periodo de despegue), a lo que Thomas Gold denomina «sustitución de importaciones orientada a la exportación» durante los años setenta y ochenta (es decir, la profundización de la base industrial para alimentar las exportaciones de productos manufacturados)[72]. En los años ochenta, cuando Taiwan se convirtió en un potencia económica por derecho propio, sus compañías estuvieron en condiciones de enfrentarse al mercado mundial, internacionalizando su producción e inversiones tanto en Asia (sobre todo en China) como en los países de la OCDE (sobre todo los Estados Unidos)[73].

En cada uno de estos cuatro estadios del proceso, observamos una estructura industrial diferente que evoluciona y se supera sin crisis importantes. Pero en todos los casos hay dos rasgos cruciales para comprender el proceso: a) el Estado del Kuomintang estaba en el centro de la estructura; y b) la estructura es una red compuesta por relaciones entre las empresas; entre las empresas y el Estado, entre las empresas y el mercado mundial a través de las compañías comerciales (sobre todo japonesas) y los intermediarios comerciales internacionales (véase el volumen I, cap. 3).

Durante los años cincuenta, el Estado del Kuomintang, con ayuda económica masiva y protección militar de los Estados Unidos, emprendió la reforma de la economía, tras poner bajo su control total a la sociedad mediante la sangrienta represión de 1947-1950 y el «terror blanco» de los años cincuenta. Una reforma agraria de inspiración estadounidense destruyó a la clase terrateniente y creó una nutrida clase de pequeños campesinos que, con el apoyo del Estado, aumentaron la productividad agrí-

---

[69] Kuo, 1983.
[70] Gold, 1986.
[71] Greenhalgh, 1988.
[72] Gold, 1986.
[73] Hsing, 1997a.

cola de forma sustancial. Ésta fue la primera fuente de acumulación de excedentes. Generó capital para la inversión y liberó mano de obra para trabajar en el sector industrial urbano. El gobierno obligó a los campesinos a un intercambio desigual con la economía industrial mediante el control del crédito y los fertilizantes y la organización de un sistema de trueque que intercambiaba insumos agrícolas por arroz. Con el control de los bancos (generalmente propiedad del gobierno) y las licencias de importación, el Estado orientó la economía taiwanesa hacia la industrialización sustitutiva de las importaciones, formando una estructura capitalista incipiente en un mercado completamente protegido. También creó, con el apoyo de la AID, la infraestructura industrial y de comunicaciones y fomentó la educación de la mano de obra. Para llevar a cabo estas estrategias, se establecieron varios organismos gubernamentales y se elaboraron planes de cuatro años.

A finales de los años cincuenta, el mercado interno ya había agotado su potencial de demanda para estimular el crecimiento. De nuevo, siguiendo el consejo de los expertos estadounidenses, el Estado del Kuomintang se embarcó en un ambicioso programa de reestructuración económica, esta vez orientándola al exterior. En 1960, el Programa de Reforma Económica y Financiera de 19 puntos liberalizó los controles de mercado, estimuló las exportaciones y diseñó una estrategia para atraer la inversión extranjera. Taiwan fue el primer país en crear una Zona de Procesamiento de Exportaciones, en Kaoshiung. En 1964, General Instruments fue pionera en externalizar el ensamblaje electrónico en Taiwan. Las medianas empresas japonesas se trasladaron en seguida para beneficiarse de los bajos salarios, la falta de controles medioambientales, la mano de obra instruida y el apoyo del gobierno. Pero el núcleo de la estructura industrial era nacional. Estaba compuesto por un gran número de pequeñas y medianas empresas, establecidas con el ahorro familiar y redes de cooperativas de ahorro (las famosas *huis*) y apoyadas cuando fue necesario con créditos de los bancos gubernamentales. La mayoría de ellas comenzaron en la periferia rural de las áreas metropolitanas, donde las familias compartían el trabajo en la tierra y en los talleres industriales al mismo tiempo. Por ejemplo, en 1989, visité una zona rural-industrial del municipio de Chang-hua, cerca de Taichung, donde las redes de pequeñas empresas suministraban cerca del 50% de los paraguas del mundo. El Estado taiwanés atrajo inversiones extranjeras a fin de obtener capital y acceder a los mercados internacionales. Pero las grandes empresas extranjeras se vincularon mediante convenios de subcontratación con una amplia red de pequeñas firmas que proporcionaron una base sustancial a la producción industrial. De hecho, con la excepción de la electrónica, la inversión directa extranjera no representó, ni representa, un componente importante de la economía de Taiwan. Por ejemplo, en 1981, las existencias de capital directo de las compañías extranjeras representaban sólo el

2% del PNB, el empleo en empresas extranjeras suponía un 4,8% aproximadamente del empleo total, su producción se acercaba al 13,9 de la producción total y sus exportaciones sólo alcanzaban el 25,6% de las exportaciones totales [74]. Inicialmente, el acceso a los mercados mundiales se vio facilitado por las compañías comerciales japonesas y por los compradores de los grandes almacenes estadounidenses, que buscaban el suministro directo de las firmas taiwanesas.

Así, la orientación hacia el exterior de la economía no implicó su control por parte de las multinacionales (como en Singapur), ni la formación de grandes conglomerados nacionales (como en Corea), aunque sí creció una serie de grupos industriales bajo los auspicios del Estado, y en los años noventa hay varias compañías taiwanesas muy grandes, completamente internacionalizadas. Pero la mayor parte del desarrollo del país se logró mediante una combinación flexible de redes centralizadas de empresas familiares que actuaron como subcontratistas para fabricantes extranjeros establecidos en Taiwan y como suministradoras de redes comerciales internacionales, vinculadas por lo general a través de intermediarios. Así es como los artículos «made in Taiwan» penetraron en todo el ámbito de nuestra vida cotidiana.

Pese a la importancia de las pequeñas y medianas empresas de Taiwan para ganar competitividad mediante la flexibilidad, no puede subestimarse el papel del Estado en el proceso de desarrollo, al menos hasta mediados de los años ochenta. Fue el actor central que orientó y coordinó el proceso de industrialización, creó la infraestructura necesaria, atrajo al capital extranjero, decidió las prioridades de la inversión estratégica e impuso sus condiciones cuando fue necesario. Por ejemplo, el primer intento de comenzar la producción automovilística en Taiwan fracasó cuando el gobierno rechazó las condiciones requeridas por Toyota.

Como en el caso del resto de los tigres, un factor crucial del aumento de la productividad económica fue el alto rendimiento de la mano de obra mediante una combinación de salarios bajos, buena formación, trabajo duro y paz social. El control social del trabajo se logró, primero, estableciendo el precedente de una represión inflexible de cualquier desafío a la autoridad estatal. Pero, además de la represión, diversos factores contribuyeron decisivamente a difuminar el conflicto y acabar con las demandas de los trabajadores. El Estado proporcionó una red de seguridad en forma de subsidios a la asistencia social y la educación, pero no a la vivienda. Con la ayuda de los bancos gubernamentales, las cooperativas de vivienda contribuyeron en buena medida a retrasar la crisis de la vivienda que acabó manifestándose a finales de los años ochenta y motivó la aparición de activos movimientos sociales urbanos. Sin embargo, el factor más importante en el mantenimiento de la paz social

---

[74] Purcell, 1989, pág. 81.

fue la propia estructura industrial, compuesta por cientos de pequeñas empresas, muchas de las cuales se basaban en familias y redes sociales primarias, a veces vinculadas con una actividad agrícola a tiempo parcial. En las empresas multinacionales, el grueso de la mano de obra no cualificada, como en otras sociedades asiáticas, eran mujeres jóvenes que estaban sometidas al patriarcado doble de la familia y la fábrica. Aunque la situación está cambiando, con el auge de un poderoso movimiento feminista en Taiwan en los años noventa (véase el volumen II, cap. 3), la feminización de la mano de obra fue un factor importante para asegurar la paz social durante el periodo crítico del despegue industrial.

A partir de mediados de los años setenta, para combatir la amenaza del proteccionismo en los mercados mundiales y contrarrestar la amenaza del aislamiento internacional tras el reconocimiento diplomático de China por parte de los Estados Unidos, el Estado del Kuomintang emprendió un proceso de mejora y modernización de la industria, sobre todo en la alta tecnología. Este esfuerzo incluyó el lanzamiento de la microelectrónica, el ordenador personal y las industrias informáticas periféricas, así como la construcción de uno de los parques tecnológicos de mayor éxito en Asia: Hsinchu, cerca de Taipei[75]. Diversas compañías taiwanesas se convirtieron en importantes suministradoras de grandes firmas electrónicas como DEC e IBM, mientras que otras, enlazadas en redes, se establecieron en el Silicon Valley y otros lugares en Estados Unidos y prosperaron por sí mismas[76]. El gobierno aconsejó a otros sectores industriales, como ropa y textiles, que elevaran la calidad y valor de sus productos para soslayar las cuotas restrictivas de importación de los mercados extranjeros, calculadas usualmente en volumen.

A mediados de los años ochenta, Taiwan ya se había convertido en una economía madura y diversificada, con una sólida implantación en los mercados mundiales, y en la mayor reserva de divisas del mundo. Las empresas taiwanesas se sentían lo suficientemente fuertes como para entrar en China, invirtiendo a través de Hong Kong y convirtiéndose en un actor clave del milagro económico chino (véase más adelante). Debido al aumento de los salarios y a la creciente organización de los trabajadores, junto a la reducción de las cuotas para las exportaciones de origen taiwanés, las mayores compañías taiwanesas procedieron a externalizar la producción en China y el sureste asiático. Por ejemplo, en la actualidad Taiwan es el mayor exportador de zapatos del mundo, pero gran parte de la producción se efectúa realmente en China[77]. Sin embargo, esta consolidación de las empresas taiwanesas en los mercados internacionales, combi-

---

[75] Castells y Hall, 1994.
[76] Ernst y O'Connor, 1992.
[77] Hsing, 1997a.

nada con el desarrollo de una sociedad civil, llevó al rechazo cada vez más amplio del dominio del Kuomintang, que dio como resultado la transformación del Estado cuando Teng Hui Lee, natural de Taiwan, asumió la presidencia en enero de 1988. El proceso de desarrollo comenzado por el Kuomintang para recobrar nueva legitimidad en Taiwan y, cruzando el estrecho, en la propia China creó una economía industrial compleja y una sociedad educada y opulenta, que dejó obsoleto al Estado del Kuomintang.

El modelo de Hong Kong frente a su realidad: las pequeñas empresas en una economía mundial y la versión colonial del Estado de bienestar

Hong Kong sigue siendo la referencia histórica de los defensores del capitalismo sin restricciones. Aunque el importante papel del Estado en las hiperdesarrolladas economías de Japón, Corea del Sur, Singapur y Taiwan es demasiado evidente para negarlo, Hong Kong, con su temprano despegue en los años cincuenta y su aparente tipo de capitalismo de *laissez-faire*, encarna los sueños del capitalismo sin Estado, apoyado por la política explícita de su gobierno de «no intervención positiva». Así, el modelo de Hong Kong muy bien pudiera sobrevivir a 1997. Recordando el proverbio, cabría decir que fue una sociedad construida en un lugar prestado y en un tiempo prestado.

No obstante, un análisis cuidadoso de su desarrollo económico desde mediados de los años cincuenta revela el papel decisivo del Estado en la creación de las condiciones para el crecimiento y la competitividad, si bien mediante una intervención más sutil e indirecta, pero no menos importante, que las de los otros tres tigres[78].

Recordemos primero varios hechos. En el paraíso de libre mercado de Hong Kong, toda la tierra (con la excepción de la tierra comunal de los Nuevos Territorios) pertenecía a la corona, que el gobierno alquiló, no vendió, a lo largo de los años, en un mercado completamente manipulado por el control gubernamental para aumentar los ingresos públicos. Esta política del suelo también permitió al gobierno subvencionar sus proyectos de vivienda pública (el suelo se proporcionaba sin coste alguno), así como zonas industriales desarrolladas por el gobierno y los pisos-fábrica, que desempeñaron un papel fundamental para albergar pequeñas empresas manufactureras en el primer estadio de la industrialización. Además, durante los años cruciales del despegue económico (1949-1980), aunque el PNB se multiplicó por 13, el gasto real del gobierno aumentó 26 veces y sus gastos sociales (incluidos vivienda, educación, sanidad y asistencia social) se multiplicaron por 72. Así, el gasto del gobierno como proporción

---

[78] Leung *et al.*, 1980; Youngson, 1982; Schiffer, 1983; Castells *et al.*, 1990.

del PNB alcanzó el 20,3% en 1980. La parte del gobierno de la formación total de capital se incrementó durante los años sesenta y setenta pasando de un 13,6% en 1966 al 23,4% en 1983, antes de descender hasta el 16% aproximadamente a finales de los años ochenta [79].

La regulación del gobierno fue más importante de lo que suele reconocerse. Por ejemplo, resultó significativa en el sector bancario, tras una serie de escándalos financieros a comienzos de los años ochenta que amenazaron con hundir los mercados de Hong Kong [80]. Pero lo realmente crucial fue el papel desempeñado por el gobierno en la creación de unas condiciones competitivas de su economía en los mercados mundiales. Resumiré el argumento.

El clásico estudio econométrico de Edward K. Y. Chen sobre las fuentes del crecimiento económico de Hong Kong durante el periodo de 1955-1974 mostró que las aportaciones de capital y trabajo desempeñaron allí, así como en Singapur, un papel mucho mayor que en las economías industriales avanzadas [81]. También identificó las exportaciones y el comercio internacional como las principales causas de su crecimiento. Esta interpretación fue confirmada y ampliada en el cuidadoso análisis estadístico de Tsong-Biau Lin, Victor Mok y Yin-Ping Ho sobre la estrecha relación existente entre las exportaciones de productos manufacturados y el desarrollo económico [82]. Aunque no se puede decir que este hallazgo fuera sorprendente, sí tuvo importantes repercusiones, sobre todo en los años noventa, cuando el ascenso de Hong Kong como centro de servicios financieros y avanzados oscurece en cierta medida las fuentes originales de la prosperidad del territorio. Su estudio mostraba que las exportaciones se concentraron con el tiempo en las mismas industrias —textiles, confección, calzado, plásticos, electrónica de consumo— en un modelo diferente del de los otros tres tigres. La expansión de las exportaciones se debió principalmente a lo que estos autores han denominado «cambios debidos a la composición diferencial de los artículos» [83]; es decir, a cambios en la línea de producto y en el valor de los productos dentro del mismo sector. En este sentido, *lo fundamental fue la flexibilidad de los fabricantes de Hong Kong para adaptarse rápida y efectivamente a la demanda de los mercados mundiales dentro de los mismos sectores.*

Aún es necesario explicar la competitividad de esas industrias, además de su capacidad de adaptarse a la demanda. Otro estudio econométrico de E. K. Y. Chen proporciona la pista: *la variable explicativa decisiva en la ecuación del crecimiento de Hong Kong fue el diferencial entre sus precios*

---

[79] Ho, 1979; Youngson, 1982; Castells *et al.*, 1990.
[80] Ghose, 1987.
[81] Chen, 1979.
[82] Lin *et al.*, 1980.
[83] Lin *et al.*, 1980.

relativos y el nivel de renta de los Estados Unidos, el principal mercado de sus exportaciones[84]. Como los precios de las manufacturas de Hong Kong se determinaban sobre todo por los niveles salariales de industrias con utilización intensiva de mano de obra, la habilidad de las empresas de Hong Kong para mantener los incrementos salariales muy por debajo de los aumentos de la renta de los Estados Unidos, al tiempo que seguían empleando una mano de obra eficiente, cualificada, sana y motivada, fue lo que constituyó la base de la expansión de las exportaciones de manufacturas y, por lo tanto, del crecimiento económico. Así, *la flexibilidad de la fabricación y los precios competitivos en virtud de unos costes de producción relativamente bajos fueron los principales factores que explican el crecimiento de Hong Kong.* Pero las «variables explicativas» son a su vez resultado de una estructura industrial específica y de un entorno institucional determinado, que hicieron posible la flexibilidad y competitividad de la economía.

Por una parte, *la flexibilidad es la consecuencia de una estructura industrial caracterizada por pequeñas empresas*: en 1981, más del 90% de las empresas manufactureras de Hong Kong empleaban menos de 50 trabajadores y las grandes empresas (más de 100 trabajadores) suponían sólo el 22,5% de la contribución de la industria al PNB. Puesto que el 90% de los productos manufacturados eran exportados, cabe asumir que las pequeñas empresas eran igualmente significativas en las exportaciones, aunque no se dispone de datos para demostrarlo directamente. Sin embargo, sí sabemos que los fabricantes extranjeros representan una pequeña proporción de las exportaciones de manufacturas en Hong Kong (10,9% en 1974, 13,6% en 1984). De hecho, el tamaño medio de las empresas de manufactura descendió con el tiempo: de una media de 52,5 trabajadores en 1951 a 20 en 1981. El misterio estriba en cómo estas pequeñas empresas fueron capaces de vincularse con el mercado mundial. A diferencia de Taiwan, las compañías comerciales extranjeras no eran importantes en Hong Kong. Existían los tradicionales *hongs* comerciales británicos, (como los legendarios grupos Jardine Matheson o Swire, cuyos personajes pueblan las novelas de James Clavell), pero su papel en las exportaciones de manufacturas fue bastante pequeño. Según un estudio clásico de Victor Sit, en torno al 75% de las exportaciones locales eran efectuadas por empresas exportadoras/importadoras locales[85]. La gran mayoría de estas pequeñas empresas eran asimismo pequeños negocios. Y en 1977 había en Hong Kong más de 14.000. Hasta los años ochenta los grandes almacenes de Estados Unidos, Japón y Europa Occidental no establecieron sus propias oficinas en Hong Kong para hacer pedidos a las empresas locales. Así, la estructura industrial básica estaba formada por redes de

---

[84] Chen, 1980.
[85] Sit, 1982.

pequeñas empresas interconectadas, que subcontrataban entre sí según lo requerían los pedidos canalizados por pequeñas empresas especializadas en exportación/importación. Una estructura tan flexible, que se originó a partir del núcleo inicial de 21 industriales de Shanghai reubicados en Hong Kong tras la Revolución china, con sus conocimientos prácticos y pequeños ahorros familiares, se convirtió en una herramienta empresarial efectiva para adaptarse a la demanda rápidamente cambiante de un mercado mundial en expansión.

¿Pero cómo estas pequeñas empresas fueron capaces de obtener información sobre el mercado mundial, elevar su producción, mejorar su maquinaria y aumentar su productividad? El gobierno de Hong Kong desempeñó aquí un papel significativo, aunque no decisivo. En primer lugar, organizó la distribución de las cuotas de exportación permitidas según el Acuerdo Multifibras entre diferentes empresas de la industria textil, configurando de este modo las redes de producción bajo la guía del Departamento de Industria. En segundo lugar, estableció (en los años sesenta) varios centros de información y formación, como el Centro de Productividad de Hong Kong, encargado de programas de formación y servicios de consultoría y tecnología; y el Consejo de Desarrollo Mercantil de Hong Kong, con oficinas en todo el mundo para promover las exportaciones y distribuir información entre las empresas de Hong Kong. Otros servicios, como la Sociedad de Seguros de Riesgos de Insolvencia de Hong Kong, sirvieron para cubrir algunos de los riesgos en que incurrirían los exportadores. A finales de los años setenta, cuando se impuso la necesidad de reestructurar y mejorar la economía para responder al reto del proteccionismo en los principales mercados, el gobierno nombró un Comité sobre Diversificación Industrial, que elaboró un plan estratégico para el nuevo estadio de industrialización, plan que en su mayor parte fue llevado a cabo durante los años ochenta.

Sin embargo, la aportación fundamental del gobierno de Hong Kong a la flexibilidad y competitividad de las pequeñas empresas fue su amplia intervención en el ámbito del consumo colectivo. El elemento clave de esta intervención fue un gran programa de vivienda pública, el segundo mayor del mundo capitalista en cuanto a la proporción de la población albergada en él: cerca del 45% en los años ochenta. Aunque las primeras viviendas fueron de pésima calidad, mejoraron con el tiempo, con la construcción de varias pequeñas ciudades, completamente equipadas con servicios urbanos. A finales de los años ochenta, el gobierno se propuso la mejora del programa, demoliendo y rehabilitando viejas estructuras y construyendo nuevas viviendas para los inquilinos desplazados. Además, a lo largo de los años, se fue estableciendo un amplio sistema de educación pública, sanidad pública, transporte colectivo subvencionado, servicios sociales y alimentos subvencionados, que supuso un importante subsidio en forma de salarios indirectos para la mano de obra. Schiffer calculó el impacto de las fuerzas ajenas al mercado sobre los gastos de los hogares obreros en 1973-1974: como media, suponía un subsidio del 50,2% de los gastos totales para cada hogar [86]. Yu y Li estimaron una transferencia en especie al inquilino medio de una vivienda pública equivalente al 70% de la renta de un hogar [87]. Así, la vivienda pública y el peculiar Estado de bienestar que surgió en Hong Kong subvencionaron a los trabajadores y les permitieron trabajar muchas horas sin presionar demasiado a sus empleadores, la mayoría de los cuales tenían escaso margen para permitirse incrementos salariales. Al pasar al gobierno la mayor parte de la responsabilidad sobre el bienestar de los trabajadores, las pequeñas empresas pudieron concentrarse en unos precios competitivos, reduciendo y aumentado su mano de obra según las variaciones de la demanda.

El Estado de bienestar colonial de Hong Kong realizó otras dos importantes funciones directamente relacionadas con la competitividad de su economía. En primer lugar, hizo posible la paz social durante un largo tiempo, algo de considerable importancia dada la tradición histórica de luchas sociales (a menudo pasada por alto) de la clase obrera de Hong Kong, una corriente subyacente que emergió con gran violencia en los disturbios urbanos de 1956, 1966 y 1967 [88]. En segundo lugar, creó una red de seguridad para reducir el riesgo empresarial que caracterizó el escenario de pequeñas empresas en Hong Kong. En efecto, las pequeñas empresas, allí como en el resto del mundo, presentaban una alta tasa de fracaso: como media, un empresario salía adelante sólo tras siete intentos [89]. Pero la mayoría de las empresas eran abiertas por trabajadores que apostaban sus pequeños ahorros y que contaban con el apoyo familiar y con la red de seguridad de la vivienda pública y los servicios públicos subvencionados. Cuando sus sueños empresariales no se cumplían, podían aterrizar suavemente en esta red de seguridad, reagruparse y volverlo a intentar.

Así, la estabilidad social y el consumo colectivo fueron cruciales para moderar la presión de los salarios directos sobre las empresas, para unas relaciones laborales estables y para la creación de una red pujante de pequeños y medianos empresarios que fueron la fuerza impulsora del desarrollo de Hong Kong, pero en unas condiciones sociales e institucionales bastante diferentes de las imaginadas por Milton Friedman en su obra de ficción sobre la economía de Hong Kong. El esquema 4.2 presenta una visión sintética del conjunto de relaciones que, según mi investigación y fuentes, caracterizó su proceso de desarrollo entre comienzos de los años cincuenta y mediados de los ochenta.

---

[86] Schiffer, 1983.
[87] Yu y Li, 1985.
[88] Gobierno de Hong Kong, 1967; Endacott y Birch, 1978; Chesnaux, 1982; Chan *et al.*, 1986.
[89] Sit, 1982.

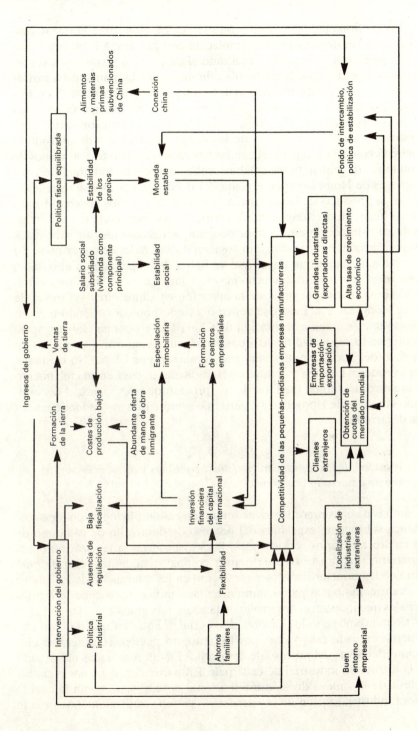

ESQUEMA 4.2 Estructura y proceso de desarrollo económico en Hong Kong, 1950-1985.

Tras la firma del acuerdo chino-británico de 1984 sobre la transferencia de la soberanía en la fecha establecida de 1997, Hong Kong pasó a un nuevo modelo de desarrollo, impulsado al mismo tiempo por nuevas presiones competitivas de la economía mundial y por la inminente transformación de su entorno institucional. Su nueva economía se basó en tres importantes bazas estratégicas. En primer lugar, profundizó su papel en la exportación de manufacturas, descentralizando la mayor parte de su producción en el delta del río de las Perlas, al otro lado de la frontera (véase el volumen I, cap. 6). Según las valoraciones, 10, o 6, o no menos de 5 millones de trabajadores estaban trabajando en la manufactura para empresas de Hong Kong en el delta del río de las Perlas y sus alrededores, en la provincia de Guandong, a mediados de los años noventa. En segundo lugar, Hong Kong amplió su papel como centro empresarial internacional establecido en los años ochenta, aprovechando sus excelentes comunicaciones e infraestructura comercial y sus redes de conexiones. En tercer lugar, retomó un papel que ya había desempeñado en el pasado, pero esta vez a una escala mucho mayor, como vínculo con China y el milagro chino. La mayor parte de la inversión en China circula a través de Hong Kong. De este modo, se anticipó a su destino convirtiéndose en indispensable para la incorporación de China a la economía global y apostando por su capacidad de adaptarse a un nuevo entorno y prosperar en un siglo del Pacífico potencialmente dominado por China. No obstante, para venderse a China y el mundo, Hong Kong se basa en su crecimiento económico del último medio siglo, un proceso que desmiente el denominado «modelo de Hong Kong», pero que sugiere numerosas lecciones sobre desarrollo.

La evolución de los tigres: características comunes y diferencias en su proceso de desarrollo económico

En las páginas precedentes he intentado resumir la lógica política/económica subyacente específica del proceso de desarrollo de cada uno de los cuatro territorios considerados. Para avanzar en la teorización de su experiencia, ahora trataré de pensar comparativamente, centrándome tanto en las características comunes como en las diferencias de los cuatro procesos como pistas para comprender las condiciones sociales e institucionales que inducen el desarrollo en la economía global.

Comencemos con los *factores diferenciales*, aquellos que difieren claramente en cada caso y que, por lo tanto, no pueden considerarse elementos decisivos del proceso de desarrollo. La diferencia más importante es la estructura industrial de cada país. En particular, debemos rechazar la tesis de la «nueva división internacional del trabajo», según la cual la nueva industrialización de la «periferia» se debe fundamentalmente a la descentralización productiva de las grandes empresas multinacionales del «núcleo». Las multinacionales son fundamentales para Singapur, pero desempeñaron un papel secundario en la industrialización de Taiwan y fueron, y siguen siendo, actores menores en Corea del Sur y Hong Kong (aunque en esta última las empresas *financieras* multinacionales se convirtieron en un factor importante desde mediados de los años ochenta). Como ya se ha mencionado, la estructura industrial de Singapur se caracteriza por la vinculación directa de las empresas multinacionales y Estado, incluidas una serie de empresas propiedad del Estado o participadas por el mismo. La economía surcoreana se centraba/centra en torno a los *chaebol*, promovidos, respaldados y orientados por el Estado; en efecto, a mediados de los años noventa, los cuatro *chaebol* mayores siguen representando el 84% de la producción coreana. Taiwan cuenta con una estructura flexible de redes de pequeñas y medianas empresas familiares; unas pocas grandes empresas nacionales, y la presencia significativa pero minoritaria de empresas extranjeras, ya sean grandes (estadounidenses) o medianas (japonesas). El crecimiento económico de Hong Kong, hasta mediados de los años ochenta, se debió sobre todo a las empresas manufactureras locales, en su mayoría pequeñas y medianas, apoyadas por un Estado colonial benevolente que proporcionó la infraestructura productiva, subvencionó el consumo colectivo y se aventuró en una sutil forma de política industrial. Así pues, no existe relación alguna entre una estructura industrial determinada y el crecimiento económico.

Tampoco la especialización sectorial de las economías es un rasgo común. No fue la concentración del esfuerzo industrial en el sector textil o electrónico lo que explica la competitividad, ya que Corea del Sur, y Taiwan en menor grado, diversificaron gradualmente sus actividades en una variedad de industrias. Singapur comenzó con petróleo y electrónica (sobre todo semiconductores) y prosiguió profundizando su especialización en electrónica (con unidades de disco de ordenador, de las que se convirtió en el principal productor mundial en los años ochenta, y luego con microelectrónica avanzada en los años noventa), pero alcanzando una amplia gama de servicios avanzados, finanzas y actividades comerciales. Hong Kong, por otra parte, profundizó y mejoró su especialización inicial en cinco industrias: textil, confección, plástico, calzado y electrónica de consumo, a las que se sumó, al igual que en Singapur, una boyante industria de servicios avanzados. Así pues, el único rasgo común de los cuatro procesos de desarrollo es la adaptabilidad y flexibilidad de las empresas y políticas a la demanda del mercado mundial. Pero esta flexibilidad se consiguió mediante la presencia simultánea en varias industrias (Taiwan) o modificando las prioridades industriales (como en Corea del Sur) o mejorando las industrias tradicionales (Hong Kong). La competitividad no parece ser el resultado de «escoger a los ganadores», sino de aprender cómo ganar.

La existencia de una especie de Estado de bienestar, mediante el consumo colectivo subvencionado, fue un elemento decisivo en el desarrollo de las ciudades-Estado —Hong Kong y Singapur—, pero de ningún modo en Corea del Sur, donde el Estado no se ocupó de las necesidades de los trabajadores y sólo los *chaebol* introdujeron algunos elementos de «paternalismo represivo», como viviendas de la empresa. Tampoco fue el caso en Taiwan, donde el Estado pretendió reducir la desigualdad de la renta y subvencionó la educación, pero dejó que el mercado proporcionara los artículos básicos a la población, confiando en el efecto de goteo hacia abajo del crecimiento económico.

Por último, y no por ello menos importante, la mera observación desmiente el mito de la paz social como uno de los principales componentes del proceso de desarrollo en el este asiático. Singapur sólo fue estable tras una represión estatal masiva y la ilegalización del movimiento sindical independiente y mayoritario a comienzos de los años sesenta. Taiwan sólo experimentó una paz tensa tras la ejecución de 10.000 a 20.000 taiwaneses que se resistieron a la ocupación del Kuomintang y el «terror blanco» generalizado de los años cincuenta. Además, los conflictos sociales comenzaron a desarrollarse de nuevo tras la revuelta de Chung Li de 1977 y a finales de los años ochenta proliferaron movimientos sociales de todo tipo, sin poner en peligro el dinamismo económico. Durante largo tiempo, el nivel de sindicalización de los trabajadores de Hong Kong fue alto, y la mayor federación sindical estaba controlada por los comunistas de la República Popular China. La «paz social» fue rota repetidas veces por las revueltas de 1956, 1966 y 1967, la última seguida de varios meses de protesta, incluidas bombas terroristas. Desde finales de los años setenta, los vigorosos movimientos sociales urbanos de Hong Kong han creado los cimientos de lo que hoy día es un «activo movimiento democrático», que suscita serias preocupaciones entre las autoridades, tanto en Hong Kong como en Pekín. Corea del Sur pasó del levantamiento estudiantil de 1960 que derribó a Syngman Rhee a una sucesión interminable de manifestaciones estudiantiles, luchas obreras (la mayoría de ellas reprimidas e ignoradas) y levantamientos de ciudadanos y trabajadores, el más notable el de Kwangju de 1980, que fue reprimido por la dictadura de Chun Doo Hwan, dando como resultado la matanza de unas 2.000 personas. Los movimientos sociales y la protesta política coreanos derrocaron al régimen militar en 1987 y abrieron la puerta a la democracia. La agitación política, la resistencia cotidiana y las vigorosas huelgas de los trabajadores desafiaron el autoritarismo de los *chaebol*, pero no debilitaron el crecimiento de Corea del Sur, que continuó avanzando rápidamente en los años noventa, con tasas anuales que oscilaron entre el 5 y el 9% en 1991-1996.

Así, aunque la búsqueda de la estabilidad social y el logro parcial de este objetivo fue un elemento fundamental en la política desarrollista de los cuatro países, no era una condición de la sociedad. Más bien al contrario: las cuatro sociedades comenzaron su proceso de desarrollo con situaciones sociales y políticas conflitivas, de tal modo que fue necesario reprimir, apaciguar e integrar a sectores importantes de la sociedad para mantener un orden mínimo en el que la economía pudiera crecer. Y cuando los movimientos sociales resurgieron, el desarrollo económico se adaptó a las tensiones sociales y los cuatro países fueron capaces de mantener el crecimiento y la redistribución, junto con la liberalización democrática, salvo Singapur. La estabilidad social no fue un requisito para el desarrollo, sino una consecuencia siempre incierta de éste.

También encuentro características comunes en mi observación del desarrollo asiático. Sin ellas, no podría pensarse en un modelo recurrente que arroje luz sobre nuestra comprensión de los nuevos procesos históricos de desarrollo. El primer factor común es la *existencia de una situación de excepción en la sociedad*, como resultado de importantes tensiones y conflictos, tanto nacionales como geopolíticos. Esto es evidente en los casos de Corea del Sur y Taiwan. También debe recordarse que Hong Kong cambió de forma espectacular en 1949 como consecuencia de la Revolución china, pues perdió la mayor parte de su papel tradicional como centro de distribución del comercio chino y se vio obligado a exportar manufacturas a fin de sobrevivir sin ser una carga para el presupuesto de la corona. En efecto, fue su papel frente a China, junto con su éxito económico, lo que evitó que Hong Kong entrara en el proceso de descolonización, ya que ni el Reino Unido ni China podían aceptar su independencia. Lo mismo ocurrió con Singapur, cuya anexión por parte de Indonesia fue impedida por las tropas británicas y luego fue expulsado de la Federación de Malaisia en 1965 y abandonado a su suerte por Gran Bretaña en 1965-1968, para luego ser salvado política y económicamente debido a su apoyo a Estados Unidos en la guerra de Vietnam. El elemento geopolítico crucial en Asia oriental, en contraste con América Latina, fue que los Estados Unidos percibieron que gran parte de Asia estaba en peligro de ser tomada por los comunistas y sus aliados, y de hecho había elementos que apoyaban esta percepción. Las consideraciones estratégicas eclipsaron todos los demás cálculos de la política estadounidense en la región, dando una libertad de maniobra considerable a los estados asiáticos en la gestión de sus economías, con la condición de que permanecieran como «estados vasallos» de los Estados Unidos en lo concerniente a política exterior y represión del comunismo interno, condición que aceptaron gustosos. Si existe una tendencia fundamental común a la política de los cuatro tigres (incluido Hong Kong), es que, en el origen del proceso de desarrollo, encontramos *políticas dictadas por la política de supervivencia*.

Otra consecuencia de este contexto, dominado por la guerra fría asiática, fue la importancia del apoyo estadounidense y británico a estos gobiernos y sus economías. La ayuda estadounidense fue el principal elemento en la reconstrucción y orientación de las economías de Corea del Sur y Taiwan durante la segunda mitad de los años cincuenta. Aunque Hong Kong aportó más a Gran Bretaña que a la inversa, la metrópoli se hizo cargo de algunas funciones cruciales, como la defensa. Y, lo que es más importante, Hong Kong pudo exportar a la Commonwealth y recibió un fuerte apoyo del Reino Unido para conseguir las cuotas de exportación que fueron decisivas para su penetración inicial en los mercados mundiales. Aunque Singapur no recibió mucha ayuda exterior, la economía logró dar el salto inicial gracias al rentable comercio de petróleo y reparación de barcos del ejército estadounidense en Vietnam durante los años sesenta. La geopolítica proporcionó la base para que la política de supervivencia se convirtiera en políticas desarrollistas de éxito.

Un segundo factor común importante es que los cuatro procesos de desarrollo se basaron en *una orientación hacia el exterior de la economía y, de forma más específica, en la exportación de artículos manufacturados*, sobre todo al mercado estadounidense. Es cierto que tanto en el caso de Corea del Sur como de Taiwan las políticas de sustitución de importaciones fueron esenciales para establecer una base industrial al comienzo del proceso desarrollista. No obstante, su gran crecimiento sólo se produjo cuando, comenzando desde sus mercados internos protegidos, lograron exportar. En este sentido, la explosión del comercio mundial en los años sesenta y el proceso de formación de una nueva economía global parecen haber sido el hábitat indispensable para los tigres asiáticos.

Un tercer factor común es la *ausencia de una clase terrateniente rural*, inexistente en Hong Kong y Singapur y destruida (o transformada en industrial) en Corea del Sur y Taiwan por las reformas agrarias de inspiración estadounidense de los años cincuenta. La existencia de una poderosa clase terrateniente es un obstáculo para el desarrollo, debido al carácter usualmente especulativo de sus inversiones y su resistencia a embarcarse en procesos de modernización que pondrían en peligro su dominio social y cultural. Parece que éste fue uno de los obstáculos del proceso de desarrollo de Indonesia, hasta la internacionalización de su economía en los años ochenta, bajo la égida del Estado, sorteados los intereses de las oligarquías rurales/financieras tradicionales [90].

Un cuarto factor común en el desarrollo de los cuatro países fue la *disponibilidad de una mano de obra educada, capaz de reciclarse durante el proceso de modernización industrial, con una alta productividad y salarios bajos según las pautas internacionales*. En general, la mano de obra se mantuvo bajo control en cuanto a disciplina y reivindicaciones laborales, con la excepción de las grandes fábricas de Corea del Sur a finales de los años ochenta. Los disciplinados trabajadores, eficientes y relativamente baratos, fueron un elemento fundamental del desarrollo asiático. Pero

---

[90] Yoshihara, 1988.

esta disciplina y efectividad no provenían de la naturaleza supuestamente sumisa de la mano de obra asiática (llanamente una afirmación racista) ni, en una vena más sofisticada, del confucianismo. Éste sí explica el gran valor otorgado a la educación y, por lo tanto, la elevada calidad de la mano de obra una vez que el Estado aportó las condiciones para acceder a ella. Pero el confucianismo no explica la subordinación, ya que, según su filosofía, la autoridad debe ser legítima y ejercida de modo legítimo o, de lo contrario, debe oponerse resistencia. En efecto, la larga historia de levantamientos populares en China, así como la tradición de movimientos obreros revolucionarios en Shanghai y Cantón, desmienten dichas afirmaciones ideológicas mal informadas [91]. Como ya se ha mencionado, en los cuatro países primero se impuso la disciplina laboral mediante la represión. Pero en todos los casos también hubo después poderosos elementos de integración social que explican por qué una población históricamente rebelde acabó acomodándose a las condiciones de explotación que caracterizaron a la situación laboral y vital de la mayoría de las personas durante la mayor parte del periodo de desarrollo. Primordial entre los factores integradores fue la mejora real del nivel de vida de los trabajadores. Lo que para un trabajador estadounidense o japonés era un salario bajo representaba una fortuna para la mano de obra industrial de los países pobres del este asiático. Es más, los datos muestran un descenso de la desigualdad de la renta en el primer estadio de desarrollo y un aumento espectacular de los salarios reales durante tres décadas. Además, en el caso de Hong Kong y Singapur, una versión especial de Estado de bienestar, organizado materialmente en torno a proyectos de vivienda pública y nuevas ciudades, fue esencial tanto para mejorar las condiciones de vida como para establecer el control social del Estado y la legitimidad política. En el caso de Taiwan, la integración de la vida rural y urbana en las mismas familias y la vitalidad de las redes sociales proporcionaron, al mismo tiempo, la red de seguridad para soportar los choques de la industrialización rápida y los mecanismos de control social para desalentar todo cuestionamiento del sistema por parte de los trabajadores. Así, mediante una combinación de represión estatal, integración estatal, mejora económica y redes sociales de protección y control, una mano de obra cada vez más educada (buena parte de la cual estaba compuesta por mujeres) descubrió que le convenía cumplir las expectativas de un sistema tan dinámico como despiadado. Sólo cuando se superó el estadio de supervivencia, la resistencia social espontánea comenzó a tomar forma en un movimiento sindical y alternativas políticas, sobre todo en Corea del Sur.

Un quinto factor común en la industrialización del este asiático fue la *capacidad de estas economías para adaptarse al paradigma informacional y al modelo cambiante de la economía global*, subiendo la escalera del de-

---

[91] Chesnaux, 1982; Chan et al., 1986.

sarrollo mediante la modernización tecnológica, la expansión de los mercados y la diversificación económica. Lo que resulta especialmente notable (como en el caso de Japón, que proporcionó el modelo del desarrollo, salvo en Hong Kong) es su compresión del papel crucial de la I+D y las industrias de alta tecnología de la nueva economía global. El énfasis puesto en la ciencia y la tecnología (más fuerte en Corea del Sur y Taiwan, pero también presente en las ciudades-Estado) fue una iniciativa del Estado, pero fue bien recibida e interiorizada por las empresas industriales. Los cuatro países, durante tres décadas, realizaron la transición a las estructuras productivas avanzadas de la economía informacional, si bien siguieron manteniendo muchas actividades de baja tecnología, como también fue el caso de los Estados Unidos.

Fue su destreza para pasar de un nivel de desarrollo a otro y de la incorporación periférica a la economía global a un posicionamiento más dinámico y competitivo, en actividades generadoras de valor más elevado, lo que condujo al desarrollo sostenido, en contraste con las breves explosiones de crecimiento que caracterizaron a la mayor parte de las economías latinoamericanas[92].

Tras la mayoría de los factores decisivos comunes a las experiencias de los cuatro tigres asiáticos se encuentra la característica que parece más significativa: *el papel del Estado en el proceso de desarrollo*. La producción de mano de obra cualificada y su control posterior, la orientación estratégica por las peligrosas aguas de la economía mundial, la destreza para dirigir la economía en la transición al informacionalismo y la globalización, el proceso de diversificación, la creación de una base científica y tecnológica y su difusión en el sistema industrial, todas ellas son políticas cruciales cuyo éxito hizo posible el proceso de desarrollo.

Sin duda, las políticas son el resultado de la política aplicada por el Estado. Tras los resultados económicos de los tigres asiáticos alienta el dragón del Estado desarrollista.

El Estado desarrollista en la industrialización del este asiático: sobre el concepto de Estado desarrollista

Si la caracterización de la industrialización del este asiático que he presentado en las páginas precedentes es plausible, entonces la comprensión de esta experiencia de desarrollo requiere una análisis sociológico sobre la formación e intervención del Estado desarrollista en estos países.

Pero, primero, es necesario definir el significado preciso de Estado desarrollista, que ya he utilizado en mi análisis sobre Japón. Lo tomo de la conceptuación de Chalmers Johnson y no estoy en desacuerdo con el sig-

---

[92] Fajnzylber, 1983.

nificado que le dan Johnson, Peter Evans, Alice Amsdem y otros estudiosos del campo de la teoría del desarrollo. Sin embargo, creo que sería útil presentar mi propia definición, según lo entiendo basándome en mi análisis de los tigres del este asiático, aunque puede usarse en otros contextos.

Un Estado es desarrollista cuando establece como principio de su legitimidad su capacidad para promover y sostener el desarrollo, entendiendo como tal la combinación de altas tasas de crecimiento económico constante y cambio estructural en el sistema productivo, tanto en el interior del país como en su relación con la economía internacional. Sin embargo, esta definición requiere que especifiquemos el significado de «legitimidad» en un contexto histórico determinado. Muchos politólogos siguen presos de una concepción etnocéntrica de legitimidad relacionada con el Estado democrático. Según esta concepción, el Estado es legítimo cuando establece la hegemonía o el consenso frente a la sociedad civil. No obstante, esta forma de legitimidad particular presupone que el propio Estado acepte su sometimiento al principio de representación de la sociedad tal como es. Pero sabemos que, a lo largo de la historia, los estados que han tratado de destruir el orden existente no reconocieron a la sociedad civil tal como es como fuente de su legitimidad. No obstante, no eran meros aparatos de poder sin más, como lo han sido las dictaduras militares defensivas en muchos casos. Los ejemplos más claros son los estados revolucionarios, sobre todo los que surgieron de revoluciones comunistas o movimientos de liberación nacional. Nunca han pretendido ser legítimos por la aquiescencia de sus súbditos, sino por el proyecto histórico que encarnan, como vanguardias de clases y naciones que todavía no eran plenamente conscientes de su destino e intereses. Las diferencias políticas e ideológicas obvias y significativas entre los estados comunistas y revolucionarios y las dictaduras de derecha del este asiático llevaron, en mi opinión, a pasar por alto algunas similitudes fundamentales que van más allá de parecidos formales en el núcleo de la lógica estatal: el principio de legitimidad que da unidad al aparato y estructura y organiza los códigos y principios para acceder al poder y ejercerlo. En otras palabras, el principio de legitimidad puede ejercerse en nombre de la sociedad (el Estado democrático) o en nombre de un proyecto social. Cuando el Estado sustituye a la sociedad en la definición de los objetivos sociales, cuando dicho proyecto social supone una transformación fundamental del orden social (prescindiendo de nuestro juicio de valor sobre el tema), me refiero a él como Estado revolucionario. *Cuando el proyecto social respeta los parámetros más amplios del orden social (por ejemplo, el capitalismo global), pero aspira a transformaciones fundamentales de orden económico (prescindiendo de los intereses o deseos de la sociedad civil), propongo la hipótesis de que estamos en presencia del Estado desarrollista.* La expresión histórica de este proyecto social suele tomar la forma (y así ocurrió en la mayor parte de la experiencia del este asiático) de la construcción o reconstrucción de la identidad nacional, afirmando la presencia nacional de una sociedad determinada, o de una cultura determinada, en el mundo. A veces esta afirmación nacional ni siquiera coincide con el territorio bajo control político del Estado desarrollista: por ejemplo, cuando el Estado del Kuomintang habla en nombre de la «República China», contando con la protección de la séptima flota estadounidense.

Así, en última instancia, *para el Estado desarrollista, el desarrollo económico no es una meta, sino un medio.* Volverse competitivos en la economía mundial, para todos los tigres asiáticos, fue, primero, su forma de sobrevivir, lo mismo como Estado que como sociedad. En segundo lugar, también se convirtió en su única vía de afirmar sus intereses nacionales en el mundo, es decir, de romper con una situación de dependencia, incluso al precio de convertirse en una línea de frente incondicional de los Estados Unidos. Propongo la idea de que el Estado desarrollista efectúa la transición de un sujeto político «en sí» a un aparato político «para sí», afirmando el único principio de legitimidad que no parece amenazador a las potencias internacionales que supervisan su destino: el desarrollo económico.

El ascenso del Estado desarrollista: de la política de supervivencia al proceso de construcción nacional

El Estado desarrollista del este asiático nació de la necesidad de supervivencia y luego creció a partir de un proyecto nacionalista, afirmando la identidad cultural/política en el escenario mundial. *La supervivencia fue lo primero.*

Singapur carecía de entidad cuando obtuvo su independencia en 1965. Base militar estratégica abandonada por un Imperio británico que se desmoronaba, economía de centro de distribución en bancarrota una vez rotos sus lazos con Indonesia, parte integral de Malaisia expulsada de la Federación de Malaisia contra su voluntad y sociedad pluriétnica sometida a la presión de su entorno malayo y desgarrada por violentas luchas internas, étnicas y religiosas entre la mayoría china, los musulmanes malayos y las minorías tamiles hindúes, podría haberse convertido fácilmente en otro Sri Lanka. La primera preocupación del Partido de Acción del Pueblo (PAP) de Lee Kwan Yew, que dirigió la lucha anticolonial contra los británicos, fue mantener unido a Singapur y hacerlo viable, mientras combatía contra lo que se percibía como la amenaza de las guerrillas del Partido Comunista Malaisio, liderado por chinos y respaldado por la República Popular China.

Corea del Sur acababa de sobrevivir a un asalto general de la Corea del Norte comunista y a duras penas escapó de verse atrapada en una guerra nuclear entre las fantasías imperiales de MacArthur y el victorioso Ejército de Liberación del Pueblo chino. En 1953 el país estaba en ruinas;

la nación, dividida, y la Primera República de Syngman Rhee no era más que una superestructura para que los Estados Unidos levantaran una fuerte línea defensiva, basada en un nuevo ejército surcoreano curtido en la guerra, en la frontera septentrional de Asia entre el comunismo y el Mundo Libre.

Taiwan aún no era Taiwan. Era una isla empobrecida y aterrorizada que se había convertido en el último bastión de los ejércitos del Kuomintang derrotados, que los Estados Unidos mantenían en reserva como amenaza potencial y como punto de apoyo político contra el poder ascendente de la República Popular China. De hecho, fue la invasión comunista de Corea del Sur lo que llevó a los Estados Unidos a tomar la decisión de fijar el límite en el estrecho de Taiwan, una decisión que salvó al Kuomintang y le permitió vivir su fantasía ideológica de reconstruir la República de China desde la provincia de Taiwan, fantasía no compartida por los capitalistas chinos, la mayoría de los cuales emigraron a otros lugares.

Hong Kong se estaba convirtiendo rápidamente en un anacronismo tras la Revolución china y el embargo impuesto a China por Naciones Unidas con ocasión de la guerra coreana. Con su comercio con China reducido al contrabando, iba camino de convertirse en la última colonia de un imperio en desaparición. Dudas fundamentales sobre la disposición de China de permitirlo existir fuera de su control, así como temores políticos de que tanto el Partido Laborista como la opinión pública británica incluyeran al territorio en la siguiente ronda de descolonización, mantenían a Hong Kong preguntándose sobre su futuro, mientras que las oleadas de inmigrantes/refugiados chinos que escapaban de la revolución o la miseria estaban convirtiendo a la colonia en su propia trampa.

El primer reflejo de los aparatos del Estado que después se convirtieron en desarrollistas (el Estado del PAP en Singapur, el régimen de Park en Corea del Sur, el Kuomintang en Taiwan y el Estado colonial en Hong Kong) fue asegurar la viabilidad física, social e institucional de las sociedades que tenían a cargo. En el proceso, construyeron y consolidaron sus propias identidades como aparatos políticos. Sin embargo, según la hipótesis que propongo, articularon sus estados en torno al principio desarrollista de legitimidad, basándose en proyectos políticos específicos que, en cada caso, tuvieron actores políticos específicos, los cuales se crearon en ruptura con las sociedades que estaban a punto de controlar y dirigir.

En Singapur, durante los años cincuenta el PAP dirigió la batalla anticolonialista en estrecha alianza con el movimiento de izquierda (incluidos los sindicatos de izquierda) e incluso con los comunistas, hasta que los acontecimientos de comienzos de los años sesenta convencieron al dirigente nacional de Singapur, Lee Kwan Yew, de que tenía que reprimir a la izquierda (lo que hizo despiadadamente) para afirmar un proyecto político autónomo que aspiraba a transformar Singapur de una avanzada colonial en una nación moderna [93]. De hecho, el PAP estaba organizado al estilo leninista, con estrechos mecanismos de control y movilización sociales, formas centralizadas de poder del partido y orientación directa de la economía a través de una tecnocracia estatal bien formada, bien pagada y por lo general honesta. Las políticas sociales del PAC, incluida la vivienda y los servicios públicos, aspiraban a fundir en una cultura nacional la compleja estructura multiétnica de Singapur, mientras que el énfasis en el confucianismo y en la cultura mandarina entre los chinos buscaba deliberadamente disolver las subculturas organizadas en torno a los dialectos hablados por las redes chinas de diversos orígenes regionales. El desarrollo económico fue el medio de lograr los objetivos de hacer a Singapur un país viable y de formar una nueva nación.

En Taiwan, una vez que el Kuomintang tuvo que aceptar la realidad de que había perdido China, trató de convertir a aquélla en un escaparate de lo que un Kuomintang reformado podría hacer por China y el pueblo chino, tras reconocer su desastrosa gestión económica y el daño que su corrupción generalizada había hecho a su control político de China [94]. Partido casi leninista, organizado explícitamente en torno a los principios del centralismo democrático, intentó reformarse e hizo de su adhesión a los «tres principios del pueblo» de Sun Yat-Sen la ideología oficial, en la que basó sus políticas de reforma agraria, reducción de la desigualdad y fomento de la educación. Lo que resultó crucial para la consolidación de su poder en Taiwan fue su capacidad para asegurar la creciente prosperidad de la isla. El Kuomintang consideraba que el éxito de su proceso desarrollista era crucial para obtener el apoyo de los chinos de todo el mundo para su desafío futuro al poder comunista en tierra firme. De hecho, la «política de puertas abiertas» china de los años ochenta fue en parte una respuesta al impacto del milagro económico taiwanés, no sólo entre la población china informada, sino entre los propios dirigentes chinos.

Los orígenes del régimen de Park en Corea del Sur también pueden retrotraerse hasta la aparición de un nuevo actor político, que rompió con el orden colonial y con el corrupto régimen de Rhee, que había visto prosperar los restos de la burguesía colonial projaponesa gracias a la redistribución estatal de la ayuda estadounidense, mientras que el país continuaba sufriendo la devastación de la guerra [95]. Aunque el golpe de 1961 derrocó al efímero gobierno civil de John Chang, surgido de la rebelión dirigida por los estudiantes contra Syngman Rhee, la ideología y la práctica de los conspiradores militares eran más que un simple reflejo de la ley y el orden. Los dirigentes del golpe eran jóvenes nacionalistas, oficiales militares de baja graduación, con la excepción del general Park, que se

---

[93] Chua, 1985.
[94] Gold, 1986.
[95] Cole y Lyman, 1971; Lim, 1982.

había entrenado en Japón y había servido en el ejército japonés en Manchuria. El ejército surcoreano era una institución completamente nueva, cuya organización y desarrollo obviamente estaban ligados a la guerra de Corea. Pasó de 100.000 soldados en 1950 a 600.000 en 1961, convirtiéndose en uno de los ejércitos más numerosos, mejor entrenados y más profesionales del mundo. Debido a los intereses militares de los Estados Unidos en Corea, la mayor parte de los esfuerzos de modernización y apoyo se centraron en las fuerzas armadas. Así, el entrenamiento profesional del ejército y su capacidad organizativa parecen haber estado por encima del resto de la sociedad surcoreana en los años sesenta, si se exceptúa un pequeño grupo de estudiantes y una *intelligentsia* aún más reducida. Así, ante la desintegración del Estado, la economía y la sociedad, los oficiales que tomaron el poder en 1961-1963 parecen haber estado próximos al tipo «nasserista» de regímenes militares nacionalistas. Carente de base social e inseguro sobre el apoyo de los Estados Unidos a la proyección nacional de Corea más allá de su función geopolítica, el régimen de Park concibió la estrategia desarrollista como instrumento de reconstrucción de la nación coreana y de obtener cierto grado de libertad política.

Pero ¿y Hong Kong? ¿Cómo surgió el tipo más cauto y sutil de Estado semidesarrollista de Hong Kong? ¿Cómo pudo un gobierno colonial identificarse con el destino de la colonia? Si los *hongs* tradicionales y los nuevos empresarios sólo se preocupaban de sus negocios, si los antiguos residentes británicos soñaban sobre todo con su retiro en Surrey y los industriales chinos con su tarjeta verde (de residencia) en California, ¿cómo pudo surgir un actor colectivo en Hong Kong para convertirlo en una próspera ciudad-Estado con proyección en la economía mundial? Examinemos la cuestión históricamente más de cerca.

El poder institucional de Hong Kong, durante todo el proceso de desarrollo, se concentraba en las manos del gobernador colonial, nombrado por Westminster. Una vez nombrado, sin embargo, el gobernador era casi autónomo para decidir las políticas internas [96]. Desde 1957, el presupuesto de Hong Kong no requirió la aprobación formal de Londres. Así, la colonia funcionaba como un Estado autónomo centrado en el gobernador y una serie de comités designados, encabezados por secretarios, la mayoría de los cuales también eran nombrados por el gobernador. Esta rama ejecutiva de gobierno se apoyaba en una serie de cuerpos legislativos y consultivos compuestos por miembros oficiales y extraoficiales, la mayoría de los cuales también eran nombrados por el gobernador hasta las reformas políticas de los años ochenta. Estas instituciones eran atendidas por una burocracia numerosa, bien preparada y eficiente, que contaba con 166.000 funcionarios en los años ochenta. Sin embargo, por debajo de esta estructura formal de poder, el estudio empírico de Miron Mushkat, la monogra-

---

[96] Miners, 1986.

fía histórica antropológica de Henry Lethbridge y otros estudios [97], incluido mi propio trabajo de campo, revelan una historia diferente y fascinante de la estructura de poder real. El núcleo de esta estructura de poder parece haber estado en manos de lo que Mushkat denomina la «clase administrativa», un grupo pequeño y selecto de funcionarios que, hasta los años setenta, en su mayoría eran reclutados en Gran Bretaña por la administración pública colonial en las mejores universidades británicas, particularmente en Oxford y Cambridge. Entre 1842 y 1941, sólo había 85 «cadetes» (como se llamaron hasta 1960) de la administración pública colonial de Hong Kong. Incluso tras la enorme expansión de personal en los años setenta, que conllevó el reclutamiento masivo de chinos, sólo había 398 «oficiales administrativos con rango de general» [98]. Fue esta clase administrativa, con una fuerte cohesión social e ideológica, e intereses sociales y valores culturales comunes, la que parece haber controlado el poder dentro del Estado de Hong Kong durante la mayor parte de la historia de la colonia. Ejercieron el poder teniendo presentes los intereses de la elite empresarial, pero sólo en la medida en que las empresas aseguraran la prosperidad económica de Hong Kong, de la que dependían el poder, la renta, el prestigio y la autolegitimación ideológica de la clase administrativa. Su interés por el futuro de Hong Kong era doble: mantener a la colonia en medio de la agitación de la descolonización y las posturas amenazantes del Partido Laborista británico y mostrar al mundo que la administración colonial, que se había hecho cargo de los restos del Imperio británico, era más capaz que cualquier otra institución política (incluidos los nuevos estados nacionales independientes) de asegurar la prosperidad del nuevo mundo asiático y, en buena medida, el bienestar de su población, en una actitud paternalista que evoca el precedente histórico del despotismo ilustrado. Aunque mi material etnográfico sobre el tema es demasiado asistemático para resultar concluyente, sí me convenció de que la dedicación y efectividad de la administración pública colonial de elite de Hong Kong fue el último hurra del Imperio británico. Los «cadetes de Hong Kong» aspiraron a construir su prosperidad como un monumento ideológico a la memoria histórica del imperio perdido, al tiempo que también preparaban así una buena jubilación en Inglaterra.

Así, bajo formas diferentes específicas de cada sociedad, el Estado desarrollista en los países asiáticos de industrialización reciente parece haber sido el instrumento de los procesos de construcción (o reconstrucción) de naciones (o ciudades) aplicados por actores políticos en buena medida autónomos de sus sociedades. Sin embargo, estos actores políticos sólo en la medida en que pudieron poner en práctica su estrategia desarrollista fueron capaces de movilizar y controlar a sus sociedades civiles.

---

[97] Lethbridge, 1970; Mushkat, 1982; Kwan y Chan, 1986.
[98] Scott y Burns, 1984.

El Estado y la sociedad civil en la reestructuración del este asiático: cómo el Estado desarrollista logró el éxito en el proceso de desarrollo

Identificar los principales actores del proceso de desarrollo en el Pacífico asiático (los estados desarrollistas) no resuelve el tema fundamental de por qué tuvieron éxito, si por éxito entendemos la realización de su visión del desarrollo económico. Para identificar los factores explicativos de su éxito he de tratar tres cuestiones: a) la relación entre los estados desarrollistas asiáticos y otros estados del sistema internacional; b) la lógica interna de los estados desarrollistas; y c) la relación existente entre los estados desarrollistas y sus sociedades.

En primer lugar, es importante recordar que los primeros estadios de la industrialización del este de Asia se vieron extraordinariamente favorecidos por el contexto geopolítico en el que se configuraron esas economías: la guerra fría asiática y el pleno apoyo de los Estados Unidos a esos regímenes y, en el caso de Hong Kong, el respaldo de Gran Bretaña. Sin embargo, debemos rechazar la exagerada simplificación izquierdista de considerar a estos estados «marionetas del imperialismo estadounidense»: de hecho, mostraron su autonomía fomentando sus propios proyectos de construcción nacional. A fin de comprender su especificidad histórica propongo el concepto de «Estado vasallo» para esta forma política particular. Por *Estado vasallo*, utilizando la analogía con el feudalismo, *entiendo un Estado que es en buena medida autónomo en la dirección de sus políticas, una vez que ha acatado la contribución específica que ha de hacer a su «Estado soberano»*. Así, los estados de los tigres asiáticos no eran «estados dependientes» en el sentido en el que la teoría estructural-histórica de la dependencia define a las sociedades y los estados dependientes. Son estados con una autonomía muy limitada frente al sistema político general al que pertenecen, a cambio de lo cual reciben protección junto con un grado significativo de autonomía en la conducción de sus asuntos internos. Propongo la tesis de que Taiwan, al menos hasta comienzos de los años setenta, y Corea del Sur, al menos hasta 1987, eran estados vasallos de los Estados Unidos, mientras que Hong Kong era una ciudad-Estado (en lugar de una colonia) vasalla del Reino Unido. En cuanto a Singapur, fue un semiestado vasallo de los Estados Unidos desde la guerra de Vietnam, lo que dio lugar a vínculos curiosos como la organización y entrenamiento de su ejército por los israelíes. Esta condición de «vasallo» creó un paraguas de seguridad, alivió a estos países de gran parte de la carga del presupuesto de defensa y desempeñó un papel importante en los decisivos estadios iniciales al facilitar el acceso a los mercados mundiales.

El segundo elemento que explica el éxito de la estrategia desarrollista fue *la construcción de un aparato estatal eficiente y tecnócrata*. Esto tiene poco que ver con la distinción tradicional entre burocracias corruptas y honestas. La corrupción estaba generalizada en Corea del Sur, era significativa en Taiwan, existía en Hong Kong y, aunque a pequeña escala, también estaba presente en Singapur. No obstante, los cuatro estados fueron capaces de funcionar con un alto grado de eficiencia, gestionados por funcionarios administrativos bien preparados y cuya organización cambiaba de acuerdo con las necesidades de cada estadio de desarrollo. En términos funcionales, la corrupción sólo es un obstáculo para la eficiencia cuando impide que la burocracia cumpla con su tarea asignada. Y sólo es un obstáculo para la legitimidad si existe un Estado democrático, responsable ante una sociedad civil que espera que prevalezca el servicio público sobre los intereses privados. En Corea del Sur, por ejemplo, la corrupción era la retribución que los militares y los cargos del partido recibían de los industriales coreanos a cambio de dirigir el país hacia objetivos desarrollistas que creaban ingentes beneficios para estos industriales patrocinados por el Estado. En general, estos estados eran más tecnocráticos que burocráticos, ya que sus aparatos se establecieron para poner en práctica un proyecto histórico estratégico y no sólo (aunque también) para cosechar los beneficios de la dictadura.

No obstante, el elemento clave que permitió a los estados desarrollistas cumplir su proyecto fue *su capacidad política para imponer e interiorizar su lógica en las sociedades*. La autonomía de los estados desarrollistas y su capacidad para llevar a cabo su proyecto con pocas concesiones a las demandas de la sociedad deben explicarse en términos históricos empíricos, sin invocar la metafísica del confucianismo.

La primera explicación es simple: represión. El Kuomintang comenzó a establecer su dominio sobre la isla con la matanza de Kaoshiung del 9 de mayo de 1947. Prosiguió creando un aparato de control político despiadado que, durante las tres décadas siguientes, detuvo, torturó y asesinó a los disidentes políticos, ya fueran de izquierda o de derecha, bajo la etiqueta de comunistas. El PAP de Singapur liquidó a toda la oposición política seria en el periodo de 1961-1965, prohibiendo el principal sindicato y deteniendo a los dirigentes socialistas de oposición, lo que llevó a la expulsión del PAP de la Internacional Socialista. Más tarde, recurrió con frecuencia a la Ley Colonial Británica de Seguridad Interior, que permitía al gobernador detener sin cargos durante un periodo indefinido a cualquier sospechoso de «subversión». Hong Kong utilizó las tropas británicas para aplastar las revueltas de 1956, 1966 y 1967, y mantuvo unas fuerzas de policía numerosas y eficientes de más de 20.000 miembros, que no dudaron en deportar en el acto a China a todo disidente considerado una amenaza para el orden público. Corea del Sur, bajo la égida de una de las fuerzas de policía más efectivas y brutales del mundo (la CIA coreana), detuvo, encarceló y asesinó a los disidentes, a la vez que prohibió toda actividad sindical independiente y la mayor parte de la actividad política independiente hasta la desaparición del régimen autoritario a finales de los años ochenta.

Sin embargo, la mayor parte de los países del Tercer Mundo practican políticas represivas similares, sin demasiado éxito en la contención de la protesta o, incluso menos, en la movilización de sus sociedades por la senda del desarrollo. Así, otros factores deben explicar la capacidad organizativa demostrada por los estados desarrollistas del este asiático frente a sus sociedades.

Un elemento importante es que *las tradicionales clases dominantes fueron destruidas, desorganizadas o quedaron subordinadas al Estado*, con la excepción parcial de Hong Kong. La reforma agraria de Corea y Taiwan y la ausencia de una burguesía no colonial en Singapur destruyeron la oligarquía tradicional en esas sociedades. Lo que quedó de la burguesía comercial-industrial se convirtió en un apéndice de la estrategia desarrollista decidida por el Estado. Sin una base interna desde la cual acumular, el papel del Estado como llave de la economía mundial hizo a todo capitalista local completamente dependiente de las licencias de importación-exportación y del crédito patrocinado por el gobierno. En Singapur, las multinacionales comprendieron de inmediato que la Ciudad del León podía ser un paraíso tropical para ellas con la sola condición de «no interferir» en el gobierno. En Hong Kong, como es habitual, se desarrolló un modelo más complejo. La burguesía, tanto tradicional (los *hongs* británicos) como reciente (los industriales de Shanghai), fue cooptada a través de diversos comités gubernamentales. Se dejó que la burguesía china dirigiera sus propias empresas a condición de que informara al gobierno y siguiera sus instrucciones. El Jockey Club «cohesionó» socialmente a las elites política y social, pero bajo el claro liderazgo de los «cadetes». Y un número significativo de altos cargos gubernamentales se retiraron para convertirse en representantes de las asociaciones empresariales de Hong Kong, estableciendo de este modo un canal de comunicación informal y efectivo entre el gobierno y las empresas, en una división del trabajo armónica, generalmente organizada por la tecnocracia ilustrada del gobierno [99].

En cuanto a la clase obrera, los cuatro estados idearon estrategias de integración para complementar la represión y, cuando fue posible, sustituirla a largo plazo. Los cuatro estados contaron con el crecimiento económico y la mejora del nivel de vida, incluido el acceso a la educación y la sanidad, para mantener contentos a los trabajadores. De hecho, la estrategia fue efectiva durante la mayor parte del periodo.

Además de mejorar las condiciones de vida, hubo políticas encaminadas explícitamente a la integración social. Taiwan dio prioridad a la reducción de la desigualdad de las rentas. Tanto Hong Kong como Singapur crearon una versión asiática del Estado de bienestar británico, centrado en torno a la vivienda pública y los servicios sociales. Las viviendas públicas desempeñaron un papel fundamental en la integración

---

[99] Lethbridge, 1978; King y Lee, 1981; Scott, 1987; Castells *et al.*, 1990.

social. En el caso de Hong Kong, la asignación de una vivienda pública era la ciudadanía concedida *de facto* a una clase obrera mayoritariamente inmigrante. En el caso de Singapur, la gestión social a través del programa de vivienda pública/nuevas ciudades fue esencial para difuminar las tensiones interétnicas de la vida cotidiana[100]. Corea del Sur practicó una política mucho más dura hacia la clase obrera y como resultado tuvo que enfrentarse a lo que hoy día es uno de los movimientos sindicales más militantes de Asia. No obstante, la mejoría extraordinaria de las condiciones de vida, la aparición de una clase media rica y la persistencia particularmente vigorosa del patriarcado en la familia permitieron que los conflictos laborales se mantuvieran bajo control hasta los años ochenta.

Así, los estados desarrollistas fueron plenamente conscientes de la necesidad de integrar sus sociedades en la medida en que esta integración siguiera siendo compatible con las condiciones económicas necesarias para ser competitivos en la economía mundial. No fueron sólo dictaduras represivas. Su proyecto era una suerte de reja de arado de doble filo que no dudaron en transformar en espada cuando fue necesario.

Sin embargo, el proceso de desarrollo que llevaron a cabo no sólo transformó la economía, sino que cambió por completo la sociedad. En los años ochenta surgió una nueva clase capitalista más enérgica, dispuesta a lanzarse al mundo y cada vez más segura de que ya no necesitaba un Estado de tecnócratas, extorsionistas y policía política. Una nueva clase media liberal, orientada al consumo, decidió que la vida era demasiado buena para ser sacrificada por el proyecto histórico de una nación inventada artificialmente. Y unos nuevos movimientos sociales, trabajadores, estudiantes, ciudadanos, mujeres y ecologistas más conscientes y mejor organizados aparecieron dispuestos a plantear preguntas sobre las condiciones, los objetivos y el reparto del desarrollo. El éxito de los estados desarrollistas en el este asiático acabó conduciendo a la desaparición de sus aparatos y al desvanecimiento de sus sueños mesiánicos. Las sociedades que ayudaron a engendrar con sudor y lágrimas son, en efecto, sociedades modernas e industrializadas. Pero, al final del milenio, son sus ciudadanos los que determinan sus proyectos históricos reales, ahora en el terreno abierto de la historia.

Caminos divergentes: los tigres asiáticos en la crisis económica[101]

La crisis económica de finales de los años noventa se dejó sentir de forma muy distinta en los cuatro países que analizamos. La economía de

---

[100] Castells *et al.*, 1990.

[101] Esta sección tiene una deuda intelectual con las aportaciones de Jeffrey Henderson, Chu-Joe Hsia, You-tien Hsing y Jong-Cheol Kim, aunque toda la responsabilidad por los

Corea del Sur se colapsó. Entre octubre de 1997 y junio de 1998, Hong Kong perdió en torno a 300.000 millones de dólares en el valor de sus acciones y propiedades inmobiliarias: aproximadamente, el equivalente a todos los depósitos de los bancos locales. En 1998, la economía de Hong Kong sufrió su primera recesión en tres décadas. Por otra parte, Singapur experimentó un descenso moderado, quedando con una tasa de crecimiento anual del 1,0% en 1998, mientras que Taiwan siguió creciendo a buen ritmo, en torno al 5%, en 1998. Aunque las economías de Singapur y Taiwan se deterioraron en 1999, entender su mayor resistencia a la crisis puede abrir un camino para comprender las futuras vías de desarrollo en el siglo XXI. Hubo una diferencia nítida en el origen de la crisis en Hong Kong y en Corea del Sur. En Hong Kong, el colapso del mercado inmobiliario y su impacto sobre los valores bursátiles desempeñaron un papel decisivo en la crisis financiera. En Corea del Sur, la crisis de rentabilidad de los grandes *chaebol* dio lugar a que suscribieran arriesgados créditos exteriores, lo que provocó la posterior suspensión de pagos. En ambos casos, sin embargo, los ataques especulativos a sus monedas por las fuentes de capital global amplificaron la crisis, aprovechando las oportunidades que proporcionó un sistema financiero inestable. Para simplificar el análisis, compararé primero Hong Kong con Singapur, y después Corea del Sur con Taiwan.

En Hong Kong, el valor de la propiedad inmobiliaria en el mercado privado se disparó durante los años noventa. Entre 1990 y 1996 el precio de la vivienda se multiplicó por cuatro. En parte, esto se debió a una cláusula del acuerdo de 1984 entre el Reino Unido y la RPC en virtud de la cual las subastas de suelo del gobierno se limitarían a 50 hectáreas anuales mientras la RPC no autorizara lo contrario. Esto hizo caer la oferta de suelo mientas su demanda aumentaba rápidamente como resultado de la expansión acelerada de los servicios financieros y empresariales en Hong Kong. El gobierno de Hong Kong se benefició del auge de los precios del suelo. Como he mostrado anteriormente, los beneficios por la venta de suelo fueron una de las principales fuentes de ingresos del gobierno: es más, sustituyeron a los ingresos fiscales. Además, durante los años noventa Hong Kong transformó su economía de manufacturación en una economía de servicios. En lugar de actualizarse tecnológicamente, los fabricantes de Hong Kong optaron por reducir costes trasladando su producción al otro lado de la frontera e invirtiendo en servicios empresariales, mercados financieros y propiedades inmobiliarias. Se sumaron a ellos inversores chinos del exterior que hicieron de Hong Kong una de sus principales bases de actuación y su Bolsa preferida. Esto tuvo como consecuencia una

---

errores e interpretaciones es mía. Pueden consultarse desarrollos analíticos y fuentes de información en Dolven, 1998; Dornbusch, 1998; Henderson, 1998a, b; Henderson *et al.*, 1998; Kim, 1998; Stiglitz, 1998; Thompson, 1998.

extraordinaria revalorización de los valores bursátiles y de la propiedad inmobiliaria, revalorización que atrajo inversiones especulativas a corto plazo de todo el mundo. Hong Kong carecía de una regulación financiera adecuada y el sistema de control monetario establecido para mantener la estabilidad del tipo de cambio limitaba la capacidad de actuación del gobierno en materia de política monetaria. Así, el ataque de 1997 al dólar de Hong Kong socavó la confianza de los inversores. Sólo la resuelta defensa de la moneda de Hong Kong por parte de la RPC la mantuvo vinculada al dólar estadounidense. Pero el coste fue abrumador. Los altos tipos de interés y la pérdida de la confianza de los inversores hicieron que se desplomaran el mercado inmobiliario y el bursátil. En el verano de 1998, el gobierno de Hong Kong intentó jugar al ratón y al gato con los flujos financieros especulativos, comprando y vendiendo valores bursátiles de Hong Kong sin previo aviso con el único fin de infligir pérdidas punitivas a los especuladores y desalentar sus movimientos. Era una estrategia desesperada, como si quisiera utilizar un cubo para contener un tsunami financiero. Después de perder unos 10.000 millones de dólares, el gobierno de Hong Kong abandonó el combate y dejó que la RPC se responsabilizara plenamente de su moneda. Después de haberse transformado en una economía financiera y de servicios y de haber perdido competitividad frente a sus vecinos debido a su tozuda negativa a devaluar su moneda, Hong Kong aprendió lo que quería decir recesión.

Entretanto, Singapur, la otra ciudad-Estado, siguió un camino muy distinto en los años noventa, un camino que en último término le hizo posible absorber gran parte del impacto de la crisis. Los precios inmobiliarios se mantuvieron, en general, bajo control. La proporción muy superior de población que disfrutaba de viviendas públicas (el 87%) limitó la influencia de la especulación sobre los precios inmobiliarios, puesto que el suelo, como en Hong Kong, era de propiedad pública. Pero, a diferencia de lo que ocurría en Hong Kong, los ingresos por la venta del suelo tenían una función limitada en las finanzas gubernamentales, por lo que el gobierno tenía escaso interés en entregarse a la arriesgada aventura de convertirse en un terrateniente especulativo. Por el contrario, el gobierno siguió confiando en el aporte financiero acumulado en el Fondo Central de Previsión, así como en otros ingresos del vasto sector de la empresa pública, en su mayor parte rentable: en 1998, las empresas del gobierno y relacionadas con el gobierno generaban en torno al 60% del PIB de Singapur. Además, aunque Singapur se convirtió en un importante centro financiero y en una economía avanzada de servicios, puso empeño en seguir siendo también un centro manufacturero de primera línea. En lo esencial, la industria de manufacturación era una actividad multinacional, pero, como hemos mostrado previamente en este capítulo, recibió un apoyo sostenido por parte de la política gubernamental. El gobierno de Singapur ideó una estrategia de actualización tecnológica para las empresas con sede en Singapur orientada a que el 25% del total del empleo en el sector manufacturero se tradujera en una cuota mayor de la industria de manufacturación en el PIB por el alto valor añadido de los productos industriales. Con regulaciones más fuertes que Hong Kong en sus mercados financieros (en especial después del hundimiento del Barings Bank en Singapur), un control más estricto de los precios inmobiliarios, un sector público fuerte y productivo y oportunidades de inversión rentable en el sector manufacturero y de servicios a empresas, Singapur no sufrió los mismos ataques especulativos que Malaisia o Hong Kong. Indudablemente, la profunda conexión entre las economías de Singapur y de los países del sureste asiático de su entorno produjo una leve caída de su crecimiento económico, de la que se recuperó en 1999. La fortaleza y el carácter decisivo del Estado de Singapur y sus profundos vínculos con empresas industriales multinacionales demostraron ser mejores activos para capear la crisis que los mercados financieros desregulados de Hong Kong y las políticas económicas ortodoxas bajo las condiciones de la nueva economía global.

Corea del Sur y Taiwan son muy diferentes a las ciudades-Estado. Ambas dependen, fundamentalmente, de la competitividad de sus industrias manufactureras. Pero sus estructuras industriales son muy diferentes: grandes *chaebol* integrados de forma vertical en el caso de Corea del Sur; en el de Taiwan, compañías flexibles, con estructura de pequeñas y medianas empresas, cuya escala creció considerablemente en algunos casos gracias a su competitividad. La guía estatal también fue diferente: el Estado de Corea del Sur estaba profundamente implicado en los *chaebol* y controló por completo su financiación durante el período de elevado crecimiento. Por el contrario, el Estado taiwanés aportó un apoyo tecnológico, infraestructural y comercial decisivo, como se ha mostrado más arriba, pero dejó a las firmas en libertad para que encontraran sus propias estrategias. Además, aunque el Estado taiwanés era propietario o tenía participación en los principales bancos de Taiwán, raras veces utilizó créditos industriales como instrumento de la política industrial. Antes bien, las iniciativas empresariales en el Taiwan de los años noventa dependían de un mercado de capital riesgo bien dotado de fondos que canalizaba los ahorros internos hacia la inversión productiva. Las distintas trayectorias de ambos países durante la crisis subrayan la importancia de estas diferencias.

La crisis surcoreana se inició en enero de 1997 con la bancarrota de uno de los grandes *chaebol*, Hanbo, especializado en las industrias del acero y de la construcción. Durante los meses siguientes, otros *chaebol*, todos los cuales estaban entre los 30 primeros, se declararon también en bancarrota: Sammi, Jinro, Daenong, Kia, Sangbangul, Haitai. En septiembre de 1997, los créditos impagados y las bancarrotas representaban 32 billones de won, es decir, el 7,5% del PIB. La posterior caída del valor de las acciones y la degradación de los valores bursátiles por las agencias internacionales de calificación produjeron una estampida de los deudores internacionales, que reclamaron el pago de sus créditos. Siguió a esto una fuga del capital. Después de gastar la mayor parte de sus reservas para defender la moneda, el gobierno de Corea del Sur se rindió y el won se hundió. El 21 de noviembre de 1997, el gobierno de Corea del Sur se declaró insolvente, suspendió el pago de su deuda externa y pidió ayuda al FMI a cambio de cederle su soberanía económica. Por tanto, la crisis financiera y la crisis monetaria fueron desencadenadas por la bancarrota de las grandes corporaciones surcoreanas, que no hace tanto tiempo se contaban entre los competidores más duros de la economía global. Parece que tres factores concurrieron de forma decisiva en su hundimiento. El primero, que los fabricantes de Corea del Sur perdieron un porcentaje de competitividad importante desde principios de los años noventa, en especial en el mercado de Estados Unidos. Las compañías surcoreanas producían a un coste demasiado elevado para competir con el estrato inferior de los nuevos productores asiáticos y no eran capaces de mantener el nivel tecnológico de las empresas japonesas o estadounidenses, ni siquiera de las taiwanesas. Esta tendencia era particularmente evidente en los semiconductores, donde el predominio relativo de las compañías coreanas en los chips de memoria (el 40% del mercado mundial) iba siendo erosionado por empresas taiwanesas más flexibles e innovadoras (Acer, Powerchip, Windbond) que habían conquistado en torno al 9% del mercado mundial a finales de 1998. La empresa automovilística Kia sufrió un fracaso de primer orden en su estrategia exportadora. La reacción de los *chaebol* coreanos, que habían estado acostumbrados a imponer su forma de actuar contando con el apoyo incondicional del Estado, fue la de endeudarse e invertir para mantener su competitividad. Pero el Estado surcoreano y la economía global habían cambiado a comienzos de los años noventa. Bajo la administración de Kim Young Sam, la Dirección de Planificación General se integró en el Ministerio de Finanzas, perdiendo su capacidad estratégica de guiar la economía. El sistema financiero fue desregulado, posibilitando que el *chaebol* accediera de forma directa al crédito exterior. Las transacciones financieras ya no estaban mediadas por el Estado, sino reguladas de forma laxa por los bancos surcoreanos. Las empresas financieras japonesas, incapaces de obtener elevados tipos de interés en el interior, aprovecharon la oportunidad de conceder créditos a los *chaebol*, contando siempre con la habitual protección del Estado surcoreano. Así, el *ratio* de endeudamiento de las firmas surcoreanas se disparó, empujando al sistema financiero a seguir un camino arriesgado.

El tercer factor, y decisivo, en el desencadenamiento de la crisis fue el cambio de actitud del Estado de Corea del Sur. Esta vez no avaló a los *chaebol*. La quiebra resultante de varios de ellos precipitó la crisis de confianza de los deudores externos, que a su vez desencadenó la crisis financiera global. ¿Pero por qué el Estado no evitó las bancarrotas interviniendo antes? Por un lado, porque los *chaebol* más grandes se habían convertido en actores globales, independientes en alto grado del Estado. Los *chaebol* se beneficiaron de la desregulación financiera para explotar una fuente de crédito global, muy superior a la que anteriormente proporcionaban los bancos controlados por el Estado. Por otro lado, el Estado surcoreano, en el contexto democrático, se había visto obligado a rendir cuentas frente a la sociedad en su conjunto, por lo que su margen de maniobra era limitado. Los estrechos vínculos entre los *chaebol* y la clase política se mantuvieron durante el régimen democrático. Pero era una relación clientelar y no una característica sistémica del Estado. Varias facciones políticas tenían sus propios nexos con *chaebol* determinados, por lo que entraron en el juego de apoyar a sus amigos en lugar de proteger el sistema Estado/*chaebol* en su conjunto. En otras palabras, se produjo un cambio desde un capitalismo corporativista estatal a prácticas gubernamentales corruptas que actuaban en nombre de intereses empresariales específicos. La falta de regulación y un control gubernamental laxo del sistema financiero, y no una intervención gubernamental excesiva, fueron los factores decisivos que permitieron que la crisis financiera arruinara a la economía.

Por consiguiente, la crisis surcoreana pudo ser inducida por la incapacidad de los *chaebol* de seguir creciendo y compitiendo en la economía global sin el apoyo del Estado desarrollista. El Estado desarrollista surcoreano no podía ofrecer el mismo nivel de ayuda que había prestado en el pasado. Esto se debía, por un lado, a que la movilización social y la democracia política habían impuesto límites al uso de los recursos estatales para beneficio exclusivo de los *chaebol*. Por otro, a que la integración de la economía de Corea del Sur en la economía global y la desregulación de los mercados financieros y los controles monetarios, bajo la presión estadounidense, habían privado al Estado de instrumentos políticos esenciales. El torbellino global de los flujos financieros especulativos intervino en la brecha creada de este modo entre las necesidades de los *chaebol* y la capacidad limitada del Estado, aportando dinero de forma fácil a las empresas coreanas. Pero el crédito a corto plazo y con alto riesgo es el tipo de dinero cuya devolución se exige ante la primera insinuación de una quiebra potencial.

En resumen: la crisis de Corea del Sur se derivó del efecto acumulativo de los siguientes factores: una crisis de rentabilidad de los grandes fabricantes exportadores surcoreanos; la debilidad de las instituciones financieras de Corea del Sur, explotada por prestamistas extranjeros especulativos de alto riesgo, especialmente japoneses; y la limitación sustancial de la capacidad desarrollista del Estado como consecuencia de los nuevos controles establecidos por la sociedad democrática y por las presiones internacionales (en particular estadounidenses) en favor de la liberalización comercial y financiera.

En contraste con esto, el Estado taiwanés desempeñó un papel secundario en la creciente competitividad de las empresas de Taiwan durante los años noventa. Fueron las redes integradas por estas empresas en Taiwan, en Asia y en los Estados Unidos (en especial en Silicon Valley) las que encontraron su propia salida a la crisis de los semiconductores. En efecto, lograron imponerse a los competidores surcoreanos y japoneses ganándoles cuota de mercado en chips de memoria, ordenadores personales, monitores LSD y productos de software. Las enormes reservas en divisas de Taiwan, las mayores del mundo, disuadieron a la mayoría de los ataques especulativos. Sin embargo, la moneda se devaluó un 6,5%, en un supuesto complot político para devaluar el yuan y hacer descarrilar la economía china. Sin embargo, posteriormente los mercados reevaluaron la moneda, claro indicio de la solidez básica de la economía taiwanesa. En efecto, aunque Taiwan sí sufrió la crisis por la pérdida de importantes mercados de exportación en Asia, quedó al margen de la mayor parte de la conmoción financiera. Su mercado inmobiliario desempeñaba un papel secundario en la acumulación del capital. Su sistema financiero estaba en gran parte desvinculado de los fabricantes exportadores, que tenían sus propias fuentes de financiación. Y el valor de sus acciones en el mercado bursátil estaba determinado principalmente por la rentabilidad de làs compañías que cotizaban en él. Taiwan ofrece un buen ejemplo para apreciar la diferencia entre sufrir el impacto de una crisis externa y una crisis desarrollada de forma interna derivada de deficiencias económicas e institucionales. El Estado desarrollista taiwanés se debilitó durante los años noventa, como en el caso de Corea del Sur, porque tuvo que empezar a contar con una política democrática y una sociedad civil activa. Disminuyó considerablemente su *dirigismo*. Pero gracias a su flexibilidad empresarial, el mundo empresarial taiwanés ya no necesitaba al Estado. Como dependía de la competitividad de sus fabricantes y de su mercado de capital interno, la economía taiwanesa no fue tomada al asalto por incontrolables flujos financieros de origen global. Así, la conmoción financiera no arruinó la economía de Taiwan, aunque sí puso en peligro su proyectada *Marcha al Sur*, orientada a expandir las inversiones y el comercio en el Asia suroriental.

En conjunto, no se observa una pauta nítida en los orígenes de la crisis en los cuatro tigres, puesto que cada caso parece diferente. Pero sí podemos decir que no fue la presencia del Estado desarrollista y el intervencionismo excesivo lo que indujo la crisis, dado que Singapur aporta la prueba de una intervención eficaz del Estado que limitó el impacto de la crisis. Sin embargo, la desregulación del entorno de Hong Kong y de su política monetaria, siguiendo recetas económicas ortodoxas, produjo una destrucción devastadora de valores financieros. En el caso de

Corea del Sur sí podría parecer, efectivamente, que fue la retirada desordenada del Estado desarrollista de su función de guía económico y su regulación poco estricta del sistema bancario lo que precipitó la crisis. Por consiguiente, no es la intervención estatal lo que provoca la crisis, sino la incoherencia de esa intervención. Tanto el «aterrizaje suave» del dirigismo taiwanés como el mantenimiento de la dirección estatal en Singapur evitaron las crisis que produjeron la retirada desordenada del Estado en Corea del Sur y la errática intervención del gobierno en Hong Kong.

Una segunda observación es que la competitividad industrial en Taiwan y en Singapur se mantuvo en la base de su trayectoria económica relativamente sólida, en tanto que la desindustrialización de Hong Kong y la pérdida de competitividad de los *chaebol* surcoreanos debilitaron sus economías. Una economía de servicios avanzada sigue precisando un sólido vínculo con un sector industrial dinámico, pese a los mitos postindustrialistas.

Por último, el papel desestabilizador de los movimientos a corto plazo de los flujos financieros globales sigue siendo la fuente más importante de la crisis. Pero la exposición de las economías a su influencia destructiva es máxima cuando deponen sus regulaciones internas y se hacen adictas al dinero fácil. Las debilidades institucionales son factores decisivos en la diferente capacidad de resistencia de las economías nacionales a los efectos perturbadores de las finanzas globales. Estas debilidades institucionales pueden atribuirse, en última instancia, a la crisis del Estado. Y la crisis del Estado desarrollista parece estar en función de las pautas cambiantes de la relación entre el Estado y la sociedad.

Democracia, identidad y desarrollo en el este asiático en los años noventa

El 26 de agosto de 1996, el antiguo dictador y presidente de Corea del Sur, el general Chun Do Hwan, fue condenado a muerte en Seúl por su participación en el golpe de Estado de 1979 y su responsabilidad en la masacre de manifestantes a favor de la democracia en Kwagju en 1980. Su sucesor y antiguo protegido, Roh Tae Woo, que presidió la transición a la democracia de Corea del Sur, fue condenado a un mínimo de veintidós años de prisión. Con este gesto, altamente simbólico, la democracia coreana, bajo el presidente Kim Young Sam, se afirmaba frente al Estado autoritario. No sólo se sometió a juicio a la dictadura militar: el vínculo de corrupción entre el régimen autoritario y el mundo empresarial de Corea del Sur también fue condenado. Los presidentes de ocho *chaebol* fueron condenados a penas de cárcel por sobornar al ex presidente de la nación, Roh. Cuatro de esas sentencias fueron suspendidas, pero el juicio fue una ruptura con el pasado.

Sin embargo, tuvo lugar una ruptura aún mayor en diciembre de 1997, cuando Kim Dae Jung, el líder indiscutido de la oposición radical surcoreana, fue elegido presidente. El hecho de que empezara su presidencia sobre una economía sumida en el caos también fue simbólico. El Estado desarrollista de Corea del Sur había fracasado, tanto en lo económico como en su control político. Kim Dae Jung, en un gesto sumamente simbólico, perdonó al antiguo dictador, Chun Do Hwan, el hombre que le había sentenciado a muerte. La democracia era lo suficientemente fuerte como para hacer gestos de reconciliación nacional, preparando el camino para la eventual reunificación con el norte en un proyecto nacionalista democrático de futuro. Sin embargo, la reconstrucción de este proyecto político, en ruptura con el Estado desarrollista autoritario, requería atacar las raíces de la corrupción de la política surcoreana. En septiembre de 1998, el fiscal general acusó al antiguo Gran Partido Nacional gubernamental de utilizar recaudadores de impuestos para desviar seis millones de dólares de los *chaebol* a su campaña electoral. El presidente Kim Dae Jung exigió al partido que pidiera perdón por ese «robo fiscal», desencadenando una nueva crisis política. Además, en agosto de 1999, el presidente Kim Dae Jung dispuso la fragmentación de uno de los *chaebol* más grandes, y quizá el más simbólico del desarrollo coreano: Daewoo, que empleaba a 2,5 millones de trabajadores. Para evitar su bancarrota incontrolada como consecuencia de una deuda de 50.000 millones de dólares, se segregaron y vendieron de forma independiente los cientos de empresas del *chaebol*. Únicamente se permitió conservar el nombre de la marca a la empresa de automoción y a la compañía comercial. El acontecimiento señaló los nuevos límites del dominio tradicional de los *chaebol* sobre la política y la economía coreanas. De este modo, en una serie de acontecimientos durante los años noventa el centro de gravedad político de Corea del Sur pasó de los restos de una burocracia militar a un nueva elite política democrática con arraigo en su clase media profesional. Esta transformación de la política y del Estado no pudo tener lugar sin la transformación de la sociedad civil bajo el impulso de los movimientos sociales.

El 27 de diciembre de 1996 cientos de miles de trabajadores coreanos lanzaron una huelga general que, de diversas formas, duró varias semanas. Protestaban contra una nueva ley propuesta por el presidente Kim Young Sam y aprobada por la mayoría parlamentaria del gobierno que facilitaba a las empresas coreanas el despido de trabajadores, en una adaptación, según los ponentes de la ley, a la flexibilidad de los mercados laborales que requería la nueva competencia global. Los trabajadores también protestaban por el retraso en el reconocimiento legal de las principales confederaciones sindicales. Después de semanas de huelgas, manifestaciones y repetidos choques con la policía, los sindicatos, con el apoyo de la opinión pública y de la oposición política, obtuvieron el reconocimiento de su confederación y algunas concesiones en la legislación laboral. Como consecuencia, los sindicatos aumentaron su influencia pese a la crisis económica. No obstante, enfrentados al colapso de la economía surcoreana, en 1998 firmaron un pacto social con los representantes de las empresas y el gobierno para que el presidente Kim Dae Jung pudiera tener la oportunidad de gestionar la recuperación del país.

Cuatro elementos se combinaron para transformar la relación entre el Estado, la sociedad y la economía en Corea del Sur después de 1987, cuando Chun cedió a las presiones democráticas para iniciar un proceso de liberalización controlada. El primer factor para derribar el régimen militar fue la progresiva asertividad de la sociedad civil, en la que se difundieron poderosos movimientos sociales, entre los que estaba el movimiento estudiantil, tradicionalmente militante. Los estudiantes radicales habían estado aislados del conjunto de la sociedad en sus muchos años de lucha contra el régimen, pero a finales de los años ochenta fueron reforzados por un movimiento obrero renovado, surgido de cientos de huelgas espontáneas que debilitaron el control represivo de Corea del Sur sobre la clase trabajadora. Las huelgas de diciembre de 1996 y enero de 1997 y las manifestaciones sindicales fueron una exhibición de fuerza que evidenció que los trabajadores habían deteriorado el dominio gubernamental y empresarial sobre los obreros. Los movimientos locales, en especial en demanda de vivienda y contra la renovación urbanística, muchas veces apoyados por las iglesias, movilizaron a grandes sectores de la sociedad predominantemente urbana de Corea. Una clase media educada y próspera aspiraba a vivir una «vida normal» en un «país normal». En conjunto, contribuyeron a cambiar el escenario político.

El segundo factor fue el creciente distanciamiento de los *chaebol* coreanos del Estado a medida que las compañías se fueron globalizando y diversificando sus intereses, rechazando la imposición de políticas gubernamentales.

El tercer factor fue la presión internacional, sobre todo de los Estados Unidos, en pro de la estabilización de una Corea del Sur democrática cuya defensa frente a Corea del Norte fuera políticamente aceptable después de que la distensión con la URSS socavara los motivos geopolíticos de la implicación militar estadounidense. Los Juegos Olímpicos de 1988 simbolizaron la apertura al mundo de la nueva República de Corea.

El cuarto factor es menos conocido pero, en mi opinión, fue, y es, fundamental para comprender la dinámica política de Corea del Sur: la regionalización de la política. Por sorprendente que pueda parecer en una nación étnicamente homogénea y en un país geográficamente pequeño, la identidad regional es un factor decisivo de la política coreana, y la incapacidad del régimen militar para fundir estas identidades en un proyecto nacionalista condenó al fracaso sus esfuerzos de control político. Por ejemplo, en las primeras elecciones parlamentarias democráticas de 1988, el partido de Kim Young Sam obtuvo 15 de 16 escaños en su provincia de origen, Pusan, y también tuvo buenos resultados en la vecina Kyungsang del sur. Su rival en la oposición democrática, Kim Dae Jung, ganó 31 de 32 escaños en su base regional, las provincias de Cholla del norte y del sur. Y el «tercer Kim», Kim Jong Pil, dominó en Chungchung del sur. El partido inspirado por los militares, el DJP, ganó abrumadoramente en la provincia natal de Roh, Kyungsang del norte. Solo Seúl-Inchon, con su población metropolitana formada por oleadas de inmigrantes, mostró una composición política diversificada. En las elecciones presidenciales de 1997 la victoria de Kim Dae Jung se basó, una vez más, en su predominio abrumador en Cholla. Pero en estas elecciones Kim Dae Jung consiguió hacerse con un amplio apoyo en Seúl-Inchon, en especial entre los sectores de la clase media descontentos con la persistencia de la corrupción bajo Kim Young Sam. Este fraccionamiento de la política surcoreana conforme a las identidades regionales favoreció la organización de la oposición al régimen militar sobre la base de líderes regionales populares y que infundían confianza, lo que socavó el control militar desde el momento en que se toleró el pluralismo de la expresión política. Sin embargo, por otro lado también constituyó un factor debilitador de la oposición democrática por la división que implicaba, lo que reducía las posibilidades de los demócratas de derrotar al partido gubernamental. De hecho, sólo se pudo superar el bloqueo en los años noventa, cuando Kim Young Sam, en una brillante pero arriesgada maniobra política, sumó sus fuerzas a las de Roh Tae Woo, logrando así suceder a Roh como presidente a cambio de dar la cobertura de la legitimidad democrática a lo que quedaba de los políticos promilitares. No obstante, la fragmentación de la identidad regional sigue siendo uno de los factores principales de la movilización y la inestabilidad en Corea del Sur. En mis conversaciones personales con Kim Young Sam en su casa de Seúl en 1988, cuando aún encarnaba los ideales de un sector de la oposición democrática, me señaló lo que parece ser el objetivo crucial para reorientar la división de la política coreana. En su opinión, era esencial que los demócratas consiguieran arrebatar a los militares no democráticos el proyecto nacionalista. Sólo entonces podría subsumirse la identidad regional coreana en una fuerte identidad nacional coreana. Pero un nacionalismo democrático de este tipo tenía que cumplir una misión esencial: la reunificación de Corea. La reunificación coreana ha sido, efectivamente, la divisa de los movimientos democráticos de Corea durante mucho tiempo, y la democracia coreana de los años noventa sigue dominada por los debates sobre cómo avanzar en ese sentido. No es un proyecto sencillo, porque el comunismo de Corea del Norte estaba, y está, más profundamente atrincherado en el país de lo que estaba, por ejemplo, el comunismo de Alemania oriental. Sin embargo, líderes democráticos coreanos como Kim Dae Jung o Kim Young Sam estaban convencidos de que la reunificación era esencial para construir una Corea fuerte para el siglo XXI, una Corea lo suficientemente fuerte como para sobrevivir al formidable desafío que planteaba el ascenso paralelo de Japón y China a la cúspide del poder y la influencia mundiales, y lo suficientemente estable para seguir siendo la base nacional de las corporaciones coreanas recientemente globalizadas. Por tanto, la reconstrucción de una identidad nacionalista sobre una base democrática es esencial para el desmantelamiento del antiguo Estado desarrollista toda vez que el principio de legitimidad ha pasado del nacionalismo desarrollista al nacionalismo basado en los ciudadanos.

La identidad también es crucial en la orientación y los debates de la política democrática taiwanesa de los años noventa. La sociedad de Taiwan ha adolecido siempre de una identidad borrosa, lo que el estudioso taiwanés Hsia Chu-joe denomina «síndrome del huérfano». El Kuomintang y el Partido Comunista chino sólo estuvieron de acuerdo en una cosa: que Taiwan no era Taiwan, sino una provincia de China. Pero como ésta no fue su realidad durante el último medio siglo, tras ser una colonia japonesa durante la mayor parte del medio siglo anterior, los taiwaneses no tienen ningún sentimiento de pertenencia. Las cosas empeoraron por la división fundamental en la isla entre continentales y taiwaneses y por otra división más entre los taiwaneses, entre taiwaneses, fujianos y hakkas nativos. Así, aun cuando desde el punto de vista étnico todos eran chinos han, existía una marcada divisoria social/cultural entre la población de Taiwan, una división que alcanzaba a todos los niveles del Estado, ya que el liderazgo del Kuomintang estuvo firmemente en manos de los continentales hasta la muerte de Chung Ching Kuo en 1988. Con el levantamiento de la ley marcial en 1987 (significativamente, el mismo año en que comenzó la democratización de Corea del Sur), se hizo un esfuerzo por establecer el sistema político de Taiwan sobre su nueva realidad histórica. En 1990 fue elegido presidente Teng Hui Lee, un educado taiwanés de nacimiento y dirigente del Kuomintang. Presidió la democratización de Taiwan y aspiró a afirmar su existencia autónoma en el ámbito internacional, negociando su derecho a existir con las bazas de su poder económico e industrial. Un sector significativo de la oposición democrática fue más lejos: el principal partido opositor, el Partido Democrático Progresista (PDP), creado en 1986, hizo de la independencia de Taiwan su objetivo principal. China se opuso enérgicamente a ambas jugadas y amenazó con acciones militares si Taiwan proseguía en su intento de convertirse en un país independiente. Los Estados Unidos acudieron de nuevo al rescate, pero dentro de ciertos límites; es decir, Taiwan tenía que comportarse bien y permanecer en el limbo político mientras China mantuviera una actitud colaboradora hacia los Estados Unidos. Así, en los años noventa, Taiwan regresó al comienzo de su peculiar historia: nacida de la estrategia geopolítica de los Estados Unidos frente a China, seguirá siendo en buena medida dependiente de la relación Estados Unidos-China durante el futuro previsible. El problema es que, mientras tanto, hay 20 millones de personas viviendo en una isla que se ha convertido en una potencia económica, completamente interconectada con la economía global y cuyas inversiones en China han desempeñado un papel significativo en el desarrollo del nuevo capitalismo en el sur de ésta. En los años noventa ha surgido vigorosamente la sociedad civil taiwanesa, con movimientos comunitarios muy activos, un movimiento ecologista, movimiento estudiantil, movimientos de mujeres, lesbianas y gays (véase el volumen II, cap. 3), sindicatos algo revitalizados, y una opinión pública educada e informada por medios de comunicación independientes e influyentes. La convergencia de estos movimientos sociales y la búsqueda de una *identidad nacional* y *local* llevaron al partido independentista, el PDP, a la victoria en las elecciones municipales de Taipei de 1995. El nuevo alcalde electo, Chen Shui-pien, encontró amplio apoyo popular para su eslogan: «Una ciudad de los ciudadanos». Sin embargo, la política nacional sigue dominada por el Kuomintang, ya que el presidente Lee fue reelegido hasta el siglo XXI, sobre todo porque la gente pensaba que la elección de dirigentes partidarios de la independencia sería una provocación a China, mientras que Lee era lo suficientemente enérgico como para ser considerado personalmente enemigo por el gobierno chino. Además, en 1999 fue elegido alcalde de Taipei un candidato del KMT que se benefició de la mala gestión de la primera administración democrática. Pero se trataba de un KMT muy diferente del que había establecido una sangrienta dictadura en la isla hacía cincuenta años. El KMT de finales de siglo trata de hallar una nueva legitimidad, tanto internacional como nacional, por ejemplo, mediante alianzas con los movimientos comunitarios para establecer mecanismos de democracia participativa. En contraste, el movimiento independentista está cada vez más dividido entre su ala fundamentalista, que aspira a la independencia y la identidad nacional, y su ala de movimientos sociales, que aspira a la democracia y el cambio social, sin entrar en el debate geopolítico. Sin embargo, hay una convergencia de opiniones sobre la necesidad de reducir o incluso desmantelar el Estado desarrollista. Las redes empresariales de Taiwan, tanto de empresas grandes como pequeñas, han encontrado sus nichos en las economías global o asiáticas. La orientación económica del Estado suele considerarse un estorbo. Las reivindicaciones de la sociedad civil al gobierno se refieren al consumo y la calidad de vida, más que a la producción y la tecnología. Y la búsqueda de la identidad cada vez pasa más de lo público a lo privado, de la nación a la familia y el individuo, de la imposible identidad cultural taiwanesa a la identidad personal cotidiana de los chinos que han luchado, sobrevivido y vivido en la árida isla en la que acabaron por las vueltas de la historia.

El futuro de Hong Kong está aún más profundamente teñido de ambigüedad histórica. Ahora pertenece a China, pero siempre será una parte muy especial de ésta. Porque, de un lado, continuará desempeñando el papel que ha desempeñado durante muchos años: ser el principal vínculo entre China y la economía internacional, así como la escuela empresarial capitalista de China y su campo de pruebas. Pero también porque a lo largo de los años ochenta, Hong Kong se convirtió en una sociedad civil activa, donde los movimientos comunitarios y una amplia clase media educada expresaron abiertamente sus valores democráticos. Decenas de miles de profesionales abandonaron Hong Kong para hallar refugio en los Estados Unidos, el Reino Unido, Australia y Canadá. Otras decenas de miles tienen tarjetas de residencia o pasaportes de países extranjeros y viajan de sus bien remunerados puestos de trabajo en Hong Kong a las nuevas residencias de sus familias en Vancouver o Perth. Pero la población de Hong Kong está allí. Y las empresas —locales y multinacionales— están ligadas a Hong Kong porque Hong Kong sigue y seguirá siendo uno de los nodos más importantes de la economía global, incluso después de su crisis inmobiliaria y financiera. El futuro de sus habitantes es más que incierto, pero no su identidad. Son y serán parte esencial de la nueva China, una China compuesta por redes transnacionales de empresas y sociedades regionales, gestionadas por una compleja red de gobiernos nacionales/provinciales/locales, con los que interactúan. Y también compartirán el futuro incierto de China.

El último tigre de nuestra historia, Singapur, me desconcierta, como a todos. A diferencia de los otros tres países, en los años noventa no se ha desarrollado una sociedad civil y el Estado parece ser tan poderoso y activo como siempre, pese a las declaraciones en sentido contrario. Ello concierne a la política autoritaria y el control de la información, así como a la dirección y vigilancia del desarrollo. El Estado continúa operando en estrecho contacto con las empresas multinacionales, como hace treinta años, pero, al haberse enriquecido, también utiliza ahora sus propios recursos para invertir en compañías, ya sea por sí mismo o en empresas conjuntas. La renta per cápita de Singapur excede la media de la Unión Europea. La ciudad-Estado funciona sin problemas con un sistema metropolitano completamente planificado. La isla es el primer país que contará con un cableado completo de fibra óptica, y está preparada para convertirse en el primer país sin tabaco ni drogas (los traficantes son sentenciados a pena de muerte y con frecuencia ejecutados). La ciudad está limpia: ensuciar las calles está penalizado con fuertes multas; además los culpables deben realizar trabajo comunitario con uniformes verdes y aparecen en los medios de comunicación. La disidencia política y cultural se mantiene en niveles mínimos, sin necesidad de recurrir a la represión extrema. Hay una democracia formal y una oposición simbólica. Cuando un líder de la oposición denuncia abusos gubernamentales, el funcionario gubernamental competente le denuncia ante los tribunales, que se ocupan de que el osado crítico pague una fuerte multa o sea encarcelado. Las tensiones étnicas se resuelven con eficacia. Y la coexistencia con el mundo musulmán circundante es pacífica, aunque toda la población continúa organizada en milicias armadas y la fuerza aérea de Singapur está en estado de alerta constante para realizar bombardeos de represalia de las principales ciudades a pocos minutos de sus planes de vuelo. La figura imponente de Lee Kwan Yew, aunque ya no es primer ministro, continúa presente en la cultura y las instituciones políticas. Logró inventar una sociedad a partir de la nada y convertirla en la demostración histórica de la superioridad de los «valores asiáticos», un proyecto que probablemente concibió en sus años en Oxford como nacionalista sin nación [102]. De hecho, redescubrió la Inglaterra victoriana, con su culto a las virtudes morales, su obsesión con la limpieza, su aversión a los pobres indignos, su creencia en la educación y en la superioridad natural de una minoría con educación superior. Dio a todo ello un giro de alta tecnología y llegó a financiar estudios con el fin de establecer una base científica para la superioridad de ciertos grupos. No una superioridad basada en la raza, sino en la clase. Sus creencias determinaron de forma directa las políticas de Singapur. Por ejemplo, en los años ochenta las mujeres con educación universitaria recibieron ayudas especiales del Estado para que tuvieran tantos hijos como fuera posible, así como excedencias por motivos familiares para educar a sus hijos, mientras que a las mujeres de la clase obrera (chinas o malayas) se las gravaba con impuestos por tener demasiados hijos. El objetivo era mejorar la calidad de la población aumentando la proporción de niños nacidos de familias educadas. Todo Singapur se basa en el simple principio de la supervivencia de los más aptos. La meta última de las políticas estatales es permitir a Singapur sobrevivir y ganar contra la competencia implacable de la economía global en un mundo interdependiente, mediante la tecnología, la ingeniería social, la cohesión cultural, la autoselección del género humano y la resolución política despiadada. El PAP llevó a cabo su proyecto, y continúa haciéndolo, de acuerdo con los principios del leninismo que Lee Kwan Yew conoció y apreció en sus años de resistencia como abogado laboralista en el movimiento anticolonial. Y, de hecho, probablemente sea el único proyecto verdaderamente leninista que ha sobrevivido a su matriz original. Singapur representa la fusión del Estado revolucionario con el Estado desarrollista en la construcción de la legitimidad, en su control de la sociedad y en su gestión de la economía. También puede que prefigure un modelo exitoso para el siglo XXI: un modelo que el Estado comunista chino busca conscientemente, persiguiendo las metas desarrollistas de un proyecto nacionalista.

Aunque la mayoría de los tigres asiáticos y sus vecinos recientemente industrializados, con la excepción de Singapur, parecen estar en proceso de decapitar al dragón del Estado desarrollista, un dragón mucho mayor (recuérdese que los dragones son criaturas benéficas en la mitología china) ha salido de su aislamiento milenario para lanzarse al mundo y, para bien o para mal, casi con seguridad cambiarlo definitivamente.

---

[102] Chua, 1988.

El nacionalismo desarrollista chino con características socialistas [103]

La política de tomar la construcción económica como el eslabón clave nunca debe cambiar; la reforma y la política de puertas abiertas nunca deben alterarse. La línea básica del partido no debe modificarse durante cien años. Debemos extraer adecuadamente las lecciones de la antigua Unión Soviética y manejar bien la relación entre el centro del partido y las localidades. Debemos desplegar el liderazgo del Partido Comunista Chino. La posición del Partido Comunista Chino como partido gobernante nunca debe cuestionarse.

Deng Xiaoping, 1994 [104].

---

[103] Mi análisis sobre China se basa, en general, en dos fuentes principales de observación de primera mano. Por una parte, mis propias visitas y trabajo de campo en China durante los años ochenta. Particularmente importante para mi comprensión de las reformas chinas fue el trabajo de campo que realicé en 1987, junto con Martin Carnoy y Patrizio Bianchi, para estudiar la política tecnológica y la modernización económica a invitación del Instituto de Tecnología y Economía Internacional del Consejo de Estado. Entrevistamos a miembros del gobierno chino, y a directores de fábricas chinas y de compañías europeas y estadounidenses, así como a representantes locales y provinciales, en Pekín, Shanghai, Guangzhou y Shenzhen. Para un resumen de nuestro estudio, véase Bianchi, Carnoy y Castells, 1988. Las cosas han cambiado en China desde entonces. Por ello me baso en buena medida en una segunda fuente de observación directa: el trabajo de campo realizado entre 1992 y 1997 por toda China, pero en particular en Guandong, Fujian, Shanghai y Pekín, por la profesora You-tien Hsing, de la Universidad de Columbia Británica, que me proporcionó amablemente pormenorizadas notas y documentación, seguidas de extensas conversaciones personales y comunicaciones por correo electrónico sobre el tema. Le estoy verdaderamente agradecido por su crucial ayuda. Sin embargo, la responsabilidad de este análisis es exclusivamente mía y no se le debe hacer responsable de mis errores y excesos. Para una visión parcial de su propio análisis, véase Hsing, 1997, 1999. También he consultado diversas fuentes sobre el desarrollo chino en los años noventa, sólo una muestra diminuta de una literatura ingente. Una excelente visión general de los hechos puede consultarse en Lam, 1995. En *The Economist*, 17 de agosto de 1996, y en Overhalt, 1993, también pueden encontrarse valoraciones económicas periodísticas. Spence, 1990, presenta un relato histórico general. Una obra clásica sobre las relaciones sociales y políticas chinas bajo el comunismo es la de Walder, 1986, seguida para el periodo más reciente de Walder, 1995. Sobre las redes empresariales chinas de ultramar, además de Hsing, 1997a, b, véanse *Business Week*, 29 de noviembre de 1993; Clifford, 1994; y Ong y Nonini, 1997. Sobre las relaciones centrales-locales en China, véase Hao y Zhimin, 1994. Sobre las redes *guanxi* e informales, véase Yang, 1994. Sobre las políticas fiscales chinas y las relaciones centrales-locales, véase Wong *et al.*, 1995. Sobre los movimientos democráticos, véanse Lin, 1994, y Walder, 1992. Para una bibliografía seleccionada y específica, tanto en chino como en inglés, sobre las características del nuevo capitalismo chino, consúltese Hsing, 1997a. Y sobre aquellos intelectuales que fantasearon hace treinta años sobre la Revolución Cultural, aconsejo la lectura de los documentos reunidos y traducidos por Walder y Gong, 1993. Otras fuentes consultadas para la escritura de esta sección son Granick, 1990; Nathan, 1990; White, 1991; Mackie, 1992; Bowles y White, 1993; Cheung, 1994; Naughton, 1994; Yabuki, 1995; Li, 1996.

[104] Discurso mientras visitaba Qingdao, probablemente sus últimas instrucciones políticas públicas, citado en Lam, 1995, pág. 386.

El impulso de la modernización socialista de China, la práctica de la reforma y la política de puertas abiertas, y los nuevos acontecimientos en la situación mundial [deben ser sintetizados por el partido] para desarrollar el marxismo a la vez que somos fieles a él.

Jiang Zemin, 1990 [105].

¿Quiénes son los mayores beneficiarios de la política actual? Los políticos de carrera y de estilo capitalista. El pueblo está sufriendo mucho. El país del presidente Mao será destruido por esta gente. De Confucio a Sun Yet-sen ha habido una gran continuidad histórica en el desarrollo de nuestra nación. La historia condenará a aquellos que lo niegan. Permitir sólo la admiración y prohibir toda mención de problemas y dificultades reales indica un gran encubrimiento de imperfecciones y errores.

Mao Yingxing, 1970 [106].

La nueva revolución china

El hecho de que China, rompiendo con un modelo milenario de aislamiento absoluto o relativo, se haya incorporado deliberadamente al resto del mundo ha cambiado la historia del mundo. Menos de dos décadas después del inicio de la «política de puertas abiertas», el crecimiento económico de China, el más rápido del planeta en las dos últimas décadas del siglo XX, y su competitividad en el comercio internacional han asombrado a gobiernos y empresas por igual, despertando sentimientos contradictorios. Por una parte, la promesa de incorporar un mercado de 1.200 millones de personas, incluso a una fracción del nivel de la solvente demanda occidental, muy bien podría borrar cualquier crisis de superproducción durante largo tiempo, reforzando así el auge del capitalismo global en el siglo XXI. Desde un punto de vista más amplio, la creciente interacción con la civilización más antigua de la humanidad, con su extraordinaria tradición cultural, sin duda va a promover el enriquecimiento espiritual y el aprendizaje recíproco. No obstante, por otra parte, el surgimiento de China como importante potencia económica y militar, la persistencia del control del Partido Comunista sobre la sociedad y la actitud inflexible del gobierno chino ante los reparos internacionales y nacionales sobre cuestiones de derechos humanos y democracia política han suscitado, sobre todo en Asia, pero también en otros países, como los Estados Unidos, serias preocupaciones sobre una nue-

---

[105] Citado en Lam, 1995, pág. 12.
[106] Una maestra de municipio de Jingning, provincia de Guasu, que fue ejecutada el 14 de abril de 1970, acusada de ser «una contrarrevolucionaria activa» por el Departamento de Seguridad Pública, citado en Walder y Gong, 1993, pág. 77. Estas palabras están tomadas de su última carta.

va guerra fría potencial, que se cerniría peligrosamente sobre el siglo XXI. Por otro lado, algunos observadores también temen un periodo de caos y enfrentamiento civil en China si la crisis económica asiática termina por deprimir la economía china y si la pobreza y el desempleo alientan las protestas sociales y se conectan con desafíos políticos. Pero, sean cuales sean las opiniones y los sentimientos respecto a la transformación de China en los años noventa, creo que muchos de ellos reflejan una profunda incomprensión de las características sociales y políticas del desarrollo chino, lo que induce a inferencias erróneas respecto a su economía, política y relaciones internacionales. Dentro de los límites de esta sección, trataré de sugerir una hipótesis alternativa que se basa en una premisa.

Premisa: *la modernización y apertura internacional de China es y fue una política estatal deliberada, diseñada y controlada hasta ahora por los dirigentes del Partido Comunista*. Ésta fue la tarea de Deng Xiaoping después de salir victorioso de las luchas contra los maoístas a finales de los años setenta y contra los reformistas liberales a finales de los ochenta. Jiang Zemin prosiguió la política centrista y cautelosa de Deng, afirmando su liderazgo después de la muerte de Deng sin ningún desafío o conflicto interno significativos dentro del partido. En consecuencia, la motivación, orientaciones y evolución de la política de puertas abiertas deben comprenderse desde la perspectiva de un proyecto político específico, elaborado y puesto en práctica atendiendo a los intereses del Partido Comunista, como representante autodesignado de los intereses del pueblo y de la nación. Es más, para comprender estos intereses, es esencial recordar que *la Revolución china fue, primordialmente, una revolución nacionalista con características socialistas*. Fue la invasión japonesa y la inepta resistencia del régimen de un Kuomintang corrupto e impopular lo que preparó el camino para la influencia y fortalecimiento del Ejército Popular de Liberación, la espina dorsal del poder comunista chino y el bastión del liderazgo carismático de Mao. Y fue la participación decisiva de los comunistas chinos en la Segunda Guerra Mundial contra Japón, en el contexto de la alianza occidental-soviética en esa guerra, lo que creó las condiciones políticas y militares para su ataque final a los ejércitos del Kuomintang, derrotados en 1945-1949 pese al apoyo estadounidense. La ideología de Mao y la práctica del Partido Comunista nunca consideraron que la Revolución china fuera socialista: era una «revolución democrática», basada en una estrategia de alianzas de clase contra el «imperialismo y sus lacayos». Se apoyó en la movilización de los campesinos pobres contra el corrupto mundo urbano de la burguesía *compradore*. La «vanguardia proletaria» casi estuvo ausente de esta revolución, entre otras razones porque había muy pocos proletarios industriales en una China escasamente industrializada. Aunque la categorización de la terminología marxista-leninista no logra aprehender las complejidades de la estructura de clases y la ideología política de la China del siglo XX, es un buen indicador de la lógica predominantemente nacionalista de la Revolución china. Fue la defensa de una China humillada contra las potencias extranjeras, incluida la fraternal Unión Soviética, lo que reunió en torno a los comunistas chinos un apoyo significativo, junto con una reforma agraria que reforzó la estructura de los pueblos y eliminó a los odiados terratenientes en lugar de perseguir *kulaks*. El agrarismo y el nacionalismo fueron los dos pilares de la movilización de la Revolución china. Pero el cerebro, el motor y el arma los encarnó el Partido Comunista. Y como era (y es) comunista, es decir, leninista, imprimió características «socialistas» al nacionalismo revolucionario chino en todo el proceso de construcción de un nuevo Estado, una nueva economía y una nueva sociedad. De importancia suprema fue, como en la Unión Soviética, el control del partido sobre la economía mediante un sistema de planificación centralizada y sobre la sociedad mediante un extenso aparato ideológico, que aseguró el dominio de la ideología marxista-leninista y mantuvo un estrecho control de la información y la comunicación. Asimismo, se formó un sistema político en la tradición leninista-estalinista, donde el partido controlaba todos los niveles y ramas de las instituciones del gobierno, incluido el ejército, a través de una red de comisarios políticos. En el núcleo del sistema de poder estaba (y está) la Comisión Militar Central del Comité Central del Partido. La presidencia de esta Comisión fue el único cargo que Mao conservó siempre, el último al que renunció Deng en 1989 y el que obtuvo Jiang Zemin en 1997. Para los comunistas chinos, entonces y ahora, «el poder radica en el cañón del arma». Pero el partido también era una máquina política poderosa y descentralizada, presente en cada poblado, barrio y unidad de producción en todo el país, formando una inmensa red jerárquica que, por primera vez en la historia, controló realmente todos los rincones de China. Y no sólo en el pasado: en 1996, el Partido Comunista chino, con 54 millones de miembros, disfrutaba de buena salud, y sus dirigentes y cuadros locales tenían gran poder e influencia, si no popularidad, en sus distritos. Ésta es una realidad fundamental que condiciona y moldea la evolución de China. En el vértice del sistema de poder, como en todos los regímenes comunistas —sin excepciones históricas, salvo breves interregnos—, se dio una personalización extrema del liderazgo, en realidad un culto a la personalidad. Tras el Pensamiento de Mao Zedong, en los años noventa se impuso el Pensamiento de Deng Xiaoping (aun cuando el propio Deng rechazó educadamente el término), ya que el Ejército Popular de Liberación estaba obligado a leer y comentar las Obras Escogidas de Deng. La discusión sobre la continuidad histórica del liderazgo personalizado en China («los nuevos emperadores») no parece especialmente significativa, ya que es una característica comunista tanto como china. La extremada personalización del liderazgo en el comunismo chino favorece al voluntarismo político. Lo que es decidido por el dirigente se convierte en una fuerza material a través de la cadena de mando que reverbera en la sociedad y los centros de poder. Éste es el único modo en que podemos explicar las aventuras extraordinariamente destructivas del Gran Salto Adelante y de la Gran Revolución Cultural Proletaria, decidida y dirigida por Mao Zedong, contra la voluntad de la dirección colectiva del partido, hasta el punto que *sus* «guardias revolucionarios», apoyados por el Ejército Popular de Liberación, actuaron sobre todo contra los cuadros y las organizaciones del Partido Comunista. Que el PCC sobreviviera a sus propias tendencias suicidas (es decir, el maoísmo) muestra una fortaleza política mucho mayor que la de ninguna otra experiencia comunista. Pero el maoísmo no fue una locura (aunque sí lo fueron muchos de sus actos). Dio una respuesta al problema fundamental de la Revolución china: cómo hacer a China fuerte e independiente, conservando a la vez el poder comunista, en un mundo de superpotencias y donde el desarrollo tecnológico y económico avanzaban a ritmo acelerado al otro lado de la costa del Mar de China. La respuesta de Deng y Liu Shao-shi, desde los años cincuenta, fue la industrialización acelerada, el crecimiento económico y la modernización tecnológica, de acuerdo con el modelo soviético, el único que tenían los comunistas chinos por entonces. La respuesta de Mao fue la confianza en sí mismo, el énfasis en la ideología, la conservación del ruralismo y la guerra de guerrillas descentralizada («guerra popular») para resistir a cualquier invasor, mientras confiaba en el armamento nuclear como último recurso disuasorio (aunque en el momento álgido de la Revolución Cultural, Mao habló seriamente de construir el socialismo sobre las ruinas nucleares del capitalismo). En el centro, Zhu En-Lai obtuvo un acuerdo de las facciones en pugna para seguir una línea centrista, conservando el complejo tecnológico-militar de China como garantía necesaria de su independencia nacional. En consecuencia, este complejo tecnológico-militar permaneció relativamente al margen de la agitación política de los años sesenta y setenta. Cuando, tras la derrota de la «Banda de los Cuatro», Deng Xiaoping, que había sobrevivido a la Revolución Cultural barriendo las calles de su Chungking natal, regresó al poder, retomó su idea básica de que la prosperidad económica y la modernización tecnológica eran los pilares fundamentales del poder y la independencia chinos. Es más, tras el desastroso impacto de la Revolución Cultural sobre las vidas y las mentes de la gente, no sólo tenía que conservarse la independencia de China, sino que debía restaurarse la legitimidad del Partido Comunista. Después de una orgía ideológica tan asesina, sólo la mejora inmediata de las condiciones de vida, la difusión de los derechos de propiedad y las perspectivas de una vida mejor podían reunir a los chinos en torno a un régimen comunista reorganizado. Como Deng afirmaría en el XIII Comité Central años después, en 1990: «Si la economía mejora, otras políticas podrán tener éxito y la fe del pueblo chino en el socialismo aumentará. Si no es así, el socialismo, no sólo en China, sino en el resto del mundo, estará en peligro»[107]. Pero, en 1978, la Unión Soviética era enemiga de China y su modelo económico era claramente defectuoso, mientras que, alrededor de China, el Pacífico asiático, y sobre todo las economías de etnia china, estaban creciendo y modernizándose al ritmo más rápido de la historia. Así, el espectacular giro decidido por el Comité Central a iniciativa de Deng, en un frío día de diciembre en Pekín en 1978, aspiraba a asegurar la entrada de China en la economía capitalista global y el paradigma informacional (aun cuando los proponentes de la política de puertas abiertas y de la política de las «cuatro modernizaciones» no reconocieran estas palabras), utilizando las lecciones de los tigres asiáticos (llamados «dragones» en China). Sin embargo, esta nueva senda desarrollista debía avanzar de modo que se conservase el «socialismo»; es decir, el poder, el control y la influencia del Partido Comunista, como representante del pueblo chino. En este sentido, no fue fundamentalmente diferente de lo que Gorbachov intentaría hacer en la Unión Soviética sólo siete años después. Pero, a diferencia de Gorbachov, que era demasiado arrogante para imaginar que podía fracasar, los dirigentes chinos comprendieron que aflojar el control comunista sobre la sociedad en un periodo de rápido cambio económico y, por lo tanto, social podía descarrilar el proceso hacia «el capitalismo con características chinas», dejándolos fuera. Deng y su entorno estaban acertadamente obsesionados por esta idea, y el destino de Gorbachov y de la Unión Soviética confirma su diagnóstico, al menos en su planteamiento. Por ello, el «modelo de Singapur» fue y es tan popular entre los dirigentes comunistas chinos. La idea de un potente proceso de desarrollo económico y tecnológico sin ceder a las presiones de la sociedad civil y con la capacidad de maniobra en el ámbito mundial firmemente en las manos del Estado atrae mucho a un partido cuya razón de ser última es la afirmación de China como potencia mundial, si es posible emparejada con la conservación de la mitología comunista. No obstante, la experiencia de la diminuta Singapur es difícil de extrapolar a un país que representa el 20% de la humanidad. Y la experiencia soviética de transición controlada por los comunistas al capitalismo terminó en un desastre. Por eso, los comunistas chinos navegan con extrema precaución y pragmatismo en aguas históricas inexploradas. Y por eso el proceso real de transformación en China no sigue el modelo tentativo de Deng de comienzos de los años ochenta, sino que es el resultado de decisiones específicas de una pluralidad de actores y de los intereses, compromisos, conflictos y alianzas provocados y revelados por las políticas de reforma económica.

Resumiendo, el desarrollo económico y la modernización tecnológica de China, dentro del marco de la nueva economía global, fueron (son) objetivos perseguidos por los dirigentes comunistas chinos como herra-

---

[107] Citado en Lam, 1995, pág. 5.

mienta indispensable para el poder nacional y como nuevo principio legitimador del Partido Comunista. En este sentido, el comunismo chino de los años noventa representa la fusión histórica del Estado desarrollista y el Estado revolucionario. Pero, para cumplir este objetivo estratégico, el Partido Comunista, dirigido en los años noventa por Deng Xiaoping, Jiang Zemin y Zhu Rongji, tuvo que abordar una serie de problemas formidables: la forma de integración en la economía global, la descentralización controlada del poder estatal, la gestión de las contradicciones sociales provocadas por el éxodo rural y la desigualdad social, la represión de la democracia política, el control de una sociedad civil emergente y el equilibrio del poder y la influencia entre la elite del poder, manteniendo a los ideólogos a raya sin arriesgarse a un excesivo faccionalismo en el ejército y el partido. Exploraré brevemente estos temas diversos, conduciendo mi argumento hacia una hipótesis general: *que este complejo equilibrio se está consiguiendo, con probabilidades razonables pero no ciertas de éxito futuro, vinculando a los estados desarrollistas regionales con un proyecto nacionalista de China como gran potencia, capaz de librarse para siempre de los demonios extranjeros.* El capitalismo y el destino incierto de la democracia no son más que medios para esa meta fundamental, aun cuando en el proceso la elite del poder se beneficie considerablemente de las nuevas fuentes de riqueza y prestigio.

¿*Capitalismo* guanxi? *China en la economía global*

La integración de China en la economía global comenzó con una nota falsa a comienzos de los años ochenta: la política de Zonas Económicas Especiales, que creaba cuatro Zonas de Procesamiento de las Exportaciones, frente a Hong Kong, Macao y Taiwan, y pretendía ofrecer mano de obra y suelo barato, ventajas fiscales y disciplina social a los inversores extranjeros, sobre todo a las empresas multinacionales, para que los utilizaran como plataformas de exportación. Las zonas fueron concebidas para que estuvieran física y legalmente separadas del resto del territorio chino, de tal modo que el socialismo no se contaminara. Los trabajadores chinos serían enviados a esas zonas, pero otros ciudadanos chinos serían excluidos de ellas. En este plan, las Zonas Económicas Especiales atraerían capital y tecnología extranjeros, generarían ingresos y proporcionarían una valiosa experiencia a China. El proyecto subyacente equivalía a crear cuatro, luego muchos, nuevos dragones chinos, pero esta vez bajo el control del gobierno chino y para beneficio del conjunto de China. No funcionó. En mis conversaciones sobre el tema con cargos intermedios chinos en 1987, comprendí su error fundamental: habían leído, y creído, la «teoría de la nueva división internacional del trabajo», propuesta por algunos marxistas occidentales, y estaban dispuestos a ofrecer a las empresas multinacionales una fracción de la mano de obra china para que fuera explotada, al precio, fundamentalmente, de la transferencia tecnológica. No obstante, como les expliqué en su momento, las empresas multinacionales no tenían interés en ir a China, con todas sus incógnitas políticas y escasa infraestructura, en busca de mano de obra barata y ventajas fiscales, cuando podían obtener condiciones similares en muchos otros países en vías de desarrollo, en circunstancias políticas mucho más favorables. Lo que las multinacionales querían era penetrar en el mercado chino, plantar las semillas de la inversión para su expansión futura. Pero, para ello, tenían que acceder a toda China, sin la restricción a las Zonas Económicas Especiales; importar sus propios productos, sin impuestos sobre el consumo o con pocos; y necesitaban libertad para crear su propia red de proveedores y distribuidores. En una palabra: tenían que entrar en la economía china, no sólo utilizar su mano de obra y tierra con fines de exportación. Pero sus obvias demandas empresariales auguraban problemas para los prudentes dirigentes chinos. Por una parte, tenían que proteger los intereses de las compañías de propiedad estatal, que serían desplazadas por la competencia de las empresas extranjeras. Por otra, lo que China realmente necesitaba era exportar productos manufacturados e importar tecnología y conocimientos prácticos, no simplemente dejar que los productores extranjeros tomaran el control de la industria china y los productos extranjeros inundaran sus mercados. Así, aunque el gobierno abrió formalmente gran parte de las regiones urbanas-industriales a la inversión y el comercio extranjeros, de acuerdo con la política de las Catorce Ciudades Costeras, las restricciones y los trámites burocráticos mantuvieron el proceso bajo el control del gobierno. Las empresas multinacionales reaccionaron restringiendo la inversión, reteniendo la tecnología y negociando cuotas de mercado directamente con el gobierno. En mis entrevistas con compañías estadounidenses y europeas en Shanghai y Pekín en 1987, describieron sus operaciones como una isla industrial en un océano de atraso tecnológico y económico, y algunas de ellas importaban hasta el 90% de los insumos que necesitaban para manufacturar sus productos. Ninguna obtenía beneficios. Todas intercambiaban inversiones de capital y transferencias de tecnología antigua por su presencia en China, esperando futuras oportunidades. Las cosas han cambiado desde entonces y la producción de las compañías japonesas, estadounidenses y europeas ha aumentado de forma sustancial, sobre todo en los mercados de alta tecnología para pedidos gubernamentales y en los mercados regionales protegidos por los gobiernos provinciales (por ejemplo, Volskwagen en Shanghai, la cerveza alemana en Shendang). Algunos acuerdos simbólicos, como el de la inversión de 1.000 millones de dólares por parte de General Motors en 1994, reflejan la determinación del gobierno de atraer a los inversores extranjeros. No obstante, al menos hasta mediados de los años noventa, las empresas

CUADRO 4.1 Inversiones extranjeras contratadas en China por fuente, 1979-1992 (millones de dólares estadounidenses, porcentajes entre paréntesis).

	1979-90	1991	1992	1979-92
Total nacional	45.244	12.422	58.736	116.402
	(100)	(100)	(100)	(100)
Hong Kong	26.480	7.531	40.502	74.513
	(58,5)	(60,6)	(69,0)	(64,0)
Taiwan	2.000	1.392	5.548	8.968
	(4,4)	(11,2)	(9,4)	(7,7)
EE.UU.	4.476	555	3.142	8.163
	(9,9)	(4,5)	(5,3)	(7,0)
Japón	3.662	886	2.200	6.748
	(8,1)	(7,1)	(3,7)	(5,8)

Entre 1979 y 1989, el valor total de la IDE pignorada (contratada) en China era de 32.370 millones de dólares, el real (realizada) de 15.610 millones de dólares, el 48% del total de la pignorada. Si utilizamos el 48% como porcentaje de la IDE real en el total de la IDE pignorada, el total nacional de la IDE realizada en China entre 1979 y 1992 se acerca a los 56.000 millones de dólares estadounidenses.

Fuente: Sung, 1994, pág. 50.

multinacionales y las inversiones occidentales y japonesas no fueron el vínculo principal entre China y la economía global. En efecto, como muestra el cuadro 4.1, entre 1979 y 1993, de los 116.400 millones de dólares pignorados para invertir en China, el 71,7% procedió de Japón. La cuota de inversión de los países europeos era aún menor. Del mismo modo, sólo una fracción de las importaciones chinas procede de los países de la OCDE. Por otra parte, sin contar las ventas de armas, una proporción sustancial de las exportaciones chinas (ya sea de empresas chinas o de agrupaciones de empresas establecidas en China) se dirige a Europa Occidental y los Estados Unidos. En efecto, los Estados Unidos parecen estar en peligro de incurrir en un déficit comercial con China mayor que el que tienen con cualquier otro país. Pero la nueva competitividad de China no radicaba en sus ineficientes empresas estatales, ni en su sector empresarial privado, en buena medida aún incipiente. Se organizó en torno a la inversión, los conocimientos prácticos y la experiencia en el mercado mundial de los inversores chinos de ultramar que, en colaboración con un tipo especial de socio institucional (véase más adelante), constituyeron el vínculo fundamental entre China y la economía mundial en los años ochenta y noventa.

La conexión étnica de la integración global de China es sin duda una historia extraordinaria, llena de implicaciones prácticas y teóricas.

Pero debe contarse, como ha hecho You-tien Hsing [108], sin los datos románticos y anecdóticos que caracterizan gran parte de la investigación casera generada sobre las «redes empresariales chinas» que operan en el «círculo chino». Estas redes empresariales étnicas son esenciales para el desarrollo chino contemporáneo, pero cobraron vida en China aprovechando la oportunidad ofrecida por la política de puertas abiertas. La inversión allí era arriesgada, pero podía producir grandes beneficios en un mercado en buena medida desaprovechado, con costes laborales insignificantes, a condición de saber cómo operar en un entorno complejo. Los inversores chinos de Hong Kong y Taiwan utilizaron la apertura para descentralizar su producción, sobre todo en el delta de Zhejiang y en otras zonas del sur de China, cuando los costes de producción más elevados de sus países y una reducción de sus cuotas de exportación amenazaron su posición competitiva. Para minimizar los riesgos, usaron sus redes de *guanxi* (relaciones), sobre todo para buscar gente que fuera del mismo lugar de origen (*tonxiang*), familiares o amigos, o conocidos del mismo grupo dialectal. La construcción de la infraestructura necesaria para respaldar las conexiones internacionales (hoteles, servicios empresariales, aeropuertos, carreteras, desarrollo urbanístico) creó un mercado inmediato para las grandes empresas con base en Hong Kong, que realizaron este tipo de inversión en una etapa muy temprana del proceso de reforma económica (ya en 1983 pude alojarme en un hotel internacional explotado por una empresa de Hong Kong en Guangzhou). Como se ha analizado en el volumen I, capítulo 6, la megarregión de Hong Kong-Shenzhen-Guangzhou-Zhuhai-Macao-delta de Zhujiang, que comprende en torno a 60 millones de personas, ya se había convertido en una unidad económica a comienzos de los años noventa, constituyendo uno de los nodos globales potenciales del siglo XXI. Para responder del mismo modo, Shanghai, con el apoyo de la elite política de Pekín, dominada mayoritariamente por el «grupo de Shanghai», lanzó a comienzos de los años noventa la nueva zona empresarial de Pudong, en condiciones de convertirse en el centro principal de servicios financieros y avanzados de China.

Una vez que las redes de inversión de Hong Kong y Taiwan se establecieron a finales de los años ochenta, afluyó capital de todo el globo, en gran parte de los chinos de ultramar de Singapur, Bangkok, Penang, Kuala Lumpur, Yakarta, California, Nueva York, Canadá y Australia. La preponderancia estadística de Hong Kong es, de hecho, un espejismo. Refleja la gestión de fuentes plurales de inversión por parte de empresas chinas con base en Hong Kong. Debe interpretarse como «capital global». Pero este «capital global», que puede ser, y es, de cualquier fuente, de bancos japoneses a blanqueadores de dinero, es administrado y en buena medida

---

[108] Hsing, 1997a, b.

controlado por redes empresariales chinas, muchas veces basadas en relaciones familiares y vinculadas entre sí, pese a la feroz rivalidad en mercados y proyectos específicos. ¿Por qué las empresas chinas tienen ventaja sobre el resto de los inversores extranjeros y por qué no arriesgan tanto como los inversores occidentales o japoneses en las condiciones inciertas de la China protocapitalista? Me he vuelto escéptico con las explicaciones culturales que recurren al conocimiento interno y las conexiones personales. Después de todo, leyendo el excelente relato antropológico de Yang sobre las prácticas de *renqing* rural y *guanxi* urbano en la China contemporánea [109], no veo ninguna diferencia sustancial con lo que sé de prácticas similares en América Latina. Y, sin embargo, los inversores estadounidenses han dominado las economías latinoamericanas durante décadas, y México, uno de los países más orientados a las *guanxi* que conozco, se benefició en los años noventa de un aluvión de inversión directa internacional sin mucha necesidad de mediación mexicana, mientras que sus redes empresariales continúan exportando sus ahorros al extranjero, en lugar de invertir en México. En el caso de China, las redes empresariales chinas de ultramar son, en efecto, los principales intermediarios entre el capital global, incluido el capital chino de ultramar, y los mercados y centros de producción/exportación de China. Pero la razón no es que tanto a ellos como a sus socios del sur de China les guste el bacalao al vapor. Es que *el vínculo múltiple de China con la economía global es local, es decir, se realiza a través de la conexión entre las empresas chinas de ultramar y los gobiernos locales y provinciales de China*, la clase capitalista *sui generis* que Hsing denomina los «empresarios burocráticos» [110].

Los estados desarrollistas regionales y los empresarios burocráticos (capitalistas)

Para superar las resistencias ideológicas a la reforma económica del Partido Comunista y los cuadros de alto rango del ejército, Deng buscó el apoyo de los gobiernos locales y provinciales desde los inicios de la reforma. Para soslayar el poder de los conservadores, concentrado en el cuartel general de Pekín y en las provincias septentrionales, proclamó el principio de *yindizhiyi* («a cada localidad, según sus características propias»), procediendo durante los años ochenta a una considerable descentralización fiscal: el porcentaje del PNB correspondiente al centro descendió del 37% en 1978 al 19% en 1992, y el de los ingresos fiscales totales sólo supuso el 35% en 1993 [111]. Favoreció particularmente a

---

[109] Yang, 1994.
[110] Hsing, 1997a, b.
[111] Lam, 1995, pág. 88.

Guandong y Shanghai, los centros históricos chinos del comercio y la inversión exteriores. En 1992, efectuó su famoso *nanxun* (viaje imperial) al sur, alentando sobre todo a Guandong a superar a los dragones del Pacífico asiático, acelerando su tasa de crecimiento y su apertura a la economía internacional. Sostenía que «sólo el desarrollo supera la prueba de la razón» [112]. Guandong, Shanghai, pero también la mayoría de las demás provincias y localidades, tomaron la palabra a Deng y afirmaron su autonomía económica, tanto en asuntos fiscales como en política crediticia, para financiar su propia infraestructura, crear nuevas empresas y atraer inversores extranjeros. El recalentamiento de la economía y los consecuentes repuntes inflacionistas, en 1988, 1992 y 1993, llevaron al gobierno central a estrechar los controles y a dar marcha atrás en la descentralización fiscal instituyendo, en 1993, un sistema impositivo dual, según el cual el gobierno central mantendría su propia fuente de ingresos. Los gobiernos provinciales, con Guandong a la cabeza, utilizaron su nueva fuerza política y económica para resistirse a los nuevos planes de compartir ingresos. Pero, en general, su impulso hacia la autonomía (en el origen de su recién adquirida riqueza) no se llevó a cabo sustrayendo recursos del centro, sino creando nuevas fuentes de ingresos para ellos mismos, precisamente mediante su nueva libertad de maniobra. Si Deng quería infundir un carácter empresarial colectivo (probablemente demasiada sofisticación para lo pragmático que era), lo consiguió. Los gobiernos locales y provinciales de China (que incluyo bajo la etiqueta de «regionales» para simplificar) invirtieron en nuevas empresas orientadas al mercado, con frecuencia en agrupaciones temporales con inversores extranjeros, y se convirtieron en la fuente de la acumulación capitalista «privada» como empresarios colectivos que compartían los beneficios de sus empresas. En 1993, las empresas estatales («propiedad del pueblo en su totalidad») suponían el 48,4% del valor total de la producción industrial; la propiedad privada (incluidas las empresas con participación extranjera) sólo el 13,4%; y las «empresas colectivas» (esto es, con la participación de administraciones gubernamentales específicas, en su mayoría regionales, e inversores privados) el 38,2% del total, e iban en aumento [113]. Además, la producción industrial no era el principal sector de inversión para los gobiernos regionales y sus socios extranjeros, la mayoría de ellos chinos de ultramar. El desarrollo urbanístico fue el punto de entrada de estos inversores extranjeros: era menos arriesgado, ofrecía resultados inmediatos en un país que, en sus zonas costeras, instantáneamente se convirtió en una gigantesca obra y proporcionaba una sólida base en las redes locales. Además, el control sobre su propia tierra era un recurso indiscutible de los gobiernos locales/regionales. Las finanzas también fueron un sec-

---

[112] Citado por Lam, 1995, pág. 132.
[113] Lam, 1995, págs. 94-95.

tor crucial para el fortalecimiento de la autonomía provincial y la introducción de la gestión económica capitalista. En fecha tan temprana como 1981, de nuevo el gobierno de Guandong inició un atrevido experimento financiero. La sucursal de Guandong del Banco del Pueblo obtuvo autonomía para utilizar una cantidad determinada de capital y conceder créditos a largo y medio plazo [114]. Se aprobó el establecimiento de la propia institución financiera de la provincia, el Banco de Desarrollo de Guandong, que se constituyó en sociedad en 1988. Luego, también se permitió a Guandong crear una bolsa de valores, establecer centros de ajuste cambiario y manejar el comercio de divisas. La provincia también pudo obtener préstamos exteriores y emitir sus propios bonos en el extranjero, sujetos a la aprobación central. Cuando el gobierno central impuso austeridad fiscal en 1994, el gobierno municipal de Guangzhou comenzó a recoger fondos de los mercados financieros internacionales, ya fuera a través de socios de agrupaciones de empresas de Guangzhou o del Trust Internacional y Corporación de Inversión, propiedad del gobierno municipal, y la empresa Yuexiu de Hong Kong [115]. Entre junio y noviembre de 1994, en medio de las medidas de austeridad nacionales, seis bancos extranjeros de Guangzhou proporcionaron 380 millones de dólares en créditos a las empresas locales [116]. Además de los préstamos del exterior, Guandong también atrajo capital de otras provincias de China. Así, mientras muchas regiones sufrían las medidas de austeridad, a mediados de los años noventa, las ciudades y distritos del delta de Zhujiang continuaban con sus planes de expansión, presentando un presupuesto de dos a cinco veces superior al permitido por los planes del gobierno central y financiándolo mediante bonos y créditos. En plena polémica sobre el recalentamiento de la economía, el alcalde de Dongguan, una ciudad del delta de Zhejiang, proclamaba: «¿Cómo podrá el delta de Zhujiang alcanzar a los cuatro dragones del este asiático si nos mostramos cautelosos?» [117]. El gobierno local de Guandong atrajo capital ofreciendo tipos de interés excepcionalmente elevados (18-20%; es decir, ocho puntos más que en las provincias de Sichuan o Hunan), bajo el principio de que «el agua fluye a las tierras bajas, la gente se traslada a los lugares altos y el dinero va donde hay beneficios», en una demostración de la rápida asimilación de los principios capitalistas por parte de los creadores de eslóganes chinos [118]. Sólo gracias a su acceso a los recursos financieros exteriores, Guandong, Shanghai y otras zonas de crecimiento rápido de China han sido capaces de esquivar los controles económicos del sistema

---

[114] Cheung, 1994, págs. 29-39.
[115] Lu, 1994a.
[116] Lu, 1994b.
[117] Citado por Lu, 1993.
[118] Citado por Hsing, 1997.

de planificación central. Este sistema sigue existiendo, pero su papel principal es subvencionar a un sector estatal improductivo y asegurar una recaudación de ingresos suficiente para cubrir las prioridades del centro. Entre estas prioridades están la tecnología, las inversiones militares y la autorreproducción de los aparatos del Estado y del partido.

A través de este proceso y otros similares, *una nueva clase capitalista ha surgido en China, constituida mayoritariamente por «empresarios burocráticos», es decir, individuos (la mayoría de las veces miembros del Partido Comunista) cuyo acceso a los recursos se debe a su control de las instituciones y finanzas gubernamentales.* Utilizando estos recursos, invierten en empresas en nombre de las instituciones gubernamentales que representan, ya sea por sí mismos, en asociación con otras burocracias o, cada vez más, vinculándose con inversores extranjeros. Estas empresas mixtas son el núcleo del nuevo capitalismo chino. Se trata de un capitalismo altamente descentralizado debido a que sigue los contornos de las alianzas provinciales y locales y de las redes empresariales con las que se conectan: un capitalismo que es oligopólico en los mercados locales y competitivo en el ámbito nacional e internacional. Y es un capitalismo que sabe que tiene que generar un excedente suficiente para pagar su cuota (formal o informalmente) a los niveles superiores del gobierno, que no participan directamente en los negocios, y a los participantes indispensables de las empresas locales/provinciales, como los mandos militares y los cuadros superiores del partido cuya protección es necesaria para esquivar la economía planificada.

Este proceso de «desarrollo capitalista burocrático» estaba, a mediados de los años noventa, bajo la supervisión del Estado. Sin embargo, a medida que se extendió la economía de mercado, se hizo cada vez más difícil ejercer el control político sin crear caos por tres razones principales: primera, porque los centros de acumulación de capital estaban mayoritariamente en manos de esta constelación de empresas provinciales/locales, vinculadas directamente con los mercados y recursos financieros extranjeros. Segunda, por la rápida proliferación de cientos de *gumin* («especuladores locos por la bolsa») que, utilizando la tecnología de la información para especular en las bolsas de Pekín, Shanghai y Shenzhen, desde cualquier lugar de China, estaban canalizando los ahorros y eludiendo los controles gubernamentales. Y tercera, y fundamental, porque el nuevo equilibrio de poder en China ha tomado la forma de un modelo complejo de interdependencia entre el centro y las regiones, interconectados por el partido y el ejército. Todo intento decisivo por parte del centro de recortar la autonomía económica de las regiones, sobre todo de las provincias ricas, podría no sólo descarrilar las reformas económicas (basadas fundamentalmente en el capitalismo de los gobiernos provinciales), sino poner en entredicho el frágil *status quo* alcanzado en el Estado comunista reformado, bajo las banderas dobles del poder nacional de China y el lema de Deng «Es glorioso ser rico».

¿Capear la tormenta? China en la crisis económica asiática

A finales de 1999, China todavía estaba en el camino del crecimiento económico, a un ritmo próximo al 7%. Sin embargo, el crecimiento dependía en gran medida de un gasto público masivo, dirigido a estimular una economía que se encontraba en un estado deflacionario, con una caída de precios por vigésimo tercer mes consecutivo en otoño de 1999. Las exportaciones se redujeron en torno al 5%, y el superávit comercial disminuyó más de un 60% en 1999. Sin embargo, el superávit comercial todavía era de 8.000 millones de dólares y las reservas de divisas alcanzaban los 150.000 millones de dólares. La reducida deuda pública (cercana al 10% del PIB) permitió un presupuesto expansivo para financiar una política gubernamental reflacionista. Sin embargo, el futuro económico era incierto, pues el desarrollo de China depende en gran medida del comportamiento general del Pacífico asiático. Además, a pesar de su éxito inicial en la defensa del yuan frente a los ataques especulativos, en el momento en que se lean estas líneas lo más probable es que China haya tenido que devaluar su moneda. Queda por saber, y eso es importante, cuánto.

Sin embargo, en general, durante la crisis de 1997-1998, China afirmó su potencia económica y mantuvo una estabilidad relativa resistiendo el asalto destructivo de los flujos financieros y evitando la recesión. El gobierno chino se sintió lo suficientemente fuerte como para salvar incluso al dólar de Hong Kong de la devaluación. La determinación de la RPC, respaldada por sus 140.000 millones de dólares en reservas de monedas fuertes, permitió que el sistema de tipos de cambio de Hong Kong sobreviviera, al menos de momento. China tenía muy buenas razones para apoyar a la economía de Hong Kong, aparte del hecho de que el territorio fuera ya parte cabal de China. El gobierno y los bancos chinos son los principales terratenientes y se encuentran entre los principales accionistas de Hong Kong, por lo que intentaron limitar sus pérdidas. Pero todavía es más importante el hecho de que Hong Kong es la principal fuente de inversión extranjera en China, en su mayoría procedente de empresas chinas en el exterior, que canalizan su inversión a través de firmas de Hong Kong. Estabilizar Hong Kong era esencial para vincular a los inversores internacionales con el mercado de China en un momento en que China tenía que contrarrestar la tendencia a la fuga de capitales. Con el fin de mantener un tipo de cambio estable para el dólar de Hong Kong y el yuan, China tenía que sacrificar en parte su competitividad comercial, ya que las exportaciones de sus competidores asiáticos se abarataron considerablemente como resultado de la devaluación de sus monedas. China sufrió por dos razones: por la notable caída del crecimiento de las exportaciones (que bajó de una tasa de crecimiento del 22% en 1997 a cerca del 5% en 1998) y porque la fuga de capitales, como en otros países asiáticos, se disparó: 20.000 millones de dólares salieron del país en 1997 y en 1998 una cifra mucho mayor, debido al temor de los inversores a la devaluación del yuan. Y sin embargo, la economía china sufrió, en general, un impacto de la crisis mucho menor que el resto del Pacífico. Entender por qué fue así tiene implicaciones analíticas sumamente importantes, incluso si, finalmente, China se viera afectada por una nueva crisis de origen interno.

El principal factor que explica la capacidad relativa de China para absorber el choque de la crisis de 1997-1998 es su integración limitada en la economía global, sobre todo en lo que se refiere a sus mercados financieros. El yuan no es plenamente convertible, por lo que está mucho mejor protegido frente a los ataques especulativos que las monedas que cotizan en los mercados abiertos. El sistema bancario chino tuvo en 1997-1998 los mismos graves problemas que el de Japón. Los bancos tenían al menos 240.000 millones de dólares en créditos dudosos y la mayoría de ellos eran insolventes. Otros informes, como los de Standard & Poor, evalúan los créditos fallidos en el 60% del PIB chino. Sin embargo, por una parte el gobierno respaldó a los bancos, cuya bancarrota solo forzó en circunstancias controladas. Por otra, dados los estrictos controles sobre los créditos exteriores, los bancos chinos no fueron estrangulados por la deuda exterior a corto plazo, origen de la mayoría de las crisis financieras en el resto de Asia. A pesar de que algunos bancos tomaron a crédito dinero extranjero a través de bancos con sede en Hong Kong, el amortiguador de Hong Kong le ahorró a China el tipo de pánico financiero que alcanzó a Indonesia o a Corea del Sur. Por tanto, el control gubernamental de los vínculos entre el sistema financiero chino y los mercados globales proporcionó un colchón para resistir los movimientos incontrolables de los flujos financieros a través del mundo.

Un segundo factor que contribuyó a mantener a China en el camino del desarrollo fue la gestión gubernamental de su ritmo de integración en el comercio internacional. A pesar del intento de China de convertirse en miembro de la Organización Mundial del Comercio, con lo que esto implica respecto a la política de libre comercio, en 1998 China compensó la caída de sus exportaciones con restricciones sobre las importaciones, manteniendo así una balanza de pagos saneada. Para contener el aflujo a su mercado de productos baratos de calidad inferior, China recurrió a controles burocráticos y a controles cambiarios sobre las compañías importadoras para favorecer la producción local. Sin embargo, en el sector crucial de la alta tecnología y de los bienes con alto valor añadido China logró controlar las importaciones gracias al buen nivel tecnológico de sus industrias manufactureras avanzadas. En efecto, aunque se ha escrito abundantemente sobre la obsolescencia del sector de la empresa pública, algunas de estas compañías controladas por el Estado, en especial de telecomunicaciones, han logrado mejorar su productividad y calidad tecnológica, conquistando cuotas de mercado sobre los competidores extranjeros en China, incluso en aquellas líneas de productos fabricados en China por empresas extranjeras. Gracias a compañías controladas por el Estado como Huawei, Datang y Great Dragon, las empresas chinas han aumentado su cuota en el mercado chino de telecomunicaciones desde un 10% en 1995 a un 55% en 1998. Aunque el apoyo gubernamental en algunos contratos, sobre todo de nivel provincial, ha favorecido a los fabricantes chinos, los analistas industriales consideran que la elevada calidad y el intenso trabajo de ingenieros chinos innovadores y con reducidos salarios, así como el esfuerzo en I+D de los fabricantes locales chinos, han sido los factores más importantes en la mejora de la competitividad frente a las firmas extranjeras[119]. En la industria del automóvil se percibe una tendencia similar: las ventas del Alto, producido en China por una compañía enteramente china, Norinco, han superado las importaciones de automóviles extranjeros. Por consiguiente, la capacidad de actualizar, proteger y expandir la industria manufacturera, orientada fundamentalmente al mercado interior, ha sido un factor clave para evitar una recesión dramática, al menos durante esta crisis.

Sin embargo, ninguna de estas circunstancias habría sacado a China de una recesión potencial si no hubiera sido por la política económica del gobierno. Zhu Rongji, el nuevo primer ministro a partir de marzo de 1998, arquitecto del programa antiinflacionista de los años noventa, entendió mucho antes que el Fondo Monetario Internacional que el auténtico problema al que se enfrentaba Asia era la deflación, no el gasto gubernamental. Por tanto, en vez de frenar la economía e implantar medidas de austeridad como las que el FMI estaba imponiendo a Indonesia, Tailandia y Corea del Sur, el gobierno chino se embarcó en un ambicioso programa de gasto público, en su mayor parte en infraestructura y vivienda. Para financiarlo, el gobierno contaba con movilizar los 560.000 millones de dólares que, según se calcula, se encontraban depositados en los bancos comerciales gestionados por el Estado. Para utilizar los bancos como intermediarios, el gobierno primero gastó 32.000 millones de dólares para reflotarlos y permitir que volvieran a gestionar préstamos, estimulando así la economía. Por consiguiente, parece que en la base del éxito inicial de China para capear la crisis financiera se encuentra un keynesianismo a gran escala, blindado frente a flujos financieros perturbadores y guiado por el gobierno a través de controles cambiarios y una política comercial dirigida. Quedan por resolver problemas de primera magnitud, que abor-

---

[119] *The Economist*, 1998, págs. 64-66.

daré más adelante, y no hay ninguna certeza de que China pueda seguir siendo «un poquito global» y «un poquito capitalista» al tiempo que mantiene el liderazgo comunista y una fuerte intervención gubernamental en la economía. Sin embargo, los primeros resultados de la experiencia china en la gestión de la crisis, a diferencia de lo que ocurrió en otros «mercados emergentes» del mundo, parecen apoyar la tesis referente al papel decisivo del Estado en la gestión del impacto de la globalización.

Democracia, desarrollo y nacionalismo en la nueva China

Los observadores de la nueva China suelen comenzar sus previsiones desde el supuesto implícito de la asociación necesaria entre desarrollo y democracia. Así, pronostican tanto la erosión gradual como el derrocamiento repentino del poder comunista, a medida que crezcan las nuevas clases medias urbanas y se forme una sociedad civil más fuerte e influyente. Por el momento, la información de que se dispone no respalda esta opinión. La red de las organizaciones del Partido Comunista controla firmemente la mayoría de las asociaciones voluntarias y las expresiones de vida civil. El partido aplasta a la *shimin shehui* (sociedad civil). Hay apertura y diversidad en los medios de comunicación, pero dentro de los márgenes de la corrección política. Hay nuevos medios de comunicación electrónicos, pero incluso las compañías de radiodifusión por satélite extranjeras, como Star TV de Murdoch, practican la autocensura en cuanto a la política china para evitar perder un mercado gigantesco. Internet está en China, pero éste es el único país en el mundo que está consiguiendo hasta cierto punto controlar las páginas y los enganches de la red, aunque al precio de empobrecer su acceso colectivo a la red mundial. En cuanto a la clase media, está demasiado ocupada haciendo dinero y consumiéndolo, haciendo bueno de este modo el vulgar planteamiento economicista de Deng sobre el nuevo estadio de la revolución. Además, como el acceso a las instituciones del gobierno y a los recursos controlados por el partido resulta crucial para hacer negocios, y como abundan las oportunidades, hay poco interés en desmantelar el sistema o en abrirlo, mientras todo el mundo se dedica a su «acumulación primitiva» personal. Por eso, la *guanxi* es tan importante, pero tan dependiente de la existencia de un sistema formal de economía planificada, cuya elusión diaria proporciona una importante fuente de ingresos para sus guardianes. El emergente sistema de mercado se desarrolla mediante las ventajas competitivas obtenidas situándose en las grietas de la economía dirigida aún predominante. Así, con pocos incentivos para debilitar el control comunista y riesgos considerables al intentarlo, aunque a la nueva clase media urbana no le guste el Estado, puede ignorar su desagrado mientras sus familias sigan prosperando.

Sin duda, hay muchos demócratas en China, sobre todo entre los intelectuales y los estudiantes. Y en un país tan grande, es fácil contarlos por cientos de miles, en su mayoría concentrados en las principales áreas metropolitanas. Pero Tiananmen enseñó algunas lecciones. Por una parte, mostró la determinación del Estado comunista de no perder el control del proceso de transición. Por la otra, también mostró, aunque no suele reconocerse, que el movimiento estudiantil pudo llegar tan lejos como lo hizo debido a la tolerancia relativa (si no aliento) de Zhao Ziyang, enzarzado en su lucha contra la izquierda del partido. Probablemente nunca sabremos quién manipuló a quién (por ejemplo, ¿no serían los estudiantes manipulados por la izquierda para provocar una reacción de ley y orden conducente a la desaparición de Ziyang y a la contrarreforma?). Pero lo que quedó claro es que el movimiento era limitado, carecía de un apoyo popular amplio y su suerte dependía por completo de las luchas internas del PCC.

Así, la capacidad de la sociedad civil autónoma para extenderse y de la democracia política para desarrollarse dependerá, esencialmente, de si el PCC es capaz de mantenerse unido y de si el Estado chino es capaz de dirimir los conflictos entre los diferentes niveles del gobierno y entre las diferentes provincias en pugna por las ventajas económicas. Un elemento clave en el tratamiento de ambos problemas es la fortaleza, unidad y orientación del Ejército Popular de Liberación. Probablemente, el principal legado político de Deng sean sus hábiles maniobras en el campo minado del mando militar durante sus últimos años. A comienzos de los años noventa, realizó cuatro operaciones clave. En primer lugar, eliminó la oposición de los izquierdistas, ideólogos y oficiales no fiables del mando, fundamentalmente con la destitución, en 1992, del general Yang Shangkung, vicepresidente de la Comisión Militar Central, y de su hermano y otros 300 oficiales, sospechosos de organizar una red izquierdista. En segundo lugar, prosiguió nombrando a oficiales favorables a la reforma para los puestos más elevados, a la vez que adoptaba una actitud conciliadora hacia la izquierda tradicional del ejército, en tanto que no conspirara contra sus nuevos mandos. También otorgó mayor representación al ejército en los órganos dirigentes del partido: en el XIV Congreso del PCC de 1992, la representación del ejército en el Comité Central aumentó del 18 al 22%, y a un oficial profesional, el general Liu Huaquing, se le concedió un puesto permanente en el Politburó. En tercer lugar, con el apoyo de los mandos del ejército, Deng empezó a hacer más hincapié en el profesionalismo y la tecnología, para crear lo que denominó «un cuerpo de elite con características chinas». El ejército chino, como el soviético, había quedado muy impresionado por los resultados de las armas de alta tecnología y de la aviación occidental en la guerra del Golfo, que debilitaron la posición de los oficiales que aún defendían las tácticas de la guerra del pueblo basada en la motivación ideológica. Como resultado, el ejército decidió apoyar la modernización económica y tecnológica que parecía indispensable para elevar a las fuerzas chinas al nivel de la guerra del siglo XXI. En último lugar, pero no por ello menos importante, Deng y Jiang se aseguraron de que el ejército participara plenamente de la bonanza económica de China. Se otorgó a las fábricas militares la oportunidad de orientarse al mercado civil, lo que hicieron con éxito considerable, contando con protección arancelaria contra las importaciones extranjeras. Hubo oficiales que recibieron cargos en las compañías estatales y los organismos de supervisión estatales, y se les permitió recibir beneficios de sus actividades comerciales. Los gobiernos provinciales secundaron esta política, de modo que miles de oficiales militares acabaron en las juntas de las nuevas «empresas colectivas» y se integraron en la nueva clase de empresarios burocráticos. Es más, como los oficiales en servicio activo no podían dedicarse por completo a los negocios, se les concedió la posibilidad a sus hijos e hijas, tanto en China como en Hong Kong, de tal modo que una vasta red de intereses familiares conectó a las redes empresariales de ultramar, los empresarios burocráticos, los dirigentes del partido y los mandos del ejército y sus familias, constituyendo así a la clase dominante china en una red inseparable de posiciones políticas e intereses empresariales. De hecho, la transformación del Ejército Popular de Liberación de bastión de la izquierda en una institución proempresarial fue demasiado lejos para los intereses políticos del Estado chino. En 1998, Jiang Zemin decretó varias directivas para limitar la implicación de los oficiales de elevada graduación en las empresas porque la disciplina y la disponibilidad militar del ejército se estaban resintiendo de la excesiva dedicación de numerosos oficiales a sus aventuras empresariales. Sin embargo, el ejército siguió siendo en conjunto una parte significativa de la nueva y rentable economía capitalista estatal de China. Así pues, con la unidad del partido y el ejército asegurada en buena medida por sus nuevos lazos económicos y con la sociedad bajo control, el Estado comunista chino pareció estar bien situado para una transición gradual a una economía y una política que respondieran a los intereses de esas elites en el contexto de la integración de China a la economía global.

Sin embargo, con el nuevo milenio China tiene que afrontar diversos problemas difíciles, cuya resolución efectiva condicionará su futuro, así como el destino del Pacífico en el siglo XXI. Ninguno de ellos está relacionado con la democracia, que es una preocupación occidental más que una cuestión real para la mayor parte de China. Pero los conflictos sociales generados en torno a algunos de estos problemas sí podrían estimular un movimiento democrático. He identificado al menos cuatro de dichos problemas. Quizás el más inmediato sea el éxodo rural masivo provocado por la modernización y privatización de la agricultura, que se ha calculado que afectó a unos 300 millones de campesinos durante los años noventa. Una fracción de ellos está siendo absorbida en los pequeños pueblos creados por el gobierno chino para atajar el impacto. Otros son empleados en la nueva economía urbana y en las fábricas y talleres esparcidos por las zonas semirrurales. Muchos de ellos (quizás hasta 50 millones) parecen estar en la categoría de «población urbana flotante», vagando por las ciudades chinas en busca de trabajo y techo. Esta masa de emigrantes empobrecidos difícilmente puede asimilarse a la noción de «sociedad civil». Están desorganizados y carecen de recursos culturales y políticos para representar una fuerza de oposición articulada, pero son un elemento extraordinariamente volátil, cuya ira potencial podría desestabilizar todo el proceso de transición a una economía de mercado, si entran en contacto con dirigentes mesiánicos o con facciones escindidas del Partido Comunista.

Un segundo problema importante hace referencia a la existencia de enconados conflictos interprovinciales. Por las razones ya mencionadas, la oposición entre el centro y las provincias, sobre todo las provincias ricas del sur y la costa, parece haberse amortiguado inteligentemente mediante la cooptación de dirigentes provinciales (particularmente de Shanghai) por el gobierno de Pekín y mediante la libertad concedida por el centro a las provincias para prosperar por sí mismas en la economía internacional. Al estructurar el Partido Comunista y el ejército sus intereses en torno al gobierno central y las instituciones provinciales, los agudos conflictos que existen entre el centro y las provincias costeras parecen tener canales apropiados para su tratamiento. Además, a diferencia de la antigua Unión Soviética, el factor étnico/nacional, pese a la resistencia tibetana y la agitación islámica, no representa una fuente importante de contradicción porque los chinos constituyen en torno al 94% de la población. Así que, fuera del Tíbet, Xinjiang y Mongolia Interior, la base étnica para la resistencia nacional o regional al centro es muy débil. Sin embargo, hay una intensa rivalidad y feroz competencia entre provincias, que enfrenta sobre todo a las regiones pobres de la China interior contra las ricas provincias costeras que participan plenamente en la economía de mercado y el intercambio internacional. En 1996, el ministro de Asuntos Civiles reveló que se habían producido más de 1.000 disputas y algunas «luchas sangrientas» entre provincias y regiones por la definición de sus límites territoriales. Utilizando su autonomía, algunas provincias prohíben la venta de productos de otras provincias dentro de sus fronteras y siguen políticas fiscales, crediticias e industriales propias. Como la influencia política de las provincias sigue dependiendo en buena medida de su influencia en Pekín, sus luchas internas se exportan a los aparatos centrales del partido y el gobierno, con tendencias potencialmente desestabilizadoras. Por ejemplo, el predominio actual de Shanghai en el gobierno de Pekín es visto con desagrado en Guandong. La incorporación de Hong Kong parece estar reforzando esta tensión, ya que la potencia económica de la megarregión de Hong Kong/Guandong no tiene una influencia política acorde en Pekín. Más aún, a medida que las disparidades regionales aumentan espectacularmente entre las regiones pobres subvencionadas y las regiones autosuficientes orientadas al mercado, los conflictos ideológicos sobre el alcance y perdurabilidad de la economía dirigida y de la red de beneficios sociales socialistas están adquiriendo, cada vez más, una connotación regional. Los potenciales conflictos regionales que están surgiendo en China no tendrán el carácter de la fragmentación de la Unión Soviética, sino, más bien, de un regionalismo con características chinas, que quizás amenace con degenerar en un nuevo periodo de estados en guerra, como el que tuvo lugar, entre los chinos han, durante unos doscientos años hace veinticuatro siglos.

El tercer problema importante al que se enfrenta China es cómo avanzar hacia una economía de mercado a la vez que evita un desempleo masivo y el desmantelamiento de la red de seguridad social. Dos son las dificultades principales a este respecto. La primera es la privatización de la vivienda. Por un lado, ésta es el arma secreta del gobierno para estimular la economía china movilizando la gran masa no explotada de ahorro privado en un gigantesco mercado hipotecario. Por otro lado, el principal segmento de la población urbana no tiene medios para acceder al nuevo mercado de vivienda en propiedad. Por consiguiente, el desplazamiento, la segregación urbana y la creación de una masa de personas sin hogar podrían ser la consecuencia de una privatización acelerada de la vivienda. Ésta es la razón por la que el *big bang* del programa privatizador anunciado para julio de 1998 se pospusiera indefinidamente, a fin de proceder cautelosamente ciudad por ciudad [120].

La segunda dificultad importante que retrasa las reformas económicas chinas es la baja productividad y baja rentabilidad de muchas (pero no de todas, como he señalado previamente) de las empresas estatales, que se mantienen gracias a los subsidios y que siguen empleando la mayor parte de la mano de obra industrial. El problema se agrava por el hecho de que las grandes empresas estatales, así como las administraciones gubernamentales, son cruciales para todas las esferas de la vida de los trabajadores chinos, desde la vivienda a los planes de sanidad, desde los jardines de infancia a las vacaciones. La privatización se ha efectuado con rapidez, pero la mayor parte de las empresas estatales no encuentra compradores y el gobierno sigue financiándolas. ¿Durante cuánto tiempo? Todo indica que los comunistas chinos están resueltos a no cometer los mismos errores que sus homólogos europeos. Aunque escuchan a los economistas occidentales en lo tocante a la gestión del sector internacional de la economía, parecen decididos a asegurar un largo periodo de transición basado en los subsidios al sector público y al Estado de bienestar sobre la base de su propio poder y legitimidad. Por ello, es crucial mantener el sistema de

---

[120] Po, próxima publicación.

planificación central como sistema contable y gestor del sector público, y de este modo se justifican la función y los puestos de trabajo de millones de empleados gubernamentales que dependen de él como medio de vida. Así, la nueva economía china se está desarrollando mediante la yuxtaposición de tres sectores: un sector público, aislado de la competencia en el mercado; un sector orientado al ámbito internacional, hacia la inversión y el comercio exteriores; y un sector capitalista orientado al mercado interior, creado fundamentalmente en torno a empresarios burócratas. Las conexiones y pasajes entre los tres sectores quedan asegurados por las redes empresariales del partido, los denominados «capitalistas rojos». No obstante, la complejidad del sistema y el número de conflictos potenciales de intereses abren las puertas a intensas luchas por el poder. Por ejemplo, en 1999 el Ministerio de Finanzas comprendió que para evitar una crisis bancaria tenía que reducir el número de «créditos fallidos» otorgados por los bancos a empresas estatales no rentables. Con ese fin creó una empresa de gestión de activos, China Cinda, gestionada por ingenieros financieros formados en los Estados Unidos. Cinda se embarcó en un ambicioso programa de intercambio de deudas por acciones por cuenta de los grandes bancos gubernamentales, asumiendo algunos de sus créditos fallidos intercambiando esas deudas por acciones de las empresas deudoras. Posteriormente, Cinda diseñó planes de reestructuración para cada compañía, que incluían el despido de miles de trabajadores, para reducir costes y aumentar la rentabilidad. A pesar de cierto número de dolorosos experimentos de reestructuración, el enfoque quirúrgico de Cinda fue refrenado por la Comisión Reguladora del Mercado de Valores de China, cuya aprobación era necesaria para cualquier reestructuración. Por tanto, el avance de la privatización y de las estrategias orientadas a los beneficios dependía en gran medida de consideraciones políticas y de las opiniones en conflicto de las autoridades políticas implicadas en la aplicación de la reforma económica.

El cuarto problema es de carácter diferente, pero lo considero crucial para la factibilidad del «modelo de Singapur», que los dirigentes comunistas chinos parecen estar intentando poner en práctica. De hecho, como he tratado de demostrar en el capítulo 1, fue un importante factor en la desintegración de la Unión Soviética. Hace referencia a la tecnología y, sobre todo, a la tecnología de la información. Si la economía china va a competir en el ámbito global, y si el Estado chino va a proyectar su potencia militar, es esencial una fuerte base tecnológica. China aún no la posee. Ciertamente, no la poseía cuando tuve la posibilidad de evaluarlo, aunque superficialmente, en 1987 [121]. Sin embargo, informaciones recientes sugieren que China ha realizado avances sustanciales durante la última década, en particular en el sector de las telecomunicaciones y los ordena-

---

[121] Bianchi *et al.*, 1988.

dores personales, como he mencionado antes. Sin embargo, la velocidad del cambio tecnológico es tal que China tendrá que mantener su actualización tecnológica frente a los Estados Unidos, Japón y los tigres asiáticos, y corporaciones multinacionales en todo el mundo. No obstante, puede poner satélites en órbita y posee notables equipos científicos. También es una potencia nuclear, con capacidad de lanzamiento de misiles, incluidas, probablemente, unas existencias limitadas de misiles balísticos intercontinentales. Pero lanzar satélites es algo que hacen principalmente otros países de tecnología media, como India; la mayor parte de la ciencia parece desarrollarse separadamente de la industria, y la capacidad de volar parte del planeta es una medida disuasoria militar de último recurso, pero no un indicador de la capacidad tecnológica para proyectar el poder bélico convencional. La cuestión es, como lo fue en el caso de la Unión Soviética, si la revolución tecnológica actual, basada en la tecnología de la información, puede desarrollarse en una sociedad cerrada, en la que la tecnología endógena está aislada en el sistema de seguridad nacional, donde las aplicaciones comerciales dependen de las licencias extranjeras o la imitación y, lo que es fundamental, donde los individuos, las empresas privadas y la sociedad en general no pueden apropiarse de la tecnología y desarrollar sus usos y su potencial, por ejemplo, mediante el acceso libre a Internet. Creo que no, y la experiencia soviética parece probarlo, si bien debe concederse que otros factores importantes desempeñaron un papel en la crisis soviética y que la China comunista cuenta con el beneficio de la experiencia de la Unión Soviética. Los dirigentes chinos piensan que pueden superar la contradicción adquiriendo tecnología del exterior, comprando máquinas, obteniendo licencias, mediante la transferencia tecnológica de empresas extranjeras y enviando a sus científicos e ingenieros a formarse en el extranjero. En mis conversaciones con algunos de sus expertos sobre el tema en 1987, y en nuestro estudio de su política tecnológica, me di cuenta de que los funcionarios chinos tenían una noción industrial anticuada de lo que es la tecnología. Seguían pensando que la tecnología consiste en máquinas y que con la capacidad científica y técnica de sus profesionales podían manejar cualquier cosa siempre que contaran con la maquinaria apropiada. De ahí su énfasis en las licencias, la importación de maquinaria y en atraer a multinacionales de tecnología avanzada que tendrían un efecto demostrativo en la estructura industrial de China. Simplemente no es así, aunque éste no es el lugar para extenderse sobre lo que hoy día es la tecnología. En el paradigma informacional los usos de la tecnología no pueden separarse de la tecnología en sí. Salvo armamento militar específico, las máquinas pueden comprarse fácilmente en cualquier lugar. Lo que es esencial es saber qué hacer con ellas, cómo programarlas, reprogramarlas e interactuar, en un proceso en buena medida de descubrimientos casuales que requiere una red abierta y sin censuras de interacción y retroalimentación. La tecnología esencial son nuestros cerebros y experiencia. China continúa enviando estudiantes y profesionales al extranjero como el medio más efectivo de construir su potencial tecnológico. Pero, como saben los profesores de las principales universidades de todo el mundo, la mayoría de estos brillantes jóvenes científicos e ingenieros chinos no son realmente bien recibidos cuando vuelven a su país, sofocados por el sistema burocrático de la ciencia, los usos de bajo nivel de la tecnología y una atmósfera cultural generalmente opresiva. Así que, después de su formación, se burocratizan, o se dedican a actividades más rentables, o, en muchos casos, simplemente se quedan en Occidente o aceptan un buen trabajo en el próspero Pacífico fuera de China. No iré tan lejos como para afirmar que sin democracia China no podrá acceder realmente al paradigma de la tecnología de la información, tan vital para su gran designio: los procesos políticos no pueden reducirse a afirmaciones simples. Pero sin alguna forma de sociedad abierta, probablemente no podrá, por las razones sostenidas en el volumen I y en el capítulo 1 de este volumen. Parece haber ciertos datos que evidencian una mejora tecnológica de las industrias chinas de alta tecnología, en especial en equipos de telecomunicaciones. En gran medida, eso se debe a las transferencias tecnológicas de las corporaciones multinacionales y de las empresas chinas en el exterior en cooperación con empresas estatales tecnológicamente avanzadas que se apoyan en la excelencia de las universidades tecnológicas chinas. La cuestión es si esa actualización tecnológica puede mantenerse sin una modernización plena de la industria manufacturera en su conjunto y sin una apertura mucho más amplia de las universidades chinas a los intercambios internacionales. La cuestión clave a este respecto es el desarrollo de Internet, la espina dorsal de la economía red, pero también de la sociedad red. Ambos aspectos son inseparables. Como el gobierno chino es plenamente consciente de las potenciales implicaciones políticas de la libre comunicación, está dividido entre la necesidad de permitir nuevas iniciativas empresariales y la pérdida del control sobre la información. Los usuarios de Internet aumentaron rápidamente en China, pasando de 900.000 en 1997 a más de 4 millones a finales de 1999. Pero el crecimiento potencial es mucho mayor, y atrae sustanciales inversiones exteriores a las empresas chinas de Internet. En septiembre de 1999, el ministro de la Industria de Información, Wu Jichuan, pidió que se detuviera la inversión exterior en Internet, pues esa inversión violaba una ley de 1993 que prohibía que empresas extranjeras controlaran las telecomunicaciones chinas. Actualmente existe un agudo conflicto en el seno del gobierno chino respecto a cómo y cuánto se puede permitir la difusión de Internet y su conexión al extranjero.

Resumiendo: China intenta arreglárselas en la contradicción de desarrollar tecnología informacional en una sociedad informacionalmente controlada. Pero esta política pragmática tendrá que enfrentarse a un reto mucho mayor cuando las empresas chinas requieran un nivel superior de innovación tecnológica, un nivel que no puede satisfacer imitando otras tecnologías.

Así, aunque la democracia no sea una cuestión candente en China y la sucesión de Deng parece controlada por una jefatura comunista competente encabezada por Jiang Zemin y Zhu Rongji, la perspectiva del gobierno del partido en el siglo XXI y la viabilidad del «modelo de Singapur» están en cuestión, dada la amplitud de los problemas que han de abordarse al comienzo de este milenio. Una cuestión fundamental se refiere a la forma potencial de expresión de estos problemas sociales como conflictos sociales. Reflexionando sobre la historia china, propongo la hipótesis de que los conflictos sociales de la China del siglo XXI quizá se desarrollen como movilizaciones basadas en la identidad más que como movimientos políticos orientados a la toma del Estado, en consonancia con mi análisis global de la relación contradictoria entre globalización e identidad. En efecto, un editorial publicado el 5 de noviembre de 1999 en el periódico del Partido Comunista Chino, *El Diario del Pueblo*, parecía confirmar esta posibilidad al afirmar que «debemos estar plenamente preparados, con poderosas contramedidas, para la dureza y la complejidad de la lucha contra esa fuerza malvada. [...] Es una grave cuestión política que afecta al futuro del país, al futuro de su pueblo y al futuro de la gran empresa de reforma y apertura y modernización socialista»[122]. Esa «fuerza malvada» que podría amenazar la modernización socialista en China ya no es el capitalismo ni el imperialismo. Tampoco es el movimiento prodemocrático. Es una oscura secta, Falun Gong, que practica la antigua tradición china del *qigong* para aumentar la energía vital del cuerpo, mezclada con elementos del budismo y el taoísmo. Esta secta, dirigida por Li Hongzhi, un antiguo burócrata exiliado en Nueva York, logró movilizar a miles de simpatizantes frente a la sede del gobierno en Pekín en varias ocasiones. Únicamente pedía que se la dejara en paz. Con varios millones de adeptos, en China y en todo el mundo, coordinados de forma laxa a través de Internet por Li Hongzhi, Falun Gong inspira más temor a los comunistas chinos que cualquier otro movimiento de protesta del pasado. Diversos factores parecen explicar esta reacción aparentemente exagerada. El primero es la dificultad de controlar y reprimir el movimiento. Su tamaño (al menos dos millones de seguidores según el gobierno), su estructura laxa y descentralizada, aunque capaz de converger en un determinado momento para protestas específicas, parecen ser un desafío a un Estado acostumbrado a combatir y vencer a fuerzas políticas y militares bien organizadas, pero desconcertado ante una estructura flexible y reticular, basada en la autonomía de los individuos y en la coordinación de los objetivos. En segundo lugar, Falun Gong parece tener su principal base de apoyo entre los desempleados de edad mediana y jubilados de áreas urbanas en pro-

---

[122] *New York Times*, 5 de noviembre de 1999, pág. A3.

vincias en crisis económica, precisamente aquellos sectores de la población más afectados por la transición al capitalismo. Algunos observadores sostienen la hipótesis de que la esperanza en los efectos beneficiosos para la salud de la práctica del *qigong* no es una consideración marginal para muchas personas con problemas de salud y que carecen de cobertura sanitaria al haber perdido sus empleos. En tercer lugar, existe en China una larga tradición de movimientos religiosos y cuasirreligiosos que se han levantado contra la influencia exterior y han resistido la crisis de las instituciones tradicionales en momentos clave de transición histórica, como la rebelión Taiping de 1845-1864 (véase el volumen II, capítulo 1). Dada la aguda conciencia histórica de los líderes políticos chinos, cualquier cosa que se asemeje a esos fantasmas sin duda hará sonar la alarma. Y al lanzar una gran campaña de propaganda y represión el gobierno chino ha atraído la atención de la gente sobre la existencia de esas fuentes de oposición, quizá amplificando el impacto de Falun Gong en una dirección política que no era necesariamente la que pretendía el movimiento.

Si los conflictos se inflaman, si China siente la presión política del mundo exterior y si aumenta la inquietud en la política interna, es muy probable que el Estado chino busque perpetuarse en la forma de un nacionalismo intransigente. Con la legitimidad revolucionaria agotada en el pueblo para todos los fines prácticos, si el consumismo no alcanza a un segmento lo suficientemente amplio de la población como para asegurar la estabilidad social, el régimen afianzará su identidad nacionalista, como el defensor de China y del pueblo chino en todo el mundo, que finalmente sea capaz de hacer frente a Oriente, Occidente y el Norte e imponer respeto de forma simultánea a Japón, los Estados Unidos y Rusia. En 1996-1999 el ruido de sables en el Mar de China por la confrontación de Taiwan, Vietnam y Japón respecto a la soberanía de varios islotes, y las amenazas abiertas a Taiwan, parecían indicar que ésta es una senda posible de la evolución política del régimen chino. Puede obtener considerable apoyo popular. El nacionalismo es fuerte en la China actual. Los estudiantes se manifestaron de forma espontánea contra la arrogancia de Japón con tal entusiasmo en agosto de 1996 que el gobierno tuvo que intervenir para calmar el movimiento antes de que se descontrolara. Así pues, tras medio siglo de comunismo, China ha dado la vuelta completa al círculo para afirmarse como nación y como civilización en lugar de como sistema social alternativo, mientras comparte la mayoría de los riesgos y riquezas del capitalismo global. Pero este nacionalismo chino renovado muestra marcadas características socialistas y se proyecta en el Pacífico y más allá, atreviéndose por vez primera a enfrentarse al mundo como una potencia importante.

Conclusión: la globalización y el Estado

En este capítulo se han aportado datos suficientes para apoyar la tesis de que el Estado desarrollista ha sido la fuerza motriz del extraordinario proceso de crecimiento económico y modernización tecnológica del Pacífico asiático en el último medio siglo. Podrían añadirse otros a los casos analizados. Malaisia fue tan desarrollista como Singapur, aunque debilitada por sus contradicciones internas étnicas y religiosas, potencialmente explosivas. Indonesia, así como Tailandia en los años ochenta, fueron estados cuasidesarrollistas. Indudablemente, el régimen de Suharto se basó en la apropiación de una cuota significativa de la riqueza del país por parte de su familia gracias a su control del ejército, el gobierno y el sistema bancario. La dictadura personal de Suharto le permitió a él y a sus compinches establecer una alianza con corporaciones multinacionales (en particular japonesas) y con la próspera comunidad empresarial china para permitirles gestionar la economía del país y compartir los beneficios. Sin embargo, aunque la estrategia de desarrollo, tanto en Indonesia como en Tailandia, incluía como elemento esencial el enriquecimiento personal de los gobernantes, las políticas estatales se centraron en vincular el país con la economía global, en industrializar y dinamizar la economía nacional. Estas políticas tuvieron un éxito considerable en lo que se refiere a crecimiento y modernización, aunque con un alto coste social. Al fin y al cabo, en los estados de Corea del Sur, Taiwan o incluso Japón también estaba presente la corrupción sistémica. Y la dictadura personal fue, durante mucho tiempo, una característica básica del Estado en Corea del Sur, Taiwan y Singapur. Por consiguiente, con la excepción de la Filipinas de Marcos (un Estado predatorio), del Myanmar militarista y de Camboya y Laos, destrozados por la guerra, el Estado desarrollista, en grados diferentes y de formas diversas, fue el actor principal del logrado proceso de desarrollo del Pacífico asiático.

Su propio éxito le abocó a su extinción, con la excepción (por el momento) de China y Singapur. El Estado desarrollista estaba basado en una doble autonomía relativa. Autonomía relativa respecto a la economía global, que hacía a las firmas competitivas en el ámbito internacional al tiempo que controlaba los flujos comerciales y financieros. Autonomía relativa respecto a la sociedad, reprimiendo o limitando la democracia y construyendo su legitimidad sobre la base de la mejora del nivel de vida y no sobre la base de la participación ciudadana. Todo ello bajo la bandera del servicio a la nación, o incluso de su creación, y al mismo tiempo en beneficio de los propios gobernantes. Por ambas razones, el resultado del proceso de desarrollo puso en tela de juicio la autonomía del Estado. La plena integración en la economía global hizo cada vez más difícil para el Estado controlar los flujos financieros y el comercio y, por tanto, la política industrial. Firmas desarrolladas por el Estado se convirtieron en corporaciones globales o en redes globales de empresas. Las instituciones financieras explotaron por sí mismas los mercados financieros internacionales. Los inversores globales encontraron en su acceso directo a las economías asiáticas en expansión la nueva frontera de un capitalismo sin trabas. Y, a finales de los noventa, también en Japón. Los mecanismos tradicionales establecidos por el Estado desarrollista quedaron obsoletos, pero no fueron sustituidos por nuevas normas y regulaciones adaptadas a la globalización de los mercados financieros. Sabemos que capitalismo no solamente quiere decir libre mercado. Los mercados desregulados, carentes de instituciones y regulaciones dignas de confianza, equivalen a pillaje, especulación, apropiación privada abusiva y en último extremo al caos, si es que puede aprenderse algo de la historia. El vacío institucional creado por la confusa transición del Estado desarrollista a un nuevo marco regulador capitalista fue colmado rápidamente por los prestamistas financieros y especuladores globales y sus compinches locales.

El éxito del Estado desarrollista en la modernización de la economía condujo, en la mayoría de los casos, a la aparición de una sociedad civil que se afirmó frente al Estado autoritario. Cuando el cambio social y la democracia lucharon por abrirse paso a través de las instituciones políticas, el margen de maniobra del Estado desarrollista se contrajo, por lo que cada vez tuvo menos capacidad para garantizar simultáneamente la gestión de la competencia global y la prosperidad personal de los gobernantes.

No parece que nadie entendiera mejor esta relación entre la preservación de la autonomía dual y la supervivencia del Estado desarrollista que Mahathir Mohamad, el líder histórico de Malaisia. Su respuesta a la crisis fue triple. En primer lugar, desvinculó parcialmente a Malaisia de la economía global haciendo no convertible el ringgit y estableciendo estrictos controles sobre los intercambios financieros, al mismo tiempo que apoyaba la inversión productiva directa de las multinacionales en Malaisia. En segundo lugar, reprimió la sociedad civil y la democracia destituyendo y encarcelando con pretextos ridículos a Anwar Ibrahim, su viceprimer ministro y ministro de Finanzas de orientación liberal, y disolviendo a golpes a quienes se manifestaban en apoyo de Anwar. En tercer lugar, reunió en torno a él al nacionalismo malaisio y apeló a la identidad religiosa denunciando las estrategias financieras globales como una nueva forma de colonialismo y dominación occidental, probablemente inspirada por los judíos y, sin duda, orquestada por George Soros. Aunque la mayoría de estos gestos tenían un valor predominantemente simbólico, señalaron el rechazo de un Estado desarrollista a su doblegamiento por el proceso de globalización que los estados desarrollistas contribuyeron a crear[123]. Malaisia pagó el precio de esta aparente independencia. Cuando el gobierno mala-

---

[123] Jomo, 1999.

yo eliminó el arancel de salida del 10% sobre el capital principal repatriado de la cartera de inversiones extranjeras el 1 de septiembre de 1999, el total de las inversiones extranjeras de cartera se desplomó, pasando de 1.200 millones de dólares en agosto a 178 millones en septiembre, cuando el capital exterior abandonó el mercado bursátil malayo.

Es importante extraer algunas lecciones analíticas de los procesos específicos que permitieron a Taiwan, Singapur y China resistir la crisis financiera de 1997-1998, puesto que estas lecciones pueden contribuir a explicar las condiciones y perspectivas del restablecimiento del crecimiento económico del Pacífico a finales del siglo.

Taiwan no presenta ningún misterio. A mediados de los años noventa, la economía taiwanesa ya había hecho la transición a redes empresariales flexibles, interconectadas entre sí y a través del Pacífico con redes de mercados e industriales. El Estado era lo suficientemente fuerte como para blindar parcialmente el sistema bancario, pero no lo bastante como para imponer el capitalismo de compinches o como para sofocar la sociedad civil emergente. Por tanto, las empresas de Taiwan en general y el país en su conjunto se integraron de forma plena en las normas y procedimientos del capitalismo avanzado global con los beneficios y riesgos de esta integración plena. Taiwan fue, en general, globalizado.

Singapur era y sigue siendo el Estado desarrollista en su versión más acabada, perfeccionando claramente su modelo japonés. Y sin embargo su economía sólo sufrió un ligero declive en último término como consecuencia de la crisis general del sureste asiático. Su sociedad, aunque acomodada y modernizada, tampoco puede describirse como sociedad civil en el sentido gramsciano. El control del Estado sobre la economía y la sociedad no ha sido quebrantado. Considero que Singapur es una excepción. Como está plenamente integrado en la economía global, su moneda es convertible y es un centro financiero de primer orden, está plenamente abierto a las corporaciones multinacionales, pese a lo cual el Estado mantiene un control considerable sobre la economía y sobre las fluctuaciones erráticas de los mercados financieros. Y aunque el potencial de control policíaco de individuos y organizaciones por parte del Estado siempre está presente, son la autocontención y la autocensura del pueblo, en vez de la fuerza bruta, las que gobiernan Singapur. No conozco ningún otro Estado o sociedad en todo el mundo que se asemeje siquiera a la experiencia de Singapur. Puede prefigurar un modelo futuro de civilización humana, tal como deseaba Lee Kwan Yew. De ser así, es una tarea esencial un estudio en profundidad de Singapur como laboratorio de un posible futuro social para el siglo XXI.

China es una cuestión diferente, incluso aunque los líderes chinos quisieran adaptar el modelo de Singapur. De momento, China demuestra la posibilidad de beneficiarse de la globalización al tiempo que se blinda parcialmente la economía del país frente a las fuerzas incontrolables de los mercados internacionales. Al limitar la convertibilidad del yuan y mantener un estricto control de los flujos financieros con un sistema bancario también bajo pleno control gubernamental, el gobierno chino pudo estimular la competitividad de las empresas chinas en los mercados de exportación y atraer la inversión extranjera, seducida por el volumen de su mercado. De este modo, China pudo mantener elevadas tasas de crecimiento económico, actuando sobre la inflación o sobre la deflación según el ciclo económico. La desventaja obvia de la estrategia de control de los flujos financieros es la resistencia de los inversores globales a prestar dinero a/invertir en China. Por tanto, con el tiempo la inversión extranjera, que fue una de las fuentes principales del hipercrecimiento de China en los años noventa, podría ir disminuyendo, amenazando con estrangular el crecimiento. Existe, sin embargo, una importante fuente de financiación alternativa: una elevada tasa de ahorro interno. Y para que una parte de este ahorro se acumule en divisas fuertes, lo que se necesita es que las exportaciones sean competitivas en los mercados mundiales. Al fin y al cabo, ésa fue precisamente la fórmula, organizada por el Estado desarrollista, que estimuló el desarrollo en los países del Pacífico asiático antes de que China se uniera a ellos y los sobrepasara. Por tanto, aunque el Estado desarrollista parece estar fracasando en la mayor parte del Pacífico asiático, el Estado desarrollista chino, como instrumento de afirmación nacionalista y legitimidad política, podría estar en alza. El tamaño de China, su potencial científico y sus profundas conexiones con las dinámicas redes empresariales exteriores chinas pueden dar un margen de maniobra al mayor de los dragones. Es posible seguir aquí la lógica de Gerschenkron: avanzo la hipótesis de que la ventaja comparativa del Estado desarrollista chino proviene en parte de su tardía llegada a la economía global. Por tanto, con el tiempo esa ventaja se desvanecerá, obligando a China a enfrentarse con las mismas contradicciones que sus vecinos más precoces. Sin embargo, la historia no sigue un guión preescrito. El mismo hecho de que China todavía pueda seguir actuando como Estado desarrollista modifica el contexto, porque China no es una pequeña excepción a la regla global, como podría ser Singapur. Si China logra gestionar con éxito la globalización y dirigir su sociedad en su transición a la era de la información, eso supondría que el Estado desarrollista goza de buena salud para una quinta parte de la especie humana, al menos. Y si las naciones y estados de todo el mundo se sienten cada vez más impotentes frente a los mercados financieros globales, pueden buscar alternativas e inspirarse en la experiencia china. Pero ésta no es, por supuesto, más que una de las alternativas posibles. Bien pudiera ocurrir, por el contrario, que China perdiera el control sobre su economía, que una rápida secuencia de deflaciones e inflaciones alternativas arruinara al país, desencadenara explosiones sociales e indujera conflictos sociales y movimientos mesiánicos. De ser así, el Estado desarrollista habría agotado su trayectoria histórica y los flujos globales de capital e información podrían reinar sin oposición. A no ser que una nueva forma de Estado, el Estado red, ejemplificado potencialmente por la Unión Europea, acudiera al rescate de las sociedades, esclavizadas por sus economías. La relación entre la globalización y el Estado, que se encuentra en el núcleo del desarrollo y crisis del Pacífico asiático, es el tema político dominante al comienzo de este nuevo milenio.

5

LA UNIFICACIÓN DE EUROPA: GLOBALIZACIÓN, IDENTIDAD Y EL ESTADO RED

La unificación de Europa en torno al fin del segundo milenio, siempre y cuando se complete, será uno de los fenómenos más importantes para caracterizar nuestro nuevo mundo [1]. Es importante, en primer lugar, porque probablemente (aunque no es seguro) pondrá fin a las guerras mile-

---

[1] Este capítulo está en deuda intelectual con mi interacción con diversos europeístas, tanto profesores universitarios como estudiantes de doctorado, de la Universidad de California en Berkeley, donde dirigí el Centro de Estudios de Europa Occidental en 1994-1998. También estoy agradecido a los numerosos investigadores y representantes europeos (incluidas autoridades gubernamentales de diferentes países) que han visitado el Centro durante estos años. Mi exposición sobre la tecnología de la información en relación con las economías y sociedades europeas ha tenido en cuenta la información que me han aportado los contactos con mis colegas del Alto Comité de Expertos sobre la Sociedad de la Información de la Comisión Europea, al que pertenecí durante 1995-1997. Quiero dar las gracias a Luc Soete, presidente del Comité, por facilitar estas comunicaciones. Asimismo me ha resultado muy útil mi participación en un programa de investigación organizado en Berkeley por el Centro de Estudios Alemanes y Europeos, y por el Centro de Estudios Eslavos y de Europa Oriental, en 1995-1998, sobre «Europa Oriental y Occidental: Retos a la soberanía nacional desde arriba y desde abajo». Agradezco a los directores de este programa de investigación, Victoria Bonnell y Gerald Feldman, su amable invitación para participar en el mismo. En último lugar, pero no por ello menos importante, mis conversaciones con Alain Touraine, Felipe González, Javier Solana, Carlos Alonso Zaldívar, Jordi Borja, Roberto Dorado, Peter Schulze, Peter Hall, Stephen Cohen, Martin Carnoy y John Zysman sobre los temas tratados en este capítulo han moldeado mi pensamiento y enriquecido considerablemente mi información.

narias entre las principales potencias europeas, una práctica recurrente que ha llevado destrucción y sufrimiento a Europa, y en la época moderna al mundo, a lo largo de toda la historia, culminando con extraordinaria violencia en la primera mitad del siglo XX. También es importante porque una Europa unificada, con su potencia económica y tecnológica, y su influencia cultural y política, junto con el ascenso del Pacífico, asentará el sistema de poder mundial en una estructura policéntrica, impidiendo la existencia de una superpotencia hegemónica, pese a que los Estados Unidos siguen ostentando una preeminencia militar (y tecnológica). Y, sostengo, también es significativa como fuente de innovación institucional que puede aportar algunas respuestas a la crisis del Estado-nación. Porque en torno al proceso de formación de la Unión Europea se están creando nuevas formas de gobierno y nuevas instituciones gubernamentales, en el ámbito europeo, nacional, regional y local, induciendo nuevas formas de Estado que propongo denominar el *Estado red*.

Sin embargo, el contenido real de esta unificación y los actores que intervienen en ella aún no están claros, ni lo estarán durante algún tiempo. Es precisamente esta ambigüedad lo que hace posible la unificación, a la vez que caracteriza su proceso como un debate más que un modelo. En efecto, la unificación europea se ha desarrollado en el último medio siglo a partir de la convergencia de planteamientos alternativos e intereses en conflicto de los estados-nación y los actores económicos y sociales. La propia idea de Europa, basada en una identidad común, es muy cuestionable. El destacado historiador Josep Fontana ha documentado cómo la identidad europea, a lo largo de la historia, siempre se construyó contra «los otros», los bárbaros de diferentes clases y diversos orígenes[2]. El proceso actual de unificación no es distinto en este sentido, ya que se articuló en una sucesión de *proyectos políticos defensivos* en torno a algunos intereses comunes de los estados-nación participantes. No obstante, al acabar el siglo, Europa es algo más y más complejo. Es el resultado de la dinámica interna del proceso de unificación, construido sobre estos proyectos defensivos y, en los últimos tiempos, transformado, reforzado y cuestionado por las dos macrotendencias que caracterizan a la era de la información: la globalización de la economía, la tecnología y la comunicación; y la afirmación paralela de la identidad como fuente de sentido. Debido al fracaso del Estado-nación clásico para articular una respuesta a estos retos simétricos y opuestos, las instituciones europeas están tratando, sólo tratando, de hacer frente a ambas tendencias mediante nuevas formas y nuevos procesos, en un intento de construir un nuevo sistema institucional, el Estado red. Ésta es la historia que voy a relatar en este capítulo, sin pretender presentar toda la complejidad económica y política que rodea a la construcción de la Unión Europea, por lo que remito al lector in-

---

[2] Fontana, 1994.

teresado a la abundante y bien documentada literatura que existe sobre el tema [3]. Me voy a centrar en mostrar cómo las tendencias que he identificado como decisivas en la configuración de la era de la información — globalización, identidad y crisis del Estado-nación— están moldeando la unificación europea y, de este modo, el mundo del siglo XXI.

La unificación europea como una secuencia de reacciones defensivas: una perspectiva de medio siglo

La Unión Europea fue el resultado de tres series de iniciativas políticas y de construcción de instituciones que aspiraban a defender a los países participantes de las amenazas percibidas en tres momentos históricos: los años cincuenta, los ochenta y los noventa. En los tres casos, *el objetivo fue primordialmente político y los medios para alcanzarlo, fundamentalmente, medidas económicas.*

En 1948, varios cientos de dirigentes europeos se reunieron en La Haya para examinar las perspectivas de la integración europea. Más allá de las declaraciones ideológicas y las ambiciones tecnocráticas, la meta esencial era evitar una nueva guerra. Para ello, tenía que encontrarse una forma permanente de acomodo con Alemania, en contraste con las humillantes condiciones impuestas tras la Primera Guerra Mundial, que condujeron a la Segunda Guerra Mundial. El acomodo tenía que hallarse sobre todo entre Alemania y la otra potencia continental, Francia, y debía ser bendecido por los Estados Unidos, protectores de Europa después de una guerra extremadamente destructiva. Además, la guerra fría, cuya línea de frente pasaba por Alemania, requería una Europa Occidental económicamente fuerte y políticamente estable. La OTAN proporcionó la

---

[3] Gran parte de la información sobre la que se basa mi análisis puede encontrarse en periódicos y revistas como *El País, Le Monde, New York Times, The Economist* y *Business Week*. Me parece innecesario proporcionar referencias específicas para hechos ampliamente conocidos. También renuncio a proporcionar al lector una densa bibliografía sobre un conjunto de temas extremadamente especializados referentes a la integración europea. Simplemente mencionaré unas cuantas fuentes que me han resultado útiles para refrescar la memoria y estimular la reflexión sobre un tema que he seguido muy de cerca durante el último cuarto de siglo en Francia y España. Probablemente uno de los análisis más inteligentes e informados al respecto puede encontrarse en Alonso Zaldívar, 1996. Para una visión general, cuyo argumento comparto en buena medida, véase Orstrom Moller, 1995. Una importante fuente de ideas es Keohane y Hoffman, 1991b. Un artículo fundamental sobre las dimensiones políticas de la integración europea es Waever, 1995. Sobre el multiculturalismo y la crisis de la democracia en Europa, véase Touraine, 1997. Otras lecturas útiles son: Ruggie, 1993; Sachwald, 1994; Ansell y Parsons, 1995; Bernárdez, 1995; Bidelux y Taylor, 1996; Estefanía, 1996, 1997; Hill (ed.), 1996; Tragardh, 1996; Hirst y Thompson, 1996; Parsons, 1996; Pisani-Ferry, 1996; Zysman *et al.*, 1996; Zysman y Weber, 1997; Ekholm y Nurmio, 1999. También resulta refrescante volver a los textos clásicos de Ernst Haas, 1958a, b, 1964, donde muchos de los debates políticos actuales se adelantan en términos analíticos.

cobertura militar necesaria y el Plan Marshall ayudó a reconstruir las economías europeas, mientras preparaba el camino a las inversiones de las multinacionales estadounidenses. Pero se requerían instituciones políticas para estabilizar las relaciones entre unos estados-nación que se habían constituido históricamente combatiéndose o buscando alianzas para la guerra siguiente. No es de extrañar que el primer paso hacia la integración europea fuera un mercado común de las industrias del carbón y el acero, que impedía el desarrollo nacional autónomo de las industrias que, en aquel momento, eran estratégicamente esenciales para todo esfuerzo bélico futuro. La Comunidad Europea del Carbón y del Acero (CECA) fue creada en París, en abril de 1951, por Alemania Occidental, Francia, Italia y los países del Benelux. Los buenos resultados de esta iniciativa llevaron a los dos Tratados de Roma del 25 de marzo de 1957, creando el Euratom para coordinar la política relativa a la energía nuclear, la nueva industria estratégica, y la Comunidad Económica Europea, orientada a mejorar el comercio y la inversión entre las seis naciones.

El rápido aumento de la integración económica en el continente puso en primer plano del debate europeo diferentes planteamientos sobre el proceso de integración. Los tecnócratas autores del proyecto de una Europa unificada, y sobre todo Jean Monnet, soñaban con un Estado federal. Ninguno de los estados-nación creía en él o lo quería realmente. Sin embargo, la inercia de las instituciones europeas condujo a la acumulación de una influencia considerable (si no poder) en las manos de la burocracia europea, mientras que Alemania, limitada en su papel internacional, veía en la CEE una útil plataforma internacional. El acceso de De Gaulle a la presidencia francesa puso freno al proceso de transferencia de soberanía y reforzó la opción que acabaría conociéndose como intergubernamental, esto es, poner las decisiones de ámbito europeo en manos del consejo de jefes del ejecutivo de cada país. De Gaulle trató de añadir un nuevo objetivo político a la CEE: afirmar su independencia frente a los Estados Unidos. Por ello, Francia vetó dos veces, en 1963 y 1966, la solicitud británica de adhesión, considerando que sus estrechos lazos con los Estados Unidos pondrían en peligro las iniciativas autónomas europeas. En efecto, Gran Bretaña representaba, y hasta cierto punto sigue representando, un tercer planteamiento de la integración europea: el centrado en el desarrollo de una zona de libre mercado, sin ceder ningún elemento significativo de soberanía política. Cuando Gran Bretaña acabó uniéndose a la CEE (junto con Irlanda y Dinamarca) en 1973, tras la marcha de De Gaulle, este planteamiento económico de la integración europea se hizo predominante durante casi una década, minimizando la dinámica política y frenando el ritmo de integración, ya que la negociación de los intereses económicos nacionales consumió la mayor parte de la energía y el presupuesto de la CEE. Las crisis económicas de 1973 y 1979 marcaron la entrada en la era del europesimismo, cuando la mayoría de las naciones europeas se sintieron privadas de poder político por las dos superpotencias, aventajadas tecnológicamente por la revolución de la tecnología de la información que se estaba desarrollando en buena medida más allá de las costas europeas, y rezagadas económicamente no sólo con respecto a los Estados Unidos, sino también a los nuevos competidores del Pacífico.

El ingreso de Grecia, en 1981, y sobre todo de España y Portugal en 1986, dio un nuevo aliento a la economía europea (después de todo, España era por entonces la octava economía de mercado del mundo) e introdujo actores nuevos y dinámicos. Pero también añadió regiones deprimidas y complicó las negociaciones en ámbitos clave, como la agricultura, la pesca, la legislación laboral y los procedimientos de voto. No obstante, fue el sentimiento de que Europa podía convertirse en una colonia económica y tecnológica de las compañías estadounidenses y japonesas lo que condujo a la segunda reacción defensiva importante, representada por el Acta Única Europea (AUE) de 1987, que establecía los pasos para lograr un mercado realmente único en 1992. Las medidas económicas fueron acompañadas de un énfasis en la política tecnológica, en coordinación con el programa Eureka de ámbito europeo, a iniciativa del gobierno francés, esta vez al mando de Mitterrand, con el fin de contrarrestar la avalancha tecnológica estadounidense que acabó simbolizando el programa de la «Guerra de las Galaxias». Además, con Mitterand se suavizó la posición francesa contra la supranacionalidad y España (con Felipe González) apoyó la política alemana de reforzar las instituciones europeas, lo que facilitó que se otorgaran poderes más amplios a la Comisión Europea; el Consejo de Europa (integrado por los jefes de los ejecutivos) pudo tomar decisiones por mayoría en varias esferas clave, y el Parlamento Europeo recibió algunos poderes limitados, que iban más allá de su papel simbólico previo.

La razón por la que España probablemente se convirtió, junto con Alemania, en el país más federalista también es política: estar asentado en una Europa unificada y fuerte impedirá que el país, en opinión de los demócratas españoles, regrese a los demonios del autoritarismo político y el aislamiento cultural que han dominado su historia durante la mayor parte de los últimos quinientos años. Bajo el impulso doble de un sur de Europa en plena democratización y Francia y Alemania defendiendo la autonomía tecnoeconómica de Europa en el nuevo sistema global, la CEE se convirtió en la CE: la Comunidad Europea. Una vez más, una medida económica, el establecimiento de un verdadero mercado común de capitales, bienes, servicios y trabajo supuso, esencialmente, una mayor integración política, con la cesión de parte de la soberanía nacional para asegurar cierto grado de autonomía de los estados miembros en el nuevo entorno global. Cuando Thatcher trató de resistirse, atrincherando a Gran Bretaña en un anticuado nacionalismo estatal, le costó el puesto. La mayor parte de las elites políticas y económicas británicas habían comprendido la oportunidad que representaba una Europa unificada y habían decidido seguir adelante, aunque se reservaban la posibilidad de rechazar las políticas indeseables, como (para los conservadores) los derechos sociales de los trabajadores.

Justo cuando Europa había decidido adoptar un ritmo acelerado de integración económica y uno moderado de supranacionalidad política, el entorno geopolítico general cambió de improviso, el 9 de noviembre de 1989, propiciando una nueva serie de medidas de construcción europea para responder a las nuevas cuestiones políticas suscitadas en el continente. La inesperada unificación de Alemania tenía que afectar necesariamente a la unificación de Europa, ya que la neutralización de las tensiones geopolíticas entre Alemania y sus vecinos europeos fue la meta original de la integración europea. La nueva Alemania unificada, con 80 millones de personas y el 30% del PNB de la Unión Europea, representaba una fuerza decisiva en el contexto europeo. Es más, el fin de la guerra fría le permitía ser verdaderamente independiente del tutelaje en el que la habían mantenido durante cuatro décadas los vencedores de la Segunda Guerra Mundial. Así, volvió a ser imperativo, para toda Europa, fortalecer los lazos económicos y políticos entre Alemania y el resto del continente, reforzando la Comunidad Europea y acomodando los intereses alemanes dentro de ella. La esencia de la negociación suponía la plena integración de la economía alemana con el resto de Europa, avanzando hacia la moneda única, el euro, y un Banco Central Europeo independiente. Para que Alemania sacrificara su sólido marco, conseguido con tanto trabajo, y superara la resistencia del Bundesbank, eran necesarias tres importantes compensaciones:

1. Las economías europeas tenían que absorber las políticas deflacionistas necesarias por el alineamiento de las políticas monetarias con las necesidades y el ritmo de la economía alemana, sobre todo tras la decisión política de establecer el tipo de cambio entre las monedas de Alemania Occidental y Oriental a la paridad de un marco por un marco, decisión que desencadenó presiones inflacionistas en Alemania.
2. Las instituciones europeas verían reforzados sus poderes, avanzando hacia un nivel más elevado de supranacionalidad y superando de este modo la tradicional resistencia francesa y el rechazo británico a todo proyecto que se acercara al federalismo. De nuevo, el impulso hacia una mayor integración europea fue el único modo de que Alemania comenzara a proyectar su peso en el escenario internacional sin suscitar temor y hostilidad en la mayoría de los países europeos. Lo que Japón nunca ha sido capaz de hacer —enterrar los espectros de la Segunda Guerra Mundial— lo está consiguiendo Alemania mediante su participación plena en las instituciones europeas supranacionales.

3. Alemania pidió una concesión más de los 12 miembros de la CE, respaldada por Gran Bretaña por razones diferentes: la ampliación de la CE hacia el norte y el este. En el caso de Austria, Suecia y Finlandia, la meta era equilibrar la Comunidad Europea con países más ricos y economías más desarrolladas para compensar la inclusión del sur de Europa con su carga de regiones pobres. En el caso de Europa Oriental, Alemania intentaba (e intenta) compartir con el resto de Europa la necesidad de estabilizar económica y políticamente estos países a fin de no verse afectada por las posibles agitaciones futuras, bien a través de la inmigración o de conflictos políticos. De este modo, Alemania podría desempeñar su papel tradicional de potencia europea central/oriental sin ser acusada de reconstruir el sueño imperial de Bismarck.

A este respecto, es interesante observar la persistencia de las percepciones históricas de lo que constituye una amenaza geopolítica. Los países de Europa Oriental utilizaron todo tipo de presiones sobre Alemania para unirse a la Unión Europea y sobre los Estados Unidos para ingresar en la OTAN, fundamentalmente por razones de seguridad: librarse definitivamente de la influencia rusa. Alemania los respaldó también con el objetivo de establecer un glacis territorial entre su frontera oriental y Rusia. No obstante, los términos en los que estos objetivos estratégicos se están discutiendo parecen ser obsoletos. En primer lugar, las guerras a gran escala de la era de la información pueden librarse, y se librarán, desde el aire y mediante comunicaciones electrónicas e interferencia de señales, haciendo que carezcan de importancia unos cuantos minutos más de vuelo de los misiles o aviones. En segundo lugar, Rusia no parece representar una amenaza para la seguridad de Occidente, incluso teniendo en cuenta el resurgimiento del nacionalismo ruso, una reacción a la subordinación del régimen de Yeltsin a la influencia occidental durante los años noventa. De hecho, salvo por su rango de superpotencia nuclear, el estado del ejército ruso y la debilidad económica del país no permitirán al nacionalismo ruso proyectar ambiciones de poder geopolítico en Europa durante muchos años. Y sin embargo, siglos de confrontación entre los poderes militares ruso, alemán y francés en Europa occidental, con las feroces batallas libradas en esos países, han dejado una marca que trasciende la transformación de las condiciones reales de la confrontación geopolítica en la Europa actual. A causa del temor al poder ruso (real o potencial), y teniendo en cuenta la inestabilidad de las instituciones rusas, Rusia, una de las más antiguas culturas europeas, no se convertirá en miembro de la Unión Europea. Los países de Europa Oriental han sido tomados bajo la «protección» de la OTAN y se asociarán a la Unión Europea en formas que variarán según cada país. La ampliación de la Unión Europea al este, que probablemente se aplazará hasta mediados de la primera década del siglo XXI, creará mayores dificultades para la integración efectiva de la UE debido a la gran disparidad de situaciones económicas y tecnológicas entre los países ex estatistas e incluso los miembros más pobres de la UE. Además, por pura teoría de juegos, cuanto mayor sea el número de miembros, más complejo resultará el proceso de toma de decisiones, que amenazará con paralizar las instituciones europeas, reduciendo así a la Unión Europea a un área de libre comercio con un escaso grado de integración política. Ésta es de hecho la principal razón por la que Gran Bretaña apoya el proceso de ampliación: cuanto mayor y más diversos sean los socios, menor será la amenaza a la soberanía nacional. De ahí la paradoja de contemplar a Alemania (el país más federalista) y Gran Bretaña (el país más antifederalista) apoyando la ampliación por razones totalmente distintas. Las principales dificultades a las que se enfrenta la unificación europea en la primera década del siglo XXI están relacionadas con el arduo proceso de incorporación de Europa Oriental, que se iniciará con la inclusión en la UE de Polonia, la República Checa, Hungría, Eslovenia y posiblemente Estonia, países en cuyas economías han penetrado profundamente las inversiones europeas (principalmente alemanas) y que en gran medida dependen de las exportaciones a la UE. Sin embargo, la movilidad de la mano de obra se restringirá durante algún tiempo, y seguirán existiendo obstáculos políticos respecto a los procedimientos de votación y toma de decisiones en la Unión Europea. En última instancia, la ampliación de la UE al este obligará a reformar sus instituciones políticas.

El Tratado de Maastricht, firmado en diciembre de 1991 y revisado en la Conferencia Intergubernamental celebrada en 1996-1997, después de que los referenda danés y francés de 1993 y la oposición del Parlamento británico amenazaran con rechazarlo, refleja el compromiso entre estos diferentes intereses y la ambigüedad de las fórmulas institucionales que aspiran a continuar el proceso de integración sin afrontar abiertamente el tema fundamental de la supranacionalidad. En esencia, al decidir la creación de la moneda europea, del Instituto Monetario Europeo y la armonización de las políticas fiscales, Maastricht alcanzó un compromiso irreversible con una economía europea plenamente unificada, que cobrará existencia en los primeros años del tercer milenio. Al reforzar la capacidad de toma de decisiones de las instituciones europeas —sobre todo al hacer más difícil la formación de un grupo minoritario capaz de bloquear propuestas en el Consejo de Europa—, las políticas de alcance europeo comenzaron a tener prioridad sobre las nacionales en ámbitos tan variados como la infraestructura, la tecnología, la investigación, la educación, el medio ambiente, el desarrollo regional, la inmigración, la justicia y la policía, en un proceso de integración política simbolizado por el cambio de nombre de Comunidad Europea a Unión Europea.

Sin embargo, a finales de los noventa no estaban realmente integradas la política exterior, de seguridad y defensa, que ya llevaban mucho tiempo siendo áreas de indecisión y confusión en la Unión Europea, pese a las proclamaciones retóricas de convergencia. Sin embargo, la guerra de Kosovo abrió una perspectiva enteramente nueva. Después de la catastrófica gestión de la guerra de Bosnia por la Unión Europea, la OTAN se afirmó como el instrumento fundamental de seguridad de la Unión Europea, en estrecha alianza con los Estados Unidos. La elección de un líder socialista español, Javier Solana, para el cargo de secretario general de la OTAN simbolizó esta transformación de una alianza de la Guerra Fría en el instrumento operativo de la coordinación político/militar de las iniciativas europeas (y de los Estados Unidos) en el nuevo contexto geopolítico. Una evolución que parecía sentenciar al olvido el sueño gaullista de una Europa militar y estratégicamente independiente de los Estados Unidos. Gran Bretaña y Alemania nunca desearon esa independencia, y en ninguno de los países europeos el electorado estaba ni está dispuesto a pagar la factura, en impuestos y esfuerzo militar, para ser una potencia mundial, lo que hace a Europa dependiente de los Estados Unidos en términos estratégicos.

Así, en 1999, aunque los países europeos finalmente lograron actuar juntos contra Yugoslavia, desencadenando la primera guerra de la OTAN, la fuerza aérea y la armada estadounidenses asumieron la mayor parte de la campaña. El uso de tecnología basada en satélites y armas guiadas de precisión convirtieron en buena medida a los ejércitos europeos en tributarios de la tecnología militar de los Estados Unidos. La guerra de Kosovo mostró la dependencia de la Unión Europea de la OTAN como herramienta militar imprescindible de su política exterior. La paradoja es que la cabal comprensión de esa dependencia impulsó a la Unión Europea, tras la guerra, a buscar una política de defensa y seguridad común y autónoma. Con el Reino Unido de Blair presionando para crear un sistema de defensa europeo, la alianza de la Unión Europea Occidental se reorientó hacia nuevos cometidos de seguridad: la industria de defensa europea fue relanzada en 1999 por la fusión de las divisiones de defensa de Daimler-Chrysler y Lagardere-Matra para constituir una gran empresa de defensa europea, EADS (European Aeronautic, Defense and Space), y se creó un nuevo cargo en el sistema de gobierno de la Unión Europea, cuya tarea específica era la de articular la política europea de seguridad y defensa. Significativamente, el primero en desempeñar ese cargo fue precisamente Javier Solana después de dejar su puesto en la OTAN, lo que simboliza la continuidad entre los dos dispositivos de seguridad. En efecto, la articulación de una política autónoma europea de defensa no supuso una ruptura con los Estados Unidos.

Pero el éxito de la OTAN en la guerra yugoslava puede haber señalado su decadencia histórica, pues una nueva coordinación entre los ejércitos europeos podría preparar el camino para la autonomía militar europea.

Esta autonomía, sin embargo, implicaría un aumento del presupuesto de defensa de los países europeos, así como un significativo esfuerzo en I+D y tecnología de defensa. En conjunto, por razones tecnológicas y geopolíticas, este sistema europeo de defensa seguiría funcionando en estrecha coordinación con los Estados Unidos, pero con un mayor grado de libertad política. De hecho, el proceso de toma de decisiones en la OTAN ya había evolucionado hacia la negociación, consulta y conexión en red entre sus miembros: durante la guerra de Yugoslavia de 1999, los líderes políticos de los principales países desarrollaron un proceso continuo de consulta mediante videoconferencias diarias entre ellos y con el secretario general de la OTAN y los comandantes militares. El carácter colectivo y negociado de este proceso de toma de decisiones quedó ilustrado en uno de los episodios más peligrosos de la guerra: después de la ocupación por sorpresa del aeropuerto de Pristina por paracaidistas rusos, el comandante general estadounidense de la OTAN ordenó el desalojo por la fuerza de los soldados rusos. Sin embargo, el oficial británico que mandaba las tropas sobre el terreno rechazó la orden y logró que fuera finalmente anulada por los líderes políticos de la OTAN. El general estadounidense fue recompensado con la jubilación anticipada. Lo que en la antigua lógica del Estado-nación era un comportamiento inconcebible, es decir, rechazar las órdenes del comandante aliado supremo en plena guerra, se había convertido en una práctica aceptable dentro de las redes de toma compartida de decisiones que caracterizaron la actuación de la OTAN durante la guerra de Yugoslavia. La superioridad tecnológica y la disposición a utilizar el dinero de sus contribuyentes para financiar su rango de superpotencia convierten a los Estados Unidos en el socio indispensable de la política europea de defensa. Pero ya no como potencia decisoria, como ocurría durante la Guerra Fría, sino como un nodo clave en una compleja red de toma de decisiones estratégicas.

En lo que respecta a la construcción europea, pese a todas sus limitaciones y contradicciones, el Tratado de Maastricht marcó un proceso irrevocable de integración económica y política en la Unión Europea, proceso confirmado mayoritariamente en diciembre de 1996 por el Pacto de Estabilidad y Crecimiento alcanzado en Dublín. La resistencia danesa y británica a ceder soberanía con el establecimiento de la moneda europea, junto con la diversidad de situaciones entre los países que negocian su futura pertenencia, lleva a una «Europa a la carta»; es decir, a diferentes grados de integración según los países y ámbitos. Esta «geometría variable» de la construcción europea [4], con toda su incoherencia, es un instrumento esencial de la propia construcción, ya que evita los conflictos frontales entre socios importantes, a la vez que permite a las instituciones ir resolviendo los retos presentados por los dos procesos que, al mismo

---

[4] Pisani-Ferry, 1995.

La unificación de Europa: globalización, identidad y el Estado red

tiempo, favorecen e impiden la integración: la globalización económica y la identidad cultural.

GLOBALIZACIÓN E INTEGRACIÓN EUROPEA

La integración europea es, al mismo tiempo, una reacción al proceso de globalización y su expresión más avanzada. También es la prueba de que la economía global no es un sistema indiferenciado, compuesto por empresas y flujos de capital, sino una estructura regionalizada en la que las antiguas instituciones nacionales y las nuevas entidades supranacionales siguen desempeñando un importante papel en la organización de la competición económica, así como en la utilización o el despilfarro de sus beneficios. Sin embargo, de ello no se deduce que la globalización sea sólo una ideología. Como he sostenido en el volumen I, capítulo 2, y en el volumen II, capítulo 6, aunque la mayor parte de la actividad económica y la mayoría de los puestos de trabajo del mundo son nacionales, regionales o incluso locales, en la era de la información, las actividades económicas centrales y estratégicas están integradas a escala global a través de redes electrónicas de intercambio de capital, bienes e información. Es esta integración global lo que induce y configura el proceso actual de unificación europea a partir de las instituciones europeas constituidas en la historia en torno a objetivos predominantemente políticos.

La principal dimensión del proceso de globalización atañe a los mercados financieros y mercados de divisas. Son verdaderamente globales, con el potencial de funcionar como una unidad en tiempo real, a través de flujos electrónicos, y la capacidad de eludir, o superar, los controles gubernamentales. La decisión esencial que asegura la unificación de Europa es la creación del euro en 1999-2002 y la desaparición de las monedas nacionales, con la posible excepción de la libra británica, que, en realidad, se vinculará al euro o al dólar. En los años noventa se hizo imperativo mantener un grado mínimo de estabilidad monetaria y financiera en las economías europeas, tras dos experiencias reveladoras. Una fue el intento fallido, a comienzos de los años ochenta, del primer gobierno de Mitterrand en Francia de embarcarse de forma independiente en una política expansionista, sólo para verse forzado a tres devaluaciones sucesivas del franco y a imponer durante una década, tanto con el gobierno socialista como con el conservador, la política presupuestaria más restrictiva de todo el continente. La segunda experiencia fue la crisis de dos estadios del sistema monetario europeo en otoño de 1992 y el verano de 1993, cuando la libra y la lira se vieron obligadas a salir del sistema, y se forzó la devaluación de la peseta y el escudo, pese al compromiso a gran escala de varios bancos centrales europeos, incluido el italiano, el británico y el español, cuyas intervenciones fueron barridas por el movimiento de un billón de dólares en una semana en octubre de 1992 en los mercados de divisas europeos. Tras dicha experiencia, se puso de manifiesto que, en unas economías estrechamente vinculadas, los tipos de cambio flotantes entre sus monedas nacionales constituían una tentación permanente para inducir turbulencias en los mercados de capital, ya que los flujos de capital en los mercados financieros globales estaban/están en movimiento constante para maximizar las oportunidades instantáneas de mejorar sus rendimientos. En este contexto, la idea de especulación es sencillamente engañosa. Lo que estamos presenciando no es «especulación», sino el dominio de los mercados financieros sobre todas las demás oportunidades de inversión para maximizar beneficios como un rasgo estructural de la nueva economía informacional y global. Esto no significa que los bancos o las instituciones financieras dominen el capital industrial, una formulación obsoleta que no hace justicia al entrelazamiento de los movimientos del capital en los diferentes sectores de una economía interconectada, un tema que desarrollaré en la conclusión de este libro.

La integración de los mercados de capital y el establecimiento de una única moneda requieren la homogeneización de las condiciones macroeconómicas en las diferentes economías europeas, incluidas las políticas fiscales. Los presupuestos pueden variar aún según las políticas nacionales, pero sólo para dar prioridad a ciertas partidas sobre otras dentro de las restricciones de una prudencia fiscal similar. Es más, el alineamiento de las economías europeas en un conjunto dado de parámetros macroeconómicos no es más que un paso hacia su alineamiento en las normas internacionales, al menos frente a los países de la OCDE. En efecto, los requisitos básicos establecidos por el Tratado de Maastricht y precisados más por el Pacto de Estabilidad y Crecimiento de Dublín de diciembre de 1996, reflejan fielmente los criterios habituales impuestos por el Fondo Monetario Internacional en todo el mundo: bajo déficit presupuestario (menos del 3% del PNB), deuda pública relativamente baja (no más del 60% del PNB), baja inflación, tipos de interés a largo plazo bajos y tipo de cambio estable. La armonización de las economías europeas es inseparable de la armonización de los parámetros macroeconómicos globales, que deben ser observados, e impuestos si fuera necesario, por las reuniones anuales de los países ricos y por el Fondo Monetario Internacional al resto del mundo. En este sentido es en el que cabe hablar verdaderamente de globalización del capital y de las condiciones de circulación del capital, que no es un asunto nimio en una economía capitalista. Asimismo, es de esperar un intento de estabilizar el tipo de cambio entre el euro, el dólar y el yen. Y como la velocidad y el volumen de las operaciones electrónicas en los mercados de divisas impedirán el control de movimientos extremadamente desestabilizadores (como fue el caso de los mercados de divisas europeos), es probable que las tres monedas dominantes se vinculen entre sí en el futuro, eliminando de este modo la soberanía nacional a todos los efectos prácticos, aunque el orgullo nacional impedirá la creación de una moneda global y los obstáculos técnicos harán improbable el regreso al patrón oro.

La globalización tiene una segunda dimensión importante: la tecnología de la información, núcleo de la capacidad productiva de las economías y del poder militar de los estados. Como ya he mencionado, a mediados de los años ochenta, la integración europea se intensificó en parte en respuesta a un déficit tecnológico percibido frente a los Estados Unidos y Japón. De hecho, la mayoría de las iniciativas de las políticas tecnológicas europeas fracasaron, con la excepción extremadamente importante del Airbus y la industria aeronáutica en general, afirmada más en una exitosa estrategia comercial que en la excelencia tecnológica. No obstante, en los años ochenta y principios de los noventa, Europa perdió terreno frente a las compañías estadounidenses en los ámbitos cruciales de la microelectrónica y la programación, y frente a las japonesas y coreanas en microelectrónica y electrónica avanzada de consumo (con la excepción de Nokia). La política de «los campeones nacionales» se quedó en la concesión de subvenciones generosas a compañías demasiado grandes e ineficientes, como el intento (fallido) del gobierno francés de vender Thomson a un consorcio encabezado por Daewoo por un franco en 1996. Los programas de investigación de la Unión Europea (como Esprit) también desaparecieron de la I+D industrial, y las universidades que más se beneficiaron de ellos no estaban lo suficientemente avanzadas como para abrir nuevos caminos tecnológicos. El esfuerzo de Eureka para estimular las empresas avanzadas fue excesivamente limitado y dependía demasiado de una serie de normas burocráticas para la cooperación de varios países como para que sus resultados hicieran variar el panorama. Las telecomunicaciones eran el campo fundamental en el que las compañías europeas (sobre todo Alcatel, Siemens y Ericsson) contaban con unos conocimientos prácticos avanzados, una potente base industrial y unas conexiones mercantiles bien establecidas. Sin embargo, su dependencia de los componentes electrónicos y ordenadores hizo impensable la autonomía tecnológica europea. Así que, a finales de los años noventa, ningún político o estratega industrial serio piensa ya en una independencia tecnológica europea del modo en que habrían sugerido De Gaulle o Mitterrand. Pero los términos de este debate se han quedado obsoletos por la naturaleza de las industrias de la tecnología de la información en la nueva economía global. Las empresas de alta tecnología dependen de las redes globales de intercambio tecnológico y económico. Sin duda, existen algunos oligopolios, como Microsoft en software de ordenadores personales, o Intel en microelectrónica avanzada. Y la electrónica de consumo, con su conjunto de tecnologías decisivas, como la televisión de alta definición o la pantalla de cristal líquido, es, en general, un dominio japonés (y cada vez más coreano). No obstante, la aceleración del cambio tecnológico, la necesidad de vincular mercados específicos y la estrategia de cubrir las apuestas tecnológicas entre diferentes socios (véase el volumen I, capítulos 1 y 3) han inducido la interconexión a todos los niveles de multinacionales y medianas empresas en un modelo de interpenetración de tecnología, producción y mercados que he definido como la empresa red. Así, en lugar de oponer las compañías estadounidenses o japonesas a las europeas, la globalización de la tecnología de la información ha conducido al entrelazamiento completo de investigación, producción de I+D y distribución entre las zonas, empresas e instituciones avanzadas de los Estados Unidos, el Pacífico y la Unión Europea.

La tecnología de la información está ahora globalizada asimétricamente, y la relevancia de los centros de investigación, las empresas y los mercados europeos garantiza la profunda integración de Europa en las redes tecnológicas dominantes. Por ejemplo, el avance clave en la difusión de Internet, la invención de las tecnologías que subyacen a la World Wide Web, tuvo lugar en el laboratorio del CERN en Ginebra en 1990; sobre la base de estas tecnologías los investigadores del Supercomputer Center de Illinois desarrollaron un nuevo navegador (Mosaic) en 1993; y finalmente la tecnología fue comercializada en 1994-1995 en Silicon Valley por Netscape, una nueva empresa creada en torno al equipo de la Universidad Illinois (véase el volumen I, capítulo 1). En otro ejemplo de interdependencia tecnológica, en la siguiente oleada tecnológica —la ingeniería genética—, Japón está muy rezagado, mientras que los laboratorios europeos están en la vanguardia de la clonación, y aunque la I+D es más dinámica en los Estados Unidos que en ningún otro sitio, parte de la investigación avanzada e investigadores estadounidenses han sido adquiridos por gigantescas compañías farmacéuticas en Suiza, Alemania y Francia. La telefonía móvil estaba mucho más avanzada en Europa que en los Estados Unidos al final del milenio gracias a la capacidad de los países y las empresas europeas de compartir estándares y protocolos. Nokia, una compañía finlandesa, parece consolidar su posición como líder mundial de la telefonía celular al combinar recursos de investigación propios con una conexión profunda con las empresas innovadoras de tecnología de los Estados Unidos. El gigante francés del software, Cap Gemini, también había consolidado una cuota significativa del mercado europeo en 1999 y estaba logrando sustanciales avances en el mercado estadounidense, principalmente mediante la adquisición de las empresas estadounidenses de reciente creación. Por tanto, aunque es cierto que la investigación y producción de tecnología de la información estadounidense sigue siendo más avanzada que la europea (con algunas notables excepciones, como Nokia y Ericsson), la interconexión de las redes de tecnología de la información está garantizando a las empresas e instituciones europeas el acceso a las nuevas fuentes de conocimiento y su aplicación, y las empresas europeas se están poniendo rápidamente a la altura en las industrias de alta tecnología, tanto en Europa como en el mercado global. En este sentido, la base productiva fundamental de Europa en la era de la información está verdaderamente globalizada.

La globalización del capital y la tecnología de la información nos obliga a considerar el tema clásico de la integración del comercio y la inversión en una nueva perspectiva. Un tema importante de debate en torno a Europa y la globalización atañe al declive potencial de la competitividad europea en un mercado verdaderamente global, bajo la doble presión de la tecnología estadounidense y japonesa desde arriba, y de los costes de producción inferiores de los países recientemente industrializados desde abajo. No obstante, en los años noventa, la balanza comercial de la Unión Europea frente a los Estados Unidos y, recientemente, frente a Japón estaba relativamente equilibrada. Había un déficit en relación con los países de reciente industrialización, pero las importaciones europeas de esos países no son lo bastante importantes como para inducir un desequilibrio general. ¿Cómo es posible? ¿Cómo Europa, en general, mantiene su posición competitiva, pese a unos costes laborales superiores, su menor espíritu empresarial, el conservadurismo financiero de las empresas y un nivel inferior de innovación tecnológica? Parte de la respuesta tiene que ver con la sincronización. Los mercados de bienes y servicios *aún* no están verdaderamente globalizados. Algunos sectores tradicionales, como el textil o la confección, se han resentido por la competencia de Asia y América Latina, pero la mayor parte del comercio europeo se realiza dentro de la Unión Europea, y la reducción de los aranceles aduaneros en sectores estratégicos, como el del automóvil o la industria farmacéutica, todavía tiene un largo camino por recorrer y deberá operar ajustándose a la reciprocidad, en aplicación de los acuerdos tomados en la Ronda Uruguay del GATT. Otro factor es que la reorientación tecnológica y gerencial de las empresas europeas en los años noventa ha permitido a las economías europeas ponerse al nivel (Alemania) o incluso superar (Francia) la productividad laboral estadounidense, garantizando así la base de la competitividad en una economía abierta. En lo que respecta a la competencia con Japón, sus costes laborales en realidad son superiores a los europeos, y las empresas japonesas están a la zaga de las europeas en sectores clave de la tecnología de la información, como el *software* y el diseño en Internet.

Pero hay algo más importante: la interconexión del comercio y la inversión a través de las fronteras nacionales. Las compañías japonesas, estadounidenses y del Pacífico asiático están invirtiendo y produciendo en Europa, además de exportar desde sus diversas plataformas. Y las empresas europeas están produciendo en Asia y los Estados Unidos. Parece que un tercio del comercio mundial consiste en movimientos de bienes y servicios intraempresas o intrarredes, en buena medida invisibles para las estadísticas comerciales (véase el volumen I, capítulo 2). Y las empresas europeas, cuando se enfrentan a una pérdida de competitividad en las exportaciones desde sus bases europeas, tienden a invertir en los Estados Unidos, el Pacífico asiático y América Latina, tanto para servir a esos mercados como para exportar a Europa desde los lugares de producción, como Singapur. Así, en 1994-1996, las empresas industriales alemanas reducían marcadamente sus inversiones en Alemania, mientras que las incrementaban en todo el mundo, sobre todo en Asia. Por ejemplo, en 1995, la inversión en el extranjero de las compañías alemanas casi llegó a duplicarse, alcanzando la cifra récord de 32.000 millones de dólares, mientras que disminuía la inversión en Alemania. Por tanto, es el movimiento global de inversión y la constitución de redes de producción transfronterizas, tanto en el sector industrial como en el de servicios, lo que caracteriza el proceso de globalización, más que la constitución de un único mercado global.

Aunque la globalización sí caracteriza la circulación de capital, tecnología e inversión productiva en la Europa de los noventa, la circulación del trabajo es mucho más restringida. Indudablemente, los ciudadanos de la Unión Europea tienen la sensación de ser invadidos por inmigrantes, pero las tendencias reales son más complejas y requieren cierto grado de clarificación empírica, dada la importancia de esta cuestión para la identidad europea[5]. Hasta 1990, como he mostrado en el volumen I, capítulo 4, la proporción de población extranjera *legalmente censada* en la Unión Europea en su conjunto se mantuvo en un modesto 4,5%, aunque con un sustancial incremento respecto al 3,1% en 1982. Gran parte de ese incremento se debió a la emigración a Alemania, Italia y Austria, mientras que en Gran Bretaña y Francia el porcentaje de residentes extranjeros cayó levemente durante los años ochenta. La situación cambió sustancialmente en los años noventa por cuatro razones. En primer lugar, la apertura de las fronteras en Rusia y en Europa Oriental desencadenó una emigración significativa desde esas áreas. Las predicciones catastróficas de la Comisión Europea de 25 millones de rusos acudiendo en masa a Europa no se cumplieron. Pero más de 400.000 alemanes étnicos de Rusia y Europa Oriental ejercieron sus derechos de inmigración y ciudadanía. También emigraron cientos de miles de europeos orientales de otra procedencia, la mayoría de ellos a Alemania y Austria. En segundo lugar, la desestabilización de los Balcanes por la desintegración de Yugoslavia y las subsiguientes reacciones nacionalistas y guerras étnicas generaron un importante flujo de refugiados, particularmente a Alemania e Italia. Alemania se encontró en una situación paradójica derivada de su contradictoria política de naturalización. Por una parte, las dificultades para obtener la nacionalidad alemana mantuvieron como extranjeros a millones de residentes de larga duración, entre los que se encontraban muchos nacidos en

---

[5] Massey *et al.*, 1999.

Alemania. Por otro lado, la política compensatoria de asilo generoso atrajo a cientos de miles de refugiados políticos y económicos. En conjunto, ambas tendencias contribuyeron a un acusado aumento de la proporción de extranjeros en Alemania, que se acercaba al 12% a finales de siglo. Una población extranjera a la que deben añadirse los inmigrantes ilegales y los alemanes étnicos naturalizados. Italia sufrió con toda la fuerza el choque de la desintegración de Albania y compartió el impacto de las guerras balcánicas. En tercer lugar, la apertura de las fronteras europeas internas aumentó la inmigración en países como España, Portugal e Italia, situados frente a las tierras empobrecidas de África. Los inmigrantes tenían la opción de permanecer en esos países o buscar mejores oportunidades de empleo más al norte. Esto contribuyó a un imprevisto y acusado incremento de la inmigración en Europa meridional. En cuarto lugar, cuando la Unión Europea endureció sus controles fronterizos, la inmigración ilegal explotó. En 1999 se estimaba que el flujo de inmigrantes ilegales a la Unión Europea ascendía a unos 500.000 al año. Las mafias de Europa Oriental convirtieron el tráfico de seres humanos en su negocio más rentable, incluida la venta de cientos de miles de mujeres como prostitutas para el disfrute de los civilizados hombres de la Unión Europea. Junto con la presión demográfica de la ribera sur del Mediterráneo, la fortaleza Europa se enfrentará a un reto dramático en el siglo XXI. Pero a diferencia de los Estados Unidos, que afronta un problema similar proveniente del sur de Río Grande, pero que siempre ha sido una sociedad multicultural y multiétnica, la mayoría de los europeos de la Unión Europea seguirán añorando una sociedad cultural y étnicamente homogénea, sociedad que se ha llevado de forma irreversible el viento global. Esta esquizofrenia entre la imagen de sí y la nueva realidad demográfica de Europa constituye una característica clave de la dinámica cultural y política vinculada a la redefinición de la identidad europea[6].

Hay dos dimensiones adicionales de la globalización que afectan directamente al proceso de unificación europea y que sólo menciono aquí de pasada, ya que su análisis puede encontrarse en otro lugar de este libro. Por una parte, la globalización e interdependencia de los medios de comunicación (véase el volumen I, capítulo 5, y el volumen II, capítulo 5) crea un espacio audiovisual europeo que transforma de forma fundamental la cultura y la información europeas en un proceso, en general, independiente de los estados-nación. Por otra parte, el auge de la economía criminal global (véase el capítulo 3 de este volumen) encuentra una maravillosa oportunidad de prosperar en un sistema institucional parcialmente integrado, como el que en la actualidad caracteriza a la Unión Europea. En efecto, los controles nacionales son fácilmente eludidos por la nueva movilidad del capital, la gente y la información, mientras que los contro-

---

[6] Al-Sayyad y Castells (eds.), 2000.

les policiales europeos se desarrollan lentamente, debido precisamente a la resistencia de las burocracias nacionales a ceder su monopolio del poder, provocando de este modo la aparición de una tierra de nadie histórica donde el crimen, el poder y el dinero se vinculan entre sí. No obstante, en octubre de 1999 el Consejo de Ministros de la Unión Europea, en su cumbre de Tampere, Finlandia, adoptó una serie de medidas para aumentar la coordinación de las funciones policiales, así como los pasos preliminares para la creación de un espacio judicial europeo. De este modo, los gobiernos europeos se estaban dotando de los medios para combatir el crimen global, pero, al mismo tiempo, cruzaban una gran frontera en dirección a la soberanía nacional compartida.

La configuración de la unificación europea por esta globalización multidimensional tiene consecuencias profundas y duraderas para sus sociedades. Probablemente la más importante sea la dificultad de conservar el Estado de bienestar en su forma presente. Ello es debido a que la movilidad del capital y la interconexión de la producción crean las condiciones para que la inversión se traslade por el mundo entero y por toda Europa, hacia áreas con bajos costes laborales, menores beneficios sociales y menores controles ambientales. Así, a finales de los años noventa, las empresas europeas, y en particular las alemanas, estaban invirtiendo grandes sumas en los países de Europa Oriental (pero no en Rusia ni en Ucrania), beneficiándose de los menores costes laborales y anticipándose a su integración en la Unión Europea: en 1999, la inversión de Europa Occidental en Polonia, Hungría, la República Checa, Estonia y Eslovenia ascendía a 11.000 millones de dólares, y se esperaba un crecimiento del 20% anual.

El mantenimiento del Estado de bienestar europeo en su forma actual se enfrenta, pues, a crecientes dificultades, debido a que la búsqueda de flexibilidad en los mercados laborales y el proceso de desinversión relativa en la Unión Europea reducen la base de empleo sobre la que descansa la estabilidad fiscal del Estado de bienestar. Sin creación de puestos de trabajo y sin una equiparación relativa de los costes sociales en un sistema conectado internacionalmente es difícil ver cómo puede mantenerse en Europa un Estado de bienestar comprehensivo en condiciones de una productividad relativamente similar, o en algunos casos inferior, a la de otras áreas de producción (por ejemplo, los Estados Unidos). De hecho, el Reino Unido, bajo Thatcher y Major, se embarcó en un gran programa de recorte del Estado de bienestar a partir de los ochenta, y a finales de los noventa Alemania, Francia, España y (en menor medida) Italia tenían como prioridad una reducción significativa del Estado de bienestar. El resurgimiento de Suecia parece derivarse en gran medida de una combinación de profundos recortes del gasto social, la flexibilización de los mercados laborales y mayores impuestos para financiar la inversión en capital humano. Si la experiencia británica tiene algún valor, por no hablar de los Estados Unidos, la consecuencia será un significativo aumento de la desigualdad, la pobreza y la exclusión social. En último término, quedará socavada la legitimidad política, puesto que el Estado de bienestar es uno de sus pilares [7].

En los mercados de trabajo está teniendo lugar un proceso similar de equiparación relativa de los acuerdos laborales entre las economías europea y estadounidense/asiática, ya que la ofensiva de la flexibilidad y la interconexión, características del capitalismo informacional, se está dejando sentir de forma manifiesta en la mayor parte de los países europeos. En los años noventa Holanda pudo generar empleos, reduciendo el desempleo por debajo del 5%, en buena medida gracias al trabajo a tiempo parcial. Según un informe de 1996 de los *Länder* alemanes de Baviera y Sajonia, se proyectaba que para el 2015 en torno al 50% de los trabajadores alemanes no tendrían un trabajo estable de tiempo completo [8]. Si eso fuera así, todo el tejido social europeo se transformaría. Martin Carnoy ha identificado tendencias similares a la flexibilidad del mercado de trabajo en toda Europa [9].

Sin embargo, no doy por sentado que estas consecuencias de la globalización sobre la integración europea y sus sociedades sean inexorables. Existe, como sostiene Alain Touraine, una ideología de la globalización que la considera una fuerza natural, reduciendo las sociedades a economías, las economías a mercados y los mercados a flujos financieros [10]. Esto es simplemente una racionalización burda de intereses estrictamente capitalistas, a menudo defendidos con más vehemencia por los ideólogos capitalistas que por los propios capitalistas, ya que muchas empresas poseen una visión mundial lo suficientemente amplia como para comprender su responsabilidad social y la necesidad de conservar la estabilidad social. Pero Alain Touraine también señala que, con demasiada frecuencia, la oposición a la globalización en Europa, y sobre todo en Francia, la ejercen actores sociales que defienden estrechos intereses corporativos, vinculados a un sector público obsoleto subvencionado por los contribuyentes, que no obtienen muchos beneficios de él [11]. Sin embargo, junto al corporativismo de los sectores privilegiados de trabajadores, como los pilotos de Air France, existe una amplia reacción popular, en Francia y en otros lugares, contra la reducción y desmantelamiento potencial del Estado de bienestar y contra la flexibilización de los mercados laborales a expensas de las vidas estables de los trabajadores, una oposición que suele expresarse en términos del pueblo contra los políticos, la nación contra el Estado europeo [12]. Aunque esta oposición está enraizada en buena medi-

---

[7] Castells, 1996; Navarro, 1996.
[8] Touraine, 1996c.
[9] Carnoy, 2000.
[10] Touraine, 1996b.
[11] Touraine, 1996b, c.
[12] Touraine *et al.*, 1996.

da en intereses sociales y económicos, tiende a expresarse en el lenguaje del nacionalismo y en la defensa de la identidad cultural contra las fuerzas impersonales de los mercados globales y los dictados de los eurócratas. Los agricultores franceses que, dirigidos por José Bové, atacaron los locales de Mac Donalds en 1999 estaban explícita y simultáneamente defendiendo la identidad francesa (simbolizada por la cocina francesa frente a la comida rápida), combatiendo los aranceles estadounidenses contra las importaciones de comida francesa de alta calidad y defendiendo la salud europea contra los alimentos genéticamente modificados. El debate político y los conflictos sociales en torno a los modos de controlar y orientar la transformación de las sociedades europeas en su proceso de integración gradual en una economía cada vez más globalizada no puede reducirse a la oposición elemental entre un neoliberalismo ahistórico y un burocratismo público arcaico. En su realidad, este debate se expresa en el lenguaje de la era de la información, es decir, en la oposición entre el poder de los flujos y el poder de la identidad.

IDENTIDAD CULTURAL Y UNIFICACIÓN EUROPEA

El torbellino de la globalización está desencadenando reacciones defensivas en todo el mundo, organizadas a menudo en torno a los principios de la identidad nacional y territorial (volumen II, capítulos 1 y 2). En Europa, esta amenaza percibida se materializa en los poderes en expansión de la Unión Europea. La hostilidad ciudadana al proceso de unificación se ve reforzada por el discurso de la mayoría de los dirigentes políticos, que presentan a la Unión Europea como la adaptación necesaria a la globalización, con el corolario del ajuste económico, la flexibilidad de los mercados laborales y la reducción del Estado de bienestar, como las condiciones *sine qua non* para la integración de cada país en la Unión Europea [13]. Así, como el proceso de aceleración de la integración coincidió con el aumento del desempleo, inseguridad y una mayor desigualdad social en los años noventa, sectores significativos de la población europea tienden a afirmar sus naciones contra sus estados, a los que consideran cautivos de la supranacionalidad europea. Resulta revelador que, con la excepción parcial de Gran Bretaña, la clase política de todos los países, tanto de centro izquierda como de centro derecha, sea incuestionablemente proeuropea, mientras que la mayor parte de la opinión pública está, cuando menos, muy dividida [14]. Las reacciones xenófobas contra el aumento de la inmigración alientan la política nacionalista, lo que en algunos países, como Austria y Suiza, incluye la política extremista

---

[13] Touraine *et al.*, 1996b.
[14] Alonso Zaldívar, 1996.

nacionalista que los ciudadanos europeos parecían haber rechazado para siempre.

El debate sobre la integración europea no es una cuestión de *raison d'état*, sino más bien de *raison de nation*. La integración sólo podrá avanzar si las naciones son capaces de garantizar su propia supervivencia. Una nación sólo permitirá la integración cuando esté segura de que su identidad nacional no se verá amenazada, e incluso saldrá fortalecida por el contacto con identidades diferentes. Si una nación siente que sólo es capaz de sobrevivir mediante una estrecha correspondencia con un Estado soberano e independiente, si no cree que el Estado pueda integrarse y reproducir su cultura al mismo tiempo, bloqueará una mayor integración [15].

Esta inseguridad se ve acentuada por la multietnicidad y el multiculturalismo crecientes de las sociedades europeas, que desencadenan racismo y xenofobia cuando la gente afirma su identidad tanto contra un Estado supranacional como contra la diversificación cultural [16]. La utilización de esta inseguridad por parte de los demagogos políticos, como Le Pen en Francia, amplifica la expresión del nacionalismo cultural por todo el sistema político y los medios de comunicación. La vinculación que existe en la mente del público entre crimen, violencia y terrorismo y minorías étnicas/extranjeros/el otro conduce a un repunte dramático de la xenofobia en Europa, precisamente en el punto más alto del universalismo europeo. De hecho, este fenómeno está en continuidad histórica con la unificación previa de la Europa medieval en torno al cristianismo, es decir, una frontera religiosa intolerante, excluyente de infieles, paganos y herejes [17].

Hay otra fuente fundamental de desconfianza de los ciudadanos respecto a las instituciones europeas: lo que ha venido a denominarse «déficit democrático». Poderes significativos, que afectaban a la forma de ganarse la vida de las personas, han sido transferidos a la Unión Europea, principalmente al Consejo Europeo y al Consejo de Ministros, que representan a los estados nación europeos, y a la Comisión Europea, que actúa en su nombre. Decisiones esenciales de política económica se han situado bajo el control del Banco Central Europeo. Por tanto, la capacidad de los ciudadanos para influir en esas decisiones se ha reducido de forma considerable. Entre el acto de elegir cada cuatro años entre dos opciones diferentes de gobierno y la gestión diaria de un complejo sistema paneuropeo existe una distancia tan grande que los ciudadanos se sienten claramente excluidos. Prácticamente no hay canales eficaces de participación ciudadana en las instituciones europeas. La crisis de legitimidad de la Comisión Europea se agravó por la deficiente gestión y los casos de corrupción que reveló una investigación parlamentaria en 1999 y que condujo a la dimi-

---

[15] Waever, 1995, pág. 16.
[16] Wieviorka, 1993.
[17] Fontana, 1994.

sión en bloque de la Comisión. Aunque el nombramiento de un respetado economista italiano, Romano Prodi, como nuevo presidente de la Comisión pareció restablecer cierta credibilidad, el daño estaba hecho. El que en junio de 1999 Bangemann, el comisario europeo encargado de las telecomunicaciones, pudiera ser contratado como futuro consultor por la Telefónica de España en un momento en el que todavía conservaba oficialmente su cargo en la Comisión, aunque formalmente no infringiera las normas, fue ampliamente considerado un indicio de la corrupción de la burocracia de Bruselas. Además, como señala acertadamente Borja, no hay «conflictos europeos»[18]. Efectivamente, el proceso democrático no sólo se basa en la representación y construcción de consenso, sino en conflictos democráticamente desarrollados entre diferentes actores sociales que luchan por sus intereses específicos. Salvo los agricultores que ensucian las calles de Bruselas con sus productos (todavía descontentos a pesar de estar enteramente subsidiados por el resto de los europeos e, indirectamente, por la mayor parte del mundo en vías de desarrollo), las expresiones de movilización colectiva transnacional dirigidas a los responsables de la toma de decisiones europeos son insignificantes. Falta un aprendizaje de la ciudadanía europea, en gran medida porque las instituciones europeas suelen darse por satisfechas con vivir en su mundo segregado de agencias tecnocráticas y consejos de ministros negociadores. Por ejemplo, las posibilidades de utilizar redes de comunicaciones informáticas para difundir información y para la participación ciudadana seguían ignorándose a finales de siglo[19]. Así, ante la decadencia de la democracia y la participación ciudadana en un momento de globalización de la economía y europeización de la política, los ciudadanos se atrincheran en sus países y afirman cada vez más sus naciones. El nacionalismo, no el federalismo, es el desarrollo concomitante de la integración europea. Y sólo si la Unión Europea es capaz de manejar y acomodar el nacionalismo podrá sobrevivir como construcción política. Como propone Weaver, basándose en las ideas de Anthony Smith, mientras que las instituciones europeas tal vez adopten la versión francesa de identidad nacional, construida en torno a la identidad política, las naciones europeas quizá se estén orientando hacia la versión alemana de identidad nacional, basada en un *Volk* lingüísticamente unido[20]. Por paradójico que pueda resultar, es posible que sólo la articulación institucional y social de ambos principios de identidad permite el desarrollo de una Unión Europea que sea algo distinto de un mercado común.

Pero si las naciones, independientemente del Estado, se convierten en las fuentes de legitimidad, basada en la identidad, la construcción euro-

---

[18] Borja, 1996, pág. 12.
[19] Alto Comité de Expertos sobre la Sociedad de la Información, 1997.
[20] Waever, 1995, pág. 23.

pea, se plantea el interrogante de qué naciones. Parece relativamente claro en el caso de Francia: tras el exterminio de las identidades nacionales por la Revolución francesa en nombre del principio universal de la ciudadanía democrática. Cuando el pueblo francés reacciona contra Europa lo hace en nombre de «La France», en términos que serían igualmente entendidos por el general De Gaulle y los comunistas franceses. Por razones diferentes, también resulta claro en Alemania, donde la pureza étnica de la nación, incluso entre los alemanes de Kazajstán, permanece no contaminada por los millones de inmigrantes e hijos de inmigrantes que quizá nunca serán alemanes después de la campaña popular orquestada con éxito por los cristianodemócratas en 1999 contra la ley de naturalización del gobierno socialdemócrata/verde. El mayor temor de los eurócratas es que en el caso de una crisis política, el tribunal constitucional alemán falle en contra de las instituciones europeas en aplicación del principio de *Superrevisionsinstanz*, que afirmó en su veredicto memorable del 12 de octubre de 1993.

El atractivo de la identidad nacional es más complicado en otros países, basados en estados plurinacionales, como es el caso de España, el Reino Unido y Bélgica. ¿Cataluña o Escocia afirmarían su identidad contra las instituciones europeas o, por el contrario, en favor de la Unión Europea, eludiendo más que oponiéndose a los gobiernos español o británico? [21]. Además, la afirmación de una identidad de la «Padania», en el norte de Italia, ha sido ridiculizada superficialmente debido al carácter extravagante de Bossi, el dirigente de la *Lega Nord*. Y, no obstante, aunque es cierto que la base de esta identidad es esencialmente económica, e incluso, apurando más, fiscal, también posee raíces históricas en la integración artificial de Italia a finales del siglo XIX, y su dinámica muy bien puede ir más allá de la anécdota política. No es que exista la Padania, pero en términos lingüísticos, culturales, sociales y políticos, es muy dudoso que Italia existiera hasta bien entrado el siglo XX: el Mezzogiorno, incluso hoy día, tiene muy poco en común con Lombardía, Piamonte o Emilia-Romagna [22]. El atrincheramiento en torno al principio de identidad nacional está fortaleciendo a los estados-nación contra la Unión Europea en algunos países, mientras que está reforzando a la Unión Europea contra los estados-nación actuales en otros.

La búsqueda de la identidad como un antídoto para la globalización económica y la pérdida de derechos políticos también cala por debajo del nivel del Estado-nación, añadiendo un nuevo dinamismo a regiones y ciudades de toda Europa. Como escribe Orstrom Moller, el futuro modelo europeo puede que esté compuesto por la articulación de la internaciona-

---

[21] Keating, 1995.
[22] Ginsborg, 1994.

lización económica y la descentralización cultural[23]. Los gobiernos regionales y locales están desempeñando un papel importante en la revitalización de la democracia en los años noventa, y las encuestas de opinión muestran un grado más elevado de confianza ciudadana en estos niveles inferiores de gobierno que en el nacional y el supranacional. Las ciudades se han convertido en actores decisivos en el establecimiento de estrategias de desarrollo económico, en interacción negociada con empresas internacionales. Y tanto ciudades como regiones han establecido redes europeas que coordinan iniciativas y aprenden unas de otras, aplicando un nuevo principio de cooperación y competición, cuya práctica hemos descrito en otro lugar[24]. En el aspecto optimista, una ilustración de esta dinámica doble de identidad local e interconexión europea, que considero extremadamente importante, es la estructuración de los deportes profesionales, como el fútbol o el baloncesto, en la última década. Como es bien sabido, el equipo local es un punto de referencia esencial de la identidad de la gente. Aunque continúan jugándose las competiciones nacionales, se presta máxima atención a las europeas (de las cuales hay tres de fútbol, por ejemplo), de tal modo que la recompensa para los equipos en la competición nacional es convertirse en «europeos», una meta que muchos equipos pueden alcanzar, en contraste con lo que ocurría hace sólo tres décadas. Al mismo tiempo, la apertura de mercados laborales para jugadores europeos y la inmigración masiva a Europa de jugadores de otros países significa que una proporción considerable de jugadores del equipo local son extranjeros. El resultado es que la gente se moviliza en torno a la identidad de su ciudad, representada por un grupo de jugadores profesionales muchos de los cuales son extranjeros que compiten en varias ligas europeas. Mediante este tipo de mecanismos básicos de la vida es como la Europa real está cobrando existencia, compartiendo la experiencia en virtud de una identidad palpable y significativa. Entonces, ¿cómo puede avanzar la unificación entre los fuertes vientos de la globalización y el cálido hogar de la localidad?

La institucionalización de Europa: el Estado red

Cuando reflexionamos sobre las visiones e intereses contradictorios que rodean la unificación de Europa y consideramos la falta de entusiasmo entre los ciudadanos de la mayoría de los países, parece milagroso que el proceso de integración esté tan avanzado en el fin de milenio. En parte, este éxito imprevisto obedece a que la Unión Europea no sustituye al Estado-nación existente, sino que, por el contrario, es un instru-

---

[23] Orstrom Moller, 1995.
[24] Borja y Castells, 1997.

mento fundamental de su supervivencia a condición de conceder cuotas de soberanía a cambio de obtener más voz en los asuntos mundiales y nacionales en la era de la globalización. Pero esta convergencia de intereses aún tenía que encontrar una expresión institucional para ser operativa. La halló en una geometría compleja y cambiante de instituciones europeas que combina el control de la toma de decisiones por parte de los gobiernos nacionales (el Consejo Europeo, y sus cumbres semestrales, el principio de una presidencia rotatoria del Consejo, las reuniones regulares del Consejo de Ministros), la gestión de las empresas europeas comunes por una eurotecnocracia que depende de la Comisión Europea, designada con criterios políticos, y las expresiones simbólicas de legitimidad en el Parlamento Europeo, el Tribunal de Justicia y el Tribunal de Cuentas.

Las negociaciones incesantes dentro de este conjunto de instituciones y entre los actores nacionales que persiguen sus propias estrategias en el marco de estas instituciones pueden parecer engorrosas e ineficientes. No obstante, es precisamente esta indeterminación y complejidad lo que permite acomodar en la Unión Europea intereses distintos y políticas cambiantes, no sólo de los diversos países, sino de las diferentes orientaciones políticas de los partidos elegidos para el gobierno. El proceso se complica aún más con la introducción de una moneda única y la ampliación. Algunos países, como Gran Bretaña y Dinamarca, pueden ejercer su cláusula de exclusión. Otros negociarán excepciones a las reglas generales. Y debido a la creciente disparidad entre las condiciones de los países que componen la Unión Europea, los procedimientos de voto cambiarán según los temas. De una parte, la votación por mayoría en el Consejo de Ministros permitirá a los países mayores aplicar decisiones estratégicas sin ser paralizados por los intereses específicos de un país o una coalición minoritaria. De la otra, el precio que se pagará por este reforzamiento de los poderes de la mayoría será la flexibilidad en la aplicación de las decisiones de la Unión en algunos países, en algunos ámbitos y por algún tiempo. Como escribe Alonso Zaldívar, en este sistema, las lógicas federal y confederal no son mutuamente excluyentes:

Por ejemplo, en materia de defensa, policía y gasto público, podría predominar lo confederal o intergubernamental, mientras que en política monetaria, comercial, de residencia y circulación, el funcionamiento sería más federal o supranacional; mientras que la política exterior, medioambiental, de inmigración, así como los impuestos, se moverían en una zona intermedia [...] La futura UE ampliada tendrá que ser menos uniforme y más flexible [...] Es posible que el organigrama de una institución así se parezca más a una red que a un árbol y la teoría política no dispone todavía de un término sencillo y aceptado para denominar configuraciones de este tipo, pero eso no es un gran impedimento para construirla. Ahora bien —y con esto volvemos al contraste de fondo que alimenta todo el análisis realizado—, no basta con que burócratas ilustrados conciban una institución así, también es necesario que la acepten los ciudadanos [25].

El elemento clave en el establecimiento gradual de la legitimidad de la Unión Europea, sin poner en peligro su capacidad de hacer política, es la habilidad de sus instituciones para vincularse con niveles subnacionales de gobierno —regional y local— mediante una extensión deliberada del principio de subsidiariedad, según el cual las instituciones de la Unión sólo se encargan de las decisiones que los niveles inferiores de gobierno, incluidos los estados-nación, no pueden asumir con efectividad. El Comité de las Regiones, un cuerpo de carácter consultivo compuesto por 222 miembros en representación de los gobiernos regionales y locales de todos los países de la Unión, es la expresión institucional más directa de esta preocupación. Pero debido a la burocratización relativa de esta entidad, parece que el proceso real de relegitimación de Europa está teniendo lugar en la germinación de iniciativas locales y regionales, en los ámbitos del desarrollo económico así como de las expresiones culturales y de los derechos sociales, que se vinculan horizontalmente entre sí, además de con los programas europeos de forma directa o a través de sus gobiernos nacionales respectivos [26].

Al reflexionar sobre la complejidad y flexibilidad crecientes del proceso político europeo, Keohane y Hoffman proponen la idea de que la Unión Europea «está organizada esencialmente como una red que supone mancomunar y compartir soberanía más que transferirla a un nivel superior» [27]. Este análisis, desarrollado y teorizado por Waever [28], acerca más la unificación europea a la caracterización del neomedievalismo institucional; es decir, una pluralidad de poderes que se solapan, según la descripción realizada hace años por Hedley Bull y de la que se hacen eco numerosos analistas europeos como Alain Minc [29]. Aunque los historiadores pueden poner objeciones a dicho paralelismo, la imagen ilustra vigorosamente la nueva forma de Estado que ejemplifican las instituciones europeas: *el Estado red. Un Estado caracterizado por compartir la autoridad (es decir, en último término, la capacidad de imponer la violencia legitimada) a lo largo de una red*. Una red, por definición, tiene nodos, no un centro. Los nodos pueden ser de tamaños diferentes y pueden estar enlazados por relaciones asimétricas en la red, de tal modo que el Estado red no impide la existencia de desigualdades políticas entre sus miembros. En efecto, todas las instituciones gubernamentales no son iguales en la red euro-

---

[25] Alonso Zaldívar, 1996, págs. 352-354.
[26] Borja, 1992.
[27] Keohane y Hoffman, 1991b, pág. 13.
[28] Waever, 1995.
[29] Bull, 1977; Minc, 1993.

pea. No sólo los gobiernos nacionales siguen concentrando la mayor parte de la capacidad de tomar decisiones, sino que existen importantes diferencias de poder entre los estados-nación, aunque la jerarquía del poder varía en dimensiones diferentes: Alemania es el poder económico hegemónico, pero Gran Bretaña y Francia poseen mucho más poder militar y al menos la misma capacidad tecnológica. Y España controla el servicio más valioso para muchos europeos: sus vacaciones. Sin embargo, prescindiendo de estas asimetrías, los diversos nodos del Estado red europeo son interdependientes, de tal modo que ningún nodo, ni siquiera el más poderoso, puede pasar por alto al resto, ni aun a los más pequeños, en el proceso de toma de decisiones. Si algún nodo político lo hace, todo el sistema se pone en entredicho. Ésta es la diferencia entre una red política y una estructura política centralizada.

Los datos disponibles y los debates recientes de la teoría política parecen sugerir que el Estado red, con su soberanía de geometría variable, es la respuesta de los sistemas políticos a los retos de la globalización. Y la Unión Europea puede ser la manifestación más clara hasta la fecha de esta forma de Estado emergente, probablemente característica de la era de la información.

IDENTIDAD EUROPEA O PROYECTO EUROPEO

Al final, sin embargo, la unificación de Europa probablemente no se realizará sólo mediante diestras operaciones de ingeniería política. En el contexto de las sociedades democráticas, Europa sólo se unificará, en varios grados y bajo diversas formas aún por descubrir, si sus ciudadanos lo quieren. Atendiendo a la exploración de las tendencias sociales presentadas en los tres volúmenes de este libro, es improbable que esta aceptación tenga lugar exclusivamente en virtud de los intereses instrumentales de la gestión de la globalización, sobre todo cuando es indudable que dicha gestión perjudicará a sectores considerables de la población. Si el sentido está ligado a la identidad, y si la identidad sigue siendo exclusivamente nacional, regional o local, la integración europea quizás no vaya más allá de los límites de un mercado común, semejante a las zonas de libre comercio constituidas en otras zonas del mundo. La unificación europea, en una perspectiva a largo plazo, requiere una identidad europea.

Sin embargo, la noción de identidad europea es problemática en el mejor de los casos [30]. Debido a la separación de Iglesia y Estado, y a la tibia religiosidad de la mayoría de los europeos, no puede construirse en torno al cristianismo, como ocurrió en el pasado, aun cuando la reacción antiislámica generalizada señala la persistencia histórica del espíritu de

---

[30] Al-Sayyad y Castells, 2000.

cruzada. No puede construirse en torno a la democracia: en primer lugar, porque muchos otros países del mundo comparten los ideales democráticos y, en segundo lugar, porque éstos se hallan en crisis en su expresión actual a través del Estado-nación (véase el volumen II, capítulo 6). Sería difícil, y dramático, construirla en torno a la etnicidad en un momento en que Europa se está volviendo cada vez más diversa. Es imposible por definición construirla sobre una identidad nacional, si bien la conservación de la identidad nacional será necesaria para que avance la unificación europea. Y no será fácil defender una identidad económica de Europa («la fortaleza europea») a medida que se globalizan las actividades económicas centrales y las redes de producción transnacionales articulan a la Unión Europea con el resto del mundo, comenzando con Europa Oriental y el sureste asiático. ¿La mayoría de las personas se sienten europeas —además de sentirse francesas, españolas o catalanas— según las encuestas de opinión? Sí[31]. ¿Saben lo que ello significa? En su mayoría, no. ¿Lo sabe usted? Incluso con el euro en circulación en el 2002, su significado extraeconómico se perderá a menos que se produzca una transformación más amplia de las sociedades europeas.

Así que, en general, no existe una identidad europea. Pero podría construirse, no en contradicción, sino como complemento de las identidades nacionales, regionales y locales. Se trataría de un proceso de construcción social del tipo que he identificado como *identidad proyecto* en el volumen II, es decir, un programa de valores sociales y objetivos institucionales que atraen a una mayoría de ciudadanos sin excluir a nadie en principio. Es lo que representaron históricamente la democracia o el Estado-nación en los albores de la era industrial. ¿Cuál podría ser el contenido de dicha identidad proyecto europea en la era de la información? Tengo mis preferencias, como todo el mundo, pero no deben interferir en nuestra exploración de la historia en curso. ¿Cuáles son los elementos que *realmente aparecen en el discurso y la práctica de los actores sociales que se oponen a la globalización y la pérdida del control político de los ciudadanos sin regresar al comunalismo?*[32] La defensa del Estado de bienestar, de la solidaridad social, del empleo estable y de los derechos de los trabajadores; la preocupación por los derechos humanos universales y la situación precaria del Cuarto Mundo; la reafirmación de la democracia y su extensión a la participación ciudadana en el ámbito local y regional; la vitalidad de las culturas arraigadas en la historia/el territorio, expresadas a menudo en la lengua, sin rendirse a la cultura de la virtualidad real. La mayoría de los ciudadanos europeos probablemente apoyarían estos valores. Su afirmación, por ejemplo, en defensa del Estado de bienestar y el empleo estable contra las presiones de la globalización, conllevaría

---

[31] *The Economist*, 23 de octubre de 1999.
[32] Touraine, 1997.

cambios extraordinarios en la economía y las instituciones. Pero una identidad proyecto es precisamente esto: no una proclamación utópica de sueños, sino la lucha por imponer modos alternativos de desarrollo económico, sociabilidad y gobierno. Existen embriones de una identidad proyecto europea y, probablemente, sólo si estos embriones encuentran expresión política, el proceso de unificación europea acabe lográndose.

Conclusión:
ENTENDER NUESTRO MUNDO*

> *Esto quiere decir que apenas*
> *desembarcamos en la vida,*
> *que venimos recién naciendo,*
> *que no nos llenemos la boca*
> *con tantos nombres inseguros,*
> *con tantas etiquetas tristes,*
> *con tantas letras rimbombantes,*
> *con tanto tuyo y tanto mío,*
> *con tanta firma en los papeles.*
>
> *Yo pienso confundir las cosas,*
> *unirlas y recién nacerlas,*
> *entreverarlas, desvestirlas,*
> *hasta que la luz del mundo*
> *tenga la unidad del océano,*
> *una integridad generosa,*
> *una fragancia crepitante.*
>
> Pablo Neruda, fragmento de
> «Demasiados nombres», *Estravagario*.

GÉNESIS DE UN NUEVO MUNDO [1]

Un nuevo mundo está tomando forma en este fin de milenio. Se originó en la coincidencia histórica, hacia finales de los años sesenta y mediados de los setenta, de tres procesos *independientes*: la revolución de la tec-

---

* Ésta es la conclusión general del libro en tres volúmenes, *La era de la información: Economía, sociedad y cultura*. He intentado evitar repeticiones. Para la definición de los conceptos teóricos utilizados en esta conclusión (por ejemplo, informacionalismo o relaciones de producción), remito al prólogo del volumen I. Véanse también las conclusiones del volumen I para una elaboración del concepto de sociedad red y las conclusiones del volumen II para un análisis de las relaciones entre identidad cultural, movimientos sociales y política.

[1] En los años recientes, en las discusiones de mis seminarios surge con tanta frecuencia

nología de la información; la crisis económica tanto del capitalismo como del estatismo y sus reestructuraciones subsiguientes; y el florecimiento de movimientos sociales y culturales, como el antiautoritarismo, la defensa de los derechos humanos, el feminismo y el ecologismo. La interacción de estos procesos y las reacciones que desencadenaron crearon una nueva estructura social dominante, la sociedad red; una nueva economía, la economía informacional/global; y una nueva cultura, la cultura de la virtualidad real. La lógica inserta en esta economía, esta sociedad y esta cultura subyace en la acción social y las instituciones de un mundo interdependiente.

En la investigación presentada en los tres volúmenes de este libro se han identificado unos cuantos rasgos decisivos de este nuevo mundo. La revolución de la tecnología de la información indujo la aparición del informacionalismo como cimiento material de la nueva sociedad. En el informacionalismo, la generación de riqueza, el ejercicio del poder y la creación de códigos culturales han pasado a depender de la capacidad tecnológica de las sociedades y las personas, siendo la tecnología de la información el núcleo de esta capacidad. La tecnología de la información ha sido la herramienta indispensable para la puesta en práctica efectiva de los procesos de reestructuración socioeconómica. De importancia particular fue su papel al permitir el desarrollo de redes interconectadas como una forma autoexpansiva y dinámica de organización de la actividad humana. Esta lógica de redes transforma todos los ámbitos de la vida social y económica.

---

una cuestión que he pensado que sería útil transmitirla al lector. Se trata de la novedad. ¿Qué tiene todo esto de nuevo? ¿Por qué es éste un mundo nuevo? Yo sí creo que hay un nuevo mundo surgiendo en este fin de milenio. En los tres volúmenes de este libro he tratado de proporcionar información e ideas en apoyo de esta afirmación. Los chips y los ordenadores son nuevos; las telecomunicaciones ubicuas y móviles son nuevas; la ingeniería genética es nueva; los mercados financieros globales, integrados electrónicamente, que operan en tiempo real, son nuevos; y la economía capitalista interconectada que abarca todo el planeta y no sólo algunos de sus segmentos es nueva; la ocupación de la mayoría de la mano de obra urbana en el procesamiento del conocimiento y la información en las economías avanzadas es nueva; una mayoría de población urbana en el planeta es nueva; la desaparición del imperio soviético y del comunismo, así como el fin de la guerra fría son nuevos; el ascenso del Pacífico asiático como socio paritario en la economía global es nuevo; el desafío general al patriarcado es nuevo; la conciencia universal sobre la conservación ecológica es nueva; y el surgimiento de una sociedad red, basada en un espacio de los flujos y en un tiempo atemporal, es nuevo en la historia. *No obstante, no es esto lo que quiero destacar.* Mi afirmación fundamental es que no importa realmente si cree que este mundo o algunos de sus rasgos son nuevos o no. Mi análisis se sustenta por sí mismo. Éste es nuestro mundo, el mundo de la era de la información. Y éste es mi análisis de este mundo, que debe comprenderse, utilizarse, juzgarse por sí mismo, por su capacidad o incapacidad para identificar y explicar los fenómenos que observamos y experimentamos, prescindiendo de su novedad. Después de todo, si no hay nada nuevo bajo el sol, ¿por qué molestarnos en tratar de investigar, pensar, escribir y leer sobre ello?

La crisis de los modelos de desarrollo económico tanto capitalista como estatista impulsó su reestructuración paralela a partir de mediados de los años setenta. En las economías capitalistas, empresas y gobiernos adoptaron diversas medidas y políticas que, en conjunto, llevaron a una nueva forma de capitalismo. Ésta se caracteriza por la globalización de las actividades económicas centrales, la flexibilidad organizativa y un mayor poder de la empresa en su relación con los trabajadores. Las presiones de la competitividad, la flexibilidad del trabajo y el debilitamiento de la sindicalización condujeron a la reducción del Estado de bienestar, la piedra angular del contrato social en la era industrial. Las nuevas tecnologías de la información desempeñaron un papel fundamental al facilitar el surgimiento de este capitalismo flexible y dinámico, proporcionando las herramientas para la comunicación a distancia mediante redes, el almacenamiento/procesamiento de la información, la individualización coordinada del trabajo y la concentración y descentralización simultáneas de la toma de decisiones.

En esta economía global interdependiente, nuevos competidores —empresas y países— pasaron a reclamar una cuota creciente de la producción, el comercio, el capital y el trabajo. El desarrollo de una economía del Pacífico vigorosa y competitiva, y los nuevos procesos de industrialización y expansión de los mercados en varias regiones del mundo, independientemente de las crisis recurrentes y de la inestabilidad sistémica, ampliaron el alcance y la escala de la economía global, estableciendo una base multicultural de interdependencia económica. Las redes de capital, trabajo, información y mercados enlazaron, mediante la tecnología, las funciones, las personas y las localidades valiosas del mundo, a la vez que desconectaban de sus redes a aquellas poblaciones y territorios desprovistos de valor e interés para la dinámica del capitalismo global. Ello condujo a la exclusión social y la irrelevancia económica de segmentos de sociedades, áreas de ciudades, regiones y países enteros, que constituyen lo que denomino el «Cuarto Mundo». El intento desesperado de algunos de estos grupos sociales y territorios por vincularse con la economía global, por escapar de la marginalidad, llevó a lo que denomino la «conexión perversa», cuando el crimen organizado en todo el mundo se aprovechó de su situación desesperada para fomentar el desarrollo de una economía criminal global, con el fin de satisfacer el deseo prohibido y suministrar mercancías ilícitas a la demanda interminable de las sociedades e individuos ricos.

La reestructuración del estatismo resultó ser más difícil, sobre todo para la sociedad estatista dominante del mundo, la Unión Soviética, en el centro de una amplia red de países y partidos estatistas. El estatismo soviético fue incapaz de asimilar el informacionalismo, con lo que se estancó el crecimiento económico y se debilitó de forma decisiva su maquinaria militar, la fuente última de poder en un régimen estatista. Su conciencia del estancamiento y el declive condujo a algunos dirigentes soviéticos, de Andrópov a Gorbachov, a intentar una reestructuración del sistema. Para superar la inercia y la resistencia del partido/Estado, los dirigentes reformistas abrieron puertas a la información y pidieron respaldo a la sociedad civil. La vigorosa expresión de las identidades nacionales/culturales y las reivindicaciones de democracia del pueblo no pudieron canalizarse fácilmente en un programa de reforma predeterminado. La presión de los acontecimientos, los errores tácticos, la incompetencia política y la división interna de los aparatos estatistas llevó al derrumbamiento súbito del comunismo soviético: uno de los hechos más extraordinarios de la historia política. Con él también se desmoronó el imperio soviético, mientras que los regímenes estatistas de su área de influencia global quedaron decisivamente debilitados. Así terminó, en lo que supuso un instante según el tiempo histórico, el experimento revolucionario que dominó el siglo XX. También constituyó el fin de la guerra fría entre capitalismo y estatismo, que había dividido al mundo, determinado la geopolítica y angustiado nuestras vidas durante el último medio siglo.

En su encarnación comunista, el estatismo terminó allí para todos los supuestos prácticos, aunque la versión china de estatismo emprendió un camino más sutil y complicado hacia su salida histórica, como he tratado de mostrar en el capítulo 4 de este volumen. A fin de mantener la coherencia de mi argumento, permítaseme recordar al lector que el Estado chino de los años noventa, aunque está completamente controlado por el Partido Comunista, se organiza en torno a la incorporación de China al capitalismo global, basándose en un proyecto nacionalista representado por el Estado. Este nacionalismo chino con características socialistas está pasando rápidamente del estatismo al capitalismo global, a la vez que intenta encontrar una vía para adaptarse al informacionalismo, pero sin una sociedad abierta.

Tras la desaparición del estatismo como sistema, en menos de una década el capitalismo prospera en todo el mundo y profundiza su penetración en los países, las culturas y los ámbitos de la vida. Pese a la existencia de un paisaje social y cultural muy diversificado, por primera vez en la historia, todo el planeta está organizado en torno a un conjunto de reglas económicas en buena medida comunes. Sin embargo, es un capitalismo diferente del que se formó durante la Revolución industrial o del que surgió de la Depresión de los años treinta y la Segunda Guerra Mundial, en la forma de keynesianismo económico y el estado de bienestar. Es una forma endurecida de capitalismo en cuanto a fines y valores, pero incomparablemente más flexible que cualquiera de sus predecesores en cuanto a medios. Es el capitalismo informacional, que se basa en la producción inducida por la innovación y la competitividad orientada a la globalización, para generar riqueza y para apropiársela de forma selectiva. Más que nunca, está incorporado en la cultura y la tecnología. Pero esta vez, tanto la cultura como la tecnología dependen de la capacidad del conocimiento y la información para actuar sobre el conocimiento y la información, en una red recurrente de intercambios globalmente conectados.

Sin embargo, las sociedades no son sólo resultado de la transformación tecnológica y económica, ni cabe limitar el cambio social a crisis y adaptaciones institucionales. Casi al mismo tiempo que estos procesos comenzaron a tener lugar a finales de los años sesenta, se desencadenaron vigorosos movimientos sociales de forma casi simultánea en todo el mundo industrializado, primero en los Estados Unidos y Francia, luego en Italia, Alemania, España, Japón, Brasil, México y Checoslovaquia, con ecos y reacciones en numerosos otros países. Como actor en estos movimientos sociales (era profesor ayudante de sociología en el campus de Nanterre de la Universidad de París en 1968), fui testigo de su carácter fundamentalmente libertario. Aunque con frecuencia adoptaron expresiones ideológicas marxistas en sus vanguardias militantes, en realidad tenía poco que ver con el marxismo o, incluso, con la clase obrera. Eran en esencia movimientos culturales, deseosos de cambiar la vida más que de tomar el poder. Sabían de forma intuitiva que el acceso a las instituciones del Estado coopta el movimiento, mientras que la construcción de un nuevo Estado revolucionario lo pervierte. Sus ambiciones abarcaban una reacción multidimensional contra la autoridad arbitraria, una revuelta contra la injusticia y la búsqueda de experimentación personal. Aunque frecuentemente fueron protagonizados por estudiantes, no eran de ningún modo movimientos estudiantiles, ya que se extendieron a toda la sociedad, sobre todo entre los jóvenes, y sus valores reverberaron en todas las esferas de la vida. Por supuesto, fueron derrotados en la política porque, como la mayoría de los movimientos utópicos de la historia, nunca pretendieron esa victoria. Pero se marchitaron con una elevada productividad histórica: muchas de sus ideas y algunos de sus sueños germinaron en las sociedades y florecieron como innovaciones culturales, a las que tendrán que remitirse políticos e ideólogos de las generaciones venideras. De esos movimientos brotaron las ideas que serían la fuente del ecologismo, del feminismo, de la defensa constante de los derechos humanos, de la liberación sexual, de la igualdad étnica y la democracia de base. Los movimientos culturales de los años sesenta y comienzos de los setenta prepararon el camino para la construcción de comunidades culturales en los años noventa, cuando la crisis de legitimidad de las instituciones de la era industrial desdibujó el sentido de la política democrática.

Los movimientos sociales no fueron reacciones a la crisis económica. De hecho, surgieron a finales de los años sesenta, en el apogeo del crecimiento sostenido y el pleno empleo, como una crítica a la «sociedad de consumo». Aunque indujeron algunas huelgas obreras, como en Francia, y ayudaron a la izquierda política, como en Italia, no formaron parte de la política de derecha/izquierda de la era industrial, que se había organizado en torno a las divisiones de clase del capitalismo. Y aunque coexistieron, hablando en términos generales, con la revolución de la tecnología de la información, la tecnología estaba en buena parte ausente de los valores y las críticas de la mayoría de los movimientos, si se exceptúan algunos llamamientos contra la deshumanización del maquinismo y su oposición a la energía nuclear (una tecnología antigua en la era de la información). Pero si bien estos movimientos sociales eran fundamentalmente culturales, tuvieron un impacto en la economía, la tecnología y los procesos de reestructuración que siguieron. Su espíritu libertario influyó de forma considerable en la tendencia a unos usos de la tecnología individualizados y descentralizados. Su marcada separación del movimiento obrero tradicional contribuyó al debilitamiento de los sindicatos, lo que facilitó la reestructuración capitalista. Su apertura cultural estimuló la experimentación tecnológica con la manipulación de símbolos, creando así un nuevo mundo de representaciones imaginarias que evolucionaría hacia la cultura de la virtualidad real. Su cosmopolitismo e internacionalismo establecieron las bases intelectuales para un mundo interdependiente, y su aversión al Estado socavó la legitimidad de los rituales democráticos, pese a que algunos dirigentes del movimiento se convirtieron en renovadores de las instituciones políticas. Es más, al rechazar la transmisión ordenada de los códigos eternos y los valores establecidos, como el patriarcado, el tradicionalismo religioso y el nacionalismo, los movimientos de los años sesenta crearon el marco para una división fundamental en las sociedades de todo el mundo: por una parte, las elites activas autodefinidas culturalmente, que construyen sus propios valores en virtud de su experiencia; por la otra, los grupos sociales cada vez más inseguros, privados de información, recursos y poder, que cavan sus trincheras de resistencia precisamente en torno a aquellos valores eternos que habían sido menospreciados por los rebeldes de los años sesenta.

La revolución de la tecnología, la reestructuración de la economía y la crítica de la cultura convergieron hacia una redefinición histórica de las relaciones de producción, poder y experiencia sobre las que se basan las sociedades.

UNA NUEVA SOCIEDAD

Una nueva sociedad surge siempre y cuando pueda observarse una transformación estructural en las relaciones de producción, en las relaciones de poder y en las relaciones de experiencia. Estas transformaciones conllevan una modificación igualmente sustancial de las formas sociales del espacio y el tiempo, y la aparición de una nueva cultura.

La información y los análisis presentados en los tres volúmenes de este libro proporcionan indicios sólidos de dicha transformación multidimensional en el último período del segundo milenio. Sintetizaré los principales rasgos de la transformación de cada dimensión, remitiendo al lector a los capítulos respectivos que tratan de cada tema para los materiales empíricos que prestan cierta credibilidad a las conclusiones presentadas aquí.

Las *relaciones de producción* se han transformado, tanto social como técnicamente. Sin duda, son capitalistas, pero de un tipo de capitalismo diferente en la historia, que denomino capitalismo informacional. En aras de la claridad, consideraré, en secuencia, las nuevas características del proceso de producción, del trabajo y del capital. Entonces se pondrá de manifiesto la transformación de las relaciones de clase.

Productividad y competitividad son los procesos esenciales de la economía informacional/global. La productividad proviene fundamentalmente de la innovación; la competitividad, de la flexibilidad. Así, empresas, regiones, países y unidades económicas de todo tipo orientan sus relaciones de producción a maximizar la innovación y la flexibilidad. La tecnología de la información y la capacidad cultural para utilizarla son esenciales para los resultados de la nueva función de la producción. Además, una nueva forma de organización y gestión, que aspira a la adaptabilidad y la coordinación simultáneamente, se convierte en la base del sistema operativo más efectivo, en lo que denomino la empresa red.

En este nuevo sistema de producción se redefine el papel del trabajo como productor y se diferencia marcadamente según las características de los trabajadores. Una diferencia importante atañe a lo que denomino trabajador genérico frente a trabajador autoprogramable. La cualidad crucial para diferenciar estos dos tipos de trabajador es la educación y la capacidad de acceder a niveles superiores de educación; esto es, la incorporación de conocimiento e información. El concepto de educación debe distinguirse del de cualificación. Ésta puede quedarse obsoleta rápidamente por el cambio tecnológico y organizativo. La educación (que no es un almacén de niños y estudiantes) es el proceso mediante el cual las personas, es decir, los trabajadores, adquieren la capacidad de redefinir constantemente la cualificación necesaria para una tarea determinada y de acceder a las fuentes y métodos para adquirir dicha cualificación. Quien posee educación, en el entorno organizativo apropiado, puede reprogramarse hacia las tareas en cambio constante del proceso de producción. Por el contrario, el trabajador genérico es asignado a una tarea determinada, sin capacidad de reprogramación, que no presupone la incorporación de información y conocimiento más allá de la capacidad de recibir y ejecutar señales. Estos «terminales humanos» pueden, por supuesto, ser reemplazados por máquinas o por cualquier otra persona de la región, el país o el mundo, según las decisiones empresariales. Aunque son colectivamente indispensables para el proceso de producción, los trabajadores genéricos son prescindibles individualmente, ya que el valor añadido por cada uno de ellos representa una pequeña fracción del generado por y para la organización. Las máquinas y el trabajador genérico de diversos orígenes y localizaciones cohabitan en los mismos circuitos subordinados del sistema de producción.

La flexibilidad, expresada desde el punto de vista organizativo por la empresa red, requiere trabajadores en red y a tiempo flexible, así como una amplia gama de relaciones laborales, incluidos el autoempleo y la subcontratación recíproca. La geometría variable de estas relaciones laborales conduce a la descentralización coordinada del trabajo y a su individualización.

La economía informacional/global es capitalista; de hecho, más que ninguna otra economía en la historia. Pero el capital está tan transformado como el trabajo en esta nueva economía. La regla sigue siendo la producción en aras de la ganancia y para la apropiación privada de la ganancia, sobre la base de los derechos de propiedad, que son la esencia del capitalismo. ¿Pero cómo tiene lugar esta apropiación capitalista? Deben considerarse tres diferentes niveles para responder a esta pregunta fundamental. Sólo el tercero es específico del capitalismo informacional.

El primer nivel atañe a *los titulares de los derechos de propiedad del capital*. Básicamente, son de tres tipos: a) los accionistas de las empresas, un grupo en el que cada vez son más predominantes los accionistas institucionales (tales como fondos de pensiones) y cuyas decisiones de inversión y desinversión suelen regirse por consideraciones financieras a corto plazo; b) las familias propietarias, todavía una forma importante de capitalismo, sobre todo en el Pacífico asiático; y c) los empresarios individuales, propietarios de sus propios medios de producción (cuyas mentes son sus principales activos), que arriesgan y se apropian de sus ganancias. Esta última categoría, que fue fundamental en los orígenes del capitalismo industrial y luego quedó muy desfasada por el capitalismo avanzado, ha vuelto a cobrar importancia con el capitalismo informacional, utilizando la innovación y la flexibilidad como rasgos esenciales del nuevo sistema de producción.

El segundo nivel de las formas de apropiación capitalistas hace referencia a la *clase directiva*; es decir, los controladores de los activos de capital en nombre de los accionistas. Estos ejecutivos, cuya preeminencia ya habían mostrado Berle y Means en los años treinta, siguen constituyendo el núcleo del capitalismo en el informacionalismo, sobre todo en las empresas multinacionales. No veo razón para no incluir entre ellos a los gestores de las compañías de propiedad estatal, quienes, a todos los supuestos prácticos, siguen la misma lógica y comparten la misma cultura, menos el riesgo de las pérdidas, financiadas por el contribuyente.

El tercer nivel en el proceso de apropiación de los beneficios por parte del capital es tanto un antiguo proceso como un rasgo fundamental del nuevo capitalismo informacional. La razón estriba en la naturaleza de los *mercados financieros globales*. Es en esos mercados donde los beneficios de todas las fuentes acaban convergiendo en busca de mayores beneficios.

En efecto, los márgenes de ganancia en el mercado de valores, en el mercado de bonos, en el mercado de divisas, en futuros, opciones y derivados, en los mercados financieros en general son, en promedio, considerablemente mayores que en la mayoría de las inversiones directas, salvo unos pocos casos de especulación. Ello no obedece a la naturaleza del capital financiero, la forma más antigua de capital en la historia, sino a las condiciones tecnológicas en las que funciona en el informacionalismo. A saber, su superación del espacio y el tiempo por medios electrónicos. Su capacidad tecnológica e informacional para rastrear sin descanso todo el planeta en busca de oportunidades de inversión y para pasar de una opción a otra en cuestión de segundos, pone al capital en movimiento constante, fundiendo en este movimiento capital de todos los orígenes, como en los fondos de inversión. Las capacidades de programación y previsión de los modelos de gestión financiera permiten explotar el futuro y los intersticios del futuro (es decir, escenarios alternativos posibles), vendiendo este «patrimonio irreal» como derechos de propiedad de lo inmaterial. Jugando según las reglas, no hay nada malo en este casino global. Después de todo, si la gestión prudente y la tecnología apropiada evitan dramáticas quiebras del mercado, las pérdidas de algunas fracciones del capital son las ganancias de otras, de tal modo que, a largo plazo, el mercado se compensa y mantiene un equilibrio dinámico. Sin embargo, debido al diferencial entre la cantidad de beneficios obtenidos de la producción de bienes y servicios y la cantidad que puede obtenerse de las inversiones financieras, los capitales individuales de todos los tipos son, de hecho, dependientes del destino de sus inversiones en los mercados financieros globales, ya que el capital nunca puede permanecer inactivo. Así, *los mercados financieros globales y sus redes de gestión son el capitalista colectivo real, la madre de todas las acumulaciones*. Afirmar esto no es decir que los capitales financieros dominan el capital industrial, una antigua dicotomía que no encaja con la nueva realidad económica. En efecto, en el último cuarto de siglo, las empresas de todo el mundo han autofinanciado la mayoría de sus inversiones con los beneficios de su producción. Los bancos no controlan a las empresas industriales, ni se controlan a sí mismos. Empresas de todo tipo, productores financieros, así como gobiernos e instituciones públicas, utilizan las redes financieras globales como depositarias de sus ganancias y como fuente potencial de mayores beneficios. Es en esta forma específica en la que *las redes financieras globales son el centro nervioso del capitalismo informacional*. Sus movimientos determinan el valor de las acciones, los bonos y las divisas, llevando a la ruina o la riqueza a inversores, empresas y países. Pero estos movimientos no siguen una lógica de mercado. El mercado sube y baja, es manipulado y transformado por una combinación de maniobras estratégicas realizadas por ordenador, psicología de masas de fuentes multiculturales y turbulencias inesperadas, causadas por grados cada vez mayores de complejidad en la interacción de los flujos de capital a escala global. Aunque los economistas de vanguardia están tratando de modelar esta conducta de mercado según la teoría de juegos, sus esfuerzos heroicos para encontrar modelos de expectativas racionales son descargados de inmediato en los ordenadores de los magos de las finanzas para obtener nuevas ventajas competitivas de este conocimiento innovando sobre los modelos de inversión ya conocidos.

Las consecuencias de estos procesos en *las relaciones de clase* son tan profundas como complejas. Pero antes de identificarlas es necesario distinguir los diferentes significados de «relaciones de clase». Un planteamiento se centra en la desigualdad social en cuanto a renta y posición social, de acuerdo con la teoría de la estratificación social. Desde esta perspectiva, el nuevo sistema se caracteriza por *una tendencia a aumentar la desigualdad y la polarización sociales*, a saber, el crecimiento simultáneo tanto del vértice como de la base de la escala social. Ello obedece a los tres siguientes factores: a) una diferenciación fundamental entre trabajo autoprogramable y altamente productivo, y trabajo genérico prescindible; b) la individualización del trabajo, que socava su organización colectiva, con lo que los sectores más débiles de la mano de obra quedan abandonados a su suerte; y c) la desaparición gradual del Estado de bienestar bajo el impacto de la individualización del trabajo, la globalización de la economía y la deslegitimación del Estado, privando así de una red de seguridad a la gente que no puede alcanzarla de forma individual. Esta tendencia hacia la desigualdad y la polarización no es inexorable: puede contrarrestarse y evitarse mediante políticas públicas. Pero la desigualdad y la polarización están prescritas en las dinámicas del capitalismo informacional y prevalecerán a menos que se emprenda una acción consciente y sostenida para compensar estas tendencias.

Un segundo significado de las relaciones de clase hace referencia a la *exclusión social*. Por ella entiendo la desvinculación existente entre los individuos como tales y los individuos como trabajadores/consumidores en la dinámica del capitalismo informacional a escala global. En el capítulo 2 de este volumen traté de mostrar las causas y consecuencias de esta tendencia en situaciones variadas. En el nuevo sistema de producción, un número considerable de personas, probablemente en una proporción cada vez mayor, carecen de importancia lo mismo como productores que como consumidores, desde la perspectiva de la lógica del sistema. De nuevo debo destacar que esto no es lo mismo que decir que hay, o habrá, un desempleo masivo. Los datos comparativos muestran que, en general, en todas las sociedades urbanas, la mayoría de las personas y sus familias tienen un trabajo remunerado, incluso en los barrios y los países más pobres. La pregunta es: ¿qué tipo de trabajo para qué tipo de salario y en qué condiciones? Lo que está sucediendo es que la masa de trabajadores genéricos circulan en una variedad de puestos de trabajo, cada vez más ocasionales, con mucha discontinuidad. Así que millones de personas están dentro y fuera del trabajo remunerado, participando a menudo en actividades informales y, en algunos casos, en los niveles más bajos de la economía criminal. Es más, la pérdida de una relación estable con el empleo y el débil poder de negociación de muchos trabajadores conducen a una mayor incidencia de crisis importantes en la vida de sus familias: desempleo temporal, crisis personales, enfermedad, adicción a la droga/alcohol, pérdida de la posibilidad de ser empleado, pérdida de activos, pérdida de crédito. Muchas de estas crisis están interrelacionadas y conducen, en una espiral descendente de exclusión social, hacia lo que he denominado «los agujeros negros del capitalismo informacional», de los que, hablando estadísticamente, es difícil escapar.

La línea divisoria entre exclusión social y supervivencia diaria cada vez resulta más borrosa para un número creciente de personas en todas las sociedades. Habiendo perdido gran parte de la red de seguridad, sobre todo para las nuevas generaciones de la era posterior al Estado de bienestar, los individuos que no pueden mantener la actualización constante de su cualificación y se quedan atrás en la carrera competitiva, se convierten en candidatos a la expulsión de esa «clase media» menguante que constituyó la fortaleza de las sociedades capitalistas durante la era industrial. Así, los procesos de exclusión social no sólo afectan a los «miserables», sino a aquellos individuos y categorías sociales que construyen sus vidas en una lucha constante para evitar caer en un submundo estigmatizado de trabajo degradado y personas socialmente disminuidas.

Un tercer modo de comprender las nuevas relaciones de clase, esta vez en la tradición marxiana, atañe a *quiénes son los productores y quién se apropia del producto de su trabajo*. Si la innovación es la principal fuente de la productividad, el conocimiento y la información son los materiales esenciales del nuevo proceso de producción y la educación es la cualidad clave del trabajo, los nuevos productores del capitalismo informacional son los generadores de conocimiento y los procesadores de información cuya contribución es extremadamente valiosa para la empresa, la región y la economía nacional. Pero la innovación no surge en aislamiento. Es parte de un sistema en el que la gestión de las organizaciones, el procesamiento del conocimiento y la información, y la producción de bienes y servicios están entrelazados. Así definida, esta categoría de productores informacionales incluye a un grupo muy grande de ejecutivos, profesionales y técnicos, que forman un «trabajador colectivo»; es decir, una unidad de producción compuesta por la cooperación entre una variedad de trabajadores individuales inseparables. En los países de la OCDE quizá supongan cerca de un tercio de la población activa. La mayor parte del resto de los trabajadores pueden pertenecer a la categoría de mano de obra genérica, potencialmente reemplazable por máquinas o por otros miembros de la mano de obra genérica. Necesitan a los productores para proteger su poder de negociación, pero los productores informacionales no los necesitan a ellos: ésta es una división fundamental en el capitalismo informacional, que conduce a la disolución gradual de los restos de la solidaridad de clase de la sociedad industrial.

¿Pero quién se apropia de una parte del trabajo de los productores informacionales? En cierto sentido, nada ha cambiado respecto al capitalismo clásico: sus empleadores; ése es el principal motivo por el que los emplean. Pero, por otra parte, el mecanismo de apropiación de la plusvalía es mucho más complicado. En primer lugar, las relaciones laborales están tendencialmente individualizadas, lo que significa que cada productor recibirá un trato diferente. En segundo lugar, una proporción creciente de productores controlan su propio proceso de trabajo y entran en relaciones laborales horizontales específicas, de tal modo que, en buena medida, se vuelven productores independientes, sometidos a las fuerzas del mercado, pero aplicando estrategias de mercado. En tercer lugar, sus ganancias suelen ir al torbellino de los mercados financieros globales, alimentados precisamente por el sector pudiente de la población mundial, de tal modo que también son dueños colectivos de capital colectivo, con lo que se vuelven dependientes de los resultados de los mercados de capital. En estas condiciones, apenas cabe considerar que exista una contradicción de clase entre estas redes de productores extremadamente individualizados y el capitalista colectivo de las redes financieras globales. Sin duda, se dan un abuso y una explotación crecientes de los productores individuales, así como de las grandes masas de trabajadores genéricos, por parte de quienes controlan los procesos de producción. No obstante, la segmentación de la mano de obra, la individualización del trabajo y la difusión del capital en los circuitos de las finanzas globales han inducido en conjunto la desaparición gradual de la estructura de clases de la sociedad industrial. Existen, y existirán, importantes conflictos sociales, algunos de ellos protagonizados por los trabajadores y los sindicatos, de Corea a España. No obstante, no son expresión de la lucha de clases, sino de reivindicaciones de grupos de interés o de revueltas contra la injusticia.

Las *divisiones sociales verdaderamente fundamentales de la era de la información* son: primero, la fragmentación interna de la mano de obra entre productores informacionales y trabajadores genéricos reemplazables. Segundo, la exclusión social de un segmento significativo de la sociedad compuesto por individuos desechados cuyo valor como trabajadores/consumidores se ha agotado y de cuya importancia como personas se prescinde. Y, tercero, la separación entre la lógica de mercado de las redes globales de los flujos de capital y la experiencia humana de las vidas de los trabajadores.

Las *relaciones de poder* también están siendo transformadas por los procesos sociales que he identificado y analizado en este libro. La principal transformación concierne a la *crisis del Estado-nación como entidad soberana y la crisis relacionada de la democracia política*, según se construyó en los dos últimos siglos. Como las órdenes del Estado no pueden hacerse cumplir plenamente y como algunas de sus promesas fundamentales, encarnadas en el Estado de bienestar, no pueden mantenerse, tanto su autoridad como su legitimidad están en entredicho. Puesto que la democracia representativa se basa en la idea de un estado soberano, el desdibujamiento de las fronteras de la soberanía conduce a la incertidumbre en el proceso de delegación de la voluntad del pueblo. La globalización del capital, la multilateralización de las instituciones de poder y la descentralización de la autoridad a los gobiernos regionales y locales producen una nueva geometría del poder, induciendo quizás una nueva forma de Estado, el Estado red. Los actores sociales y los ciudadanos en general maximizan las posibilidades de representación de sus intereses y valores aplicando estrategias en las redes de relación entre diversas instituciones, a diversos niveles de competencia. Los ciudadanos de una región europea determinada tendrán mayor oportunidad de defender sus intereses si apoyan a sus autoridades regionales contra su gobierno nacional, en alianza con la Unión Europea. O al contrario. O ninguna de las dos cosas, sino más bien afirmando la autonomía local/regional tanto frente al Estado-nación como frente a las instituciones supranacionales. Los descontentos estadounidenses pueden vilipendiar al gobierno federal en nombre de la nación estadounidense. O las nuevas elites empresariales chinas pueden impulsar sus intereses vinculándose con su gobierno provincial o con el aún poderoso gobierno nacional, o con las redes chinas de ultramar. En otras palabras, la nueva estructura de poder está dominada por una geometría de red variable en la que las relaciones de poder siempre son específicas para una configuración determinada de actores e instituciones.

En estas condiciones, la política informacional, que se realiza primordialmente por la manipulación de símbolos en el espacio de los medios de comunicación, encaja bien con este mundo en constante cambio de las relaciones de poder. Los juegos estratégicos, la representación personalizada y el liderazgo individualizado sustituyen a los agrupamientos de clase, la movilización ideológica y el control partidista, que caracterizaron a la política en la era industrial.

Cuando la política se convierte en un teatro y las instituciones políticas son órganos de negociación más que sedes de poder, los ciudadanos de todo el mundo reaccionan a la defensiva y votan para evitar ser perjudicados por el Estado, en lugar de confiarle su voluntad. En cierto sentido, *el sistema político se va vaciando de poder.*

Sin embargo, el poder no desaparece. En una sociedad informacional, *queda inscrito, en un ámbito fundamental, en los códigos culturales mediante los cuales las personas y las instituciones conciben la vida y toman decisiones, incluidas las políticas.* En cierto sentido, el poder, aunque real, se vuelve inmaterial. Es real porque donde y cuando se consolida, proporciona, durante un tiempo, a los individuos y las organizaciones, la capacidad de aplicar sus decisiones prescindiendo del consenso. Pero es inmaterial porque dicha capacidad procede de la posibilidad de encuadrar la experiencia vital en categorías que predispongan a una conducta determinada y puedan entonces presentarse en favor de un liderazgo determinado. Por ejemplo, si una población se siente amenazada por un temor multidimensional no identificable, el encuadramiento de dichos temores bajo los códigos de inmigración = raza = pobreza = asistencia social = delito = pérdida del trabajo = impuestos = amenaza, proporciona un blanco identificable, define un *nosotros* contra *ellos* y favorece a aquellos dirigentes que son más creíbles en su apoyo de lo que se percibe como una dosis razonable de racismo y xenofobia. O, en un ejemplo muy diferente, si la gente equipara calidad de vida con conservación de la naturaleza, y con su serenidad espiritual, podrían aparecer nuevos actores políticos y nuevas políticas públicas.

Las batallas culturales son las batallas del poder en la era de la información. Se libran primordialmente en los medios de comunicación y por los medios de comunicación, pero éstos no son los que ostentan el poder. El poder, como capacidad de imponer la conducta, radica en las redes de intercambio de información y manipulación de símbolos, que relacionan a los actores sociales, las instituciones y los movimientos culturales, a través de iconos, portavoces y amplificadores intelectuales. A largo plazo, no importa realmente quién tiene el poder, porque la distribución de los papeles políticos se generaliza y es rotatoria. Ya no existen elites de poder estables. Sin embargo, sí hay *elites desde el poder*, es decir, elites formadas durante su mandato, usualmente breve, en el que aprovechan su posición política privilegiada para obtener un acceso más estable a los recursos materiales y las conexiones sociales. La cultura como fuente de poder y el poder como fuente de capital constituyen la nueva jerarquía social de la era de la información.

La transformación de *las relaciones de experiencia* gira sobre todo en torno a *la crisis del patriarcado*, en las raíces de una profunda redefinición de la familia, las relaciones de género, la sexualidad y, por consiguiente, la personalidad. Tanto por razones estructurales (vinculadas con la economía informacional) como por las repercusiones de los movimientos sociales (feminismo, luchas de las mujeres y liberación sexual), la autoridad patriarcal es puesta en tela de juicio en la mayor parte del mundo, si bien bajo formas y con intensidad diferentes, de acuerdo con los contextos culturales/institucionales. El futuro de la familia es incierto, pero el futuro del patriarcado, no: sólo puede sobrevivir bajo la protección de estados autoritarios y fundamentalismos religiosos. Como muestran los estudios presentados en el volumen II, capítulo 4, en las sociedades abiertas, la familia patriarcal sufre una crisis profunda, mientras que los nuevos embriones de familias igualitarias aún siguen luchando contra el viejo mundo de intereses, prejuicios y temores. Las redes de personas (sobre todo en el caso de las mujeres) cada vez sustituyen más a la familia nuclear como forma primaria de apoyo emocional y material. Los individuos y sus hijos siguen un modelo de familia secuencial y de acuerdos personales, no familiares, a lo largo de sus vidas. Y aunque existe una tendencia en rápido ascenso de padres que se ocupan de sus hijos, las mujeres —solas o viviendo con otras— y sus hijos son una forma cada vez más difundida de reproducción de la sociedad, lo que modifica sustancialmente los modelos de socialización de los niños. Admito que tomo como punto de referencia la experiencia de los Estados Unidos y la mayor parte de Europa Occidental (donde el sur de Europa constituye, en cierta medida, una excepción), pero, como sostuve en el volumen II, puede demostrarse que las luchas de las mujeres, sean o no declaradamente feministas, se están extendiendo por todo el mundo, socavando el patriarcado en la familia, en la economía y en las instituciones de la sociedad. Considero muy probable que, con la generalización de las luchas de las mujeres, y con la conciencia creciente de su opresión, su desafío colectivo al orden patriarcal se generalice, induciendo procesos de crisis en las estructuras de la familia tradicional. Veo también señales de recomposición de la familia, ya que millones de hombres parecen estar dispuestos a renunciar a sus privilegios y a trabajar junto a las mujeres para encontrar nuevas formas de amar, compartir la vida y tener hijos. En efecto, creo que la reconstrucción de la familia bajo formas igualitarias es la base necesaria para reconstruir la sociedad de abajo arriba. Más que nunca, las familias son las proveedoras de seguridad psicológica y bienestar material de las personas en un mundo caracterizado por la individualización del trabajo, la desestructuración de la sociedad civil y la deslegitimación del Estado. No obstante, la transición a nuevas formas de familia implica una redefinición fundamental de las relaciones de género en toda la sociedad y, por lo tanto, de la sexualidad. Como los sistemas de personalidad están determinados por la familia y la sexualidad, también se encuentran en un proceso de cambio profundo. Caracterizo dicho proceso como la formación de personalidades flexibles, capaces de llevar a cabo constantemente la reconstrucción del yo, en lugar de definirlo mediante la adaptación a lo que en otro tiempo fueron los roles sociales, que ya no son viables y que, por lo tanto, han dejado de tener sentido. *La transformación más fundamental de las relaciones de experiencia en la era de la información es su transición a un modelo de relación social construido, primordialmente, por la experiencia real de la relación.* Hoy día, las personas producen formas de sociabilidad, en lugar de seguir modelos de conducta.

Los cambios en las relaciones de producción, poder y experiencia convergen hacia *la transformación de los cimientos materiales de la vida social, el espacio y el tiempo.* El espacio de los flujos de la era de la información domina al espacio de los lugares de las culturas de los pueblos. El tiempo atemporal como la tendencia social a la superación del tiempo por la tecnología desbanca la lógica del tiempo de reloj de la era industrial. El capital circula, el poder gobierna y la comunicación electrónica gira a través de los flujos de intercambios entre localidades seleccionadas y distantes, mientras que la experiencia fragmentada permanece confinada a los lugares. La tecnología comprime el tiempo en unos pocos instantes aleatorios, con lo cual la sociedad pierde el sentido de secuencia y la historia se deshistoriza. Al recluir al poder en el espacio de los flujos, permitir al capital escapar del tiempo y disolver la historia en la cultura de lo efímero, la sociedad red desencarna las relaciones sociales, induciendo la cultura de la virtualidad real. Expliquémoslo.

A lo largo de la historia, las culturas han sido generadas por gentes que compartían espacio y tiempo, en las condiciones determinadas por las relaciones de producción, poder y experiencia, y modificadas por sus proyectos, luchando entre sí para imponer a la sociedad sus valores y objetivos. Así, las configuraciones espaciotemporales fueron decisivas para el significado de cada cultura y para su evolución diferencial. En el paradigma informacional, ha surgido una nueva cultura de la sustitución de los lugares por el espacio de los flujos y la aniquilación del tiempo por el tiempo atemporal: *la cultura de la virtualidad real*. Como he expuesto en el volumen I, capítulo 5, por virtualidad real entiendo un sistema en el que la propia realidad (es decir, la existencia material/simbólica de la gente) está plenamente inmersa en un escenario de imágenes virtuales, en un mundo de representación, en el que los símbolos no son sólo metáforas, sino que constituyen la experiencia real. No es la consecuencia de los medios electrónicos, aunque son los instrumentos indispensables para la expresión de la nueva cultura. La base material que explica por qué la virtualidad real es capaz de apoderarse de la imaginación y los sistemas de representación de la gente es su existencia en el espacio de los flujos y el tiempo atemporal. Por una parte, las funciones y los valores dominantes de la sociedad están organizados en simultaneidad sin contigüidad; es decir, en flujos de información que escapan de la experiencia incorporada en algún lugar. Por otra parte, los valores e intereses dominantes están construidos sin referencia al pasado o al futuro, en el espacio atemporal de las redes informáticas y los medios de comunicación electrónicos, donde todas las expresiones son instantáneas o carecen de una secuencia predecible. Todas las expresiones de todos los tiempos y de todos los espacios se mezclan en el mismo hipertexto, reordenado de forma constante y comunicado en todo momento y lugar, dependiendo de los intereses de los emisores y del humor de los receptores. Esta virtualidad es nuestra realidad porque es dentro de la estructura de esos sistemas simbólicos atemporales y sin lugar donde construimos las categorías y evocamos las imágenes que determinan la conducta, inducen la política, nutren los sueños y alimentan las pesadillas.

Ésta es la nueva estructura social de la era de la información, que denomino la *sociedad red* porque está compuesta por redes de producción, poder y experiencia, que construyen una cultura de la virtualidad en los flujos globales que transcienden el tiempo y el espacio. No todas las dimensiones e instituciones de la sociedad siguen la lógica de la sociedad red, del mismo modo que las sociedades industriales incluyeron durante largo tiempo muchas formas preindustriales de existencia humana. Pero todas las sociedades de la era de la información están penetradas, con diferente intensidad, por la lógica dominante de la sociedad red, cuya expansión dinámica absorbe y somete gradualmente a las formas sociales preexistentes.

La sociedad red, como cualquier otra estructura social, no carece de contradicciones, conflictos sociales y desafíos provenientes de formas alternativas de organización social. Pero estos desafíos son inducidos por las características de la sociedad red y, por ello, son marcadamente distintos de los de la era industrial. En consecuencia, están encarnados por diferentes sujetos, aun cuando estos sujetos a menudo operan con materiales históricos que les proporcionan los valores y las organizaciones heredadas del capitalismo y estatismo industriales.

La comprensión de nuestro mundo requiere el análisis simultáneo de la sociedad red y de sus desafíos conflictivos. La ley histórica de que donde hay dominación hay resistencia continúa en vigor. Pero requiere un esfuerzo analítico identificar quiénes son los que cuestionan los procesos de dominación establecidos por los inmateriales pero poderosos flujos de la sociedad red.

LAS NUEVAS VÍAS DEL CAMBIO SOCIAL

Según las observaciones recogidas en el volumen II, los desafíos sociales a los modelos de dominación en la sociedad red suelen plasmarse en la construcción de identidades autónomas. Estas identidades son externas a los principios organizativos de la sociedad red. Frente al culto a la tecnología, el poder de los flujos y la lógica de los mercados, oponen su ser, sus creencias y su legado. Lo característico de los movimientos sociales y proyectos culturales construidos en torno a identidades en la era de la información es que no se originan dentro de las instituciones de la sociedad civil. Introducen, desde el principio, una lógica social alternativa, distinta de los principios de actuación en torno a los cuales se construyen las instituciones dominantes de la sociedad. En la era industrial, el movimiento obrero luchó contra el capital. Sin embargo, capital y trabajo compartían los objetivos y valores de la industrialización —productividad y progreso material—, buscando cada cual controlar su desarrollo y una parte mayor de su cosecha. Al final alcanzaron un pacto social. En la era de la información, la lógica prevaleciente de las redes globales dominantes es tan omnipresente y penetrante que el único modo de salir de su dominio parece ser situarse fuera de esas redes y reconstruir el sentido atendiendo a un sistema de valores y creencias completamente diferente. Éste es el caso de las comunas de la identidad de resistencia que he identificado. El fundamentalismo religioso no rechaza la tecnología, sino que la pone al servicio de la Ley de Dios, a la que deben someterse todas las instituciones y propósitos, sin negociación posible. El nacionalismo, el localismo, el separatismo étnico y las comunas culturales rompen con la sociedad en general y reconstruyen sus instituciones no de abajo arriba, sino desde dentro hacia afuera, «quiénes somos» frente a los que no son nosotros.

Incluso los movimientos proactivos, que aspiran a transformar el modelo general de relaciones sociales entre las personas, como el feminismo, o entre las personas y la naturaleza, como el ecologismo, comienzan desde el rechazo de los principios básicos sobre los que se construyen nuestras sociedades: patriarcado, productivismo. Naturalmente, hay todo tipo de matices en la práctica de los movimientos sociales, como he tratado de poner de manifiesto en el volumen II, pero, fundamentalmente, sus principios de autodefinición, fuente de su existencia, representan una ruptura con la lógica social institucionalizada. Si las instituciones de la sociedad, la economía y la cultura aceptaran realmente el feminismo y el ecologismo, serían esencialmente transformadas. Utilizando una vieja palabra, sería una revolución.

La fortaleza de los movimientos sociales basados en la identidad es su autonomía frente a las instituciones del Estado, la lógica del capital y la seducción de la tecnología. Es difícil cooptarlos, aunque sin duda algunos de sus integrantes pueden ser cooptados. Incluso en la derrota, su resistencia y proyectos repercuten en la sociedad y la cambian, como he mostrado en diversos casos seleccionados, presentados en el volumen II. Las sociedades de la era de la información no pueden reducirse a la estructura y dinámica de la sociedad red. A partir de mi exploración de nuestro mundo, parece que nuestras sociedades están constituidas por la interacción entre la «red» y el «yo», entre la sociedad red y el poder de la identidad.

No obstante, el problema fundamental suscitado por los procesos de cambio social que son fundamentalmente externos a las instituciones y los valores de la sociedad tal como es, es que pueden fragmentarla en vez de reconstruirla. En lugar de instituciones transformadas, tendríamos comunas de todo tipo. En lugar de clases sociales, presenciaríamos la reaparición de tribus. Y en lugar de la interacción conflictiva entre las funciones del espacio de los flujos y el sentido del espacio de los lugares, quizá asistamos al atrincheramiento de las elites globales dominantes en palacios inmateriales compuestos por redes de comunicación y flujos de información. Mientras tanto, la experiencia de las personas permanecería confinada en múltiples lugares segregados, sometida en su existencia y fragmentada en su conciencia. Sin un Palacio de Invierno que tomar, las explosiones de revuelta puede que implosionen, transformándose en violencia cotidiana sin sentido.

Al parecer, la reconstrucción de las instituciones de la sociedad mediante los movimientos sociales culturales, poniendo a la tecnología bajo el control de las necesidades y deseos de las personas, requiere una larga marcha desde las comunas construidas en torno a la identidad de resistencia hasta las alturas de las nuevas identidades proyecto, que brotan de los valores alimentados en esas comunas.

Ejemplos de dichos procesos, observados en los movimientos sociales y la política contemporáneos, son la construcción de nuevas familias igualitarias, la aceptación generalizada del concepto de desarrollo sostenible, la construcción de una solidaridad intergeneracional en el nuevo modelo de crecimiento económico y la movilización universal en defensa de los derechos humanos dondequiera que sea necesario. Para que se produzca esta transición de la identidad de resistencia a la identidad proyecto, debe surgir una nueva política. Será una política cultural que parta de la premisa de que el ámbito predominante de la política informacional es el espacio de los medios de comunicación y se dirime con símbolos, aunque conecta con valores y temas que tienen su origen en la experiencia vital de la gente en la era de la información.

MÁS ALLÁ DE ESTE MILENIO

A lo largo de las páginas de este libro, me he negado categóricamente a degenerar en la futurología, permaneciendo tan cerca como ha sido posible de la observación de lo que sabemos que nos trae la era de la información, constituida en el último lapso del siglo XX. Sin embargo, al concluir el libro, con la benevolencia del lector, me gustaría apuntar, por unos párrafos, algunas tendencias que pueden configurar la sociedad a comienzos del siglo XXI. Cuando usted lea estas líneas, sólo nos faltarán dos años para estar en ese siglo (o quizás ya lo estemos), así que apenas se puede calificar de futurología lo que escribo. Es simplemente un intento de aportar una dimensión dinámica y prospectiva a esta síntesis de observaciones e hipótesis.

La revolución de la tecnología de la información acentuará su potencial transformador. El siglo XXI estará marcado por la finalización de la superautopista global de la información, que descentralizará y difundirá el poder de la información, cumplirá la promesa del multimedia y aumentará el placer de la comunicación interactiva. Las redes de comunicación electrónica constituirán la columna vertebral de nuestras vidas. Además, será el siglo del florecimiento de la revolución genética. Por primera vez, nuestra especie penetrará en los secretos de la vida y será capaz de realizar manipulaciones sustanciales de la materia viva. Aunque ello desencadenará un debate fundamental sobre las consecuencias sociales y medioambientales de esta capacidad, las posibilidades que se nos abren son verdaderamente extraordinarias. Usada con prudencia, la revolución genética puede curar, combatir la contaminación, mejorar la vida y ahorrar tiempo y esfuerzo para la supervivencia, de forma que nos proporciona la posibilidad de explorar la frontera, en buena medida desconocida, de la espiritualidad. No obstante, si cometemos los mismos errores del siglo XX, utilizando la tecnología y la industrialización para entrematarnos en guerras atroces, con nuestro nuevo poder tecnológico muy bien podemos poner fin a la vida en el planeta. Resultó relativamente fácil parar justo antes del holocausto nuclear debido al control centralizado de la energía y armamento nucleares. Pero las nuevas tecnologías genéticas son omnipresentes; sus repercusiones mutantes, no totalmente controlables, y su control institucional, mucho más descentralizado. Para evitar los efectos perniciosos de la revolución biológica, no sólo necesitamos gobiernos responsables, sino una sociedad educada y responsable. Qué camino tomemos depende de las instituciones de la sociedad, de los valores de las personas y de la conciencia y decisión de los nuevos actores sociales para determinar y controlar su propio destino. Examinemos brevemente estas perspectivas pasando revista a algunos avances importantes en la economía, la política y la cultura.

La maduración de la economía informacional y la difusión y uso apropiado de la tecnología de la información como sistema probablemente liberen el potencial de productividad de esta revolución tecnológica. Este incremento de productividad se hará visible cuando cambiemos la contabilidad estadística, cuando las categorías y procedimientos del siglo XX, ya manifiestamente inadecuados, sean reemplazados por conceptos y métodos capaces de medir la nueva economía. No hay duda de que el siglo XXI presenciará el ascenso de un sistema extraordinariamente productivo según los parámetros históricos. El trabajo humano producirá más y mejor con un esfuerzo considerablemente menor. El trabajo mental reemplazará al esfuerzo físico en los sectores más productivos de la economía. Sin embargo, cómo se distribuya esta riqueza dependerá, a nivel individual, del acceso a la educación y, para la sociedad en general, de la organización social, la política y las políticas.

La economía global se expandirá en el siglo XXI, mediante el incremento sustancial de la potencia de las telecomunicaciones y del procesamiento de la información. Penetrará en todos los países, todos los territorios, todas las culturas, todos los flujos de comunicación y todas las redes financieras, explorando incesantemente el planeta en busca de nuevas oportunidades de lograr beneficios. Pero lo hará de forma selectiva, vinculando segmentos valiosos y desechando localidades y personas devaluadas o irrelevantes. El desequilibrio territorial de la producción dará como resultado una geografía altamente diversificada de creación de valor que introducirá marcadas diferencias entre países, regiones y áreas metropolitanas. En todas partes se encontrarán lugares y personas valiosas, incluso en el África subsahariana, como he sostenido en este volumen. Pero también se encontrarán en todas partes territorios y personas desconectadas y marginadas, si bien en proporciones diferentes. El planeta se está segmentando en espacios claramente distintos, definidos por diferentes regímenes temporales.

Cabe esperar dos reacciones diferentes de los segmentos excluidos de la humanidad. Por una parte, aumentarán notablemente las actividades de lo que denomino «la conexión perversa», es decir, el juego del capitalismo global con reglas diferentes. La economía criminal global, cuyo perfil y dinámica he tratado de identificar en el capítulo 3 de este volumen, será un rasgo fundamental del siglo XXI y su influencia económica, política y cultural penetrará en todas las esferas de la vida. La cuestión no es si nuestras sociedades serán capaces de eliminar las redes criminales, sino, más bien, si las redes criminales no terminarán controlando una parte sustancial de nuestra economía, nuestras instituciones y nuestra vida cotidiana.

Hay otra reacción contra la exclusión social y la irrelevancia económica que estoy convencido de que desempeñará un papel esencial en el siglo XXI: la exclusión de los exclusores por parte de los excluidos. Como el mundo entero está entrelazado —y cada vez lo estará más— en las estructuras básicas de la vida según la lógica de la sociedad red, la marginación de pueblos y países no será una exclusión pacífica. Toma, y tomará, la forma de la afirmación fundamentalista de un conjunto alternativo de valores y principios de existencia, bajo los cuales no es posible coexistir con el sistema impío que perjudica tan profundamente las vidas de las personas. Cuando escribo estas líneas, en las calles de Kabul las mujeres son apaleadas por vestir de «forma impúdica» a manos de los valientes guerreros talibanes. Esto contradice las enseñanzas humanísticas del islam. Sin embargo, como he analizado en el volumen II, existe una explosión de movimientos fundamentalistas que toman el Corán, la Biblia o cualquier otro texto sagrado para interpretarlo y usarlo como una bandera de su desesperación y un arma de su ira. Los fundamentalismos de diversos tipos y de fuentes diferentes representarán el desafío más osado e intransigente al dominio unilateral del capitalismo informacional global. Su acceso potencial a las armas de exterminio masivo proyecta una sombra gigantesca sobre las perspectivas optimistas de la era de la información.

Los estados-nación sobrevivirán, pero no así su soberanía. Se unirán en redes multilaterales, con una geometría variable de compromisos, responsabilidades, alianzas y subordinaciones. La construcción multilateral más notable será la Unión Europea, que reunirá los recursos tecnológicos y económicos de la mayoría de los países europeos, aunque no de todos: es probable que Rusia se quede fuera, debido a los temores históricos de

Occidente, y Suiza necesita estar fuera de sus límites para cumplir su función de banquera del mundo. Pero la Unión Europea, en el momento actual, no encarna un proyecto histórico de construcción de una sociedad europea. Es, en esencia, una construcción defensiva en nombre de la civilización europea para no convertirse en una colonia económica de los asiáticos y estadounidenses. Los estados-nación europeos seguirán existiendo y negociarán interminablemente sus intereses individuales dentro del marco de las instituciones europeas, que necesitarán pero que, pese a su retórica federalista, ni los europeos ni sus gobiernos apreciarán. El himno no oficial europeo (el «Himno a la alegría» de Beethoven) es universal, pero su acento alemán puede hacerse más marcado.

La economía global será gobernada por un conjunto de instituciones multilaterales interconectadas. En el centro de esta red se encuentra el club de los países del G-7, quizás con algunos miembros adicionales, y sus brazos ejecutivos, el Fondo Monetario Internacional y el Banco Mundial, encargados de la regulación y de la intervención en nombre de las reglas básicas del capitalismo global. Los tecnócratas y burócratas de esta institución económica internacional y de otras similares añadirán su propia dosis de ideología neoliberal y experiencia profesional en la aplicación de su amplio mandato. Las reuniones informales, como las de Davos o sus equivalentes, ayudarán a crear la cohesión cultural/personal de la elite global.

La geopolítica global también estará gobernada por el multilateralismo, de forma que la ONU y las instituciones regionales internacionales, ASEAN, OEA, u OUA, desempeñarán un papel cada vez mayor en el tratamiento de los conflictos internacionales e incluso nacionales. Para aplicar sus decisiones, cada vez se utilizarán más alianzas de seguridad como la OTAN. Cuando se considere necesario, se crearán fuerzas de policía internacionales específicas para intervenir en lugares problemáticos.

Los asuntos de seguridad global probablemente se verán dominados por tres temas importantes, si los análisis expuestos en este libro resultan acertados. El primero es la tensión creciente en el Pacífico, a medida que China afirme su poder global, Japón entre en otro periodo de paranoia nacional, y Corea, Indonesia e India reaccionen a ambos. El segundo es el resurgimiento del poder ruso, no sólo como superpotencia nuclear, sino como una nación más fuerte que ya no tolere la humillación. Las condiciones en las que la Rusia postcomunista entre o no en el sistema multilateral de cogestión global determinarán la geometría futura de los alineamientos de seguridad. El tercero probablemente sea el más decisivo de todos y puede que condicione la seguridad del mundo entero durante un largo periodo. Hace referencia a las nuevas formas bélicas que serán utilizadas por los individuos, organizaciones y estados fuertes en sus convicciones, débiles en cuanto a medios militares, pero capaces de acceder a las nuevas tecnologías de destrucción, así como de encontrar los puntos vulnerables de nuestras sociedades. Las bandas criminales también pueden recurrir a la confrontación de alta intensidad cuando no ven otra opción, como ha experimentado Colombia en los años noventa. El terrorismo global o local ya se considera una importante amenaza en todo el mundo al comienzo de este nuevo milenio. Pero creo que sólo estamos ante un modesto comienzo. Cada vez más, los avances tecnológicos conducen a dos tendencias que convergen hacia el terror directo: por una parte, un pequeño grupo decidido, bien financiado y bien informado, puede devastar ciudades enteras o golpear en los centros nerviosos de nuestras vidas; por la otra, la infraestructura de nuestra vida cotidiana, de la energía a la canalización del agua, se ha vuelto tan compleja y está tan entrelazada que su vulnerabilidad ha aumentado de forma exponencial. Aunque las nuevas tecnologías mejoran los sistemas de seguridad, también hacen nuestras vidas diarias más vulnerables. El precio por aumentar la protección será vivir en un sistema de cerrojos electrónicos, sistemas de alarma y patrullas de policía en línea telefónica. También significa que se crecerá en el miedo. Probablemente la experiencia de la mayoría de los niños en la historia no sea muy distinta. También es una medida de la relatividad del progreso humano.

Asimismo, la geopolítica se verá cada vez más dominada por una contradicción fundamental entre el multilateralismo de la toma de decisiones y el unilateralismo de la aplicación militar de esas decisiones. Porque, tras la desaparición de la Unión Soviética y con el retraso tecnológico de la nueva Rusia, los Estados Unidos son, y lo serán en el futuro previsible, la única superpotencia militar. Por lo tanto, la mayor parte de las decisiones sobre seguridad tendrán que ser aplicadas o apoyadas por los Estados Unidos para que sean verdaderamente efectivas o creíbles. La Unión Europea, pese a toda su palabrería arrogante, demostró claramente su incapacidad operativa para actuar sola en los Balcanes. Japón se ha vetado a sí mismo la formación de un ejército y los sentimientos pacifistas del país son más profundos que el apoyo a las provocaciones ultranacionalistas. Fuera de la OCDE, sólo China e India pueden contar con la suficiente potencia tecnológica y militar para acceder al poder global en el futuro previsible, pero sin lugar a dudas no son equiparables a los Estados Unidos o incluso a Rusia. Así, exceptuando la hipótesis improbable de una extraordinaria acumulación militar china, para la cual parece que China aún no tiene la capacidad tecnológica, el mundo se ha quedado con una única superpotencia, los Estados Unidos. En estas condiciones, las diversas alianzas para la seguridad tendrán que contar con las fuerzas estadounidenses. Pero los Estados Unidos se enfrentan con problemas sociales internos tan profundos que no dispondrán de los medios ni del respaldo político para ejercer como tal potencia si la seguridad de sus ciudadanos no está bajo amenaza directa, como los presidentes estadounidenses descubrieron varias veces en los años noventa. Olvidada la guerra fría y sin ninguna «nueva guerra fría» creíble equivalente en el horizonte, el único modo de que los Estados Unidos puedan mantener su posición militar es prestar sus fuerzas al sistema de seguridad global. Y hacer que los demás países lo paguen. Ésta es la ironía del multilateralismo y la ilustración más llamativa de la pérdida de soberanía del Estado-nación.

Sin embargo, el Estado no desaparece. Simplemente se ha miniaturizado en la era de la información. Prolifera en la forma de gobiernos regionales y locales, que siembran el mundo con sus proyectos, agregan intereses diversos y negocian con los gobiernos nacionales, las empresas multinacionales y los organismos internacionales. La era de la globalización de la economía es también la era de la localización de la política. Lo que a los gobiernos locales y regionales les falta en poder y recursos, lo suplen con flexibilidad e interconexión. Ellos son los únicos que pueden estar a la altura del dinamismo de las redes globales de riqueza e información.

En cuanto a las personas, están, y cada vez lo estarán más, lejos de los salones del poder y sienten una creciente indiferencia por las instituciones de la sociedad civil que se están desmoronando. Verán individualizados su trabajo y sus vidas, y construirán su significado propio atendiendo a su propia experiencia. Y, si tienen suerte, reconstruirán sus familias, sus rocas en este océano revuelto de flujos desconocidos y redes incontroladas. Cuando se vean sometidas a amenazas colectivas, construirán paraísos comunales, desde donde los profetas puede que proclamen el advenimiento de nuevos dioses.

El siglo XXI no será una era tenebrosa, pero tampoco procurará a la mayoría de la gente las prodigalidades prometidas por la más extraordinaria revolución tecnológica de la historia. Más bien se caracterizará por una perplejidad informada.

¿QUÉ HACER?

Cada vez que un intelectual ha intentado responder a esta pregunta y se ha puesto en práctica seriamente su respuesta, se ha producido una catástrofe. Éste fue sobre todo el caso de un tal Ulianov en 1902. Así que, sin insinuar en absoluto un símil personal, me abstendré de sugerir ninguna cura para las enfermedades de nuestro mundo. Pero como sí me preocupa lo que he visto en mi viaje por estos paisajes tempranos de la era de la información, me gustaría explicar mi abstención, escribiendo en primera persona, pero pensando en mi generación y mi cultura política.

Provengo de un tiempo y una tradición, la izquierda política de la era industrial, obsesionada por la inscripción sobre la tumba de Marx en Highgate: su undécima tesis (y de Engels) sobre Feuerbach. La acción política transformadora era la meta última de todo empeño intelectual verdaderamente significativo. Sigo creyendo que hay una considerable generosidad en esta actitud, sin duda menos egoísta que la prosecución ordenada de carreras académicas burocráticas, no perturbada por los sufrimientos de la gente en todo el mundo. Y, en general, no creo que una clasificación de intelectuales y sociólogos entre izquierda y derecha refleje diferencias cualitativas importantes entre los dos grupos. Después de todo, los intelectuales conservadores también pasaron a la acción política, como hizo gran parte de la izquierda, mostrando frecuentemente escasa tolerancia hacia sus enemigos. Así que no se trata de que el compromiso político impida o distorsione la creación intelectual. A lo largo de los años, muchos de nosotros hemos aprendido a vivir con la tensión y la contradicción entre lo que observamos y lo que nos gustaría que pasara. Considero que la acción social y los proyectos políticos son esenciales para mejorar una sociedad que necesita claramente cambio y esperanza. Y espero que este libro, al suscitar algunas preguntas y proporcionar elementos teóricos y empíricos para tratarlas, contribuya a la acción social informada en pos del cambio social. En este sentido, no soy, ni quiero ser, un observador neutral y despegado del drama humano.

Sin embargo, he visto tanto sacrificio descaminado, tantos callejones sin salida inducidos por la ideología y tantos horrores provocados por los paraísos artificiales de la política dogmática que quiero transmitir una reacción saludable contra el intento de enmarcar la práctica política en la teoría social o incluso en la ideología. La teoría y la investigación, en general y en este libro, deben considerarse medios para comprender nuestro mundo y deben juzgarse exclusivamente por su precisión, rigor y pertinencia. Cómo se utilizan esas herramientas y para qué objetivos deben ser prerrogativas exclusivas de los actores sociales y políticos, en contextos sociales específicos y en nombre de sus valores e intereses. No más metapolítica, no más *maîtres à penser* y no más intelectuales queriendo serlo. La emancipación política más fundamental es que la gente se libere de la adhesión acrítica a esquemas teóricos o ideológicos, para construir su práctica atendiendo a su propia experiencia y utilizando cualquier información o análisis de que dispongan, de diversas fuentes. En el siglo XX, los filósofos han estado intentando cambiar el mundo. En el siglo XXI, ya es hora de que lo interpreten de forma diferente. De ahí mi circunspección, que no es indiferencia, sobre un mundo turbado por su propia promesa.

FINALE

La promesa de la era de la información es la liberación de una capacidad productiva sin precedentes por el poder de la mente. Pienso, luego produzco. Al hacerlo tendremos tiempo libre para experimentar con la espiritualidad y la posibilidad de reconciliarnos con la naturaleza, sin sacrificar el bienestar material de nuestros hijos. El sueño de la Ilustración, que la razón y la ciencia resolvieran los problemas de la humanidad, está a nuestro alcance. No obstante, existe una brecha extraordinaria entre nuestro sobredesarrollo tecnológico y nuestro subdesarrollo social. Nuestra economía, sociedad y cultura están construidas sobre intereses, valores, instituciones y sistemas de representación que, en general, limitan la creatividad colectiva, confiscan la cosecha de la tecnología de la información y desvían nuestra energía a una confrontación autodestructiva. Este estado de cosas no tiene por qué ser así. No hay un mal eterno en la naturaleza humana. No hay nada que no pueda ser cambiado por la acción social consciente e intencionada, provista de información y apoyada por la legitimidad. Si las personas están informadas, son activas y se comunican a lo largo del mundo; si la empresa asume su responsabilidad social; si los medios de comunicación se convierten en mensajeros, en lugar de ser el mensaje; si los actores políticos reaccionan contra el cinismo y restauran la fe en la democracia; si la cultura se reconstruye desde la experiencia; si la humanidad siente la solidaridad de la especie en todo el planeta; si afirmamos la solidaridad intergeneracional viviendo en armonía con la naturaleza; si emprendemos la exploración de nuestro yo interior, haciendo la paz con nosotros mismos. Si todo esto se hace posible por nuestra decisión compartida, informada y consciente, mientras aún hay tiempo, quizás entonces, por fin, seamos capaces de vivir y dejar vivir, de amar y ser amados.

Se me han agotado las palabras, así que, para concluir, las tomaré de Pablo Neruda:

Por mi parte y tu parte, cumplimos,
    compartimos esperanzas e
    inviernos;

y fuimos heridos no sólo por los
    enemigos mortales

sino por los mortales amigos (y esto
    pareció más amargo),

pero no me parece más dulce
    mi pan o mi libro
    entretanto;

agregamos viviendo la cifra que
    falta al dolor,

y seguimos amando el amor y con
    nuestra directa conducta

enterramos a los mentirosos y
    vivimos con los verdaderos.

BIBLIOGRAFÍA

Adam, Lishan (1996): «Africa on the line?», *Ceres: the FAO Review*, 158, marzo-abril.
Adams, David (1997): «Russian Mafia in Miami: "Redfellas" linked to plan to smuggle coke in a submarine», *San Francisco Examiner*, 9 de marzo, pág. 3.
Adekanye, J. Bayo (1995): «Structural adjustment, democratization and rising ethnic tensions in Africa», *Development and Change*, 26 (2), págs. 355-374.
Adepoju, Aderanti (ed.) (1993): *The Impact of Structural Adjustment on the Population of Africa: the Implications for Education, Health and Employment*, Portsmouth, NH, Fondo de Población de Naciones Unidas y Heinemann.
Afanasiev, V. G. (1972): *Nauchno-teknicheskaya revolyutsiya, upravleniye, obrazovaniye*, Moscú, Nauka.
Agamirzian, Igor (1991): «Computing in the USSR», *BYTE*, abril, págs. 120-129.
Aganbegyan, Abel (1988): *The Economic Challenge of Perestroika*, Bloomington, Ind., Indiana University Press.
— (1988-1990): *Perestroika Annual*, vols. 1-3, Washington D.C., Brassey.
— (1989): *Inside Perestroika: The Future of the Soviet Economy*, Nueva York, Harper and Row.
Agbese, Pita Ogaba (1996): «The military as an obstacle to the democratization enterprise: towards an agenda for permanent military disengagement from politics in Nigeria», *Journal of Asian and African Studies*, 31 (1-2), págs. 82-98.
Ahn, Seung-Joon (1994): *From State to Community. Rethinking South Korean Modernization*, Littleton, Colo., Aigis.

Aina, Tade Akin (1993): «Development theory and Africa's lost decade: critical reflections on Africa's crisis and current trends in development thinking and practice», en Margareta Von Troil (ed.), *Changing Paradigms in Development — South, East and West*, Uppsala, Nordiska Afrikaninstitutet, págs. 11-26.

Alexander, A. J. (1990): *The Conversion of the Soviet Defense Industry*, Santa Monica, CA, Rand Corporation.

Allen, G. C. (1981): *The Japanese Economy*, Nueva York, St Martin's Press.

Alonso Zaldívar, Carlos (1996): *Variaciones sobre un mundo en cambio*, Madrid, Alianza Editorial.

Al-Sayyad, Nezar, y Manuel Castells (eds.) (2000): *Multicultural Europe: Islam and European Identity*, Nueva York, University Press of America.

Alto Comité de Expertos sobre la Sociedad de la Información (1997): «The European information society», informe para la Comisión Europea, Bruselas, Comisión Europea, Dirección General V.

Álvarez González, María Isabel (1993): «La reconversión del complejo industrial-militar soviético», tesis inédita, Madrid, Universidad Autónoma de Madrid, Departamento de Estructura Económica.

Amman, R., y J. Cooper (1986): *Technical Progress and Soviet Economic Development*, Oxford, Blackwell.

Amsdem, Alice (1979): «Taiwan's economic history: a case of etatisme and a challenge to dependency theory», *Modern China*, 5 (3), págs. 341-380.

— (1985): «The state and Taiwan's economic development», en Peter Evans *et al.* (eds.), *Bringing the State Back in*, Cambridge, Cambridge University Press.

— (1989): *Asia's Next Giant: South Korea and Late Industrialization*, Nueva York, Oxford University Press.

— (1992): «A theory of government intervention in late industrialization», en Louis Putterman y Dietrich Rueschemeyer (eds.), *State and Market in Development: Synergy or Rivalry?*, Boulder, Colo., Lynne Rienner.

Andrew, Christopher, y Oleg Gordievsky (1990): *KGB: the Inside Story of its Foreign Operation from Lenin to Gorbachev*, Londres, Hodder and Stoughton.

Anónimo (1984): «The Novosibirsk Report», abril de 1983, traducido al inglés en *Survey*, 28 (1), págs. 88-108.

Ansell, Christopher K., y Craig Parsons (1995): *Organizational Trajectories of Administrative States: Britain, France, and the US Compared*, Berkeley, Universidad de California, Centro de Estudios de Europa Occidental, documento de trabajo.

Antonov-Ovseyenko, Anton (1981): *The Time of Stalin*, Nueva York, Harper and Row.

Aoyama, Yuko (1996): «From Fortress Japan to global networks: the emergence of network multinationals among Japanese electronics industry in the 1990s», tesis doctoral inédita, Berkeley, Universidad de California, Departamento de Planificación Urbana y Regional.

Appelbaum, Richard P., y Jeffrey Henderson (eds.) (1992): *States and Development in the Asian Pacific Rim*, Londres, Sage.

Arbex, Jorge (1993): *Nacrotrafico: um jogo de poder nas Americas*, São Paulo, Editora Moderna.

Arlacchi, Pino (1995): «The Mafia, Cosa Nostra and Italian institutions», en Salvatore Secchi (ed.), *Deconstructing Italy: Italy in the Nineties*, Berkeley, Universidad de California, International and Area Studies Series.

Arnedy, B. Alejandro (1990): *El narcotráfico en América Latina: sus conexiones, hombres y rutas*, Córdoba, Marcos Lerner Editora.
Arrieta, Carlos G., et al. (eds.) (1990): *Narcotráfico en Colombia: dimensiones políticas, económicas, jurídicas e internacionales*, Bogotá, TM Editores.
Asahi Shimbun (1995): *Japan Almanac 1995*, Tokio, Asahi Shimbun Publishing Company.
Aslund, Anders (1989): *Gorbachev's Struggle for Economic Reform*, Ithaca, NY, Cornell University Press.
Audigier, P. (1989): «Le poids des dépenses de défense sur l'économie soviétique», *Défense Nationale,* mayo.
Azocar Alcalá, Gustavo (1994): *Los barones de la droga: la historia del narcotráfico en Venezuela,* Caracas, Alfadil Ediciones.
Bagley, Bruce, Adrián Bonilla y Alexei Páez (eds.) (1991): *La economía política del narcotráfico: el caso ecuatoriano*, Quito, FLACSO.
Banco Internacional para la Reconstrucción y el Desarrollo (BIRD) (1994): *Adjustment in Africa: Reforms, Results and the Road Ahead*, Oxford, Oxford University Press.
— (1996): *World Development Report 1996: From Plan to Market*, Oxford, Oxford University Press.
Barnett, Tony, y Blaikie Piers (1992): *AIDS in Africa: its Present and Future Impact*, Londres, Balhaven Press.
Bastias, María Verónica (1993): «El salario del miedo: narcotráfico en América Latina», Buenos Aires, SERPAJ-AL.
Bates, R. (1988): «Governments and agricultural markets in Africa», en R. Bates (ed.), *Toward a Political Economy of Development: a Rational Choice Perspective*, Berkeley, University of California Press.
Bates, Timothy, y Constance Dunham (1993): «Asian-American success in self-employment», *Economic Development Quarterly*, 7 (2), págs. 199-214.
Bauer, John, y Andrew Mason (1992): «The distribution of income and wealth in Japan», *Review of Income and Wealth,* 38 (4), págs. 403-428.
Bayart, Jean-François (1989): *L'état en Afrique: la politique du ventre*, París, Librairie Artheme Fayard.
Baydar, Nazli, Jeanne Brooks-Gunn y Frank Furstenberg (1993): «Early warning signs of functional illiteracy: predictors in childhood and adolescence», *Child Development*, 63 (3).
Beasley, W. G. (1990): *The Rise of Modern Japan*, Londres, Weidenfeld and Nicolson.
Beaty, Jonathan (1994): «Russia's yard sale», *Time*, 18 de abril, págs. 52-55.
Bellamy, Carol (dir.) (1996): *The State of the World's Children 1996,* Nueva York, Oxford University Press para UNICEF.
Benner, Christopher (1994): «South Africa's informal economy: reflections on institutional change and socio-economic transformation», trabajo de investigación inédito para Geography 253, Berkeley, Universidad de California.
—, Bob Brownstein y Amy Dean (1999): *Walking the Lifelong Tightrope. Negotiating Work in the New Economy,* San Jose, CA, Working Partnerships USA/Washington D.C., Economic Policy Institute.
Bennet, Vanora (1997): «Interchangeable cops and robbers: Russian police moonlighting for organized crime», *San Francisco Chronicle,* 7 de abril, pág. 12.

Bergson, Abram (1978): *Productivity and the Social System: the USSR and the West*, Cambridge, MA., Harvard University Press.
Berliner, J. S. (1986): *The Innovation Decision in Soviet Industry*, Cambridge, MA, MIT Press.
Bernárdez, Julio (1995): *Europa: entre el timo y el mito*, Madrid, Temas de Hoy.
Berry, Sara (1993): «Coping with confusion: African farmers' responses to economic instability in the 1970s and 1980s», en Callaghy and Ravenhill (eds.), págs. 248-278.
Berryman, Sue (1994): «The role of literacy in the wealth of individuals and nations», *NCAL Technical Report TR94-13*, Filadelfia, National Center for Adult Literacy.
Betancourt, Darío, y Martha L. García (1994): *Contrabandistas, marimberos y mafiosos: historia social de la mafia colombiana (1965-1992)*, Bogotá, TM Editores.
Beyer, Dorianne (1996): «Child prostitution in Latin America», en Departamento de Trabajo de los Estados Unidos, Oficina de Asuntos Laborales Internacionales, *Forced Labor: the Prostitution of Children*, actas de simposio, Washington DC, Departamento de Trabajo.
Bianchi, Patrizio, Martin Carnoy y Manuel Castells (1988): «Economic modernization and technology transfer in the People's Republic of China», Stanford, Universidad de Stanford, Centro de Investigación sobre la Educación, investigación monográfica.
Bidelux, Robert, y Richard Taylor (eds.) (1996): *European Integration and Desintegration: East and West,* Londres, Routledge.
Black, Maggie (1995): *In the Twilight Zone: Child Workers in the Hotel, Tourism, and Catering Industry*, Ginebra, Oficina Internacional del Trabajo.
Blomstrom, Magnus, y Mats Lundhal (eds.) (1993): *Economics Crisis in Africa: Perspectives and Policy Responses*, Londres, Routledge.
Blyakhman, L., y O. Shkaratan (1977): *Man at work: the Scientific and Technological Revolution, the Soviet Working Class and Intelligentsia*, Moscú, Progress.
Boahene, K. (1996): «The IXth International Conference on AIDS and STD in Africa», *AIDS Care*, 8 (5), págs. 609-616.
Bohlen, Celestine (1993): «The Kremlin's latest intrigue shows how real life imitates James Bond», *The New York Times*, 23 de noviembre.
— (1994): «Organized crime has Russia by the throat», *The New York Times*, 13 de octubre.
Bonet, Pilar (1993): «El laberinto ruso», *El País Semanal*, 12 de diciembre.
— (1994): «La mafia rusa desafía al gobierno de Yeltsin con el uso de coches bomba», *El País*, 9 de junio.
Bonner, Raymond, y Timothy L. O'Brien (1999): «Activity at Bank raises suspicions of Russia mob tie», *The New York Times,* 19 de agosto, págs. A1-A6.
Booth, Martin (1991): *The Triads: the Growing Global Threat from the Chinese Criminal Societies*, Nueva York, St Martin's Press.
Borja, Jordi (1992): *Estrategias de desarrollo e internacionalización de las ciudades europeas: las redes de ciudades*, informe a la Comunidad Europea, Barcelona, Consultores Europeos Asociados.
— (1996): «¿Ciudadanos europeos?», *El País*, 31 de octubre, pág. 12.
—, y Manuel Castells (1997): *Local and Global. The Management of Cities in the*

Information Age, Londres, Earthscan. [Ed. cast.: *Local y global. La gestión de las ciudades en la Era de la Información*, Madrid, Taurus, 1997.]
Bourgois, P. (1995): «The Political economy of resistance and self-destruction in the crack economy: an ethnographic perspective», *Annals of the New York Academy of Sciences*, 749, págs. 97-118.
—, y E. Dunlap (1993): «Exorcising sex-for-crack: an ethnographic perspective from Harlem», en P. Bourgois y E. Dunlap (eds.), *Crack Pipe as Pimp: an Ethnographic Investigation of Sex-for-Crack Exchange*, Nueva York, Lexington.
Bowles, Paul, y Gordon White (1993): *The Political Economy of China's Financial Reforms*, Boulder, Colo., Westview Press.
Breslauer, George W. (1990): «Soviet economic reforms since Stalin: ideology, politics, and learning», *Soviet Economy*, 6 (3), págs. 252-280.
Brown, Phillip, y Rosemary Crompton (eds.) (1994): *Economic Restructuring and Social Exclusion*, Londres, UCL Press.
Bull, Hedley (1977): *The Anarchical Society: a Study of Order in World Politics*, Londres, Macmillan.
Business Week (1993): «Asia's wealth», 29 de noviembre.
— (1996): «Helping the Russian Mafia help itself», 9 de diciembre, pág. 58.
— (1999): «The prosperity gap», 27 de septiembre, págs. 92-100.
Callaghy, Thomas (1993): «Political passion and economic interests: economic reform and political structure in Africa», en Thomas Callaghy y John Ravenhill (eds.), págs. 463-519.
—, y John Ravenhill (eds.) (1993): *Hemmed In: Responses to Africa's Economic Decline*, Nueva York, Columbia University Press.
Calvi, Maurizio (1992): *Figure di una battaglia: documenti e riflessioni sulla Mafia dopo l'assassinio di G. Falcone e P. Borsellino*, Bari, Edizioni Dedalo.
Camacho Guizado, Álvaro (1988): *Droga y sociedad en Colombia,* Bogotá: CEREC/CIDSE-Universidad del Valle.
Campbell, C. M., y B. G. Williams (1996): «Academic research and HIV-AIDS in South Africa», *South Africa Medical Journal*, 86 (1), págs. 55-63.
Carnoy, Martin (1994): *Faded Dreams*, Nueva York, Cambridge University Press.
— (2000): *Work, Family and Community in the Information Age,* Cambridge, Mass., Harvard University Press. [Ed. cast.: *El trabajo flexible en la era de la información,* Madrid, Alianza Editorial, 2001.]
—, Manuel Castells y Chris Benner (1997): «What is happening to the US labor market?». Informe de investigación de Russell Sage Foundation, Nueva York.
Carrere d'Encause, Hélène (1978): *L'empire éclaté*, París, Flammarion.
— (1987): *Le grand défi: Bolcheviks et nations, 1917-30*, París, Flammarion.
— (1991): *La fin de l'empire soviétique: le triomphe des nations,* París, Fayard.
Castells, Manuel (1997): *The Urban Question,* Cambridge, Mass., MIT Press.
— (1989): *The Informational City: Information Technology, Economic Restructuring, and the Urban-regional Process*, Oxford, Blackwell. [Ed. cast.: *La ciudad informacional. Tecnologías de la información, reestructuración económica y el proceso urbano regional*, Madrid, Alianza Editorial, 1995.]
— (1991): *La ciudad científica de Akademgorodok y su relación con el desarrollo económico de Siberia*, Madrid, UAM-IUSNT, informe de investigación.
— (1992): *La nueva revolución rusa*, Madrid, Sistema.

— (1996): «El futuro del Estado de bienestar en la sociedad informacional», *Sistema*, marzo, págs. 35-53.
—, y Peter Hall (1994): *Technopoles of the World: the Making of 21st Century Industrial Complexes*, Londres, Routledge. [Ed. cast.: *Las tecnópolis del mundo. La formación de los complejos industriales del siglo XXI*, Madrid, Alianza Editorial, 1994.]
—, y Emma Kiselyova (1998): «Russia as a network society», trabajo presentado en el simposio sobre Rusia a finales del siglo XX organizado por el Departamento de Estudios Eslavos, Universidad de Stanford, noviembre.
—, y Svetlana Nataluskho (1993): *La modernización tecnológica de las empresas de electrónica y telecomunicaciones en Rusia*, Madrid, UAM/IUSNT, informe de investigación.
—, Lee Goh y Reginald Y. W. Kwok (1990): *The Shek Kip Mei Syndrome: Economic Development and Public Housing in Hong Kong and Singapore*, Londres, Pion.
—, Ovsei Shkaratan y Viktor Kolomietz (1993): *El impacto del movimiento político sobre las estructuras del poder en la Rusia postcomunista*, Madrid, UAM/IUSNT, informe de investigación.
Castillo, Fabio (1991): *La coca nostra*, Bogotá, Editorial Documentos periodísticos.
Catanzaro, Raimondo (1991): *Il delito come impresa: storia sociale della mafia*, Milán, Rizzoli.
Cave, Martin (1980): *Computers and Economic Planning: the Soviet Experience*, Cambridge, Cambridge University Press.
Chan, M. K., *et al.* (eds.) (1986): *Dimensions of the Chinese and Hong Kong Labor Movement*, Hong Kong, Hong Kong Christian Industrial Committee.
Cheal, David (1996): *New Poverty: Families in Postmodern Society*, Westport CT, Greeenwood Press.
Chen, Edward K. Y. (1979): *Hypergrowth in Asian Economies: A Comparative Analysis of Hong Kong, Japan, Korea, Singapore, and Taiwan*, Londres, Macmillan.
— (1980): «The economic setting», en David Lethbridge (ed.), *The Business Environment of Hong Kong*, Hong Kong, Oxford University Press.
Chen, Peter S. J. (1983): *Singapore: Development Policies and Trends*, Singapur, Oxford University Press.
Cheru, Fantu (1992): *The Not So Brave New World: Problems and Prospects of Regional Integration in Post-Apartheid Southern Africa*, Johanesburgo, Instituto Africano de Estudios Internacionales.
Chesneaux, Jean (1982): *The Chinese Labor Movement: 1919-1927*, Stanford, Standford University Press.
Cheung, Peter (1994): «The case of Guandong in central-provincial relations», en Hao y Zhimin (eds.), págs. 207-235.
Christian Science Monitor (1996): «Safeguarding the children», serie de informes, 22 de agosto-16 de septiembre.
Chu, Yiu-Kong (1996): «International Triad movements: the threat of Chinese organized crime», Londres, Research Institute for the Study of Conflict and Terrorism, Conflict Studies Series, julio/agosto.
Chua, Beng-Huat (1985): «Pragmatism and the People's Action Party in Singapore», *Southeast Asian Journal of Social Sciences*, 13 (2).
— (1998): «Unmaking Asia: revenge of the real against the discursive», trabajo

presentado en la Conferencia sobre la Problematización de Asia, Universidad Nacional de Taiwan, Taipei, 13-16 de julio.
CIA, Dirección de Información (1990a): *Measures of Soviet GNP in 1982 Prices*, Washington, DC, CIA.
— (1990b): *Measuring Soviet GNP: Problems and Solutions. A Conference Report*, Washington, DC, CIA.
Clayton, Mark (1996): «In United States, Canada, new laws fail to curb demand for child sex», *Christian Science Monitor*, 3 de septiembre, pág. 11.
Clifford, Mark (1994): «Family ties: heir force», *Far Eastern Economic Review*, 17 de noviembre, págs. 78-86.
Cohen, Stephen S. (1974): *Bukharin and the Bolshevik Revolution*, Nueva York, Alfred Knopf.
Cohn, Ilene, y Guy Goodwin Gill (1994): *Child Soldiers: the Roles of Children in Armed Conflict*, Oxford, Clarendon Press.
Cole, D. C., y J. A. Lyman (1971): *Korean Development: the Interplay of Politics and Economics*, Cambridge, MA, Harvard University Press.
Collier, Paul (1995): «The marginalization of Africa», *International Labour Review*, 134 (4-5), págs. 541-557.
Colombo, Gherardo (1990): *Il riciclaggio: gli istrumenti giudiziari di controllo dei flussi monetari illeciti con le modifiche introdotte dalla nuova legge antimafia*, Milán, Giuffre Editore.
Comisión sobre Seguridad y Cooperación en Europa (1994): *Crime and corruption in Russia*, informe de la Comisión, aplicación del Acuerdo de Helsinki, Washington DC, junio.
Congreso Mundial (1996): «Documents of the World Congress against the Commercial Sexual Exploitation of Children», Estocolmo, 27-31 de agosto. Extraído de http:/ www, childhub.ch./webpub/csechome/21ae. htm.
Connolly, Kathleen, Lea McDermid, Vincent Schiraldi y Dan Macallair (1996): *From Classrooms to Cell Blocks: How Prison Building Affects Higher Education and African American Enrollment*, San Francisco, Center on Juvenile and Criminal Justice.
Conquest, Robert (ed.) (1967): *Soviet Nationalities Policy in Practice*, Nueva York, Praeger.
— (1968): *The Great Terror*, Nueva York, Oxford University Press.
— (1986): *The Harvest of Sorrow*, Nueva York, Oxford University Press.
Cook, John T., y J. Larry Brown (1994): «Two Americas: comparisons of US child poverty in rural, inner city and suburban areas. A linear trend analysis to the year 2010», Medford, MA: Tufts University School of Nutrition, Center on Hunger, Poverty and Nutrition Policy, documento de trabajo núm. CPP-092394.
Cooper, J. (1991): *The Soviet Defence Industry: Conversion and Reform*, Londres, Pinter.
Da Costa Núñez, Ralph (1996): *The New Poverty: Homeless Families in America*, Nueva York, Insight Books.
Cowell, Alan (1994): «138 nations confer on rise in global crime», *The New York Times*, 22 de noviembre.
Curtis, Gerald L. (1993): *Japan's Political Transfigurations: Interpretation and Implications*, Washington, DC, Woodrow Wilson International Center for Scholars.

Davidson, Basil (1992): *The Black Man's Burden: Africa and the Crisis of the Nation-State*, Nueva York, Times Books.
— (1994): *A Search for Africa: History, Culture, Politics*, Nueva York, Times Books.
De Bernieres, Louis (1991): *Señor Vivo and the Coca Lord*, Nueva York, Morrow.
De Feo, Michael, y Ernesto V. Savona (1994): «Money trails: international money laundering trends and prevention/control policies», ponencia presentada en la Conferencia Internacional sobre Prevención y Control del Blanqueo de Dinero y la Utilización de los Beneficios del Crimen: un Planteamiento Global, Courmayeur, Italia, 18-20 de junio.
Deininger, Klaus, y Lyn Squire (1996): «A new data set measuring income inequality», *The World Bank Economic Review*, 10 (3), págs. 565-591.
Del Vecchio, Rick (1994): «When children turn to violence», *San Francisco Chronicle*, 11 de mayo.
Desai, Padma (1987): *The Soviet Economy: Problems and Prospects*, Oxford, Blackwell.
— (1989): *Perestroika in Perspective: the Design and Dilemmas of Soviet Reforms*, Princeton, NJ, Princeton University Press.
Deyo, Frederic (1981): *Dependent Development and Industrial Order: An Asian Case Study*, Nueva York, Praeger.
— (ed.) (1987a): *The Political Economy of East Asian Industrialism*, Ithaca, NY, Cornell University Press.
— (1987b): «State and labor: modes of political exclusion in East Asian development», en Deyo (ed.).
Dolven, Ben (1998): «Taiwan's trump», *Far Eastern Economic Review*, 6 de agosto, págs. 12-15.
Dornbusch, Robert (1998): «Asian crisis themes» (http://www.iie.com/ news98-1.htm).
Doucette, Diane (1995): «The restructuring of the telecommunications industry in the former Soviet Union», tesis doctoral inédita, Berkeley, Universidad de California.
Drake, St Clair, y Horace Cayton (1945): *Black Metropolis: a Study of Negro Life in a Northern City*, Nueva York, Harcourt Brace Jovanovich, ed. rev., 1962.
Drogin, Bob (1995): «Sending children to war», *Los Angeles Times*, 26 de marzo, A1-A14.
Dryakhlov, N. I., *et al.* (1972): *Nauchno-teknischeskaya revolyutsiya i obshchestvo*, Moscú, Nauka.
Dumaine, Brian (1993): «Illegal child labor comes back», *Fortune*, 127 (7), 5 de abril.
Dumont, René (1964): *L'Afrique Noire est mal partie*, París, Éditions du Seuil.
Eggebeen, David, y Daniel Lichter (1991): «Race, family structure, and changing poverty among American children», *American Sociological Review*, 56.
Ehringhaus, Carolyn Chase (1990): «Functional literacy assessment: issues of interpretation», *Adult Education Quarterly*, 40 (4).
Eisenstodt, Gail (1998): «Japan's crash and rebirth», *World Link*, septiembre-octubre, págs. 12-16.
Ekholm, Peter, y Aarne Nurmio (1999): *Europe and the Crossroads: The Future of the EU?*, Helsinki, Sitra.
Ekholm-Friedman, Kasja (1993): «Afro-Marxism and its disastrous effects on the economy: the Congolese case», en Blomstrom y Lundhal (eds.), págs. 219-245.

Ellman, M., y V. Kontorovich (eds.) (1992): *The Disintegration of the Soviet Economic System*, Londres, Routledge.
Endacott, G. B., y A. Birch (1978): *Hong Kong Eclipse*, Hong Kong, Oxford University Press.
Erlanger, Steven (1994a): «Russia's new dictatorship of crime», *The New York Times*, 15 de mayo.
— (1994b): «A slaying puts Russian underworld on parade», *The New York Times*, 14 de abril.
Ernst, Dieter, y David C. O'Connor (1992): *Completing in the Electronics Industry: the Experience of Newly Industrializing Economies*, París, OCDE, Development Centre Studies.
Estados Unidos, Departamento de Defensa (1989): *Critical Technologies Plan*, Washington DC, Departamento de Defensa.
Estados Unidos, Departamento de Trabajo (1994): *By the Sweat and Toil of Children: Vol. I. The Use of Child Labor in US Manufactured and Mined Imports*, Washington DC, Departamento de Trabajo.
— (1995): *By the Sweat and Toil of Children: Vol. II. The Use of Child Labor in Agricultural Imports and Forced and Bonded Child Labor*, Washington DC, Departamento de Trabajo.
Estefanía, Joaquín (1996): *La nueva economía: la globalización*, Madrid, Temas para el Debate.
— (1997): «La paradoja insoportable», *El País Internacional*, 14 de abril, pág. 8.
Evans, Peter (1995): *Embedded Autonomy: States and Industrial Transformation*, Princeton, NJ, Princeton University Press.
Fainstein, Norman (1993): «Race, class and segregation: discourses about African Americans», *International Journal of Urban and Regional Research*, 17 (3), págs. 384-403.
—, y Susan Fainstein (1996): «Urban regimes and black citizens: the economic and social impacts of black political incorporation in US cities», *International Journal of Urban and Regional Research*, 20 (1), marzo.
Fajnzylber, Fernando (1983): *La industrialización truncada de América Latina*, México, Nueva Imagen.
Fatton jr., Robert (1992): *Predatory Rule: State and Civil Society in Africa*, Boulder, Colo., Lynne Rienner.
Fischer, Claude, *et al.* (1996): *Inequality by Design*, Princeton, NJ, Princeton University Press.
Flores, Robert (1996): «Child prostitution in the United States», en Departamento de Trabajo de los Estados Unidos, Oficina de Asuntos Laborales Internacionales, *Forced Labor: the Prostitution of Children, Symposium Proceedings*, Washington DC, Departamento de Trabajo de los Estados Unidos.
Fontana, Josep (1994): *Europa ante el espejo*, Barcelona, Crítica.
Forester, Tom (1993): *Silicon Samurai: how Japan Conquered the World's IT Industry*, Oxford, Blackwell.
Forrest, Tom (1993): *Politics and Economic Development in Nigeria*, Cambridge, Cambridge University Press.
Fortescue, Stephen (1986): *The Communist Party and Soviet Science*, Baltimore, The Johns Hopkins University Press.

Fottorino, Eric (1991): *La piste blanche: l'Afrique sous l'emprise de la drogue,* París, Balland.
French, Howard (1995): «Mobutu, Zaïre's guide, leads nations into chaos», *The New York Times,* 10 de junio, pág. 1.
— «Yielding power, Mobutu flees capital: rebels prepare full takeover of Zaïre», *The New York Times,* 17 de mayo, pág. 1.
Frimpong-Ansah, Jonathan H. (1991): *The Vampire State in Africa: the Political Economy of Decline in Ghana,* Londres, James Curley.
Fukui, Harushiro (1992): «The Japanese state and economic development: a profile of a nationalist-paternalist capitalist state», en Richard Appelbaum y Jeffrey Henderson (eds.), *States and development in the Asian Pacific Rim,* Newbury Park, CA, Sage, págs. 190-226.
Funken, Claus, y Penny Cooper (eds.) (1995): *Old and New Poverty: the Challenge for Reform,* Londres, Rivers Oram Press.
Gamayunov, Igor (1994): «Oborotni», *Literaturnaya gazeta,* 7 de diciembre, pág. 13.
Gans, Herbert (1993): «From "underclass" to "undercaste": some observations about the future of the postindustrial economy and its major victims», *International Journal of Urban and Regional Research,* 17 (3), págs. 327-335.
— (1995): *The War against the Poor: the Underclass and Antipoverty Policy,* Nueva York, Basic Books.
García, Miguel (1991): *Los barones de la cocaína,* México, Planeta.
García Márquez, Gabriel (1996): *Noticia de un secuestro,* Barcelona, Mondadori.
Gelb, Joyce, y Marian Lief-Palley (eds.) (1994): *Women of Japan and Korea: Continuity and Change,* Filadelfia, Temple University Press.
Gerner, Kristian, y Stefan Hedlund (1989): *Ideology and Rationality in the Soviet Model: a Legacy for Gorbachev,* Londres, Routledge.
Ghose, T. K. (1987): *The Banking System of Hong Kong,* Singapur, Butterworth.
Gilliard, Darrell K., y Allen J. Beck (1996): «Prison and jail inmates, 1995», *Bulletin of the Bureau of Justice Statistics,* Washington DC, Departamento de Justicia, agosto.
Ginsborg, Paul (ed.) (1994): *Stato dell'Italia,* Milán, Il Saggiatore/Bruno Mondadori.
Gobierno de Hong Kong (1967): *Kowloon Disturbances, 1966: Report of the Commision of Inquiry,* Hong Kong.
Gold, Thomas (1986): *State and Society in the Taiwan Miracle,* Armonk, NY, M. E. Sharpe.
Goldman, Marshall I. (1983): *USSR in Crisis: the Failure of an Economic System,* Nueva York, W. W. Norton.
— (1987): *Gorbachev's Challenge: Economic Reform in the Age of High Technology,* Nueva York, W. W. Norton.
— (1996): «Why is the Mafia so dominant in Russia?», *Challenge,* enero-febrero, págs. 39-47.
Golland, E. B. (1991): *Nauchno-teknicheskii progress kak osnova uskorenia razvitia narodnogo khoziaistva,* Novosibirsk, Nauka.
Gómez, Ignacio, y Juan Carlos Giraldo (1992): *El retorno de Pablo Escobar,* Bogotá, Editorial Oveja Negra.
Gootenberg, Paul (ed.) (1999): *Cocaine: Global Histories,* Londres, Routledge.
Gordon, Michael R. (1996): «Russia struggles in a long race to prevent an atomic theft», *The New York Times,* 20 de abril, págs. 1-4.

Gottschalk, Peter, y Timothy M. Smeeding (1997): «Empirical evidence on income inequality in industrialized countries», Luxembourg Income Study, documento de trabajo 154.
Gould, Stephen Jay (1995): «The median isn't the message», *Discover*, junio, págs. 40-42.
Granberg, Alexander (1993a): «The national and regional commodity markets in the URSS: trends and contradictions in the transition period», *Papers in Regional Science*, 72 (1), págs. 3-23.
— (1993b): «Politika i uchenyy, kotoryy zanimayetsya ey po dolgu sluzhby», *EKO*, 4, págs. 24-28.
—, y H. Spehl (1989): «Regionale Wirtschaftspolitik in der UdSSR und der BRD», Informe para el Cuarto Seminario Soviético-Alemán Occidental sobre Desarrollo Regional, Kíev, 1-10 de octubre.
Granick, David (1990): *Chinese State Enterprises: a Regional Property Rights Analysis*, Chicago, University of Chicago Press.
Green, Gordon, *et al.* (1992): «International comparisons of earnings inequality for men in the 1980s», *Review of Income and Wealth*, 38 (1), págs. 1-15.
Greenhalgh, Susan (1988): «Families and networks in Taiwan's economic development», en Winckler y Greenhalgh (eds.).
Grindle, Merilee S. (1996): *Challenging the State: Crisis and Innovation in Latin American and Africa*, Cambridge, Cambridge University Press.
Grootaert, Christiaan, y Ravi Kanbur (1995): «Child labor: a review», Washington DC, documento de trabajo sobre la política de investigación del Banco Mundial, núm. 1454.
Grossman, Gregory (1977): «The second economy of the USSR», *Problems of Communism*, 26, págs. 25-40.
— (1989): «Informal personal incomes and outlays of the Soviet urban population», en Portes *et al.* (eds.), págs. 150-172.
Gugliotta, Guy, y Jeff Leen (1989): *Kings of Cocaine: inside Medellin Cartel*, Nueva York, Simon and Schuster.
Gustafson, Thane (1981): *Reform in Soviet Politics*, Nueva York, Cambridge University Press.
Haas, Ernst B. (1958a): *The Uniting of Europe: Political, Social, and Economic Forces, 1950-57*, Stanford, Stanford University Press.
— (1958b): «The challenge of regionalism», *International Organization*, 12 (4), págs. 440-458.
— (1964): *Beyond the Nation-State: Functionalism and International Organization*, Stanford, Stanford University Press.
Hagedorn, John, y Perry Macon (1998): *People and Folks. Gangs, Crime, and the Underclass in a Rustbelt City,* Chicago, Lake View Press.
Hall, Tony (1995): «Let's get Africa's act together...», informe sobre el Simposio Regional Africano de UNESCO/ITU/UNECA sobre Telemática para el Desarrollo, Addis Abeba, Etiopía, mayo.
Hallinan, Joe (1994): «Angry children ready to explode», *San Francisco Examiner*, 22 de mayo.
Handelman, Stephen (1993): «The Russian *Mafiya*», *Foreign Affairs*, 73 (2), págs. 83-96.

— (1995): *Comrade Criminal: russia's New Mafiya*, New Haven, Yale University Press.
Hao, Jia, y Lin Zhimin (eds.) (1994): *Changing Central-Local Relations in China: Reform and State Capacity*, Boulder, Colo., Westview Press.
Harrison, Mark (1993): «Soviet economic growth since 1928: the alternative statistics of G. I. Khanin», *Europe-Asia Studies*, 45 (1), págs. 141-167.
Harvey, Robert (1994): *The Undefeated: the Rise, Fall and Rise of Greater Japan*, Londres, Macmillan.
Hasegawa, Koichi (1994): «A comparative study of social movements for a post-nuclear energy era in Japan and the United States», ponencia para el XXIII Congreso Mundial de Sociología, Comité de Investigación sobre Conducta Colectiva y Movimientos Sociales, Bielefeld, Alemania, 18-23 de julio.
Healy, Margaret (1996): «Child pornography: an international perspective», documento de trabajo preparado para el Congreso Mundial contra la Explotación Sexual y Comercial de los Niños, Estocolmo, Suecia, 27-31 de agosto.
Heeks, Richard (1996): *Building Software Industries in Africa*, extraído de http:/www.sas.upenn.edu/African-Studies/Acad-Research/sofw-heeks. htaml.
Henderson, Jeffrey (1998a): «Danger and opportunity in the Asian Pacific», en G. Thompson (ed.), *Economic Dynamism in the Asian Pacific*, Londres, Routledge, págs. 356-384.
— (1998b): «Uneven crises: institutional foundations of East Asian economic turmoil», trabajo presentado en la conferencia anual de la Society for the Advancement of Socio-economics, Viena, 13-16 de julio.
— (1999): «Uneven crisis: institutional foundations of East Asian economic turmoil», *Economy and Society*, vol. 28, 3, agosto, págs. 327-368.
—, Noriko Hama, Bernie Eccleston y Grahame Thompson (1998): «Deciphering the East Asian crisis: a roundtable discussion», *Renewal*, 6 (2).
Herbst, Jeffrey (1996): «Is Nigeria a viable state?», *The Washington Quarterly*, 19 (2), págs. 151-172.
Hewitt, Chet, Andrea Shorter y Michael Godfrey (1994): *Race and Incarceration in San Francisco, Two Years Later*, San Francisco, Center on Juvenile and Criminal Justice.
Hill, Christopher (ed.) (1996): *The Actors in European Foreign Policy*, Londres, Routledge.
Hill, Ronald J. (1985): *The Soviet Union: Politics, Economics and Society. From Lenin to Gorbachev*, Londres, Pinter.
Hirst, Paul, y Grahame Thompson (1996): *Globalization in Question*, Oxford, Blackwell.
Ho, H. C. Y. (1979): *The Fiscal System of Hong Kong*, Londres, Croom Helm.
Holzman, Franklyn D. (1976): *International Trade under Communism*, Nueva York, Basic Books.
Hondagneu-Sotelo, Pierrette (1994): «Regulating the unregulated?: domestic workers' social networks», *Social Problems*, 41 (1).
Hope, Kempe Ronald (1995): «The socio-economic context of AIDS in Africa», *Journal of Asian and African Studies*, 30, págs. 1 y 2.
— (1996): «Growth, unemployment and poverty in Botswana», *Journal of Contemporary African Studies*, 14, pág. 1.

Hsing, You-tien (1997): «Transnational networks of Chinese capitalists and development in local China», ponencia presentada en las Redes de Bambú y el Taller de Investigación sobre Desarrollo Económico en la Región del Pacífico Asiático acerca de la labor de las redes de empresarios chinos, Vancouver, Universidad de Columbia Británica, Insituto de Investigación sobre Asia, 11-12 de abril (inédita en 1997).
— (1999): *Making Capitalism in China: the Taiwan Connection*, Nueva York, Oxford University Press.
Hutchful, Eboe (1995): «Why regimes adjust: the World Bank ponders its "star pupil"», *Canadian Journal of African Studies*, 29, pág. 2.
Hutching, Raymond (1976): *Soviet Science, Technology, Design*, Londres, Oxford University Press.
Hutton, Will (1996): *The State We're In*, ed. rev., Londres, Vintage.
Ikporukpo, C. O. (1996): «Federalism, political power and the economic game: conflict over access to petroleum resources in Nigeria», *Environment and Planning C: Government and Policy*, 14, págs. 159-177.
Ikuta, Tadahide (1995): *Kanryo: Japan's Hidden Government*, Tokio, NHK.
Imai, Ken'ichi (1990): *Jouhon Network Shakai no Tenkai* [El desarrollo de la sociedad red de la información], Tokio, Tikuma Shobou.
Industrial Strategy Proyect (ISP) (1995): *Improving Manufacturing Performance in South Africa*, Ciudad del Cabo/Ottawa, UCT Press e International Development Research Centre.
InfoCom Research (1995): *Information and Communications in Japan*, 1995, Tokio.
Inoguchi, Takashi (1995): «Kanryo: the Japanese bureaucracy in history's eye», ponencia expuesta en la conferencia sobre Crisis y Cambio en el Japón actual, Seattle, 20-21 de octubre (leído en una versión revisada proporcionada por la Universidad de Tokio, marzo de 1996).
Instituto Dentsu de Estudios Humanos/DataFlow International (1994): *Media in Japan*, Tokio, DataFlow International.
Irusta Medrano, Gerardo (1992): *Nacotráfico: hablan los arrepentidos-personajes y hechos reales*, La Paz, CEDEC.
Irwin, John (1985): *The Jail: Managing the Underclass in American Society*, Berkeley, University of California Press.
—, y James Austin (1994): *It's about Time: America's Imprisonment Binge*, Belmont, CA, Wadsworth.
Ito, Youichi (1980): «The *Johoka Shakai*, approach to the study of communication in Japan», *Keio Communication Review*, 1, págs. 13-40.
— (1991): «Birth of *Johoka Shakai* and *Johoka* concepts in Japan and their diffusion outside Japan», *Keio Communication Review*, 13, págs. 3-12.
— (1993): «How Japan modernised earlier and faster than other non-Western countries: an information sociology approach», *The Journal of Development Communication*, 4 (2).
— (1994a): «Why information now?», en Georgette Wang (ed.), *Treading Different Paths: Informationization in Asian Nations*, Norwood, NJ, Ablex.
— (1994b): «Japan», en Georgette Wang (ed.), *Treading Different Paths: Informationization in Asian Nations*, Norwood, NJ, Ablex.
Iwao, Sumiko (1993): *The Japanese Woman*, Nueva York, Free Press.
Izvestia (1994a): «Krestnye ottsy i inoplanetyane», 27 de enero.

— (1994b): «Rossiiskaya mafia sobiraet dos'ye na krupnykh chinovnikov i politikov», 26 de enero, págs. 1 y 2.
— (1994c): «Ugolovnaya rossiya», 18, 19 de octubre, págs. 1 y 2.
Jackson, Robert H., y Carl G. Rosberg (1994): «The political economy of African personal rule», en David Apter y Carl Rosberg (eds.), *Political Development and the New Realism in Sub-Saharan Africa*, Charlottesville, University of Virginia Press.
Jamal, Vali (ed.) (1995): *Structural Adjustment and Rural Labour Markets in Africa*, Nueva York, St Martin's Press para la OIT.
James, Jeffrey (1995): *The State, Technology and Industrialization in Africa*, Nueva York, St Martin's Press.
Japan Information Processing Development Center (1994): *Information White Paper*, Tokio.
Jasny, N. (1961): *Soviet Industrialization, 1928-1952*, Chicago, University of Chicago Press.
Jazairy, Idriss, et al. (1992): *The State of World Rural Poverty: an Inquiry into its Causes and Consequences*, Nueva York, New York University Press.
Jensen, Leif (1991): «Secondary earner strategies and family poverty: immigrant-native differentials, 1960-1980», *International Migration Review*, 25, pág. 1.
Jensen, Mike (1995): borrador de la discusión para el Simposio Regional Africano de UNESCO/ITU/UNECA sobre Telemática para el Desarrollo en Addis Abeba, extraído de http:// www.idsc.gov.eg//aii/ddpf.htm#tele.
— (1996): «Economic and technical issues in building Africa's information technologies», presentación a la Conferencia sobre África y las Nuevas Tecnologías de la Información, Ginebra, 17-19 de octubre.
Johnson, Chalmers (1982): *MITI and the Japanese Miracle*, Stanford, Stanford University Press.
— (1987): «Political institutions and economic performance: the government-business relationship in Japan, South Korea, and Taiwan», en Deyo (ed.).
— (1995): *Japan: Who Governs? The Rise of the Developmental State*, Nueva York, W. W. Norton.
Johnson, D. Gale, y Karen McConnell Brooks (1983): *Prospects for Soviet Agriculture in the 1980s*, Bloomington, Ind., Indiana University Press.
Jomo, Kwame S. (1999): «International financial liberalisation and the crisis of East Asian Development», Kuala Lumpur, Universidad de Malaya, Facultad de Economía y Admnistración, trabajo inédito.
Jones, J. (1992): *The Dispossessed: America's Underclasses from the Civil War to the Present*, Nueva York, Basic Books.
Jowitt, Kenneth (1971): *Revolutionary Breakthroughs and National Development: the Case of Romania, 1944-65*, Berkeley, University of California Press.
Kaiser, Paul (1996): «Structural adjustment and the fragile nation: the demise of social unity in Tanzania», *Journal of Modern African Studies*, 34, pág. 2.
Kaiser, Robert G. (1991): *Why Gorbachev Happened: His Triumphs and his Failures*, Nueva York, Simon and Schuster.
Kaldor, Mary (1981): *The Baroque Arsenal*, Nueva York, Hill and Wang.
Kalmanovitz, Salomon (1993): *Análisis macro-económico del narcotráfico en la economía colombiana*, Bogotá, Universidad Nacional de Colombia, Facultad de Ciencias Económicas.

Kamali, A., *et al.* (1996): «The orphan problem: experience of a Sub-Saharan African rural population in the AIDS epidemic», *AIDS Care*, 8 (5), págs. 509-515.
Kaplan, David E., y Alec Dubro (1986): *Yakuza: the Explosive Account of Japan's Criminal Underworld*, Menlo Park, Cal., Addison-Wesley.
Kasarda, John D. (1990): «Urban industrial transition and the underclass», *Annals of the American Academy of Political and Social Science*, 501, págs. 26-47.
— (1995): «Industrial restructuring and the changing location of jobs», en Reynolds Farley (eds.), *State of the Union: America in the 1990s*, Nueva York, Russell Sage Foundation.
Kassel, Simon, y Cathleen Campbell (1980): *The Soviet Academy of Sciences and Technological Development*, Santa Mónica, Ca, Rand Corporation.
Kato, Tetsuro (1984): «A preliminary note on the state in contemporary Japan», Hitotsubashi Journal of Social Studies, 16 (1), págs. 19-30.
— (1987): «Der neoetatismus im heutigen Japan», *Prokla*, 66, págs. 91-105.
Kazantsev, Sergei (1991): «Ozenka ekonomicheskogo effekta NTP v sisteme tsentralizonvannogo upravleniya nauchno-tekhnicheskim progressom», en E. Golland y T. Rybakova (eds.), *Tekhnologicheskiyi progress i ekonomicheskoye razvitiye*, Novosibirsk, Nauka, págs. 162-174.
Kazuhiro, Imamura (1990): «The computer, interpersonal communication, and education in Japan», en Adriana Boscaro, Franco Gatti y Massimo Raveri (eds.), *Rethinking Japan*, Folkestone, Kent, págs. 97-106.
Keating, Michael (1995): *Nations against the State: the New Politics of Nationalism in Quebec, Catalonia, and Scotland*, Nueva York, St Martin's Press.
Kelly, R. J. (ed.) (1986): *Organized Crime: a Global Perspective*, Totowa, NJ, Rowman and Littlefield.
Kempster, Norman (1993): «US consider seizing vast wealth of Zaïre's Mobutu to force him out», *Los Angeles Times*, 3 de marzo.
Keohane, Robert O., y Stanley Hoffman (1991a): «Institutional change in Europe in the 1980s», en Keohane y Hoffman (eds.).
— y — (eds.) (1991b): *The New European Community: Decision Making and Institutional Change*, Boulder, Colo., Westview Press.
Khan, Sikander, e Hideki Yoshihara (1994): *Strategy and Performance of Foreign Companies in Japan*, Westport, CT, Quorum Books.
Khanin, G. I. (1988): «Ekonomicheskii rost: l'ternativnaya otsenka», *Kommunist* 17.
— (1991a): *Dinamika ekonomicheskogo razvitiya SSSR*, Novosibirsk, Nauka.
— (1991b): «Ekonomicheskii rost v SSSR v 80-e gody», *EKO*, 5.
Khazanov, Anatoly M. (1995): *After the USSR: Ethnicity, Nationalism and Politics in the Commonwealth of Independent States*, Madison, University of Wisconsin Press.
Kibria, Nazli (1994): «Household structure and family ideologies: the dynamics of immigrant economic adaptation among Vietnamese refugees», *Social Problems*, 41, pág. 1.
Kim, Jong-Cheol (1998): «Asian financial crisis in 1997: institutional incompatibility of the development state in global capitalism», trabajo inédito para el seminario de Sociología 280v, Berkeley, Universidad de California, Departamento de Sociología, mayo.
Kim, Kyong-Dong (ed.) (1987): *Dependency Issues in Korean Development* Seúl, Seoul National University Press.

Kim, Seung-Kuk (1987): «Class formation and labor process in Korea», en Kim (ed.).
King, Ambrose Y. C., y Rance P. Lee (eds.) (1981): *Social life and development in Hong Kong*, Hong Kong, Chinese University Press.
King, Roy (1994): «Russian prison after perestroika: end of the gulag?», *British Journal of Criminology*, 34, número especial.
—, y Mike Maguire (1994): «Contexts of imprisonment: an international perspective», *British Journal of Criminology*, 34, número especial.
Kirsch, Irwin, Ann Jungeblut, Lynn Jenkins y Andrew Kolstad (1993): *Adult Literacy in America: a First Look at the Results of the National Adult Literacy Survey*, Washington DC, Departamento de Educación.
Kiselyova, Emma, Manuel Castells y Alexander Granberg (1996): *The Missing Link: Siberian Oil and Gas and the Pacific Economy*, Berkeley, CA, Universidad de California, Instituto de Desarrollo Urbano y Regional, investigación monográfica.
Kishima, Takako (1991): *Political Life in Japan: Democracy in a Reversible World*, Princeton, NJ, Princeton University Press.
Kleinknecht, William (1996): *The New Ethnic Mobs: the Changing Face of Organized Crime in America*, Nueva York, The Free Press.
Koetting, Mark, y Vincent Schiraldi (1994): *Singapore West: the Incarceration of 200,000 Californians*, San Francisco, Center on Juvenile and Criminal Justice.
Kontorovich, V. (1988): «Lessons of the 1965 Soviet economic reform», *Soviet Studies*, 40, pág. 2.
Kornai, Janos (1980): «Economics of shortage», Amsterdam, North Holland.
— (1986): *Contradictions and Dilemmas: Studies on the Socialist Economy and Society*, Cambridge, MA, MIT Press.
— (1990): *Vision and Reality, Market and State*, Nueva York, Routledge.
Korowkin, Wladimir (1994): «Die wirtschaftsbeziehungen Russlands zu den Staaten der ehemaligen UdSSR», *Osteuropa*, 2 (febrero), págs. 161-174.
Kozlov, Viktor (1988): *The Peoples of the Soviet Union*, Bloomington, Ind., Indiana University Press.
Kozol, Jonathan (1985): *Illiterate America*, Nueva York, Anchor Press.
Krause, Lawrence, Koh Ai Tee y Lee (Tsao) Yuan (1987): *The Singapore Economy Reconsidered*, Singapore, Institute of South-East Asian Studies.
Kuleshov, Valery, y Manuel Castells (dirs.) (1993): «Problemas socioeconómicos del complejo de gas y petróleo en Siberia Occidental en el contexto de la reforma económica», Madrid, UAM/IUSNT, informe de investigación.
Kuo, Shirley W. Y. (1983): *The Taiwan Economy in Transition*, Boulder, Colo., Westview Press.
Kuznetsova, N. F. (1996): «Konferenciya po problemam organizovannoi prestupnosti», *Gosudarstvo i Pravo*, 5, págs. 130-137.
Kwan, Alex Y. H., y David K. K. Chan (eds.) (1986): *Hong Kong Society*, Hong Kong, Writers and Publishers Cooperative.
Lachaud, Jean-Pierre (1994): *The Labour Market in Africa*, Ginebra, International Institute for Labour Studies.
Lam, Willy Wo-Lap (1995): *China after Deng Xiaoping: the Power Struggle in Beijing since Tiananmen*, Singapur, Wiley.
Lane, David (1990): *Soviet Society under Perestroika*, Londres, Unwin and Hyman.

Laserna, Roberto (ed.) (1991): *Economía política de las drogas: lecturas latinoamericanas*, Cochabamba, CERES/CLACSO.
— (1995): «Coca cultivation, drug traffic and regional development in Cochabamba, Bolivia», tesis doctoral inédita, Berkeley, Universidad de California.
— (1996): *20 jucios y prejuicios sobre coca-cocaína*, La Paz, Clave Consultores.
Lau, Siu-kai (1982): *Society and Politics in Hong Kong*, Hong Kong, The Chinese University Press.
Lavalette, Michael (1994): *Child Employment in the Capitalist Labour Market*, Aldershot, Avebury.
Lee, Chong Ouk (1988): *Science and Technology Policy of Korea and Cooperation with the United States*, Seúl, Instituto Superior Coreano de Ciencia y Tecnología, Centro de Política Científica y Tecnológica.
Leitzel, Jim, *et al.* (1995): «Mafiosi and Matrioshki: organized crime and Russian reform», *The Brooking Review*, invierno, págs. 26-29.
Lemann, Nicholas (1999): *The Big Test. The Secret History of American Meritocracy*, Nueva York, Farrar, Straus & Giroux.
Lemarchand, René (1970): *Rwanda and Burundi*, Londres, Pall Mall.
— (1993): «Burundi in comparative perspective: dimensions of ethnic strife», en John McGarry y Brendan O'Leary (eds.), *The Politics of Ethnic Conflict Regulation: Case Studies of Protracted Ethnic Conflicts*, Londres y Nueva York, Routledge.
— (1994a): «Managing transition anarchies: Rwanda, Burundi, and South Africa in comparative perspective», *The Journal of Modern African Studies*, 32(4), pág. 581-604.
— (1994b): *Burundi: Ethnocide as Discourse and Practice*, Nueva York, Woodrow Wilson Center Press y Cambridge University Press.
Lerman, Robert (1996): «The impact of changing US family structure on child poverty and income inequality», *Economica*, 63, págs. S119-139.
Lethbridge, H. (1970): «Hong Kong cadets, 1862-1941», *Journal of the Hong Kong Branch of the Royal Asiatic Society*, 10, págs. 35-56.
— (1978): *Hong Kong: Stability and Change: a Collection of Essays*, Hong Kong, Oxford University Press.
Leung, Chi-keung, *et al.* (1980): *Hong Kong: Dilemmas of Growth*, Hong Kong, Universidad de Hong Kong, Centro de Estudios Asiáticos.
Lewin, Moshe (1988): *The Gorbachev Phenomenon: a Historical Interpretation*, Berkeley, University of California Press.
Lewis, Peter (1996): «From prebendalism to predation: the political economy of decline in Nigeria», *Journal of Modern African Studies*, 34 (1), págs. 79-103.
Leys, Colin (1994): «Confronting the African tragedy», *New Left Review*, 204, págs. 33-47.
Li, Linda Ch. (1996): «Power as non-zero sum: central-provincial relations over investment implementation, Guandong and Shanghai, 1978-93», Hong Kong, Universidad Municipal de Hong Kong, Departamento de Administración Pública y Social, documento de trabajo 1996/2.
Lim, Hyun-Chin (1982): *Dependent Development in Korea: 1963-79*, Seúl, Seoul National University Press.
—, y Jonghoe Yang (1987): «The state, local capitalists and multinationals: the

changing nature of a triple alliance in Korea», en Kyong-Dong Kim (ed.), *Dependency Issues in Korean Development*, Seúl, Seoul National University Press, págs. 347-359.

Lin, Jing (1994): *The Opening of the Chinese Mind: Democratic Changes in China since 1978*, Westport, CT, Praeger.

Lin, Tsong-Biau, Victor Mok y Yin-Ping Ho (1980): *Manufactured Exports and Employment in Hong Kong*, Hong Kong, Chinese University Press.

Lindqvist, Sven (1996): *Exterminate All the Brutes*, Nueva York, The New Press.

Loxley, John (1995): «A review of *Adjustment in Africa: Reforms, Results and the Road Ahead*», *Canadian Journal of African Studies*, 29, pág. 2.

Lu, Jia (1993): «Jingji guore wnti geshuo gehua» [Desacuerdo entre el gobierno central y provincial sobre los problemas del recalentamiento de la economía], *China Times Weekly*, 61, 28 de febrero-6 de marzo, págs. 44 y 45.

— (1994a): «Zhonggong yabuzhu difang haiwai juzhaifeng» [Los comunistas chinos no pueden controlar la tendencia de los créditos exteriores de los gobiernos locales], *China Times Weekly*, 150, 13-19 de noviembre, págs. 6-9.

— (1994b): «Laozi jiufen juyou zhongguo tese» [Las disputas laborales tienen características chinas], *China Times Weekly*, 116, 20-26 de marzo, págs. 11-13.

Lynch, Michael J., y E. Britt Paterson (eds.) (1995): *Race and Criminal Justice: a Further Examination*, Nueva York, Harrow and Heston.

McDonald, Douglas (1994): «Public imprisonment by private means: The re-emergence of private prisons and jails in the United States, the United Kingdom, and Australia», *British Journal of Criminology*, 34, número especial.

Mace, James E. (1983): *Communism and the Dilemmas of National Liberation: National Communism in Soviet Ukraine, 1918-33*, Cambridge, MA, Harvard Ukrainian Research Institute.

Machimura, Takashi (1994): *Sekai Toshi Tokyo no Kozo* [La transformación estructural de una ciudad global: Tokio], Tokio, Tokio University Press.

Mackie, J. A. C. (1992): «Overseas Chinese entrepreneurship», *Asian Pacific Economic Literature*, 6 (1), págs. 41-64.

McKinley, James C. (1996): «Old revolutionary is a new power to be reckoned with in Central Africa», *The New York Times*, 27 de noviembre.

Maddison, Angus (1995): *Monitoring the World Economy, 1820-1992*, París, OECD Development Centre Studies.

Malleret, T., e Y. Delaporte (1991): «La conversion des industries de défense de l'ex-URSS», *Le Courrier des Pays de l'Est*, noviembre.

Mamdani, Mahmood (1996): «From conquest to consent as the basis of state formation: reflections on Rwanda», *New Left Review*, 216, págs. 3-36.

Manning, Claudia (1993): «Subcontracting in the South African economy: a review of the evidence and an analysis of future prospects», ponencia preparada para el Taller TASKGRO, 21-23 de mayo.

—, y Angela Pinky Mashigo (1994): «Manufacturing in South African microenterprises», *IDS Bulletin*, 25(1).

Marrese, Michael, y Jan Vanous (1983): *Soviet Subsidization of Trade with Eastern Europe: a Soviet Perspective*, Berkeley, Universidad de California, Instituto de Estudios Internacionales.

Martin, John M., y Anne T. Romano (1992): *Multinational Crime*, Londres, Sage.

Maruyama, Masao (1963): *Thought and Behaviour in Modern Japanese Politics.* (ed. Ivan Morris), Londres, Oxford University Press.
Massey, Douglas S., y Nancy A. Denton (1993): *American Apartheid: Segregation and the Making of the Underclass,* Cambridge, Ma., Harvard University Press.
—, Andrew Grow y Kumiko Shibuya (1994): «Migration, segregation and the geographic concentration of poverty», *American Sociological Review,* 59, págs. 425-445.
—, et al. (1999): *Worlds in Motion. Understanding International Migration at the End of the Millennium,* Oxford, Clarendon Press/Oxford University Press.
Medina Gallego, Carlos (1990): *Autodefensas, paramilitares y narcotráfico en Colombia,* Bogotá, Editorial Documentos Periodísticos.
Mejía Prieto, Jorge (1988): *México y el narcotráfico,* México, Editorial Universo.
Menshikov, Stanislas (1990): *Catastrophe or Catharsis? The Soviet Economy Today,* Moscú y Londres, Inter-Verso.
MERG (Macro-Economic Working Group) (1993): *Making Democracy Work: a Framework for Macroeconomic Policy in South Africa,* Belleville, South Africa, Center for Development Studies.
Mergenhagen, Paula (1996): «The prison population bomb», *American Demographics,* 18(2), págs. 36-40.
McFadden, Robert D. (1999): «U.S. colonel's wife named in Bogota drug smuggling», *The New York Times,* 7 de agosto, pág. A1.
Minc, Alain (1993): *Le nouveau Moyen Âge,* París, Gallimard. [Ed. cast.: *La nueva Edad Media,* Madrid, Temas de Hoy, 1994.]
Miners, N. J. (1986): *The Government and Politics of Hong Kong,* Hong Kong, Oxford University Press.
Mingione, Enzo (1993): «The new urban poverty and the underclass: introduction», *International Journal of Urban and Regional Research,* 17 (3).
— (ed.) (1996): *Urban Poverty and the Underclass,* Oxford, Blackwell.
—, y Morlicchio, Enrica (1993): «New forms of urban poverty in Italy: risk path models in the north and south», *International Journal of Urban and Regional Research,* 17(3).
Ministerio de Correos y Telecomunicaciones (1995): «Tsushin Hakusho Heisei nenban» [Libro blanco de las comunicaciones en Japón], Tokio.
Mishel, Lawrence, Jared Bernstein y John Schmitt (1996): *The State of Working America, 1996-97,* Washington, Economic Policy Institute.
—, — y — (1999): *The State of Working America 1988/99,* Ithaca y Londres, Cornell University Press/Economic Policy Institute.
Mita Barrientos, Fernando (1994): *El fenómeno del narcotráfico,* La Paz, AVF Producciones.
Mitchell, R. Judson (1990): *Getting to the Top in the USSR: Cyclical Patterns in the Leadership Succession Process,* Stanford, CA, Hoover Institution Press.
Mollenkopf, John, y Manuel Castells (eds.) (1991): *Dual City: Restructuring New York,* Nueva York, Russell Sage.
Morris, Martina, Annette Bernhardt y Mark Handcock (1994): «Economic inequality: new methods for new trends», *American Sociological Review,* 59, págs. 205-219.
Motyl, Alexander M. (1987): *Will the Non-Russians Rebel? State, Ethnicity, and Stability in the USSR,* Ithaca, NY, Cornell University Press.

Muntarbhorn, Vitit (1996): «International perspectives and child prostitution in Asia», en Departamento de Trabajo de los Estados Unidos, Oficina de Asuntos Laborales Internacionales, *Forced Labor: the Prostitution of Children, Symposium Proceedings*, Washington, DC, Departamento de Trabajo.

Murray, Diane H. (con Qin Baogi) (1994): *The Origins of the Truandihui: the Chinese Triads in Legend and History*, Stanford, Stanford University Press.

Mushkat, Miron (1982): *The Making of the Hong Kong Administrative Class*, Hong Kong, Universidad de Hong Kong, Centro de Estudios Asiáticos.

Nakame International Economic Research, Nikon Keizai Shimbum Inc. (Nikkei) y Global Business Network (1998): *Scenarios for the Future of Japan*, Emeryville, CA, Global Business Network.

Nathan, Andrew J. (1990): *China's Crisis: Dilemmas of Reform and Prospects for Democracy*, Nueva York, Columbia University Press.

National Center for Adult Literacy (NCAL) (1995): «Adult literacy: the next generation», *NCAL Technical Report TR90-01*, Filadelfia, NCAL.

Naughton, Barry (1995): *Growing Out of the Plan: Chinese Economic Reforms, 1978-1993*, Nueva York, Cambridge University Press.

Navarro, Mireya (1997): «Russian submarine surfaces as player in drug world», *The New York Times*, 5 de marzo, págs. 1-8.

Navarro, Vicente (1996): «La unidad monetaria, Maastricht y los Estados del Bienestar: notas comparativas de la UE con EE UU», ponencia presentada a la Conferencia sobre Nuevas Políticas Sociales y Económicas para Europa, Fundación Sistema, Madrid, 18 y 19 de diciembre.

— (1997): *Neoliberalismo y estado del bienestar*, Madrid, Alianza Editorial.

Nekrich, Aleksandr M. (1978): *The Punished Peoples. The Deportation and Tragic Fate of Soviet Minorities at the End of the Second World War*, Nueva York, W. W. Norton.

Network Wizards (1996): Internet Survey, julio, extraído de http:// www.nw.com.

Newbury, Catherine (1988): *The Cohesion of Oppression: Clientship and Ethnicity in Rwanda, 1860-1960*, Nueva York, Columbia University Press.

Newman, Anabel, Warren Lewis y Caroline Beverstock (1993): «Prison literacy: implications for program and assessment policy», *NCAL Technical Report TR93-1*, Filadelfia, NCAL.

Noble, Kenneth (1992): «As the nation's economy collapses, Zaïreans squirm under Mobutu's heel», *The New York Times*, 30 de agosto, pág. 14.

Nonaka, Ikujiro, e Hirotaka Takeuchi (1994): *The Knowledge-creating Company: How Japanese Companies Created the Dynamics of Innovation*, Nueva York, Oxford University Press.

Norman, E. Herbert (1940): *Japan's Emergence as a Modern State: Political and Economic Problems of the Meiji Period*, Nueva York, Institute of Pacific Relations.

Nove, Alec (1969/1982): *An Economic History of the USSR*, Harmondsworth, Penguin.

— (1977): *The Soviet Economic System*, Londres, Allen and Unwin.

Nzongola-Ntalaja, Georges (1993): *Nation-building and State-building in Africa*, SAPES Trust Occasional Paper Series, núm. 3, Harare, Sapes Books.

OCDE (1995): *Literacy, Economy and Society: Results of the First International Adult Literacy Survey*, París, OCDE.

Odedra, Mayuri, *et al.* (1993): «Sub-Saharan Africa: a technological desert», *Communications of the ACM*, 36 (2), págs. 25-29.
Oficina Internacional del Trabajo (OIT): *World Labour Report 1994*, Ginebra, OIT.
— (1995): *World Employment Report 1995*, Ginebra, OIT.
— (1996): *Child Labour: Targeting the Intolerance*, Ginebra, OIT.
Ohmae, Kenichi (1990): *The Borderless World: Power and Strategy in the Interlinked Economy*, Nueva York, Harper.
Olmo, Rosa del (1991): «La geopolítica del narcotráfico en América Latina», en *Simposio Internacional*, págs. 29-68.
Ong, Aihwa, y Donald Nonini (eds.) (1997): *The Cultural Politics of Modern Chinese Transnationalism*, Londres, Routledge.
ONU, Consejo Económico y Social (1994): «Problems and dangers posed by organized transnational crime in the various regions of the world», documento de apoyo para la Conferencia Ministerial Mundial sobre Crimen Transnacional Organizado, Nápoles, 21-23 de noviembre, documento E/CONF.88.2
ONU, Departamento de Información Económica y Social y Análisis Político (1996): *World Economic and Social Survey 1996: Trends and Policies in the World Economy*, Nueva York, Naciones Unidas.
ONU, Programa de Desarrollo (1996): *Human Development Report 1996*, Nueva York, Oxford University Press.
Orstrom Moller, J. (1995): *The Future European Model: Economic Internationalization and Cultural Decentralization*, Westport, CT, Praeger.
Ovchinsky, Vladimir (1993): *Mafia: Neob'yavlennyi vizit*, Moscú, INFRA-M.
Over, Mead (1990): «The economic impact of fatal adult illness from AIDS and other causes in Sub-Saharan Africa: a research proposal», Departamento de Investigación del Banco Mundial, Washington, inédito.
Overhalt, William H. (1993): *The Rise of China*, Nueva York, W. W. Norton.
Ozawa, Terutomo (1996): «Japan: the macro-IDP, meso-IDPs and the technology development path (TDP)», en John H. Dunning and Rajneesh Narula (eds.), *Foreign Direct Investment and Governments: Catalyst for Economic Restructuring*, Londres, Routledge, págs. 142-173.
Palazuelos, Enrique (1990): *La economía soviética más allá de la perestroika*, Madrid, Ediciones de Ciencias Sociales.
Panos Institute (1992): *The Hidden Costs of AIDS: the Challenge to Development*, Londres, Panos Institute.
Pardo Segovia, Fernando (ed.) (1995): *Narcotráfico: situación actual y perspectivas para la acción*, Lima, Centro Peruano de Relaciones Internacionales.
Parsons, Craig (1996): «Europe's identity crisis: European Union dilemmas in the 1990s», Berkeley, Universidad de California, Centro de Estudios de Europa Occidental, documento de investigación.
Pasquini, Gabriel, y Eduardo de Miguel (1995): *Blanca y radiante: mafias, poder y narcotráfico en la Argentina*, Buenos Aires, Planeta.
Pease, Ken (1994): «Cross-national imprisonment rates: limitations of method and possible conclusions», *British Journal of Criminology*, 34, número especial.
Pedrazzini, Yves, y Magaly Sánchez (1996): *Malandros, bandes et enfants de la rue: la culture d'urgence dans la métropole latino-américaine*, París, Fondation Charles Léopold Mayer pour le Progres de l'Homme.

Pérez Gómez, V. (1988): *Historia de la drogadicción en Colombia*, Bogotá, TM Editores/Uniandes.
Peterson, G., y Adele V. Harrell (eds.) (1993): *Drugs, Crime, and Social Isolation*, Washington DC, The Urban Institute Press.
Pfeffer, Max (1994): «Low-wage employment and ghetto poverty: a comparison of African-American and Cambodian day-haul farm workers in Philadelphia», *Social Problems*, 41 (1).
Philipson, Thomas, y Richard A. Posner (1995): «The microeconomics of the AIDS epidemic in Africa», *Population and Development Review*, 21 (4), págs. 835-848.
Pinkus, Benjamin (1988): *The Jews of the Soviet Union: the History of a National Minority*, Cambridge, Cambridge University Press.
Pipes, Richard (1954): *The Formation of the Soviet Union: Communism and Nationalism, 1917-23*, Cambridge, MA, Harvard University Press.
— (1991): *The Russian Revolution*, Nueva York, Alfred Knopf.
Pisani-Ferry, Jean (1995): «Variable geometry in Europe», ponencia presentada en la Conferencia sobre la Reestructuración de la Asociación Transatlántica: una agenda para los próximos diez años, Brujas, Universidad Europea, 20-22 de marzo.
Plotnick, Robert D. (1990): «Determinants of teenage out-of-wedlock childbearing», *Journal of Marriage and the Family*, 52, págs. 735-746.
PNUD (Programa de Naciones Unidas para el Desarrollo) (1997): *Human Development Report, 1997,* Nueva York, United Nations y Oxford University Press.
— (1998): *Human Development Report, 1998,* Nueva York, United Nations y Oxford University Press.
— (1999): *Human Development Report, 1999,* Nueva York, United Nations y Oxford University Press.
PNUD-Chile (1988): *El desarrollo humano en Chile,* Santiago de Chile, Naciones Unidas.
Po, Lan-chih (1988): «Economic reform, housing privatization and changing life of women in China», tesis doctoral, Berkeley, University of California, Department of City and Regional Planning.
Podlesskikh, Georgyi, y Andrey Tereshonok (1994): *Vory V Zakone: Brosok k Vlasti*, Moscú, Khudozestvennaya Literatura.
Portes, Alejandro (ed.) (1995): «The economic sociology of immigration: essays on networks, ethnicity and entrepreneurship», Nueva York, Russell Sage.
—, y Sensenbrenner, Julia (1993): «Embeddedness and immigration: notes on the social determinants of economic action», *American Journal of Sociology*, 98 (6), págs. 1320-1350.
—, Manuel Castells y Lauren Benton (eds.) (1989): *The Informal Economy: Studies on Advanced and Less Developed Countries*, Baltimore, The Johns Hopkins University Press.
Potter, Gary W. (1994): *Criminal Organizations: Vice, Racketeering and Politics in an American City*, Prospect Heights, Ill, Waveland Press.
Praaning, R., y C. Perry (eds.) (1989): *East-West Relations in the 1990s: Politics and Technology*, Dordrecht/Boston, M. Nijhoff.
Press, Robert M. (1993): «Some allege Mobutu is stirring up deadly tribal warfare in Zaïre», *Christian Science Monitor*, 16 de agosto, pág. 1.
Pritchett, Lant (1995): *Divergence, Big Time*, Washington DC, Banco Mundial, investigación sobre política, documento de trabajo, núm. 1522.

Prolongeau, Hubert (1992): *La vie quotidienne en Colombie au temps du cartel de Medellín*, París, Hachette.
Psacharopoulos, George, et al. (1995): «Poverty and inequality in Latin America during the 1980s», *Review of Income and Wealth*, 41 (3), págs. 245-263.
Purcell, Randall P. (ed.) (1989): *The Newly Industrializing Countries in a World Economy*, Boulder, Colo., Lynne Rienner.
Ravenhill, John (1993): «A second decade of adjustment: greater complexity, greater uncertainty», en Callaghy y Ravenhill (eds.).
Reed, Deborah (1999): *California's Rising Income and Inequality: Causes and Concerns*, San Francisco, Public Policy Institute of California.
Reischauer, Edwin O. (1988): *The Japanese Today: Change and Continuity*, Cambridge, MA, The Belknap Press of Harvard University Press.
Remnick, David (1993): *Lenin's Tomb: the Last Days of the Soviet Empire*, Nueva York, Random House.
Renard, Ronald D. (1996): *The Burmese Connection: Illegal Drugs and the Making of the Golden Triangle*, Boulder, Colo., Lynne Rienner.
Rezun, Miron (ed.) (1992): *Nationalism and the Breakup of an Empire: Russia and its Periphery*, Westport, CT, Praeger.
Riddell, Barry (1995): «The World Bank speaks to Africa yet again», *Canadian Journal of African Studies*, 29, pág. 2.
Riddell, Roger (1993): «The future of the manufacturing sector in Sub-Saharan Africa», en Callaghy and Ravenhill (eds.), págs. 215-247.
Riley, Thyra (1993): «Characteristics of and constraints facing black businesses in South Africa: survey results», ponencia preparada para la presentación del Banco Mundial del seminario sobre Pequeñas y Medianas Empresas, Johanesburgo, 1 y 2 de junio.
Rizzini, Irene (ed.) (1994): *Children in Brazil Today: a Challenge for the Third Millennium*, Río de Janeiro, Editora Universitaria Santa Ursula.
Roberts, Albert E. (1994): *Critical Issues in Crime and Justice*, Thousand Oaks, CA, Sage.
Robinson, Thomas W. (ed.) (1991): *Democracy and Development in East Asia*, Washington DC, The American Enterprise Institute Press.
Rodgers, Gerry, Charles Gore y José B. Figueiredo (eds.) (1995): *Social Exclusion: Rhetoric, Reality, Responses*, Ginebra, Instituto Internacional de Estudios Laborales.
Rodgers, Harrell (1996): *Poor Women, Poor Children*, Armonk, NY, M. E. Sharpe.
Rogerson, Christian (1993): «Industrial Subcontracting in South Africa: a Research Review», ponencia preparada para el Foro sobre el Desarrollo Económico de PWV, junio.
Rohwer, Jim (1995): *Asia Rising*, Nueva York, Simon and Schuster.
Room, G. (1992): *Observatory on National Policies to Combat Social Exclusion: Second Annual Report*, Bruselas, Comisión de la Comunidad Europea.
Roth, Jurgen, y Marc Frey (1995): *Europa en las garras de la mafia*, Madrid, Anaya & Mario Muchnik (publicación original en alemán en 1992).
Rowen, H. S., y Charles Wolf jr. (eds.) (1990): *The Impoverished Superpower*, San Francisco, Institute for Contemporary Studies.
Ruggie, John G. (1993): «Territoriality and beyond: problematizing modernity in international relations», *International Organization*, 47 (1), págs. 139-174.

Sachs, Jeffrey (1998): «The IMF and the Asian flu», *The American Prospect*, marzo-abril, págs. 16-21.
Sachwald, Fredrique (1994): *European Integration and Competitiveness: Acquisitions and Alliances in Industry*, Aldershot, Edward Elgar.
Sakaiya, Taichi (1991): *The Knowledge-Value Revolution: or a Histoty of the Future*, Tokio, Kodansha International.
Salazar, Alonso, y Ana María Jaramillo (1992): *Medellín: las subculturas del narcotráfico*, Bogotá, CINEP.
Salmin, A. M. (1992): *SNG: Sostoyanie i persektivy razvitiya*, Moscú, Fondo Gorbachov.
Sánchez Jankowski, Martin (1991): *Islands in the Street*, Berkeley, University of California Press.
Sandbrook, Richard (1985): *The Politics of Africa's Economic Stagnation*, Cambridge, Cambridge University Press.
Sandholtz, Wayne, *et al.* (1992): *The Highest Stakes: Economic Foundations of National Security*, Nueva York, BRIE/Oxford University Press.
Santino, Umberto, y Giovanni La Fiura (1990): *L'impresa mafiosa: dall'Italia agli Stati Uniti*, Milán, Franco Angeli.
Sapir, J. (1987): *Le système militaire soviétique*, París, La Découverte.
Sarkar, Prabirjit, y H. W. Singer (1991): «Manufactured exports of developing countries and their terms of trade since 1965», *World Development*, 19 (4), págs. 333-340.
Sarmiento, Eduardo (1990): «Economía del narcotráfico», *Desarrollo y Sociedad*, 26 de septiembre, págs. 11-40.
Sarmiento, Luis Fernando (1991): *Cocaína and Co.: un mercado ilegal por dentro*, Bogotá, Universidad Nacional de Colombia, Instituto de Estudios Políticos y Relaciones Internacionales.
Savona, Ernesto U. (ed.) (1993): *Mafia Issues*, Milán, Consejo Asesor Científico y Profesional Internacional del Programa de Naciones Unidas para la Prevención del Crimen y la Justicia Penal.
Savvateyeva, Irina (1994): «Kontrrazvedka sobirayetsya proveryat' chinovnikov: dlya chego?», *Izvestia*, 28 de abril, pág. 2.
Scherer, John L., y Michael Jakobson (1993): «The collectivisation of agriculture and the Soviet prison camp system», *Europe-Asia Studies*, 45 (3), págs. 533-546.
Schiffer, Jonathan (1983): *Anatomy of a Laissez-faire Government: the Hong Kong Growth Model Reconsidered*, Hong Kong, Universidad de Hong Kong, Centro de Estudios Urbanos.
Schiraldi, Vincent (1994): *The Undue Influence of California's Prison Guards' Union: California's Correctional-Industrial Complex*, San Francisco, Center on Juvenile and Criminal Justice, informe, octubre.
Schlesinger, Jacob M. (1997): *Shadow Shoguns: the Rise and Fall of Japan's Postwar Political Machine*, Nueva York, Simon and Schuster.
Scott, Ian (1987): «Policy making in a turbulent environment: the case of Hong Kong», Hong Kong, University of Hong Kong, Departamento de Ciencias Políticas, informe de investigación.
—, y John P. Burns (eds.) (1984): *The Hong Kong Civil Service*, Hong Kong, Oxford University Press.

Scott, Peter D., y Jonathan Marshall (1991): *Cocaine politics: Drugs, Armies and the CIA in Central America*, Berkeley, University of California Press.
Sedlak, Andrea, y Diane Broadhurst (1996): *Executive Summary of the Third National Incidence Study of Child Abuse and Neglect*, Washington DC, Departamento de Salud y Servicios Humanos.
Seki, Kiyohide (1987): «Population and family policy: measuring the level of living in the country of familism», Tokio, Nihon University, Population Research Institute, Research Paper Series, núm. 25.
Seymour, Christopher (1996): *Yakuza Diary: Doing Time in Japanese Underworld*, Nueva York, Atlantic Monthly Press.
Shane, Scott (1994): *Dismantling Utopia: How Information Ended the Soviet Union*, Chicago, Ivan R. Dee.
Shargorodsky, Sergei (1995): «In troubled Russia, contract killings are a way of life», *San Francisco Chronicle*, 17 de noviembre.
Shaw, Denis J. B. (1993): «Geographical and historical observations on the future of a federal Russia», *Post-Soviet Geography*, 34 (8).
Shinotsuka, Eiko (1994): «Women workers in Japan: past, present and future», en Gelb y Lief-Palley (eds.), págs. 95-119.
Shoji, Kokichi (1991): «Rising neo-nationalism in contemporary Japan — changing social consciounsness of the Japanese people and its implications for world society», Tokio, Universidad de Tokio, Departamento de Sociología, documento de investigación.
— (1994): «Sociology», en *An Introductory Bibliography for Japanese Studies*, vol. 9, parte 1, Tokio, *The Japan Foundation*, págs. 150-216.
— (1995): «Small changes make big change: changing Japanese life-style and political change», Tokio, University of Tokio, Departamento de Sociología, documento de investigación.
Sigur, Christopher J. (1994): *Continuity and Change in Contemporary Korea*, Nueva York, Carnegie Council on Ethics and International Affairs.
Silver, Hilary (1993): «National conceptions of the new urban poverty: social structural change in Britain, France and the United States», *International Journal of Urban and Regional Research*, 17 (3) septiembre.
Simon, David (1995): «Debt, democracy and development: Sub-Saharan Africa in the 1990s», en Simon *et al.* (eds.).
—, Wim van Spegen, Chris Dixon y Anders Naarman (eds.) (1995): *Structurally Adjusted Africa: Poverty, Debt and Basic Needs*, Londres, Pluto Press.
Simon, Gerhard (1991): *Nationalism and Policy toward the Nationalities in the Soviet Union: from Totalitarian Dictatorship toward Post-Stalinist Society*, Boulder, Colo., Westview Press.
Simposio Internacional (1991): *El impacto del capital financiero del narcotráfico en América Latina*, La Paz, Centro para el Estudio de las Relaciones Internacionales y el Desarrollo.
Singh, Tejpal (1982): *The Soviet Federal State: Theory, Formation and Development*, Delhi, Sterling.
Sit, Victor (1982): «Dynamism in small industries: the case of Hong Kong», *Asian Survey*, 22, págs. 399-409.
Skezely, Miguel (1995): «Poverty in Mexico during adjustment», *Review of Income and Wealth*, 41 (3), págs. 331-348.

Smaryl, O. I. (1984): «New technology and the Soviet predicament», *Survey*, 28 (1), págs. 190-111.
Smeeding, Timothy (1997): «Financial poverty in developed countries: the evidence from LIS», Luxembourg Income Study, documento de trabajo 155.
Smith, Gordon B. (1992): *Soviet Politics: Struggling with Change*, Nueva York, St Martin's Press.
Smith, Patrick (1977): *Japan: a Reinterpretation*, Nueva York, Pantheon.
Smolowe, Jill (1994): «Lock'em up and throw away the key», *Time*, 7 de febrero, págs. 55-59.
Souza, Minayo, Maria Cecilia *et al.* (1999): *Fala, Galera: Juventude, Violencia e Ciudadania na cidade do Rio de Janeiro*, Río de Janeiro, Garamond/Unesco.
Specter, Michael (1996): «Cemetery bomb in Moscow kills 13 at ceremony», *The New York Times*, 11 de noviembre, págs. A1-A4.
Spence, Jonathan D. (1990): *The Search for Modern China*, Nueva York, Norton.
Staebler, Martin (1996): «Tourism and children in prostitution», ponencia preparada para el Congreso Mundial Contra la Explotación Comercial y Sexual de los Niños, Estocolmo, 27-31 de agosto.
Steinberg, Dimitri (1991): *Soviet Defense Burden: Estimating Hidden Defense Costs*, Washington DC, Intelligence Decision Systems, informe de investigación.
Sterling, Claire (1994): *Thieves' World: The Threat of the New Global Network of Organized Crime*, Nueva York, Simon and Schuster.
Stiglitz, Joseph (1998): «Sound finance and sustainable development in Asia» (http://www.sorldbank.org/html/extdr/extme/jsso031298.html).
Strong, Simon (1995): *Whitewash: Pablo Escobar and the Cocaine Wars*, Londres, Macmillan.
Sudáfrica, gobierno (1996a): «Reestructuring the South African labour market», informe de la Comisión Presidencial para Investigar la Política del Mercado Laboral.
— (1996b): «Employment and occupational equity: policy proposals», Libro Verde del Departamento de Trabajo.
Sung, Yun-wing (1994): «Hong Kong and economic integration of the China circle», ponencia presentada en la Conferencia del Círculo de China organizada por el Instituto de Colaboración y Conflictos Globales, Universidad de California, Hong Kong, 8-11 de diciembre.
Suny, Ronald Grigor (1993): *The Revenge of the Past: Nationalism, Revolution, and the Collapse of the Soviet Union*, Stanford, Stanford University Press.
Survey (1984): «The Novosibirsk Report», *Survey* 28 (1), págs. 88-108 (traducción inglesa).
Susser, Ida (1991): «The separation of mothers and children», en John Mollenkopf y Manuel Castells (eds.), *Dual City: Restructuring New York*, Nueva York, Russell Sage, págs. 207-224.
— (1993): «Creating family forms: the exclusion of men and teenage boys from families in the New York City shelter system, 1987-1991», *Critique of Anthropology*, 13 (3), págs. 267-285.
— (1995): «Fear and violence in dislocated communities», ponencia presentada a la XCIV Reunión Anual de la American Anthropological Association, Washington DC.
— (1996): «The construction of poverty and homelessness in US cities», *Annual Reviews of Anthropology*, 25, págs. 411-435.

—, y John Kreniske (1987): «The welfare trap: a public policy for deprivation», en Leith Mullings (ed.), *Cities of the United States*, Nueva York, Columbia University Press, págs. 51-68.
Svedberg, Peter (1993): «Trade compression and economic decline in Sub-Saharan Africa», en Magnus Blomstrom y Mats Lundahl (eds.), *Economic Crisis in Africa: Perspectives on Policy Responses*, Routledge, Londres y Nueva York, págs. 21-40.
Szelenyi, Iván (1982): «The intelligentsia in the class structure of state-socialist societies», en Michael Burawoy y Theda Skocpol (eds.), *Marxist Inquiries*, número especial de *American Journal of Sociology*, 88, págs. 287-327.
Taguchi, Fukuji, y Tetsuro Kato (1985): «Marxist debates on the state in postwar Japan», *Hosei Ronsyu* (Revista de Derecho y Ciencias Políticas), 105, págs. 1-25.
Taibo, Carlos (1993a): «Las fuerzas armadas en la URSS», tesis doctoral inédita, Madrid, Universidad Autónoma.
— (1993b): *La Unión Soviética (1917-1991)*, Madrid, Editorial Síntesis.
Tarasulo, Isaav T. (ed.) (1989): *Gorbachev and Glasnost: Viewpoints from the Soviet Press*, Wilmington, Delaware, Scholarly Resources Books.
Tevera, Dan (1995): «The medicine that might kill the patient: structural adjustment and urban poverty in Zimbabwe», en David Simon, Wim van Spengen, Chris Dixon y Anders Naarman (eds.), *Structurally Adjusted Africa: Poverty, Debt and Basic Needs*, Londres, Pluto Press.
Thalheim, Karl (1986): *Stagnation or Change in the Communist Economies?* (con una nota de Gregory Grossman), Londres, Center for Research in Communist Economies.
The Current Digest [de la prensa postsoviética] (1994): «Crime, corruption pose political, economic threat», *Current Digest*, 45(4), págs. 14-16.
The Economist (1993): «Let down again: a survey of Nigeria», suplemento especial, 21 de agosto.
— (1995): «Comming of age: a survey of South Africa», suplemento especial, 20 de mayo.
— (1996a): «Africa for the Africans: a survey of Sub-Saharan Africa», suplemento especial, 7 de septiembre.
— (1996b): «Belgium: crony state», 26 de octubre, págs. 61 y 62.
— (1996c): «Death shadows Africa's Great Lakes», 19 de octubre, págs. 45-47.
— (1997): «A Survey of Japanese finance: a whopping explosion», informe especial, 27 de junio, págs. 1-18.
— (1998): «Silicon Valley, PRC», 27 de junio, págs. 64-66.
— (1999a): «Russian organised crime: crime without punishment», 28 de agosto, págs. 17-19.
— (1999b): «Europe's borders», 16 de octubre, págs. 26-28.
— (1999c): «A survey of Europe: a work in progress», 23 de octubre.
Thomas, John, y Ursula Kruse-Vaucienne (eds.) (1997): *Soviet Science and Technology*, Washington DC, National Science Foundation.
Thompson, Grahame (1998): *Economic Dynamism in the Asian Pacific*, Londres, Routledge.
Thoumi, Francisco (1994): *Economía política y narcotráfico*, Bogotá, TM Editores.
Timmer, Doug A., D. Stanley Eitzen y Kathryn Talley (1994): *Paths to Homeless-*

ness: Extreme Poverty and the Urban Housing Crisis, Boulder, Colo., Westview Press.
Tipton, Frank B. (1998): *The Rise of Asia: Economics, Society, and Politics in Contemporary Asia*, Honolulu, University of Hawaii Press.
Tokatlian, Juan G., y Bruce Bagley (eds.) (1990): *Economía política del narcotráfico*, Bogotá, CEREC/Uniandes.
Tonry, Michael (1994): «Racial disproportion in US prisons», *British Journal of Criminology*, 34, número especial.
— (1995): *Malign Neglect: Race, Crime, and Punishment in America*. Nueva York, Oxford University Press.
Totani, Osamu, y Noriko Yatazawa (eds.) (1990): [*La familia cambiante*: en japonés], Tokio, University of Tokio Press.
Touraine, Alain (1995): «De la globalización al policentrismo», *El País*, 24 de julio.
— (1996a): «La deconstrucción europea», *El País*, 4 de abril.
— (1996b): «La globalización como ideología», *El País*, 16 de septiembre.
— (1996c): «Detrás de la moneda: la economía», *El País*, 22 de diciembre.
— (1997): *Pourrons-nous vivre ensemble? Égaux et différents*, París, Fayard. [Ed. cast.: *¿Podremos vivir juntos?* Madrid, PPC, 1997.]
—, et al. (1996): *Le grand refus: réflexions sur la grève de decembre 1995*, París, Fayard.
Townsend, Peter (1993): *The International Analysis of Poverty*, Londres, Harvester/Wheatsheaf.
Tragardh, Lars (1996): «European integration and the question of national sovereignty: Germany and Sweden, 1945-1995», ponencia presentada en Simposio del Centro de Estudios Eslavos/Centro de Estudios Alemanes y Europeos, Universidad de California, Berkeley, 22 de noviembre.
Tranfaglia, Nicola (1992): *Mafia, politica e affari: 1943-91*, Roma, Editori Laterza.
Trostki, León (1965): *La Révolution Russe* (traducido del ruso), París, Maspero.
Trueheart, Charles (1996): «String of crimes shocks Belgium: national pride damaged by pedophilia, murder, coverups», *Washington Post*, 25 de septiembre.
Tsao, Yuan (1986): «Sources of growth accounting for the Singapore economy», en Lim Chong-Yah y Peter J. Lloyd (eds.), *Singapore: Resources and Growth*, Singapur, Oxford University Press.
Tsuneyoshi, Ryoko (1994): «Small groups in Japanese elementary school classrooms: comparisons with the United States», *Comparative Education*, 30 (3), págs. 115-129.
Tsuru, Shigeto (1993): *Japan's Capitalism: Creative Defeat and Beyond*, Cambridge, Cambridge University Press.
Tsurumi, Kazuko (1970): *Social Change and the Individual: Japan Before and After Defeat in World War II*, Princeton, NJ, Princeton University Press.
Turbino, Fidel (1992): *Violencia y narcotráfico en Amazonia*, Lima, Centro Amazónico de Antropología y aplicación práctica.
Ueno, Chizuko (1987): «The position of Japanese women reconsidered», *Current Anthropology*, 28 (4), págs. 75-82.
UNICEF (1996): *The State of the World's Children 1996*, Oxford, Oxford University Press.
US News & World Report (1988): «Red Star Rising», págs. 48-53.

Van Kempen, Ronald, y Peter Marcuse (1996): *The New Spatial Order of Cities*, Nueva York, Columbia University Press.
Van Regemorter, Jean-Louis (1990): *D'une perestroika à l'autre: l'évolution économique de la Russie de 1860 à nous jours*, París, SEDES, Les Cours de la Sorbonne.
Van Wolferen, Karel (1989): *The Enigme of Japanese Power. People and Politics in a Stateless Nation*, Nueva York, Alfred Knopf.
Veen, Hans-Joachim (ed.) (1984): *From Brezhnev to Gorbachev: Domestic Affairs and Soviet Foreign Policy*, Leamington Spa, Berg.
Velis, Jean-Pierre (1990): *Through a Glass Darkly: Functional Illiteracy in Industrialized Countries*, París, UNESCO.
Vezola, Gustavo (1988): *La guerra entre los carteles del narcotráfico*, Bogotá, G.S. Editores.
Venezky, Richard (1996): «Literacy assessment in the service of literacy policy», *NCAL Technical Report TR95-02*, Filadelfia, National Center for Adult Literacy.
Verdery, Katherine (1991): «Theorizing Socialism: a prologue to the "transition"», *American Ethnologist*, agosto, págs. 419-439.
Volin, Lazar (1970): *A Century of Russian Agriculture: from Alexander II to Khrushchev*, Cambridge, Harvard University Press.
Voshchanov, Pável (1995): «Mafia godfathers become fathers of the Nation», *Konsomolskaya Pravda* (leído en versión inglesa en *Business World of Russia Weekly*, 18/169, mayo, págs. 13 y 14).
Waal, Alex de (1996): «Contemporary Warfare in Africa: changing context, changing strategies», *IDS Bulletin*, 27 (3), págs. 6-16.
Wacquant, Loïc (1993): «Urban outcasts: stigma and division in the black American ghetto and the French urban periphery», *International Journal of Urban and Regional Research*, 17 (3), septiembre.
— (1996): «The rise of advanced marginality: notes on its nature and implications», *Acta Sociologica*, 12, págs. 121-139.
Waever, Ole (1995): «Identity, integration, and security: solving the sovereignty puzzle in EU studies», *Journal of International Affairs*, 48 (2), págs. 1-43.
Wagner, Daniel (1992): «World literacy: research and policy in the EFA decade», *Annals of the American Academy of Political and Social Sciences*, 520, marzo de 1992.
Waiselfisz, Julio Jacobo (1999): *Juventude, Violencia e Ciudadania: Os Joves de Brasilia*, Sao Paulo, Cortez Editora/Unesco.
Wakabayashi, Hideki (1994): *Japan's Revolution in Wireless Communications*, Tokio, Nomura Research Institute.
Walder, Andrew G. (1986): *Communist Neo-traditionalism: Work and Authority in Chinese Industry*, Berkeley, University of California Press.
— (1992): *Popular Protest in 1989. Democracy Movement*, Hong Kong, Chinese University Press.
— (1995): «Local government and industrial firms: an organizational analysis of China's transitional economy», *American Journal of Sociology*, 101 (2), págs. 263-301.
—, y Xiaoxia Gong (eds.) (1993): «China's great terror: new documentation on the Cultural Revolution», *Chinese Sociology and Anthropology*, 26 (1), número especial.

Walker, Martin (1986): *The Waking Giant: Gorbachev's Russia*, Nueva York, Pantheon.
Wallace, Bill (1996): «Warning on Russian crime rings», *San Francisco Chronicle*, 18 de marzo.
Wallace, Charles P. (1995): «The Pacific paradox: islands of despair», *Los Angeles Times*, 16 de marzo, págs. A1-A30.
Wa Mutharika, Bingu (1995): *One Africa, One Destiny: towards Democracy, Good Governance and Development*, Harere, Sapes.
Watanabe, Osamu (1996): «Le néo-nationalisme japonais», *Perspectives Asiatiques*, 1, págs. 19-39.
Watanuki, Joji (1990): «The development of information technology and its impact on Japanese society», Tokio, Sophia University, Instituto de Relaciones Internacionales, documento de investigación.
Weiss, Herbert (1995): «Zaire: collapsed society, surviving states, future polity», en I. William Zartman (ed.), *Collapsed States: the Disintegration and Restoration of Legitimate Authority*, Boulder, Colo., Lynne Rienner.
Weitzman, Martin L. (1970): «Soviet postwar economic growth and capital-labor substitution», *American Economic Review*, 60 (4), págs. 676-692.
Welch, Michael (1994): «Jail overcrowding: social sanitation and the warehousing of the urban underclass», en Roberts (ed.).
— (1995): «Race and social class in the examination of punishment», en Lynch y Patterson (eds.).
West, Cornel (1993): *Race Matters*, Boston, Beacon Press.
Wheatcroft, S. G., R. W. Davies y J. M. Cooper (eds.) (1986): «Soviet industrialization reconsidered: some preliminary conclusions about economic development between 1926 y 1941», *Economic History Review*, 39, pág. 2.
White, Gordon (ed.) (1988): *Developmental States in East Asia*, Nueva York, St Martin's Press.
— (ed.) (1991): *The Chinese State in the Era of Economic Reform*, Armonk, M. E. Sharpe.
Wieviorka, Michel (1993): *La démocratie à l'épreuve: nationalisme, populisme, ethnicité*, París, La Découverte.
Wilson, William Julius (1987): *The Truly Disadvantaged: the Inner City, the Underclass, and Public Policy*, Chicago, University of Chicago Press.
— (1996): *When Work Disappears: the World of the New Urban Poor*, Nueva York, Alfred Knopf.
Winclkler, Edwin A., y Susan Greenhalgh (eds.) (1988): *Contending Approaches to the Political Economy of Taiwan*, Armonk, M. E. Sharpe.
Woherem, Evans (1994): *Information Technology in Africa: Challenges and Opportunities*, Nairobi, African Centre for Technology Studies Press.
Wolcott, P. (1993): «Soviet advanced technology: the case of high-performance computing in the Soviet Union», tesis doctoral inédita, Tucson, University of Arizona.
—, y S. E. Goodman (1993): «Under the stress of reform: high-performance computing in the Soviet Union», *Communications of the ACM*, 36 (10), pág. 26.
Wolff, Edward N. (1994): «Trends in household wealth in the United States: 1962-83 and 1983-89», *Review of Income and Wealth*, series 40, 2.

Wong, Christine, et al. (1995): *Fiscal Management and Economic Reform in the People's Republic of China*, Hong Kong, Oxford University Press.
Wright, Martin (ed.) (1989): *Soviet Union: the Challenge of Change*, Harlow, Essex, Longman.
Yabuki, Susumu (1995): *China's New Political Economy: the Giant Awakes*, Boulder, Colo., Westview Press.
Yang, Mayfair Mei-lui (1994): *Gifts, Favors, and Banquets: the Art of Social Relationships in China*, Ithaca, NY, Cornell University Press.
Yansane, Aguibou Y. (ed.) (1996): *Development Strategies in Africa: Current Economic, Socio-political, and Institutional Trends and Issues*, Westport, Greenwood Press.
Yazawa, Shujiro (1997): *Japanese Social Movements*, Nueva York, Aldeen.
Yazawa, Sumiko (1995): «Political participation of Japanese women and local self-government — its trends and review», Tokio, Universidad Cristiana Femenina de Tokio, documento de investigación.
—, et al. (1992): «Toshi josei to seiji sanka no new wave, kanagawa network undo no chosakara» [Nueva ola de participación política de las mujeres urbanas: resultados de la investigación sobre el movimiento de la red de Kanagawa], en *Yokohama Shiritsu daigaku keizai kenkyujo "keizai to boeki"*, núm. 161 (citado y resumido por Yazawa, 1995).
Yeltsin, Borís (1990): *Memorias* (traducidas del ruso), Madrid, Temas de Hoy.
— (1994): «Ob ukrepleniyi Rossiyskogo gosudarstva», *Rossiyskaya gazeta*, 25 de febrero.
Yoshihara, Kunio (1988): *The Rise of Ersatz Capitalism in South East Asia*, Singapur, Oxford University Press.
Yoshino, K. (1992): *Cultural Nationalism*, Londres, Routledge.
Youngson, A. J. (1982): *Hong Kong: Economic Growth and Policy*, Hong Kong, Oxford Univesity Press.
Yu, Fu-lai, y Si-Ming Li (1985): «The welfare cost of Hong Kong's public housing program», *Urban Studies*, 22, págs. 133-140.
Zartman, I. William (ed.) (1995): *Collapsed States: the Disintegration and Restoration of Legitimate Authority*, Boulder, Colo., Lynne Rienner.
Zimring, Franklin, y Gordon Hawkins (1994): «The growth of imprisonment in California», *British Journal of Criminology*, 34, número especial.
Zysman, John, y Stephen Weber (1997): «Economy and security in the new European political architecture», Berkeley, Universidad de California, Berkeley Roundtable on the International Economy, documento de investigación.
—, Eileen Doherty y Andrew Schwartz (1996): «Tales from the "global economy": cross-national production networks and the reorganization of the European economy», Berkeley, Universidad de California, Berkeley Roundtable on the International Economy, documento de trabajo.

ÍNDICE ANALÍTICO

Las páginas en cursiva indican información que aparece en figuras o cuadros.

Abacha, general Sani, 130-132
abusos contra niños, 192-194
Academia de Ciencias, 45, 50-51, 54-55, 57-60, 72, 77
accionistas, 412
Acta Única Europea, 379
actores sociales, 73, 89, 417-418, 429
Acuerdo Multifibras, 309
Adam, Lishan, 122·n. 56
Adams, David, 205 n. 13
Adekanye, J. Bayo, 134, 134 (n. 84), 136 (n. 91), 141 (n. 101), 146 n. 109
Adepoju, Aderanti, 141 n. 101, 143 n. 102, 143 n. 103, 144 n. 105
Administración Estadística Central (URSS), *36*, *37*
Afanasiev, V. G., 52 n. 56
Afanasiev, Yuri, 71 n. 111, 82
Afganistán, guerra de, 31, 73
África subsahariana, 110 n. 33; acceso a la sanidad, 148-149; conocimientos informáticos, 122; crecimiento sectorial, *117*; derrumbamiento de la industria, 113; desempleo, 144; exportaciones, 111, *113*, *114*, *115*; infección con el VIH/sida, 147-150; marginación/integración, 111-121; mortalidad infantil, 147; niveles de vida, 96; PNB, *112*, 115-116; pobreza, 108-109; producción de alimentos, 145*; *véase también* países africanos
afroamericanos, 171-180; *véase también* raza
Aganbegyan, Abel, 29, 39 n. 8, 40, 41 n. 18, 43 n. 20, 44 n. 25, 46 n. 33, 49, 57 n. 71, 59, 71 n. 111, 72, 74 n. 116, 75 n. 117
Agamirzian, Igor, 51 n. 50, 54 n. 66
Agbese, Pita Ogaba, 130 2. 78
agricultura, *117*; China, 345; en los países africanos, 111, 119, 143-144, *145*; Taiwan, 302; trabajadores cautivos, 185-186; Unión Soviética, 39, 44
Ahn, Seung-Joon, 291 n. 55
ahorros, 268, 295, 309, 311, 331, 353, 356
Aina, Tade Akin, 156 n. 131
Akademgorodok, 58-59
Alemania: colonialismo, 137; empleo,

392; identidad nacional, 397; mafia, 239; unificación de, 380; y la CE, 381; y Rusia, 381
Alexander, A. J., 53 n. 60
alfombras, industria de las, 184, 18, 192
alianzas estratégicas, redes criminales, 213
Allen, G. C., 254 n. 9, 256 n. 14, 260 n. 20
Alonso Zaldívar, Carlos, 375 n. 1, 377 n. 3, 394 n. 14, 399, 400 n. 25
Al-Sayyad, Nezar, 391 (n. 6). 401 (n. 30)
Alto Comité de Expertos sobre la Sociedad de la Información, 375 n. 1, 396 (n. 19)
Álvarez González, María Isabel, 52 n. 53, 53 n. 61
América Latina: crecimiento sectorial, *117;* desigualdad de la renta, 107; exportaciones, *112;* importancia económica de las drogas, 231-233; PNB per cápita, 101, *105, 112;* pobreza, 108; prostitución infantil, 181; trabajo infantil, 175-78, 180, 181; tráfico de drogas, 197, 205-206;
Amman, R., 51 n. 47, 54 n. 65
Amsdem, Alice, 291 n. 55, 292 n. 56, 299, 301, 319
analfabetismo 196-197
anarquistas, 39
Andrew, Christopher, 54 n. 67, 78 n. 121
Andreyeva, Nina, 80
Andrópov, Yuri, 63, 73-74
Ansell, Christopher K., 377 n. 3
antisemitismo, 69
Antonov-Ovseyenko, Anton, 35 n. 7
Anwar, Ibrahim, 371
Aoyama, Yuko, 275 n. 29, 276, 276 n. 31, 283 n. 44
apartheid, 121, 150-151, 153-154
Appelbaum, Richard P., 293 n. 57
Arlacchi, Pino, 201 n. 3
armas, tráfico de, 200-201, 205, 207-208, 214, 222, 227, 252
Arnedy, B. Alejandro, 226 n. 50
Arrieta, Carlos G., 234 n. 57
Asahi Shimbun, 271 n. 28
asesinatos, 203, 213, 215-216, 231, 235-236
asesinos a sueldo, 213
Aslund, Anders, 74 n. 115
Audigier, P., 53 n. 60
Aum Shinrikyo, 255, 282

Austin, James, 181-182
autoconfianza, 155-156
autoempleo, 97, 144
autonomía, en el trabajo, 98 n. 9
Azerbaiyán, 64, 81-82
Azocar Alcalá, Gustavo, 227 n. 50

Babangida, Ibrahim, 126, 131-132
Bagley, Bruce, 226 n. 50
Baltic Observer, 209 n. 20
banca, 271, 328-329; China, 355, 358-359, 365; Hong Kong, 307; Japón, 267-274; *véanse también* mercados financieros
Banca Sakura, 268, 275
Banco de Crédito a Largo Plazo, 267
Banco Fuji, 268
Banco de Japón, 260, 261, 278
Banco Sanwa, 272
Banco Internacional para la Reconstrucción y el Desarrollo (BIRD), *116*
Banco Mundial, 101, 109, 113, 141, 143, 156, 426
bandas, 174, 204-205, 216 (n. 35), 426, 427
bandas étnicas, 203-204
Barnett, Tony, 147 (n. 110), *146*
Bastias, María Verónica, 226 n. 50
Bates, R., 123 n. 59
Bauer, John, 106 n. 19
Bayart, Jean-François, 124-125, 124 n. 65, 125 (nn. 66-67), 126, 127 (n. 73), 128 n. 76, 134-135
Beasley, W. G., 255 n. 13
Beaty, Jonathan, 221 n. 44
Beck, Allen J., 178 n. 174, *179*
Bélgica, 127, 140, 157, 188, 397
Bellamy, Carol, 191 nn. 217-218
Benner, Christopher, 101, 152 n. 124, 160 n. 136, 166 nn 142-143
Bennett, Vanora, 217 n. 38
Bergson, Abram, 34 n. 5
Berliner, J. S., 57 n. 71
Bernárdez, Julio, 377 n. 3
Berry, Sara, 145 n. 108
Betancourt, Darío, 233 n. 57
Beyer, Dorianne, 188 n. 210
Bianchi, Patrizio, 343 n. 103, 365 n. 121
Bidelux, Robert, 377 n. 3
biotecnología, 423-424
Birch, A., 310 n. 88
Black, Maggie, 185 nn 197-198, 186 n. 204
Blaikie, Piers, 147 n. 110, *146*
Blomstrom, Magnus, 119 n. 50, 140 n. 99

Blyajman, L., 52 n. 56
Boahene, K., 147 nn. 110-111-112
Bohlen, Celestine, 217 n. 38
Bokassa, Jean Bedel, 124
bolcheviques, 35, 39, 64-65
Bolivia, 227 n. 50, 228, 232, 235, 238
Bonet, Pilar, 217 n. 38
Bonnell, Victoria, 375 n. 1
Bonner, Raymond, 226 n. 48
Booth, Martin, 201 n. 3
Borja, Jordi, 375 n. 1, 396 n. 18, 398 n. 24, 400 n. 26
Bosnia, 383
Botswana, 110 n. 33, *114,* 119, 154, 155
Bourgois, P., 174 n. 161
Bowles, Paul, 343 n. 103
Brasil: niños de la calle, 184, prostitución infantil, 188; tráfico de drogas, 228-229
Breslauer, George, 29, 73 n. 113, 84 n. 129
Brezhnev, Leonid Illich, 49, 52, 73
Broadhurst, Diane, 193 n. 223
Brown, J. Larry, 168 n. 147
Brown, Phillip, 157 n. 132, 164 n. 139
Bull, Hedley, 400 n. 29
Burbulis, Gennadi, 72 n. 111, 83, 86, 218 n. 40
Burns, John P., 324 n. 98
Burundi, 144-148
Business Week, 164, 221 n. 45, 245 n. 2, 247 n. 3, 287 n. 48, 289 n. 53, 343 n. 103

Cahalan, Margaret Werner, *179*
Cali, cártel de, 205, 213, 231, 233 n. 57, 236, 240
Callaghy, Thomas, 119 n. 52
Calvi, Maurizio, 201 n. 3
calzado, industria del, 307, 313
Camacho Guizado, Álvaro, 232 n. 57
cambio social, 250, 279, 292, 340, 371, 409, 421, 423, 429
Camboya, 190
Camerún, 143
Campbell, C. M., 149 n. 115
Campbell, Cathleen, 57 n. 73
Canadá, 106, 189
Canon, 297
capital, acumulación de, 221-226; en los países africanos, 124, 141: en los países asiáticos, 246; minería, 150-151; *véase también* acumulación de riqueza
capitalismo: avanzado, 182-183; China, 356; explotación, 163-164; flexibilidad, 301-306; global, 27, 247, 252-253; globalización, 407-408. 414, 417, 428; *guanxi,* 349-353; Hong Kong, 294-300; oligopólico, 298-301; protocapitalismo, 79; y beneficios, 412-413; y estatismo, 32-34; y trabajo, 411; *véase también* capitalismo informacional
capitalismo informacional, 408, 411-416, 425; como estructura social, 195-198, 285-286; crimen global, 27, 100; desventajas, 189-190; empleo, 393; en China, 408; exclusión social, 100; países asiáticos, 252-253; producción, 411-412; y explotación infantil, 195-198; y Unión Europea, 389
capitalismo oligopólico, 297-301
cárceles en Estados Unidos, población de las, 178-182
Caribe, *114, 117*
Carnoy, Martin, 165 n. 141, 172 nn. 154-156, 375 n. 1
Carrere d'Encausse, Hélène, 62 n. 81, 63 n. 85, 64 n. 90, 67, 69 n. 104, 81 n. 127
Castells, Manuel, 51 nn. 48-49, 53 n. 62, 54 n. 65, 55 n. 68, 58 n. 75, 71 n. 111, 77 n. 119, 78nn. 128-123, 170 n. 153, 177 n. 173, 226 n. 49, 276 n. 32, 283 n. 44, 285 n. 47, 291 n. 55, 294 n. 59, 305 n. 75, 306 n. 78, 307 n. 79, 327 n. 99, 328 n. 100, 343, n. 103, 391 n. 6, 393 n. 7, 398 n. 24, 401 n. 30
Castillo, Fabio, 233 n. 57
Cataluña, 397
Catanzaro, Raimondo, 201 n. 3
cautividad infantil, 185-186
Cave, Martin, 40 n. 13, 62 n. 79
Cayton, Horace, 170 n. 150, 174 n. 167, 175
Central Intelligence Agency, 34 n. 5
Centro de Productividad de Hong Kong, 309
chaebol, 298-301, 313-314, 329, 331-333, 335-337; autoritarismo, 300, 314; crisis financiera, 331-333; globalización, 337; y Estado, 332-333, 336
Chan, M. K., 310 n. 88, 317 n. 91, 324 n. 97
chantaje, 205, 208-209, 215
Chechenia, 66, *70,* 93
Chen, Edward K. Y., 295 n. 62, 307
Chen Shui-pien, 340

Chernenko, Konstantin, 74
Chernóbil, accidente nuclear de, 75
Chesnaux, Jean, 310 n. 88, 316 n. 91
Cheung, Peter, 343 n. 103, 355 n. 114
Chile 109
China: agricultura, 346; banca, 335, 357-358, 365; capitalismo *guanxi*, 343 n. 103, 349, 353; capitalismo, 356; como Estado desarrollista, 370-371; conflicto social, 369-369; conflictos interprovinciales, 363; convertibilidad de la moneda, 358; crecimiento del PNB, 345; crecimiento económico, 109, 344; crisis económica, 246-247, 357-360; democracia, 343 n. 103, 344-345, 361, 368; economía global, 351-354, 370; Ejército Popular de Liberación, 345-347, 361-362; emigración rural-urbana, 349, 362; empresarios burocráticos, 353-357; empresas estatales, 351, 354, 364-365, 367; empresas multinacionales, 349-350, 367; Estado de bienestar, 364-365; estatismo, 408; estudiantes chinos en ultramar, 367; Falun Gong, 369-369; gasto público, 357; Guandong, 312, 354-355, 363; industria del automóvil, 359; Internet, 366-368; inversión extranjera, *350, 351;* leninismo-estalinismo, 346; marxismo-leninismo, 345-346; mercado de la propiedad, 364; modernización, 255, 305, 344-345, 347-348, 362, 367-368; nacionalismo desarrollista, 345; nacionalismo, 346, 360, 369; Partido Comunista, 345-349, 353, 356, 360, 363-368; PNB, *112;* pobreza, 109; política de las Ciudades Costeras, 350; prácticas de *renqing*, 353; redes empresariales étnicas, 352; sector público, 364-365; sociedad civil, 360-363, 366; tecnología de la información, 365-368; tecnología, 367-368; y el «modelo de Singapur», 348, 365, 368; y Estados Unidos, 344-345; y Hong Kong, 248, 309, 312, 340-341, 357, 363-364; Zonas Económicas Especiales, 349-350
Christian Science Monitor, 188 n. 209
Chu, Yiu-Kong, 201
Chua, Beng-Huat, 291 n. 55, 322 n. 93, 342 n. 102
Chun Do Hwan, general, 335
ciencia y tecnología, 53, 58, 287, 300

Cina Cinda, 365
Ciudad de la Ciencia de Tsukuba, 285
ciudadanía, 98, 396, 417
Ciudades Costeras, política de las, 350
clase directiva, 412
Clayton, Mark, 189 n. 213
clientelismo, 127, 131, 134
Clifford, Mark, 343
Clinton, Bill, 167
cocaína, 201, 203, 206, 227-229, 232
Cohen, Stephen, 35 n. 7, 375 n. 1
Cohn, Ilene, 191
Cole, D. C., 322 n. 95
Collier, Paul, 118-119
Colombia, 188; industria de la droga, 229-231; producción de cocaína, 227-231; tráfico de drogas, 200, 205, 233-234; violencia, 213, 231, 233, 235-237
Colombo, Gherardo, 201 n. 3
colonialismo comparado, 134, 137-138
comercio: ilícito, 142; intraasiático, 291-292; países africanos, *116*, 154; Unión Europea, 389-391
Comintern, 88
Comisión Antimafia del Parlamento Italiano, 199
Comisión Europea, 98, 375 n, 1, 379, 390, 395, 397
Comisión sobre Seguridad y Cooperación en Europa, 217 n. 38
Comunidad Económica Europea, 376
Comunidad de Estados Independientes, 87
Comunidad Europea, 378-382
Comunidad Europea del Carbón y del Acero, 378
comunismo, soviético: derrumbamiento, 30, 71, 89, 90; poder estatal, 33; solidaridad/valores humanos, 89; *véase también* PCC; PCUS
confontación interétnica, 82
confucianismo, 317, 322, 326
Congreso Mundial Contra la Explotación Sexual de los Niños, 188, 188 n. 211, 190
Connolly, Kathleen, 178 n. 177, 180 n. 178
conocimiento tácito, 263
Conquest, Robert, 35 n. 7, 67 n. 97
consumo, 409; hiperconsumo, 194
contrabando, 200, 205; capital, 222-223; inmigrantes ilegales, 200, 209-210; ma-

terial nuclear, 200, 208; órganos, 185, 200, 211-212
Cook, John T., 168 n. 147
Cooper, J., 47 n. 35, 51 n. 47, 54 nn. 64-65
Cooper, Penny, 158 n. 133
Corea del Sur: capitalismo oligopólico, 297-301; ciencia y tecnología, 318; colapso económico, 248, 291; construcción nacional, 321-323; corrupción, 325-326; chaebol, 298-301, 313-314, 329, 331, 333, 335-337; créditos extranjeros, 249, 297-300; democracia, 336-338; empresas multinacionales, 301; especialización sectorial, 313; estabilidad social, 314; Estado de bienestar, 314; Estado desarrollista, 293, 301, 303-336; Estado/industria, 313, 331; geopolítica, 337-338; identidad regional, 337-338; insolvencia, 331-332; integración social, 317, 327; intervención estadounidense, 297-298; Junta de Planificación Económica, 298; mano de obra, 300, 316; militarismo, 298, 335; nivel de vida, 300, 316, 328; Partido Republicano Democrático, 298; patriarcado, 328; PNB, 245-246; pobreza, 102; régimen de Park Chung Hee, 298, 321-323; represión, 300, 314, 317; sistema de clases, 314-315; sociedad civil, 336-337; sustitución de importaciones, 316; Zonas de Procesamiento de las Exportaciones, 299, 349
corrupción: crimen global, 199-200, 203-204; en Asia, 370; en Corea del Sur, 325-326; en Hong Kong, 307, 325-326; en Japón, 256 n. 14, 257, 266-267; en los países africanos, 125-127; en Rusia, 216 n. 35, 217 n. 37, 223-224, 226; estatal, 229-231; tráfico de drogas, 228-229; y eficiencia, 325-326
Costa de Marfil, 124-125
Costa Núñez, Ralph da, 169 n. 148
Cowell, Alan, 202 n. 5
crecimiento económico: ciencia y tecnología, 47; en China, 109, 344-345; en Hong Kong, *311*; en Japón, 262; en la Unión Soviética, 34-35, 39-41, 43-44, 49,-50, 76; en Nigeria, 143; en Singapur, 295-296; en Taiwan, 302
Crédit Lyonnais, 272
Crédito Nippon, 268
crimen global, 27, 100, 199-200; alianzas estratégicas, 201; blanqueo de dinero, 202-203, 212-213; capitalismo informacional, 27, 100; cárteles de la droga, 203-204; corrupción, 199-200, 203-204; identidad cultural, 203-204; inmigración ilegal, 29-210; interconectado, 205, 213, 216, 235, 238-240; materiales nucleares, 201-202, 208-209; política, 199-200, 203, 216 n. 35, 217 n. 37; prostitución, 188-190, 205, 211; tráfico de armas, 207-208; tráfico de órganos, 211-212; violencia, 203-204, 213, 426-427; y la Unión Europea, 239; y los Estados Unidos, 201 n. 3, 215-216; y los países africanos, 201 n. 3; y Rusia, 201 n. 3, 201-202, 205, 214-226; y Turquía, 206; *véase también* mafia
crisis económica, 27, 254, 279, 292, 329, 337, 345, 357, 369
Crompton, Rosemary, 157 n. 132, 154 n. 139
Cuarto Mundo, 198, 403-404, 407
cultura: educación, 265, 286; experiencia, 429-430; identidad, 92, 242-243, 253-254, 265-266, 277, 286-288, 394-395, 394-398; poder, 418; y tradición, 67-68
Current Digest of the Post-Soviet Press, 211 n. 37
Curtis, Gerald L., 280 n. 40, 281 n. 41

Daewoo, 299, 301, 336
Davidson, Basil, 122, 124 n. 62, 126, 133, 134 nn. 84-87, 138 n. 96, 139, 154 n. 131
De Bernieres, Louis, 227 n. 50, 234 n. 57
De Feo, Michael, 213 n. 28
De Miguel, Eduardo, 225 n. 50
Deininger, Klaus, 106
Del Olmo, Rosa, 225 n. 50
Delaporte, Y., 52
delta del río de las Perlas, 312
democracia: en Corea del Sur, 336-339; en crisis, 372, 396-397; en China, 343 n. 103, 344-345, 361, 363, 368; en la Unión Europea, 396-397; en la Unión Soviética, 82-83, 92-93; en Rusia, 82-83, 92-93; en Taiwan, 82-83, 339-340; tigres asiáticos, 335-343; y nacionalismo, 82;
Deng Xiaoping, 343, 345-347, 349
Denton, Nancy A., 170 n. 151
Departamento de Justicia de Estados Unidos, 178 n. 174, *176*, 179
deportaciones, 62, 69

Der Spiegel, 208 n. 18
Desai, Padma, 40 n. 12, 42, 43 nn. 19-21, 49 n. 42
desarrollo regional, 285, 382
desarrollo urbano, 177; *véase también* diferencias rurales/urbanas
descentralización, 275, 313, 349, 353, 354
desempleo, 98, 110 n. 33, 144, 149, 152, 171, 173, 174, 176, 196, 198
desigualdad, 95-96; en el interior de los países, 107-108; en los Estados Unidos, 157-169; individualización del trabajo, 166; informacionalismo, 98-99; social, 414; y renta, 105-109, 153, 160-163, 253-254, 293, 296, 300; *véase también* exclusión social
desindustrialización, 164, 165, 196, 250, 335
desregulación, 157, 192, 274, 278, 286, 333, 334
deuda, 116-118, 126, 131, 141, 143, 162, 163, 186, 187
Deyo, Frederic, 291 n. 55, 293 n. 57, 295 n. 61, 300 n. 66
diferencias rurales/urbanas, 109, 362-363
dinero, transferencia electrónica de, 212
dinero, blanqueo de, 201, 202, 204, 206, 212 n. 26, 213, 214, 222, 225, 230, 235; crimen global, 202-203, 212-213; en Rusia, 221; mercados financieros, 202-203; reinversión legal, 202-203; y tráfico de drogas, 199-200, 202, 231
dirigismo, 334, 335
discriminación, 43, 67, 68, 71, 98 n. 5, 157, 164, 167, 170-172, 176-178
discriminación racial, 173
disensión, 31, 73; *véase también* represión
disturbios civiles, 146-147, 368
división internacional del trabajo, nueva, 228-229, 300. 312, 327, 349
«doctrina del techo nacional», 250
Dolven, Ben, 329 n. 101
Dorado, Roberto, 375 n. 1
Dornbusch, Robert, 329 n. 101
Doucette, Diane, 52 n. 52
Drake, St Clair, 170 n. 150, 175 n. 167
drogadicción, 181, 206
drogas, 200-202, 204, 205 n. 13, 206, 207, 225, 226 n. 50, 227 n. 50-234, 236, 237, 241, 242; cocaína, 174, 205 n. 13, 226 n. 50, 234 n. 57, 201, 203, 206, 227-229, 232, 233, 235, 237, 238; heroína, 200, 201 n. 3, 203, 204, 206, 227, 229, 232, 239; marihuana, 206, 227, 229, 234, 235
Drogin, Bob, 191 n. 220
Dryajlov, N. I., 52 n. 56
Dubro, Alec, 201 n. 3
Dumaine, Brian, 183 n. 189
Dumont, René, 141 n. 100
Dunlap, E., 175 n. 161

economía, tipos de: centralmente planificada, 33, 39. 44, 62; criminal, 93, 100, 142, 170, 173, 176, 184, 197, 199-200, 238-243; de subsistencia, 186; dirigida, 91, 217-221; global, 25, 28, 238-240, 291-293, 312, 316-318, 331- 333, 340, 342, 348-349, 351, 353, 358, 362, 370-374, 426; industrial primitiva, 40-41; informal/sumergida, 45-46, 48, 50, 67, 73, 76, 79, 80, 91, 97, 125, 144, 152-153, 173-174, 187, 215-217, 226, 414-415; renta baja, *114;* renta media, *114, 117*
economía global, 25, 28, 426; autonomía estatal, 370-374; China, 351-353, 370; tigres asiáticos, 291-292; Unión Europea, 391-392; y crimen, 238-240
economía informal/sumergida: en la Unión Soviética, 45-46, 73, 76; en los Estados Unidos, 169-172; en los países africanos, 125-126; en Rusia, 214-215, 226; en Sudáfrica, 153-154; exclusión social, 414-415; interconexión, 91; y autoempleo, 97; y nomenklatura, 45, 79, 87, 220;
Ecuador, 200, 227 n. 50, 228, 232, 235
educación: como reproducción cultural, 265, 286; Estados Unidos, 162, 165, 167, 180; Hong Kong, 309; Japón, 256 n. 14, 265, 286-287; Singapur, 293-294; tigres asiáticos, 316-317; y encarcelamiento, 181; y niveles salariales, 165, 167; y raza, 171-173; y trabajo, 196-197, 316-317, 411
Eggebeen, David, 168 n. 145
Eisenstodt, Gail, 267 n. 25
Ejército Popular de Liberación, 345-347, 361, 362
Ekholm, Peter, 377 n. 3
Ekholm-Friedman, Kasja, 119 n. 48
elección económica racional, 89
elites: en la sociedad de la información, 418; en los países africanos, 120-121, 124, 126-127, 131; en Nigeria, 131; glo-

Índice analítico

bales, 426; y poder estatal, 77-79; *véase también* nomenklatura
Ellman, M., 40 n. 15
empleo, 88, 97-99, 109, 110 n. 33, 144, 149, 151, 152, 155, 164-166, 171-176, 183, 185-187, 192, 196-198, 391-394, 402; *véase también* trabajo
empresa red, 388
empresarios, 142, 150, 154, 167, 215, 225, 235
empresarios burócratas de China, 353-357
empresas de base familiar, 304, 313, 412
empresas estatales, 78-79, 351, 354, 364-365, 367
empresas multinacionales: en China, 349-351, 366-367; ordenadores en África, 123; y los tigres asiáticos, 294-297, 299-300, 312-313
encarcelamiento, 178-182
Endacott, G.B., 310 n. 88
Erlanger, Steven, 217 n. 38
Ernst, Dieter, 300 n. 67, 305 n. 76
esclavitud, 185-186; *véase también* trabajo cautivo
Escobar, Pablo, 206, 231, 235, 236, 237, 240
Escocia, 397
España, 102, 107, 128, 140, 208, 229, 240, 265, 293, 97, 401
Esprit, 387
estabilidad social, 257, 288, 310, 314, 315, 369, 393
Estado: autonomía, 370-374; burocracia, 32, 44, 48, 57-58, 60-61, 76, 80-81, 256-257, *258*, 259-260; corrupción, 230-231, 237, 240-241; e industria, 294-297, 313; miniaturización, 428; elites, 77-79; papel del, 292, 295, 304, 306, 318, 327; protección, 251; y comercio, 358; y *chaebol*, 332-333, 336; *véase también* Estado-nación
Estado desarrollista, 291-292, 315-318; colapso, 242, 252-253; construcción nacional, 3320-324; Corea del Sur, 321-323; crecimiento de la economía, 371; China, 370-371; globalización, 370-374; Hong Kong, 318; Japón, *258*, 283-290; legitimidad, 267, 281, 288-289, 306, 317, 319-321, 326, 339, 342; modernización, 370-372; Singapur, 320-322; Taiwan, 321-323; tigres asiáticos, 292-294,

319-320; y sociedad civil, 325-328; y sociedad de la información, 283-290
Estado-nación: africano, 133-135, 138-139; en crisis, 25-26, 416-417; soberanía del, 425-426
Estado red, 374-377, 379, 398-401
Estado revolucionario, 319, 343, 349
Estado vasallo, 325
estados predatorios, 124-133, 370
Estados Unidos: afroamericanos, 171, 175, 180; bienestar, 99; clase marginada, 180-182; comercio de armas, 207; como mercado de drogas, 226; desigualdad, 157-169; desindustrialización, 165; economía informal sumergida, 170-173; educación, 162, 165, 167, 180, 196; estados vasallos, 325; estructura familiar, 174-176; exclusión social, 169-177. 198; gueto, 169-177; individualización del trabajo, 166; informacionalismo, 157-158; Mafia, 201 n. 3, 203; maltrato infantil, 193; mano de obra emigrante, 172-173; mujeres en el trabajo remunerado, *160,* 164; nivel de vida, 95-96; patriarcado en crisis, 164, 168; PNB per cápita, *102,* 101; población carcelaria, 180-182; pobreza, 163-168, 176-179; polarización, 157-169; productividad, 156; prostitución infantil, 189; proteccionismo, 156; renta, 160-165, 168-169; tecnología informática, 54-57; trabajo infantil, 154, 183; y Corea del Sur, 296; y China, 344-345; y el crimen global, 201 n. 3, 216; y el Kuomintang, 339; y los tigres asiáticos, 272-273, 315, 325, 339
estatismo: control de la información, 61; economía/sociedad, 90-93; legado del, 92-93; sociedad de la información, 32-34, 406-407; y capitalismo, 32-34
Estefanía, Joaquín; 377 n. 3
Estonia, 64, 82, 382, 392
estratificación social, teoría de la, 414
estructura familiar, 168, 174-178, 194, 256 n. 14, 418-419
etnicidad: conflictos, 81-82, 130, 132-133; discriminación, 71, 135; en China, 351-352; en la Unión Soviética, 62-64, *70,* 71; en las repúblicas rusas, *70;* en los países africanos, 133-140; en Nigeria, 130; en Zaire, 128-129; identidad, 62-63; mafia rusa, 216, 219; patrocinio, 67

Euratom, 378
Eureka, programa, 387
Europa: desigualdades de la renta, *107;* después de la Segunda Guerra Mundial, 377-382; exportaciones, *114;* PNB per cápita, *104-105;* prostitución infantil, 189-190; unificada, 27, 377-378; *véase también* Unión Europea
Europa Oriental: trabajo infantil, 211; y la UE, 103; PNB per cápita, 101, 106, 109; emigración, 210
Evans, Peter, 291, 293 n. 56, 319
exclusión: en el Zaire, 198-199; étnica, 71, 136-137; legitimidad, 242-243; racial, 153; territorios y pueblos, 425-426; y la tecnología de la información, 121-123; *véase también* exclusión social
exclusión social, 99-100; capitalismo informacional, 100, 196; clase, 414; Cuarto Mundo, 198, 402-403, 407; desarrollo urbano, 100; desigualdad, 95; economía informal sumergida, 414-415; en Estados Unidos, 168-180; explotación, 99-100, 194; fundamentalismo, 418, 422, 425; gueto, 168-180; informacionalismo, 100, 196-199; mercado laboral, 99-100; países/regiones, 106; pobreza, 197-198; territorial, 198
explotación, 97 n. 5; capitalismo, 164; de los trabajadores, 97-98; exclusión social, 99-100; pobreza, 196-197; sexual, 189-192; trabajo infantil, 184-192
exportaciones, 30, 43, 46, 57, 59, 109, 110 n. 33, 113-115, 118, 119, 123, 130, 132, 141, 143, 151, 154, 207, 225, 234, 235, 246, 254, 258, 260, 269, 299-305, 307-309, 349, 351, 357, 358, 373, 382, 390
extorsión, 200, 205, 206, 209, 216, 221, 225, 241

Fábrica Autorizada de Semiconductores, 297
faccionalismo, 132, 142
Fajnzylber, Fernando, 318 n. 92
Falun Gong, 368-369
Far Eastern Economic Review, 245 n. 2
Fatton, Robert jr., 124 n 63, 126 n. 72
Feldman, Gerald, 375 n. 1
Filipinas, 104, 109, 184, 186, 190
Financial Times, 245 n. 2
Fischer, Claude, 106 n. 16, 248
flexibilidad: capitalismo, 301-306; trabajo, 258-259, 411-412; Flores, Robert, 189 n. 213
flujos de capital, 385, 386
Fondo Central de Previsión, 294-295, 330
FMI, *véase* Fondo Monetario Internacional
Fondo Monetario Internacional, 92, 386
Fontana, Josep, 376 n 2, 395 n. 17
Forester, Tom, 282 n. 44, 284 n. 46
Forrest, Tom, 132 n. 78
Fortescue, Stephen, 52 nn. 57-58, 60 n. 78
Fottorino, Eric, 201 n. 3
Francia: colonialismo, 134; globalización, 378, 385, 393; identidad nacional, 395, 397; prostitución infantil, 189
free-riders, 89
French, Howard, 127 n. 73, 129 n. 77
Frente Nacional Moldavo, 82
Frey, Marc, 201 n. 3, 239 n. 59
Frimpong-Ansah, Jonathan H., 124 n. 61
Fukui, Harushiro, 269 n. 27
fundamentalismo, 89
Funken, Claus, 158 n. 133

Gaidar, Yegor, 72 n. 111, 218 n. 40, 220
Galán, Luis Carlos, 237
Gamayunov, Igor, 217 n. 38
Gangi, Robert, 183
Gans, Herbert, 170n. 151
García, Martha L., 233 n. 57
García, Miguel, 227 n. 50
García Márquez, Gabriel, 226 n. 50, 234 n. 57, 242
gastos militares, 254-255,
Gaulle, Charles de, 397
Gelb, Joyce, 256 n. 14
género: mano de obra, 95-96, *160,* 164, 167-168, 172, 258, 279; pobreza, *160;* y discriminación, 286; y encarcelamiento, 181; *véase también* mujeres
General Instruments, 303
General Motors, 350
genética, 388, 394
geopolítica: global, 426-427; tigres asiáticos, 291, 315, 337-338; Unión Soviética, 65-67, 71
Gerner, Kristian, 47 n. 37, 70 n. 110
Ghana, 104, 148
Ghose, T. K., 307 n. 80
Gilliard, Darrell K., 178 n.174, *179*
Ginsborg, Paul, 399 n. 22
Giraldo, Juan Carlos, 233 n. 57

glasnost, 33, 69
Global Bussiness Network, 267 n. 25
globalización: capitalismo, 407-408, 425-426; comunicaciones, 387; condiciones laborales, 392; estado desarrollista, 370-374; neoliberalismo, 393; pornografía infantil, 188-189; tecnología de la información, 387-389; trabajo infantil, 182-188; y Francia, 393-394; y Japón, 271-272; y la Unión Europea, 385-394
gobierno; *véase* Estado
Gobierno de Hong Kong, 310 n. 88
Gold, Thomas, 291 n. 55, 302, 304 nn. 70-72, 322 n. 94
Goldman, Marshall, 34 n. 5, 44 nn. 24 y 26, 49 n. 40, 53 n. 59, 56 n. 69, 59 n 76,
Golland, E. B., 45 n. 27
Golovkov, A., 72 n. 111
Gómez, Ignacio, 233 n. 57
Gong, Xiaoxia, 343 n. 103, 344 n. 106
González, Felipe, 379
Goodman, S. E., 52 n. 51
Goodwin, Gill, Guy, 191 n. 219, 192 n. 221, 193
Gootenberg, Paul, 200 n. 2, 228 n. 52
Gorbachov, Mijaíl, 348; anticorrupción, 67, 69; PCUS, 70-72; democratización, 81, 83; y el fin de la guerra fría, 75; *glasnost*, 33, 75, 81; Informe Novosibirsk, 73; *perestroika*, 71-81; empresas privadas, 217 n. 37; golpe de Estado, 74, 78; reformas, 78-81; lazos con la ciencia-industria, 58
Gordievsky, Oleg, 54 n. 67, 79 n. 121
Gordon, Michael R., 221 n. 44
Gosbank, 40, 76, 78
Gosplan, 40, 44, 48, 59, 78, 211
Gossnab, 40, 78
Gould, Stephen, 96
Grachov, Pável, 86
Gran Bretaña: trabajo infantil, 98, 183; colonialismo, 111, 124, 126; en Europa, 381; y Hong Kong, 239; identidad nacional, 377
Granberg, Alexander, 29, 66 n. 95, *68*, 68 n. 102
Granick, David, 343 n. 103
Grecia, 102
Green, Gordon, 106 n. 20
Greenhalgh, Susan, 291 n. 55 302 n. 71
Grootaert, Christiaan, 186 n. 203

Grossman, Gregory, 29, 45 n. 29, 46 n. 30
Guandong, 312, 343 n. 103, 354, 355, 363, 364
guanxi, redes de, 343 n. 103, 352, 353
guerra fría, 75, 88 n 130, 254, 320, 325, 345
guetos, 99, 169-177, 198
Gustafson, Thane, 47 n. 37

Haas, Ernst, 377 n. 3
Habyarimana, Juvenal, 138
Hagedorn, John, 174 n. 165
Hall, Peter, 276 n. 32, 283 n. 44, 285 n. 47, 307 n. 75
Hall, Tony, 121 n. 55
Hallinan, Joe, 184 n. 192
Handelman, Stephen, 76 n. 118, 79 n. 125, 207 n. 28, 209 n. 35, 214 n. 43
Hao, Jia, 343 n. 103
Harrison, Mark, 34 n. 6, *35*, *36*, *37*, *38*
Harvey, Robert, 256 n. 14
Hasegawa, Keisuke, 253 n. 7, 284
Hasegawa, Koichi, 282 n. 42
Hatten Hokka; 283 *véase* Estado desarrollista, Japón
Healy, Margaret, 190 n. 216
Hedlund, Stefan, 47 n. 37, 70 n. 110
Heeks, Richard, 121 n. 53, 123 n. 60
Henderson, Jeffrey, 245 n. 2, 249 n. 5, 252 n. 6, 293 n. 57, 328 n. 101, 329 n. 101
Herbst, Jeffrey, 130 n. 78, 128, 134 n. 83
heroína, 200, 201 n. 3, 203, 204, 206, 227, 229, 232, 239
Hewitt, Chet, 179 n. 177
Hewlett Packard, 297
Hill, Christopher, 377 n. 3
Hill, Ronald J., 64 n. 89
Hirst, Paul, 377 n. 3
Hitachi, 297
Ho, H. C. Y., 307 n. 79
Ho, Yin-Ping, 307
Hoffman, Stanley, 377
hogares monoparentales, 161-2, 168
Holzman, Franklyn D., 43 n. 20
Hong Kong: administración pública colonial, 324; capitalismo, 306-312; ciencia y tecnología, 318; como centro internacional empresarial, 312; corrupción, 322, 325, 326, 335; crecimiento del PNB, 245; delta del río de las Perlas, 312; desarrollo económico, *311;* educación, 274; empresas financieras multinacionales, 312; especialización secto-

rial, 313; estabilidad social, 310, 313; estado colonial, 313, 321; Estado de bienestar, 309, 327-328; estado desarrollista, 318; exportaciones, 307-309; flexibilidad de fabricación, 295-96; gastos sociales, 306; industrialización, 310; integración social, 327-328; inversores chinos del exterior, 329-330; manufacturas locales, 313; moneda, 311, 357, 358; nivel de vida, 316, 327-328; no intervención positiva estatal, 306-307, 309-310; pequeñas empresas, 309; política de supervivencia, 315; precios del suelo, 292, 310; represión de revueltas, 310, 314; salarios, 308; sector bancario, 307; sindicalismo, 314; sistema de clases, 327; soberanía, 248; vivienda pública, 309; y China, 248, 309, 312, 340-341, 357, 363-364

hongs comerciales británicos, 327
Hope, Kempe Ronald, 110 n. 33, 147 n. 110, 149 n. 113
Hoso Asai, periódico, 283
Houphouet-Boigny, Felix, 124, 125, 141
Hsia, Chu-Joe, 245, 291 n. 55, 328 n. 101, 339
Hsing, You-tien, 245 n. 2, 291 n. 55, 302 n. 73, 305 n. 77, 325 n. 101, 343 n. 103, 352 n. 108
huérfanos, 148, 191
huesos humanos, comercio de, 185
Hutchful, Eboe, 143 n. 102
Hutching, Raymond, 54 n. 65
Hutton, Will, 158 n. 133, 159 n. 132
hutus, 136-138
hiperconsumo, 195
Hyundai, 301

identidad: cultural, 69, 91, 93, 234, 238, 241-242; etnicidad, 62-63; europea, 401-403; nacional, 63, 71, 83, 92, 254, 258, 281, 297, 319-320, 338-340, 369; regional, 337-338; soviética, 71; Taiwan, 282
identidad nacional, 254, 258, 281, 297, 319-320, 338, 340, 369; Alemania, 396; Francia, 397; Gran Bretaña, 394; Japón, 254-255; Taiwan, 340; Unión Soviética, 70-71
ideólogos comunistas, 77, 79
Ikporukpo, C. O., 130 n. 78

Ikuta, Tadahide, 256 n. 14, 260 n. 21, 264 n. 24, 280 n. 38
Imai, Ken'ichi, 277 n. 34
importaciones, sustitución de las, 113, 150, 151
impuestos, 337, 342
India, 106, 109, 184, 186-189
India Today, 181
Índice del Programa de las Naciones Unidas para el Desarrollo, 101
individualización del trabajo, 96, 97, 166, 195
Indonesia, 246-250, 253, 297, 315, 316, 322, 370
industria aeronáutica, 387
industria automovilística, China, 359
Industrial Strategy Project (ISP), 151 nn. 118 y 121
industrialismo, 32
inflación, *36*, 76
InfoCom Research, 283
información, superautopista de la, 423-424
información, flujos de, 60-61, 99, 404, 406
información, sociedad de la: como estructura social, 196-197; condiciones laborales, 182; elites, 418; Estado desarrollista, 283-290; estatismo, 32-33, 406-407; identidad cultural, 69, 241; política, 417; producción, 411-412
información, tecnología de la: China, 356, 366-367; en la Unión Soviética, 51-53; exclusiones, 121-124; globalización de la, 385-387; Japón, 283-284; países africanos, 121-124; revolución en la, 25; Unión Europea, 387
informacionalismo, 32-33; desigualdad, 99; economía criminal, 100; en China, 341; en los Estados Unidos, 157-158; mafias rusas, 219; polarización, 98, 101, 196; y exclusión social, 98, 101, 196-197; y las mujeres, 167-168; y los tigres asiáticos, 283
Informe UDP Greater Alexandra/Sandton, 152 n. 124
inmigración, 210, 240, 294, 381, 382, 394, 398, 399
inmigrantes mexicanos, 172, 174
innovación tecnológica, 33, 44, 45, 56-60, 91, 246, 255, 288, 368, 389
Inoguchi, Takashi, 258, 259 n. 17, 289 n. 62

Instituciones en crisis, 119, 124, 146, 195
Instituto Coreano de Investigación de Asentamientos Humanos, 291 n. 65
Instituto Dentsu de Estudios Humanos/Dataflow International, 288 n. 49
Instituto Nacional de Seguridad en el Trabajo, 183
integración perversa, 96, 100; *véase también* economía criminal
integración social, 100, 183
intelectuales, teoría/práctica, 89-90
Internacional para la Defensa del Niño, 188
International Herald Tribune, 245 n. 2
Internet: y los países africanos, 122; pornografía infantil en, 189, 190; y China, 245, 360, 366, 367, 369; conexión internacional, *120*
intervención estatal: Hong Kong, 294, 335; Japón, 293, 264-65; Taiwan, 294, 335
inversión, 202, 222, 224, 232, 233, 238; *véase también* inversión directa extranjera
inversión directa extranjera: China, 350, *351;* países africanos, 118; países asiáticos, 294-295
inversores chinos de ultramar, 329-330
Irwin, John, 181
Italia, 200, 203, 204, 211, 302, 378, 390, 391, 396, 397; *véase también* Mafia, siciliana
Ito, Youichi, 283 nn. 44-45
Iwao, Sumiko, 279 n. 37
Izvestia, 214 n. 30, 215 n. 33, 219 n. 38

Jackson, Robert H., 119 n. 49
Jakobson, Michael, 43 n. 23
Jamal, Vali, 119 n. 51, 144 n. 106
Jandruyev; N., 71 n. 111
Janin, G. I., 34, *35*, *37*, *38*
Japan Information Processing Development Center, 283 n. 44
Japón: ahorro, 260-261, 267-268; armas, 427; *Aum Shinrikyo*, 255, 282; banca, 267-271, 272; bancarrotas, 246, 267-268; burocracia estatal, *258*, 259-260; Ciudad de la Ciencia de Tsukuba, 285; corrupción, 256 n. 14, 259, 266; crecimiento económico, 262; crisis económica, 250, 266-267, 270-279; desigualdad de rentas, *107*, 108, 254; educación, 256 n. 14, 265, 286; electrónica, 262; empleo, 263, 286-287; estado desarrollista, 258, 283-290; familia, 256 n. 14, 265; formación de investigadores, 286-287; globalización, 271; identidad cultural, 254, 260, 287; intervención estatal, 262; inversión directa extranjera, 278; *Johoka Shakai*, 283-290; *keiretsu*, 257, 261, 263, 268, 270, 275, 277, 298; *kigyo shudan*, 257; Ministerio de Correos y Telecomunicaciones, 283 n. 44, 285; Ministerio de Finanzas, 260-261, 268, 270, 274, 278, 280; MITI (Ministerio de Comercio Internacional e Industria), 260-262, 276-277, 282, 285, 290; movimientos sociales, 283-284; mujeres, 256 n. 14, 286; nacionalismo, 255; nivel de vida, 257; Organización Mundial del Comercio, 277; Partido Liberal Demócrata, 257, 259, 260, 264, 266, 270, 274, 279-281; patriarcado, 256, 258, 264-265, 279, 282, 288; PNB, *104, 107;* política, 241 n. 63, 260, 279-283; I+D, 257; política laboral, 257-258, 263; precios del suelo, 269-271; producción en el extranjero, 276; Programa Tecnópolis, 261-262, 276, 285; Programa Teletopia, 285; redes multinacionales, 276-277; Restauración Meiji, 255, 256 n. 14; sistema del Emperador Simbólico, 256, 259, 260, 267, 280, 289-290; socialistas, 282; sociedad red, 285-286; tecnología de la información, 283-284; tecnológica, 253-254 258; virtualidad real, 288; recesión, 271; y el Pacífico asiático, 290; *Yakuza*, 201 n. 3; 241 n. 60, 266, 270
Jaramillo, Ana María, 226 n. 50, 234 n. 57
Jasny, N., 40 n. 15
Jazanov, Anatoly M., 63 n. 85
Jensen, Mike, 121 nn. 53 y 55, 122 n 57
Jhandruyev, N., 71 n. 111
Jiang, Zemin, 344-346, 349, 362
Johnson, Chalmers, 256 n. 14, 257 n.16, 260 nn. 20 y 21, 266 n. 24, 280 n. 38, 281 n. 41, 293 n. 58, 298 n. 64, 318-319
Johnson, D. Gale, 39 n. 10, 43 n. 23
Johoka Shakai, 283, 289
Jones, J., 170 n. 151
Jowitt, Kenneth, 64 n. 87
Jruschov, Nikita, 31, 47-48, 50, 58-59, 60, 63, 67, 80, 86

Kabila, Laurent, 129
Kabul, 185
Kaiser, Paul, 126 n. 72, 146 n. 109
Kaiser, Robert G., 72 n. 111
Kaldor, Mary, 53 n. 62
Kalmanovitz, Salomon, 234 n. 57
Kamali, A., 147 n. 110
Kan, Naota, 280
Kanbur, Ravi, 186 n. 203
Kaplan, David E., 201 n. 3
Kasarda, John D., 172 n. 155
Kassel, Simon, 57 n. 73
Kato, Tetsuro, 255 n. 13, 256 n. 14, 257 n. 16
Kazajstán, 64, 67, 68, 70
Kazantsev, Sergei, 58 n. 74
Kazuhiro, Imamura, 283 n. 44
Keating, Michael, 397 n. 21
keiretsu, 257, 258, 261, 263, *268*, 270, 275, 277, 298
Kelly, R. J., 201 n. 2
Kempster, Norman, 126 n. 70, 127 n. 73, 128 n. 74
Keohane, Robert O., 377 n. 3, 400
KGB, 54-56, 59, 61, 68, 72 n. 112, 73, 78, 80, 85, 86
Khan, Sikander, 278 n. 35
kigyo shudan, 257, *258*
Kim Dae Jung, 336-338
Kim Jong-Cheol, 316 n. 99, 245 n. 2, 247 n. 2, 328 n. 101
Kim Jong Pil, 338
Kim Ju-Chool, 291 n. 55
Kim Young Sam, 332, 335-338
King, Ambrose Y. C., 327 n. 99
Kirilenko, Andréi, 73
Kirsch, Irwin, 197 n. 227
Kiselyova, Emma, 29, 68 n. 101, 72 n. 112, 79 n. 123, 201 n. 3, 214 n. 29
Kishima, Takako, 256 n. 14
Kleinknecht, William, 201 n. 3, 203 n. 10, 216 n. 34
KMT; *véase* Kuomintang, régimen
Koetting, Mark, 178 n. 177
Kolomietz, Viktor, 72 n. 111
Kommersant, 215
Kontorovich, V., 40 n. 15, 48 n. 39
Kornai, Janos, 40 n. 11, 45 n. 28
Korowkin, Wladimir, 43 n. 22
Kozlov, Viktor, 64 n. 89
Krause, Lawrence, 291 n. 55
Kreniski, John, 176 n. 171

Kruse-Vaucienne, Ursula, 52 n. 58
Kuleshov, V. I., 31, 78 n. 123
Kulikov, A., 216 n. 35
Kuo, Shirley, 302 n. 69
Kuomintang, régimen, 302-303, 305-306, 314, 320-322, 326, 339-340, 345
Kuznetsova, N. F., 217 n. 38
Kwan, Alex Y. H., 324 n. 97

La Fiura, Giovanni, 201 n. 3
Lachaud, Jean Pierre, 144 n. 104
Lam, Willy Wo-Lap, 343 nn. 103-104, 344 n. 105, 348 n. 107, 353 n. 111, 354 nn. 112-113
Landweber, Larry, *120*
Lane, David, 62 n. 83, 77 n. 119
Langa, Fred, 57 n. 72
Laserna, Roberto, 226 n. 50, 228 n. 52, 232 n. 56, 232
Lau, Siu-Kay, 291 n. 55
Lavalette, Michael, 183 n. 190-191
Lebedev, S. A., 54
Lee, Chong Ouk, 298 n. 63
Lee, Rance P., 327 n. 99
Lee, Kwan Yew, 320, 321, 342, 372
Lee, Teng Hui, 306, 339
legitimidad: del estado desarrollista, 255, 257, 267, 281, 288, 289, 319, 320, 339, 342, 370; de la Unión Europea, 398-399; exclusión de, 242-243; del estado revolucionario, 321, 342
Lehder, Carlos, 228, 237
Lemarchand, René, 134 n. 84, 136 n. 90-92
Lenin, Vladimir Ilich, 61, 65-67, 81
leninismo-estalinismo, 39, 65, 346
Lerman, Robert, 168, 169 n. 145-146, 193 n. 222
Lethbridge, Henry, 291 n. 55, 324 n. 97, 327 n. 99, 324
Leung, Chi-keung, 306 n. 78
Lewin, Moshe, 50 n. 45
Lewis, Peter, 126 n. 71, 130 n. 78, 131 n. 80, 132 n. 81-82
Ley Colonial Británica de Seguridad Interior, 328
Leys, Colin, 140, 124
Li, Linda Ch., 343 n. 103
Li, Si-Ming, 310 n. 87
Li Hongzhi, 368
Lichter, Daniel, 168
Lief-Palley, Marian, 256 n. 14

Ligachov, Yegor, 73, 77, 80
Lim, Hyun-Chin, 291 n. 55, 298 n. 65, 322 n. 95
«limpieza social», 236
Lin, Jing, 343 n. 103
Lin, Tsong-Biau, 307 nn. 82-83
Lindqvist, Sven, 134 n. 87
Lisenko, Trofim Denisovich, 30, 52, 60
Literaturnaya Gazeta, 212 n. 26
Lituania, 64, 82
Liu Shao-shi, 347
Long Term Capital Management, 272
Loxley, John, 143 n. 102
Lu, Jia, 357 nn. 115-117
Lucky Gold Star, 301
Lukyanov, Anatoly, 79 n. 124, 85
Lundhal, Mats, 119 n. 50, 140 n. 99
Lyman, J. A., 322 n. 95
Lynch, Michael J., 182 n. 185
Lisenko, Trofim Demisovich, 60

Maastricht, tratado de, 382, 384, 386
Mace, James E., 67 n. 97, 69 n. 105
Machimura, Takashi, 269 n. 26
Mackie, J. A. C., 343 n. 103
Macon, Perry, 174 n. 165
McConnell Brooks, Karen, 39 n. 10, 43 n. 23
McKinley, James C., 127 n. 73, 129 n. 77
Maddison, Angus, 101 n. 11, 104
Mafia: estadounidense, 199, 201 n. 3, 203, 226, 234; y el tráfico de drogas, 232, 234; siciliana, 201 n. 3, 202, 203, 212, 213, 220, 230; rusa, 200, 214, 217 n. 37, 219, 221, 222, 226
Malaisia, 106, 153, 246, 248, 253, 271, 297, 315, 320, 331, 370, 371
Malleret, T., 52 m. 54
Mamdani, Mahmood, 135 n. 88, 136, 137 n. 94, 138 nn. 90-91-93-95
Manning, Claudia, 153 n. 126
mano de obra emigrante, 121, 135, 151-52, 164-65, 373-74
Mao Yingxing, 344
Mao Zedong, 344-347
maquiladoras, 187
Marcuse, Peter, 170 n. 151
marginación, 96, 111, 118, 138, 156; *véase también* exclusión social
marihuana, 206, 227, 229, 234
Marrese, Michael, 43 n. 21
Marshall, Jonathan, 227 n. 50

Marshall, Plan, 378
Martin, John M., 201 n. 2
Maruyama, Masao, 259 n. 18-19, 260, 279
marxismo: y explotación, 97 n. 5, 160; nueva división internacional del trabajo, 300, 312, 327, 349
marxismo-leninismo, 71, 83, 344-346
MAS (Muerte A Secuestradores), 236
Mashigo, Angela Pinky, 153 n. 126
Mason, Andrew, 106 n. 19
Massey, Douglas, 170 n. 151
matanzas, 75, 81, 110, 127, 133, 136, 138, 146, 191
material nuclear, comercio de, 208, 209, 214
material radiactivo, comercio de, 200, 201, 208, 209
Medellín, cártel de, 203, 205, 206, 213, 231, 233, 234 n. 57, 235-240
Medina Gallego, Carlos, 234 n. 57
medios de comunicación, globalización de los, 391; *véase también* telecomunicaciones
Mejía Prieto, Jorge, 227 n. 50
mendicidad, economía política de la, 142
Menshikov, Stanislas, 29 n. 1, 39 n. 9, 40 n. 14, 43 n. 20, 46 n. 31, 49-50
mercado libre, 293, 306, 371
mercados de divisas, intercambios electrónicos en los, 385
mercados financieros, 206, 224, 268, 334, 389
mercados y sociedades, 212, 214
MERG (Macro-Economic Working Group), 151 n. 116-119, 152 n. 122-123
Mergenhagen, Paula, 181 n. 179-180, 182 n. 183
México, 229, 353
microelectrónica, industria de la, 261, 284, 295, 297, 305, 313, 387
Miguel, Eduardo de, 227 n. 50
militarismo, Corea del Sur, 297, 298, 314, 323, 326
Minc, Alain, 283, 400 n. 29
Miners, N. J., 323 n. 96
Mingione, Enzo, 96 n. 3
minería, 110 n. 33, 123, 128, 151, 152, 154
miseria, 96, 97, 108, 129, 157, 163, 169, 170, 193, 196, 197, 198, 209, 321
Mishel, Lawrence, 107, 158 n. 134, 159-161, 162 n. 137, 163 n 138, 168
Mitchell, R. Judson, 49 n. 40, 73 n. 114

MITI, 260-262, 276, 277, 283, 285, 290
Mitterrand, François, 379, 385, 387
Mobutu, Sese Seko Kuku Ngbendu Wa Za Banga, 122, 124-129, 132
modelo de desarrollo japonés, 256-257
modernización tecnológica, 245, 255, 285-287, 292, 305, 318, 330, 347, 348, 350, 366, 368, 370
Mohamad, Mahathir, 371
Mok, Victor, 307
Mollenkopf, John, 177 n. 173
moneda: convertibilidad, 247, 373; devaluación, 222, 246, 247, 292, 357, 358
Monnet, Jean, 378
Moody's, 249
Morris, Martina, 159, 160 n. 132
mortalidad infantil, 148
Motyl, Alexander M., 62 n. 83
movimientos culturales, 282; *véase también* movimientos sociales
movimientos sociales, 282, 289, 304, 314, 315, 328, 336
movimientos sociopolíticos, 328, 337, 340, 368
Mozambique, 116, 154, 155, 191
mujeres: discriminación, 286; e informacionalismo, 167-168; en Japón, 256 n. 14, 265, 279-283; encarcelamiento, 180; estructura familiar, 176; luchas, 418-419; mano de obra, 95-96, 159, *160*, 166-167, *258*, 278; pobreza, 160-161; y sida, 147
Murray, Dian H., 201 n. 3
Mushkat, Miron, 323, 324 n. 37

nación, construcción de la, 294, 297-299, 306, 309, 319, 320, 324, 325, 331, 343, 346
nacionalismo: en los países africanos, 124, 139; en China, 343, 346, 360, 369; cultural, 256, 260, 261, 278, 289, 290; movimiento democrático, 35, 82-84, 92; en Rusia, 92; en la Unión Soviética, 35, 69, 82, 84, 92; y Stalin, 65,69; en la Unión Europea, 376, 377, 380, 381, 383
nacionalismo cultural, 254, 256, 260, 282, 286, 287, 290, 343,
Nagorno-Karabajh, conflicto, 75, 81
Nakame International Economic Research, 267 n. 25
Namibia, 114, 155

narcotráfico, industria del; *véase* tráfico de drogas
Natalushko, Svetlana, 29, 51, 53 n. 62, 55 n. 68, 78 n. 122
Nathan, Andrew J., 343 n. 103
Naughton, Barry, 343 n. 103
Navarro, Mireya (*New York Times*), 164 n. 139
Navarro, Vicente, 205 n. 13, 393 n. 7
Ndadye, Melchior, 138
Nekrich, Aleksandr M., 62 n. 82, 69 n. 107
neoliberalismo, 394, 426
Neruda, Pablo, 430
Network Wizards, 151 n. 120
New York Times, 88 n. 130, 185 n. 199
Newbury, Catherine, 136 n. 91
Newman, Anabel, 197 n. 227
Newsweek, 202 n. 6
Nigeria: clientelismo, 127, 131, 134; golpe, 130, 131, 137, 138; elite, 121, 124-142, 171, 194; etnicidad, 131, 132 crimen global, 177; tasa de crecimiento, 178; renta per cápita, 101, 105, 106; ingresos del petróleo, 131; como Estado predatorio, 156
Nikkei, 267 n. 25
niños: sin techo, 184; muertos, 191; huérfanos, 191; pobreza, 108, 168, 169, 193; explotación sexual, 188-193; derechos, 188-193
niños de la calle, 184
niños soldados, 191
niveles de vida: de los tigres asiáticos, 253, 291-293, 315; comparados, 95-96; y el tráfico de drogas, 200, 205 n. 13, 206, 207, 226 n. 50, 227, 232, 234; en la Unión Soviética, 96; en Japón, 253
Nippon Steel, 297
Noble, Kenneth, 127 n. 73
nomenklatura, 32, 33, 45, 67, 77, 80, 84 n. 29, 87 92; redes, 48, 57, 61, 67,71, 91, 93; economía sumergida, 45, 50, 67, 73, 76, 79, 80, 91, 215-217 acumulación de riqueza, 217, 220
Nomura Securities, 272
Nonaka, Ikujiro, 263
Nonini, Donald, 343 n. 103
Nora, Simon, 283
Norman, E. Herbert, 256 n. 14
Nove, Alec, 34 n. 5, 40 n. 12
Novosibirsk, Informe, 72 n. 112, 73,74

núcleo/periferia, hipótesis sobre el, 312
Nzongola-Ntalaja, Georges, 126 n. 72

Obuchi, Keizo, 280
O'Connor, David C., 300 n. 67, 305 n. 76
Odedra, Mayuri, 121 n. 53, 122 n. 58
Oficina Internacional del Trabajo, 98 n. 6, 108, 109 nn. 28 y 29, 144, 182 n. 187, 183 n.188, 184 nn. 195 y 196, 185 n. 200, 186, 187 nn. 205 y 207
Ogarkov, Marshal, 56, 80
OIT, *véase* Oficina Internacional del Trabajo
Olmo, Rosa del, 226 n. 50
Ong, Aihwa, 343 n. 103
ONU, 98, 143, 201 n. 3; Conferencia sobre el Crimen Organizado Transnacional, 202; Consejo Económico y Social, 199, 200 n. 2, 201 n. 3; Departamento de Información Económica y Social y Análisis Político, *112*; Fondo de Población, 143; Índice del Programa de las Naciones Unidas para el Desarrollo, 101; Informe sobre el Desarrollo Humano, 105, 147; Programa de Desarrollo (PNUD), 95 n. 1, 101 n. 12, 106 nn. 13-15, 22, 24, 107 n. 25, 108 nn. 26-27, 109 nn. 30-31, 110 n. 32, 121 nn. 54-55, 149 n. 114; UNCTAD, *113, 115;* UNICEF, 191
Organización Mundial del Comercio, 277, 358
Organización para la Unidad Africana, 122, 129
órganos, tráfico de, 200, 211-212
Orlov, B., 71 n. 111
Orstrom, Moller J., 377 n. 3, 397, 398 n. 23
OTAN, 377, 381, 383, 384
Ovchinsky, Vladimir, 216 n. 35, 217 n. 38
Overhalt, William H., 343 n. 103
Ozawa, Ichiro, 280
Ozawa, Terutomo, 276 n. 30

Pacífico, países del, 245, 247, 290, 294, 348, 357, 370, 373, 374; *véase también* tigres asiáticos
PCUS (Partido Comunista de la Unión Soviética): Andropov, 73-74; Gorbachov, 49, 73-76; aparato político, 77; poder, 70-71, 83-85; Yeltsin, 83, 85-87

PCC (Partido Comunista de China): 343-368
países africanos: acumulación de capital, 118, 140, 151, 156; acumulación privada de riqueza, 117, 127; agricultura, 113, 119, 125, 129, 143, 145, *145*, 147, 152; ajuste estructural, 141-142; corrupción, 125-127; crimen global, 201 n. 3; crisis institucional, 124; desempleo, 144, 152; disturbios civiles, 146; economía informal sumergida, 125; elites, 125, 127, 131-132, 139, 142; Estados predatorios, 125-133; Estados-nación, 124, 133-134, 138-140, 142-143; etnicidad, 133-140; independencia, 155-156; Internet, 121-123; inversión directa extranjera, 118; marginados, 138; nacionalismo, 139-143; niños muertos en guerras, 191-192; PNB per cápita, *104, 105, 112;* pobreza, 109-109, 147, 153; prebendismo, 126; reducción de los recursos, 142; relación real de intercambio, *116;* sida, 147-150; tecnología de la información/preparación, 121-124; telecomunicaciones, 121-122; trabajo infantil, 181; *véanse también* Sudáfrica; África subsahariana
países asiáticos: capitalismo informacional, 252-253; comercio, 246; corrupción, 370; crecimiento del PNB, 245-246, 292-293; crisis económica, 246-251; desarrollo, 245-246, 292-294; exportaciones, *114;* flujo de capitales, 246, 251; heroína, 200-201, 203-204, 232, 239; intervención del FMI, 248; inversores globales, 248, 251-252, 369, 373; mercados financieros globales, 251; PNB, *103, 104, 105, 107;* pobreza, 108-109; prostitución infantil, 188; protección estatal, 241; reestructuración, 246-247; trabajo infantil, 182-184; y Japón, 290
Países Bajos, 239
Palazuelos, Enrique, 34 n. 5, 40 n. 17
Pardo Segovia, Fernando, 227 n. 50
Park Chung Hee, 298, 321-323
Parlamento Europeo, 379
Parsons, Craig, 377 n. 3
Pasquini, Gabriele, 226 n. 50
Partido de Acción del Pueblo, Singapur, 320-322

Partido Democrático Progresista, Taiwan, 339
Partido Liberal Demócrata, Japón, 257, 259, 260, 264, 266, 270, 274, 279-281
Partido Republicano Democrático, Corea del Sur, 298
Pasquini, Gabriel, 227 n. 50
Paterson, E. Britt, 182 n. 185
patriarcado: en crisis, 26, 160-61, 170, 174, 175, 192, 193; desintegración del, 192, 193; en Japón, 264, 265, 278, 279, 282; en los Estados Unidos, 190-193
patronazgo, 127, 131, 156; *véase también* clientelismo
pedofilia, 189-192
Pedrazzini, Yves, 184 n. 192 y 194, 194 n. 224
pequeñas empresas, 303-310; *véase también* empresas de base familiar
perestroika, 29, 31, 33, 56, 59-63, 73-92
Pérez Gómez, 221 n. 57
Perry, C., 62 n. 80
Perú: prostitución infantil, 189; tráfico de drogas, 228
petróleo, caídas de los precios del, 46, 75
Philipson, Thomas, 147 n. 110
Pinkus, Benjamin, 69 n. 108
Pipes, Richard, 35 n. 7, 64 n. 88
Pisani-Ferry, Jean, 377 n. 3, 384 n. 4
Plan Marshall, 378
Plotnick, Robert D., 176 n. 169
PNB: países africanos, 111-119; países asiáticos, *108, 111, 139*; Europa Oriental, 95-101, 106 Unión Europea, *111*; Hong Kong, 106; Japón, *111*; América Latina, 108, *111*; Estados Unidos, 107, *111, 160*; Unión Soviética, *41, 42*
Po, Lan-chih, 364 n. 120
pobreza, 96-97, 163-164; de mujeres/niños, *160*; desempleo, 144; en América Latina, 108; en los Estados Unidos, 157-158, 176; en Namibia, 154-155; en Sudáfrica, 152-153; exclusión social, 196-197; explotación, 196-197; extrema, 96-97; género, *160*, 168-169; niños, 168-169; nueva, 164; países africanos, 108, 128, 144, 147-149, 154; salarios, *161*; y enfermedad, 98, 146, 189, 196; y prostitución, 188-189; y raza, 168; y tecnología, 212; y trabajo cautivo, 186; y turismo, 192-193

poder, relaciones de, 32, 39, 70, 73 n. 114, 74-85
Podlesskikh, Georgyi, 219 n. 38
polarización: global, 96-105; informacionalismo, 170-195; en los Estados Unidos, 97, 57-165; salarios, 110, 150, 152, 161
política: corrupción, 370; crimen global, 199, 200, 201 n. 2; de supervivencia, 315; en Japón, 256 n. 14, 259, 264, 266; en Rusia, 369; informacional, 252, 283, 284; poder, 259
pornografía, 189
pornografía infantil, 189-192
Portes, Alejandro, 97 n. 4, 173 n. 158
Portugal, y la CEE, 379
Posner, Richard A., 147 n. 110
Potter, Gary W., 201 n. 3
Praaning, R., 62 n. 80
prebendismo, 126, 131, 132
precios del suelo: Hong Kong, 306, 329, 330, 349; Japón, 269-272
Press, Robert M., 127 nn. 73 y 75
Pritchett, Lant, 101 n. 10
privación; *véase* miseria
privatización, 286, 362-365
productos: Integrated Programme Commodities, *115*; básicos, 110, 112
Programa de Estudios Rusos, Universidad Autónoma de Madrid, 29
Programa de la Cuenca del Pacífico, Universidad de California, 29
Programa de Tecnópolis, 262, 276, 285
Programa Teletopia, 285
Prolongeau, Hubert, 227 n. 50, 234 n. 57
propiedad, 330, 347, 354
prostitución, 149, 186-197
prostitución infantil, 188-193
protección, extorsión con fines de, 200, 205, 206, 215, 216, 241
proteccionismo, 132-141
protocapitalismo, 79
Purcell, Randall P., 304 n. 74

qigong, 368-369

racismo, 395, 400
Ravenhill, John, 119 n. 52, 143 n. 102
raza: desempleo, 172-173; educación, 172; exclusión, 153, 177; estructura familiar, 168-169, 174, 176; pobreza, 168

recesión, 246, 248-250, 255, 264, 270, 296, 329-330, 357, 359
redes: bandas, 204-205; clientelismo, 127; crimen global, 202-203, 206, 212-214, 223, 234, 426-427; economía criminal, 199-200, 229; economía sumergida, 91; guanxi, 343 n. 103, 349-353; inmigración, 229; nomenklatura, 67; pedófilos, 189-190; pequeñas empresas, 187; protección, 205; Tríadas chinas, 200, 203-204, 211, 239, 241
Rhee, Syngman, 314, 321-322
reinversión, blanqueo de dinero, 200, 206, 212-213, 226, 230, 238
Reischauer, Edwin O., 254 n. 10, 256 n. 14
Remnick, David, 72 n. 111
Renard, Ronald D., 201 n. 3, 204 n. 12
renqing, redes, 352
renta: y educación, 165; procedente de las drogas, 233; desigualdades en la, 100, 101, 153, 160-162, 253-254, 293; per cápita, 101, 106, 108, 132; en los Estados Unidos, 160-162; *véase también* salarios
represión: en Corea del Sur, 300, 314, 326; en Hong Kong, 310, 314; en la Unión Soviética, 69; en Rusia, 214; en Singapur, 314, 341-342; en Taiwan, 304, 314
reproducción cultural, 265, 286
repúblicas bálticas, 31, 68, 69, 75, 82, 85, 92
República Centroafricana, 124
República Dominicana, 189
repúblicas musulmanas, 69, 82
resistencia, identidad de, 422-423
Restauración Meiji, 255, 256 n. 14;
revolución, 90-91
revuelta Taiping, 369
Rezun, Miron, 65 n. 93, 69 n. 103
Ribbentrop-Molotov, pacto, 69, 82
Riddell, Barry, 140 n. 99, 143 n. 102
Riddell, Roger, 111 n. 36, 113 n. 38
Riley, Thyra, 153 n. 125
riqueza, acumulación de: por la *nomenklatura*, 220; por los hutus/tutsis, 138-139; privada, 124, 126, 132; *véase también* corrupción
riqueza, distribución de la, 95-96, 101, 105, 110, 162
Rizzini, Irene, 184 n. 193

Roberts, Albert E., 182 n. 185
Robinson, Thomas W., 291 n. 55
Rodgers, Gerry, 96 n. 3, 98 n. 7
Rodgers, Harrell, 168, 168 n. 145, 193 n. 122, 194
Rodríguez Gacha, 231, 235, 237, 240
Rodríguez Orejuela, hermanos, 231, 235
Rogerson, Christian, 153 n. 126
Roh Tae Woo, 335, 338
Roma, Tratados de, 378
Romano, Anne T., 201 n. 2
Room, G., 98 n. 8
Rosberg, Carl G., 119 n. 49
Roth, Jurgen, 201 n. 3, 239 n. 55
Rowen, H. S., 47 n. 35, 62 n. 80
Ruanda, 135-38, 147
rublo, depreciado, 222
Ruggie, John G., 377 n. 3
Rusia: acumulación de capital, 221-226; blanqueo de dinero, 221; corrupción, 216 n. 35, 217 n. 37, 223-224; cultura y tradición, 67-68; de la economía dirigida a la economía de mercado, 218-221; economía criminal, 93, *225;* economía informal sumergida, 212-213, 226; empresa y crimen, 213; escándalos de las privatizaciones, 222; etnicidad, *70;* industria de armas nucleares, 208-209; mafia rusa, 76, 200, 203, 214, 216-219, 221, 223, 226; movimiento democrático, 82-84, 92; nacionalismo, 82-85; pobreza, 107; política, 217 n. 37; repúblicas autónomas, *70;* resurgimiento, 426; tráfico de drogas, 205 n. 13; tráfico de órganos, 210; violencia, 215; y Alemania, 381; y el crimen global, 200 n. 3, 214-216; y la Unión Europea, 381-382
Rwagasore, Prince, 137
Ryzhkov, Nikolai, 74

Sachs, Jeffrey, 245, 245 n. 2, 248, 248 n.4, 249
Sachwald, Fredrique, 377 n. 3
Sakaiya, Taichi, 283 n. 44
salarios: en los tigres asiáticos, 307-308; nivel de pobreza, *160, 161;* polarización, 160-164; trabajo infantil, 186-187; y educación, 162, 164, 167; *véase también* renta
Salazar, Alonso, 226 n. 50, 234 n. 57
Salmin, A. M., 65 n. 94, 65-66, 68
Samsung, 301

San Francisco Chronicle, 209 n. 21
Sánchez, Magaly, 185, 195
Sánchez Jankowski, Martín, 174 n. 162
Sandbrook, Richard, 126 n. 69, 127 n. 73
Sandholtz, Wayne, 54 n. 63
sanidad, acceso a la, 96, 101, 176, 181
Santino, Umberto, 201 n. 2
Sapir, J., 53 n. 60
Sarkar, Prabirjit, 140 n. 99
Sarmiento, E., 232, 232 n. 55
Sarmiento, L. F., 234 n. 57
Savona, Ernesto U., 201 n. 2, 213 n. 28
Savvateyeva, Irina, 217 n. 38
Scherer, John L., 43 n. 23
Schiffer, Jonathan, 306 n. 78, 310 n. 86
Schiraldi, Vincent, 178 n. 177
Schlesinger, Jacob M., 256 n. 14, 259 n. 17, 266 n. 24, 280 n. 38, 281 n. 41
Schulze, Peter, 375 n. 1
Scott, Ian, 324 n. 98, 327 n. 99
Scott, Peter D., 227 n. 50
Sedlak, Andrea, 193 n. 223
seguridad global, 426, 428
Seki, Kiyohide, 256 n. 14
semiconductores, industria de, 262, 297, 313, 334
servicios, tasas de crecimiento de los, *117*
sexo, industria del, 188-160; *véase también* prostitución
sexualidad, 418-419
Seymour, Christopher, 201 n. 3
SGS-Thomson, 297
Shane, Scott, 81 n. 126
Shanghai, 309, 317, 327, 350, 352, 354-356, 363
Shaposhnikov, general, 86
Shargorodsky, Sergei, 215 n. 33
Shatalin, N., 71 n. 111, 74, 76
Shinotsuka, Eiko, 256 n. 14
Shkaratan, O. I., 29, 52 n. 56, 72 n. 111
Shoji, Kokichi, 253 n. 7, 254 n. 10, 256 n. 14, 280 n. 39, 282 n. 43, 289 n. 50-51, 280
Shojin, A., 72 n. 111
Sicilia, 239
sida, 147-49
Sigur, Christopher J., 291 n. 55
Simon, David, 111, 113 n. 37-39, 116 n. 41-43, *113-117,* 118, 118 n. 45, 119 n. 50, 141 n. 101
Simon, Gerhard, 63 n. 84, 69 n. 106
Simposio Internacional, 226 n. 50

sindicalismo, 254, 263, 295, 300, 321, 326, 336-337, 340
sin techo, los, 169, 196, 198
Singapur: construcción nacional, 320-321; control de la natalidad, 342; crecimiento del PNB, 246; crecimiento económico, 294; desempleo, 294; devaluación, 246; diversificación industrial, 294-295; educación, 294; empresas multinacionales, 294-297, 313; empresas públicas, 294-295; especialización sectorial, 312-313; estabilidad social, 314; Estado de bienestar, 314, 327-328; estado desarrollista, 320-322, 370-371; Estado/industria, 294-297; Fondo Central de Previsión, 294, 330; formación bruta de capital, 294; I+D, 295-297; informacionalismo, 295; inmigración, 294; integración social, 326-327; inversión directa extranjera, 294; Junta de Desarrollo Económico, 294; microelectrónica, 296-297; modelo para China, 348, 364, 368; mujeres y trabajo, 294; nivel de vida, 296; Partido de Acción del Pueblo, 320-322, 326, 342; política, 341-342; represión, 294, 296, 314, 341-342; sistema de clases, 327; sociedad civil, 370-371; vivienda pública, 296
Singer, H. W., 140 n. 99
Singh, Tejpal, 64 n. 89, 65 n. 91, 67 n. 97
sistema del Emperador Simbólico, 256, *258,* 259-260, 267, 280, 288, 290
sistema de «justo a tiempo», 263
Sit, Victor, 308, 308 n. 85, 310 n. 89
Skezely, Miguel, 106 n. 21
Skypnyk, Mykola, 69
Smaryl, O. I., 60 n. 77
Smith, Anthony, 396
Smith, Gordon B., 52 n. 57, 66 n. 95
Smith, Patrick, 280 n. 39, 282 n. 42, 289 n. 51
Smolowe, Jil, 182 n. 186
soberanía nacional, 258, 379, 382, 387, 392
sobreexplotación, 96-97, 97 n. 5 187, 189, 194, 195
sociedad red, 25, 97, 99-100, 107, 157, 170, 177, 190, 197
Sociedad de Seguros de Riesgos de Insolvencia, de Hong Kong, 309
Soete, Luc, 375 n. 1
Solana, Javier, 375 n. 1, 383

Índice analítico

solidaridad y comunismo, 89
Soros, George, 371
Soviet Life, 30 n. 2
Specter, Michael, 221 n. 45
Spehl, H., 68 n. 102
Spence, Jonathan D., 343 n. 103
Squire, Lyn, 106
Sri Lanka, 184, 188
Stalin, Joseph, 29, 31, 32,48, 62, 65, 67, 69, 78, 82, 88
Standard & Poor, 249, 358
Starovoitova, Galina, 68 n. 101
State of the World's Children (UNICEF), 191
Steinberg, Dimitri, 46 n. 34, 53 n. 60
Sterling, Claire, 199 n. 1, 201 n. 2, 202 nn. 7, 9; 203 n. 11, 208 n. 16, 212 n. 27, 214 n. 29, 220 n. 42, 222 n. 46, 223 n. 47, 239 n. 59
Stiglitz, Joseph, 329 n. 101
Strong, Simon, 234 n. 57
subcontratación, redes de, 188
subsistencia, economías de, 155-156, 187
Sudáfrica, 90, 110 n. 33; apartheid, 150-151, 153; comercio, 154; desempleo, 152; economía informal sumergida, 152; empleo en el sector público, 152; infraestructura financiera, 150-152; Internet, 151; PNB, 150; pobreza, 152; salarios, 152-153; sector manufacturero, 151; sida, 149; trabajadores inmigrantes, 154
Sumgait, matanza de, 81
Sung, Yun-wing, *351*
Suny, Ronald Grigor, 63 n. 86, 65 n. 92, 66 n. 96, 67 nn. 97-98, 68 n. 101, 70 n. 109,
supranacionalidad, 379, 394
Susser, Ida, 159 n. 130, 169 n. 149, 170 n. 152, 173 n. 160, 174 n. 164, 176 n. 171, 196 n. 226, 197 n. 228,
Svedberg, Peter, 111 n. 34
Szelenyi, Ivan, 77 n. 119

Taguchi, Fukuji, 256 n. 14, 257 n. 16
Taibo, Carlos, 48 n. 38, 62 n. 80, 78 n. 120
Tailandia, 104, 106, 109, 186, 188-190
Taiwan: Agencia Internacional de Desarrollo de Estados Unidos, 302; agricultura, 302; construcción nacional, 339-349; crecimiento económico, 301-302; democracia, 340; descenso de las desigualdades de rentas, 314; devaluación de la moneda, 334; empresas multinacionales, 313; especialización sectorial, 313; estabilidad social, 304; Estado de bienestar, 314, 327; Estado desarrollista, 321, 370; Estado-industria, 331; externalización de la producción, 303; grueso de la mano de obra, 303; identidad, 340; integración social, 317; internacionalización, 303-304; intervención estatal 304; inversión directa extranjera, 303; Kuomintang, 302-303, 305-306, 314, 320-322, 326, 339, 340, 345; movimiento feminista, 305; Partido Democrático Progresista, 339; patriarcado, 305; ciencia y tecnología, 305, 318; pequeñas y medianas empresas, 303-304, 313, 314; producción flexible, 304; reforma agraria, 302; nivel de vida, 316-317; represión, 302, 326; sistema de clases, 327; sustitución de las importaciones, 303, 316; Zona de Procesamiento de Exportaciones, 303
Takeuchi, Hirotaka, 264 n. 223
Tanaka, Kakuei, 266
Tarasulo, Isaav T., 30 n. 2
Tbilisi, matanza de, 62, 75, 82
tecnología militar, 52, 383
Tereshonok, Andrei, 217 n. 38
terror: *véase* violencia
Texas Instruments, 297
Thalheim, Karl, 34 n. 5, 40 n. 12
Thatcher, Margaret, 379, 392
The Economist, 126 n. 72 128 n. 77, 130 n. 78, 140 n. 99, *142,* 144 n. 107, 145, 151 n. 117, 189 n. 212, 202 n. 8, 210 n. 24, 225, 226 n 48, 239 n. 59, 245 n. 2, 267 n. 25, 272, 343 n. 103, 359 n. 119, 377 n. 3, 402 n. 31
Thomas, John, 52 n. 58
Thompson, Grahame, 329 n. 101, 377 n. 3
Thoumi, Francisco, 226 n. 50, 227 n. 51, 230 n. 54, 232, 234 n. 57, 237, 238 n. 58
tigres asiáticos: sociedad civil, 333-336; sistema de clases, 316 327-328; democracia, 333-339; estado desarrollista, 292-294, 319; crisis económica, 328-339; educación, 316; situación de excepción, 314; exportación de productos manufacturados, 302, 307-308, 316, 350; geopolítica, 291, 314, 325; y economía global, 291-292, 335; creci-

miento del PNB, 293; estructura industrial, 312-313, 331; reducción de las desigualdades de renta, 298, 300; informacionalismo, 296; nivel de vida, 296; empresas multinacionales, 293, 299; construcción nacional, 320-325; represión, 293, 295, 302, 304, 314-315; especialización sectorial, 312; integración social, 296, 318-320; estabilidad social, 257, 288, 310, 314; Estado vasallo, 325-326; salarios, 307

Timmer, Doug A., 196 n. 225

Tokatlian, Juan G., 226 n. 50

Tonry, Michael, 181 n. 175, 179 n. 50

Totani, Osamu, 256 n. 14

Touraine, Alain, 375 n. 1, 377 n. 3, 384 n. 27, 393 nn. 10-13, 394 n. 13, 402 n. 32

Townsend, Peter, 106 n. 17

trabajadores: sobreexplotados, 96-98; autocontrol de la producción, 398; derechos sociales en la CE, 366; indocumentados, 151, 166, 176, 204; *véase también* trabajo; trabajo infantil

trabajo: autonomía, 73 n. 9; cautivo, 152-53, 177; capitalismo, 403; costes, 153; y educación, 393, 397; en la Unión Europea, 373-75; flexibilidad, 247, *248*, 394; genérico autoprogramable, 393, 396, 406; individualizado, 71, 72, 134, 135, 162, 394, 396, 398; Japón, 247, *248*; migratorio, 126-27, 138, 139, 374; desajuste de capacidades, 134, 139-40; y exclusión social, 72-75; en Corea del Sur, 287-88; en Taiwan, 293-94; participación femenina en, 70, 130, *132*, 134, 140, 247, 254-55; *véase también* trabajo infantil; empleo

trabajo cautivo, 185-186

trabajo doméstico, 184

trabajo infantil, 98, 153-158; como respuesta del mercado, 186-187; explotación, 182-161; globalizado, 182-188; pornografía, 188-189; salarios, 185; soldados, 191; turismo, 186-187

Tragardh, Lars, 377 n. 3

Tranfaglia, Nicola, 201 n. 3

Tratado de Maastricht, 382, 384, 386

Tríadas, 201 n. 3, 204, 211, 239

Tríadas chinas, 200, 201 n. 3, 203-204, 239-241

tribalismo, 134-35

Tribunal de Cuentas Europeo, 399

Tribunal de Justicia Europeo, 399

Trotski, Leon, 35 n. 7

Trueheart, Charles, 189 n. 212

Tsao, Yuan, 294 n. 60

Tsuneyoshi, Ryoko, 256 n. 14

Tsuru, Shigeto, 254 n. 9, 256 n. 14

Tsurumi, Kazuko, 254 n. 8

Turbino, Fidel, 227 n. 50

Turquía, 184

tutsis, 136-38

Ueno, Chizuko, 256 n. 14, 279 n. 36

Uganda, 116, 136-138, 147-148

Umesao, Tadao, 283

Unión de Telecomunicaciones Panafricana, 122

Unión Europea: ciudadanos, 390, 395-396, 398, 400-402; comercio, 378, 382, 389, 340; como defensa, 376, 382, 384, 398; crimen, 392, 394; democracia, 396, 398, 402; empleo, 391-393, 404; Estado de bienestar, 392-394, 402; Estado red, 376, 398-400; globalización, 376-377, 385-390, 392, 394, 396-397, 399; identidades, 384, 394; instituciones, 376-382, 384-386, 388, 395-397, 399-400, 403; investigación, 371-72; legitimidad, 393-394, 396, 399-400; nacionalismo, 379, 394-396; Parlamento Europeo, 399; racismo/xenofobia, 394; regiones y ciudades, 396; sistema monetario, 385; soberanía nacional, 379, 382, 392; telecomunicaciones, 387, 396; trabajo, 379-380, 385, 390, 392-393; Tratado de Maastricht, 382, 384, 386; Tribunal de Cuentas, 399; Tribunal de Justicia, 399; y Bosnia, 383; y Europa Oriental, 381-382, 390, 392, 402; y Rusia, 380, 390, 392

Unión Soviética: Academia de Ciencias, 57, 59-60; agricultura, 39, 43-44; asociaciones de ciencia-producción, 58; burocracia, 40, 44, 48-50; Constitución, 64-66; golpe, 85-87; control de la información, 33, 60-61; crecimiento económico, 34-35, 39-41, 43-44, 49-50, 76; cultura rusa, 67; destrucción de la sociedad civil, 93; disidencia, 31, 63; disolución, 86-87; economía de mercado, 207; economía informal sumergida, 45-46, 73, 76; federalismo, 65-66; derrumbamiento del comunismo, 26, 30; esca-

seces, 45; estatismo, 32-33, 61, 90-93; etnicidad, 62-64, 71; fuerzas armadas, 78, 80, 86, 93; geopolítica, 65-67, 71; Gosbank, 40, 76, 78; Gosplan, 40, 48, 59, 78; Gossnab, 40, 78; identidad nacional, 70-71; inflación, *36,* 76; innovación tecnológica, 30-31, 44-45, 50-62; instituciones económicas, 40; institutos tecnológicos, 57-60; intercambio entre repúblicas, 68; KGB, 78, 80, 85-86; malestar social, 81-82; movimiento democrático, 82-84, 92-93; nacionalismo, 33, 62-65, 69, 80, 81-85; negocios de armas, 201-2; niveles de vida, 30, 96; Partido Comunista, 70-71, 73-77, 83-87; PNB/producción-capital, *41, 42;* poder social, 77-79; políticas indigenistas, 67; producción, *36,* 43-45; productividad, 29-30, *37, 38;* reformas, 31-32, 47-49; renta nacional, 35, 38; represión, 69; repúblicas islámicas, 69, 82; Rusia/repúblicas no rusas, 43; tecnología informática, 54-57; tecnología militar, 39, 46-47, 51-54, 80; tecnologías de la información, 51-53; telecomunicaciones, 52; territorialidad, 65, 66, n. 95; *véase también* Gorbachov; Yeltsin
Universidad de Hong Kong, 291 n. 55
Universidad Nacional de Taiwan, 91 n. 55
Universidad Nacional de Seúl, 295 n. 55
US News and World Report, 52 n. 55
Uzbekistán, 64, 66, 82

Van Kempen, Ronald, 170 n. 151
Van Regemorter, Jean-Louis, 31 n. 4, 47 n. 36, 49 n. 41
Van Wolferen, Karel, 256 n. 14
Vanous, Jean, 43 n. 21
Veen, Hans-Joachim, 46 n. 32, 49 n. 40
Veloza, Gustavo, 234 n. 57
Venezuela: tráfico de drogas, 226 n. 50, 228-229; pobreza, 193
Verdery, Katherine, 77 n. 119
vida, esperanza de, 101, 108
Vietnam, 315-316, 325, 369
VIH, infección con el, 147-49, 188, 197
violencia: en Colombia, 237-238; tráfico de drogas, 174, 230; y las empresas rusas, 214-215; juvenil, 242-243
virtualidad real, 288
Volin, Lazar, 43 n. 23

Voshchanov, Pavel, 214 n. 29, 219 n. 41, 223

Wa Mutharika, Bingu, 156 n. 131
Wacquant, Loic, 170 n. 152, 177 n. 172
Waever, Ole, 277 n. 3, 395 n. 15, 396 n. 20, 400 n. 28
Wakabayashi, Hideki, 283 n. 44
Walder, Andrew G., 343 n. 103, 344 n. 106
Walker, Martin, 51 n. 46, 56 n. 70, 62 n. 80, 73 n. 114
Wall Street Journal, 181, 197 n. 229
Wallace, Bill, 216 n. 34
Wallace, Charles P., 197 n. 227
Washington Post, 72
Watanabe, Osamu, 256 n. 14, 290 n. 54
Watanuki, Joji, 283 n. 44
Weber, Stephen, 377 n. 3
Weiss, Herbert, 127 n. 73
Weitzman, Martin L., 43 n. 19
Welch, Michael, 181 n. 179
West, Cornel, 173 n. 57
Wheatcroft, S. G., 40 n. 16
White, Gordon, 295 n. 35, 343 n. 103
Wieviorka, Michel, 395 n. 16
Williams, B. G., 149 n. 115
Wilson, William J., 170 n. 152, 171-173 nn. 158-159, 174 n. 163, 175 n. 166, 176 n. 170
Winckler, Edwin A., 291 n. 55
Woherem, Evans, 123 n. 60
Wolcott, P., 52 n. 51
Wolf, Charles jr., 47 n. 35, 62 n. 80, 162 n. 37
Wong, Christine, 343 n. 103
Wright, Martin, 67 n. 100

xenofobia, 395

Yabuki, Susumu, 343 n. 103
yakuzas, 190, 200, 201 n. 3, 204-205, 211, 239, 241 n. 60, 266, 270
Yamaichi Securities, 273
Yang, Jonghoe, 298 n. 65
Yang, Mayfair Mei-lui, 119 n. 47, 140 n. 99
Yang Shangkung, 361
Yansane, Aguibou Y., 119 n. 47, 140 n. 99
Yat-Sen, Sun, 322
Yatazawa, Noriko, 256 n. 14

Yazawa, Shujiro, 253 n. 7, 256 n. 14, 263 n. 22, 282 n. 42, 288 n. 51
Yazawa, Sumiko, 278 nn. 36-37, 279
Yazov, G., 71 n. 111
Yeltsin, Borís: PCUS, 86-87; ideología, 30, 62; golpe de 1991, 85-86; rebelión, 216 n. 37; nacionalismo ruso, 83-84
yen, 270, 275-275, 386
Yoshihara, Hideki, 278 n. 35
Yoshihara, Kunio, 316 n. 90
Yoshino, K., 256 n. 14
Youngson, A. J., 307 n. 78, 307 n. 79
Yu, Fu-lai, 298
yuan, 247, 334, 357-358, 373

zaibatsus, desmantelamiento de, 254
Zambia, 147-148, 154
Zaslavskaya, Tatiana, 29, 59, 71 n. 111, 72 n. 112
Zhao, Ziyang, 361
Zhimin, Lin, 343 n. 103
Zhu En-Lai, 347
Zhu Rongji, 349, 359, 368
Zonas Económicas Especiales, 348-350
Zonas de Procesamiento de las Exportaciones, 299, 348
Zysman, John, 365 n. 1, 377 n. 3

El autor y la editorial desean dar las gracias por el permiso para reproducir los siguientes materiales:

Cuadros 1.1, 1.2, 1.3 y figuras 1.1 y 1.2: de Mark Harrison, *Europe-Asia Studies* 45, 1993 (Carfax Publishing Company, reimpresos con permiso de Taylor and Francis, Abingdon, Oxon, 1993).

Cuadro 1.4: de *The Soviet Economy: Problems and Prospects*, compilado y elaborado por Padmai Desai (Blackwell Publishers, Oxford, 1987).

Cuadro 1.6: de D. J. B. Shaw, *Post-Soviet Geography*, 34, 1993 © V. H. Winston and Son Inc., 1993.

Cuadro 2.2: de Peter Gottschalk y Timothy M. Smeeding, «Empirical evidence on income inequality in industrialized countries», Luxembourg Income Study working paper, no. 154, 1997; elaborado por Lawrence Mishel, Jared Bernstein y John Schmitt, *The State of Working America 1998/99*. Reimpreso con permiso de M. E. Sharpe, Inc. Publisher, Armonk, NY 10504.

Cuadro 2.10: datos del Congressional Budget Office analizados por el Center on Budget and Policy Priorities.

Figura 2.3: de *The Economist* (7 de septiembre de 1996).

Figura 2.5: reimpresa con permiso de la Oficina del Censo de Estados Unidos.

Figuras 2.6a, 2.6b, 2.7 y 2.8: from Lawrence Mishel, Jared Bernstein y John Schmitt, *The State of Working America 1998/99*. Reimpresas con permiso de M. E. Sharpe, Inc. Publisher, Armonk NY 10504.

Figura 3.1: de International Centre for Migration Policy Development; elaborada por *The Economist* (16 de octubre de 1999).

Figura 4.1: de *The Economist* (27 de junio de 1997).

Esquema 3.1: de *The Economist* (28 de agosto de 1999).

Agencia literaria Carmen Balcells por el extracto de «Demasiados nombres» del *Estravagario*, de Pablo Neruda, y por otros versos del mismo autor.

Hemos tratado de contactar a todos los propietarios de copyright. Si se le notifica, la editorial rectificará gustosamente los errores u omisiones de esta relación en la primera oportunidad.